本书获湖南省社科规划项目资助（编号：08JD33）

彭时代 顾问　　余三定 主编　　钟兴永　杨年保　鲁涛 副主编

当代学术史研究

Studies on the
Contemporary Academic History

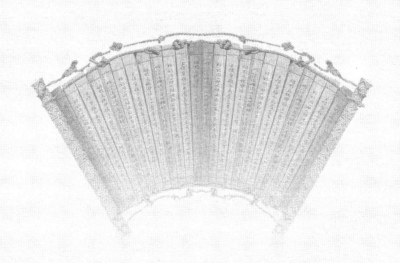

人民出版社

学术史："研究之研究"（代序）*

余三定

　　从 1995 年开始，截至 2005 年 5 月，北京大学出版社出版的"学术史丛书"（陈平原主编）计有下列 14 种，即：《中国禅思想史——从 6 世纪到 9 世纪》（葛兆光著）、《士大夫政治演生史稿》（阎步克著）、《中国文学研究现代化进程》（王瑶主编）、《中国现代学术之建立——以章太炎、胡适之为中心》（陈平原著）、《陈寅恪先生史学述略稿》（王永兴著）、《明清之际士大夫研究》（赵园著）、《儒学南传史》（何成轩著）、《西潮激荡下的晚清地理学》（郭双林著）、《中国文学研究现代化进程二编》（陈平原主编）、《文学史的权力》（戴燕著）、《〈齐物论〉及其影响》（陈少明著）、《文学史书写形态与文化政治》（陈国球著）、《晚清女性与近代中国》（夏晓虹著）、《北京：都市想像与文化记忆》（陈平原、王德威编）。另外，据张文定《学术史研究和学术史图书出版》一文介绍："张少康教授等著的《文心雕龙研究史》"，"还有像张健的《清代诗学研究》、褚斌杰的《楚辞要论》、常森的《二十世纪先秦散文研究反思》、余三定的《新时期学术发展的回瞻》、《蔡元培先生年谱》等也属于学术史研究。"①通览上述诸书，可以帮助我们加深对"学术史"的界定和阐释、"学术史"研究的主要领域和内容、"学术史"的研究方法等重要问题的探讨和把握。

一、关于"学术史"的界定和阐释

　　陈平原在"学术史丛书"的"总序"中写道："所谓学术史研究，说简单点，不外'辨章学术，考镜源流'。通过评判高下、辨别良莠、叙述师承、剖析潮流，让后学了解一代学术发展的脉络与走向，鼓励和引导其尽快进入某一学术传统，免去许多暗中摸索的工夫——此乃学术史的基本功用。"陈平原又说："无论是追溯学科之形成，分析理论框架之建构，还是分析具体的名家名著、学派体系，都无法脱离其所处时代的思想文化潮流。在这个意义上，学术史与思想史、文化史确实颇多牵连。不只是外部环境的共同制约，更有内在理路的相互交织。想象学术史研究可以关起门来，'就学问谈学问'，既不现

---

　　* 本文原载于《北京大学学报（哲学社会科学版）》2005 年第 5 期。
　　① 张文定：《学术史研究和学术史图书出版》，《云梦学刊》2005 年第 4 期。

实,也不可取。""正因如此,本丛书不问'家法'迥异、'门户'对立,也淡漠'学科'的边界与'方法'的分歧,只要是眼界开阔且论证严密的学术以及思想史、文化史方面的著述,均可入选。"从陈平原的论述和"丛书"的内容可以看出,这套"学术史丛书"是从宽泛的意义上来理解"学术史"的,即包括了学术史、思想史和文化史三个方面。

我们再来看看近年来其他有关学术史的重要论述。

李学勤在 11 卷本的《中国学术史》的"总序"中写道:"学术有着自身的历史,同时又难免受到整个历史的影响和限制。研究学术的历史,从历史角度看学术,这就是学术史。""几年前有一场学术与思想的争论。一些论著提出,学术有别于思想,学者不同于思想家,甚至在论文的分类上都有学术与思想两途。揣想这种看法的起源,是要强调理论性、根本性问题的重要,但强调学术、思想划分开来,是不合实际的。我有一次提到,梁启超作《清代学术概论》、《中国近三百年学术史》,都专门以思潮相标举。至于后来的思想史著作,核心是哲学史,便不能涵盖全面的学术史了。"①李学勤的观点比较接近陈平原的看法,认为不能把学术与思想截然分开,所以学术史包含了思想史。

张立文在 6 卷本的《中国学术通史》的"总序"中写道:"学术在传统意义上是指学说和方法,在现代意义上一般是指人文社会科学领域内诸多知识系统和方法系统,以及自然科学领域中科学学说和方法论。中国学术史面对的不是人对宇宙、社会、人生之道的体贴和名字体系或人对宇宙、社会、人生的事件、生活、行为所思所想的解释体系,而是直面已有(已存在)的哲学家、思想家、学问家、科学家、宗教家、文学家、史学家、经济学家等的已有的学说和方法系统,并借其文本和成果,通过考镜源流、分源别派,历史地呈现其学术延续的血脉和趋势。这便是中国学术史。"②张立文对学术史的界定更具学理色彩,在他那里,"学术史"的研究对象同样比较宽泛,其中包括对"已有""思想家"的"学说和方法系统"的研究。

由靳德行主编的"当代中国思想史丛书"(河南大学出版社 1999 年版)由 10 种组成,其中包括《当代中国学术思想史》,在"思想史"这个大系统内,"学术思想"与"哲学思想"、"政治思想"等相并列,该书"绪论"写道:"学术思想是在特定社会环境实施较为专门、系统的学问研究过程中,运用创造性思维方式获得的理性认识。"③与较为具体的"学术"比较起来,"学术思想"是更为抽象、更具理论形态的东西。在该书著者看来,"学术"里面是包含了"思想"的,由此可见,学术史与思想史是有着紧密联系的。

比较上述各家论述可以看出,虽然对"学术史"的具体界定、阐述并非一样,但认为学术史与思想史有着紧密的联系,历史上并不存在脱离"思想"的"纯学术",这一看法则是大致相同的。

---

① 参见李学勤:《中国学术史》,江西教育出版社 2001 年版。

② 参见张立文:《中国学术通史》,人民出版社 2004 年版。

③ 李明山、左玉河:《当代中国学术思想史》,河南大学出版社 1999 年版,第 5 页。

二、关于"学术史"研究的主要领域和内容

张立文在《中国学术通史》的"总序"中写道:"学术史是学术的衍生,所以,有怎样的学术,就有怎样的学术史。这可以从两方面看:一是史的学术和学术史……这是本有的学术和学术史;二是写的学术和学术史。既有当时人对时代学风、学说及学术成果的记录、描述、解释和评价,也有后来学者对前时代学风、学说及学术成果的再现。这种再现是重新描述、评价、解释的过程,由于解释对象和解释者的时间差,解释者的解释必须超越时空的局限,才能贴近先前学术文本的意思和原作者的意蕴。"①我们这里说的"学术史"研究,当然是指"写的学术和学术史",在张立文看来,学术史研究的领域和内容主要是某一时代的"学风、学说及学术成果"。分析"学术史丛书"及北京大学出版社出版的其他学术史著作,可以看出学术史研究的主要领域和内容包括"以问题为中心"的研究、学科史研究、著名学者的个案研究等方面。这三个方面也可以看做是学术史研究著作的几种主要体例。

1."以问题为中心"的研究

陈平原在《"当代学术"如何成"史"》中写道:"谈论学术史研究,我倾向于以问题为中心,而不是编写各种通史。"②陈平原著的《中国现代学术之建立——以章太炎、胡适之为中心》就是"以问题为中心"的成功的、代表性的著作。陈平原写道:"集中讨论'中国现代学术之建立',目的是凸显论者的问题意识。表面上只是接过章、梁的话题往下说,实则颇具自家面目。选择清末民初三十年间的社会与文化,讨论学术转型期诸面相,揭示已实现或被压抑的各种可能性,为重新出发寻找动力乃至途径。这就决定了本书不同于通史的面面俱到,而是以问题为中心展开论述。"③"中国现代学术之建立"是一个大问题,围绕这个大问题,陈著用9章篇幅依次论述了9个分问题(分论题),这9章的标题依次是:求是与致用;官学与私学;学术与政治;专家与通人;作为新范式的文学史研究;关于经学、子学方法之争;晚清志士的游侠心态;现代中国的"魏晋风度"与"六朝散文";现代中国学者的自我陈述。其他如《晚清女性与近代中国》(北京大学出版社2004年版)选择女性研究作为透视晚清社会的窗口,《西潮激荡下的晚清地理学》(北京大学出版社2000年版)从文化史的角度来研究晚清地理学,《文学史的权力》(北京大学出版社2002年版)对中国的文学史研究、写作以及教学状况展开专题研究,《明清之际士大夫研究》(北京大学出版社1999年版)从"思想史"角度来研究明清之际的士大夫,《北京:都市想像与文化记忆》(北京大学出版社2005年版)从"文化史的思路"来研究北京等,

---

① 参见张立文:《中国学术通史》,人民出版社2004年版。

② 陈平原:《"当代学术"如何成"史"》,《云梦学刊》2005年第4期。

③ 陈平原:《中国现代学术之建立》,北京大学出版社1998年版,第2页。

都表现出"以问题为中心"的研究路数。《新时期学术发展的回瞻》(北京大学出版社 2005 年版)收入《新时期学术发展的回瞻与展望》、《新时期学术规范讨论的历时性评述》、《近三年〈光明日报·理论周刊〉评述》等专题论文,亦可归入"以问题为中心"的研究。

　　2. 学科史研究

　　刘曙光在《关于"当代学术史"学科建设的若干思考》论及当代学术史的研究对象时,把学科史研究作为其重要内容,他写道:"各学科发展史:对当代学术的发展分门别类,条分缕析,如:哲学史、文学史、经济学史、法制史,等等。目的是说明某一学科的传承和发展、理论研究方面的创新。"①陈平原在《"当代学术"如何成"史"》中亦指出:"谈论学术史研究,现阶段最需要也最容易取得成绩的,是学科史的梳理。"②《中国现当代文学学科概要》实际是一部研究中国现当代文学学科发展史的著作。该书"引言:'研究之研究'与学术视野的拓展"写道:"'中国现当代文学学科概要',顾名思义,是介绍中国现当代文学这一学科的入门课,也是属于'研究之研究'的课。""学习'现当代文学学科概要',就是要帮助大家在较短时间内,对现当代文学的学科史与研究现状有较全面的了解,领略各种不同的研究方法、角度与多样的治学风格,由此觅得进入研究的门径,学会触发研究的问题,找到适合自己的研究方向。"③全书计 20 章,除第 12 章至第 20 章为横向的专题研究外,第 1 章至第 11 章是一部完整意义上的中国现当代文学研究的学科发展史,各章的标题依次是:围绕初期新文学评价的不同文学史观;最初几种独立形态的新文学史;当代评论与文学史研究的张力;一代名家对新文学的总检阅;30—40 年代的作家作品评论;40 年代文学史家如何塑造"新文学传统";王瑶的《中国新文学史稿》与现代文学学科的建立;学术生产体制化与 50—60 年代的现代文学史写作;现代文学作为 80 年代里的"显学";"重写文学史"与 90 年代的学术进展;当代文学的历史叙述和学科发展。《中国禅思想史——从 6 世纪到 9 世纪》(北京大学出版社 1995 年版)、《士大夫政治演生史稿》(北京大学出版社 1996 年版)、《文心雕龙研究史》(北京大学出版社 2001 年版)等著作都可以归入学科史研究的范围。

　　3. 著名学者的个案研究

　　陈平原在《"当代学术"如何成"史"》中指出:"我想强调两点:一是做学术史研究,从具体的学者入手——类似以前的学案,这样的撰述,表面上不够高屋建瓴,但不无可取处。王瑶先生和我先后主持的《中国文学研究现代化进程》正、续编,是以人物为中心的;这两本书对于大学生、研究生之'亲近学问'甚至'走进学术',起很好的作用。以'学人'而不是'学问'来展开论述,好处是让我们很容易体悟到,学问中有人生、有情怀、有趣味、有境界,而不仅仅是纯粹的技术操作。"④张岂之在《学术史与"学案体"》中

　　① 刘曙光:《关于"当代学术史"学科建设的若干思考》,《云梦学刊》2005 年第 4 期。
　　② 陈平原:《"当代学术"如何成"史"》,《云梦学刊》2005 年第 4 期。
　　③ 温儒敏:《中国现当代文学学科概要》,北京大学出版社 2005 年版,第 1—2 页。
　　④ 陈平原:《"当代学术"如何成"史"》,《云梦学刊》2005 年第 4 期。

指出:"清朝初年黄宗羲等学者撰有《明儒学案》和《宋元学案》,所谓'学案'实际就是学术史。"①《中国文学研究现代化进程》(北京大学出版社 1996 年版)除"小引"外,由 17 篇专题论文组成,分别对梁启超、王国维、鲁迅、吴梅、陈寅恪、胡适、郭沫若、郭绍虞、孙楷第、朱自清、郑振铎、游国恩、闻一多、俞平伯、夏承焘、吴世昌、王元化等 17 位著名文学学者作个案研究。《中国文学研究现代化进程二编》(北京大学出版社 2002 年版)由 16 篇专题论文组成,分别对刘师培、黄侃、顾颉刚、朱东润、任中敏、罗根泽、周贻白、阿英、唐圭璋、刘大杰、钱锺书、林庚、程千帆、唐弢、李长之、王瑶等 16 位著名学者作个案研究。这里举出几篇专题论文的标题就可见出各自独特的研究角度和着眼点,如《梁启超的文学史研究》(夏晓虹)、《用现代科学方法研究中国文学的奠基人王国维》(刘烜)、《作为文学史家的鲁迅》(陈平原)等。陈平原在为《中国文学研究现代化进程》写的"小引"中写道:"本书之选择研究对象,不以学术成就为唯一标准,而注重文学观念、学术思想的创新以及研究领域的开拓。因此,不准备选择章太炎、刘师培等很有学问但治学方法比较传统的学者。不选不等于否认其学术成就,而是为了突出我们的学术追求。表面上一系列的个案分析,实际上贯穿着我们对这百年学术变迁的历史思考。"②"百年学术变迁的历史思考"就是研究者们的"学术追求"。《陈寅恪先生史学述略稿》如书名所示,是一部典型的个案研究著作,任继愈在该书"序"中评论道:"王永兴同志这部书稿,既讲到陈先生的史学方法,又讲到别人忽略了忠义家风的影响,他提出的见解是深刻的。陈先生的史学值得后代学人追踪探索的很多,最主要的一点是应当看到陈氏史学是中国现代学人对古代传统史学的总结,从陈氏起,也宣告了中国传统史学的终结。"③《蔡元培先生年谱》(上、下,王世儒编,北京大学出版社 1998 年版)也是属于个案研究的著作。

三、关于"学术史"的研究方法

阎步克在《士大夫政治演生史稿》的"后记"中写道:"有人问我是否有过方法论上的考虑,其实我只是在阅读思考中'不期而遇'地形成了这个东西,而没有刻意去寻求什么。有时我觉得,人们需要以各种方式理解历史,不同叙述方法,好比是从不同角度投射向黑暗的历史客体的许多光束,它们必然各有其所见不及之处,但也毕竟都各自照亮了不同的景象。不错,就某个人的具体方法或模式而言,它们在解释力、涵盖度和精致性上确实有高下之别,但我仍不愿将之看做是非之分。"④这里强调要"以各种方式理解历史",要有"不同叙述方法",也就是强调研究方法的多样化。"学术史丛书"等的确表现出丰富多样的研究方法,其中有两个方面特别值得我们认真分析和总结。

① 张岂之:《学术史与"学案体"》,《云梦学刊》2000 年第 4 期。
② 陈平原:《中国文学研究现代化进程》,北京大学出版社 1996 年版,第 5 页。
③ 王永兴:《陈寅恪先生史学述略稿》,北京大学出版社 1998 年版,第 2 页。
④ 阎步克:《士大夫政治演生史稿》,北京大学出版社 1996 年版,第 51 页。

1. "问题意识"

"问题意识"既表现在"以问题为中心"的学术史著作这种体例中,也表现在其他的学术史著作体例中,且是不少著者的共识。温儒敏在《中国现当代文学学科概要》的"引言:'研究之研究'与学术视野的拓展"中写道:"从事任何学术研究,都要有问题意识,有问题才有研究动因,才能形成研究的课题。所谓问题意识,并非凭空产生,而是源自对研究对象深入的思考,包括对所有研究成果的充分把握。因此,对所从事研究的学科性质、特点及状况的全面了解,是我们初学者进入研究的必经之路。面对业已形成的学科格局,我们很自然会寻找自己可能适合的位置,明白自己可以做什么,什么问题的探寻是有意义的,也才能感受自己工作的价值。"①陈平原在《中国文学研究现代化进程》的"小引"中写道:"这不是一部学者传记集,虽然立足于个案分析,可着眼的是学术思潮的变迁。通过对近二十位不同经历的学者的治学道路的描述及成败得失的分析,勾勒出近百年学术史的某一侧面。在具体论述中,学者的个人经历只作为说明其学术思想形成的辅助材料。也就是说,本书的主要着眼点在学者治学成就、研究方法及其代表的学术思潮,而并非提供面面俱到的若干学者的生平资料。这需要理论眼光和问题意识,而且需要明确史家的立场。"②可见,学术史研究著作和学者个案研究著作都需要"问题意识"。

2. 重读"经典"

这里借用冯天瑜在《中国学术流变》的"序言"中的话:"对学术史的把握,往往是通过对历代学术经典的重读得以实现的。"③冯天瑜强调的是占有资料对于学术史研究的重要性。王永兴在《陈寅恪先生史学述略稿》的"后记"中写道:"先生研究唐史,撰写专著三部,尚撰著论文五十余篇。在本书中,对先生史学思想、治史方法及三部专著主旨申述之时,引证有关论文多篇,简要阐释其内容。"④王永兴特别重视对陈寅恪原著的系统研读和引证,绝不空发议论。夏晓虹在占有资料方面不仅深下工夫,而且另辟蹊径,她的《晚清女性与近代中国》寻求对晚清社会的重新认识,是主要借助于近代新兴的报刊媒体。她在该书"导言:重构晚清图景"中写道:"报刊之深切影响于中国社会生活的各个层面,已为有目共睹的事实;而其形构的公共空间,对于改变国人的思绪、言谈、写作定势以及交流方式,都具有不可估量的作用。特别是报纸的逐日印行,新闻的讲求时效,记者的好奇搜隐,使其最大程度地逼近于社会情状的原生态……上下追踪,左右逢源,报刊因此可以帮助后世的研究者跨越时间的限隔,重构并返回虚拟的现场,体贴早已远逝的社会、时代氛围。"⑤当然,我们也不可忽略冯天瑜所讲的"重读"的"重"字的

---

① 陈平原:《"当代学术"如何成"史"》,《云梦学刊》2005 年第 4 期。
② 陈平原:《中国文学研究现代化进程》,北京大学出版社 1996 年版。
③ 冯天瑜:《中国学术流变》,华东师范大学出版社 2003 年版,第 1 页。
④ 王永兴:《陈寅恪先生史学述略稿》,北京大学出版社 1998 年版,第 463 页。
⑤ 夏晓虹:《晚清女性与近代中国》,北京大学出版社 2004 年版,第 2 页。

意义,这个"重"字显然是指研究者的新的时代眼光。整体地看,就是做学术史研究者,深入地研"读""经典",并且要用新的时代眼光去"重读""经典"。

温儒敏在《中国现当代文学学科概要》的"引言"中写道:"我们上这样一门'研究之研究'的课并不是要传给大家什么治学的妙法,也不是要速成什么学问,而是要和大家一起总结与反思一门学科,让大家观千剑而后识器,获得在本学科领域的方位感。"①这里既论述了学术史的重要意义,也揭示了学术史最重要的特点,那就是"研究之研究"。笔者特借用温儒敏这句话来作为本文的标题。

①　温儒敏:《中国现当代文学学科概要》,北京大学出版社 2005 年版,第 2 页。

目　录

下　编

1. 学术期刊发展战略

2. "当代学术史"学科建设

附　编

民国时期的学术研究方法及其研究现状

薛其林

一

在中国历史上,春秋战国时期、魏晋时期、民国时期是典型的改制和转型时期,政治上多方争霸,经济上极度贫乏,社会动荡不安。与之相对,学术思想文化的极度繁荣和多姿多彩的文化争鸣却恰恰发生在这三个时期,且愈到后来规模愈大,层次愈高,影响愈深远。1911 年辛亥革命民国成立至 1949 年新中国成立的 38 年,史称民国时期。这是几千年中国社会发生转型和巨变的时期,是送往迎新的过渡阶段。一代有一代之文化,一代有一代之学术。民国时期随着地理上封闭格局的打破,社会制度的转型,思想束缚的解放,学术上迎来了一个中西汇流、百家奔竞、异彩纷呈的局面。而最根本的嬗变则是思维模式的转变和学术研究方法的创新。

民国时期思维模式和学术方法的巨变自然归因于西学东渐所带来的学术视眼的更新。梁启超指出:"凡文化发展之国,其国民于一时期中,因环境之变迁,与夫心理之感召,不期而思想之进路,同趋于一方向,于是相与呼应汹涌,如潮然。"①社会的急剧转型吹响了救亡的主调,民族的觉醒激发了观念的更新,主体和工具理性的极度张扬奏响了思想文化领域百家齐鸣、百花齐放的绝唱。各种主义、各种思潮踏浪而来,鼓民力、开民智、新民德一路高歌,科玄论战、本位文化论战、社会史论战震地啸天,文学革命(白话文运动)、史学革命(新史学)、佛学革命(太虚倡导教理、教制、教产三大革命)响彻寰宇。社会转型与思想文化的演进携手并进,揭开了中国思想文化史上最光彩夺目的一页。

二

救亡的时代课题促发了思想的启蒙和解放,对国家近代化的渴求激发了文化上的"西化"思潮,传统思维方式的改变催生了学术方法论的更新,突出反映在学术研究方法上的融合创新,亦即古今学术、中西印学术、各门学术、同门各派学术之间的多层次的立体的融合与创新。具体表现为:传统的考据方法与西方实证方法的融合而成科学实

---

① 梁启超:《中国现代学术经典》,河北教育出版社 1996 年版,第 126 页。

证方法;传统的义理方法与西方诠释学方法的融合而成义理阐释方法;传统的朴素辩证方法与马克思主义唯物辩证方法的融合而成马克思主义唯物辩证方法;传统的直觉方法与西欧、印度的直觉方法融合而成直觉方法。其中,一枝独秀的科学实证方法与异军突起的马克思主义唯物辩证方法在民国时期的影响最大。

　　方法先于思想,是引出思想的工具。民国学人对此都有高度的重视和自觉。王国维强调吸收西学注重逻辑的分析方法和注重思辨的综合方法,在学术研究上既能实证分析(Specification),又能理论概括(Generalization),从而使传统学术臻于自觉(Selfconsciousness)之地位①。梁启超认为,"凡启蒙时代之大学者,其造诣不必极精深,但常规定研究之范围,创新研究之方法,而以新锐之精神贯注之。"②"凡欲一种学术之发达,其第一要件,在先有精良之研究法。"③"清代学派之运动,乃'研究法的运动',非'主义的运动'也。"④有鉴于此,梁启超还专门撰写了《中国历史研究法》和《补中国历史研究法》,对史学的意义、范围、价值以及史料的鉴别考校方法等方面作了系统的诠释。胡适深感"近代中国哲学与科学的发展曾极大地受害于没有适当的方法",因而身体力行,极力传播和倡导实用主义,并且明确标举"实用主义只是个方法",提出了"大胆假设,小心求证"的口号。他在学术上的最大贡献就是提倡"方法的自觉"和鼓吹"科学方法"。从1916年的《诗三百篇言字解》到1959年的《中国哲学里的科学精神与方法》,他一生共撰写了近百万字注重"新的思想方法的文章"。这在当时的中国乃至世界都是不多见的。冯友兰在估价西方逻辑学在中国传播的作用时指出:逻辑方法的传入是"真正极其重要的大事了。它给予中国人一个新的思想方法,使其整个思想为之一变"⑤。由此他认为,重要的是这个方法,而不是西方哲学的现成的思想或观念。他的"正的方法"和"负的方法"就是"新理学"中最富学术特色和价值的东西。民国时期,不独严复、胡适、冯友兰等人有方法论上的偏好,几乎每一个有成就的学者在学术方法上都倾注了热情和自觉,都有自成一体的学术方法。这就是整个民国学术最有价值和意义之所在。

三

　　如上所述,民国时期是人类历史上最大规模的中西古今学术的整合、调适、创新时期,学术方法上的交流渗透和融合创新亦可谓"于斯为盛"。但对这38年学术的研究却不尽如人意。自梁启超、钱穆的两部《中国近三百年学术史》以来,有关民国学术的

① 王国维:《论新学语之输入》,见《王国维遗书》(第5册),上海书店1983年版。
② 梁启超:《中国现代学术经典》,河北教育出版社1996年版,第134页。
③ 梁启超:《中国现代学术经典》,河北教育出版社1996年版,第149页。
④ 梁启超:《中国现代学术经典》,河北教育出版社1996年版,第160页。
⑤ 冯友兰:《中国哲学简史》,北京大学出版社1985年版,第378页。

研究,至今尚未有宏观、系统之作。就学术方法而言,对民国时期学术方法的专门研究相对是个冷门;而有关民国时期学术方法的整体、系统研究,尚付阙如。就此一时期学术方法研究的已有成果而言,就有三多三少的特点:(1)个案研究多,综合研究少。对实证主义方法、马克思主义唯物辩证方法的研究多,而对义理阐释方法、直觉体悟方法以及其他学术方法的研究少;对王国维、顾颉刚、胡适、冯友兰等人的方法研究多,对其他学人的方法研究少。(2)从学术方法引进的层面研究的多,从中西学术方法融合创新的层面研究的少。(3)分段、划块研究的多,全面研究的少,以民国学术方法为对象作整体研究的则还是空白。

四

在民国学术的研究上有两个值得重视而尚未重视的方面:一是决定学术真假、关涉学术价值的学术研究方法问题,无方法之学术是瞎搞一通的假学术,没有学术价值;二是决定学术价值、关涉学术规范的融合创新问题。这里的融合是创新的前提,融合的对象一是时间上的传统(前人)学术,二是空间上的异域(他人)学术,任何学术创新都是在前人和他人的基础上的创新,没有前人和他人的基础的创新是没有学术价值的空中楼阁,只有前人和他人的东西没有一点自己的见解和看法的学术则是有违学术规范的复述、模仿、抄袭。

就第一个问题而言,民国时期尤其是"五四"前后,西方近几个世纪发展起来的种种主义和方法经由不同的方向以不同的方式传入中国,生、旦、净、末、丑一齐登台,构成学术多元、文化繁荣的空前盛况。与多种学术输入、传播并存的是多种方法论的采纳与运用。在种种方法中,科学实证方法因其特有的自然科学背景和与传统考据方法的亲缘而凸显其不凡的价值,马克思主义唯物辩证方法则由于适应当时中国社会上政治上思想上学术上的需求而凸显其政治的、哲学的、学术方法的地位,诠释学方法和直觉方法则因为适合中国传统学术义理方法和直觉思维的口味并在理论上有所升华而为学者们所青睐。这四种方法对民国学术的影响是最大的,著名的一流学者使用的方法主要是这四种,因而是主流方法。

就第二个问题即融合创新问题而言,学术文化的演进发展无论在时间上还是在空间上都表现出一种融合创新的逻辑:没有融合,便没有创新;没有创新,便没有发展。而文化的融合与创新首先表现为方法论的融合与创新。莱布尼茨(莱布尼茨是近代西方较早从事中西文化比较研究且建树较多的一位思想家,他从语言、文字、概念、范畴等方面比较中西文化,认为,人类思维具有同构性、中西文化具有互补性)有关人类(无论东土西土、今人古人)思维具有同构性和东西文化具有互补性的科学论断①就是对这一问

---

① 忻剑飞:《世界的中国观》,学林出版社1991年版,第165—180页。

题的理论说明。民国时期学术方法论上的融合创新无疑具有典型性、代表性,应该成为学术研究的重大课题。

　　首先,就学者而言,民国学者对学术方法论的融合与创新是相当重视和自觉的。王国维一方面批评今古汉宋相仇、家法门户壁立的传统学术与方法,另一方面倡导"学无中西新旧"的"能动化合"说;认为近代以来中西文化的交汇融合、共摄互进是人类文化的必然趋势,也是中国学术创新发展的必由之途。其著名的"二重证据法","虽有类于乾嘉诸老,而实非乾嘉诸老所能范围。其疑古也,不仅抉其理之所难符,而必寻其伪之所自出;其创新也,不仅罗其证之所应有,而必通其类例之所在。此有得于西欧学术精湛绵密之助也。"①可见,王国维"学无中西新旧"的博洽态度、"求实""会通"的治学精神、"颇开一生面"的"二重证据法"无疑是成就一代大师巨匠的方法和门径。严复、胡适、冯友兰、金岳霖在以科学实证主义方法融合中西文化、创新本土文化并构建独具特色的学术体系方面,都作出了相应的努力。严复和胡适看到了乾嘉考据方法与西方实证方法相一致的一面,也看到了它的缺陷,并试图加以弥补。冯友兰、金岳霖摆脱了文化上的情绪化的对峙,尝试中西文化的融合与创新。冯友兰一方面以新实在论和逻辑实证主义方法来重建程朱理学,把宋明理学发展为"接着讲"而不是"照着讲"的新理学;一方面批评维也纳学派"拒斥形上学"的做法,认为"形上学是哲学中底最重要底一部分",并指明真正形上学的两种方法:"正底方法"和"负底方法"。金岳霖一方面以实证主义方法构建其认识论体系——《知识论》;一方面构建起与程朱理学紧密相连而为维也纳学派所排斥的形上学体系——《论道》。他们的学术风格和方法无疑具有中西合璧的特色。

　　其次,就中西学术方法而言。西方学术方法与中国传统学术方法的关系问题,从本质上讲就是引进与融合创新的问题。传统学术文化的衰落是他种文化传入的前提条件,而他种文化的传入则必然导致传统学术文化的蜕变、转型。本土、异域文化相接,从积极方面说,则有一引进、消化、融合、创新的过程;从消极方面说则有一排斥碰撞和被迫吸纳的过程。民国时期对西方学术方法的引进是积极主动的,是在引进、消化基础上的融合、创新。因为:第一,中西学术及方法在很多方面是相通的;第二,民国时期的大多数学者都学贯中西、具有开阔的学术视野和宏大的学术抱负。余英时曾经指出:"关于西方的方法学治中国学问一层,我想清末以来的学者人人都受到它的影响,不过所谓'西方方法学'之说,仍嫌太空泛。学术千门万户,不能有一种统一的方法。有些地方,中国的旧方法和西方的新方法也尽可相通。""有些新的理论如诠释学(Hermeneutics)可以在有限的范围内和中国经典诠释的传统互相沟通。"②中国传统学术的方法主要有两种:一是考据训诂的方法,二是推阐义理的方法。学术史上有名的今古文之争、汉宋

---

①　《海宁王静安先生遗书·序》,见《王国维遗书》(第1册),上海书店1983年版。
②　余英时:《论士衡史》,上海文艺出版社1999年版,第445页。

之争、尊德性与道问学之争,追根溯源都是方法之争、地位之争,两种方法并无高低优劣之别。训诂考据的着眼点是"物",字形、字音、版本异同、记述异同等都是可看之"物",清儒所谓由群经以通一经,也不过是群经间之"物"的相互比较、鉴别。义理推阐的着眼点则在"意",即揭示文本隐藏的义理和意义。"意"是可体会而不可"看"的,得"意"就是以抽象概念为对象的思考。"概念只能用各人的思想去接触,而不能用眼睛看见。……但是凡可成为一家之言的思想,必定有他的基本概念以作其出发点与归结点。此种基本概念,有的是来自实践,有的是来自观照,有的是来自解析。尽管其来源不同,性格不同,但只要他实有所得,便可经理知的反省而使其成一种概念。概念一经成立,则概念之本身必有其合理性、自律性。合理性、自律性之大小,乃衡断一家思想的重要准绳。"①所以,像义理之类根于人心的问题,考据的方法是处理不了的。中国传统学术的这两种方法与西方学术的实证方法和诠释方法有着一种先天的亲缘关系,如果说传统考据方法与西方实证方法接近而能打通为一方法的话;那么,传统的推阐义理的方法则与西方诠释学方法有着密切的关系,也是可以会通融合而为一崭新的方法的。事实上,民国时期的"科学实证方法"、"义理阐释方法"、"唯物辩证方法"以及"直觉方法"等就是在中西方法基础上融合而成的。

再次,就方法与方法论内部而言,也有一个彼此关联、融合打通的问题。例如,实证方法与义理阐释方法虽然各具功能、各有偏重,但在具体研究运用中又是彼此依赖、相互打通的;实证方法与马克思主义唯物辩证方法也有相通之处,唯物史观本身起源于维科的《新科学》②,与实证方法一样,都以归纳法作为自己的方法论基础;直觉方法与本体诠释学方法更有相通之处,二者都是在诘难近代科学主义思潮的基础上发展起来的,二者所运用的方法都倚重内省、体验、理解和解释,二者都以现象学方法为基础,而且与现象学的本质还原方法和先验还原方法有着十分密切的关系。正由于方法论之间存在内在的逻辑关联性、重叠性、融通互补性,所以,许多学者在从事学术研究实践过程中,往往同时使用多种方法。例如,陈寅恪就比较典型地使用科学实证方法和义理阐释方法来进行学术研究;冯友兰则公开标举自己的方法为"正的方法"(逻辑实证方法)和"负的方法"(直觉方法);侯外庐则是以中国传统的考据方法来补充马克思主义唯物辩证方法,并在两者圆融统一的基础上进行《中国思想通史》的创作的。如此例证,不胜枚举。

总之,方法无论在时间上、空间上还是在内容上都是随着学术的发展而日新月异的。民国学术方法反映的正是这种日新月异、融合创新的特征。

---

① 徐复观:《中国思想史论集》,(台北)学生书局1988年版,第114页。

② 李维武:《20世纪中国哲学本体论问题》,湖南教育出版社1991年版,第275页。

论社会科学研究的基本要求与方法

董京泉

　　2001 年以来,江泽民同志对发展繁荣我国哲学社会科学连续发表了三次重要讲话,强调哲学社会科学与自然科学"四个同样重要",对哲学社会科学提出了"五个高度重视"和"五点要求",对哲学社会科学工作者提出了"五点希望",并把哲学社会科学的重要作用概括为"两个不可替代"。

　　2002 年我在 6 月 4 日的《光明日报》上发表了《正确认识社会科学的地位和作用》的文章,把社会科学的地位和作用概括为"四个道",即革命之道、治国之道、建设之道和修身之道。在人民没有夺取政权之前,要运用社会科学作为思想武器来夺取政权,这就是"革命之道";革命成功以后,怎么巩固国家政权,怎么治理好国家,这就是"治国之道";在国家治理当中,根本任务是建设,包括经济建设、政治建设、执政党建设、文化建设等等,尤其经济建设是中心,这就是"建设之道";最后是"修身之道",我这里讲的修身之道,是指关于人的全面发展、各方面素质全面提高的学问。马克思关于人的自由而全面的发展的思想,关于世界观、人生观、价值观的理论,等等,是关于修身之道的主要内容。

　　在四个"道"中,革命之道是前提,治国之道和建设之道是核心,修身之道是保证。无论革命也好,治国也好,建设也好,能否成功,成就大小,归根结底取决于人的素质;革命化、法治化、现代化,关键在于"化"人。不造就一批革命家,革命不会成功;不造就一批政治家,国家治理不好;没有大批建设人才,现代化难以实现。而且,革命、治国、建设都是为了人,没有人就没有社会,世界上的一切就谈不到它的意义和价值,因此任何时候都要以人为本。

一、关于社会科学研究的基本要求

　　社会科学研究分两大块,一是基础研究,二是应用、对策研究。对基础研究的基本要求是推进理论创新;对应用、对策研究的基本要求就是要真的"管用",对回答和解决重大现实问题真的有效果。"理论创新"是近年来党中央十分重视、强调的问题,我们的社会经济在不断发展,我们要拿出新的理论才能指导好新的实践。可见理论创新是极其重要的。关于理论创新问题我作过某些探索和阐述,先是在 2001 年 5 月 2 日的

《文汇报》上发表了《关于理论创新的几个问题》，然后进一步扩充，在《文史哲》2001年第四期上发表了《论理论创新》一文，对理论创新几个方面的问题作了初步回答。主要是五个方面的问题：一是"理论创新的内涵和着力点"；二是"理论创新是其他一切创新的先导"；三是"创新发展是马克思主义和一切科学理论的根本品格"；四是"理论创新是时代赋予我们的崇高历史使命"；五是"推进理论创新应注意把握好的几个问题"。

关于社会科学研究的基本任务，我概括为八个字："探索未知，设计未来"。探索未知是社科研究一个根本的任务，对客观事物的特征、本质、规律、发展趋势进行探索，这是一个求"真"的过程。设计未来，就是要超越现实的局限性，按照"真、善、美"相统一的原则和要求，构建某种观念世界或理想世界，然后付诸实践，使其对象化，变为社会现实。

毛泽东在20世纪60年代讲过这样一段话，他说："人类的历史就是一个不断地从必然王国向自由王国发展的历史。这个历史永远不会完结。在有阶级存在的社会内，阶级斗争不会完结。在无阶级存在的社会内，新与旧、正确与错误之间的斗争永远不会完结。在生产斗争和科学实验范围内，人类总是不断发展的，自然界也总是不断发展的，永远不会停止在一个水平上。因此，人类总得不断地总结经验，有所发现，有所发明，有所创造，有所前进。停止的论点，悲观的论点，无所作为和骄傲自满的论点，都是错误的。"①毛泽东当时是站在人类发展史的高度鼓励人们要创新和发展，在科学上一定要有所发现，有所发明，根本途径就是要深入实践，总结经验。这段话至今具有重大的指导意义。

理论创新的文章和著作不一定长。我在2000年11月30日的《人民日报》上曾发表过一篇短评，叫做《文不在长，有创新则成》。说唐代刘禹锡的《陋室铭》只有81个字，却不失为一篇千古绝唱，其中"山不在高，有仙则名；水不在深，有龙则灵"，思想深刻，富有启迪。文章不在有多长，著作不在有多厚，关键在于有没有发现问题、分析问题、解决问题。文章写得短、精、深、有趣，比长文章的读者要多。理论研究与理论宣传、理论教育的职能不一样，要求不一样。理论宣传、理论教育都是借助已有的成果，都是别人创造出来的。有的教师很会讲课，深入浅出，学生听得进、理解得好就可以了，但作为一个负有理论创新使命的社科研究工作者，光有这一点是不够的。科学研究必须提出问题、分析问题、解决问题，有所发现、有所发明。现在我们能不能提出这样的口号："宁肯少些，但要好些。"因此，要收缩战线，不要四面出击。现在学术界的有些人很浮躁，有的人两个月就可以写一本书，很难说质量有多高。目前的评价指标体系可能也有些问题，现在的技术职务评定规定必须发表多少篇文章，必须出多少万字的专著等等。要是这样，老子恐怕连讲师都评不上，因为他的《道德经》只有5000多字，孔子也没有我们现在所称的学术专著。大家要沉下心来，收缩战线，扎扎实实地做学问，不要浮躁，

---

① 详见《人民日报》1964年12月31日。

要出精品。现在的国家社科基金项目结题可以只要一篇论文,只要你的论文够格。假如同一个人用相同的时间分别写出 50 万字的书和 1 万字的文章,1 万字的文章可能是精品,其学术价值也许超过 50 万字的书。文不在长,关键是要科学地回答问题,在理论上要有创新。

二、关于基础研究与应用研究的关系

基础研究的主要使命是探索人类社会发展规律,追求新的科学发现,作出新的科学预见,提出新范畴、新观点,创立新原理、新学说,为人类认识世界、改造世界和完善自身提供理论支撑和方法论。同时,基础研究是应用研究的理论根基和重要生长点。因此,我们必须高度重视基础研究。从事基础研究的学者要有深厚的文化积累、极高的理论素养和锐敏的创新精神。基础研究主要是探索时代问题和社会发展规律,回答的主要是全局性和战略性的问题,因此从事基础研究的学者必须有宏观视野和战略头脑,面向现代化,面向世界,面向未来。基础研究与应用、对策研究密切相关,从事基础研究的学者应关注应用、对策研究的成果,并将有关的研究成果提高到基础理论的高度。唯此,才能使基础研究富有时代精神和生机活力,更有价值和意义。

应用研究同样十分重要。因为,这方面的重要研究成果,是基础理论指导实践的中介环节,对于推进我国改革开放和现代化建设,对于党和政府的决策的科学化,具有更为直接和现实的意义。从事应用研究、对策研究的学者尤其需要深入实际,深入群众,深入改革和建设的第一线,做周密细致的调查研究。同时,他们也应关注相关领域的研究动态和成果,用以武装自己的头脑,拓展研究视野,进一步提高理论素养和分析概括能力。这样,才能有效地提高应用、对策研究的水平,才能使自己的研究成果更深刻,更有说服力。

应当指出,作为哲学社会科学研究主攻方向的我国改革开放及现代化建设中的重大理论问题和实践问题,既需要应用研究、对策研究,也需要基础研究。从整个哲学社会科学事业来说,基础研究和应用、对策研究,以及哲学社会科学各个学科包括新兴边缘交叉学科,应该有一个合理的结构和配置,使其相互促进,协调发展。无论是基础研究还是应用、对策研究,都应该以改革的精神建立起良好的研究体制和机制。这种体制和机制应该有利于充分发挥研究工作者的积极性和创造性,有利于在重大问题研究上的多学科、多种优势力量的协同攻关,有利于推进和实现理论创新,有利于多出精品,多出优秀人才。

基础研究对应用、对策研究的意义,打个比喻来说,就是"根深"才能"叶茂",基础研究对应用研究很重要,是起支撑作用的。从事应用研究的专家,如果自己的基础理论不扎实,文章也就是就事论事,就没有思想含量和理论深度。反过来说,只有"叶茂"才能"根深",叶子如果都被虫子吃光了,没法进行光合作用,根是不能发展的。因此,对应用研究、对策研究也必须予以高度重视。搞基础研究的学者应密切关注应用研究和对策研究这方面的成果和动向，及时地汲取，全面地运用，来丰富自身。就学校来说，有的学科偏重基础研究，有的学科偏重于应用研究。两方面不可偏废。应用、对策研究的基本任务是什么？可以说是"绘蓝图，开处方"。社会存在大量的问题，要科学地回答这些问题，就是看你的蓝图是否符合实际？你开的处方能不能治好病？所以病人病了要找名医，不会找庸医。作为地方高校，应关注地方经济社会的发展，为地方经济社会的发展深入地调查研究，提出解决问题的方案，当好党和政府的决策参谋。因此，为地方服务也是社科研究工作者的重要职责，尤其是应用、对策研究工作者。

高校的社会科学研究应突出重点。对自己的学校来说，什么是优势学科，什么是特色学科，什么是有发展前途的学科，应该心中有数，应该抓住重点，突出自己的特色。

三、关于研究方法的问题

社科的研究方法是多方面的，但最根本的是坚持马克思主义的方法论。这是由马克思主义的性质和特点决定的。马克思主义是迄今世界上革命性、科学性最强的世界观、方法论和思想理论体系，是人们认识世界、改造世界和完善自身的强大思想武器。只有坚持以马克思主义为指导，坚持用马克思主义的方法论来研究问题，才能达到更高的层次，研究者才能更好地提高自己的科研水平；违背马克思主义的方法论，有可能大大地削弱你的研究能力，影响你的研究效果，弄得不好，也可能走上邪路。

大家知道，在马克思政治经济学创立之前，政治经济学这门学科已经存在了。一些古典经济学家，如亚当·斯密和大卫·李嘉图等，对政治经济学的创立作出了贡献。他们奠定了"劳动价值论"的基础，提出了价值、劳动、分工、货币、资本等重要范畴，对社会资本再生产和流通进行了尝试性的初步分析；对分工、货币、生产劳动和非生产劳动、经济危机和国际贸易等理论问题也作出了有一定见解的论述。但他们为什么没有写出像《资本论》这样划时代的著作呢？我想，除这些经济学家的阶级局限性和资本主义的内在矛盾尚未充分暴露的社会历史条件的局限性外，很重要的就是他们研究方法的局限性。他们的认识方法是经验主义的，逻辑方法是形而上学的，历史观是非历史主义的。这就严重妨碍了他们对政治经济学理论的深入研究。马克思之所以能写出《资本论》这样划时代的著作，与他在研究方法上的创新变革是分不开的。马克思在研究方法和叙述方法上实现了逻辑、辩证法和唯物主义认识论的统一，实现了逻辑与历史的统一，运用了从感性具体到抽象和由抽象到理性具体的科学的研究方法和叙述方法。因此，坚持以马克思主义为指导，不仅不会妨碍理论创新，而且还能保证理论创新的正确方向，加速理论创新的进程。所以，马克思主义的指导是根本性的，是十分重要的。

为了使大家能够了解马克思在《资本论》中是为何运用从抽象上升到具体的科学方法的，我参照有关材料给大家讲一讲。《资本论》作为一部成熟的政治经济学理论著作,前三卷的结构完全是用从抽象到具体的逻辑方法而展开的。《资本论》第一卷开卷的第一个范畴是资本主义社会人们所最熟悉的"商品",马克思的全部分析就是从这里开始的,以此作为整个理论的切入点的。根据马克思的研究,整个资本主义生产方式发展的过程就是从商品的使用价值和价值的矛盾运动的过程演变而来的,商品的使用价值和价值的矛盾包含了资本主义一切矛盾的萌芽。使用价值和价值矛盾运动的结果必然导致作为一般等价物——货币的出现。以货币的积累和劳动力转化为商品作为中介,就出现了资本。资本比货币具有更为具体、丰富的内容,因为它还同雇佣劳动、剩余价值、利润、地租等更广泛的经济现象相联系。资本出现以后,就必然导致剩余价值的生产。有了资本和剩余价值这两个经济范畴,工资的本质及其表现形式就自然地揭开了。同时,由于资本和剩余价值双向循环的运动,就必然导致资本的积累。资本积累这个范畴较之资本本身又具有了更具体更丰富的内容和规定,它使资本主义生产的弊端更加发展更加集中。随着资本的积累和资本流通范畴的出现,就有了资本周转的范畴,一直到社会总资本的再生产和流通过程,这是一环套一环的。后面的每一个经济范畴,依次都要比前一个范畴的内容更丰富,更复杂。所以说,整个《资本论》的范畴序列就是这样的:从商品这个最简单的范畴开始,逐渐上升,较低级、较抽象的范畴构成了较高级、较具体的范畴的基础,后者立于前者之上并依靠前者而得到证明,同时又成为向更高一级范畴运动的基础。整个《资本论》一、二、三卷不仅是一个逻辑的统一体,而且也是一个历史演进的统一体,体现了逻辑与历史的统一。

现在对经济理论的研究普遍现象是引入了一些西方的研究方法,比如,数理方法、数学模型的方法等。我在一些地方调研时,一些专家反映在研究方法上照抄照搬西方的、不结合中国实际的现象比较严重。比如,过分强调定量,忽视了定性,就是一种倾向。殊不知现在西方的经济研究也相当重视定性了。中国传统的一种思维方法是"悟",西方的是严格的推理,比如《道德经》和《论语》中有些极为精辟的思想观点就是"悟"出来的,没有繁复的考证和推理,所以文章也写得很短,但思想含量很大。一篇《道德经》,一篇《论语》,总共没有多少字,但研究了二千多年,至今还是中外学者研究的热点。所以,我认为不能只是照搬西方思维方式和研究方法,中国传统的思维方式和研究方法也应批判地继承,结合新的时代特征发扬光大。

在社会科学研究当中,一个很重要的方面或方法是处理好宏观和微观的关系问题。总的要求,就是要用宏观视野、战略眼光和全局观念,去捕捉和把握微观性的问题,然后在大量微观性研究的基础上,又把它适度地提升到宏观的高度。大家知道,任何一个学科都有大量的问题需要研究,可以说没有什么问题不可以研究,不要认为定论的东西就不能研究。定论的东西如果你认为是正确的,你可以对它进行丰富和发展;如果你认为是错误的,就可以对它批评纠正;如果你认为哪个方面是空白点,那么你就可以去填充,如此等等。总之,在每一个学科当中都有大量的问题需要研究。比如一个学科画一个圆,这当中有多少个点?况且它不是平面的,而是立体的,像一个球,一个球当中有多少个点？何况有些研究是跨学科的,需要研究的问题就更多了。我们在一个时期要抓一个点,抓一个问题进行研究,在宏观来说这是一个微观的研究。但是,你怎么选这个点,你要去研究什么问题,这就需要用时代性视野、战略性眼光、全局性观念去捕捉和把握。只有这样才能抓得准,课题才真正有较为重要的意义。比如,如果没有环境、人口、资源相统一的眼光,没有可持续发展的战略视野;没有西部大开发的观念,就难以抓到"三江源综合治理"(青海省委党校提出并被评审立项的)这样的课题。如果对某个微观性的问题研究完成了,是不是真的结束了,有没有较高的质量,主要在于能不能把微观性研究的具体结论和观点适度地提升到宏观的高度。只有这样,才能真正凸显研究成果的价值和意义,进一步增强研究成果的思想性、理论性和对宏观的指导性。"三江源综合治理"这个课题能否做好,在较大程度上在于它的最后的研究成果能否提到可持续发展战略和西部大开发战略的高度作出深刻分析。总之,就是要以宏观的视野来捕捉微观性的问题(相对于时代和战略全局而言,人文社会科学的绝大多数研究课题都是微观性的),在对微观性课题作艰苦细致、呕心沥血、矢志不移的深入研究的基础上,又将其提升到适度宏观的高度。你看,这像不像两个底部相对接的漏斗呢？很相似。因此我把这种研究方法称为"漏斗底部对接方法"。

最后,我想谈一下自己对知识和智慧的关系的看法。我认为智慧主要表现为一种"悟性",它是统摄和驾驭知识的。比如,这里有一大操场建筑材料,砖石瓦块、钢筋水泥等堆积如山,应有尽有。对于一个完全没有智慧的人来说,他只能望洋兴叹,一筹莫展;对于一个有点智慧的人来说,他会想到用这些建筑材料搭鸡窝,一个用不了,他可以搭一百个鸡窝,但也只能搭鸡窝;对于一个智慧稍高的人来说,他会用来建平房,可以建一排排的平房,但也只会建平房;但对于高智商的建筑工程师来说,同样利用这些材料,他可以设计和建造高耸入云的大楼和风格新颖的别墅。在一些缺乏智慧或"悟性"的人的头脑中,知识很可能是无序的;智慧高的人头脑中的知识可能是有序排列的,而且像"魔方"一样会灵活地运用,缺乏的知识也会有的放矢地抓来。有许多知识但缺乏智慧和创造力的人,可能属于"两条腿的书柜"。毛泽东说"书读得越多越蠢",我想可能是在这种意义上讲的。他不是反对读书,而是反对读死书、死读书、读书死。

学术史与"学案"体

——序《民国学案》

张岂之

二十多年前我曾计划和朋友们一起编著一部多卷本《中国近代学术史》。开始不久便发现以我们的微薄力量要完成如此巨大的工程,那几乎是不可能的。如果勉为其难地写出一部"概论"性的东西,缺少具体内容,从概念到概念,这又不是我们的本意。于是决定逐步来做,先试写一部《中国近代史学学术史》,取得一点经验,将来如有可能再扩展至其他方面。后来,由于我们有其他的研究课题,便把这项研究搁浅起来。

20世纪90年代中期起,不少学人倡导研究思想学说史或学术史,我想,这并不是名词之争,本意是想扩大思想史研究的范围,使学术史研究有理论依托,而思想史研究由此会有更加具体的内容。其实,"思想学术史"这一名词,我们的前辈早就用过,并非当今学人的发明。

至于学术史,其内容,我在《中国史学学术史·序》(中国社会科学出版社1996年版)中有这样的理解:顾名思义,学术史必须研究"学术",而学术的载体主要是学术著作。著作是学术成果的一种表现形式,当然还有其他形式。因此,要求学术史研究并评论有代表性的学术成果,以阐明其学术意义(在学术史上有什么地位与作用)和历史意义(对于当代社会以及后来社会有何影响)。……依据上述的想法,我所设想的学术史大体上包含两方面内容,其一是学术成果,其二则是历史哲学和方法论。这两个方面实际上不能分割,而是融合为一个整体。

我现在关于学术史的理解还是如此,没有什么改变。

几年前几位比较年轻的和真正年轻的学人拟议编写《民国学案》,指1912年至1949年人文社会科学方面的学术史。清朝初年黄宗羲等学者撰有《明儒学案》和《宋元学案》,所谓"学案"实际就是学术史。这个体裁有其优点,对所论人物有全面介绍,也有原著的节选,不过,从实而论,学术史资料的选录是其中主要的一环,这是必要的,因为如果没有基本的史料,缺少这样的基础,就难以开展研究。不过,"学案"式的体例也有其局限性,在分析剖析上有所限制,过多地注重"个别",而对"一般"可能顾及不到。因此,《民国学案》作为研究民国时期学术史的基础性工作是需要的,还有待于其他专门性研究成果。从这个意义上说,《民国学案》在学术史的研究上可以发挥"抛砖引玉"的作用,这并不是客套话。学人有了这种气度,认为自己的著作只是研究中的一环,绝对不是什么"终极真理";自己所采用的体例并非什么"唯一的学术体系",只有这样,学术才能进步。

《民国学案》虽有它的一定局限性,但内容比较广泛,含哲学、历史学、语言学、文学、美学、经学、训诂学、考古学、图书版本目录文献学、地理学、方志、宗教、社会学、法政、经济学、新闻学、教育学、科技史、艺术、军事学,在各个学科内又有代表人物,共248位。

在每个学案里有人物生平、学术思想、学术著作的介绍,又有学术旨要。我觉得这两方面的工作都相当难做。代表人物学术思想要点的勾勒要求准确、贴切,这没有相当的学术积累和艰苦的学术探索,是难以做到的。至于学术旨要的提炼则需要在比较中才能选出最有代表性的学术资料,同样要付出艰辛的劳动。《民国学案》撰写的朋友们,据我所知,他们是真正下了一番工夫的。民国期间的学术资料经过一番梳理,便于读者们检阅,也有助于专家们作进一步研究。至于其中的不足和错误是难免的,需要读者朋友们批评指正。

以上点滴,我觉得说的是真心话,是为序。

学报的核心期刊与特色栏目

龙协涛

中国著名现代教育家蔡元培说过："大学者,囊括大典,网罗众家之学府也。"大学担负着认识世界、传承文明、创新理论、培育人才的重任,它是一个国家的文化摇篮,一个民族的精神家园,在人类社会的发展中越来越彰显其重要作用。大学的人文社会科学学报,既是展示学校学术阵容和学术水平的窗口,又是塑造学校形象、打造学校品牌的重要传媒。无怪乎著名教育家、原厦门大学校长王亚南先生讲过,看一所大学主要看三个东西就可以了:一是看教师队伍;二是看图书馆;三是看学报。可见大学的学报具有多么重要的地位和作用。

改革开放20多年来,我国高等院校人文社会科学学报快速发展,不仅数量有较大增加,而且整体质量也有明显提高。在及时反映高等学校教学科研成果,促进学科建设和学术人才的成长,繁荣发展我国哲学社会科学事业和推动社会主义物质文明、政治文明和精神文明建设中发挥了重要作用,形成了中国学术期刊的一个重要集团军。我国的人文社会科学期刊,大致可以分成三大部分:一是中国社会科学院系统主办的一批办刊历史较早、影响较大的专业性和综合性刊物;二是由各省社会科学院、社科联系统主办的一批刊物;三是高等院校的人文社会科学学报。从刊物的数量来看,人文社科学报可以说是三分天下有其二。

这一千余家学报,属于不同的类型,也分不同的层次,其学术水平自然也有差别。但它们有一个共同的办刊宗旨,有一个共同的奋斗目标,这就是努力为各自高校的教学、科研服务,为繁荣发展中国的哲学社会科学贡献力量。事实表明,名校不一定能办出名刊,普通高校办的学报也可以秀出于林。我高兴地看到,高校的社科学报已经形成了一个众多学报相互学习、相互竞争的期刊生态群落。

核心期刊理论源于20世纪30年代初期,是由英国著名文献学家布拉德福(S. C. Bradford)开创的,它包括布拉德福的"文献离散定律"、美国著名文献学家尤金·加菲尔德(Eugene Garfield)的"引文分析体系"和生于伦敦、身为犹太后裔的美国科学家兼情报学家普赖斯(Price)的"指数和研究峰值思想",形成了完整的理论体系,影响极为深远。近年来,核心期刊理论的影响在我国越来越大,在学术文献信息的统计中,在学术期刊的评估中,开始采用核心期刊的概念,人们非常关注一个学术期刊是不是核心期刊。2001年,经中国高校人文社会科学报学会第四届第二次常务理事会讨论决定,中国人文社科学报学会应该评定学报的核心期刊。2002年2月至6月，由学会主办开展了第二届学报评优活动。本着公开、公平、公正的三原则，本着定性和定量相结合，由各省学报研究会初评和学会总评委会终评，历时4个月，评定了中国人文社科学报学会第二届全国双十佳社科学报和全国百强社科学报、全国优秀社科学报，同时遴选出"中国人文社科学报核心期刊"。我们的遴选原则是：除根据国际通行的文献计量学所提供的有关数据外，还从中国高校社科学报的实际出发，组织有关专家成立有权威的评委会，对刊物的方向、学术水平、编校质量、出版印刷质量等重要指标作出全面评估和鉴定。核心期刊，在国内是从自然科学期刊中引申出的，而且大都是专业性自然科学期刊。现在我们把它引入人文社会科学期刊，而且引入属于综合类的人文社会科学学报，我想除沿用数据说话的定量分析外，是一定要增加专家审读鉴别的定性分析的。

遴选"中国人文社科学报核心期刊"的范围是：

（1）此次评出的全国双十佳社科学报；

（2）此次评出的全国百强社科学报；

（3）少数学校虽未进入上述两个范围，但被北京大学图书馆或中国社科院文献信息中心已收入核心期刊。这第三条，说明我会的遴选活动力求和社会上确定的核心期刊相衔接、相统一。

作为一个学术团体的学会遴选行业内的核心期刊，我想行为本身大概并不悖理。但工作做得是否很好，是否尽如人意，则是另外一个问题。这次遴选核心期刊，是我们学会的第一次尝试，经验缺乏，尺度的宽严也可能没掌握准。因此，我诚恳地欢迎学报界、学术界对我们工作的缺点和不足提出批评，以便今后改正和弥补。

除学报核心期刊外，我们还注意到部分学报办得很有特色的栏目。在这些学报中，有些高校是普通学校，有些学报是普通学报，但它们的某一二个栏目却办得极不普通，形成了鲜明的文化个性和特色，引起国内学术界乃至国际学术界的强烈关注。这是培育期刊品牌的可喜开端，是打破千刊一面僵局而凸显独特的"这一个"的生长点，是有望在期刊之林中实现"万绿丛中一点红"效应的必由之路。大致分析这些栏目体现了三个特点：一是地域特色；二是历史传统；三是学科优势。

中国的大学学报已走过百年历程。中国最早的大学学报，1906年东吴大学办的学报叫《学桴》，这名称起得非常有深义。"桴"字有两个意思，一个是渡船，另一个是鼓槌。"渡船"和"鼓槌"，这两个意象、两个比喻，我以为很好地概括了学术期刊的功能和学报编辑的作用。作为"渡船"，学报担负着培养人才的任务，它要发现人才、扶植人才，许多有杰出成就的学者第一篇处女作就是在自己学校的学报上发表的，他是从自己学校的学报走向全国、走向世界，学报真的像一条船，学报编辑就是撑船人，经过这个必要的过渡，把一船又一船的人才输送到祖国四个现代化建设的各个战场、各个部门。学报又是"鼓槌"，它是一个学术理论的媒体，它要为改革开放、全面建设小康社会擂鼓助威，摇旗呐喊造舆论，通过发表有价值的研究成果为党和国家的决策提供智力咨询和理论依据。作为学报工作者,我们的脑子里要永远留住"渡船"和"鼓槌"这两个意象,我们不止是有为人作嫁的"案牍劳形"之苦,也有甘当伯乐、勇做人梯的无穷快乐和巨大的精神安慰。

20 多年前,邓小平同志主持召开全国科学大会,响亮提出科学技术是第一生产力的著名论断,迎来了科学的春天。20 多年后,江泽民同志从 2001 年 8 月 7 日到 2002 年 7 月 16 日,在不到一年的时间里,连续三次发表关于哲学社会科学的重要讲话,结合新的时代特点和历史任务,指明了发展繁荣我国哲学社会科学的理论纲领和行动纲领。党的第十六次全国代表大会后,以胡锦涛为总书记的新一届党中央领导集体,继往开来,励精图治,我相信随着社会经济的大发展,中国一定也会迎来一个百花齐放、万紫千红的社会科学的春天。愿我们广大的社科学报工作者,增强繁荣发展人文社会科学的历史使命意识和社会责任感,以第一等的工作成绩去迎接这个美好的春天吧!

清初学术的传承与创新

聂付生

清初出现了一批学术大家,如顾炎武、黄宗羲、王夫之、陈确、傅山、颜元、李塨等,他们的学术观点直接传承于晚明,尤其在实学传承上表现突出。梁启超在论述清初学术的发展时曾说:

> 其时正值晚明王学极盛而敝之后,学者习于"束书不观,游谈无根",理学家不复能系社会之信仰。炎武等乃起而矫之,大倡"舍经学无理学"之说,教学者脱宋明儒羁勒,直接反求之于古经。(《清代学术概论·略论"清代思潮"》)

梁启超的说法是值得商榷的。最明显的一点,就是忽略东林、复社等文人对学术的贡献。① 不但顾炎武"舍经学无理学"之说是顾宪成、高攀龙等人的中心论题,其他文人的主要学术思想都能在晚明学术中找出渊源。清代学术思潮的出现只是晚明学术的延伸,清代学术人只在晚明文人既定的框架内继续清算王学和王学末流给社会造成的影响,进而强化实学治国救民之道。这里我们择要论之。

一、追寻东林文人的求实之路

清代实学源于晚明主要表现在三个方面。首先,回归原典的学术关怀。东林文人兴办书院的初衷,就是恢复圣学的权威性,根除王学坐而论道、束书不观的学术陋习。正如华允谊所说:"嘉隆以降,则学术多歧矣。姚江扫除格致,单揭良知,其说深入人心髓,而程朱正脉几处闰位,于是顾端文、高忠宪两先生倡复书院阐释而救正之。"(华允谊:《跋东林续志》,《中国书院志》)所以,他们在会约中反复强调尊经的重要性和必要性。在他们看来,原典是"课实功"的唯一文本,"用世者不明经,以何为经济?求志者不知经,以何为抱负?所以卑言功利,见惑异端,病皆由此"②。这样他们很自觉地坚持学术的实用性。"学问通不得百姓日用,便不是学问。"(《会语》,《高子遗书》卷五,四库本)"学问必须躬行实践。"(《会语》,《高子遗书》卷五,四库本)"学问不贵空谈而贵实行"(《东林书

---

① 梁启超:《中国近三百年学术史》,中国书店1985年版,第14页。
② 吴桂森:《东林会约》,据陈谷嘉主编《中国书院史资料》上册,浙江教育出版社1998年版,第682页引。

院志》卷六）；"学无用，以事为用；道为体，以事为体。日间于事事物无无放过处，即此便是实学。"（邹元标：《答余镜原中丞》，《愿学集》卷二）顾宪成"论学以世为体"，反对"相与讲求性命，切磨德义"，主张念头要"在世道上"（黄宗羲：《东林学案》，《明儒学案》卷五八）。这些都旨在强调学术的实用性和现实性。

有过国破家亡之感的清初文人自然认同东林文人的学术旨向，如对王学的抨击、对回归原典的热烈呼唤。可以说，清初文人基本以此为他们的学术主潮。略举几例：

> 及阳明出，而以致良知为说，……藉其杰爽之气、诡幻之智，俊伟之词，奋然与朱子为难。……自阳明操戈树帜，为天下祸首，于是魁杰黠猾之士，相助为波涛；而庸愚之士尽从风而靡，五经四书悉更面目，纲常名教为之扫地矣。（张亦烈：《朱陆同异论》）

> 姚江王氏祖述金谿，而以朱子之学为支离影响，倡立致良知之新说，尽变其成规，知其不足以服天下，则又为晚年定论之书，附会牵合，……不知名教中有何事！至（天）启（崇）祯末年，而世道风俗颓败极矣，益比诸金船之为祸，殆有甚焉。……昔人有云："以学术乱天下，于姚江见之矣！"（张伯行：《性理正宗序》）

> 及考有明一代盛衰之故，其盛也，学术一而风俗淳，则尊程朱效也。其衰也，学术歧而风俗坏，则诋毁程朱之效也。每论（天）启（崇）祯丧乱之事而追原祸始，未尝不叹息痛恨姚江。故断然以为今之学非尊程朱而黜阳明不可。（《周云虬先生四书集义序》，陆陇其：《三鱼堂文集》卷八）

这些都是针对空疏的王学发难的，清初文人自然在学术的选择上归于东林一途。李二曲提出"真知乃有实行，实行乃为真知"的理论命题，意以"酌古准今，明体适用"的实学取代"凭空蹈虚，高谈性命"的俗学（《四书反书录》）。顾炎武"以明心见性之空言，代修己治人之实学"（顾炎武：《夫子之言性与天道》，《日知录》卷七），痛斥理学为"言性言心，舍多学而识，以求一贯之方，置四海之困穷不言"虚妄之学。黄宗羲强调"学贵适用"，朱之瑜提出"经邦弘化，康济时艰"的为学宗旨，颜元认为"救弊之道在实学"，等等，都已昭示清初学术的渊源所在了。

其次，救国救民的政治关怀。救世是东林和清初文人共同面临的政治课题，他们之间似乎有一种天然的承继关系。东林把书院讲学与訾议朝政、品评人才结合起来，关心国事，提倡社会政治改革，充满以天下为己任的救世精神。顾宪成说："士之号为有志者，未有不惓惓于救世者也。"（《赠凤云杨君令峡江序》，《泾皋藏稿》卷八）高攀龙评价豪杰的标准是其"无念不在吾君、吾民"的政治情怀（《答孙司理子啬》，《高子遗书》卷八下）。邹元标说："弟痴儒，一心以报国为事。为世龃龉，此自有任其责者，与己何伤？"（《答江缵石中丞》，《愿学集》卷二）

我们再来看清初文人的阐述。顾炎武说："君子之为学，以明道也，以救世也。"（《与人书二十五》，《顾亭林诗文集》卷四）"明道"是学问关怀，"救世"是现实追求。"愚所谓圣人之道如之何？曰：博学于文，行己有耻，自一身以至天下国家，皆学之事也。"（《与友人论学书》,《亭林文集》卷三)他认为经世致用是学者的至上目的,也是根本职责,学者"其行在孝弟忠信;其职在洒扫应对进退;其文在诗、书、三礼、周易、春秋;其用之身,在出处、辞受、取与;其施之天下,在政令、教化、刑法,其所著之书,皆以为拨乱反正、移风易俗,以驯致乎治平之用"(《答友人论学书》,《亭林文集》卷六),又把学问关怀和现实追求连为一体。梁启超曾评述说:"他们不是为学问而做学问,是为政治而做学问。他们许多人都是把半生涯送在悲惨困苦的政治活动中,所作学问,原想用来做新政治建设的准备。"东林如此,清初文人也不例外。不同的是,清初文人面临的政治处境远比东林和复社文人恶劣。救世是他们必须履行的政治使命。他们自然以"一堂师友,吟风热血,洗涤乾坤"(《东林学案卷首》,《明儒学案》卷五八)东林精神相激励,用行动实践自己的政治目的。王夫之曾参与发动衡山起义,阻击清兵南下;傅山义不降清,作诗云:"掩泪山城看岁除,春正谁辨有王无?"(《甲申守岁》)着朱衣黄冠为道人,遁迹山林;顾炎武为救亡图存,奔走呼号,结识豪杰,誓死与清廷抗争到底。

再次,重践履、重客观考察的实学。晚明出现了一批注重客观考察和研究的科学家,如徐光启、李时珍、徐霞客等,他们完全摒弃了晚明"明心见性的空谈"而崇尚"经世致用的实务"①,特别是像徐光启等具有开放意识的先驱,开眼看世界的同时,也借鉴了西方科学精神的精髓,翻译西学著作,介绍西方文化,对清代学术的实学化、践履化起到了很重要的指导作用。顾炎武的"士当求实学,凡天文、地理、兵农、水火及一代典章之故,不可不熟究"(《三朝纪事阙文序》,《亭林余集》)实学主张分明源于徐光启的思想。而且,顾炎武非常注意客观考察,史载:"炎武留心经世之术,游历所至,以二马二骡载书自随。至西北厄塞,东南海陬,必呼老兵退卒询其曲折。与平日所闻不合,即书检甚力。其所著《天下郡国利病书》,聚天下图经、历朝史籍以及小说、笔记、明十三朝《实录》、公移、邸报之类有关于朝政民生者,酌古通今,旁推互证,不为空谈,期于致用。"(江藩:《国朝汉学师承记》)。这种类似田间作业的考察方法与徐光启、徐霞客、李时珍的实践观一脉相承。方以智的"质测之学"就是一门"物有其故,实考究之"的学问(《物理小识自序》)。强调实学最力的还是颜元。颜元针对当前现实,决然主张:"救弊之道在实学,不在空言"(《存学编》卷三,《颜元集》),他的实学包括实文、实行、实体、实用、实绩等内容(《上太仓陆桴亭先生书》,《存学编》卷一,《颜元集》)。为此他解释说:"吾辈只向习行上做工夫,不可向语言文字上着力。"(《习斋言行录》卷下,《王次亭第十二》,《颜元集》)"习行"即实践。他认为学在实践:"譬之学琴然,诗书犹琴谱也。烂熟琴谱,讲解分明,可谓学琴乎?故曰以讲读为求道之功,相隔千里也……故曰以书为道,相隔万里也。"(《存学编》卷三,《颜元集》)故此,颜氏以为朱熹之理学与王阳明之心学,"率天下入故纸堆中,耗尽身心气力,作弱人病人无用人者";他甚至斥之为"杀人"之学(《朱子语类评》,《习斋记余》卷六,《阅张氏王学质疑评》),认为:"浮言之祸,甚于焚坑。"(《由道》,《存学编》卷一)唯有实

---

① 梁启超:《中国近三百年学术史》,中国书店 1985 年版,第 14 页。

学才能扭转当前的浮泛局面。

这些主张都是针砭现实的良方,但是,他们并没有完全按照前贤徐光启等人开辟的道路走下去,而是误入考据一途,潜心书斋,玩起为学术而学术的高级游戏。这不能不说是晚明实学,特别是徐光启辈开创的实学在清代传播的失败。

二、启蒙意识的传承与超越

启蒙意识的形成和广泛传播是晚明心学的主要成果,清初文人声势甚威的反王学,并没有把这一合理内核一齐反掉。清初文人不但传承了下来,而且还有一些闪光的发挥,如平等观、理欲观、工商皆本等论述都是晚明文化传播中最显辉煌的几个方面。

第一,继承了晚明文人的平等观。晚明文人强调平等最力者是李贽。他无视一切传统,认为凡民与贵族、圣人之间并没有什么差别,他的"满街皆是圣人"(《批下学上达语》,《焚书》卷四)的命题,旨在弥合圣人与凡民之间的距离。在他的眼里,"庶人非下,侯王非高"(《老子解》),人无贵贱之分,只有得道多少之别。"夫天生一人,自有一人之用,不待取给于孔子而后足也。若必待取足于孔子,则千古以前无孔子,终不得为人乎? 故为愿学孔子之说者,乃孟子之所以止于孟子,仆方痛憾其非夫,而公谓我愿之欤?"(《答耿中丞》,《焚书》卷一)孔子得道故为圣,百姓没有机会获得故为凡。他与友人有一段对话,足见他的圣人观。文曰:

> 一友见,卓老问:"你要做圣人么?"其友方辞逊,卓老曰:"圣人也没有异样。常人多是说空头话的人,圣人只是个不说空头话的人。"友有省。①

如果凡人不说"空头话",即得道,就可以做圣人。尽管他的话有很多理想化的成分,但所持人的禀赋一样的观点对后人启发很大。何心隐专门著有《论友》一文,提倡一种平等的人际关系,他认为朋友之间在道义上是一种平等的关系,至于兄弟、夫妇、父子、君臣之间都缺少平等之义,因而他对于儒家提出的五伦,独尊朋友一伦。

入清以后,满清的统治更加专制,深受启蒙影响的文人对平等的理解富有很强的时代色彩。他们不但直接继承了以李贽为代表的晚明文人的平等观念,而且言论更加大胆,把矛头直指最高权威——君主。如傅山说:"天下者,非一人之天下,天下人之天下也。"(傅山:《霜红龛集》卷三五)对几千年的专制政体提出批评,而黄宗羲、唐甄用语尤为激烈,黄宗羲说:"为天下大害者,君而已矣。"(《明夷待访录·原君》)唐甄认为:"自秦以来,凡为帝王者皆贼也"(《潜书·室语》),否定封建统治机构,希望建立一个人人平等的新社会。在这个社会里,作为一国之主不应"肆于民上以自尊",而应"先天下之大劳","执天下之至贱"(《饭糗茹草》,顾炎武:《日知录》卷七),树立起"一姓兴亡,私也;而生民之

---

① 潘曾纮:《李温陵外传》卷二,据《李贽研究参考资料·第二辑》引,福建人民出版社1976年版,第6页。

生死,公也"(王夫之:《读通鉴论》卷一七)的执政理念。这些话听起来确实大快人心。梁启超曾就《明夷待访录》说过一段话:"我们当学生的时代,(《明夷待访录》)实为刺激青年的最有力之兴奋剂。我自己的政治运动,可以说是受这部书的影响最早而最深。"①然而,这些激进的言论都已由李贽口中道出,黄宗羲、顾炎武等辈说得更系统、更尖锐罢了。

　　第二,继承了晚明文人的理欲观。理欲之辨是清初学术的主要内容之一,纵观清初文人的论述,大多肯定情欲的合理性。陈确说:"周子无欲之教,不禅而禅,吾儒只言寡欲耳。圣人之心无异常人之心,常人之所欲亦即圣人之所欲也,圣人能不纵耳? 饮食男女,皆义理所从出,功名富贵,即道德之攸归。而佛氏一切空之,故可曰无。奈何儒者而亦云耳哉! 确尝谓人心本无天理,天理正从人欲中见,人欲恰好处,即天理也。向无人欲,则亦并无天理之可言矣。"(陈确:《别集》卷五,《瞽言》四)天理与人欲并不矛盾,一是人的自然需要,二是人的社会属性。要坚持天理,首先要满足人的心理欲求,因为"其无欲者,除是死人"(陈确:《别集》卷五,《瞽言》四)。王夫之说:"人欲之大公,即天理之至正。"(王夫之:《四书训义》卷三,《船山全书》第七册)费密说:"饮食男女,人之大欲存焉。众人如是,贤哲亦未尝不如是也。"(费密:《弘道书·统典论》)颜元说:"天理虽为主,而常合乎人情,阳下也;人欲虽无能绝,而常循乎天理,阴上也。吾心有不和乎!"(《颜习斋言行录》卷上,《理欲第二》,《颜元集》)都是强调人欲的合理性,而不应与天理相对,更不应以天理相杀。如果我们联系李贽、汤显祖、袁宏道等人的相关言论②,他们之间的承继关系不是一目了然了吗? 晚明文人的阐述大胆而彻底,特别是情的崇拜心理,极富理想色彩和浪漫情怀。清初文人经历过王朝变革,他们在强调情欲的同时,并没有忽视理的作用。只有理欲和谐,才能维护社会稳定,推动社会发展。从上面征引的资料中也可看出这一点。这是清初文人较晚明文人进步的地方。

　　第三,在晚明重商文化的基础上提出"工商皆本"的观点。黄宗羲、王夫之、唐甄等清初思想家都提出过"工商皆本"的主张,黄宗羲说:"世儒不察,以工商为末,妄议抑之。夫工固圣王之所欲来,商又使其愿出于途者,盖皆本也。"(黄宗羲:《明夷待访录·财计三》)王夫之认为商贾乃"立国之本",提出"大贾富民,国之司命"的观点,意即民众的生计、国家的经济命脉都系于那些组织、从事商业的大贾富民的身上。唐甄说:"为政之道,必先田市。……农不安田,贾不安市,其国必弱。……农安于田,贾安于市,财用

---

① 梁启超:《中国近三百年学术史》,中国书店1985年版,第47页。
② 李贽极力肯定"私"的合理性,云:"夫私者,人之心也。人必有私而后其心乃见,若无私则无心矣。"(《德业儒臣后论》,《藏书》卷三二)私即人欲,他认为人欲乃自然所致,"盖声色之来,发于情性,由乎自然,是可以牵合矫强而致乎?"(《读律肤书》,《焚书》卷三)视理为禁锢人的樊篱。汤显祖继承了李贽的观点,对"恒以理相格"的做法不满,提出"第云理之所必无,安知情之所必有耶"的情欲思想(《牡丹亭题词》,据《中国历代文论选》第三册引,上海古籍出版社出版);冯梦龙以"情生万物"为始,又以情教作结,或以情格理,或以理灭情,表现出他在情与理上的彷徨和矛盾(参见聂付生:《冯梦龙研究》第三章,学林出版社2002年版)。

足,礼仪兴。"(《潜书·善施》)都强调工商在社会发展中的重要作用。他们在清初能提出这样富有创见的理论(侯外庐先生曾视此为清初启蒙思想之一),是很有渊源的。我认为,他们直接传承于晚明,理由主要有二:(1)晚明是商业经济最繁荣的时期,苏、松、常三府本来号称沃野之地,但沉重的课税让大批农民"不得已而弃其本业,去为游手末作"(《古今图书集成》卷一○○"食货典")。城市扩大,人口增多,商业自然繁荣起来。到明中叶,"今去农而改业为工商者,三倍于前矣"(何良俊:《四友斋丛说》卷一三),出现了"江南大贾,强半无田,盖利息薄而服役重也。江右荆楚、五岭之间,米贱田多,无人可耕,人亦不以田为贵"的局面(谢肇淛:《五杂俎》卷四"地部二")。尤其富商最多的徽州地区,"出贾既多,土田不重";"末富居多,本富尽少";"商贾多余资,多不置产业"(顾炎武:《天下郡国利病书》第九册"凤、宁、徽备录·徽州府")。这些感性事实为构建商业理论提供了扎实的基础。黄宗羲、唐甄辈都是目光敏锐、识见不凡且有理论素养的思想家,他们从晚明商业经济发展的事实中提炼出"工商皆本"的理论是自然的事情。(2)受王阳明、李贽、何心隐等人的启发。王阳明在《节庵方公墓表》中说:"古之四民异业而同道,其尽心焉一也。士以修治,农以养其,工以利器,商以通货,各就其资之所近,力之所及者而业焉,以求其尽心。其归要在于有益于生人之道,则一而已。"其实已含有"工商皆本"的意思在内了。李贽直接站在商贾一边,为他们鸣冤叫屈,申言:"商贾亦何可鄙之有?挟数万之资,经风涛之险,受辱于关吏,忍垢于市易,辛勤万状。所挟者重,所得者末。……安能傲然而坐于公卿大夫之上哉?"(《焦弱侯》,《焚书》卷二)从一个新的角度肯定商贾的重要。以致何心隐在《答作主》中直接提出:"商贾大于农工,士大于商贾。"

但清初思想家不是简单地重复,而是寓有他们的思考。最明显的一点是他们无不从商业发展规律入手,很有商业思想和经济头脑。如王夫之主张商业流通要打破地域的限制,实行"利便一听之民"的自由贸易(《噩梦》,《船山全书》第十二册);黄宗羲主张改革和完善货币制度,达到"使封疆之内,常有千万财用,流转无穷"的目的;傅山在《圣人为恶篇》中建议商贾懂得商品的实理,即商品的属性和商品的价格。这些阐述即使在现代市场经济中也是很有指导和借鉴作用的。创见如此,清廷却并没有给他们一块实施其理论的天地,胎死腹中,诚为可叹、可悲!

关于"学术"的几点思考

万齐洲

一、学术是什么

何谓治学？治学就是从事学术研究活动，或者说做学问。在这里，"学术"就是学问。《辞海》给"学术"的定义是："较为专门、有系统的学问。"①但是，由于历史的原因，人们对学术的理解不仅有偏差，而且有严重的误读。尤其在当前物欲横流的社会，有的人将学术当成了谋生的手段，学术的本来意义已渐渐为人们所忽视，以至于遗忘。

学术在古代汉语语境里有两个层面的意思：一是形而上之"学"，如章学诚在《校雠通义》中说的"辨章学术，考镜源流"。② 一是形而下之"术"，如"（杜暹）素无学术，每当朝议论，涉于浅近。"③学术有时又可以分开使用，如成语"不学无术"。但是，中国传统学术讲究的是经世致用，士大夫追求的是修身、齐家、治国、平天下。无论是孔孟的儒家，还是韩非的法家，其追名逐利之心昭然若揭。即便是物我两忘的老庄道家，也是为了平缓其愤世嫉俗之心情。因此，学术的重点不在探究客观对象真实性的"学"，而是看得见、摸得着、能解决问题的"术"。而"术"的重点又在探究人与人的社会关系之"术"，如"权术"。对于探究自然奥秘的"术"则斥之为奇技淫巧。它必须服务于人，服务于现实，甚至服务于政治。

学术在西方英语语境里是两个界限分明、地位不分高下的词。中文"学"对应的英语单词为"academic：1. scholarly，not technical or practical；（学者式的，非技术的或实用的）2. of theoretical interest only；（仅注重理论的）3. of relating to，or characteristic of a school，especially one of higher learning；（学校的，或与学校有关的或具有学校特征的，尤其是具有较高学识的学校）4. relating to students that are liberal or classical rather than technical or vocational；（与自由的或古典文化的研究有关的，而非与技术或职业性的研究有关的）5. theoritical or speculative without a practical purpose or intention；（纯粹理论的

---

①　《辞海》，上海辞书出版社 1979 年版。
②　叶瑛：《文史通义校注》，中华书局 1985 年版。
③　《旧唐书·杜暹传》，中华书局 1975 年版。

或推理的,无实际目的或意图的)6. having no practical purpose or use。(没有实际目的或用途的)"①学术之"术"对应的英语单词为"technology:1. scientific study and use of mechanical arts and applied science;(科技,工艺及应用科学)2. application of this to practical tasks in industry。(技术应用)"②西方的学术并不刻意追求实用与否。这一传统可以追溯至古希腊的柏拉图、亚里士多德。柏拉图说:人们探索哲理只是为想脱出愚蠢。亚里士多德则讲:"很显然他们是为了知识而追求知识,并不以某种实用为目的。"③

　　文艺复兴运动将西方学术从神学中解放出来。"术"在"学"的指导下突飞猛进,强有力地推动着社会向前发展。当蹒跚在中古社会的清政府被西方的坚船利炮打得一败涂地时,部分先知先觉的知识分子开始了痛苦的思考。他们渐渐认识到西学"学""术"分野的合理性,而中学"学""术"混一的直接后果不仅制约了"术"的发展,而且真正意义的"学"也不复存在。因为中学之"学"讲的是先秦子学、两汉经学、魏晋玄学、两宋理学及明代心学,一以贯之的是"道"。而这个"道"求的不是真,而是善,其根本目的是帮助执政者改造大众的心灵。归根结底,中学的"学"仍然是一种"术"。如果说中学的"术"是一种治国之术的话,那么,中学的"学"就是一种攻心之术。基于这一认识,他们开始宣扬学与术分开。严复说:"盖学与术异,学者考自然之理,立必然之例;术者据既知之理,求可求之功。学主知,术主行。"④梁启超说:"学者术之体,术者学之用。""夫学也者,观察事物发明其真理也;术也者,取所发明之真理而致用也。应用此真理以驾驶船舶,则航海术也;研究人体之组织,辨别各器官之机能,此生理学也;应用此真理以疗治疾病,则医学也。学与术之区分及其相互关系,凡百皆准此。"⑤不仅如此,梁启超还针对中学"学术"过分强调学术的实用性,提倡为无用之学:"学问之为物,实应离致用之意味而独立。"⑥"就纯粹的学者之见地论之,只当问成为学不成为学,不必问有用与无用,非如此则学问不能独立,不能发达。"⑦

二、学术不端(science misconduct)及其种种表现

　　现代意义的"学术"本来可以沿着严复、梁启超指明的路径向前发展。但是,仅仅在20世纪初的一段时间里初现端倪,便昙花一现般地迅速消失了。随后而来的战争,尤其是中华人民共和国成立后的十年"文化大革命",彻底终止了学术发展的轨迹。20

　　①　《牛津高阶英汉双解词典》,商务印书馆1997年版。
　　②　《牛津高阶英汉双解词典》,商务印书馆1997年版。
　　③　亚里士多德:《形而上学》,中国人民大学出版社1993年版。
　　④　严复:《原富》,商务印书馆1981年版。
　　⑤　梁启超:《学与术》,见李伯重:《论学术与学术标准》,《社会科学论坛》2005年第3期。
　　⑥　梁启超:《论清学二种》,见李伯重:《论学术与学术标准》,《社会科学论坛》2005年第3期。
　　⑦　陈寅恪:《吾国学术之现状及清华之职责》,见李伯重:《论学术与学术标准》,《社会科学论坛》2005年第3期。

世纪 80 年代与其说是学术重建时期,不如说是思想解放时期。余三定教授认为:"就整个学术界来说,并不太关注学术规范的问题。"①只是到了 20 世纪 90 年代,学术才开始重新成为学者们的话题。但是,处于转型期的社会又给学术投下了浓浓的阴影。学术界出现了许多光怪陆离的现象。我们可以称之为学术不端(science misconduct)。学术不端是指有关人员在学术活动中的种种不诚实行为。具体表现为:

(1)剽窃他人学术成果。北京大学社会学系教授王铭铭参与了于 1987 年出版的哈维兰《当代人类学》的翻译工作,对其内容颇为熟悉。但是,王铭铭在 1998 年出版的专著《想象的异邦》中,居然将《当代人类学》第二编略作改动,就变成了《想象的异邦》中的第四部分、第五部分、第六部分。类似的例子还有南开大学张爱民在博士论文《美国黑人民权运动的缘起——论美国黑人民权运动产生的原因和历史条件》中,采用照搬、改写、编译、摘录、拼接等方式,大肆剽窃弗洛雷特·亨利的《1900—1920 年间黑人向北部的迁徙运动》(Florette Henri, *Black Migration*: *Movement North*, *1900 – 1920*, Garden City, New York: Anchor Books; 1972)、南希·怀斯的《告别林肯的政党:FDR 时代的黑人政治》(Nancy Weiss, *Farewell to the Party of Lincon*: *Black Politics in the Age of FDR*, Princeton, N. J. : Princeton University Press, 1983)、哈福德·西特科夫的《为黑人实行的新政:民权作为一个全国性问题的出现(第一卷:大萧条的十年)》(Harvard Sitkoff, *A New Deal For Blacks as a National Issue*: *Vol. I*: *The Depression Decade*, New York: Oxford University Press, 1978)以及理查德·德尔休姆的《黑人革命中"被遗忘的年代"》(Richard M. Dalfiume, "The Forgotten Years of the Negro Revolution" in the Journal of *American History*, Vol. 55, No. 1, June 1968)。如果说王铭铭、张爱民对自己的行为还遮遮掩掩的话,那么合肥工业大学的杨敬安教授的剽窃行为则可以称为毫无顾忌,其胆量之大、手段之拙劣,令人瞠目结舌。根据方舟子在新语丝网站的揭露:杨教授 1995 年在 IEEE/RSJ 智能机器人和系统国际会议论文集上发表的论文,几乎是逐字逐句抄袭了一位以色列博士的有关论文。其文字、标点、数据、公式乃至复制插图和照片,都是一模一样。

(2)学术著作粗制滥造。学术既注重积累、传承,也需要创新,也就是前人所说的"发人之所未发,发人之所发而意犹未尽者"。但是,创新不等于标新立异,创新不是毫无根据地胡编乱造。创新是在充分继承、吸取前人研究成果基础上,展开的学术活动。它必须有充分的材料作依据。正如胡适所说:大胆假设,小心求证。但是,王同亿在其主编的《语言大典》中对一些词所作的解释,简直就是异想天开,让人啼笑皆非。如"二流子"被解释为没有牛仔经历而穿牛仔裤的人;"鬼使神差"被解释为鬼和神派遣的使者;"不破不立"被解释为公安机关受理的刑事案件,能破案的就立案,不能破案的就不立案;"牛鞭"被解释为牛的阴茎做成的鞭子。杨玉圣教授幽默地称其为大家开了一个"玩笑"。此外,荆贵生教授在其主编的《古代汉语》中暴露的种种问题,也令人深思。

---

① 余三定:《新时期学术规范讨论的历时性评述》,《云梦学刊》2005 年第 1 期。

在该书的第 969 页有一段话："家乡百物昂贵,我家食子众多,缴用尤属浩大。缴用:缴给别人的和自家用的。"这是典型的望文生义,证明作者缺乏起码的古代汉语知识。此处的缴用就是吃用,即日常生活开支。如果说这两个例子可以视为欺人之作的话,那么,某些著作则是自欺之谈。一些动辄洋洋洒洒上万言的文章,要么空洞无物,要么重复别人早已说透的道理。从学术的角度看,这些文章既无积累,又无创新,借用苏力教授的一句话:你贡献了什么? 可以说除了贡献一堆文字垃圾以外,什么价值也没有。

(3)一稿多投。王兆鹏教授披露:一位作者分别在五种期刊上发表了题目为《宋遗民词人隐逸词的文化阐释》(《赣南师范学院学报》2002 年第 2 期)、《论元初南宋遗民词人中的隐逸词》(《甘肃教育学院学报》2002 年第 4 期)、《隐逸词在南宋遗民词中的新变》(《南昌大学学报》2002 年第 4 期)、《张炎隐逸词的文化阐释》(《广西社会科学》2002 年第 3 期)、《从隐逸文化解读张炎词》(《贵州教育学院学报》2002 年第 5 期)的文章。乍一看,这是同一作者的五篇各有新意的文章,其实,这五篇文章内容大同小异。

三、学术不端的成因及对策

上述只是最为典型的三种学术不端行为。除此之外,还有诸如吹捧与自我吹捧;为发表文章、获得奖项而向有关人员行贿;在学术界拉帮结派、党同伐异;等等,在此就不一一列举。造成这些现象的原因很多,但大致可以归结为三个方面:学者学术道德水平低下;学术规范不明确;学术活动的外部环境恶劣。

(1)学术在本质上是求真的学问,也就是追求真理。它要求学者在学术活动中讲究学术道德,讲究诚信,要具备学术真诚(intellectual integrity)的品格。但是,多年以来我们重视科学知识教育,忽略了科学精神、科学态度、科学方法的教育。重视政治思想教育,忽视了道德品质教育,尤其是忽视了公民道德教育和职业道德教育。此外,违背学术道德所受的惩罚过轻,付出的成本太小,都助长了学术不端行为的泛滥。而学术独立精神的缺乏,则是造成学者学术道德水平低下的一个具有中国"特色"的重要原因。传统中国是一个官本位的社会,行政命令不仅干预学术活动,有时还决定着学术的命运。因此,学者在社会上扮演的是一个并不十分重要的角色,有时甚至是奴仆的角色。学者的社会责任意识逐渐模糊,自身的道德要求也越来越低。要想扭转这种局面,首先要提倡学术独立,提倡学术自由。增强学者的社会责任感、道德责任感。其次要大力加强学术道德教育,尤其要帮助年轻学者树立不唯上、不唯名、不唯利,只唯实的科学精神。

(2)杜绝学术不端行为,除了加强学术道德建设(即学者的自律)外,还要加强学术规范建设(即学者的他律)。学术规范是指学术活动中形成的有利于学术积累与学术创新的行为准则。它包括外在规范与内在规范。外在规范包括注释、引文等方面的规定,如"引文应以原始文献和第一手资料为原则。凡引用他人观点、方案、资料、数据等,无论曾否发表,无论是纸质或电子版,均应详加注释。凡转引文献资料,应如实说明……伪注、伪造、篡改文献和数据等,均属学术不端行为……学术成果不应重复发表,另有约定再次发表时,应注明出处……学术成果的署名应实事求是。"①内在规范是关于学术著作内容方面的规定,如"不得以任何方式抄袭、剽窃或侵吞他人学术成果。应注重学术质量,反对粗制滥造和低水平重复。"②如何将这些规范落到实处,一方面要加大对学术剽窃、抄袭等行为的查处力度,另一方面要开展严肃的学术批评。学术批评是学者之间就学术问题所进行的对话与交流。它也要有相应的规范。学术批评"应以学术为中心,以文本为依据,以理服人。批评者应正当行使学术批评的权利,并承担相应的责任。被批评者有反批评的权利,但不得对批评者压制或报复"。当前的学术界在学术批评上做得还很不够,对一部学术著作要么是一片赞美之声,要么是武断地予以彻底否认。

（3）为学术不端行为推波助澜的还有当前不合理的学术成果评价机制与学术活动管理机制。一篇学术论文的学术水准往往要依据发表在何种刊物上面。国外的一些著名刊物由于有着悠久的学术传统,其评价还具有一定的客观性。国内的某些刊物,尤其是某些社会科学与人文科学刊物,在学术规范还不够健全、匿名审稿制度的执行还不够严格的情况下,学术成果的水平过分依靠学术刊物评判就显得不够理性了。再加上某些编辑人员编发关系稿、权力稿、金钱稿,这一评判体系的科学性就要大打折扣了。另外,由于人们的经济利益与职称挂钩,而职称评定又与学术成果挂钩,于是某些高校出现了全民参与"学术活动"的情况,学术似乎成了一件人人可为的事情。为了发表文章,一些人不是扎扎实实地做学问,而是东抄西抄,弄虚作假。有的人利用手中的权力获取学术资源,行政行为日益渗透甚至控制了学术活动。在学术奖项的评比、科研课题的申报、科研经费的获取等活动中,我们都可以看到权力活动的影子,学术活动的独立性正在日渐弱化。尤为严重的是有些行政部门为了早日出政绩,片面强调早出成果、多出成果;而且不顾学科的不同特点,要出实用性强的成果。这不仅造成了社会资源的巨大浪费,而且助长了学术界的浮躁之风,学术与其目的日益背道而驰。因此,建立科学的学术评价机制刻不容缓。

①　教育部:《高等学校哲学社会科学研究学术规范》,中国高校人文社会科学信息网 2004 年 6 月 22 日。

②　教育部:《高等学校哲学社会科学研究学术规范》,中国高校人文社会科学信息网 2004 年 6 月 22 日。

社会科学科研成果的界定和分类

张国春

社会科学科研成果的界定和分类,是成果管理的一项基础性工作,但长久以来一直未能形成比较统一、普遍认可的操作规范。随着以科研成果为核心的竞争激励机制的逐步强化,成果管理问题的重要性日益显现出来。本文将在总结以往研究的基础上,探索提出科研成果界定和分类的操作性规范。

一、学界对社会科学"科研成果"内涵的探讨

自 20 世纪 80 年代起,随着我国社会科学研究事业的发展和科研管理工作的规范,一些社会科学管理专家在相关著作和文章中,对什么是社会科学"科研成果"、如何界定社会科学"科研成果"进行了积极的探讨。

较早的关于科研成果的含义的探讨,反映在夏禹龙主编的《社会科学学》(1989 年出版)中,这部被看做是社会科学学奠基之作的专著认为,"社会科学科研成果是指对某一研究课题,通过资料积累、社会调查和逻辑思维活动等所取得的具有一定学术意义或应用价值的创造性成果"。"它首先必须……得出过去尚未有过、尚不明确的新观点、新思想、新方法、新理论,或者发掘出前人尚未发现的新资料;其次,它还必须具有一定的学术价值、社会价值或经济价值。"[①]这个界定,可以说是对 20 世纪 80 年代社会科学管理界关于科研成果界定探讨的一个总结。陈建坤和郑贵斌主编的《社会科学科研管理概论》(1990 年出版)关于社会科学研究成果的界定,则进一步强调了科研成果的三个特征:"一是创造性,即必须是在前人结论的基础上进行更全面更科学的研究,从而产生出的新的观点、思想和结论;二是科学性,即必须符合实事求是的科学原则,在严谨的逻辑思维活动的前提下得出的科学结论;三是效益性,即必须对人类社会的发展的某些方面产生积极的效益,具体表现为学术效益、社会效益和经济效益。"[②]此外,晓初的论文《关于正确评价社会科学研究成果的几点思考》(1988 年发表)[③]、张国春的论文《社会科

---

① 夏禹龙:《社会科学学》,湖北人民出版社 1989 年版,第 303—304 页。
② 陈建坤、郑贵斌:《社会科学科研管理概论》,东方出版社 1990 年版,第 71—72 页。
③ 晓初:《关于正确评价社会科学研究成果的几点思考》,《社会科学管理》1988 年第 4 期。

学成果鉴定(评价)初探》(1991 年发表)①、张武主编的《社会科学管理理论与实践》(1993
年出版)②、幺大中主编的《社会科学成果管理》(1995 年出版),等等,也对社会科学科研
成果界定进行了有益的探讨。③

　　一些专家还对文章与科研成果作了区别。例如,张武主编的《社会科学管理理论
与实践》指出:"像一般性文章、书籍对社会有益,也受读者欢迎和喜爱,没有科研成果
的新观念、新理论、新资料、新方法的本质特征和其成果应具备的特点,就不能算科研成
果而只能算其他性质的劳动结晶。"④晓初则明确提出:"那种一无新观念、二无新资料、
三无新方法的东西,根本不能算科研成果。"⑤

　　与此同时,一些研究机构在制定成果管理规范的过程中,也涉及科研成果的界定。
例如,中国社会科学院民族研究所在 1997 年颁布的《中国社会科学院民族研究所科研
工作规范》之《科研成果分类》提出,"社会科学的研究成果,指科学研究工作者运用科
学理论、专门知识、专门方法、特殊技能、语言工具和有关设备等对研究对象进行调查、
描述、整理、分析、综合、解释、阐发、创制等活动形成的多种表现形式的产品。这种产品
具有科学性、创造性、思想性和探索性等特点。"⑥这类规范的制定,使科研成果的界定
具有了科研管理上的实际意义。此外,1995 年中国社会科学院科研局课题组在研制
"社会科学成果评估指标体系"的过程中,就评价社会科学成果所确定的四项基本指
标——"创新程度"、"完备程度"、"难易程度"和"成果价值"⑦,对研究界定社会科学研
究成果也具有较大的参考价值。

　　上述种种关于科研成果的界定,反映了 20 世纪 80—90 年代社会科学管理界关于
什么是社会科学"科研成果"的认识水平。通过对这些界定的分析,我们可以看出,当
时关于社会科学"科研成果"的界定,在科研成果的创新性、科学性和价值性三个方面
形成了广泛的一致性,可以说是达成了管理界的共识。这对我们研究如何界定社会科
学"科研成果"具有借鉴意义。

二、本文关于社会科学"科研成果"的界定

　　总结以往关于社会科学"科研成果"界定的探讨,我们认为,在科研成果的界定中,

　　① 张国春:《社会科学成果鉴定(评价)初探》,《社会科学管理》1991 年第 3 期。
　　② 张武:《社会科学管理理论与实践》,湖北人民出版社 1993 年版,第 229 页。
　　③ 幺大中:《社会科学成果管理》,黑龙江人民出版社 1995 年版,第 30 页。
　　④ 张武:《社会科学管理理论与实践》,湖北人民出版社 1993 年版,第 229 页。
　　⑤ 晓初:《关于正确评价社会科学研究成果的几点思考》,《社会科学管理》1988 年第 4 期。
　　⑥ 科研成果分类,见中国社会科学院民族研究所:《中国社会科学院民族研究所科研工作规范》,1997
年 10 月,第 96 页。
　　⑦ 中国社会科学院科研局课题组:《社会科学成果评估指标体系(一)》,《社会科学管理》1995 年第 3
期,第 2—12 页。

需要注意以下几个问题。

一是要区分文字成果与社会科学科研成果。对于究竟什么样的成果属于"科研成果",目前在管理工作中尚没有明确的规定,有的人把所有发表的文字成果都当做科研成果。① 查阅现有的权威的汉语工具书,没有发现"科研成果"的释词。从相关的解释来看,《辞海》与《现代汉语词典》(修订本)对"成果"一词的释义为:"工作或事业的收获。"如果按照这一释义类推,社会科学"成果"即为"从事社会科学工作的收获",社会科学"科研成果"则应为"从事社会科学研究工作所获"。根据这样的释义,社会科学"科研成果"的内涵,显然要比社会科学"成果"窄得多。社会科学"科研成果",强调"工作所获"的研究性和原创性,那些日常工作中的文字成果(如公文、工作总结等)、文学作品、编辑成果等,虽然也要耗费脑力劳动,但它们不属于本文所要探讨的社会科学"科研成果"的范畴。在这个意义上,我们可以将社会科学"科研成果"简化为社会科学"成果"。

二是要考虑社会科学"科研成果"的不同性质和诸多类别。我们将在本文后面看到,从研究性质的角度,社会科学"科研成果"可分为基础研究成果、应用研究成果、开发研究成果;从科研成果形式的角度,社会科学"科研成果"可分为专著、论文、研究报告、调查报告、学术资料、古籍整理、译著、译文、工具书、学术普及读物、软件、综述、一般文章、教材、影像资料等等。而且,不同研究性质的科研成果还包含有多种成果形式,如基础研究成果就表现为专著、论文、古籍整理等形式。这就要求我们在进行科研成果界定时,既要考虑到科研成果的普遍特征,从共性的角度作出抽象的界定;也要考虑到科研成果的不同性质和不同形式,从个性的角度作出具体的界定。这样,才能使我们作出的界定具有可操作性,才能应用于科研成果管理工作中。

三是要明确社会科学"科研成果"的基本特征。在文献回顾部分,我们回顾了以往研究在社会科学"科研成果"界定的问题上达成的三个方面的共识,即科研成果的创新性、科学性和价值性。然而,近些年来,学术界关于学术规范的讨论日渐热烈,引起了人们对研究规范问题的高度关注,并被广泛接受为评价研究成果的重要指标。这就提出了社会科学科研成果的规范性问题。但我们以前对这个问题似乎重视得不够。其实,规范性应是社会科学科研成果体现的基本特征之一。其一是,遵循一定的学术研究规范,是社会科学研究成果的研究性质的基本要求,是其科学性和创新性的必然体现。其二是,科研成果只有通过一定的渠道发表出来,才能得到学术界和社会的承认,并在实践中验证其知识创新的含量和价值,从而发挥知识增长的阶梯作用。正如一些管理专家所言,取得研究成果,不是科学研究的目的,被社会、学术界承认,并发挥其作用,才是科研活动的最终目的。②

---

① 幺大中:《社会科学成果管理》,黑龙江人民出版社 1995 年版,第 28 页。
② 康荣平、王俊儒、礼广贵、张震编著:《科研管理学简论》,辽宁科学技术出版社 1985 年版,第 66 页。

基于以上的论述,我们对社会科学"科研成果"作出的抽象界定是:社会科学科研成果,是指对人类社会发展或学科发展中的问题,运用科学方法,通过创造性智力劳动,产生出的具有学术价值和社会价值的知识产品,通常体现为专著、论文、研究报告、对策建议、译著、译文、古籍整理、学术资料集、工具书、教材、软件、学术普及读物、理论文章、学术评论、影像资料等具体成果形式。

根据这个界定,社会科学"科研成果"必须具有四个基本特征:创新性、科学性、价值性和规范性。

创新性:指科研成果提出了新的学说、理论、观点和方法;或论证、丰富和完善了已提出的学说、理论、观点和方法;或做出了新的事实描述和表述(包括文字和图像)。

科学性:指科研成果的理论依据、研究方法、论证推理科学、正确;资料数据全面、可靠;或文字表述简明、准确。

价值性:指科研成果对解决经济社会发展中的理论问题、现实问题,或对学术发展具有推动作用和参考价值。

规范性:指科研成果符合学术规范,并通过一定的方式(如发表、上报)在社会和学术界传播,成为知识传承的阶梯。

社会科学科研成果的抽象界定及其基本特征,体现在具体的成果类别中。我们将在后文专门探讨具体科研成果类别的界定问题。

三、学界关于科研成果分类的探讨

总的来看,专家学者及科研管理部门关于社会科学科研成果的分类的看法,可分为三种:一是按研究性质分类,二是按科研成果形式分类,三是将前两者结合起来分类。

1. 按研究性质分类

陈建坤、郑贵斌主编的《社会科学科研管理概论》提出,可参照联合国教科文组织对科研活动的分类,将社会科学成果分为基础研究成果、应用研究成果、开发研究成果。[①] 张武主编的《社会科学管理理论与实践》提出,"可将社会科学成果分为基础研究成果、应用发展研究成果和资料、编译成果三大类型"。[②] 还有的提出,可将社会科学研究成果分为六大类:基础研究成果、应用研究成果、开发研究成果、引进介绍成果、科研技术成果和科研资料性成果。[③]

国家科学技术部将科技成果分为基础理论成果、应用技术成果和软科学研究成果三大类。并对科技成果登记作出了具体规定:(1)应用技术成果:提供相关的评价证明

① 陈建坤、郑贵斌主编:《社会科学科研管理概论》,东方出版社 1990 年版,第 74 页。
② 张武:《社会科学管理理论与实践》,湖北人民出版社 1993 年版,第 235 页。
③ 张国春:《社会科学成果鉴定(评价)初探》,《社会科学管理》1991 年第 3 期。

（鉴定证书或者鉴定报告、科技计划项目验收报告、行业准入证明、新产品证书等）和研制报告；或者知识产权证明（专利证书、植物品种权证书、软件登记证书等）和用户证明。（2）基础理论成果：提供学术论文、学术专著、本单位学术部门的评价意见和论文发表后被引用的证明。（3）软科学研究成果：提供相关的评价证明（软科学成果评审证书或验收报告等）和研究报告。①

2. 按科研成果形式分类

中国社会科学院科研局将科研成果分为专著、论文、研究报告、学术资料、古籍整理、丛书、论文集、译文、译著、工具书、学术普及读物、软件、综述、一般文章、教材、影视片等16种。② 中国社会科学院民族研究所将科研成果分为专著、论文、调查报告、研究报告、译著译文、工具书、古籍整理、教科书、序跋、书评、综述、影视片、软件、学术资料等17类，并对各类成果作了具体界定。③

四川省社会科学院将不同形式的科研成果分为四大类。第一类：论文、专著、研究报告、省级和省级以上课题成果，省委省府委托并由四川省社会科学院安排的课题成果，参加省级以上学会和国际型学术会议被收入会议论文集或在会议上宣读的论文；第二类：译文、译著、教材；第三类：工具书、普及读物、古籍整理、一般文章、综述、省级以下课题成果；第四类：资料汇编。④

3. 综合性分类

这是将研究性质和成果形式结合起来的分类方法。张武主编的《社会科学管理理论与实践》将不同形式的科研成果分为三大类：（1）基础研究成果，包括专著、论文、调查报告等；（2）应用开发研究成果，包括调研报告、建议、方案等；（3）资料、编译成果，包括工具书、古籍整理、译著、资料汇编、论文集等。⑤

教育部在普通高等学校人文社会科学研究成果评奖中，将科研成果分为著作、论文和研究咨询报告三类。其中，著作类成果包括专著、编著（工具书等）、资料和古籍整理著作、译著等，但不包括教材；研究咨询报告类成果包括软件、音像制品等其他形式的成果。⑥ 吉林大学将社会科学科研成果分为：（1）著作类：公开出版的学术专著、编著、学术译著、国家或部委统编教材、古籍整理著作、工具书、软件、音像制品以及不宜公开出

① 科学技术部：《科技成果登记办法》（2000年第12次部务会议讨论通过），见 www.stdaily.com/gb/policy/2002 - 07/25/content_2424.htm。

② 见中国社会科学院历年科研成果统计表。

③ 中国社会科学院民族研究所：《科研成果分类》，见《中国社会科学院民族研究所科研工作规范》，1997年10月，第96—97页。

④ 四川省社会科学院：《四川省社会科学院科研人员岗位职责标准》（2002年1月5日），见 www.ssskyc.com/glzd.htm。

⑤ 张武：《社会科学管理理论与实践》，湖北人民出版社1993年版，第235—236页。

⑥ 教育部：《普通高等学校人文社会科学研究成果奖励办法》，见 www.tsinghua.edu.cn/docsn/kjc/kjc/kxyj/rwsk/jyb/1.htm，2004年4月7日。

版的有重大学术价值的著作。（2）论文类：公开发表的学术论文、学术译文和调查报告、研究报告、考古发掘报告、咨询报告。（3）报告类：未公开发表但被采纳的调查报告、研究报告、考古发掘报告、咨询报告。该校成果申报办法规定：向国内外学术会议提交的论文，如未公开发表不能申报；一篇论文几期刊登的，应作为一篇论文申报；在省级以上报纸上发表的3000字以上的理论性、学术性的文章，可作为论文类成果申报；著作修订再版视为新的成果；等等。[①]

　　从上述科研成果的三种分类方式的分析，我们可以看出，对科研成果的不同分类，往往服务于成果管理的不同目的。如科研成果的统计，多采取按形式分类的办法，这有利于考察科研工作量；而科研成果评奖，多采取按研究性质分类，这有利于比较和评价成果的质量和价值。这些分类办法及其对具体类别科研成果的认定，值得我们认真思考。

四、本文关于科研成果的分类与具体界定

　　在考虑对具体科研成果进行分类、界定以及认定时，我们首先需要考虑并明确以下几个问题：

　　一是社会科学科研成果分类的方法问题。本文在前面分析了成果分类的三种方法：按研究性质分类、按成果形式分类、将研究性质和成果形式结合起来的综合分类，以及不同分类办法对科研成果管理的意义。我们所要探讨、界定的科研成果分类，是用于成果的规范管理，既要用于科研成果的统计、登记，也要用于科研成果的评价。有鉴于此，我们可以采取以科研成果形式分类为基础的、成果形式与研究性质相结合的综合分类方法，将主要的科研成果形式分别归类于基础研究类成果（如专著、论文、理论文章、古籍整理）、应用研究类成果（如研究报告、对策建议）、学术翻译类成果（如译著、译文等）、学术普及类成果（如教科书、学术普及读物）、科研辅助类成果（如学术资料集、工具书、软件），而将其余的非主要的科研成果形式（如评论、图像资料等）归入其他类。

　　二是社会科学科研成果的类别问题。综合目前收集到的资料，社会科学科研成果共被划分为专著、论文、研究报告、调查报告、对策建议、古籍整理、学术资料集、译著、译文、论文集、文集、工具书、软件、教材、理论文章、一般文章、学术普及读物、序跋、书评、综述、影视片、图像资料等22种之多。根据目前科研工作情况和科研管理工作的需要，本着简明的原则，我们可对形式相近的成果类别进行合并。例如，我们可将研究报告、调查报告合并；论文集（未发表的论文以单篇数量计）并入论文；序跋、书评、综述归并为评论；理论文章与一般文章合并；影视片与图像资料合并；而文集多为已有成果的汇编，应为编辑成果，不应作为科研成果。这样，经过归并后的科研成果形式有专著、论

文、研究报告、对策建议、译著、译文、古籍整理、学术资料集、工具书、教材、学术普及读物、理论文章、软件、学术评论、影像资料共15种。

三是社会科学科研成果的认定问题。不同性质和类别的科研成果发表方式不同。一般来说,基础研究成果,如专著、论文、古籍整理等,发表方式多为出版社、期刊杂志社公开出版;应用对策研究成果,如研究报告、对策建议等,发表方式多为内部上报。在发表方式上,传统的科研成果发表方式为出版社、学术期刊、重要报纸公开发表和内部上报,但近些年来,随着信息技术在社会科学研究领域的广泛应用,科研成果发表出现了一种新的形式——在专业网站或专业电子刊物上发表。而由于受研究机构经费不足所限,有些质量较高的科研成果完成后难以出版面世,但科研人员的创造性劳动需要得到承认,这成为科研成果确认中的难题。这些情况要求我们在界定各类科研成果时,要根据具体情况作出具体的规定。

综合上述关于社会科学科研成果界定的分析,根据社会科学科研管理工作的需要,我们对目前的科研成果的类别作出下面的具体界定。

(一)基础研究类成果

(1)专著:对人类社会发展和学科发展中的问题进行系统研究的论著,通常有专论、通论、概论、通史等形式,有比较完整的编、章、节体系结构,有引证注释、参考文献,字数一般在10万字以上。一般公开出版,或在专业学术网站发表;因故(如缺乏出版经费)不能公开出版的,须由相应管理部门出具成果鉴定材料。

(2)论文:对经济社会发展和学科发展中的某一专题进行深入研究的单篇文章,有论题、论点、论据和结论,有引证注释、参考文献,字数一般在数千至数万字不等。一般在学术刊物上公开发表,或编入公开出版的学术会议论文集,或在专业学术网站发表。

(3)理论文章:对经济、政治和社会中的重要理论问题进行科学论证、理论阐发和评论的单篇文章,有论题、论点、论据和结论,字数一般在三千字以上。一般在全国性重要报刊的学术理论版发表。

(4)古籍整理:通过校勘、注释、订正、标点、汇编、补遗、辑佚等方式对古籍文献进行的研究与系统整理,通常编印成册。应列入本单位的科研工作计划,一般公开出版。

(二)应用研究类成果

(5)研究报告:对经济社会发展中的实际问题,或对历史事实,进行系统调查研究形成的报告,通常分单一问题的研究报告和系列问题的研究报告,包括调研资料、文献数据分析、结论和对策建议,有数据来源、文献出处及参考文献。一般内部报送,亦可公开发表。

(6)对策建议:基于深厚学养和深入研究,对解决某一实际问题所提出的有决策参考价值的意见、建议、对策、思路和方案,一般只有数千字。通常通过内部渠道向有关决策部门报送。

（三）学术翻译类成果

（7）译著：用另一种语言文字翻译已公开出版的论著而形成的学术论著。应列入本单位的科研工作计划，一般公开出版。

（8）译文：用另一种语言文字翻译已公开发表的学术文献而形成的单篇学术论文、文献资料等。一般公开发表。

（四）科研辅助类成果

（9）学术资料（集）：经过系统收集、研究整理而形成的文献资料、图片资料、语音资料、剪报资料等。通常编印成册或制成数据库。应列入本单位的科研工作计划，一般公开出版，因故（如没有出版经费）不能公开发表的，须由相应管理部门出具成果鉴定材料。

（10）工具书：根据一定体例编纂的专题的或综合的辞典、百科全书、地图集、年表、年鉴等，有目录、索引。应列入本单位的科研工作计划，一般公开出版。

（11）软件：运用现代信息技术制作的科研数据库、科研管理数据库。一般应列入本单位的科研工作计划。

（五）学术普及类成果

（12）教材：根据专业教学需要编写的高等教育教科书，通常用于教学实践。应列入本单位的科研工作计划，一般公开出版。

（13）学术普及读物：为宣传、普及社会科学知识撰写的知识性文章和书籍。应列入本单位的科研工作计划，一般公开出版。

（六）其他

（14）学术评论：就社会科学的学科领域和专题研究状况、学术著作等撰写的评论、序言、跋、综述等评述性文章。一般公开发表。

（15）图像资料：使用录像设备拍摄的学术性的资料影视胶片、数码影像资料（如人类学影视片等）。一般应列入本单位的科研工作计划。

"学术文"的研习与追摹

——"现代中国学术"开场白

陈平原

这是一门为研究生开设的专题性质的选修课。以往,前两周试听,第三周起才正式选课。现在不行了,要求你们尽早决断,这一周就必须网上选课。据说是计算机管理,铁面无私。可我更喜欢以前那种选课方式,我试讲,你试听,双向选择,很有人情味。让不幸"误闯白虎堂"的学生坐立不安,对你我来说,都是"罪过"。

依照惯例,必须有个"开场白",以便大家明了这门课的宗旨、性质、内容以及讲授方式。今天,就围绕这份发给大家的"阅读文选",略为展开。正式选课的同学,课后登记一下,统一复印相关文章,这样方便,而且便宜。

这节课主要讨论五个问题:第一,关于"学术文";第二,何谓"Seminar";第三,作为训练的"学术史";第四,什么是"中国现代学术";第五,学术文章的经营。

一、关于"学术文"

以"现代中国学术"为讨论对象,类似的选修课,十五年来,我开过好几轮。跟以往有点不一样,这回少了一个"史"字,背后的原因,是希望突出文本细读,而不是宏观论述。相应地,教授的方式,也由演讲式的满堂灌,转化为如切如磋的师生对话。还是谈论"现代中国学术"的演进,但不再一味高谈阔论,而是落实为若干代表性文献的阅读与讨论。这里牵涉两个问题:第一,学术文,第二,讨论课。而所有这些,说夸张点,都是渊源有自。

请注意,我提供的,不仅仅是历史文献,而是兼有文献价值的"学术文"。关注"学术文",将"学术文"的研习与追摹,作为中文系的必修课,这是老北大的传统。大学中文系的任务,除了知识传授,还有写作训练。比如,1931年秋,北大国文系新添"新文艺试作"课程,分散文、诗歌、小说、戏剧四组。散文组指导教师:胡适、周作人、俞平伯;诗歌组指导教师:徐志摩、孙大雨;小说组指导教师:冯文炳;戏剧组指导教师:余上沅。负责具体指导的教员,日后多有变化,但这课程是延续下来了。沈从文在西南联大中文系教授"各体文习作"、"创作实习"等课程,由于汪曾祺在《西南联大中文系》、《沈从文先生在西南联大》中的精彩描写,而广为人知。换句话说,学院里的文学教育,包括写作课程的开设，现已得到越来越多的关注。但所有这些，都属于"文艺文"。"学术文"呢？中文系的研究生中，日后成为著名作家的，毕竟是少数；从事学术研究的，应该说是主流。那么，这些日后的专家学者，是如何习得"学术文"的写作的，这难道不值得我们认真追究？

这件事，说实话，以前我也没细想。因为在法兰西学院图书馆发现了一批老北大讲义，才促使我认真考虑这个问题。远隔千山万水的巴黎法兰西学院，居然收藏着几十册早年北大的讲义，而且"养在深闺无人识"，这点让我喜出望外。这些讲义，版式统一，有油印，也有铅印，封面上写着课程名称以及讲授者的姓，正文偶有与封面不太一致的。其中油印讲义共7种12册，铅印讲义则有5种14册，我在2005年第3期的《读书》上专门作了介绍（参见《在巴黎邂逅"老北大"》）。跟今天论题相关的，是沈（尹默）的《学术文录》和叶浩吾的《学术史》（内文《中国学术史》）。后者是个人著述，前者则依次收录章太炎的《文学略》、《韩非子·显学》、《礼记·礼运》、陆机的《文赋》、《史通·模拟》、范晔的《狱中与诸甥侄书》、章学诚的《诗教》、《庄子·天下》、《史记·游侠列传》、《礼记·中庸》、《典论·论文》、《日知录·文人求古之病》、《检论·儒侠》、《国故论衡·论式》、《孔子世家》等。怎么看待章门弟子在民初北大的影响，我在《老北大的故事》以及《中国大学十讲》等著述中，都有所涉及。这里只想指出一点，这些"学术文"的讲习，主要目的不是呈现中国学术演进线索，而是培养"学术意识"以及"文章趣味"。

之所以敢如此断言，是因为得到一位藏书家的帮助，我又发现了三种线装铅印的老北大20世纪20—30年代的讲义，同样显示这一旨趣。第一种，"国立北京大学文学院"一年级《国文》讲义，主体部分是从先秦到清代的文学作品选，后面附录梁启超的《清代学术概论》的导言以及胡适的《〈国学季刊〉发刊宣言》。第二种，国文系一年级《诗选》讲义，后附胡适的《〈孔雀东南飞〉的时代考》（出自《白话文学史》第六章）、梁启超的《〈古诗十九首〉考证及批评》（包含他人相关论述）、胡适的《南北新民族的文学》（出自《白话文学史》第七章）。第三种，国文系四年级选修课讲义《学术文选·学术文习作示例》，包含梁启超的《释"四诗"名义》、朱自清的《李贺年谱》、胡适的《校勘学方法论——序陈垣先生的〈元典章校补释例〉》、冯友兰的《原儒墨》、王国维的《红楼梦评论》等。当年北大国文系的教师们，到底是如何开展教学的，需要很多细节才能复原；但在不同课程的讲义里，附录若干"学术文"，明显有提供样板以便学生追摹的意味。这点很值得我们注意。

学术论文到底该怎么写，如何展开思路、结构文章，怎样驾驭材料、推进命题，对于研究者来说，并非自然天成，而是需要长期的学习与训练。不是说有观点、有材料，就一定能写出合格的学术论文。当然，长时间阅读前人相关著述，耳濡目染，某种程度上是可以无师自通的；但若有师长点拨，入门岂不更容易？起码可以少走很多弯路。

二、何谓"Seminar"

摒弃"通史"或"概论",转而选择若干经典文本,引导学生阅读、思考,这一教学方式,除了老北大的经验外,还得益于程千帆先生的《文论要诠》。

抗战中,程先生在武汉大学中文系讲"文学发凡",据说其讲义包括总论、骈文、散文三部分。起初选文太多,一年讲不完;于是只好重编。讲义没编定,人已经转到了金陵大学;顺理成章的,这教材也就由金陵大学出钱印了出来。1948 年,叶圣陶为其易名《文论要诠》,由上海开明书局正式出版。1983 年黑龙江人民出版社重印此书,又改成了《文论十笺》。讲的是"文学理论",但并非搭个空架子,再往里面塞例证;而是选择十篇最有代表性的文论,在笺证中阐释。比如,通过笺证章太炎的《文学总略》来"论文学之界义",通过笺证章学诚的《诗教上》来"论文学与时代",通过笺证刘师培的《南北文学不同论》来"论文学与地域",通过笺证陆机的《文赋》来"论制作与体式"等。

程先生的这一教学思路,对我很有启发性。1997 年秋,我曾专门赴宁,向已赋闲在家的程千帆先生请教。谈话中提到,我准备编"中国现代学术读本",作为讲授"中国现代学术史"的教材,程先生很高兴,大声叫好,还特地推荐了章太炎的《五朝学》,说这是大文章,好文章,一定要入选。很可惜,岁月蹉跎,"读本"至今没有完成。不过,把程先生教授"文学理论"的这个方式,转为讲授"现代中国学术",我还是略有推进的,那就是特别强调讨论课的意义。

这门课,形式上是讨论课,或者叫"Seminar"。这既是老北大的传统,又基本上被遗忘了。为何大发感慨? 不妨就从北大办研究所说起。蔡元培校长在北大 1918 年开学式上发表演说,称"大学为纯粹研究学问之机关","学者当有研究学问之兴趣,尤当养成学问家之人格"。至于"本校一年以来,设研究所,增参考书,均为提起研究学问兴趣起见",更是蔡校长所引以为傲的(《北大一九一八年开学式演说词》)。两年多后,北大公布《研究所简章》,开篇便是:"研究所仿德、美两国大学之 Seminar 办法,为专攻一种专门知识之所。"北大 1918 年创建研究所,虽拨了点经费,但难以为继,很快风流云散;因而,蔡校长日后回忆,谨慎地称之为"拟设"。直到 1921 年 11 月 28 日,蔡元培向北京大学评议会提出《北大研究所组织大纲提案》,获得了通过。1922 年 1 月,研究所国学门才正式成立。以蔡元培为委员长的研究所国学门委员会,包括顾孟余、沈兼士、李大钊、马裕藻、朱希祖、胡适、钱玄同、周作人等;另外,还聘请了王国维、陈垣、钢和泰(俄)、伊凤阁(俄)、陈寅恪、柯劭忞等作为研究所的导师。研究方向则集中在考古、歌谣、风俗调查、方言调查、明清档案整理等若干很有发展前途的新学科。此后,北大乃至整个中国的研究生教育,逐渐走上了正轨。

可是,由于连续不断的内战外战,加上新中国成立后没完没了的政治运动等缘故,中国建立完整的学位制度,独立培养学士、硕士、博士,如此宏图大业,迟至 1983 年才真正得到落实。此前,各著名大学多办有研究所,也培养了很多优秀人才,但始终没有正式授予硕士或博士学位。建立完整的学位制度,既体现了中国的教育及学术实力,也是为了跟国际学界接轨。最近几年,随着高校大量扩招,研究生教育也急速膨胀,单2005年全国就招收了各类研究生37万人。现在的中国,高等教育规模世界第一,连博士生总数也都"天下无敌"。教授们因而变得手忙脚乱,研究生课程也大都由讨论班改成了演讲课。

这就回到了老北大对于研究生教育的设计。什么叫"德、美两国大学之Seminar"?简单地说,就是讨论课,师生在一起坐而论道;而不是演讲课,任凭教授一个人唱独角戏。演讲课上,教授妙语连珠,挥汗如雨,博得满堂掌声;学生不必怎么动脑筋,只是一个旁观者,闭着眼睛也能过关。讨论课则不一样,学生是课堂的主体,必须在教授的指挥、引导下,围绕相关论题,阅读文献,搜集资料,参与辩难,并最终完成研究报告。一个关注知识的传播,一个注重研究能力的培养,后者无疑更适应于研究生教学。可在很多大学里,教务部门担心教师们偷懒,要求教师一定要站在讲台上,对着几十乃至上百名博士生、硕士生,哇啦哇啦地讲满两个小时。似乎只有这样,才是认真负责。如此规章制度,把博士生当中学生教,把大学教授当公司职员管,效果很不好。

在北大,由于实行比较彻底的学分制,学生可以自由选课,加上好多慕名而来的其他大学的教师及研究生,著名教授为研究生开设的专题课,往往变成了系列演讲。对此,我深感不安。我在好些国外大学讲过课,没像在北大这么风光的。教授是风光了,讲到得意处,掌声雷动。可我知道,这对学生的培养很不利。想改变这个状态,很难。不说别的,教室就设计成这个样子,椅子是固定的,你只能站在凸起的讲台上演讲,无法坐下来跟学生一起讨论。我不止一次说过,北大要想成为一流大学,先从一件小事做起,那就是彻底改变后勤部门决定教学方式的陈规。呼吁了好些年,最近才得到校方的允诺,在新建的教学楼里,预留众多可以上Seminar的小教室。

这种以学生为主体的课程设计,对听讲者来说,压力大大增加。以我的观察,现在中国的研究生培养,普遍要求很不严格。单以阅读量来衡量,比在美国念书要轻松得多。我们也开参考书目,但没他们多,而且不抽查,看不看都无所谓。在国外大学上Seminar,不可能只带耳朵,或者睡眼惺忪。你必须课前阅读指定书目,上课时积极参与讨论,学会倾听与争辩,并借此养成发现问题、解决问题的能力。这些技能,你要是只听大牌教授演讲,是学不到的。我不太相信"快乐教育"之类的说法——幼儿园可以,大学不行。并非"不打不成器",而是承认教育本身带有某种强制性,哪些课必修,哪些知识非掌握不可,绕不过去的时候,你就必须直面"惨淡的人生"以及这些一时看来"枯燥乏味"的课程。提倡给学生"自主性",是指选择课程的权利,而不是随意缺课,或在同学发言时沉入梦乡。

最近十几年,类似的讨论课,我试验过好多次,效果都很好——尽管因转移教室,不太符合学校的要求。考虑到北大的特殊情况,我只好妥协,一学期演讲式的大课,一学期讨论班的小课。看今天这个样子,原先设想的讨论课,十有八九又要泡汤了。

三、作为训练的"学术史"

从 1991 年发表《学术史研究随想》,并在北大中文系尝试开设学术史方面的课程,十几年来,我始终强调:这一课程的设置,主要目的不是训练学术史研究方面的专家,而是培养学生们的眼光与趣味。换句话说,是一种自我训练。

2000 年春,在"中国文学研究百年"专题课的"开场白"中,我特别谈到借助学术史研究,培养一种境界与情怀。这需要潜移默化,而不可能现炒现卖。之所以再三强调学术史研究不仅是一个课题,而且更是一种极好的情感、心志以及学养的自我训练,原因就在这里。那次开场白,后来整理成《反思"文学史"》,发表在 2000 年 3 月 22 日《中华读书报》上。文章中,专门谈及修习学术史课程可能产生的副作用,那就是造就一种居高临下的姿态,随意指点江山,如入无人之境。把读书做学问看得太容易,把前辈和同行设想得太愚蠢,这种心态很可怕。所以,我不主张专门从事学术史研究,而是希望诸位术业有专攻,而后才将学术史作为研究课题或自我训练的途径。

今年夏天,在北大英杰交流中心召开的"'当代学术史'学科建设研讨会"上,我作了专题发言,再次谈及这个问题,提醒大家注意学术史研究的"副作用":"我不止一次说过,与其把学术史研究作为一个课题,还不如将其作为一种自我训练。在我看来,没有受过相关专业训练的学生,不适合谈论学科史。还没入门,只是记得许多学术史上的掌故,或者几条僵硬的治学经验,就开始指点江山,激扬文字——谁是一流,谁是二流,谁谁谁不入流——那样不好。你不是这一行的专家,没有受过很好的专业训练,凭什么如此下判断? 学多了此类激动人心但不着边际的'空论',很危险。"①

今天,我还是要"老调重弹";不过,这回不再说理,而是转述一个有趣的学界掌故。据刘国钧先生称,章太炎曾讲过,晚清著名学者谭献有个儿子,才十来岁,并没读过多少书,可开口就谈《汉书·艺文志》九流十家,非常空疏,极不可取。② 评骘各路英雄好汉,要有自己的学问根基,那样才可能体会深切,抑扬得当。不然的话,只顾自己说得痛快,缺乏陈寅恪所说的"了解之同情",对学术推进没有任何意义。北京人骂人,冷冷的,但很损:"你以为你是谁?"就这个意思。

从这学期起,我受中文系委托,每年为全系博士生讲一个学分的必修课"学术规范与研究方法"。生怕讲成另一门政治课,于是,摒弃高高在上的教训,改为平等的对话与交流,而且,希望兼及高远的境界与具体的学识。在座诸位,若是博士生一二年级,可

① 陈平原:《"当代学术"能否成"史"》,《云梦学刊》2005 年第 4 期。
② 参见程章灿等:《老学者的心声——程千帆先生访谈录》,《程千帆沈祖棻学记》,贵州人民出版社1997 年版。

以将这两门课结合起来,互相参照。

四、什么是"中国现代学术"

　　谈"学术规范与研究方法",最容易碰到的挑战是,什么叫"学术"?哪来的"方法"?谈学问,有大有小,可虚可实,往往是见仁见智,很难一言以蔽之;至于不同学科的研究方法,确实有很大差异。你只管唐代诗歌,别的一概排斥,那眼界未免太狭窄了。你读钱穆的《中国史学名著》,那是给博士班学生讲课的记录,其中再三强调,做学问不能只顾自己那一亩三分地。可你也不能不考虑数学研究与诗学研究的差异,认定只要是学问,就一定具有共通性,可以一锅端,那又太宏观了。在我看来,谈学问,规模及眼界大小适中者,是将"人文学"作为一个整体来考量。单就思路、趣味、方法等而言,人文学中不同学科,确实具有某种共通性。当然,这并不排斥你借鉴社会学的方法或者经济史的眼光。

　　之所以这么提出问题,那是因为,此前学界有过关于"什么是中国现代学术"的论争。1996年年底,《中华读书报》刊登刘梦溪先生的《中国现代学术要略》,文章分两期刊载,整整四大版,皇皇六万言。实际上,这是河北教育出版社"中国现代学术经典丛书"的总序。文章本身写得不错,可作为"总序",每册书前都来那么六万字,未免浪费纸张。李慎之先生实在看不下去——不是因为纸张,而是因为学问路数不同——于是在《开放时代》1998年10月号上发表了《什么是中国现代学术经典》。李先生视野开阔,首先论证中国学术在历史上有过三次高潮:第一次是春秋战国时期,即世界各大文明几乎同时发轫的轴心时期;第二次是佛教传入中国以后,经千年而形成宋明理学;第三次是19世纪末西学传入中国,除引入许多中国从来没有的新学科外,也使中国传统学术面目一新。中国学术发展三阶段,这没问题,学界大都认可;分歧在于,李先生认为,只有融入了西方的"民主"与"科学"的学问,才能列为"现代学术"。按照这个标准来衡量,刘先生选编的"中国现代学术经典"丛书以及他为此而撰写的"总序"——《中国现代学术要略》,有一个致命的弱点:没有认真区分传统学术与现代学术,收入了许多不够格的作家作品,而忽略了另外一些重要的作家作品。李先生的指责,有些主意很好,只是悬得过高,一下子做不到,比如,为何不收自然科学和社会科学的著作,难道《中国历史地图集》、《中国植物图志》那样的大书不算学问?有些则是丛书体例所限,任何书籍都不可能无限扩张,比如,你既然选了赵元任,为何不选第一个写《中国音韵学》的瑞典人高本汉,难道中国学术能够完全无视世界学术发展大势?还有些则是对"学问"理解不同,趣味因而相差甚远。比如,李先生称马一浮了无新意,钱基博也太老旧了,应该选的是谭嗣同、孙中山、陈独秀;至于谈鲁迅,与其选《中国小说史略》,还不如选《阿Q正传》——所有这些,都明显是基于思想史而非学术史的立场。要说对中国人精神生活影响大,《阿Q正传》当然远远超过《中国小说史略》;可要是真的将前者收入《中国现代学术经典》，那也是笑话。不过，李先生的最后结论：此乃"现代国学大师丛书"，而非"中国现代学术经典"，倒是点出了这套大书的优点与缺失。

李先生的提醒很重要，世人之谈论"中国现代学术"，经常一转眼就变成了"国学"，这是个很大的误解。为什么会这样，谈论"学问"时，往往"国学"优先？我在解读作为神话的"清华国学院"时，曾涉及这个问题。20世纪20年代，中国大学纷纷创办研究院，入手处都是"国学"；这里既有内在需求，也有外在制约："稍做清理，不难发现，研究院的主旨是：第一，谋求学术独立；第二，铸造中国的国魂；第三，使用科学的方法；第四，研究的对象是作为中国文化整体的'国学'，而不是西方学科体系中的文学、历史、哲学；第五，经费所限，只能先办国学。所有这些策略选择，不仅是清华校长的个人趣味，也是当时整个中国高等教育的现状所决定的。……如果说新文化运动的主要动力是'输入学理'，那么，1919年以后，以胡适为代表的部分新文化人，开始转向'整理国故'。可以这么说，20年代中期，如何'整理国故'，是各大学文科教授普遍关注的焦点，也是重要的学术转向。这个思潮对现代中国的教育及学术转型，起了很大的作用。"①实际上，"国学"只是一个特定的学术领域，根本涵盖不了现代中国学术；只不过世人说惯了，懒得去仔细分疏。

这门课所讨论的"现代中国学术"，也是大而化之，经不起李先生的仔细推敲。不包含自然科学、社会科学，也并非严格意义上的"国学"，而是现代中国的"人文学"。而且，还得再缩小，我所讨论的，基本上只限于与现代中国学术范式的建立相关的人事以及著述。

自从余英时先生借用库恩（Thomas S. Kuhn）的科学革命理论，解释胡适《中国哲学史大纲》在中国近代史学革命上的中心意义②，关于学术转型或范式更新的言说，便颇为流行。讨论学术范式的更新，锁定在戊戌与五四两代学人，这种论述策略，除了强调两代人的"共谋"外，还必须解释上下限的设定。相对来说，上限好定，下限则见仁见智。在我看来，1927年以后的中国学界，新的学术范式已经确立，基本学科及重要命题已经勘定，20世纪影响深远的众多大学者也已登场。如康有为、梁启超、章太炎、罗振玉、王国维、严复、刘师培、蔡元培、黄侃、吴梅、鲁迅、胡适、陈寅恪、赵元任、梁漱溟、欧阳竟无、马一浮、柳诒徵、陈垣、熊十力、郑振铎、俞平伯、钱穆等，或开始撰写、或已经完成其代表作；汤用彤、冯友兰、金岳霖、张君劢等也已学成归来，并在大学传道授业。20世纪中国人文学科（社会科学另当别论）的大学者，尚未露面的当然还有，但毕竟数量不是太多。另一方面，随着舆论一律、党化教育的推行，晚清开创的众声喧哗、思想多元的局面也不复存在，取而代之的是立场坚定、旗帜鲜明的党派与主义之争，20世纪中国学

---

①　陈平原：《大师的意义以及弟子的位置——解读作为神话的"清华国学院"》，《现代中国》第六辑，北京大学出版社2005年版。

②　参见余英时：《中国近代思想史上的胡适》，（台北）联经出版公司1984年版，第1921、7791页。

术从此进入了一个新的时代(这个问题,我在北大版《中国现代学术之建立》的"导言"中,有专门的论述)。具体讨论的文章,有迟至 60—70 年代才发表的,但"问题意识"早就存在,可以说是新文化运动遥远的回声。

当然,谈论现代中国学术,本不该回避"反右"或"文革",其中的深刻教训,值得我们认真反省。但是,一方面学力所限,目前没有专门研究;另一方面担心,引入"反右"或"文革",很容易滑向政治史,反而模糊了论述的焦点。

还有一个问题,你为什么不评述最近二十年的中国学界,是不是真的认为"一代不如一代"? 在我看来,学术史研究,需要拉开一段距离。如今流行当场拍板,以显示眼光与魄力。评选"全国优秀博士论文",要求第二年就做结论;很可能还没正式出版呢,哪来伟大的"贡献"以及深远的"影响"? 应该是十年后、二十年后,才能比较准确地判断某部著作或某个观点的价值。启功先生去世时,传媒曾大肆宣传:"大师时代已经结束。"我到清华演讲,也有学生问这个问题,我的回答很不客气:学问类型不同,没必要妄自菲薄。再说,我们这一代做不到的,怎么能断言下一代也做不到?

五、学术文章的经营

依我的浅见,"学术文"的研习与追摹,应该作为中文系的必修课,而且是重中之重。因为,中文系毕业生的看家本领,不外乎阅读与写作。前面已经说了,所谓的"写作课",不该局限于文学性的诗文小说戏曲,更应包括一般作为学问来看待的"学术文"。借用章学诚的说法:"夫史所载者,事也;事必藉文而传,故良史莫不工文。"(《文史通义·史德》)我略为发挥,不仅"良史",所有治人文学的,大概都应该工于文。

学问千差万别,文章更无一定之规。"学术文"的标准,到底该如何确立? 唐人刘知几讲,治史学的,应具备三本领:才、学、识。清人章学诚又添加了一项"史德"。史才、史学、史识、史德,四者该如何搭配,历来各家说法不一。我想补充两点:第一,选题及研究中"压在纸背的心情";第二,写作时贯穿全篇的文气。

这么说,还是嫌过于笼统,不妨举两个例子,让大家更容易明白。

1960 年 5 月,钱穆给时正负笈哈佛的得意门生余英时写信,畅谈"鄙意论学文字极宜着意修饰",信中,对章太炎大加褒奖,对学术路数截然不同的胡适,也颇多好评①。就从这两个人的述学文字说起。

1909 年,针对上海有人"定近世文人笔语为五十家",将章太炎与谭嗣同、黄遵宪、王闿运、康有为等一并列入,章大为不满,在《与邓实书》中,除逐一褒贬谭、黄、王、康的学问与文章外,更直截了当地表述了自家的文章理想:发表在《民报》上并广获好评的

---

① 参见《钱宾四先生论学书简》,见余英时:《犹记风吹水上鳞——钱穆与现代中国学术》之"附录",(台北)三民书局 1991 年版。

"论事数首",不值得推崇,因其浅露粗俗,"无当于文苑";反而是那些佶屈聱牙、深奥隐晦的学术著作如《訄书》等,"博而有约,文不奄质",方才真正当得起"文章"二字。照章氏的说法,自家所撰"文实闳雅"的,除了《訄书》,还有箧中所藏的数十首。这数十首,应该就是第二年结集出版的《国故论衡》。

将自家"著述"作为"文章"来看待,那是因为,章太炎对什么是好文章,有自己的独特理解。太炎先生之论文,既反感流俗推崇先秦文章或唐宋八大家,也不认同所谓骈文正宗,而是强调六朝确有好文章,但并非世代传诵的任、沈或徐、庾,而是此前不以文名的王弼、裴頠、范缜等(《国故论衡·论式》)。如此立说,整个颠覆了传统学界对于"八代之文"的想象。章氏这一惊世骇俗的高论,乃长期酝酿,且渊源有自。在章氏看来,文章的好坏,关键在于"必先豫之以学"。深深吸引太炎先生的,首先是六朝学术(或曰"魏晋玄理"),而后才是六朝文章(或曰"魏晋玄文")。太炎先生一反旧说,高度评价魏晋玄言,称六朝人学问好,人品好,性情好,文章自然也好——如此褒扬六朝,非往日汲汲于捍卫骈文者所能想象。直到晚年讲学苏州,太炎先生仍坚持其对于魏晋六朝文的独特发现。而这一发现,经由周氏兄弟的引申与转化,成为 20 世纪中国散文的一大景观。①

再说胡适的文章。陈源在《新文学运动以来的十部著作》中,首先推举的是《胡适文存》,而不是常人特别赞许的《尝试集》或《中国哲学史大纲》,理由是,"明白清楚"构成了"他的说理考据文字的特长"。陈源甚至说:"《胡适文存》却不但有许多提倡新文学的文字,将来在中国文学史里永远有一个位置,他的《水浒传考证》《红楼梦考证》也实在是绝无仅有的著述。"至于朱自清,在为青年人撰写的《〈胡适文选〉指导大概》中,也专门指出:"他的散文,特别是长篇议论文,自成一种风格,成就远在他的白话诗之上。"在朱自清看来,胡适的论文,采用的是"标准白话",且讲究情感、对称、严词、排语、比喻、条理;"他那些长篇议论文在发展和组织方面,受梁启超先生等的'新文体'的影响极大,而'笔锋常带情感',更和梁先生有异曲同工之妙。"这里讨论白话文学的成功,举的却是胡适的长篇论文,表面上有点错位,实则大有见地。

不管是章太炎的《国故论衡》,还是胡适的《水浒传考证》,都是学术史上不可多得的名著——既有学术贡献,也可作为文章欣赏。之所以强调这一点,是有感于现在的学者——包括在学的研究生,也包括已经成名的教授——大都不讲究"学术文"的写作。或生吞活剥西方译本,或照猫画虎师长文章,这不是好现象。也有人擅长想象虚构、叙事抒情,会写精致的新诗或血雨腥风的武侠小说,就是对学术论文没感觉,你说怎么办?有想法,能提问,思维活跃,掌握的史料也很丰富,可就是写不出好论文,可惜了。

发给大家的"阅读文选",既是历史文献,也是学术文章;其中好些可以作为范文来

---

① 参见陈平原:《中国现代学术之建立》,第八章"现代中国的'魏晋风度'与'六朝散文'",北京大学出版社 1998 年版。

追摹。希望大家阅读时,兼及"学问"和"文章"两个不同的维度。总共挑了十五人,每人就选三篇,仔细观察,你会发现,其实每讲都有侧重点;而且,合起来,大致显示我所理解的"现代中国学术"的发展脉络。有心人单凭这个选目,就能猜到我讲课的思路;当然,还有可能存在的缺失。日后增加评述部分,做成"现代中国学术读本",相信更有利于初学者。

　　附记:

　　本课程最后因听众过多,加上教室座位固定,无法展开深入的讨论,不得已改成以讲授为主。课程结束后,要求修课的学生选择相关课题,各自独立完成一专业论文。现选择其中较有特点的若干篇,奉献给学界朋友。将"开场白"、"阅读文选"以及学生作业汇为一编,希望能借此显示该课程的大致轮廓。

附录　"现代中国学术"课程阅读文选(2006 年春,北大三教)

章太炎(1869—1936)

　　《国故论衡·原学》(《国故论衡》,上海古籍出版社)

　　《五朝学》(《章太炎全集》第四卷,上海人民出版社)

　　《救学弊论》(《章太炎全集》第五卷,上海人民出版社)

梁启超(1873—1929)

　　《中国史叙论》(《饮冰室合集》,中华书局)

　　《新史学·中国之旧史学》(《饮冰室合集》,中华书局)

　　《清代学术概论·二》(《梁启超论清学史二种》,复旦大学出版社)

王国维(1877—1927)

　　《论近年之学术界》(《静庵文集》)

　　《国学丛刊序》(《王国维文学美学论著集》,北岳文艺)

　　《最近二三十年中国新发见之学问》(《静庵文集续编》)

刘师培(1884—1919)

　　《论近世文学之变迁》(《刘师培论学论政》,复旦大学出版社)

　　《清儒得失论》(《刘师培论学论政》,复旦大学出版社)

　　《汉魏六朝专家文研究·绪论》(《中古文学论著三种》,辽宁教育出版社)

蔡元培(1868—1940)

　　《就任北京大学校长之演说》(《蔡元培全集》第三卷,中华书局)

　　《致〈公言报〉函并答林琴南函》(《蔡元培全集》第三卷,中华书局)

　　《我在北京大学的经历》(《蔡元培全集》第六卷,中华书局)

胡适(1891—1962)

　　《中国哲学史大纲卷上·导言》(商务印书馆影印本)

《〈国学季刊〉发刊宣言》(《胡适文存二集》)

《古史讨论的读后感》(《胡适文存二集》,或北大版《胡适文集》,或安徽教育版《胡适全集》)

鲁迅(1881—1936)

《中国小说史略·清末之谴责小说》(《鲁迅全集》第九卷,人民文学出版社,1981)

《魏晋风度及文章与药及酒之关系》(《鲁迅全集》第三卷)

《〈中国新文学大系〉小说二集序》(《鲁迅全集》第六卷)

顾颉刚(1893—1980)

《与钱玄同先生论古史书》(《古史辨》第一册,上海古籍出版社)

《孟姜女故事的转变》(《孟姜女故事研究集》1—23 页,上海古籍出版社)

《我是怎样编写〈古史辨〉的?》(《古史辨》第一册,上海古籍出版社)

傅斯年(1896—1950)

《历史语言研究工作之旨趣》(《傅斯年全集》第三卷,湖南教育出版社)

《中国古代文学史讲义·叙语》(《傅斯年全集》第二卷,湖南教育出版社)

《史学方法导论·史料论略》(《傅斯年全集》第二卷,湖南教育出版社)

陈寅恪(1890—1969)

《王静安先生遗书序》(《金明馆丛稿二编》,上海古籍出版社)

《冯友兰中国哲学史上册审查报告》(《金明馆丛稿二编》,上海古籍出版社)

《陶渊明之思想与清谈之关系》(《金明馆丛稿初编》,上海古籍出版社)

钱穆(1895—1990)

《国史大纲·引论》(商务印书馆影印本)

《太炎论学述》(《中国学术思想史论丛》卷八,安徽教育出版社)

《论学书简致余英时》(台北三民书局《犹记风吹水上鳞》,或上海远东出版社《钱穆与中国文化》)

郭沫若(1892—1978)

《中国古代社会研究·自序》(《郭沫若全集·历史编》第一卷,人民出版社)

《十批判书·后记》(《郭沫若全集·历史编》第二卷,人民出版社)

《李白与杜甫·李白与杜甫在诗歌上的交往》(《郭沫若全集·历史编》第四卷,人民出版社)

郑振铎(1898—1958)

《研究中国文学的新途径》(《中国文学研究》,人民文学出版社)

《中国小说的分类及其演化的趋势》(《郑振铎古典文学论文集》,上海古籍出版社)

《插图本中国文学史·例言》(人民文学出版社)

闻一多(1899—1946)

《歌与诗》(《闻一多全集》第一卷,三联书店)

《宫体诗的自赎》(《闻一多全集》第三卷,三联书店)

《文学的历史动向》(《闻一多全集》第一卷,三联书店)

宗白华(1897—1986)

《论中西画法的渊源与基础》(《艺境》,北京大学出版社)

《论〈世说新语〉与晋人之美》(《艺境》,北京大学出版社)

《美学的散步》(《艺境》,北京大学出版社)

宗教与宗教学新论

麻天祥

众所周知,佛教与基督教、伊斯兰教齐名,是世界三大宗教之一。其实,它们都是宗教在现实社会的组织形式,而非宗教本身。因此,要想了解佛教,首先必须知道什么是宗教。

谈起宗教,似乎每个人都有清晰的认识,仔细追究,大多是茫然而不知所以,以致似是而非。在很多人看来,宗教就是有神论。烧香拜佛,乞求观音救苦救难是宗教;礼拜上帝,虔心忏悔,在教堂领取一份圣餐是宗教;追求长生不死,炼丹服药是宗教;甚至装神弄鬼、抽签算命、相面气功,包括一切以神秘手段招摇撞骗的是宗教。总而言之,不是把宗教当做迷信,就是把迷信当做宗教,相对好一点的也只是把宗教看做一种信仰。反正,在很多人的心底,隐隐约约视宗教为一种神秘而深不可测,或者是有害的东西。当然这是对宗教的误解。

为了说明什么是宗教,我们这里先讲几个相关的故事:

其一是德国诗人,也是浪漫主义的哲学家海涅构思的寓言。他说,17世纪,在资本主义刚刚起步,工业革命方兴未艾的英国,一个发明家,异想天开制造了一个十分完美的机器人,其功能同正常人几乎没有区别,衣食住行,吃喝拉撒睡无所不能,然而遗憾的是,它不能思考,没有灵魂,所以这个机器人便向它的制造者索取灵魂。这个科学家被他的创造品搅扰得不胜其烦,便离开了大不列颠,跨海而至欧洲大陆。机器人也不灰心,紧追不舍,步科学家之后尘也来到了欧洲大陆,一见到它的制造者便高呼:Give me a soul! Give me a soul!

当然,机器人不可能知道自己没有灵魂,更不可能向制造者索取灵魂,否则就不是机器人而是人了。这里,海涅不过作为一种表述的方法,想要告诉人们的无非是,人,不仅需要有形质的肉体,以及满足肉体存在的物质,而且需要触摸不到却具有主宰作用的灵魂。正因为如此,机器人才不是人!

其二是生死问题。无论承认还是不承认,愿意不愿意,人有生就有死,所以,无论贵贱贫富,都难免有"人生几何"之叹。追求不死、长生也就成为人类的一种期望,并付之于实践探索,这也被视为宗教。比如道教,自问世以来,精芜并存,虽奉老子为教主,却与道家之学多相悖谬。至于它的长生久视之说,黄冠禳祈之举,多以丹鼎符箓之术取悦于世。其实道教的真精神并非如此。比如在金庸小说中被神化的全真七子之首——丘处机,就是一个抱有非常现实的生死观的道教领袖。公元 1222 年,他以 75 岁高龄,西度流沙,登大雪山拜见一代天骄成吉思汗。成吉思汗以礼相待,设二帐于其左右,并求之以长生之术。丘处机坦诚地告诉他:"但有卫生之道,而无长生之药。""修行方法无他,当外修阴德,内固精神,恤民保众,使天下怀安。"可见,长生的追求,并非宗教的本质,长生之术不过是一些宗教组织的芜杂部分,或者说是民间的方术,巫术!

其三,普遍认为,宗教都可以赋予人超凡的特异功能,诸如白日飞升、刀枪不入之类,虽然荒唐,但是,这样的荒唐,自古及今,层出不穷。换个角度讲,这些荒唐的功能就是宗教。唐代有一个著名的僧人叫法琳,由于著《辨正论》被诬毁谤国家。原本英明,尚能容纳不同意见的李世民一怒之下,敕云:《辨正论》信毁交报篇声称佛门法力无边,持续念诵观音者"临刃不伤"。如今将法琳打入牢房,让他念观音菩萨,七日后试刀,看一看他是否能刀枪不入。七日后太宗面对等待试刀的法琳说,念得如何? 法琳坦然对曰:七日来唯念陛下,不曾念观音。并解释说"陛下即观音","陛下若顺忠顺正,琳则不损一毛,陛下若刑滥无辜,琳则有伏尸之痛",法琳的机智和幽默,让李世民唯有付之一笑,"遂不加罪"。其实唐太宗也明知人不可能刀枪不入,说的不过是一时气话;法琳更清楚没有任何法力可以让肉体抵御斧钺,唯有超凡的智慧才能使之化险为夷。显而易见,所谓刀枪不入之类的特异功能并非宗教,而是荒唐的自欺欺人,是巫术、妖术、魔术!

从历史文化的角度,或者说以世俗的眼光看,胡适讲的两个关于佛教的故事,尤其反映出宗教非神秘化的趋势。他指出,中印佛教是不同的,印度佛教的核心在于定,中国佛教的重心在于慧。首先,他引用《修行道地经》中擎钵大臣的故事:

说的是,印度古时有一个国王,要在全国范围内选择一个聪明干练之人以为辅佐大臣,举国上下,获得一人,弘雅博达,名德具足。谨慎的国王仍不放心,要进一步考验其心志。于是以"莫须有"加重罪于此人,令其托一盛满油液的平钵,自城北门穿越全城,继出南门,去城外二十里,至调戏园。所托之一满钵的油液,不得洒漏一滴,否则格杀勿论。

其人托钵,惴惴不安,行程漫长,游人拥挤,车马塞道,加之臂力有限,如何能擎此钵而不使一滴油外溢? 想来是必死无疑。然而,定下心来,换个角度认真思考,若能将油托至目的地,便可死里逃生,这可是唯一的生路。于是他心无旁骛,意念只在油钵,一手托钵,安步徐行。

首先是诸大臣及士兵,皆以同情与好奇之心,紧随其后而观之,窃窃私语,不绝于耳。虽然不胜其烦,但也不敢稍有懈怠。接着便是父母宗族,闻讯皆奔来为之送行,哭声震天,泪如雨下,路上行人也觉凄然。然而其人深知生死只在一念之间,便摄定心志,目不旁瞬,全神贯注,只在油钵,举步向前。

行至市中心,看热闹的越来越多,熙熙攘攘,似乎全城倾覆。其人心志愈坚,旁若无人。继而有美女容光焕发,光彩照人,众人皆曰,得睹此女,死而无憾,其却托钵如故,不顾美女之色。又有醉象迎面奔来,暴鸣哮吼,如排山倒海,撞伤踏死行人无数,幸免于难者皆奔逃而去,独有其人若不知有大象来,专心托钵前行。相继又有城中起火,浓烟笼罩,房屋倒塌,烟熏火燎,救火逃火者辗转呼叫,其人却不觉火起火灭之时,专心致志,终于托钵至调戏园,而且油一滴未洒,依然如初。归来禀告国王,国王倍加称赏,高度赞扬被选择之人是人中之雄,虽然屡经艰险,却能临危不惧,无所不能,心性如此,无有能与之比肩者。随即立为大臣。

胡适说这是印度佛教,定。中国佛教则不同,他又讲了一则出自中国禅门的故事,那是11世纪时,法演和尚向他的弟子们娓娓道来的:

一个老贼行将就木,其子小贼求教日后谋生方式。老贼未置一词,带领小贼于月色中至一富豪之家穿窬而入。继而撬开一室,轻启一巨柜门,命小贼卧于其中。老贼却将柜门锁上,并于院落中高喊:"有贼,捉贼",并在混乱中越墙而去。富家主仆老幼倾巢而出,找遍每一个角落,未见异常,以为虚惊一场,只好偃旗息鼓。小贼开始觉得莫名其妙,躲在柜中战战兢兢,待恢复夜间宁静,尚惊魂甫定,正庆幸逃过此劫,忽然觉得不妙,柜中虽然安全,绝非久留之地,必须设法重见天日。他突然灵机一动,计上心来,吱吱地学老鼠叫。正在迷糊中窃窃私语的众家丁皆埋怨是老鼠捣的鬼,便循声来到柜前,小心翼翼打开柜门,欲置老鼠于死地而后快。小贼早已做好准备,柜门一开,脚底抹油,出如脱兔,仓皇而逃。当家丁们意识到上当时,小贼已消失在漆黑的夜色中了。他们便点火持杖,追寻小贼于荒野之中。小贼前面跑,众人后面追,小贼慌不择路,一时间被一条水流湍急的大河挡住了逃生之路。富家人多势众,小贼又是初出茅庐,只吓得汗出如注。骤然间小贼急中生智,忙将上衣脱下,包起一块石头,抛向河心,自己却躲在河边芦苇丛中。追赶的人听到水面上传来一声巨响,火光中隐约可见一件烂衫顺流而下,估摸着盗贼投河,也只好打道回府。小贼劫后余生,于黎明时分拖着疲惫的双腿回到家中,入门但见老贼端坐床头,似等待小贼归来。小贼见状,气不打一处来,责怪老爹何以绝情如此。老贼不慌不忙,问小贼如何逃脱。小贼一五一十,如实相告。老贼拍手称贺,告诉小贼日后不愁生计了。小贼此时恍然大悟。

胡适说,这就是中国佛教,不是定而是慧。急中生智,绝处逢生,在没办法中想出办法!

表面上看,胡适说的是方法,其实也是追求的境界。作为一个实用主义者,准确地说一个实证主义的学者,胡适是激烈地反佛的人,他能对佛教有如此认识,尤其能显示宗教存在的普遍意义。

最后再讲一个距离我们最近的故事。

一次,毛泽东见到赵朴初,颇带有点幽默地问:此名赵朴初,即非赵朴初,是否为佛家的通式?赵回答是。主席接着说:那么,作为佛家通式便是先是肯定,而后否定了。赵朴初说不是,应当是同时肯定,同时否定。

而后,有日本人以此请教中国学者,中国学者引《金刚经》予以解说。日人据此认为,若依此思维,中国的事情或许办得更好。肯定、否定的两种不同说法,实际上反映了他们对缘起和实相关系的不同理解。金刚原文：

是实相者，则非实相，是故如来说名实相，即实相非相，说名实相。

它说的是现象和本体、缘起与实相、性和相之间复杂的辩证关系，是关于有限与无限的理论诠释。所以，说先肯定，后否定显然与佛理不合，说同时肯定与否定也不符合佛学双谴或遮诠的方法，也不尽正确。这里实相实指性，即缘起之性，故非相，无以名之，假名实相。从根本上说，佛学的理论就是否定！恰如斯宾诺莎之名言：任何肯定都是否定（To call anything finite is denial in part）。

这个故事反映了毛泽东对佛教的学习、认识、批判与理解，尽管还有很大的偏颇，但他并没有将佛教视作迷信，而且对其辩证的理性思维给予高度的注意。它让我们看到一个唯物主义者，我们党的领袖和国家元首对佛教的浓厚兴趣。由此也可见佛教对现象世界的认识，以及它是如何凭借有限的知识，力图认识并把握无限的。

通过上述六个故事，起码说明这样一些问题：

（1）人不仅需要物质性的肉体，还要有非形体的灵魂，宗教关心的是以有形质的肉体为载体，却超越肉体的灵魂。笼统地讲，是精神，是理性，是建立在理性基础上的信仰。

（2）长生不死、上天入地、呼风唤雨、刀枪不入等欺世盗名之谈实在是邪魔外道，与宗教无涉。

（3）宗教追求的是一种境界，一种超越平常，或者说超越现实的境界。

（4）与其境界的追求相一致，宗教也有一整套超越现实的思维方式。

由此我们可以得出这样一个结论：宗教不仅不是鬼教、神教，不是靠特异功能取悦世人、欺骗世人的邪魔外道，也不是单纯的，或者说非理性的信仰。

宗教的本质在于超越。有限无限是我们对宗教，及宗教学思考的起点。

只有认识到以上几点，才可以与之谈论宗教。然而，殊不知：真理一句话，虚词万卷书。我们还得用更多的语言才能解说清楚：

什么是宗教？

如上所述，对于宗教，自古及今有太多的误解。1995 年，当我在美国参加学术会议期间，顺便在纽约听了一位来自印尼的牧师所作的演说。其中内容大多忘却，唯有一句话至今铭记在心。他说：有学问的人把宗教当做迷信，没有学问的人把迷信当做宗教。听起来颇有些道理，认真思考，总感到不尽如人意，有学问、没学问的提法尤其不够准确。我总想说得更明确、更规范，也更符合事实一些，然而直到今天，我还是没有找到理想的表述。以下的说法似乎显得太烦琐，也太专业化了点：

自以为有学问，却缺乏哲学思维的人，视宗教为迷信；

文化层次低（比较普遍，但也非绝对），而且有太多精神失落或逼迫性的灌输（文化环境，与欺骗）所造就的群体、个体，则视迷信为宗教。

基于以上两个方面，要么是把宗教当做迷信行为予以排斥，对宗教谈虎色变或讳莫如深;要么就是把迷信作为宗教而加以推崇与追随。这些都是缺乏宗教知识的表现形式!

何谓宗教? 何为迷信? 这里先讲迷信,以资区别。

从字面上看,迷信就是不清醒地,盲目地相信,缺乏理性,缺乏对对象世界的正确认识,不加选择地绝对服从与追随。英语也叫 Blind faith。另有 Superstition,作为迷信解释,主要强调的是极端尊奉或拘泥于礼拜、祭祀种种仪式。Cult 也是迷信,它指的恰恰是礼拜、祭祀等的本身。它也是 Cul-ture 的词根,由此也可追溯文化的宗教起源。由此推论,迷信除了盲目信仰的普遍特征之外,还具有两个明显的表现:

(1)以现世的神欺世盗名,凌驾、控制信仰者。这是从迷信的制造者,也是迷信的对象这个角度说的,是迷信最显著的表现形式。

(2)靠仪式、金钱或其他种种外在的崇拜(包括各种各样的骗术,如卜筮、算命等),以取悦神灵,即崇拜对象,而缺乏心性涵养(道德价值)和终极追求(超越自然、人生的终极关怀)的行为,是迷信而非宗教! 这是就信仰者而言。

宗教显然否定现世神的存在,无论是基督教的 God,伊斯兰教的 Allah,佛教的 Buddha,显然都不是现世的神,而且都在不同程度上意指真理、生命和智慧。道教的道,新兴宗教巴哈伊的大同,不仅不是现世神的崇拜,而且索性否定人格神的存在。至于外在崇拜,这是相当复杂①的问题,以后将不断提起,但可以确定无疑地说,外在崇拜不是宗教的基本东西,不是判定宗教的必要条件。

那么,到底什么是宗教呢?

事实上,任何学科、任何事物要给予一个清晰准确的定义都是很困难的,不仅是宗教。比如新闻、数学。有人在许多新闻的定义之外幽默地说:狗咬人不是新闻,人咬狗便是新闻。一位学术界的前辈,著名的自然辩证法学者,曾经告诉我说:数学的定义应当是研究数字的科学。宗教,就现在的意义说,显然是一个外来词汇。所以,我们先看英文,可以由此追溯现有的宗教定义:

Religion

(1)Belief in the existence of a supernatural rul-ing powor,the creator and controllor of the universe,who has given to man a spiratual nature which con-tinues to exist after the death of thebody.

它说的是对于某种超自然力,即大千世界的创造者与主宰的信仰,这种超然的力量能赋予人类不死的精神品质。汉语解释为宗教信仰。

(2)指某种宗教。比如,Buddha,Christianity and so on.

────────────

① 在美国,每当我用这个词语时,我的听众朋友,有许多会发出善意的微笑。在他们看来,一切存在都在视阈和感觉的阈限之内,都应当很容易地用语言表述出来,至少不能用复杂二字"搪塞"。这恰恰是对宗教理解的障碍。所谓"不笑不足以为道",必须循序渐进,作更深入、更广泛的讲解。这是对宗教深刻认识的重要过程,必须特别说明。

(3) Life as lived under the rules of a monastic order.

指的是一种修道院式的生活方式,或者说僧侣式的禁欲的生活方式。

(4) Matter of conscience; sth that one considers oneself bound to do.

良心所安之事,自认必须做之事。

也有人把它解释成单纯对人格神的崇拜与信仰的(Belief in a personal God or gods entitled to obedience and worship),或者是关于它的表现、系统、组织的(expresson, particular system of faith and worship),或者为之献身之事的(thing that one is devoted to)。如此也就像前面讲的那些误解一样,开始有点离谱了。

汉语词典的意思大概是,有教义、有组织、有礼拜仪式的组织形式等等。实际上指的是宗教组织,而不是宗教。事实上,我们如今所谈的宗教,大多是指宗教组织。任何宗教组织,都必然要考虑它们在现实社会中的生存与发展,也就必然背离宗教自身超越的性质。这是宗教社会学的基本理论问题,也就是美国功能派宗教社会学家托马斯·F. 奥戴(Thomas·F. O'Dea)特别强调的是宗教制度化过程中的二律背反。① 这是研究宗教,以及从事宗教学研究的人必须明白的。

追溯宗教词源上的意义,在心理上和历史上都有其极为重要的意义,因为它指出某种观念形成的时代和历史文化背景,以及在不同环境中所发生的变化,以及同现在意义的关系。罗马人对宗教原意就曾感到疑虑。Cicero(西塞罗)认为宗教源于"再次聚会、组合、思考、深思"等与忽视相对之意,也就是重视。另外也有人认为它来自"使之牢固、阻止不前之意"。可见,宗教原意在于强调对对象世界的审慎思虑。

翻译成中文,宗教一词与原意已经不尽相同,但从词源上考察,还是与迷信大相径庭的。宗乃宗奉、尊奉祖宗之意,教则是教化的意思。应当说,汉语宗教原有宗奉、宗守祖宗教化的意思。所谓"祖有功,宗有德"。佛教讲,教是佛祖所说,宗是佛弟子所说。当然,宗,在汉语中也有祭祀之意。或许正因为如此,才以此字翻译之。

上述的定义虽然不尽准确,但还是多多少少能够反映出宗教本来的内涵,只是由于立足点的不同,以及后来掺和了各种各样的因素,尤其是集团的生存利益的需要,才使其在一些领域中变得面目全非。不过我们还是可以看到:

泰勒斯宣称万物有神是宗教,释迦否认有任何主宰一切的神祇也是宗教。归心自我的是宗教,在万般无奈中祈求上苍的还是宗教。可见宗教同有神无神是没有关系的。

康德说,宗教就是道德。当我们把所有道德责任都看做神圣命令时,就是宗教。因为意识到它是责任,所以就变得神圣。他实际上否认人格神的存在,只是把上帝视作至善、至美的绝对统一。这是从伦理学上界定宗教的。

---

① 有人批评我说,对宗教组织在社会生活中的表现,采用二律背反这个具有强烈思辨特征的哲学术语,是标新立异,并建议用冲突、融合之类的词语代替。其实,这个术语的采用不仅凸显对立面的冲突、拮抗,更强调的是它们之间的共存。

费希特不同意康德的意见，他认为把宗教作为道德行为动力的社会，只能是腐败的社会。他说宗教是一种知识，它给人一种能力，从而使人类自身对自我有明澈的洞察，因而解答了人类最高深的问题，给思想灌输了绝对的圣洁。这是就科学性质认识宗教的。

马赫对宗教的定义是依赖，绝对的依赖意识。这种依赖的意识是主宰而不被主宰（驱使人依赖，故为主宰）。这种说法遭到其他的哲学家干预，黑格尔有一个著名却不甚明智的说法：如果把依赖说成是宗教，狗最有宗教。这无疑是从人性的角度思考宗教的。

黑格尔认为宗教是自由，是圣灵通过有限的精神，并使之变成不折不扣的自我意识。是摆脱了不自由的自由。显然这是哲学的。

以上引述世界著名思想家对于宗教的理解，可以看出，人不仅是宗教的主体，而且是宗教崇拜的对象。换句话说，如果说有神，人本身就是自己崇拜的对象。费尔巴哈和孔德充分注意到了这一点，因而提出：宗教是人类的自我之爱。它的每一页都写着爱。从这个角度说，爱是宗教的核心。这是从情感的角度，也可以说是人际关系方面的终极寄托。

不管他们之间的意见多么不同，但相同的是，他们都把宗教看做与人生密切相关的境界的追求，不同的只是立足点不同，视角不同——只不过有伦理、科学、人性、哲学、情感方面的区别罢了。无论从哪个方面看，宗教既与迷信水火不容，也与人格神的崇拜相去千里。

当然还有，鸦片，被压迫生灵的叹息，痛苦的呻吟，都揭示了宗教在社会中所起的作用，这是从社会学意义上说的。

其实马克思也认为宗教是自由，当然与黑格尔略有区别，不是摆脱了不自由，因而是不折不扣的自由，而是在不自由中的自由。他强调："是那些还没有获得自己，或者再度丧失自己的自我意识和自我感觉。"说到底，就是有限的自由。

与马克思看法相近，恩格斯也曾指出："谋事在人，成事在神"，他说的神是由人创造，却反过来支配人的生产关系，同样是一种超越正在的力量（supernatural ruling powor）。他还说："一切宗教都不过是支配着人们日常生活的外部力量在人们头脑中的虚幻的反映，在这种反映中，人间的力量采取了超人间力量的形式。"实际上指的还是有限的生命与无限追求的关系问题，即有限与无限的问题。

1995年访美归来，飞机上巧遇两个美籍华人，一位是从事精神病临床工作的医务工作者，一个虔诚的基督教徒；一位是享有三个工科学位的实业家。在我们乘坐的飞机飞离肯尼迪国际机场，朝着安格雷奇方向飞行的途中，他们便开始了一场关于基督教和佛教优劣的辩论。

辩论是公说公有理，婆说婆有理。各执己见，互不相让。实业家说，他出身于一个基督教信仰的家庭里，自幼接受教会的洗礼，曾经是耶稣的信徒，但现在已经改弦易辙了，对佛教有更进一步认识云云。最后他转而问我：宗教是如何产生的？我也就引经据典，讲了一通有限无限，否定、超越之类。他毫不客气地指责我的观点是"臭老九"的看法。他的结论是：宗教的产生是由于人们对死亡的恐惧。

此说虽然太简单了些，但不能说没有道理，实际上从感性的层面揭示了人类对无限的惶恐和追求。人类能认识生，却不能了解死。对死亡的恐惧，实际上是由于对有限的生之外的无限，当然包括死亡在内的无限，不能把握而产生的。对于生死问题，中国儒家显然是现实主义者，他们采取的方法是避而不谈的鸵鸟政策，凡论及生死，一概以"未知生，焉知死"拒之于思想言论之外，故而有"子不语怪力乱神"之说。世界著名文学家莎士比亚只是进一步说：To be or not to be, that is question。与儒家颇有点类似。佛家却能直面生死，处处讲"生死事大"，不仅谈生，而且论死。基督教大谈基督借耶稣的躯体复活，本质上是借助人类对神圣精神的向往、期盼，以耶稣这一特殊的"存在"，或者说中介，沟通有限与无限，希望更有效地把握有限的生命。中国的庄子虽然讲以有涯随无涯，殆已，表面上反对追求无限，其实恰恰暴露了心灵深处对无限的向往。

可见，宗教是同无限的观念紧密联系在一起的。

前述海涅讲的故事，特别是"Give me a soul"的回响，反映了17世纪整个欧洲，在刚刚兴起的科学主义的同时，人们对于机械生活方式的厌倦，对精神失落的惶恐。与中国的传说相比，如李慧娘、关云长，"还我命来"的叫嚷，还有更多的帝王企求长生的历史，虽有精神、物质追求的差异，但是它们同样涉及生存的意义和生命的有限与无限的问题，即躯体的不朽还是精神的不朽！

可见，人的不朽的观念是对无限追求的起点，与其说是对死亡的恐惧，不如说是认知无限的企盼！生死的观念归根结底是有限和无限的观念。宗教的普遍意义正在于此！

人的知识、概念，甚至理性完全是建立在感性基础之上，感性由现实、现象所决定，现实有限性决定了人的认知能力的有限性。所以人的知识、概念，在时间空间、质和量各方面都是有限的。

然而，存在并非限于人的认知系统，它客观的居于人类知识之外，这就是无限。我们虽不能感触无限，但以人所固有的理性，确信有无限的存在，这是人们认识无限的最重要的前提和决定条件，也是宗教赖以生发的思想基础。从而孕育了追求超越有限世界的世界，超越有限时间的时间的观念。

这正是宗教的超越观念，即超越有限的终极关怀！Ultimate Concern。

通过上面的介绍、分析，可以明确地说，宗教的产生是由于人类自身对生命的思考进至无限的追求，因而形成的一种超越的意识。宗教与生命、无限、超越是紧相联属的。

那么，到底什么是宗教？

现在我们无疑可以回答，宗教是：

借助心力，即认知能力的扩张，超越有限（limit），领悟无限（limitless），乃至把握无限,从而实现人生的终极价值的合理性过程(rational-ization),或者说思想实践。

最后需要加以简要说明,许多人总是认为,科学与宗教是针锋相对,水火不容的,其实不然。科学同样是建立在对无限追求的基础之上的。没有对无限追求的欲望,科学就不可能发生、发展,社会就不能进步。就此而论,科学与宗教一脉相承! 与科学冲突的是那些混同宗教的邪魔外道,而不是宗教。宗教与科学的不同,仅仅在于功能性实践,宗教对无限的追求借助的是心力,科学运用的则是物力。科学宗教相辅相成,正如爱因斯坦所言:

没有宗教的科学是跛子,没有科学的宗教是瞎子。(Science without religion islame, religion without science is blind.)

至于宗教与哲学的不同只是在于方法。一是追求无限,二是说明无限。无须详述。

理论前沿性，学术探索性

——近三年《光明日报·理论周刊》评述

余三定

《光明日报》创刊五十多年来，一直是以学术理论见长的，学术理论的研究与宣传是它的一个传统、一种优势。进入新时期以后，特别是近几年以来，随着改革开放的前进和现代化建设的飞速发展，《光明日报》的学术理论研究与宣传，凭借《理论周刊》，在发挥原来优势的基础上，大胆变革创新，形成了新的优势和特色，其突出地表现为理论前沿性，学术探索性。

一、革新历程的简要回顾

进入改革开放的新时期以后，《光明日报》学术理论的研究与宣传，从内容到形式一直在不停地进行改革与探索，下面简要地回顾一下 20 世纪 90 年代以来的情况。

1993 年下半年，《光明日报》对原有的几个学术专刊进行了大胆改革，原来的"史学"专刊变为"史林"，原来的"经济学"专刊变为"经济纵横"，原来的"哲学"专刊和"科学社会主义"专刊变为"理论经纬"。

1996 年 1 月，《光明日报》对专刊栏目再一次进行调整，除"史林"保持不变外，将"经济纵横"专刊改为"经济论坛"，将"理论经纬"专刊改为"理论与学术"。经过改版后的《理论周刊》，由"理论与学术"、"经济论坛"和"史林"三个专刊合并而成，明显地形成了《光明日报》理论学术研究与宣传的整体面貌和整体效应。

1998 年 2 月，《光明日报》新改版的《理论周刊》与读者见面，《理论周刊》每周五刊出，第 5 版为"理论与学术"专栏，第 6 版为"经济论坛"专栏，第 7 版为"史林"专栏。1998 年 2 月 23 日在《理论周刊》的"致读者"中写道："《理论周刊》将本着'贴近实际、贴近生活、贴近群众、贴近改革'的办刊宗旨，以'三基'（基本理论、基本路线、基本纲领）为指针，以'四性'（指导性、学术性、知识性、可读性）为原则，以'五抓'（抓重点文章、抓热点评析、抓难点探讨、抓学术话题、抓理论信息）为重点，从而把《光明日报》的理论学术宣传推向一个新阶段。"

2000 年 12 月 26 日，21 世纪即将来临之际，《光明日报》的《理论周刊》发表《敬告读者》，文中写道："为了增强《理论周刊》在新世纪的宣传力度，本刊将从本周进行调整。调整后的《理论周刊》将本着抓重点文章、抓热门话题、抓学术品位的思路,不仅重视宣传内容的更新,而且重视宣传形式的改进。"从该期起,《理论周刊》从版式到标题、栏目,都相应地进行了更新。新的《理论周刊》于每周二 B1 版至 B4 版刊出,B1 版为"政治理论"专刊,B2 版为"经济"专刊,B3 版为"历史"专刊,B4 版为"学术"专刊。2001 年 1 月 2 日,《理论周刊》又在"新年寄语"中写道:"今后,我们将一如既往地立足于理论界,面向社会,继续发扬知识密集性、理论前沿性、学术探索性的传统风格,大胆创新、不断改革理论宣传的传统模式,以期更好地形成《光明日报》理论宣传的强势效应。"综观近三年来的《理论周刊》,我觉得,用"理论前沿性、学术探索性"去概括其自觉追求和总体特点,是非常恰当的。

二、理论前沿性

坚持理论前沿性,就要坚持江泽民在党的十六大报告中所指出的"不断推进理论创新","不断开拓马克思主义理论发展的新境界"。

江泽民在党的十六大报告中指出:"与时俱进,就是党的全部理论和工作,要体现时代性,把握规律性,富于创造性。""创新是一个民族进步的灵魂,是一个国家兴旺发达的不竭动力,也是一个政党永葆生机的源泉。世界在变化,我国改革开放和现代化建设在前进,人民群众的伟大实践在发展,迫切要求我们党以马克思主义的理论勇气,总结实践的新经验,借鉴当代人类文明的有益成果,在理论上不断扩展新视野,作出新概括。"

《理论周刊》对理论创新这一论题本身作过多方面深入探讨。《与时俱进:理论创新的基本规律》(丰子义,2003 年 1 月 7 日 B1 版),首先精练地总结了理论创新的三种形式:"既可以是提出一种新理论,也可以是对原有理论的一种新发展;既可以是对形势和任务作出新概括、新判断,也可以是对重要理论问题和现实问题作出新的科学解答;既可以是提出引导社会发展的一种新理念或新观念,也可以是在看待社会问题上更换了一种新的思维方式,开辟了一种新的理论视野。"该文概括说:"不管采取何种形式,理论创新总是遵循一个基本规律,这就是与时俱进。"那么,理论创新如何切实解决好对"时"的理解和把握呢? 该文总结出三条:一是对时代的认识和把握;二是对规律的认识和把握;三是对未来发展的认识和把握。由于理论发展除其现实的原因之外,还有其自身的内在逻辑,因此该文进一步从四个方面总结了理论创新的内在规律:第一,不断进行理论追问;第二,勇于进行自我批判;第三,敢于接受批评和挑战;第四,善于吸收人类文化的优秀成果。

《深入研究理论创新的机理》(李明华,2003 年 1 月 28 日 B4 版)比之上文对理论创新一般规律探讨的宏观性特点来,李文显然具有更加微观、深入和某种可操作性的特点。李文指出:理论创新是一项十分艰难的科学活动。凡是严格意义上的科学理论,都有它存在的依据和合理性。我们要创新理论，就不可避免地要面对原有理论的存在。任何一个成体系的理论，必然包含着"硬核"（内核）和"软组织"（保护带）。一种理论，即使已暴露出弊端，明显地不符合实践的发展，仍能为一些人所拥戴，并持续相当长时间。这是因为，从内部看，理论保护带的"韧性"起了很大作用。当理论遇到大量异例和反例时，理论保护带通过调整辅助性假设和背景知识而使自身不受反驳，不被证伪。从外部看，人们社会心理中的惰性因素，倾向于维护自己已经熟悉掌握并被大多数人所认同的知识和观念，依靠传统这样一股巨大的力量，使不合理的理论能继续维持。基于以上的具体分析，李文得出结论："理论创新，一是要有马克思主义者的大无畏的开拓精神，需要有冲破教条主义和形而上学的勇气，需要有打破思想桎梏和传统惯性的胆略；二是需要实事求是的科学精神，根据实践中出现的新情况、新问题，仔细研究原有理论的合理因素，以及它的'保护带'和'硬核'之不合时宜的关键所在，用创造性的、更合理的理论来修正、发展它。这就是所谓的'扬弃'。"接下去，李文还就创新进程中常常会遇到的理论的深刻性和理论的确定性之间的矛盾作了深入分析，指出：确定性以深刻性为目标，深刻性以确定性为基础，二者结合，方可达到理论的真理性理想。

此外，《中国哲学的综合创新之路》（方克立，2003 年 2 月 11 日 B4 版）、《创新是知识积累与想象力的智慧结合》（王荣江，2003 年 5 月 20 日 B4 版）等短论对理论创新问题也从不同角度作了很有启示性的论述。

《理论周刊》的理论前沿性，不仅在于其对"理论创新"这一论题特别重视并作出了多方面有深度的学理性探讨，而且在于其总是走在理论界的前沿，对一些具有时代意义的理论问题适时作出有创见的研究和论述，为理论创新作出了具体而扎实的贡献。

对"三个代表"思想的论述，《理论周刊》B1 版发表的多篇论文都有自己的独特角度和深度。《与时俱进是"三个代表"重要思想的灵魂》（李景源、鉴传今，2003 年 10 月 14日），从最根本、最本质处论述"三个代表"重要思想，可谓抓住了核心和关键。《深刻认识"三个代表"的历史地位》（李忠杰，2003 年 9 月 9 日），对"三个代表"重要思想的历史地位作了如下三个方面的概括：是"马克思主义在中国发展的最新成果"；是"指导党的建设和中国特色社会主义事业的强大理论武器"；是"实现全面建设小康社会宏伟目标的根本指针"。上述论文在论述政治理论时没有套话空话，表现出很强的学理性、学术性。

自从江泽民在党的十六大报告中指出"民族精神是一个民族赖以生存和发展的精神支撑"后，民族精神也成为理论界关注的重要论题。《理论周刊》这方面的论文都有自己的独特角度和现实针对性。《创新人文社会科学　培育中华民族精神》（袁贵仁，2002 年 11 月 19 日 B1 版）认为，培育民族精神，同党和国家各方面的工作都有密切关系，需要全民族各方面的共同努力，但人文社会科学始终发挥着独特的作用，肩负着重要的历史使命。袁文进而指出："培育民族精神，必须立足中国现实，紧紧围绕我们要成为什么样的民族这个中心，立足于中华民族伟大复兴这个目标，反映中华民族的根本抱负和理想这个主题。"《在抗击非典斗争中弘扬民族精神》(教育部邓小平理论研究中心,2003年6月3日B1版)是一篇将思辨与实证、理论与实践、历史与时代有机结合的论文,该文写道:"伟大的时代需要并升华伟大的民族精神。21世纪初中华民族经受的这场非典型肺炎疫病灾害,给我们带来了严重的损失,但也锤炼了中华民族的民族精神。'万众一心、众志成城,团结互助、和衷共济,迎难而上、敢于胜利'的精神正是中华民族精神在抗击非典斗争中的集中表现。它体现了中华民族强大的凝聚力,体现了中国人民的集体主义精神,体现了中国人民的英雄主义气概。"

此外,《积极稳妥地推进社会主义政治文明建设》(李慎明,2003年9月2日B1版)关于"政治文明建设"的论述,《繁荣发展中国先进文化的科学指南》(中国社会科学院邓小平理论研究中心,2003年9月16日B1版)关于"中国先进文化"科学内涵和行动纲领的论述,《坚持执政为民与依法治国的辩证统一》(孙国华、杨思斌,2003年10月28日B1版)关于执政为民与依法治国辩证关系的论述,都较好地做到了理论与实践的有机结合,较好地从理论的高度适时回答了具有时代性和前沿性的课题。

三、学术探索性

《理论周刊》的学术探索性,一方面内在地包蕴于上述的理论前沿性之中,那就是在对一些政治性论题或者是具有政治色彩的论题开展研究时,能做到主要是从理论的角度、学术的角度来进行,表现出探索、研析的科学姿态;另一方面则表现在,《理论周刊》面对一些学术性的理论论题,总是能发人所未发,总是能提供一些过去人们所未知的东西,或则提供新的结论,或则提供新的材料,或则提供新的论证角度和认识侧面。

《理论周刊》特别注意随着时代的前进和社会的发展,敏锐地提出新的论题来展开研究和讨论。随着商品经济的不断发展,价值、价值观、价值哲学成为社会和理论界关注的重要话题。《理论周刊》较早就这一论题展开了探讨,发表了多篇有分量的论文。《理想、信念、信仰在价值观中的地位及其意义》(王玉樑,2000年9月19日第5版)对信念、信仰、理想的关系,理想、信念、信仰在价值观中的地位等问题作出了有新意的回答,其要点如下:理想以信念、信仰为基础,信念、信仰决定理想。有什么样的信念、信仰,就有什么样的理想。理想、信念、信仰以一定的价值观为指导,同时又体现了一定的价值观。理想、信念、信仰是处于支配地位的核心的价值观念,所以,人们的理想、信念、信仰是人们的价值观的集中表现。这就决定了理想、信念教育是思想建设的核心,是造就"四有"新人的根本保证,必须把理想、信念教育放在首位,对人们进行理想、信念教育。与上文较强的现实针对性比起来,《21世纪的价值哲学:从自发到自觉》(王玉樑,2001年9月11日B4版)则表现出较为明显的学理性,其要点是:21世纪要构建科学的价值哲学,必须克服20世纪价值哲学的缺陷,从自发进入自觉,必须坚持逻辑一贯性,坚持在价值理性为主导的条件下工具理性与价值理性的统一。21世纪价值哲学的主题是实现价值哲学的科学化和探讨当代社会生活中重大的价值和价值观问题。要确立科学的方法论，以深化价值哲学研究。类似上述敏锐地提出新论题的文章还有许多，例如，《法学研究的新使命》(刘海年，2003年6月24日B4版)提出，无论是经济或政治、社会或文化、祖国完全统一或人类共同发展等，都有许多重大法律理论和实践问题需要研究。这是历史赋予法学研究的新使命。《中西"人文"精神的当代思考》(孟广林，2003年8月5日B4版)认为，无论中西人文精神在时代层次、思想内涵与社会影响上有多大殊异，对它们作价值判断的唯一尺度，从根本上说只能是看其在多大程度上适合现实的需要。我们对中西人文精神的鉴取不能囿于那种"扬中抑西"或"扬西抑中"的理路，而应当在科学分析其思想内涵与历史效应的基础上，以中国现代化的实践为价值标准，将它们作有机的砥砺、互补与整合，进而从中提炼出构建中国社会主义现代文明所需要的精神资源。《马克思哲学研究"当代性"问题》(胡大平，2003年9月9日B4版)根据马克思哲学研究的现状和实际要求，提出从三个方面推动马克思主义哲学在当代的进展：深入原著解读马克思哲学的精神实质；转换思维方式，提高研究主体的提问水平和理论意识；关注重大时代主题，寻求马克思哲学新的生长点。

对人们多年来研究过的一些重要论题，《理论周刊》则总是争取在前人和同时代人研究的基础上作出新的探索。人道主义问题，在中国从20世纪80年代初起就是一个热门话题，马克思主义与人道主义之间既有密切的历史渊源，又有复杂的理论交叉，它们之间的区别和联系一直是理论分歧的焦点之一。《马克思主义与人道主义》(黄楠森，2003年8月19日B4版)对这一老话题作出了新探索，该文认为：马克思主义是由人道主义演变而来的，马克思主义的诞生也就是马克思和恩格斯从人道主义历史观转向唯物主义历史观，从空想社会主义转向科学社会主义的过程。他们反对抛弃的只是人道主义的历史观，而不是处理社会生活和人际关系的人道主义原则或人道原则。在马克思主义史上有三次影响深远的人道主义思潮。该文还特别论证指出：20世纪80年代初在中国掀起的人道主义思潮，在人道主义史中形成一次重要的理论突破，即区分了人道主义的两种含义或两个方面：一是作为处理社会生活和人际关系的基本原则的人道原则；二是作为历史观的人道主义。这种区分导致人学学科在中国的诞生。如何把握马克思哲学的实质，当然是无数人探讨过的问题。《试谈马克思哲学的境界观》(陆杰荣，2003年8月12日B4版)提出，从境界观入手，可以从新的维度把握马克思哲学的实质。该文通过论证认为，马克思哲学蕴涵着对哲学境界的科学与现实理解。可以说，马克思的思路始终贯穿着一条基本的主线，就是通过对现实的"否定性"分析，勾勒出改变"现实"的理想蓝图。马克思这一双重的分析方法的核心就是从人的角度去分析、评价、衡量乃至超越"现实"。这一隐含式的哲学前提内在于马克思的思想发展逻辑之中，也体现了马克思对哲学境界的真实的理解。《中国传统美学的人文底蕴》(袁济喜，2003年7月29日B4版)从人文底蕴的侧面研究中国传统美学，可谓别开生面。该文认为，中国传统美学由于具备深厚的人文底蕴，因而是中华民族精神世界与文化心理的突出表现。

它在形态上具有黑格尔在《美学》中所提出的暂时性与永恒性两方面的因素。所谓暂时性是指它的历史具体性，这些特定时代的观念会随着时代的变迁而改变；而一些永恒的人文底蕴，比如追求人生的审美化、人与自然的统一等等，这些精神性的东西不但不会消逝，而且随着朝代的发展而生生不息，融入到民族文化与精神世界之中。

四、对于研究的研究

对学术和学者自身进行回瞻、反思、研究和总结，即展开关于学术研究的"学术研究"，也是《理论周刊》近几年注意做的一项很有意义的工作。学者本是从事学术研究的主体，但这时他自身及他的研究成果（包括研究方法等）也成了学术研究的对象。

对于社会科学自身发展规律的研究，是《理论周刊》对于研究的研究的一个重要方面。《新中国社会科学的发展》（靳辉明，2001 年 1 月 16 日 B1 版）是这方面的力作。新中国的社会科学，为新中国的成立，为社会主义改造和建设，为我国改革开放和现代化事业，提供了强大的思想武器和智力支持。同时，在这个过程中也推动了社会科学各学科的自身发展和完善。因此，该文认为，认真总结新中国社会科学走过的道路，对于新世纪的社会科学开拓前进和建设中国特色的社会主义事业，都有着十分重要的意义。该文从四个方面对新中国社会科学的发展进行了深刻总结：（1）社会科学研究必须坚持以马克思主义为指导，这种指导应该是科学的、辩证的，而不是教条的、贴标签式的。50 年来，中国社会科学取得的最大成绩和最主要经验，是我们始终强调科学世界观和方法论对哲学社会科学研究的重要性，鼓励社会科学工作者努力以马克思主义为指导去研究解决实践提出的理论问题和本学科中的问题。（2）政治与学术的关系，一直是我国社会科学发展的重要问题。政治与学术既有联系，又有区别。要用马克思主义的态度来对待政治与学术问题，吸取 50 年来在处理两者关系上的经验与教训，防止"左"的或右的偏向，使中国社会科学在新的世纪健康地向前发展。（3）"双百"方针是一个正确反映学术、艺术发展规律的马克思主义的方针。这一方针的提出，是我们党在领导科学文化事业上的一大创造。只要科学地理解和把握它，就一定能够促进我国社会主义思想文化的繁荣和发展。（4）在对待我国传统文化和吸取国外社会科学优秀成果方面，积累了不少经验，但也有值得总结的问题。与上文侧重在总结过去不同，《与时俱进推动社会科学发展》（尹继佐，2001 年 8 月 28 日 B4 版）则着眼在当下和未来的社会科学发展。尹文的基本观点可概括如下：社会科学的发展只有与时俱进才能获得旺盛的生命力。当代中国社会科学应当研究 21 世纪中国所面临的重大社会问题，研究关系中华民族前途和命运的重大问题。时代把中国社会科学研究者推到了创新与发展社会主义文化的前沿，其中理论创新尤其具有特殊的重要意义。坚持以"三个代表"重要思想为指导，以实现社会主义现代化和中华民族伟大复兴为追求；解放思想，实事求是，与时俱进，改革创新，21 世纪中国社会科学事业就一定会获得大发展。《正确认识社会科学的地位和作用》(董京泉,2002 年 6 月 4 日 B1 版)首先指出,社会科学是以人和人类社会为研究对象,以提示人的本质,帮助人们树立正确的世界观、人生观、价值观,以探索掌握社会发展规律和社会管理规律为己任。因而它是指导人们认识世界、改造世界和完善自身的强大思想武器,是推动历史发展、社会进步和人类文明的巨大精神力量。接着,董文将社会科学的主要内容和作用概括为四个"道":革命之道,治国之道,建设之道,修身之道。可谓新颖而又精辟。《唯物史观与当代中国人文社会科学研究》(孟广林,2002 年 6 月 25 日 B4 版)指出,跨入 21 世纪,当我们对中国人文社会科学进行反思和展望时,就会很自觉地发现,弘扬马克思主义唯物史观的科学理性,坚持运用唯物史观的理论与方法,对于推动这一学术领域健康地拓展具有重大意义。《哲学社会科学的崇高使命》(中国社会科学院邓小平理论研究中心,2002 年 7 月 23 日 B1 版)在充分论述哲学社会科学的地位与作用的同时,对哲学社会科学的责职、哲学社会科学工作者的奋斗目标等重要问题也作出了深刻的论述。

除了上述厚重的长篇论文外,《理论周刊》相当数量的学术短论也在对于学术自身的研究方面发表了不少很好的见解。《谈基础研究与应用研究》(董京泉,2001 年 5 月 29 日 B1 版)认为,当下"既需要应用研究、对策研究,也需要基础研究"。《正确处理理论工作的三个关系》(潘琦,2002 年 5 月 28 日 B1 版)提出要正确处理三个重要关系:研究与运用的关系,"深入"与"浅出"的关系,继承与创新的关系。《时代呼唤学术战略家》(邱永君,2001 年 10 月 9 日 B4 版)提出,多一些深谋远虑、求真务实、自甘寂寞,少一些浮躁炒作、虎头蛇尾、穿插游击。《关注民众观念世界——对思想史研究对象及方法的思考》(李长莉,2003 年 1 月 14 日 B3 版)指出,除了精英思想世界之外,还有更为广阔的民众观念世界。民众观念是一个更广泛、更普遍、更鲜活的精神世界,对社会有着不容忽视的影响力,因而也理应属于思想史研究的一个重要范畴。《中国哲学研究方法评析》(胡伟希,2003 年 1 月 14 日 B4 版)从方法论来反省,总结百年来中国哲学研究的五种类型或五个向度:(1)历史文献学方法;(2)哲学史方法;(3)哲学问题方法;(4)比较哲学方法;(5)交叉学科方法。此外,《理论要研究问题》(张晓林,2002 年 7 月 6 日 B1 版)、《中国哲学的问题》(向世陵,2003 年 1 月 21 日 B4 版)、《学术工作需要寂寞》(陈洪捷,2003 年 3 月 25 日 B4 版)、《建立富有中国气派的历史学》(刘志琴,2003 年 5 月 20 日 B3 版)、《诗文证史方法浅议》(宋立中,2003 年 6 月 17 日 B3 版)等,都是既有现实针对性又富有启发性的关于学术研究的"研究"的短论。

倡导建立学术规范和学科制度建设,是学术研究逐渐走向繁荣和成熟的必然要求,也是《理论周刊》研究学术自身的又一个重要方面。"学术"专刊的重要栏目"学界话题"曾以《学科发展与学科制度建设》(2002 年 6 月 4 日 B3 版)为主题,由责任编辑薄洁萍主持,邀请金吾伦、郑杭生、蔡曙山、吴国盛、李伯聪、乐国安等著名学者做嘉宾展开讨论。讨论中形成了如下一些共识:学科是在科学发展中不断分化和整合而形成和发展的,学科制度是学科的规范体系及其物质体现;科学的发展决定学科的建设和发展,学科是科学研究发展成熟的产物;学科制度建设的内容涵盖面很广,它是一个与社会环境的"净化"同步的过程;学科制度建设应以内在建设为主,以"内"定"外"才能水到渠成。其中关于学科制度建设的内容,李伯聪是这样论述的:学科制度建设的内容涵盖面是很广的,诸如成果发布制度、职务(职称)评定(聘任)制度、知识产权制度、学术交流制度、学科奖惩制度、人才培养制度、学科教育制度、学科期刊制度,以及包括基金制度在内的拨款筹款制度等等,都是学科制度建设的重要内容。在学科制度的内容中有些是属于法律性质的制度,有些是属于行政性质的制度,也有一些是属于道德性质的制度。

关于建立学术规范的问题,《理论周刊》发表了若干短论。《关于历史研究的学术规范问题》(曾业英,2001 年 4 月 17 日 B3 版)依据历史研究的性质、特点,结合历史的经验和现实的需要,从广义的角度论述了四条历史研究的学术规范,即学术性、实证性、前沿性、讨论性。这四条对于其他学科的研究也有相通和可启发之处。《社会科学应强调研究方式的科学性》(乔晓春,2002 年 4 月 9 日 B4 版)以社会学为例,提出确定题目后要遵循下列研究程序:首先,要做的事是对以往的有关理论和研究进行回顾和描述,从而明确所研究问题的性质和规律;其次,要在理论的指导下,在以往研究的基础上,提出自己拟证明的研究假设和框架:你要做什么、怎么去做;最后,在模型分析的基础上得出结论,证明自己的假设是否成立,并作进一步的理论解释和定性分析。这里讲的研究程序实际也是学术规范的一个重要部分,且对社会学以外的其他学科具有普遍的意义。《学术"裁判"应公开》(李申,2002 年 10 月 22 日 B4 版)提出建议:将学术评议由秘密改为公开。有资格参与学术评议者,都应该公开表示自己的评价意见;并且设定制度,假如某人多次出现投票失正,则应被视为无能力担当此任,因而应取消其评议资格;或者将其评议的正误计入本人学术水平档案,作为考核之内容。这样一来,给那些不致力于学术本身,而企图以邪道取胜者设置了一些障碍,使学术上的竞争较为公开和公平,以提高我们的学术水平。《文科论著的量与质》(欧阳志远,2002 年 4 月 23 日 B4 版)讨论的是学术成果评价的规范,该文指出:评价一个人的学术成果,离开一定的量是不准确的,没有数量也就没有质量。在重视文科著述的量的同时,更要重视其质。所谓质,应当理解为信息量。而学术论著所含的信息量只能从其所发挥的解释功能和预见功能来评估。

五、开展科学的学术批评

学术批评,又称学术评论,是对学术的批和评。有论者指出:"学术批评,指学者遵循一定学术规范,对学术思想进行的批评。批评的对象是学术思想,批评的规范是学术规范,批评的主体是学者。"①学术批评本应有褒有贬,但面对近年来学风浮躁甚至出现

---

① 张茂译:《论学术批评》,《学术界》2001 年第 2 期。

学术腐败的现象，《理论周刊》的学术批评更重视对不良学风的批评和分析。

　　"学术"专刊在这段时间里，就学风问题组织过两次"学界话题"展开讨论。第一次以《维护学术尊严　反对学术腐败》（见 2001 年 12 月 25 日）为题，由薄洁萍主持，邀请张保生、杨玉圣、葛剑雄、邓晓芒、王宁、贺卫方等知名学者做嘉宾。关于学术腐败，张保生、杨玉圣两位学者分别作了界定。张保生说："说到学术腐败，我们可以列举出剽窃、拼凑、制造'学术泡沫'等多种不诚实的学术行为；还有种种评选活动中的请'托'活动，如给评委送礼、请领导说情、评委之间互相照顾关系；等等。但这些都是现象。要从本质上说，它是指一切通过不正当手段获得荣誉和利益的学术堕落行为。学术腐败污染圣洁的学术殿堂，腐蚀学术队伍的肌体，阻碍学术大师的产生，遏制一个民族学术水平的提高，是学术事业发展的大敌。"杨玉圣说："学术腐败的表现是多种多样的，除了上面说到的，还有高校教材、教参编写中存在的低水平重复和抄袭现象；粗制滥造的形形色色的辞书；学术文章、著作在数量上恶性膨胀，在质量上却没有相应的提升；沽名钓誉，一些并非搞学术研究的人却利用手中的权力或金钱，当上名牌大学的兼职教授、顾问，以此捞取更大的社会资本；高等教育和学位掺假、注水，在全国各地到处贩卖的假文凭使不少人牟取到不正当利益；以及在学术评奖、科研基金项目评审中存在的腐败现象；等等。"这次"学界话题"的内容要点包括如下方面：学术腐败是学术事业的大敌，它的出现与一些学者的自身素质有关，也与学术体制不够健全和不利的外部条件有关；具有正确的价值观是学者能够自律的基础，坚守学术伦理，是一个学者之所以能成其为学者的道义基础；学术评审制度应按程序正义来进行设计，严格遵守学术评审的程序是保持公正性的最重要的条件；广泛而公开的学术批评是一个大环境问题，学者们在今天不仅要严守学者的职业道德，而且要坚决与学术腐败的各种现象作斗争。

　　"学术"专刊的另一次"学界话题"是以"浮躁：学术创新的大敌——四教授畅谈学风问题"（2002 年 3 月 19 日）为题，由危兆盖主持，邀请李文海、张岂之、章开沅、龚书铎四位知名学者为嘉宾。张岂之指出："对于当前学风的主要问题，有的提学术腐败，有的提学风浮躁。我认为，学风浮躁与学术腐败应有所区别，说'学风浮躁'更合适些。学风浮躁主要指治学不扎实，不实事求是，不认真研究，急功近利。这是学术界当前存在的主要问题。"几位学者在分析了"学风浮躁的表现"、"学风浮躁的原因"的基础上，深入讨论了"学风浮躁治理的对策"。其中，李文海提出了四条对策，他认为：首先要大力提倡学界同仁讲学术道德，提高学术队伍的道德素质。其次要调整社会心理。如何看待人文社会科学对现实的作用？有些可能会有直接的影响，有些则可能是对社会的长期作用，如人文科学对民族素质的作用就是长期的、潜移默化的。再次就是要探索一套既符合学术发展规律又有中国特点的学术评估办法。最后就是要加强学术评论。对好的学术成果，要大力推荐；对假冒伪劣的所谓专著、论文则要进行严肃的批评。没有批评，就没有发展。

　　如何开展科学、健康的学术批评，《理论周刊》的一些短论发表了很有建设性和启发性的意见。《学术繁荣需要真正的学术批评》(李申,2002 年 2 月 5 日 B4 版)认为,学术批评也是学术。批评者对于被批评的对象,至少应有相当程度的研究。不少批评文章,本身就是高水平的学术论文。该文还提出,学术批评也需要遵守一定的学术规范,要实事求是,有一份材料说一份话。学术批评如果违背这一原则,也就不是合格的批评。《学术批评的基本规范》(武宏志,2002 年 7 月 23 日 B4 版)认为,学术批评就是批评性论辩或批评性讨论。该文总结出五个方面的学术批评基本规范:针对性;客观性;清晰性;逻辑性;互动性。关于"互动性",该文写道:"批评自然假定了反批评。我们特别应关注媒体作为学术批评中的第三方的地位与责任。"

《中国人文社会科学核心期刊要览》
研制的过程与特点

姜晓辉

核心期刊研究是文献计量学的重要应用研究领域。一般对核心期刊的描述大体是：如果把学术期刊上的专业论文数量，按降序排列，可以划分出对该专业最有贡献的核心区和论文数量与之相等的几个相继区域。这时核心区与相继各区的期刊数量成 $1: a: a^2 \cdots\cdots$ 的关系。第一区载文密度最大，称为核心区域（nucleus），在核心区域的期刊被视为该专业领域的核心期刊，即刊载某一学科大量论文的期刊，是该学科载文量离散分布中的核心期刊。除了专业论文外，在引文及其他的相关统计中也证实了类似效应的存在。从这一基本分析出发，核心期刊研究产生出诸多公认的定律和数学模型，并以大量统计分析证实了核心期刊的客观实在性。《中国人文社会科学核心期刊要览》（2004 年版）（以下简称《要览》）是在完成中国社会科学院重点课题项目"中国人文社会科学核心期刊的统计与分析"的基础上编制的，以下谈谈其核心期刊的选择方法和特点。

一、核心期刊常用的统计方法

核心期刊指标的测定方法大致有以下几种：

（一）以数量为标准的统计方法

以数量为标准的核心期刊统计方法主要指期刊载文量统计法。期刊载文量（number of articles published）又称期刊发文量，即在给定时间内，期刊登载论文的绝对数量。美国数学家洛特卡（A. J. Lotka）把给定时间内科学工作者所发表的论文数量比率称为"科学生产率"（scientific productivity），以之作为评价科学工作者对科学发展所做贡献的指标。载文量统计法以相关学科的期刊论文数量为统计依据，统计期刊信息量的大小，进而测定科研"产出率"的高低。载文量法还可以取其相对值（即某期刊学科论文数量/某期刊同时期全部载文数量）进行统计。用单一的载文量统计方法筛选出来的核心期刊，一般数量比较大，适用于专业文献资源和文献型数据库的期刊收集工作，不太适用于期刊质量的判断以及综合性期刊的筛选。在文献量飞速增长的今天，载文量统计已不再宜单独用做核心期刊的评选指标。

（二）以质量为标准的统计方法

根据文献计量学的统计方法,期刊的质量是通过相关的量化指标来测度的。一般有以下几种方法：

1. 摘转量统计法

在编制文摘类学术刊物时,编者会挑选比较好的论文作为报导和检索的对象。这个优选的过程,实际上也是对期刊论文质量的认定过程。按期刊论文被转摘次数的多少或被转摘率的高低来筛选核心期刊,被称为摘转量(或称文摘量)统计方法。这种方法便于操作,在某些方面可以比较快地反映期刊的质量水平。但是由于摘转刊物和摘转选编者的水平和视角不同,以及选题内容不同等原因,摘转量的统计结果会与期刊的实际水平有出入,也会因选编者的误差而漏选、误选。摘转刊物上的论文包括了一些报道新题材和新观点的文章,以及稀有研究种类的文章,这些文章并非都是优秀论文,因而在使用摘转量统计法时应区别对待。

2. 流通率统计法

流通率统计是指对借阅期刊的次数、复印次数、网上电子期刊论文的浏览和下载次数等的统计。这些统计结果能够直接反映期刊的被利用程度。流通率高的期刊,通常被认为是受读者重视的质量较高的期刊。根据期刊流通率的高低来确定馆藏期刊,有利于优化期刊资源。作为质量的评价指标,它对核心期刊质量的认定有一定的参考价值。但由于流通率数据较难收集齐全、馆藏资源和网上资源各有局限,因而流通率统计目前很难全面反映期刊的质量状况。

3. 引文量统计法

引文分析是利用数学和统计学的方法以及比较、归纳、抽象、概括等逻辑方法,对学术期刊及其论文的引用和被引用现象进行分析,以揭示其数量特征和内在规律的一种文献计量研究方法。它包括期刊的被引频次、影响因子等一系列质量指标,可以系统地反映期刊的学术水平和质量。其中的引文量统计法用于核心期刊的测度有较大的可信度,是公认的有效方法之一。当然,引文量统计结果的准确程度有赖于期刊著录的规范化程度和统计源收录范围的规模和代表性。

（三）综合统计法

综合统计法是指综合上述多种评价指标,采用加权分析、模糊数学分析等综合处理方法处理数据,以期得到更加全面客观的结果。在综合统计中,各种评价指标的有机结合和合理使用是统计结果准确性的基本保证。

（四）累计百分比筛选方法

核心期刊评定的常用数据处理方法之一是累计百分比法。具体做法是,将某一学科或领域的期刊按相关载文量或被引频次多少递减排列,然后依次累计期刊的载文量或被引频次,并求出期刊的累计载文量或累计被引频次与所统计的全部期刊总载文量或总被引频次的百分比,一直达到选定的累计百分比值为止。这时可以认为前若干种期刊是核心期刊。通常这个百分值要达到 70% 或 80%，所以这种方法也被称为"70%"或"80%"法。

二、《要览》采用的统计方法

核心期刊的定义有多种表述形式，《要览》将其定义为：某学科（或某领域）的核心期刊，是指那些发表该学科（或该领域）论文较多、使用率（含被引率、摘转率和流通率）较高、学术影响较大的期刊。根据这种定义，核心期刊评选的原则是选出那些在某学科（或某领域）中的学科论文较多和使用频率较高的少数学术期刊。这个定义可以分解为几个简单的概念：一是核心期刊是以学科为基础产生的；二是核心期刊数量比较少；三是核心期刊的认定主要依靠数量指标和质量指标的测定。

《要览》主要采用综合统计法，以期刊论文的各类量化指标来测定期刊的"论文产出率"和"学术影响力"。特别是后者，对于作者、读者和科研工作选择期刊有较强的参考作用。《要览》采用的以反映期刊"学术影响力"为主要目标的综合统计方法，主要是以引用分析为主导的综合统计方法。这种方法力求突出重点，以期刊引证报告的评价指标作为统计主体，同时注意指标的完整性和系统性，以及与其他参考指标的有机结合。在核心期刊的数量界定方面，主要依靠"被引频次"指标来统一度量，在生成分学科引证报告的"综合评价值"方面，主要以加大"影响因子"和"被引量"指标的权重来突出重点。其主要特点是从文献利用和被利用的角度来评价和选择期刊。这个方法也可以理解为是循着期刊的实际应用过程来统计期刊影响力的：测定某学科的核心期刊，就是找出作者或读者在撰写或阅读某学科的论文时（作为一个集合）使用了哪些期刊，再从这些期刊中找出那些最为常用的期刊。见下图：

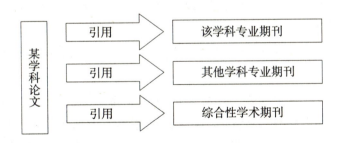

这个简单的模拟图表示作者（或读者）一般总是从学科角度进行利用和查找期刊论文的。这些期刊论文分布在以该学科专业期刊为主的各类期刊中，因而从某学科论文（作为一个集合）的引用（或施引）角度来分析期刊的学科使用率，更符合实际的应用情况。《要览》中的各个期刊引证表便是以上述关系为基础建立的。与之相比，那些先按期刊的类别区分出专业期刊和综合性学术期刊，再以期刊的影响因子等指标确定核心期刊的方法，比较简单易行，但统计结果和作用与上述方法有较大区别。

上述方法的具体的统计步骤如下：

（一）确定各学科的期刊引证表

1. 统计出各学科的引证期刊

在核心期刊的统计过程中，载有某学科论文的期刊和被某学科论文引用过的期刊，称作该学科的引证期刊。这些引证期刊按期刊的分类可以分为该学科的专业期刊、其他专业期刊和综合性学术期刊。它们的集合形成学科引证期刊表。

2. 确定这些引证期刊的各项评价指标，并赋予权重值

统计过程中的每种期刊的评价指标包括：

（1）期刊总被引

指某期刊在一定时期内所登载的全部学术论文被来源期刊论文所引用的总次数。"期刊学科总被引"则指其被来源期刊中某学科论文所引用的总次数。

该指标显示期刊被使用和重视的程度，以及在学术交流中的作用和地位。《要览》选用三年的总被引频次意在加大被引频次的时间跨度，增加统计的相对准确性。

（2）期刊影响因子

期刊影响因子＝某年引用该刊前两年论文的总次数/前两年该刊发表的论文总数。

期刊学科影响因子＝某年某学科引用该刊前两年论文的总次数/前两年该刊发表的论文总数。

期刊影响因子可以消除由于载文量不同所造成的对期刊被引率的影响，进而对不同期刊的引用情况进行比较。通常影响因子越大，它的学术影响力和作用也越大。

（3）期刊即年影响因子

期刊即年影响因子＝某年该刊发表论文的被引用次数/该刊该年发表的所有论文数。

期刊学科即年影响因子＝某年该刊发表论文的被某学科论文引用次数/该刊该年发表的所有论文数。

即年指标是衡量一种期刊引用的速度的指标。也就是文章发表当年期刊的平均被引用数。

此外的评价指标还有"学科自引量"、"学科载文量"、"引文率"、"摘转率"。其中，"学科自引量"表示期刊的交流程度；"学科载文量"表示期刊的学科论文产出量；"引文率"（参考文献量/载文量）表示期刊的施引程度，在一定范围内反映期刊规范程度和学术含量；"摘转率"则表示期刊受重视的程度。

在进行分学科统计中，期刊的学科评价指标是最为重要的，但考虑到学科的交融性和学科分类的误差，期刊的整体评价指标（如期刊总被引，期刊影响因子）也被用做学科统计的辅助要素。其他评价指标则被作为参考指标。根据重要程度的不同，分别赋予这些评价指标或评价因素相应的权重系数。

（二）确定各学科的核心期刊预选范围

核心期刊的数量界定是一个比较复杂的问题。《要览》的界定原则是，当引证表中的评价指标"学科总被引累计百分比"达到85％时，其相应的期刊数量成为核心期刊预选范围。由于各学科的载文、被引和期刊数量的不同，这个范围也有相应的波动。经过专家论证后，一般的核心期刊选择范围在"学科总被引累计百分比"的70％左右。

（三）专家论证

把核心期刊的预选表送专家评审。专家参考综合评价值的情况，主要从定性的角度，即从期刊的学术水平和影响、期刊对推动学科发展的作用等综合方面进行评估。同时也参考期刊的其他一些重要指标进行分析，如期刊的获奖情况、编辑水平、作者构成情况。把这些专家的评分值输入计算机统计程序作隶属度处理，之后将专家评分值加权0.2，再将学科引证表中的"综合值"（综合评价值）加权0.8，两者相加后按数值大小递减顺序排列。这样的权重的分配，旨在体现《要览》重视以量化分析为主的评审原则。

（四）专业期刊与综合性学术期刊分开统计

根据期刊使用者的习惯，专业期刊与综合性学术期刊分开统计有利于实际应用。因而，在分学科引证期刊的统计过程中，专业期刊单独列表统计，综合性学术期刊按特定指标另行统计，其他专业的期刊各归所属学科进行评选。最后，《要览》各学科的核心期刊只列出专业核心期刊表。如果使用者需要了解专业核心期刊以外的期刊，可以参考分学科的期刊引证表。

综合性学术期刊的主要特征是其载文的多学科性和跨学科性。因而不宜在分学科的统计中认定它的整体学术影响力，也不宜加入期刊载文量指标进行统计。综合性学术期刊历来是核心期刊分析的难点。

《要览》对综合性学术期刊的主要评选方法是：

1. 采用期刊总体指标并参照分学科统计方法进行评测

综合性学术期刊之间的主要可比性体现在期刊的使用率上，因而，期刊的被引频次和期刊的影响因子是其最重要的评价指标，同时摘转率等也是重要的参考指标。

2. 综合性核心期刊在分学科统计中的位次分析

综合性学术期刊在各学科统计中的位次表明它在该学科的地位。某综合性学术期刊的高位次学科越多，表明它在综合性学术期刊的评选中的重要性越大。《要览》在评价综合性学术期刊时重点参考了这一指标。

3. 综合性核心期刊的数量界定

综合性核心期刊数量的多少，主要依靠在分学科统计中进入核心期刊数量范围的综合性学术期刊的总数来确定，同时参照综合性学术期刊中累计百分比的数值作调整，最后请专家评审后作数量调整。

三、核心期刊统计结果分析

通过上述选择方法和步骤,最终评选出了 344 种期刊作为《中国人文社会科学核心期刊要览》(2004 年版)的核心期刊。就研制过程和评选结果看,可以归纳出以下几个特点:

(一)分学科统计的核心效应比较理想

核心期刊的分学科统计方法有多种,选取的指标也各不相同。《要览》采用的是从文献利用角度,以期刊的学科被引为主,以期刊的整体被引和学科发文为辅的统计方法来测度期刊的学科核心地位,其结果的核心效应比较突出。这种方法中的"学科被引",主要指在给定时间内某期刊的全部论文被某一学科论文集合所引用的程度。这里使用的概念是"期刊的全部论文"而不是"期刊的学科论文"。因为作为施引主体的"某一学科论文集合"所引用的某期刊论文在学科上具有不确定性,即所引用的并不一定都是本学科的期刊论文。"期刊的学科被引"这一指标意在反映期刊在某学科中的使用率。

下面用法学专业核心期刊的三种评价指标做进一步说明(见图1):

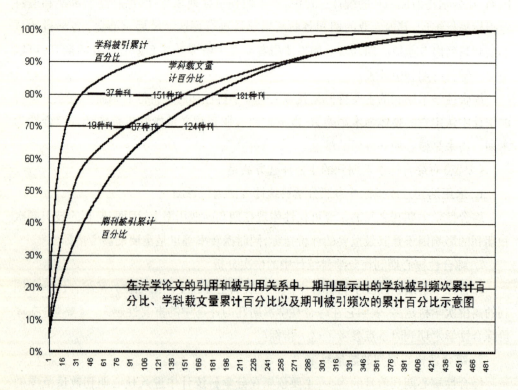

图1:法学类期刊评价指标对比图

图1中的左、中、右三条曲线分别为期刊的学科被引频次、期刊的学科载文量和期刊的整体被引频次累计百分比曲线。纵坐标为曲线的累计百分比刻度，横坐标为期刊的累计数量。

从图1中可以看出，当"学科被引累计百分比"达到70%时，期刊数量为19种，核心效应最为突出。而相同的累计百分比，"学科载文量累计百分比"对应的是87种，"期刊被引累计百分比"对应的是124种。显然，以期刊的"学科被引累计百分比"界定核心期刊数量，集中效应比较明显。此外，在确定期刊的综合评价值时，还要考虑增加另外两条曲线的比值。

（二）综合性核心期刊有较为明显的学科特点

从使用角度看，综合性学术期刊的利用价值在于它的多学科性和跨学科性。因而不宜在分学科的统计中确定它的综合影响力。《要览》确定学术期刊的类别时主要参考期刊论文的学科构成并从学科特点上对其进行综合分析。下面列举综合性和专业性期刊的两个学科构成表：

表1：《中国社会科学》杂志的学科构成

学科分类	学科总被引	影响因子2001	被引百分比	被引累计百分比	被引位次	载文位次
法学	424	0.2700	2.43%	56.65%	11	108
管理学（含科学学、人才学）	19	0.0150	1.03%	60.15%	23	323
教育学	75	0.0200	0.61%	63.88%	30	506
经济学	579	0.6650	1.08%	37.56%	17	348
考古学	22	0.0000	0.14%	94.83%	31	161
历史学	120	0.0550	1.15%	39.77%	16	241
马克思主义	18	0.0000	3.61%	30.92%	6	188
人口学	43	0.0200	3.28%	72.10%	5	79
社会学	170	0.1000	5.63%	21.12%	2	78
图书馆、情报与文献学	27	0.0300	0.10%	95.33%	48	162
文化学	31	0.0200	3.32%	18.01%	4	92
文学	130	0.1250	1.47%	48.96%	16	219
心理学	14	0.0000	0.71%	84.25%	13	125
新闻学与传播学	19	0.0350	0.37%	81.56%	38	405
艺术学	11	0.0000	0.40%	87.09%	25	120
语言学	76	0.0150	0.49%	84.02%	31	233
哲学	178	0.0550	4.15%	16.27%	2	101
政治学	177	0.1150	2.20%	14.15%	5	166
宗教学	21	0.0100	2.40%	35.50%	7	82

　　从表1中可以看出,《中国社会科学》杂志的发文和被引涉及19个学科,其中被引频次比较高的7个学科依次是经济学、法学、哲学、政治学、社会学、文学、历史学。表中的六项评价指标是该杂志在分学科引证表中的指标,我们可以据此推算出该刊在该学科中的位置。也可以简单地这样理解:前三项指标数值越大越好,后三项指标数值越小越好。如果第五项("被引位次")数值小而第六项("载文位次")数值大,则可能说明该刊在该学科的发文少而被该学科的论文引用多。

表2:《经济研究》杂志的学科构成

学科分类	学科总被引	被引百分比	被引累积百分比	被引位次	学科年均载文量
经济学	5844	10.88%	10.88%	1	123
法学	109	0.63%	74.75%	25	1
政治学	71	0.88%	34.33%	20	2
教育学	60	0.49%	67.65%	36	1
社会学	27	0.89%	58.33%	25	1
新闻学与传播学	7	0.14%	89.17%	69	2
图书馆、情报与文献学	5	0.02%	98.19%	122	1

　　表2说明《经济研究》杂志的发文与被引涉及7个学科,经济学科的比重占绝对优势,专业性杂志的学科特征非常明显。

表3:各综合性核心期刊中含有的核心区学科数量

刊　名	核心区学科数量
中国社会科学	13
北京大学学报(哲学社会科学版)	11
天津社会科学	6
学术月刊	7
社会科学战线	8
复旦学报(社会科学版)	7
读书	8
文史哲	7
江海学刊	7
学习与探索	6
国外社会科学	7
思想战线	6
江汉论坛	6
社会科学研究	6

　　根据入选的综合性核心期刊分析,在综合性学术期刊引证表中综合评价值较高的期刊在分学科的影响也比较明显,即该期刊处于分学科核心期刊范围的学科数量较多。例如表3的各综合性核心期刊中含有较大的核心区学科数量。

（三）专业核心期刊的学科分布不平衡

　　根据学科总量分析,学科分布对认定核心期刊有重要的参考意义。由于学科发展的程度不同,专业核心期刊呈现不平衡分布。以下是《要览》中专业核心期刊与核心期刊的预选期刊统计结果的学科分布图（见图2）。

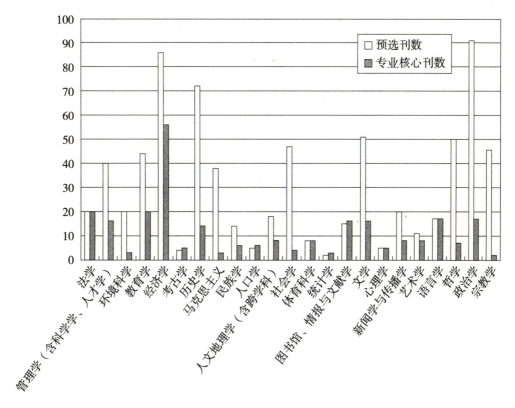

图2:专业核心期刊与核心期刊的预选期刊统计结果的学科分布图

　　图2中的纵坐标表示核心期刊的预选期刊与专业核心期刊的数量,横坐标为学科名称（包括综合类）。其中,分学科核心期刊的预选期刊数量为被引累计量达70%时所对应的期刊累计数量,总数为716种;专业核心期刊数量为最终核定的数量,总数为268种。从图2的对比数据看,有些学科的专业核心期刊核心效应非常明显,例如法学、体育科学、心理学、语言学这些专业性比较强的学科。有些学科则比较特殊,如宗教学,涉及专业论文的期刊较多（38种）而专业研究期刊较少（2种）。上述专业核心期刊的学科特点大体反映了我国各学科期刊现状的集中和分散程度。

（四）核心期刊的特定适用范围

　　任何的评价系统都会有一定的适用范围,核心期刊评选也不例外。从《要览》的研制方法和评价指标分析,根据以引用率为主的期刊使用率高低来判断期刊的影响力,进而判断期刊的学术质量,决定了它的特定适用范围,例如,适用于读者和作者据此选用和浏览期刊,以及馆藏和文献型数据库的选刊。应该说它带有重应用而轻评比的特点。核心期刊的评选虽然包含了对于权威期刊和优秀期刊的评价,但还不能算作期刊的综合评价。一般说来,优秀期刊的评选应包括政治质量、学术水平、编辑质量以及出版发行状况等其他指标,注重期刊本身的全面质量。而核心期刊研究是文献计量学的一种应用研究,主要是从使用角度分析核心期刊作为一个集合在特定学科范围所起的作用,并不是从多层次、多角度(或按部门、按地区)对每种期刊作优选比较。由于核心期刊的界定要服从集中分散定律,因而即使某些学科的优秀期刊很多,也不可能都进入核心区范围;有些小研究领域的优秀期刊,如果放在大学科中评选会因其使用率相对不高而排不上队,如果按小学科或小专业领域分析则会由于无法确定期刊核心区的存在而落选。结果是核心期刊不一定包括全部的优秀期刊。此外,核心区与非核心区没有绝对的界限,处于界限边缘区域的期刊水平一般相差不多。因而,在使用核心期刊的评价功能时应注意其局限性,并注意与具体的评价体系相结合。

参考文献

(1)戴龙基、张其苏、蔡蓉华:《中文核心期刊要目总览》,北京大学出版社 2000 年版。
(2)姜晓辉:《中国人文社会科学核心期刊要览》,社会科学文献出版社 2004 年版。

新时期学术规范讨论的历时性评述

余三定

2004 年 6 月 22 日,《高等学校哲学社会科学研究学术规范(试行)》经教育部社会科学委员会第一次全体会议讨论通过,这对中国学术界来说,是一件重要的、具有标志性意义的大事。虽然这部"学术规范"的制定工作启动于 2001 年,但追溯其源头背景,则可以说建基于新时期以来学界关于学术规范的讨论。笔者在此特将近十多年来学术界关于学术规范讨论的情况作一大致的梳理和评述。通常人们讲的"新时期",是指以 20 世纪 70 年代末"文化大革命"结束以后为起点的时期。由于学界关于学术规范的讨论是发端于 80 年代后期的事,所以本文所说的"新时期"并非指整个新时期,而是指"新时期内的"一个较长时段,具体说就是指从 80 年代后期开始的时期。新时期关于学术规范的讨论大致可以分为三个阶段:第一阶段为 80 年代后期至 90 年代前期,主要表现为少数先觉者率先倡导;第二阶段为 90 年代中期至新旧世纪之交,主要表现为在激烈批评学术腐败行为的同时呼吁建立;第三阶段为进入 21 世纪以后,主要表现为由批评为主过渡到以建设为主。

一、第一阶段:少数先觉者率先倡导

20 世纪 90 年代中期以前,就整个学术界来说,并不太关注学术规范的问题,只有部分先觉的有识学者开始倡导建立学术规范。

陈平原是最早倡导建立学术规范的学者(在陈平原之前,姚椿龄在《中国社会科学》1987 年第 6 期发表了《我国外国问题学术书刊的注释要规范化》一文,但考虑到姚文是谈一个具体的学术规范问题,所以我以为最早把学术规范建设作为一个重要问题提出来的是陈平原)。1988 年 7 月,陈平原就撰写了题为《关于"学术语法"》(原载《瞭望》1988 年第 38 期,后收入《学者的人间情怀》,珠海出版社 1995 年版)的文章。陈平原在该文中指出:"做买卖得讲'商业道德',做游戏得讲'游戏规则',做学问当然也得讲'学术语法'。"陈平原这里讲的"学术语法"就是指学术规范。该文批评多种不讲"语法"的表现后,指出:"处处讲'语法',不敢越雷池半步者,未必就是好学者;可一点不讲'语法','病句'连篇的,大概也不会是好文章"。陈平原在 1991 年撰写的《学术史研究随想》(《学人》第 1 辑,江苏文艺出版社 1991 年版)对学术规范问题展开了进一步论述。他说:

"如果说 80 年代是学术史上充满激情和想象的变革时代,'跑野马'或者'学风空疏'都可以谅解;那么,90 年代或许更需要自我约束的学术规范,借助于一系列没有多少诗意的程序化操作,努力将前此产生的'思想火花'转化为学术成果,这种日趋专业化的趋势,对许多缺乏必要的学术训练、单凭常识和灵感提问题的学者,将会是严峻的考验。"陈平原同时指出:"'规范'虽则对建立学术秩序、发展常规研究有意义;但毕竟是一种束缚(尽管是必要的束缚),故成熟的学者往往部分逾越'规范'。表面上有些大学者做学问无法无天,从心所欲,其实也自有其内在理路,只不过稍微曲折隐晦罢了。就像中国诗人推崇'无法之法',中国戏曲讲究'有训练的自由'一样。"陈平原在 1992 年又发表了《超越规则》(《读书》1992 年第 12 期)一文,对建立学术规范与超越学术规范作了更为具体、系统的论述。陈平原在该文的开头写道:"超越'规则'的前提是承认'规则'的存在;否则,没有'规则',何来超越? 可在现代中国,谈论学术规则,总给人'古典'、'死板'的感觉。尤其是以才子自许也以才子许人的文学研究界,更是推崇天马行空无所羁绊,不以操正步守规则为然。流风所及,文学史论著也都喜欢洋洋洒洒,放言高论。"陈平原还说:"有位朋友半真半假地讲了一段有趣的话,说他敢与国外第一流学者对话,不敢与国外第二流学者辩论。因为第一流学者表达'思想',而'思想'咱们有,好坏高低是另一回事,反正说上几句没问题。第二流学者讲'学问',书没人家读得多,工夫也没人家下得深,一开口就露怯,因而不敢上阵。在我看来,目前中国学界最缺的,不是表达自家思想的第一流学者(真假不论),而是认认真真读书、训练有素的第二流学者。在文学研究领域,这个问题尤其突出。因为搞文学的,没几个不认为自己有点天赋。"

　　紧随陈平原之后,蒋寅、许明、杨沐等人也对学术规范问题发表了看法。蒋寅在《学术史研究与学术规范化》(《学人》第 1 辑,江苏文艺出版社 1991 年版)中指出:"回顾建国以来的学术发展,令人深切感到,学术规范化的问题也变得愈来愈突出,迫切需要尽快加以解决。近年来,学术书刊出版量激增,由于情报、信息流通、传递手段落后,学术研究中的重复现象比比皆是。更兼一些学者不遵循学术研究的一般规程,不掌握文献资料,不关心学科的发展,一味闭门造车,致将早已是老生常谈的东西矜为独得之秘。更有甚者,不尊重他人的劳动,引用别人研究成果不加说明,已为时下通行惯例;另一方面,批评别人观点也不注明出处,使读者不知何为前人定论,何为作者创见,只见一家之言,难验谁是谁非。这种一锅粥的学术,产生的只能是混乱、盲目和无聊的重复,让大量粗率、平庸的东西湮灭真正的精华,同时也给学术史研究造成极大的困难。"许明发表了《研究逻辑·学术规范·知识增长》(《学人》第 1 辑,江苏文艺出版社 1991 年版)。杨沐发表了《我国音乐学学术论文写作中的一些问题》(《音乐研究》1988 年第 4 期),该文包括如下三个小标题:"格式问题——以注释为例";"引文问题";"实证问题"。

　　陈平原等先觉学者在 20 世纪 80 年代末期到 90 年代前期提出学术规范问题,是有其特定的历史文化背景的。我们知道,"文化大革命"结束后的 20 世纪 80—90 年代,出现了学术的自觉与学者的自立,其突出表现是,学术摆脱了对政治的被动依附和跟从,具有了独立的品格和尊严;学者获得了自我的回归,具有了独立的人格和地位。陈平原等有识学者就是在上述背景下倡导建立学术规范的。在学术的草创时期,学术研究往往是"跑野马"般的无序,不大会有规范和程序,人们也难以想到需要规范和程序;在政治高压时期,一些学术争论往往由政治家、宣传家来作结论,甚至由领袖人物来作结论,政治家特别是领袖人物一作结论,人们的观点便一边倒(有的主动、有的被动),在这样的情况下,人们当然也难以想到(或者是不敢想到)学术规范问题。只有 20 世纪 80 年代中期以后,中国学术界既摆脱了政治的高压且又发展、积累到了一定程度后,才有可能提出学术规范建设的问题。因此,陈平原等在当时提出学术规范建设的问题,是具有某种历史必然性的,是学术界的幸事和喜事。

二、第二阶段:在激烈地批评腐败行为的同时呼吁建立

大约从 20 世纪 90 年代中期开始到新旧世纪之交,学术界反对学术腐败(或叫反对泡沫学术,或叫反对学风浮躁,或叫反对学术不端行为等等)的呼声越来越强烈,不少学者在激烈地批评学术不端行为的同时积极倡导建立学术规范,以能让学术规范阻扼、控制学术不端行为的发生和蔓延。如果说,前述第一阶段关于学术规范的讨论是在发展中倡导建立;那么,这一阶段关于学术规范讨论的特点则是在批判中呼吁建立,就其呼吁的迫切性和影响的深广度来说,已大大超过前一阶段。

做得比较早的是《光明日报》、《中国书评》、《中华读书报》、《历史研究》等报刊。《光明日报》在 1996 年 7 月 18 日第 1 版刊登《反对剽窃 端正学风》及有关调查附记。7 月 19 日,《光明日报》又在第 1 版刊登《北京学界人士谈反对剽窃端正学风加强作者自律建立学术规范》的报道。这是最早在批评学术不端行为的同时倡导建立学术规范的文章,可以说是学界关于学术规范讨论进入第二阶段的标志。《光明日报》7 月 19 日还刊登了《湖北专家学者认为学术研究要杜绝造假之风》,也是在批评的同时倡导建立学术规范。《山西大学学报》1996 年第 2 期发表伍铁平的文章《反对在学术著作中弄虚作假——评申小龙的〈文化语言学〉等"著"作》。该文批评申小龙的《文化语言学》"是一本错误百出,大量照搬申自己著述,又有相当大的一部分是剽窃的书";同时指出:"近年来学术界出现了一些令人痛心的不良现象。除著者本人应负责任外,出版社组稿不慎重,缺乏严格的审稿制度,也有不可推诿的责任。"这里讲的"审稿制度"其实也是学术规范的组成内容之一。《社会科学报》1996 年 12 月 19 日发表报道《学术研究要遵守规范》,该文说:"复旦大学文科院系青年学者在一次座谈会上呼吁,要使哲学社会科学真正发展和繁荣起来,光有良好的外部环境是不够的,理论工作者必须要有社会责任感,学术活动一定要遵守学术规范。而目前学术研究中有许多不规范现象,比如抄袭和剽窃别人的学术成果,低水平地重复出版外国译著,学术项目和学术成果的评价缺乏合理的评价体系和权威性的评价机构,学术论争和批评流于形式化和情绪化,等等。"

这里亦是将倡导遵守学术规范和批评学术不端行为同时进行的。

此后的四五年里,学术界对学术不端行为的批评与对建立学术规范的倡导,主要是从如下两个方面进行的。

一是反对浮躁学风,倡导实事求是的学风。《光明日报》1998年3月13日发表报道《北京大学教授朱德生指出:学术研究必须实事求是》,文中说:"北京大学哲学系教授朱德生指出,学术研究必须戒浮戒躁,提倡实事求是、脚踏实地的良好学风。""第一,解放思想,根本上讲就是实事求是。这是平凡的真理,但几十年来的马克思主义研究恰恰在这个问题上吃了不少苦头。我国人文社会科学发展有乐观的一面,也有不乐观的一面,即解放思想,实事求是还不够。邓小平理论、中国特色社会主义,讲到底是要理论联系实际,真正落到实处。形式主义和教条主义是要吃苦头的。""第二,要开创良好的学风,反对形式主义和教条主义。奴才思想太浓,学而优则仕,仕而优则学,更要批判。似乎谁的官大,真理就多。这种心态必须克服。""第三,要想实事求是,贯彻良好学风,做学问的人首先要做一个实事求是的人。""有些人是权术越来越多,学术越来越少。"《社会科学报》1998年11月26日发表冯光廉的文章《当今学界浮躁学风种种》,该文写道:"当今学界浮躁学风主要有:不深入社会实际,不愿在材料的广为搜集和精心整理上下工夫;不积极地研究分析他人的学术成果,不清楚自己课题研究的历史和现状,匆匆选题、编撰,致使学术成果起点低,重复劳动;急于用'短平快'的方式从速推出,希冀一鸣惊人;不肯下大气力修改和校阅,错误百出;出版不久便急于托朋友写书评,或拉赞助开研讨会,渴求在短时间内造成巨大的学术反响。长此以往,后果堪忧。"《光明日报》1999年4月20日"学者访谈"专栏发表了《关于"学术研究规范"的思考——访葛剑雄》(李向军),记者在开头问道:"《历史研究》去年第1期上刊载了您和曹树基博士的长篇书评,对一部有关中国历代人口统计资料研究的书提出了尖锐批评,在学术界引起了震动,也引出了关于'学术研究规范'的话题。最近,《中国社会科学》和《历史研究》编辑部特邀您参加'学术对话与学术规范'研讨会。能否请您谈谈学术研究规范应包含哪些内容? 当前学术研究存在哪些不规范的现象?"葛剑雄在分析了学术规范包括两个方面的含义后,指出:"现在学术界的违规现象很严重,有的人采用他人成果不注明出处,引文没有注释,不为自己的研究在学术史上定位,低水平重复,抄袭等等。居然还有学生抄袭本系老师的论文通过了答辩。最新的也是最恶劣的表现之一是学术包装,为水平不高的书开隆重的发布会,请名人名家题字题词,甚至有人化名捧自己的书,骂别人的书。有的年轻人文章引文很多,英文、古文一大堆,可他自己未必都看过。还有的人引《史记》、《汉书》,几百个注全是原始资料,我不信他看的全是原文,没看今人的文章。这样的学风很不好。"2000年8月出版的《学术权力与民主——"长江〈读书〉奖"论争备忘》(鹭江出版社)收入数十篇"长江《读书》奖"学术论争的文章,其中有多篇是在开展学术批评的同时谈学术规范的建立,如《从"长江读书奖"风波谈重视学术规范》(黄进)、《评奖程序与学术规范》(余三定)、《从晕轮效应到健全学术成果评价机制》(吴忠民)、《必须改革学术评价机制》(仲伟民)等等。此外,《光明日报》1999 年 1 月 29 日发表了《论学风》(李景源),《江苏社会科学》1999 年第 6 期发表了《学风与学术规范》(王锺陵),等等。上述都说明学术规范是针对学风不正而提出来的。

二是批评学术腐败,呼吁用学术规范去抵制学术腐败。笔者见到的较早提出"学术腐败"一词的是《社会科学报》,该报 1997 年 6 月 26 日发表了《反腐败不应忽视学术领域》(蒋德海)一文,该文指出:"学术腐败在目前主要表现为职称评审和学术成果评审的腐败。其消极作用是:一、导致职称贬值。一方面是大量不具备学术水平的人进入高级学术人员队伍,另一方面是真正有学术水平的人反而得不到职称,职称的学术意义日益淡化。二、搞坏了学术空气,大量非学术因素进入学术领域,学术标准迷失,学术价值动摇。三、导致我国社会进步目标的扭曲,科教的核心之一是学术,没有学术文明,科教兴国就是一句空话。"该文还分析说:"学术腐败产生的根源是学术法制不健全。为此,笔者建议:一、学术评委必须是卓有成就的专家和具有高尚德行的师长。二、建立异地、异校审评制,严肃学术审评程序;在三级评审程序中,同一评委不能就同一对象评审两次。三、严格评审责任机制,对有明显作弊现象的评委应予严惩,坚决抵制有偿评审,一旦发现有偿评审现象,评审即告无效。四、建立学术职称升降制度,对不同的职称规定一定量的最低学术要求,凡是达不到这个最低要求的人,降一级职称;降职称两次以上者,可考虑调离原有工作岗位。同样地,对于符合标准的人,确保无条件升职。"这里讲的"学术法制"其内涵近于"学术规范"。该文还提出:"对于具有明显学术腐败的人和现象,必须予以坚决的揭露和曝光,对于严重的学术腐败现象,必须追究其法律责任。通过学术反腐,确立学术尊严,弘扬学术正气,从而推进精神文明建设。"《历史研究》1997 年第 2 期发表的《必须遵守学术规范——从"强国之梦"系列丛书说起》(浩力)虽未提出"学术腐败"一词,但也是针对学术腐败现象而呼吁学术规范建设的,该文说:"四川人民出版社出版的'强国之梦'系列丛书共有 10 本,其'总序'称是出自集体研究的成果,是关于中国近代历史的'学术著作'。但丛书中的某些'著作',无视学术规范,实际是改编或拼装他人的学术成果。"该文在对其中几部书进行具体剖析后,指出:"上述犯规情节中最严重的情况抄袭或剽窃,已经越出了学术规范的界限。它不仅违背了道德与良知,玷污了学术尊严,而且违反了法律规范,侵犯了他人的著作权,妨害了学术的正常发展。"

反学术腐败的声音,到新世纪初的 2001 年,达到最激越的程度。《光明日报》2001 年 4 月 28 日第 1 版发表报道《北大全体文科教师郑重表示　绝不让学术腐败渗入北大》,该文开头写道:"'清除赝品拒绝平庸!'这是北京大学全体文科教师在今天召开的'树立北大文科精品意识'大会上作出的郑重承诺。据北京大学副校长何芳川介绍,这次大会是'文革'以来北京大学召开的一次最大规模的关于文科学术道德的大会。与会教师表示,在北大向世界一流大学迈进的进程中,绝不允许学术腐败渗入学术领域。""袁行霈教授说,目前社会上的浮躁风气和商业上的投机心理侵蚀着学术,一些学者忘记了学术的目的,或急功近利,粗制滥造,或媚于世俗,热衷炒作。有的人甚至丧失学术道德,以抄袭剽窃的手段换取一时的名利!"杨玉圣在《中华读书报》2001年5月23日发表了颇有影响的《学术腐败、学术打假与学术批评》,杨玉圣在该文中指出:"如果说王海在商界打假是一种经济行为且名利大丰收的话,那么,伍铁平在语言学界打假获得了什么呢?从狭隘的功利的角度看,伍先生可谓'一无所获',因为这只是一种学术行为。对于一个学者而言,时间是伍先生最大的损失,而且是无可挽回。但是,从学术发展的角度来看,伍先生的学术打假,反映了一个学者的良心和正义感,体现了学术的良知和精神。这是一个老学者的无私奉献。"《中国教育报》2001年8月9日又发表了杨玉圣的长篇答问录《让圣殿坚守纯洁——学术腐败问题答问录》,在"答问录"中,杨玉圣把学术腐败的表现概括为7种:(一)出版物低水平重复;(二)制造学术泡沫;(三)搞假冒伪劣;(四)抄袭剽窃;(五)用权钱捞取学术职称;(六)高等教育和学位注水;(七)学术评审腐败。《人民日报·海外版》2001年10月16日发表了《反对学术腐败树立精品意识建构学术研究的规范平台》(张一兵),该文说:"现在问题的关键已经不仅仅是揭露、批判和'喊打',倒真是要告诉人们应该如何规范自己的学术行为。以德治学的基础还是以法治学(在这一方面,我觉得国内的自然科学研究已经完成了新的研究规范的体制建构,这一平台与国际学界是直接并轨的)。这个'法'就是我这里所说的人文社会科学学术研究平台。依我的看法,这个平台应该包括两个主要建构向度:一是学术规范体系;二是客观的评价体系。"《光明日报》2001年12月25日"理论周刊·学术"版发表长篇"学界话题"《维护学术尊严　反对学术腐败》,该次讨论由薄洁萍主持,参加讨论的有张保生、杨玉圣、葛剑雄、邓晓芒、王宁、贺卫方等学者,该次讨论形成了如下方面的共识:"学术腐败是学术事业的大敌,它的出现与一些学者的自身素质有关,也与学术体制不够健全和不利的外部条件有关";"具有正确的价值观是学者能自律的基础。坚守学术伦理,是一个学者之所以能成其为学者的道义基础";"学术评审制度应按程序正义来进行设计。严格遵守学术评审的程序是保持公正性的最重要的条件";"广泛公开的学术批评是一个大环境问题,学者们在今天不仅要严守学者的职业道德,而且要坚持与学术腐败的各种现象作斗争"。

在这一阶段,还值得提到的是,先后出版了三本有关反对学术腐败的书,分别是《丑陋的学术人》(东方善霸编著,陕西师范大学出版社1999年版)、《中国学术腐败批判》(杨守建著,天津人民出版社2001年版)、《溃疡——直面中国学术腐败》(方舟子著,海南出版社2001年版)。

《羊城晚报》2002年1月17日发表的《用学术规范、学术批评医治学术腐败》(王笛)一文的标题可以借用来作为对这一时期学界关于学术规范讨论的概括,就是说,从20世纪90年代中期到新旧世纪之交关于学术规范的讨论,是在反学术腐败中进行的,学界呼吁建立学术规范是为了抵制、医治学术腐败。当然,这一时期也发表了少量并不特别针对学术腐败、主要是从学理上探讨学术规范的文章,如《中国书评》1996年第10

期发表了《对学术规范化问题的一些哲学思考》(童世骏),《光明日报》1998 年 4 月 24
日发表了《关于大变革时期史学规范问题》(李振宏),《光明日报》1998 年 10 月 16 日
发表了《史学的规范与变革》(郭世佑),等等。《中国书评》还发表过其他若干文章。

三、第三阶段:在继续批评的同时,着重点转到了"建设"上

2001 年,在反学术腐败(或曰反对学术不端行为)声音发展到最激越程度的同时,
也开始转入了着重于学术规范"建设"的阶段,即开始进入新时期学术规范讨论的第三
阶段。如果说新时期关于学术规范讨论的第二阶段重点在"批判"学术腐败(在批判的
同时也呼吁建立学术规范);那么,进入第三阶段后,则重点已转移到放在学术规范的
具体"建设"上(对于学术腐败的批判也继续在进行)。

第三阶段一个标志性的事件就是教育部在 2001 年印发的《全国普通高等学校人文
社会科学研究"十五"规划纲要》中,明确提出:"要把学风建设列为科研队伍建设的重
要内容。科研人员应正确认识学术发展继承与创新的关系,尊重他人研究成果和知识
产权,遵守学术规范,切实扭转无引文、无视前人研究基础、无新鲜经验和事实材料的空
谈之风。"这是政府文件中第一次提出"遵守学术规范"的要求。2002 年 2 月,教育部发
布了《关于加强学术道德建设的若干意见》。根据教育部的若干意见,北京大学、清华
大学等一批大学相继制定了教师科研道德守则,如 2002 年 3 月北京大学第 451 次校长
办公会通过了《北京大学教师学术道德规范》。2002 年 8 月,中国社会科学院党组审议
通过并发布《中国社会科学院关于学风建设的决定》。2003 年 4 月,《人民音乐》、《中
央音乐学院学报》、《中国音乐》等 16 家音乐理论期刊共同签署《关于学术道德建设的
联合声明与建言》。2003 年 5 月,科学技术部、教育部、中国科学院、中国工程院和国家
自然科学基金委员会联合发布《关于改进科学技术评价工作的决定》。

这一时期发表了为数不少从正面立论的关于学术规范建设的有分量的论文,如王
振海的《学术研究规范化探讨》(《东岳论丛》2001 年第 1 期)、张积玉的《学术规范体系论
略》(《文史哲》2001 年第 1 期)、陈克艰的《也谈"学术规范"》(《浙江社会科学》2001 年第 2
期)、曾业英的《关于历史研究的学术规范问题》(《光明日报》2001 年 4 月 17 日)、王笛的
《学术规范与学术批评》(《开放时代》2001 年 12 月号)、彭小瑜的《亟待正视的学术规
范——由世界史和西学写作的注释体例谈起》(《光明日报》2002 年 2 月 7 日)、罗志田的
《学术规范的主要目的是建设而非防弊》(《开放时代》2002 年 2 月号)、张亦工的《关于学
术规范的杂谈》(《学术界》2002 年第 1 期)、贺卫方的《学术规范之我见》(《学术界》2002 年第
1 期)、俞吾金的《学术规范、学术民主与学术自由》(《学术界》2002 年第 3 期)、赵振宇的
《完善学术争鸣程序》(《光明日报》2002 年 2 月 28 日)、廖文根和任建民的《从制度上遏制
"学术腐败"——访国家自然科学基金委员会副主任李主其》(《人民日报》2002 年 2 月 20
日)、薄洁萍主持的"学界话题"《学科发展与学科制度建设》(《光明日报》2002 年 6 月

4 日)、武宏志的《学术批评的基本规范》(《光明日报》2002 年 7 月 23 日)、赵树功的《学术规范研究：一门新学科创立的构想》(《社会科学论坛》2002 年第 12 期)、高晓清的《学术自由与学术规范》(《现代大学教育》2003 年第 2 期)、袁伟时的《维护学术规范的两个问题》(《学术界》2003 年第 3 期)、葛兆光的《大胆想象终究还得小心求证——关于文史研究的学术规范》(《文汇报》2003 年 6 月 19 日)、陈学飞的《学术规范及其必要性》(《中国高等教育》2003 年第 11 期)、向志柱的《关于当下学术规范的两个问题》(《中华读书报》2003 年 11 月 19 日)、傅杰的《我们怎样倡导学术规范》(《文汇报》2003 年 11 月 2 日)、张维迎的《学术自由、"官本位"及学术规范》(《读书》2004 年第 1 期)等等。从上述列举的众多论文的标题可以看出，从正面立论来研究学术规范的"建设"，已经成为这一时段学界的主潮。

还要提到的是，这期间的 2002 年 3 月《光明日报》连续 6 天在第 1 版"新闻聚集"栏以"呼吁学术道德 净化学术环境"为总题发表系列报道，分别是练玉春的《学术何以失范》(3 月 18 日)、朱振国的《建立学术规范刻不容缓》(3 月 19 日)、汪大勇的《学者要潜心做学问》(3 月 21 日)、刘茜的《还高校学术一片净土》、蔡闯的《加强自律 科学考评》(3 月 27 日)、《加强学风建设 塑造大学精神》(3 月 29 日)。上述第一篇《学术何以失范》包括下列 4 个小标题："学术失范 触目惊心"；"学风浮躁 急功近利"；"学术规范 亟待养成"；"杜绝失范 呼唤自律"。第一篇是以批评"失范"为主，其他五篇都是分别从不同角度探讨学术规范的建立。

进入 2004 年，学术规范讨论、学术规范建设进入了初步总结、初步完型的重要时期，也是学术界在学术规范方面总结性、建设性成果最多的时期。

2004 年的下述成果值得我们注意。5 月 15—16 日，在《云梦学刊》主办的"学术期刊发展战略研讨会"上，来自北京大学、清华大学、南京大学、中国社会科学院、上海社会科学院、中国政法大学、《历史研究》、《学术界》、《社会科学论坛》、《云梦学刊》等的 12 位学者共同签署《岳阳宣言——遵守学术规范、推动学术发展》。《岳阳宣言》中提出："应共同倡导优良的学风，坚决反对学术腐败，坚决杜绝假冒伪劣。作为学术界的公共平台，学术媒体应联合起来，关注学术单位和个人的学术信用记录，建立学术信用评估体系。""哲学社会科学研究与自然科学研究一样也有其科学理论和方法论的支撑，应严格遵守学术规范。从问题的提出、课题的选择到学术论证、引文注释，研究者都应保持科学理性的精神和严谨求实的态度。"

2004 年 6 月 22 日，教育部社会科学委员会第一次全体会议讨论通过《高等学校哲学社会科学研究学术规范（试行）》。8 月 26 日，教育部在北京举行新闻发布会，教育部社政司司长、教育部社会科学委员会秘书长靳诺介绍了该规范的起草、修改过程："在教育部领导的直接关心下，2001 年 5 月，《高等学校哲学社会科学研究学术规范研究》作为教育部人文社会科学研究'十五'规划项目正式批准立项。教育部社政司和高校社科科研管理研究会组织武汉大学、南京大学等高校的学者组成了课题组，开始了本规范的研究和起草工作。"《光明日报》2004 年 9 月 17 日"光明视点"专栏的《学术研究：

从"失范"到"规范"》(曹建文)文中说:"教育部组织制定的《高等学校哲学社会科学研究规范(试行)》,经3年多的反复研究讨论,数易其稿,并经教育部社会科学委员会第一次全体会议99名委员投票一致通过,向社会正式公布。"该规范共七大部分、二十五条。除"总则"和"附则"外,其余五个部分分别是"基本规范"、"学术引文规范"、"学术成果规范"、"学术评价规范"和"学术批评规范"。可以说,这个规范是近十几年学术界关于学术规范讨论的成果结晶,没有此前十几年关于学术规范的讨论就不可能产生这个"集大成"式的成果。

《高等学校哲学社会科学研究学术规范(试行)》发布后,产生了强烈的社会反响,《光明日报》很有影响的"光明视点"专栏先后发表了2篇文章,一篇是2004年9月17日发表的《学术研究:从"失范"到"规范"》,另一篇是2004年10月13日发表的《惩戒学术不端 维护学术尊严》。2004年10月17日,在"首都中青年学者学术规范论坛"上,杨玉圣等32位学者自愿签署《关于恪守学术规范的十点倡议》(《云梦学刊》2004年第6期等多种媒体)。如果说《高等学校哲学社会科学研究学术规范(试行)》代表了政府管理部门对学术界的要求,因而带有某种"他律性"的话;那么,《关于恪守学术规范的十点倡议》则是学者们的自觉要求,表现出"自律性"的特点。

我们说,2004年是学术规范讨论、学术规范建设进入了初步总结、初步完型的重要时期,还有一个重要表现是,这一年出现了若干这方面的重要著作。

《学术规范读本》(杨玉圣、张保生主编,河南大学出版社2004年版),这是一部有关学术规范讨论的综合性大型文集,计有910千字。该书主编在《前言》中说:"编撰本书时,我们有三个设想:一是为了学者和读者阅读与研究的便利,二是为了学术规范讨论和研究的进一步深化,三是为当代中国学术史、思想史积累第一手的文献素材。因此,在某种意义上,本书可以说是集学术前沿性、文献信息性、跨学科包容性等特色于一身。"类似的文集还有《中国学术规范化讨论文选》(邓正来主编,法律出版社2004年版)、《拯救辞书——规范辨正、质量管窥及学术道德考量》(邢东田,学林出版社2004年版)、《语言文字学辨伪集》(本书编写组,中国工人出版社2004年版)等。《拯救辞书——规范辨正、质量管窥及学术道德考量》开头"编者的话"写道:"'辞书规范'论争是自'王同亿抄袭'案以来辞书界涉及范围最广的一次论争,也是近年来在全社会产生了巨大影响的学术公案之一。迄今为止,这场论争虽然尚未尘埃落定,但它带给我们许多有益的启示,有必要编成文集出版。相信本文集的出版,将有助于人们对有关问题的深入探讨,也将最终有助于我们建立一个健康的学术文化环境。"

与上述由论文汇辑而成的论文集比较起来,《学术规范导论》(杨玉圣、张保生主编,高等教育出版社2004年版)是学术规范讨论第三阶段更为重要、更为值得重视的著作。《学术规范导论》的意义就在于,其是第一部系统论述学术规范的学术体系、主要原则以及人文社会科学主干学科规范的专门著作。该书包括上、中、下三篇,即上篇"学术规范概说",中篇"学术规范的学科视界"(计含哲学、文学、汉语言文字学、历史学、中国史、世界史、考古学、新闻学与传播学、经济学、法学、社会学、国际问题研究、教育学、体育学、音乐学等 15 个学科），下篇"学术规范文献选读"。该书由教育部社政司、中国社会科学院、北京大学、北京师范大学、中国政法大学、中共中央党校、南开大学、复旦大学、上海社会科学院、南京大学、武汉大学、华中科技大学、河南大学、武汉音乐学院、杭州师范学院等单位的不同学科的 20 位学者倾力合作而成。该书在合理借鉴国际学术规范经验的基础上，密切结合中国教育界、学术界的具体语境，初步构筑出了中国的学术规范体系。

综观学术规范讨论第三阶段的基本情况，我们可以看出如下较为明显的特点：一是学术规范"建设"成为学界的主调和主要行动，并且已取得了扎实的、可见的、多方面的学术规范建设的成果；二是在学术规范"建设"的过程中，是教育、学术的行政管理部门与学术界人士、学术媒体等联合互动，齐头并进；三是在以"建设"为主调的同时，对学术不端（或曰失范，或曰腐败）行为的批判并未放松。

四、余 论

经过学术界十多年的讨论和努力，现在有了《高等学校哲学社会科学研究学术规范（试行）》这样"集大成"式的成果，也有了《学术规范导论》这样专门的系统的重要著作，等等，这些当然值得欣慰。但并非从此学界就可万事大吉了，并非从此学术"失范"问题、学术腐败（或曰不端行为）问题就可完全解决了。可以说，今后的任务更艰巨，今后的路还长。

《光明日报》2004 年 9 月 17 日"光明视点"专栏发表的《学术研究：从"失范"到"规范"》（曹建文）对此有着清醒的认识，该文的最后一个小标题是"学术规范知易行难重在实践"。"知易行难"是对学术规范问题一个非常恰当的概括。该文引述北京大学中文系主任温儒敏的话说："这个《学术规范》的发布很有必要。现在的关键是我们如何在实践中多做一些扎实的建设性的工作，来逐步恢复与建设良好的学术氛围。"该文还引述杨玉圣的话说："有了这部《学术规范》，今后的迫切任务就是如何将它落在实处。"

我们有理由也有信心期待学术规范由"知"到"行"的全面落实。

新时期学术规范建设的代表性成果

——《学术规范导论》和《学术规范通论》评述

余三定

笔者在《新时期学术规范讨论的历时性评述》(《云梦学刊》2005 年第 1 期,《新华文摘》2005 年第 6 期等予以转载)一文中,把新时期关于学术规范的讨论大致地分为三个阶段:"第一阶段为 20 世纪 80 年代后期至 90 年代前期,主要表现为少数先觉者率先倡导;第二阶段为 90 年代中期至新旧世纪之交,主要表现为在激烈批评学术腐败行为的同时呼吁建立;第三阶段为进入 21 世纪之后,主要表现为由批评为主过渡到以建设为主。""2001 年,在反学术腐败(或曰反对学术不端行为)声音发展到最激越程度的同时,也开始转入了着重于学术规范'建设'的阶段,即开始进入新时期学术规范讨论的第三阶段。如果说新时期关于学术规范讨论的第二阶段重点在'批判'学术腐败(在批判的同时也呼吁建立学术规范);那么,进入第三阶段后,则重点已转移到放在学术规范的具体'建设'上(对于学术腐败的批判也继续在进行)。"

到现在为止已经出版的两部关于学术规范的著作,是上述第三阶段最重要、最具代表性的成果。这两部著作分别是《学术规范导论》(杨玉圣、张保生主编,高等教育出版社 2004 年版,计 430 千字,以下简称《导论》)、《学术规范通论》(叶继元等编著,华东师范大学出版社 2005 年版,计 418 千字,以下简称《通论》)。笔者特再撰本文,专此评述《导论》、《通论》两部著作,在一定意义上,本文也可以说是《新时期学术规范讨论的历时性评述》一文的续篇,如果说《新时期学术规范讨论的历时性评述》一文是一种"史"的描述的话,那么本文则是对其中一个重要时段的定点探究,是一种"共时性"把握。

一、两部著作的基本特点

《导论》和《通论》都比较深入而系统地论述了学术规范的基本理论问题和若干重要具体规范,这是两书的共同之处。

两书的侧重点和基本构架则是各有其特色。

《导论》最前面是"引言"部分,即是一般书的"绪论",依次论述了 6 个基本问题:"学术规范与学术教育";"学术规范与学术积累";"学术规范与学术交流";"学术规范与学术自由";"学术规范与学术责任";"学术规范与学术创新";"'学术联邦宪法'"。

《导论》正文包括上、中、下三篇。上篇"学术规范概说",包括:第一章"学术规范在中国";第二章"学术规范的基本原则"。中篇"学术规范的学科视界",计15章,依次论述哲学、文学、汉语言文字学、历史学、中国史、世界史、考古学、新闻学与传播学、经济学、法学、社会学、国际问题研究、教育学、体育学、音乐学等15个人文社会科学学科的具体规范。下篇"学术规范文献选读",包括:第一章"基本法律法规";第二章"学术规范文本"。

《通论》计分为9章,各章标题依次是"学术规范概述";"学术研究基本规范";"学术研究程序规范";"学术研究方法规范";"学术论著撰写规范";"学术引文规范";"学术署名及著作方式标注规范";"学术评价规范";"学术批评规范"。从上述9章的标题可以见出,除第一章"概述"外,其他8章(第二章至第九章)是依次论述8个学术规范。

将《通论》与《导论》作一粗略比较,可以见出其明显的不同特点,那就是:《通论》的特点是"通",即相对较为宏观、全面;而《导论》的特点是相对较为具体、专门。首先,《通论》所论学术规范内容既包括人文社会科学,也包括自然科学。"书名之所以叫'通论',其中一个意思就是贯通文理各科。"①而《导论》所论学术规范专指人文社会科学。其次,《通论》各章所论内容都是普遍适应的规范,而《导论》除《引言》和"上篇"、"下篇"外,构成全书主体内容的"中篇",是具体论述人文社会科学主干学科的学术规范。将两部著作作整体观,可以说《通论》的宏观、全面与《导论》的具体、专门,能形成有机互补、相得益彰的良性互动。

二、关于学术规范的界定

研究学术规范的专门著作,当然会对学术规范的内涵和本质作出界定,我们看看两书关于学术规范的界定和阐释。

《通论》第一章"学术规范概述"的第一、二节分别是"学术规范的界定"和"学术规范的内容"。在"学术规范概述"一节里,编著者在对"学术规范"作出界定之前,先逐一对"学术"、"学者"、"学派"、"学术共同体"、"规范"、"规则"、"法"、"道德"等概念作出了细致的梳理、辨析和阐释。如关于"学术"的概念,编著者在对汉语中的"学"与"术"作出词源上的探析并对英语里的"学术"(academic)作出解释后,对"学术"作了如下的界定:

从字义上解释,"学术"含两层意义:一是指学问、道理、真理,是认识的对象和目标;二是指获得学问、道理、真理的过程、方式。现代意义上的"科学"、"思想",都包括在传统"学术"概念中。从目前人们的实际应用看,"学术"这一词语通常指的是科学,或者指的是高深知识。因此,从广义上说,学术涉及整个知识领域,既包括自然科学,也

---

①　叶继元等编著:《学术规范通论》,华东师范大学出版社2005年版,第326页。

涵盖人文社会科学。从狭义上讲，学术有时特指人文社会科学，这与中国传统观念视文章典籍的研究为学术，科技活动为"雕虫小技"不无关系。本书中学术的概念，采纳广义之说，即指自然科学和人文社会科学等所有学科知识。学术研究则是指文、理各学科的探讨。①

接下去，《通论》又对"学者"、"学派"、"学术共同体"等一一作了具体分析，在此基础上，对"规范"作了如下界定：

> 所谓规范，意为标准，既指衡量事物的准则，也可指作为准则的事物，如语言规范。规范化则是指事物合乎规定的标准。规范与规矩、典的含义接近。规和矩，本来是画圆形和方形的两种工具，后引申为一定的标准行为准则。典也有标准之意。规范与规则、规定的意思大同小异。规则是指大家共同遵守的具体规定；规定则是事先对事物在数量、质量或方式、方法等方面定出的要求。②

在对"规范"作出界定后，《通论》又对与"规范"紧密相联系的"法"、"道"（"道德"）作了分析，并图示出三者既有联系又有区别的逻辑关系。

《通论》在作了上述详细论证和层层铺垫后，水到渠成地给出"学术规范"的定义：

> 所谓学术规范，是指学术共同体根据学术发展规律参与制定的有关各方共同遵守而有利于学术积累和创新的各种准则和要求，是整个学术共同体在长期学术活动中的经验总结和概括。这个定义包含四层含义：一是学术规范的目的或精髓是要求学术积累和学术创新；二是学术规范必须是学术共同体的产物；三是学术规范的表现形式是条文化的、简明扼要的各种要求、规则等；四是学术规范的研究对象是学术活动的全过程，即研究活动的产生、结果、评价等。③

根据上述关于"学术规范"的定义，《通论》在第一章第二节"学术规范的内容"中论述道："学术规范的内容相当广泛，它至少包括学术规范的概念定义、特点、作用等基本问题的研究，也包括对学术及学术研究本质内容的一些要求和研究成果形式上的要求。这些内容和形式的要求，可以用条文化的'规范'来概括表述。"④

与《通论》对"学术规范"概念自身进行细致的学理分析不一样，《导论》只在"引言"对"学术规范"作了非常简明扼要的界定。《导论》在《引言》的开头写道：

> 据学者考证：在汉语语境中，"规范"一词的意思是标准、法式、典范。《北史·宇文恺传》载："宋《起居注》曰：'孝武大明五年立明堂，其墙宇规范，拟则太庙。'"此处"规范"意谓标准、法式。晋陆云《陆士龙集》卷三《答兄平原赠诗》云："今我顽鄙，规范靡遵。"此处"规范"，意谓模范、典范。当代学术研究中所谓的"规范"，指规则、标准或尺度，"是人们为实现一定的目的而根据某种观念所制定的供社会

---

① 叶继元等编著：《学术规范通论》，华东师范大学出版社 2005 年版，第 1—2 页。
② 叶继元等编著：《学术规范通论》，华东师范大学出版社 2005 年版，第 3 页。
③ 叶继元等编著：《学术规范通论》，华东师范大学出版社 2005 年版，第 5 页。
④ 叶继元等编著：《学术规范通论》，华东师范大学出版社 2005 年版，第 6 页。

群体诸成员共同遵守的规则和标准"。①

《导论》又在"引言"第七部分"学术联邦宪法"中用描述性的语言进一步论述道：

> 学术规范主要是为学术研究确立一般性的基本原则与主要准则。它立足于对
> 学术进步的总体关怀,不是简单的空洞说教,不是学术的教条主义,也不是生硬的
> 条条框框,而应内化为学者的自觉意识。换言之,在学术这一领域,学术规范和学
> 术规范意识应潜移默化,无处不在,如影随形;无形之中,疏而不漏。②

《导论》对"学术规范"概念自身只作了简明扼要的界定,但对与"学术规范"有紧
密联系的几个重要问题则作了深入的论述,这是"引言"部分主要和基本的内容。"引
言"包括7个部分,各部分的标题依次是："学术规范与学术教育";"学术规范与学术积
累";"学术规范与学术交流";"学术规范与学术自由";"学术规范与学术责任";"学术
规范与学术创新";"学术联邦宪法"。

三、关于学术规范的目的和作用

关于学术规范的目的和作用,《导论》和《通论》都给予了足够的重视,但两书也表
现出不同的侧重点和出发点,相对而言,《导论》更注重时代和社会的需要,《通论》则更
偏重学理上的探讨。

《导论》上篇"学术规范概述"第一章题为"学术规范在中国",对学术规范在中国
的发展作了一个历时性的描述。第一节"於穆不已",从6个方面总结了中国优良的传
统学术规范,并指出:"这些优良的学术传统可以说是'於穆不已',绵延历久。今天,在
建设学术规范过程中所要解决的问题,不仅是中国学术如何与国际学术'接轨'的中西
层面上的问题,同时也是当代学术如何继承古代学术规范优秀遗产的问题。"③第二节
"空谷足音",指出:"新时期学术规范讨论肇始于20世纪80年代中期。从那时起到
1991年《学人》丛刊创办,可以看做是学术规范讨论的萌芽阶段。"④第三节"从边缘话
题到主流话语",指出:"从1991年11月《学人》创办至2000年初《历史研究》等七家刊
物《关于遵守学术规范的联合声明》的正式公布,是学术规范讨论全面展开的阶段。"⑤
第四节"把学术规范落到实处",指出:"进入21世纪以来,学术规范建设问题进一步受
到学界的普遍关注,并引起政界人士的高度注意。"⑥该节最后颇有激情地写道:

> 作为民族之文化命脉的学术关乎国家盛衰。规范不立,学术难以昌明。学术

---

① 杨玉圣、张保生主编:《学术规范导论》,高等教育出版社2004年版,第1页。
② 杨玉圣、张保生主编:《学术规范导论》,高等教育出版社2004年版,第13页。
③ 杨玉圣、张保生主编:《学术规范导论》,高等教育出版社2004年版,第21页。
④ 杨玉圣、张保生主编:《学术规范导论》,高等教育出版社2004年版,第21页。
⑤ 杨玉圣、张保生主编:《学术规范导论》,高等教育出版社2004年版,第25页。
⑥ 杨玉圣、张保生主编:《学术规范导论》,高等教育出版社2004年版,第31页。

晦则人心邪,人心邪则天下乱,国家民族危。为了国家强盛,民族振兴,我们没有理由不为学术建规树范。这是大变革时期学术规范讨论与建设历程所昭示的道理。中国知识阶层自古就有以天下为己任的光荣传统,中国学术自古就有良好的规范。只要不数典而忘祖,深入研究和继承中国学术规范的优秀遗产,发扬并光大中国学术规范的优良传统,只要不昧于时务,与时俱进,开阔胸襟,充分吸纳其他国家民族在学术规范建设方面的优秀成果,在不远的将来,就一定能够建立起融会中西古今一切学术规范优秀成果的、适应 21 世纪中国学术发展需要的全新的学术规范。①

可以见出,《导论》是从继承优秀古代学术传统,从国家强盛、民族振兴,从适应 21 世纪中国学术发展需要等多个侧面论述学术规范的目的、作用和意义的,这多个侧面都是偏于时代和社会需要的角度。

《通论》在第一章"学术规范概述"中用了第三、第四两节来论述学术规范的目的和作用。第三节标题为"学术规范的目的",主要论述学术规范的三大目的:开展学术交流;增进学术积累;加强学术创新。第四节"学术规范的作用",总结论析了学术规范的六大作用:有利于整治学术生态;有利于培养学术新人;有利于增强学术自主意识;有利于提高学术研究水平;有利于提高学术国际化水平;有利于提高学术研究的效率。《通论》在论述学术规范的目的和作用(特别是在论述学术规范的作用)时,虽然也结合了社会和时代的需要,但更注重学理上的探讨。

粗略比较《导论》与《通论》关于学术规范的目的和作用的论述,可以大致地见出,《导论》更富人文色彩,《通论》则似乎更具科学精神。当然,《导论》的人文色彩是建基于科学精神之上的,《通论》的科学精神也包蕴了人文内涵。

四、关于学术规范的基本内容

如果把学术规范的基本内容分为一般内容(通用性规范)与具体内容(只适用于某具体学术程序或某具体学术文体的非通用性规范)两个层次的话,《导论》与《通论》都各有自己的特点。

先看学术规范的一般内容(通用性规范)这一层次。《导论》上篇第二章题为"学术规范的基本原则",该章开头写道:"本章讨论学术规范的基本原则,简要论述学术研究规范、学术道德规范、学术引用规范、学术注释规范、学术评价规范和学术批评规范。这些规范是人文社会科学各学科面临的共通性规范。"②《导论》所说的"学术规范的基本原则"实际是指人文社会科学研究的"共通性规范"。《通论》第二章标题为"学术研究基本规范",该章开头写道:"学术研究基本规范是指所有学科的研究都必须遵守的一

---

① 杨玉圣、张保生主编:《学术规范导论》,高等教育出版社 2004 年版,第 34 页。
② 杨玉圣、张保生主编:《学术规范导论》,高等教育出版社 2004 年版,第 39 页。

些公认的主要准则和要求。这些准则和要求是从长期的学术活动的经验和教训中总结出来的,既吸收了西方学者有关科学规范的内容,也包含了对学术研究有着至关重要影响力的基本理念和原则。为了便于理解和掌握,在此将这些理念和原则都纳入基本规范中。这些准则包括学术自由(学术独立、学术批判)、学术积累、学术创新、学术平等、学术合作、学术求真、学术致用、学术道德等。"①

　　再来看学术规范的具体内容(只适用于某具体学术程序或某具体学术文体的非通用性规范)这一层次。《导论》中篇"学术规范的学科视界"用了 15 章,依次论述哲学、文学、汉语言文字学、历史学等 15 个具体学科的学术规范。我们选取第四章"历史学"来看。第四章包括"学科特性"、"历史研究一般程序"、"史学论文写作规范"、"史学批评规范"等 4 节。其中第三节"史学论文写作规范"包含下列几个要点:"(一)关于研究状况的批判性分析";"(二)言必有征及征引原则";"(三)文前部分的摘要和关键词";"(四)文后列出参考文献"。在其第二个要点里,提出了四条基本要求:第一,选材要精;第二,征引古文献资料要加以译述;第三,引文宜短,并与正文保持和谐一致;第四,征引史料应作注释。所论具体、细致,具有很强的可操作性。其他各章也大致类似。

　　《通论》从第三章到第九章(最后一章)计 7 章都是论述学术规范的具体内容,各章标题依次是:"学术研究程序规范";"学术研究方法规范";"学术论著撰写规范";"学术引文规范";"学术署名及著作方式标注规范";"学术评价规范";"学术批评规范"。我们选取第三章"学术研究程序规范"来看,该章包括 8 个小节,各节标题依次是:"有关术语的界定";"选题的要求";"文献调研的要求";"形成假说或观点的要求";"应用研究方法的要求";"制订研究计划的要求";"收集、整理研究资料的要求";"精选、分析研究资料的要求"。

　　比较《导论》与《通论》关于学术规范基本内容的论述,可以见出,由于《通论》是"贯通文理各科",而《导论》所论专指人文社会科学,且《导论》所论涉及了具体学科门类,这样就带来了如下情况:《通论》所论的"一般内容"比《导论》所论的"一般内容"更具"一般性"(概括性),而《导论》所论的"具体内容"也比《通论》所论的"具体内容"更具"具体性"(特殊性)。

五、余　论

　　上述对《导论》与《通论》的评述、比较,意在揭示、分析两书的基本内容和主要特色,而非高下优劣的评判。

　　还要补充说明的是,与《导论》相配套的有其姊妹篇《学术规范读本》(杨玉圣、张保生主编,河南大学出版社 2004 年版,计 910 千字),该书收入最近十余年来百余位海内外知名学

---

① 叶继元等编著:《学术规范通论》,华东师范大学出版社 2005 年版,第 12 页。

者发表的有关学术规范讨论的论文力作,可谓是学术规范讨论的思想资料库。杨玉圣也出版了他的论文集《学术规范与学术批评》(河南大学出版社 2005 年版,计 508 千字)。另外,《学术规范手册》、《学术规范与学风建设论坛》两书也将于近期由高等教育出版社出版。

关于我国研究生教育问题讨论的评述

余三定

《光明日报》2006 年 11 月 17 日第 1 版"光明聚焦"栏特辟"提高研究生教育质量"专题报道(讨论),其中一篇短报道题为《我国跻身研究生教育大国行列》(记者谢文、杜冰),该文写道:"从国务院学位委员会办公室获悉:2005 年我国在校全日制研究生规模达到 98 万人,实现了研究生教育的历史性飞跃,迅速跨入了研究生教育大国的行列。作为培养高层次专门人才的主渠道,我国研究生教育在过去 20 余年间向国家输送近 16 万名博士和 120 万名硕士,为建设创新型国家培养了大批拔尖创新人才。"《光明日报》该专题另一长篇报道题为《警惕研究生教育"本科化"》(记者杨荣、余海波),该文前的"编者按"写道:"应该清醒地看到,我国科技总体水平与发达国家还有较大差距,而创新型人才数量不足、质量不高是一个很大的制约因素。如何从促进中华民族的伟大复兴、建设创新型国家的战略高度,全面、科学、系统地审视我国研究生教育工作中存在的一些突出问题,采取有力措施,加以改进与提高,加速培养创新型人才,是研究生教育改革的重要工作。"

从上述两段引文可以见出,我国研究生教育取得了重大成就,但同时存在着突出的问题,必须加以改进与提高。正是基于以上的原因,近几年来,学术界、教育界展开了关于我国研究生教育的热烈讨论,讨论大致围绕"问题"与"改革建议"等方面进行。笔者在此对上述讨论作一粗略的评述。

一、关于我国研究生教育的总体评价

学界对我国研究生教育的总体评价,大多持肯定态度。

上文提到的《我国跻身研究生教育大国行列》一文明确肯定我国研究生教育整体水平较高,该文写道:"经过 20 多年的建设,我国夯实了科技创新平台和哲学社会科学创新基地,有力地提升了学位与研究生教育的整体水平。目前,我国已经形成了学科门类比较齐全、规模相当宏大的学位授权体系和研究生培养体系。大批高层次人才的进入,极大地改善了我国专业科技人才队伍、党政人才队伍和企业管理人才队伍的素质和结构,为我国现代化建设提供了人才保障和智力支持,有力推动了人才强国战略的实施。"该文还写道:"我国从 20 世纪 80 年代中期先后开始培养工商管理硕士学位、法律专业硕士学位、教育专业硕士学位、工程硕士专业学位等 16 种应用型研究生。研究生教育的发展,向各条战线输送了大量急需的高层次专门人才,这些人才已经成为社会各条战线尤其是高教和科技战线的重要力量,大大促进了我国教育和科技事业的发展。"

中国工程院院士谢和平从宏观(全国)与微观(所在的四川大学)两个角度对研究生教育的总体情况作出了肯定性评价。他说:

> 近年来我国研究生教育发展很快,这是国家、社会和经济发展的需要。从研究生导师队伍、科研环境等方面来看,我们有条件、有能力来保障并不断提升研究生的培养质量。因此,从研究生教育整体上来讲,营养不良、急功近利现象是不存在的。20 世纪 90 年代以前,我国高校的导师都是由国务院学位委员会审批的,原因是我国过去还没有学位教育,大多数教授没有接受过硕士、博士生培养的经历。目前具有硕士学位以上老师的比例已大幅度提高,并且他们大都具有较高的学术水平和科研能力。以我校为例,在师资队伍方面:2000 年我校具有硕士及以上学位的教师占专任教师总人数的 61%,到 2005 年,这一比例已上升到了 84%。在科研条件方面:2000 年我校的科研设备共有近 3 万件,总价值为 2.8 亿元;而到了 2005 年,我校的科研设备达到了 6 万余件,总价值为 6.8 亿元。作为全国高校的一个缩影,从以上我校数据可以看出,近年来我国高校的师资队伍水平、科研条件、实验室建设等方面都取得了长足的发展,这就为研究生教育的蓬勃发展提供了坚实的基础和保障。①

还有人总结说:"随着时代的进步和经济社会的发展,我国在研究生教育方面取得了显著的成就:研究生教师队伍学历逐步提高,结构逐步优化,研究生的经费投入越来越多,研究生招生规模也越来越大。"②

分析以上引述可以见出,学界对我国研究生教育的总体肯定主要基于下述几个方面:其一,研究生教育规模的迅速扩大(包括教师和学生);其二,经费投入越来越多;其三,学科体系越来越齐备;等等。

上述肯定实际主要着眼于数量、规模等偏向外在的层次,涉及偏向内在的质量层次,则有论者非常担忧也非常直率地提出了看法。中国人民大学教授顾海兵说:"我国的研究生总体质量严重下降,这已是不争的事实。我国研究生质量严重下降的根源,在于形成于计划经济时代的我国研究生教育制度,没有能够随着向市场经济体制的转轨而与时俱进,因而大大滞后于社会发展的要求。"③《北京周报》2006 年 1 月 15 日的报道《中国重点大学研究生教育质量令人担忧》(记者吕翎)开头写道:"中国重点大学的研究生教育质量令人担忧,存在着以量代质的现象,在政策中存在重物轻人的倾向。这是

---

① 《院士谢和平:如何解决研究生培养问题》,《光明日报》2006 年 4 月 5 日。
② 罗向阳:《我国的研究生教育:问题与对策》,引自"博客专栏"2005 年 11 月 9 日。
③ 《研究生教育制度必须改革》,《南方周末》2002 年 8 月 1 日。

上海交大高等教育研究所副所长杨颉率领的课题组在 11 月举行的中国高等教育学会教育学专业委员会 2005 年度学术年会上,提交的对教育部直属的 71 所高校的教学质量、科研质量和服务社会质量进行分析后得出的结论。"《中国青年报》2006 年 10 月 18 日发表《搞不懂,研究生教育图的是什么?》(唐昊)一文指出:"过去 10 年,我国研究生数量大幅增加,但随之而来的就业压力让这些高学历也开始饱受争议,对研究生教育的负面评价层出不穷。在近日召开的中国科学技术大学学位与研究生教育第四次会议上,中科大常务副校长侯建国说,'目前,国内大学教育高中化,研究生教育本科化趋势已经出现。'并称这种教育模式威胁到研究生创新能力。"

二、关于研究生考试录取的评论

"研究生教育"作为一种最高层次的教育,实际上包括"考试录取"(简称"考录")与"学习培养"(简称"培养")两大内容。我们先看关于研究生考录问题的讨论。

顾海兵《研究生教育制度必须改革》(载《南方周末》2002 年 8 月 1 日)讲的第一个问题就是"考录制度"。该文写道:"相对于已经受到越来越多社会批评的高考制度,我国研究生考试与录取制度受到的讨论与责备还不多见。实际上,研究生考录和培养制度所存在的问题对我国教育的发展、对我国经济的可持续发展具有更大的负面影响。"该文具体列举、分析研究生考录制度 4 个方面的问题,依次是:"1. 研究生招生规模增长速度过快,以至于有'大跃进'的症状";"2. '3+2'或'2+3'式的统一考试制度既使学校丧失了招生自主权,又使学校之间产生了不公平竞争";"3. 研考时间的确定不符合有关法规";"4. 复试录取过程背离公开、公正、公平原则"。关于第 3 点,该文分析道:

> 依据有关法规,具有下一级学位的才有资格报考上一级学位,如学士报考硕士生、硕士报考博士生。但目前的情况是:每年 1 月份或 3 月份考研时,应届考生实际上并没有本科毕业或硕士毕业,他们仍处于论文写作阶段,因此,他们并不是合格的考生。不排除出现这样的情况:考上了研究生却没有取得学士学位或硕士学位。这一点与高考不同。高考是在学生毕业会考之后,因此是合法的。令人忧虑的是,由于研考时正值论文写作阶段,因而考研实际上已严重冲击了学位论文的写作。随着考研竞争加剧,学生毕业论文质量日益下降已是不争的事实。

针对上述问题,顾海兵在该文中提出了关于研究生考录制度改革的建议。该文写道:

> 笔者的意见是:(1)取消全国的统一研考制度,由各个高校决定研究生录取是否采取笔试制度及采用怎样的笔试制度。同时相应取消所谓的复试。在这一点上要相信高校,给予高校充分招生权。(2)政府教育部门不能既做领队、运动员,又做裁判员,其任务就是监督,如研究生的权利是否得到保证,录取过程是否公正等。(3)学校确定各院系招生规模上限,具体录取由各院系采用口试,当场打分方法。

可以由7—9名教授、副教授组成若干个口试委员会,借用体育比赛做法,去掉最高分与最低分,再取平均分作为考试成绩。彻底改变目前由某个所谓博导垄断出题、评分、录取等各种权力的做法。(4)录取从宽,培养从严,宽进严出,交费读书,使真正有志于研究的人进来学习。重视专家推荐意见,要求每个考研者至少有3个专家推荐信(对不实推荐者要亮黄牌)。专家推荐信中要对被推荐者进行排序打分,充分借鉴国外经验。(5)如果仍采用全国统一研考,则必须改变研考时间,先毕业后研考。比如研考时间应推迟半年,改为每年的7月份以后,可以选择8月下旬或9月份,入学时间相应推迟,可改为次年过完春节后入学。这样也有利于学校均衡安排工作。

《新京报》2005年12月25日刊登了以《研究生制度反思:选拔程序与价值趋向的悖论》(陈宝成、苏婧)为题的对多位学者的访谈,在"全国统考有待改革"的小标题下,苏凯声作了如下回答:

> 在选拔人才的时候有两个方面是需要兼顾的,一是公平,在选拔人才的时候要设计一套使大多数人感觉满意、公平的制度规则;二是效率,要能够最有效的识别选拔优秀人才。目前我们的研究生选拔制度还没有很好地适应这两个方面的要求。比如考试更多体现了考生死记硬背的功夫,而研究生更应该具备的学术基础和科研能力则很难通过现在的考试体现出来。推荐则容易产生许多黑箱操作的问题,这就容易造成信息不对称。

关于全国统考的问题,苏凯声从利、弊两个方面作了分析,他说:

> 从可操作性来说,全国一张卷子有利于统一标准,有利于选拔时相互比较。在我国目前过分看重考试成绩的情况下,这可能是必然的选择。国外虽然也有研究生的考试,但那只是一种资格参考,并不决定考生是否能够进入研究生行列。还有其他方面的考核指标,可以说国外实行的是对考生各个方面的综合考查最后决定是否录取。

关于全国统考外语的问题,周洪宇既作了分析,也提出了可供选择的具体建议,他说:

> 外语课改革可以考虑根据不同学校的不同专业学科和学位类型,由学校决定划分分数线。这就和我前边说的学位教育有关了。为什么陈丹青事件引起那么大的反响?很大程度上是因为现行考试体制没有充分重视应用型专业之于统一考试的特殊性。所以我觉得,对于这样的专业而言,外语考试成绩一是可供参考而不是必达指标,二是可以由学校或者导师自主决定分数线,三是可以不考英语。我更倾向于第一种做法。

对于研究生招生数量问题,《新京报》2005年5月16日发表的《教育时评:给泡沫化的研究生教育浇一瓢凉水》(丁东)指出:

> 要想让中国研究生教育质量恢复到20世纪80年代的水平,实在想不出有什

么可行的办法。从眼前看,行政主管部门起码应当下一个决心,不论博士研究生,还是硕士研究生,招生数量的扩张应当赶快刹车了。这虽然不是什么治本之策,至少也可以给研究生教育的泡沫化浇一瓢凉水。

曾是复旦大学校长、后又担任英国名校诺丁汉大学校长的杨福家认为,高水平的研究生与世界一流研究型大学之间有密切关系,但将研究生人数与大学生之比例作为世界一流大学的指标是很荒唐的。①

此外,还有不少学者对研究生(特别是博士研究生)招生过程中的钱学交易、权学交易给予了痛斥。

三、关于研究生学习培养的评论

已故中国科学院院士邹承鲁生前撰写、逝世后发表的《研究生培养问题》(载《光明日报》2006 年 11 月 24 日)一文中写道:

> 自从 20 世纪 70 年代末我国实行学位制度以来,20 余年来取得了很大的成绩,我国自己培养的大量博士和硕士学位获得者不仅已经在国内各条战线上发挥了重要作用,而且不少人在国际活动中也获得了国际学术界认可。但是由于现行学位制度上存在的一些缺陷,以及近年来社会风气的影响,我国目前在高级学位的颁发上还存在不少问题,导致我国博士和硕士学位总体水平有所下降,在国际上引起了不少议论。

杨振宁在东南大学演讲时也说:"中国高校对中国发展作出的贡献远远要比美国最好的高校对美国作出的贡献大。但是在研究生教育方面,中国确实和国外不少国家存在着很大的差距。"②

邹承鲁和杨振宁的看法具有代表性,具体而言,关于研究生培养问题,学界主要围绕下列几个方面展开了讨论。

1. 关于研究生培养年限问题

近年来,一些学校的某些专业把硕士研究生的培养期限由 3 年改为 2 年,据《北京晚报》2005 年 5 月 9 日报道,自北京大学经济学院和光华管理学院首先将全日制硕士研究生的学习年限调整为 2 年后,从今年起,包括心理学系、新闻与传播学院、国际关系学院等在内的社会科学各院系,硕士研究生的基本学习年限由 3 年改为 2 年。对此,丁东在《教育时评:给泡沫化的研究生教育浇一瓢凉水》(载《新京报》2005 年 5 月 16 日)中指出:

> 这引起了一些人的担忧,怕因此而降低研究生教育的质量。在我看来,由于十

---

① 参见邓琼、杨晓文:《研究生不必大幅扩招》,《文摘报》2007 年 1 月 14 日。
② 转引自《警惕研究生教育"本科化"》,《光明日报》2006 年 11 月 17 日。

几年来,尤其是近几年研究生教育的轻率扩张,(我不说盲目扩张,因为其中有明确的趋利目的。)质量已经明显下降。缩短硕士生的学习年限,不过是给学校增加了进一步扩招研究生的机会。问题不是出在研究生教育年限的长短上,而是出在研究生教育机制的某些缺陷上。

潘懋元在《研究生教育如何看》(载《人民日报》2006 年 8 月 17 日)一文中用"'一刀切'不可取"来回答研究生培养年限问题,他说:

> 按照联合国教科文组织 1997 年修改的《国际教育标准分类》,将相当于硕士阶段视为本科生培养的高级阶段,这样,两年的时间是足够的。有的国家,大学学习年限较长,前一阶段是普通高等教育,结束后继续学习专门化理论,毕业之后就是硕士。在我国,硕士是作为一个完整的独立培养阶段,硕士生入学后,第一学年的很多时间会花在英语和政治的学习上,同时毕业论文也要花费半年到一年的时间,学生真正用来深入专门课程的学习的时间不多,两年或者两年半时间完成学业非常困难。厦门大学一些试行两年或两年半教育的学科专业目前只好又回到三年。

> 现在博士生培养年限一般院校为三年,在职攻博为四年,国家的培养经费按三年拨,学校为学生提供的宿舍也只有三年。这就使一些尚未合格的博士生只好如期毕业,他们的培养质量成了问题。博士生的成长有快有慢,研究的课题有长有短,一刀切的培养模式并不符合博士生培养的规律。北大的博士生培养年限为四年比较合适,但以社科类与非社科类划分年限长短的做法,我认为并不合适。

关于硕博连读问题,潘懋元在上文中也提出了自己疑惑,他说:

> 现在提倡硕博连读,对于这种做法,我有些疑惑。博士生需要的是一种创造性思维,而一个学生是否具有创造性思维,是否能够成为博士生的培养对象,在本科学习时是很难判断的。本科阶段学业成绩优秀的学生并不一定能够成为博士生培养的对象。

2. 关于研究生课程教学问题

《光明日报》2006 年 11 月 17 日《警惕研究生教育"本科化"》一文的标题即表明了一种观点,该文写道:"在日益火暴的考研背后,研究生教育质量备受关注。'目前,国内大学教育高中化、研究生教育本科化趋势已经出现。'在今年召开的中国科学技术大学学位与研究生教育工作会议上,中科大常务副校长侯建国如是说。"该文还写道:"11 月 7 日晚,华东师范大学历史系教授许纪霖在接受记者采访时说:'现在的研究生教育已经逐渐成为学士后教育。'"

《研究生教育制度必须改革》(顾海兵,载《南方周末》2002 年 8 月 1 日)则用了"研究生,特别是博士生几乎是处于放羊状态"这样不无夸张的小标题来形容研究生的教学状况。该文说:"复旦大学杨福家教授前不久转述谢希德教授的一句话很能说明这一问题。这句话就是:'真是弄不懂了,现在博士生怎么比小学生还要轻松啊。'"

罗向阳在《我国的研究生教育:问题与对策》("博克专栏"2005 年 11 月 9 日)以"课程安排的随意性"为小标题概括研究生课程教学中的问题,并指出其主要表现在:"教学内容非系统化";"教学时间的随意性";"教学方式的形式化"。其中关于"教学内容非系统化",该文是这样分析的:

> 教学内容非系统化。研究生导师相对较大的自主权利遮蔽了研究生老师选择教学内容的自利倾向。一些教师并不是从学科的逻辑结构出发,而是立足于自己的现实,选择教学内容根据自己的偏好,诸如只选择本人感兴趣的内容,或者只是选择自己已经研究或正着手研究或将来要研究的领域,还有的教师只将那些他能熟练驾驭的内容拿到课堂上与学生讨论。这些都人为地打破了学科的逻辑体系,不利于研究生形成科学的认知结构和理论体系。

北京大学陈平原对研究生教学中的讨论课特别推崇,他在《"学术文"的研习与追摹——"现代中国学术"开场白》(载《云梦学刊》2007 年第 1 期)一文中专列了一个小标题"何谓'Seminar'",陈平原写道:

> 什么叫"德、美两国大学之 Seminar"? 简单地说,就是讨论课,师生在一起坐而论道;而不是演讲课,任凭教授一个人唱独角戏。演讲课上,教授妙语连珠,挥汗如雨,博得满堂掌声;学生不必怎么动脑筋,只是一个旁观者,闭着眼睛也能过关。讨论课则不一样,学生是课堂的主体,必须在教授的指挥、引导下,围绕相关论题,阅读文献,搜集资料,参与辩难,并最终完成研究报告。一个关注知识的传播,一个注重研究能力的培养,后者无疑更适应于研究生教学。可在很多大学里,教务部门担心老师们偷懒,要求老师一定要站在讲台上,对着几十乃至上百名博士生、硕士生,哇啦哇啦地讲满两个小时。似乎只有这样,才是认真负责。如此规章制度,把博士生当中学生教,把大学教授当公司职员管,效果很不好。

邓正来在《中国研究生教育的反思与批判》("邓正来的博客"2006 年 8 月 8 日)中尖锐地指出了学术讨论在研究生教学活动中严重缺位的情况,他说:

> 颇为遗憾的是,如果我们对中国当下研究生教育的课程设置和教学活动进行观察,那么我们就很容易发现这样一种普遍且明显的现象,即上述对研究生和教授都有助益的学术讨论在硕士和博士研究生的教学活动和学习活动中则处于严重缺位的状况。在我看来,这个问题已经严重到了这样一个地步,即我们现在必须直面的甚至可以说不再是学术讨论缺位这个问题了,而毋宁是我们的硕士和博士研究生还有没有进行学术讨论的能力这个问题。

邓正来还进一步分析指出,造成研究生教学活动中学术讨论严重缺位的原因,从根本上说是因为下述两种错误观念的盛行和落实所致,这两种错误观念分别是:"行政与学术不分"的观念;"辈分与学术不分"的观念。

3. 关于学位论文完成的问题

《中华人民共和国学位条例暂行实施办法》规定:"硕士学位论文对所研究的课题

应当有新的见解，表明作者具有从事科学研究工作或独立担负专门技术工作的能力。""硕士和博士学位的申请者，都必须有学术论文，并应进行答辩。其中博士学位论文应表明作者具有独立从事科学研究工作的能力，并在科学或专门技术上做出创造性的成果。"国家对学位论文的要求是明确的，但现实中情况令人堪忧。

《光明日报》2006年6月14日"观察"栏发表长文《研究生学位论文质量亟待提高》（罗炬杉、金勇），其标题即显示了明确的看法和态度，该文既提出问题，又分析原因，并提出改进建议。该文写道：

> 扩招后的研究生学位论文处于什么水平？近日，南开大学28名博士研究生因论文原因不能毕业，首次大范围地暴露出研究生学位论文质量问题。那么学校、学生又是如何看待学位论文？为此，笔者走访了北京的部分高校。在采访中发现，因论文质量延期毕业或不能毕业的学生在高校并非个案。硕士论文质量滑坡、漠视论文等现象令人担忧：学位论文这个被认为学业结晶的成果，并没能给学业如期画上完美句号。

该文第一个小标题为"三年学业成果　三个月完成"，在这个小标题内，该文写道：

> 笔者走访了北京多所高校，对数十名研究生进行了采访。他们普遍认为，研究生阶段最关键的事情，一是找工作，二是写毕业论文。在这过程中，与找工作的热度相比，毕业论文往往被冷落，一些学生对论文的轻视令人吃惊。据记者了解，大多高校规定：研究生论文从开题到答辩之间有一年多时间。但当记者问"一般花多少时间写论文"时，得到的回答却出乎意料：三个月左右吧！有学生告诉记者，他所知道的写论文最短纪录是四周！一位不愿意透露姓名的学生坦言，现在，学校把就业率放在第一位，再说扩招后研究生增多、导师忙于课题，也没时间仔细看论文，只要写出来，基本上都能通过。

该文在第二部分（小标题为"学位论文是如何写成的"）中写道：

> 问及"毕业论文采取什么方式去写"时，不少学生的第一反应是：到图书馆、网站去找资料"借鉴"。在文科类学生中，听到最多的是这样一种写法：书上抄一点、个人编一点、相关学科论文引用一点，这样就能达到及格线。

该文在回答"论文质量下滑，哪个环节出了错"时，引用了各方代表的看法，其中一位已毕业的研究生如是说："如果仅仅把论文质量下滑归咎于学生有失公允，对论文不重视是一个社会问题，涉及学生、校方和社会三个方面，关系到管理机制和用人机制存在的种种弊端。现在的就业压力太大，对毕业生来说，把求职简历写好比把论文写好应该更关键。"

该文指出："研究生毕业论文质量滑坡已成为一个比较普遍的问题，如不引起重视，势必会影响高校的育人质量。"那么如何处理论文与就业之间的关系呢？该文写道：

> 美国一位研究大学教育的学者布鲁姆曾指出，硕士学位本身如果已不再是学

术有造诣的标志,而仅仅意味着能过上一种收入可观的生活。这无疑是研究生教育的退化和悲哀,是对研究生教育固有理念的破坏。我们应引以为鉴,端正心态,切实重视论文写作。另一方面,导师也应严格管理,真正起到督促和指导作用。盼望研究生面孔在变得越来越年轻的同时,论文质量也能越来越高。

《研究生教育必须改革》(顾海兵,载《南方周末》2002 年 8 月 1 日)则从培养制度的角度,对研究生学位论文完成的问题提出了直率批评:"论文开题、答辩、毕业学位授予等,一方面是该严的没严起来,另一方面该松的又没有松起来。"该文指出,其存在的主要问题有:(1)答辩前必须有论文发表的规定是不科学的;(2)论文开题过于繁杂·(3)规定论文字数有违科学要求;(4)论文答辩走过场;(5)全校性的学位评定委员会不应介入具体的学位论文审核事务。

许章润有针对性地提出了"学位论文的人身专属性"的命题①,他明确肯定:"学位论文总是与特定个体的人身相连,具有不可让渡性。学徒过程不可替代,冶炼成型的心智无法转让,学力是自家的体格,如何借与别人让与别人,别人又如何借得如何受得呢?也就因此,学位论文要自己亲历亲为,而不能东拼西凑做文抄公,也不能用已有作品充数,或者更有甚焉,如以中国的官爷或者款爷的一般情手捉刀。至于搬演'克莱顿',已属奇门遁甲,融合中西文明另创一派,不在讨论之列。"许章润还提出,"学位论文不得联名发表,亦为通则",这里的"联名发表"包括"不少学位候选人在读期间将论文分章节发表,与导师联署"。

4. 关于学位与发表论文挂钩的问题

《光明日报》2006 年 1 月 5 日"观察"栏发表了《硕士学位与发表论文"脱钩"激起涟漪》(曹继军、张琛)一文,该文写道:"上海财经大学从本学期开始,取消硕士研究生学位与公开发表论文挂钩,即取消硕士研究生在校期间必须在公开发行的学术期刊上独立发表一篇学术论文才能获得硕士学位的规定。"20 世纪 90 年代初,为了鼓励研究生搞科研,上海财大在全国较早实行硕士学位与发表学术论文"挂钩";而现在,上海财大又在全国率先实行硕士学位与发表学术论文"脱钩"。对此,上海财大研究生部主任陈启杰解释是:"因为我们意识到,今天'挂钩'的做法已经背离了当年的初衷。"陈启杰说:"将学位与发表论文脱钩,是经过多方论证和长期考虑后作出的决定,整个酝酿过程有 2—3 年,这是一个水到渠成的决定。"陈启杰还解释道:"硕士学位和发表论文脱钩之后,学校的科研力量和教学质量并不会因此受损,因为在'脱钩'的同时,学校出台了相应措施,鼓励学生进行科研。"

上文末的"链接"中引述了多位有代表性人士的意见,几乎都赞同"脱钩"。这里列举其中两人的意见,国务院学位办主任杨卫曾说:《中华人民共和国学位条例》和《中华人民共和国教育部关于修订研究生培养方案的指导意见》都没有研究生发表论文的具

---

① 许章润:《学位论文的人身专属性祝贺学术批评网创办五周年》,《社会科学论坛》2006 年第 5 期。

体规定,国务院学位办从来没有过这样的要求。复旦大学教授朱立元说:为了提高研究生培养质量,学校不是不可以向研究生提出一些条例以外的学术上的要求,但要合情合理,经过努力能够做到,像现在这样设置的"论文门槛",既不符合国情,也不符合民(研究生)情,建议坚决改革、尽快撤销。

潘懋元在《研究生教育如何看》(载《人民日报》2006 年 8 月 17 日)对博士研究生要求在核心期刊上发表论文的规定也提出了不同看法,他说:

> 现在的规定是,老师晋级、研究生毕业都需要在学术核心期刊上发表论文,目前出版的核心期刊有限,如果 20 多万副教授和 20 多万在学博士生都要在核心期刊发表论文若干篇,刊物不够。为能达到晋级或者毕业条件,就会助长不正之风。同时,一些期刊借故征收版面费,有些刊物为了满足日益增长的需求,从双月刊变成月刊,再变成半月刊,刊物越来越厚,文章的质量也就无法保证。我认为研究生授予学位,应当严格审查其学位论文;教师晋级,应该严格审查其代表作;不必刚性规定多少篇论文,在什么刊物上发表。

5. 关于研究生管理的问题

《研究生教育制度必须改革》(顾海兵,载《南方周末》2002 年 8 月 1 日)尖锐地认为现在的研究生管理"依旧是计划经济式的培养管理",该文具体说:

> 比如,研究生还没入学、课程学习还不知怎样时就去制定所谓的培养方案、培养计划,还要进行各种签字,完全是多余的、不切实际的,是有违教育改革大方向的。教育改革的大方向就是素质教育、快乐教育、自主教育,就是尽量给予学生以自由(在完成规定的学分条件下),不应使学生成为老师的仆人。学生应拥有在全系范围内、全校范围内甚至全国范围内选择论文指导教师的权利。教师根本不应在什么培养计划上签字,这种签字有何依据、有何作用呢?难道教师是保姆、是老板?所谓导师每两周与硕士生谈话一次,每次不少于 2 小时更是形式主义、背离科学。组织针对博士生的导师指导小组更是不可思议。因为导师与小组的关系不清,小组的权责不清。如果是人人负责,则其结果必然是无人负责;如果是一人负责,则结果必然是封闭垄断,况且在学习阶段并不需要什么指导。

邹承鲁《研究生培养问题》(载《光明日报》2006 年 11 月 24 日)一文最后一个小标题是"研究生管理制度问题",该文认为,"当前研究生管理制度为教育部门和招生单位的方便考虑过多,为保护研究生的利益考虑不够。"该文提出建设性意见:

> 学生应该参与管理。首先,从招考一直到毕业授予学位的整个过程应该透明化,避免暗箱操作,让学生普遍了解整个过程的各个方面。在必要的环节上,研究生或研究生代表要有充分的发言权。单位研究生管理委员会应该有学生代表参加,从本单位研究生日常工作的考核,到答辩准备情况及安排,力图反映广大研究生的心声。对于研究生人数较多的导师,在处理研究生事务时,应考虑吸收高年级的研究生参加,此举不失为及时听取意见、改进工作的好办法。

四、关于研究生导师与导师制的评论

《研究生教育制度必须改革》(顾海兵,载《南方周末》2002 年 8 月 1 日)对我国现行的研究生导师制提出了尖锐批评,该文说:

> 目前中国的现实却是:研究生在没有来上课之前、被录取之前、报考之前就必须决定谁做他的指导老师(中国人简称为"导师"),而学校也每年在教师中筛选审批谁可以做导师,甚至在教授、副教授之中搞出"博导"、"硕导"之类的头衔。显然这些做法都是计划经常式的,有违市场经济规则。实际上,研究生选择指导教师至少应该在完成课程学习之后,现在连课都没上就已经定下了导师,是否有点太匆忙? 是否把学校变成了封建式的作坊? 更为可笑的是,有些高校把兼职教授送给了高级官员之后,又把所谓的博导头衔送给了他们,或者我们的一些教授从政之后仍称自己为教授、博导。比如,笔者所看到的《中国工商管理研究》2002 年某期中就有这样一句话:作者系××财经政法大学教授、博士生导师、××省工商行政管理局副局长。这样公开的官学不分、以官谋学,甚至以此为荣,是反科学反规则的。在加入世贸组织之后,在特别强调国际通则的今天,我们现在依然沿袭旧有的制度,合适吗?

该文基于上述分析提出建议:"彻底取消所谓的导师遴选或导师资格审批制度";"研究生论文指导教师必须在修完全部课程之后确定";等等。

《教育时评:给泡沫化的研究生教育浇一瓢凉水》(丁东,载《新京报》2005 年 5 月 16 日)对我国近二十多年的研究生导师群体分为前、后两个时期作了评析,关于前期,该文说:

> 在中国,研究生教育的历史虽然可以追溯到民国时期,但成规模的发展始于1978 年。开始只有硕士研究生,20 世纪 80 年代初招收第一批博士研究生。当时不论对导师资格的认定,还是对考生的选拔,都极为慎重。苏州大学钱仲联教授,只申请硕士生导师。钱锺书是学科评议组成员,提出如果钱仲联只能指导硕士生,我们都没有资格做博导,这才将钱仲联评定为博导。那时研究生教育的质量,可以说比起欧美发达国家都不逊色。

关于后期,该文说:

> 20 世纪 90 年代以后,老一代专家退休的退休,谢世的谢世,他们的弟子成了新一代博导。社会风气变了,新一代人的行为方式也大不相同。像钱仲联那样自律的学者已经难得一见,常见的是不管学术水准怎么样,都要千方百计弄个博导当当。尤其是一些身居领导岗位的学者,在这方面更是"当仁不让",使得博导的数量很快膨胀起来,普遍的学术水准随之下滑。现在,一些地方院校,主要政绩目标就是建立和增加博士点,为此不惜重金"公关"。有的送名贵字画,有的请评议组成员出国考察。前些时候,有个朋友告诉我,他们学校的方法是把申请材料放在笔

记本电脑里,送材料时连电脑一起赠送。连导师都不讲学术水准,学生的学术水准下滑还有什么奇怪? 中国这一次研究生教育的恢复,才二十几年的时间,就出现了这些问题,不能不让人惋惜。

一个导师指导的研究生数量过多,也是不少论者批评的问题。《警惕研究生教育"本科化"》(杨荣、余海波等,载《光明日报》2006 年 11 月 17 日)中说:"据有关统计,导师人均指导研究生数为 16 人,其中 16.8% 的导师指导的研究生数量在 30 人以上。""一些人读研三年,见不到几次导师,更遑论让导师'耳提面命'、'言传身教'了。"《中国青年报》2006 年 12 月 15 日发表的《博士生的压力与困惑》(祝楚华等)一文在"难见导师难出成果"小标题下写道:何军(化名)是武汉某高校传播学博士生。读博一年多来,何军很少有机会与导师就学术研究方面的问题交流。"只有逢年过节我们才能聚在一起聊一聊"。

罗向阳在《我国的研究生教育:问题与对策》("博客专栏"2005 年 11 月 9 日)甚至用了"师生关系恶化"(具体表现为"师生关系淡化"和"师生关系雇佣化")这样极端化的评语来评论时下导师与研究生的关系。

潘懋元在《研究生教育如何看》(载《人民日报》2006 年 8 月 17 日)中则认为要冷静、宽容地分析导师过多指导研究生的问题,他认为"不能完全责怪导师",他说:"西安交通大学出现一位导师带 20 多位研究生而无法顾及的问题,不能完全责怪老师。近年来,研究生招生的增长率太快,主要原因之一是社会对学历的要求高了。一位教师带多少研究生,并不是教师们自己决定的,他们按照学校的分配数字带学生,而学校是按照有关主管部门的计划分配给院系的,教师并没有太多的自主权。教师带的学生过多是研究生招生计划不顾及实际的师资力量的结果。有的学校为了能够招更多的硕士生,将一些并不够格的教师提升为硕士生导师,客观上也让研究生的培养质量有所下降。"

谢和平特别谈到了导师队伍的师德建设问题,他在回答记者提问时提出:

> "学高为师,身正为范",作为高水平人才的培养者,研究生导师不但要学高,而且要身正,必须要对自己的品行严格要求,戒除浮躁、急功近利和随波逐流心理,尊重科学规律和教育规律,恪守学术道德和教育规范。

作为四川大学校长,谢和平谈了他加强导师队伍建设的打算,他说:"为了进一步提高研究生培养质量,我校将进一步加强研究生导师队伍建设。首先,强调研究生导师不是一种身份或荣誉称号,而是一个岗位,具有导师资格并不等于就能进入导师岗位;第二,我们要求所有导师必须要有科研经费,没有科研经费就不能招生、不能上岗;第三,对一些特别优秀的青年教师实行激励机制,只要是具有副教授职称、博士学位,拥有一流的学术成就,有固定的研究方向,有研究项目和经费,就可以进入博导岗位。"①

《光明日报》2005 年 1 月 11 日"光明对话"栏发表的《博士生培养要把质量关》(曹

---

① 《院士谢和平:如何解决研究生培养问题》,《光明日报》2006 年 4 月 5 日。

建文)有一个小标题为"严格博士生导师遴选",几位学者对博士生导师提出了看法和要求。孙正聿说:"'导师'不同于'教师',重点不在于'教'而在于'导',也就是'引导'博士生学会'研究'、善于'研究'。这就要求'导师'本身既有坚实的研究领域和丰厚的研究成果,又有丰富的研究经验和真切的研究心得,这两方面是缺一不可的。"孙正聿还将博士生导师的"引导"具体区分为"学科引导"、"学术引导"、"学问引导"三个方面。郭世佑说:"博导的学品与素养与博士生的培养质量存在密切的关联。""博士生导师要通过教书育人、言传身教来引导学生,要不断提高自己的学术水平和知识结构,要注重师能与师德的统一。"欧阳康认为"还是应当仍然坚持严格的博士生导师遴选制度"。

此外,学界对研究生导师遴选和聘任中的腐败问题批评十分尖锐,杨玉圣在《让圣殿坚守纯洁——学术腐败问题答问录》(载《中国教育报》2001 年 8 月 9 日)中所列学术腐败的第五种现象是"用权钱捞取学术职称",杨玉圣说:

> 有一些非学术界的人,利用手中的权力或金钱关系,堂而皇之地当上了一些大学的客座教授、名誉教授、兼职教授、博士生导师,捞取学术荣誉、文化资本和社会地位。在读到伍铁平教授的《学术界不存在骗子吗?》一文以后,不少学者指出,现在学术界不是有没有骗子的问题,而是有多少骗子的问题。

五、结束语

以上评述的是近几年来学界对我国研究生教育中一些重要问题的讨论。

这里还要特别补充关于"真的假学位"与"假的真学位"的批评分析。这是一种切中时弊的说法,在邹承鲁《研究生培养问题》(载《光明日报》2006 年 11 月 24 日)一文中有关于此问题的专门评析:现在社会上流传着一种说法——"不怕真的假学位,就怕假的真学位"。所谓"真的假学位",是指学位证书确实是假的,是市场上买来的假货,但买假者肚里还是有真才实学的。这种假货不难识别,只要通过电话、信件或其他通信方式联系学位授予单位即可验证真假。所谓"假的真学位",是指学位证书确实是真的,是学位授予单位所发,但学位获得者并未在授予单位真正读过(完)学位课程,也没有亲自撰写过学位论文,一切都由他人代劳,论文评审和答辩自然完全流于形式。这种学位从形式上来说是真的,经得起用任何方式通过学位授予单位进行验证,但从实质内容来说又完全是假的,是学位获得者与学位授予单位进行的一场权钱或身份的交易。

此外,近年学界关于我国研究生教育的讨论,还涉及维护研究生权益、研究生教育质量评估、研究生招生"并轨"(即不分公费生和自费生)、研究生就业压力等问题的讨论,限于篇幅,这里从略。

知识分子的心灵史

师力斌

写一个像模像样的导言非我所长,尤其本组文章所涉及的知识面我远未具备,这个所谓的导言只能是冒充。本组文字共十篇,大致从文史哲、经济、政治、法律、社会诸学科视角出发,梳理了《读书》28 年来的文字(《往事与随想》一文限制了时间段),以话题为主,兼及分析办刊理路及背景交代,试图勾勒这本刊物 20 来年的整体面貌,并揭示细部的脉络。这里只简略交代一下,详细内容还请诸位阅读各篇。

无论有多少漏洞,我都想说,这些分析和研究相当有益,甚至不乏真知灼见。艾佳慧的杂志经济学分析,陈振中的作者群研究,郗戈的形象学讨论,薛刚的"超历史"解读,刘岩对自由主义和保守主义的批判,黄琪轩、钟城等的政治学观察,高慧芳的黄裳个案描述,李雪简短犀利的社会学剖析,刘念的经济史爬梳,都显示了一干年轻学人的学术活力。虽然不敢说将该杂志一网打尽,但捕捉到的问题无疑深有启发:陈振中敏锐地提出了《读书》中"九叶诗复出"而"朦胧诗缺失"的现象,刘岩发现"后来被视为'新左派'代表的学者曾是这种'保守'的自由主义的积极倡言者",李雪归结出"去专业化"现象与"政策建议"取向,艾佳慧揭示的"专业化"带来的市场挑战,薛刚独特的"大学史"、"遗忘史"的视角,等等,种种问题与思考期待读者朋友去探察。

一

创刊 28 年的《读书》史,既是改革开放的历史,也是社会转型期的学术史、思想史,更是当代中国知识分子的心灵史。

这本在四月的春天诞生的"思想评论刊物",在"文革"刚刚结束,如陈丹青所言"暴病初愈"的时代①,无疑顺应了那时如饥似渴的求知潮流。在一种理想主义文化使命的召唤下,《读书》经历了 20 世纪 80—90 年代的文化热潮、经济热潮、商业大潮,最后一头扎进世纪之交的全球化及消费文化的旋涡中。它的理论译介、文人自况、思想论争、历史追忆、学术探讨,大至全球走向,小到考据辞章,尽管路数各异,家法不同,但无不浸透着当代知识分子深切的现实关怀和理想渴望。

----

① 　査建英:《八十年代访谈录》,三联书店 2006 年版,第 102 页。

《读书》最直接的贡献,当然是它的学术推广,可视作大学生学术的入门读物,由名人或专家组成的教学方队,水平自不必说。但也因此形成了《读书》与读者之间的"师生"关系,显示了一种典型的启蒙姿态。

译介是它的强项。《读书》聚集了一大批翻译高手,如冯亦代、王佐良、杨武能、柳鸣九、张隆溪、董乐山、裘克安、赵一凡、李长声、吴岳添等。其全球眼光最先在译介方面表现出来,而"美国情结"则更为明显。1979 年 1 月 1 日,中美联合发表《中美建交公报》,《读书》从第一期起,先后发表了大量关于美国文化的介绍性文章,诸如书籍出版统计数字、文学简史、书商、协会、文学奖金、畅销小说、作家人物等等,事无巨细,犄角旮旯都有涉及。《喜读美国短篇小说集》中的"喜读"二字,备让新世纪人觉得隔代。尤其是董鼎山连续十七年近百篇的"纽约航讯"专栏,仿佛《读书》驻美国记者站,不断向中国读者提供西方文化奇观。2002 年北岛"纽约变奏"的偶露端倪,更让人捕捉到剪不断理还乱的"美国情结",也说明一本杂志与大历史的密切联系。

学术方面的译介更是大张旗鼓。20 世纪 80 年代尤甚,作品、人物、理论、滚滚而来,让人感觉到国门初开时知识界的激动、好奇、迫不及待。先有张隆溪的 11 篇"西方文论略览"自 1983 年第 4 期至 1984 年第 3 期,一气连载,先后介绍了精神分析、结构主义等十余种批评理论,深入浅出,有相当的规模效应。后有赵一凡"哈佛读书札记",将丹尼尔·贝尔、霍夫斯塔特、派瑞·米勒、耶鲁批评、法兰克福学派等一并引介,气象也不算小。唐小兵在 1986 年对杰姆逊的后现代主义的推介,也有很大影响,特别是他那本译自杰氏在北大的演讲的《后现代主义与文化理论》,掀起了一股后现代热。

20 世纪 90 年代以后,随着所谓的"思想家淡出,学问家凸显"的文化格局转变,译介方面一个很大的特点是,制度探讨逐渐多于文化阐发,深入思考多于一般介绍。哈贝马斯、韦伯、哈耶克、福柯、德里达等成为理论的座上常客。

第二个贡献在于它独特的文体。我想叫它读书体。《读书》的定位历来是个麻烦事,因此,这直接影响到它的文体。它既不是专业的学术刊物,也不是大众通俗读物,还非中产阶级白领的时尚杂志,所以,编者时常向作者和读者苦口婆心地强调,本刊"不求深奥,只要深刻","刊物性质是严肃认真的,文章形式却要是生动活泼的""不是学术的学术,不是消闲的消闲","不要太专业,只求能引起外行者的兴趣",等等。这种多少有些饶舌的否定的辩证法,恐怕真正领会的人不多。但是,我们可以从它的铁杆作者的文章中抽象出来,这便是:有大关怀,却不锋芒毕露;有文人风,却不过分雅致曲折。既有学术功底,又不乏语言才华,是义理、考据、辞章三结合。王蒙、金克木、李零、朱学勤、旷新年等的文章皆可作如是观。读费孝通研究姓氏由来的《寻根絮语》,老先生极尽考据之能事,那种穷追和想象让人拍案;金克木的《从〈祝福〉到〈杀夫〉》,更是思接千载,心游万仞,文思的大空翻令人眼花缭乱;阿城的《轻易绕不过去》(1993 年 7 月),更是把学术介绍写成了福尔摩斯探案。王蒙在 1989 年 1 月应约开"欲读书结"专栏,从日常语言到苏联小说,到好莱坞电影,再到思想论争,任意驰骋,植根时代,既有语言快感,又能思想文化,很开眼界。类似的"客串"稿、"杂家"谈,都是《读书》最精彩的篇章。陈平原的描述很贴切:以学识为根基,以阅历心境为两翼,再配上适宜的文笔,迹浅而意深,言近而旨远。此类文章看似轻浅,实则厚重,非做到深入浅出的学者莫敢问津。实际上,并非所有的文章都能达到这个境界,特别是那些介绍西方学术理论的篇什,很容易名词概念一大堆,让人望而生畏。20 世纪 90 年代以来,随着知识界越来越学院化,理想的"读书体"文章日渐稀少,而对于适应了《读者》、《家庭》、琼瑶、金庸的读者来说,《读书》无疑更像一服苦药,恐怕大多数的人会敬而远之。但对于那些追求文化品位的人,《读书》又有鸦片的味道,尤当随意穿越学科界限、左冲右突做思想体操的时候,快感递增。文学家谈经济,思想家论文学,实足捧了一本大学通识教材。"读书体"在各个时期侧重不尽相同。80 年代重知识,近十年重学术,90 年代学、识并重。恰当处理学术与好看之间的关系确非易事,尤其身处读者分层日剧的消费主义环境之中。艾佳慧对此有深入的讨论。

第三,《读书》最值得重视的恐怕是在推出话题、引起反响方面。

创刊初期的"笔谈"、"通信"等,是推出话题的初步尝试,话题分散,规模尚小。1980 年第 8 期"希望读到更多的外国文学作品"座谈,有十位专家学者,规模明显壮大。后有一系列座谈,如就当时轰动全国的"人生观大讨论"①而进行的"有些政治读物为什么不受欢迎"的座谈,还有"薛暮桥著《中国社会主义经济问题研究》"、"外国资产阶级的启蒙思想"、"历史小说"等,"座谈"渐成读书组稿的重要方式,后有从 1985 年第 10 期到 1986 年第 3 期连续六期的"20 世纪中国文学三人谈","20 世纪中国文学"概念的提出,为文学史研究带来了活力和启发(本刊陈振忠的文章对此有较为详尽的论述)。而 1994 年发起的"人文精神大讨论",则在文化界产生了更为强烈的反响。

在此一点上,《读书》可谓"思想着的学术"。每期突出一个主题成为编辑思路。20 世纪 80 年代"读书无禁区"的讨论,马恩经典著作的讨论,以及中国近代史、西方现代派、新儒学、自由主义、文化研究、东方学和后殖民主义、年鉴学派,直至新世纪的市场机制、城乡差别、大学教育、国有企业改革等诸多讨论,都显示出话题设置与社会历史间的紧密关系。"去专业化"(引自李雪:《作为〈阳阿〉〈薤露〉的〈读书〉》)也好,"两面受敌的窘境"(引自艾佳慧:《在"边缘"处感受挑战》)也好,"格局的跛足"(引自黄琪轩等:《〈读书〉中的政治哲学与政治科学》)也罢,都显示了"天下兴亡,知识分子有责"的关切态度。

二

但在我看来,与其说《读书》像一部当代学术史或思想史,不如说更像一部知识分

---

① 《中国青年》1980 年第 5 期发表了一封署名"潘晓"的读者来信《人生的路呵,怎么越走越窄……》,从而在全国青年中引起了一场空前规模的关于人生观问题的大讨论,近一年当中,编辑部收到 6 万多封信稿。

子心灵史。知识分子主题是其 28 年来的一条主线。在中国近现代史上,启蒙与救亡双重主题之中,知识分子都是重心,前者,知识分子是主力,后者,知识分子是同盟。从个人角度反思百年知识分子史,是新时期以来知识界的主流。知识分子的历史,用甘阳的话说是,以"光荣的怀想与辛酸的回忆"交织而成。反思知识分子社会角色和历史命运,成为《读书》不绝的主题。而这种反思和表述,则又无不烙上时代痕迹。"从思想改造的'洗澡'到反右的'戴帽'到文革的'牛棚'以至今日之'倒挂',是否恰恰与那种时时以天下为己任的强烈'社会责任感'本身有着某种内在的关联?"(《自由的理念:五四传统之阙失面》,1989 年 5 期),甘阳在 1989 年五四运动 70 周年之际的发问,对五四以来知识分深信不疑的"个人自由"提出了反思。而个人自由问题,又深刻而广泛地与 20 世纪 80—90 年代中国社会文化中的自由主义问题纠缠在一起,牵动着无数知识者的神经。10 年之后,他又在《自由主义:贵族的还是平民的》(1999 年第 1 期)中,转而强调"弱者的民主,不幸者的权力,穷人的权力,雇工的权力,无知识者的权力",强调"自由主义权力理论的出发点是所有人的权力"。由 1989 年谈论"个人自由第一原则"到 1998 年强调"所有人的权力",巨大的理论跨越,与其说是理论上的机会主义,不如说知识者的理论立场,或者说中国的情势发生了急剧变化。知识分子不得不在戏剧性的社会变革中,戏剧性地转换理论视点。王蒙在论《风过耳》时曾说的话,最能代表知识分子的这种反思心态:"我们的伟大国家的知识分子到底应该是什么样子的? 要谦虚谨慎、戒骄戒躁、夹起尾巴做人、向工农兵学习、老老实实地接受工人阶级的领导与改造、作螺丝钉……这些要求可能都是有道理或者曾经有道理的;但仅仅这样还是不那么够的,他们至少还应该奋发有为,勇敢进取,是非分明,堂堂正正,顶天立地,如果没有后一方面的价值观念而只片面地讲前一部分要求,很可能培养出来的不是雷锋、不是华罗庚、钱学森,更不是鲁迅;而是一拨鼠头鼠脑、探头探脑、贼头贼脑、一等诡诈、二等智商、三等学问、等外人格的宫自悦、匡二秋、鲍管谊之流。这是值得人们深思的"(《精神侏儒的几个小镜头》)。因此,葛兆光的《最是文人不自由》(1993 年第 5 期)能迅速引起争论就不足为奇①,陈寅恪、顾准、胡适、巴金、海卢梭等旧饭不断新炒,也就顺理成章了。无论谈什么,最终都会落到知识分子的历史命运上来。数量众多的此类自述、追忆、感怀、评介文字,总包含着复杂而丰富的历史记忆,包含着深切而纠缠的现实观照,包含着美好而真诚的对未来的愿望,虽然旷新年点出了此类文字的意识形态背景,认为陈寅恪、吴宓、顾准、胡适等人物"在自由主义的题材下被炒爆了",被"戏剧化,轶事化"了,但毕竟这些文字将学术与人性捆绑在一起,是《读书》中最性情、最引人的。

　　作者方面,与其按学科专业划分,不如以身份划定更为妥帖。在"知识分子"这一特殊身份的旗帜下,《读书》集中了几代人:20 世纪 30—40 年代的老人,右派"重放的

---

　　① 　文章发表后,吕澍发表《最是文人有自由》,观点相左。两文又引来谢泳、马成化、易原符、杨玉熹等人的回应文字。

鲜花",70 年代第一批大学生,六七十年代出生的学术后进,还有一大批海外学者。是否可以说,百年来中国的形象是一个屈辱的知识分子形象? 这方面的研究,陈振中的文章很有启发,它将其"文学"作者队伍划分为三个群体:30—40 年代成名后被压抑的作家、诗人(以卞之琳、柯灵、钱锺书、袁可嘉、绿原为代表);50 年代出现后来再次出现于 80 年代的"重放的鲜花"(以王蒙、钱谷融、王元化为代表);80 年代新秀(如刘再复、陈平原、季红真、张颐武等)。

　　知识分子主题反映在学术上,便是关于三大人格对象的话语纷争和纠缠:鲁迅、马克思、卢梭(包括三者的对立面所形成的思想者群像,如胡适、韦伯、哈耶克)。三大形象之所以对中国知识分子影响巨大,引力无穷,除了思想的契合之外,恐怕还有人格上的魅力。是个人解放的鲁迅,还是民族战士的鲁迅? 是人道主义的马克思,还是暴力革命的马克思? 是自由主义的卢梭还是专制暴政的卢梭? 知识界对他们的不同指认,实际上都同时指向个人及历史自身,对他们的反思、质疑和检讨,无疑也是对个人和中国社会的反思、质疑和检讨。比如《读书》对卢梭的描述史。80 年代卢梭是极其典型的自由主义个人形象:反封建斗士(严家其,1980 年第 12 期),个人自由的领袖(刘瀚),法治倡导者,平静如夕阳的恬淡老人(任可,1986 年第 9 期),"太天真,太诚实,太脆弱"的人(晓丽,1989 年第 4 期)。而在 90 年代,"卢梭行情下跌,柏克票面看涨"(朱学勤:《卢梭二题》,1992 年第 6 期),对卢梭发生了争论,一方面认为他是暴力专制的始作俑者,"公意"实际上取消了"人权",应对法国大革命负责,甚至影响远及"文化大革命"(朱学勤于 1994 年出版《道德理想国的覆灭》);另一方面则力图打破极权主义者卢梭的神话,恢复"人民主权论创始人"的本来面目(崔之元:《卢梭新论》,1996 年第 7 期)。还有一种,强调其含混和矛盾(河清:《也谈卢梭——与崔之元商榷》),"意义的含混乃至矛盾是很多伟大思想的特色"(陆建德:《列炬张乐迎卢梭》,1994 年第 11 期)。而且,争论更多地进入到制度层面。但不管怎么说,卢梭著作的高发行量铁一般地说明,他依然是中国知识分子绕不过去的话题。刘岩在《80 年代〈读书〉与后 80 年代思潮》一文,对此作出了敏锐的思考,在钟城等人的文章中也有所涉及。

三

　　讨论《读书》,一个容易被忽略的问题是,对 20 世纪 80 年代以来文化生产的市场思考,艾佳慧对此有深入讨论。可以提出一个"文化生产"的框架加以探讨。比如,对与《读书》几乎同时出现的《读者》、春节联欢晚会,特别是娱乐文化的出现,如何看待? 它们在当时及其后的文化进程中产生了哪些影响? 恐怕在许多人眼里,娱乐文化包含的意义不过是"娱乐"二字,而与之相关的文化功能、社会角色、运作机制等,仍旧是一本糊涂账。精英和大众、文字和图像、娱乐和思想等这些当代文化中的复杂因素,一股脑儿在中国出现,并没有得到应有的重视。而文化在生产和消费群体上的分野渐次清晰,正是《读书》诞生的历史背景,由此,我们可以看到一个知识分子中国的视点及其文化选择机制。

尽管在定位上,《读书》与大众通俗杂志井水不犯河水,但在经营方面却彼此胶着,在文体方面也颇值得反省。它的立场只是加固了自己的精英色彩而已,而把更多的大众排除在外,在思想传播的层面上,也犯了小众化的老毛病,用贺照田的观点来讲,尽管知识界讲了很多大道理,但最主要的问题是,与大众的脱节。由此反观现代史上的文体革命,梁启超的"新民体",《新青年》的白话文,赵树理的"群众语言"等,是否可以说,文体不仅是形式,而且是思想? 首先是思想? 鲁迅当年提出的"无声的中国"的窘境——广大民众因为不懂文字而失语——是否还值得警惕?

有必要反思当代知识分子的文风问题。在思想和趣味层面,20 世纪 80 年代以来的《读书》反映的是知识分子性,它又回归了"五四"以来盛行的某种单一的文人传统,而将 20 世纪 30—40 年代大众化运动特别是延安文艺运动的积极成果遗漏了。近两年来,知识界对 80 年代的反思非但没有能使云开雾散,反而愈加混沌,这依然与精英视角有关。在知识界的描述里,80 年代似乎就是文化热,寻根文学,先锋派,走向未来丛书,朦胧诗,中外通吃的第五代电影。80 年代似乎充满了理想和文化热情和青春朝气,是一个令人追慕和回味的时代。最近的《80 年代访谈》,也只是几位文化精英在一个小圈子里的文化怀旧。这正如李陀后来所反思的,如果让那位贫困和饥饿的网友阎广英或沿黄河采风的谭甫成来说,80 年代是什么样子? 因此,80 年代的复杂性远远超出我们的想象,历史有时像一条鱼,很难用理论将之捉住。在我的经验中,真正红极一时的是港台流行歌曲,是李玲玉的《甜蜜蜜》,是汪国真的半格律诗歌,是三毛和琼瑶的狂热阅读,是无处不在的迪斯科和牛仔裤,是发不了工资,是打破铁饭碗,是官倒腐败,是体制改革。更不消说,封三印有张明敏的《我的中国心》的《读者》的脱销,民族主义、消费主义、享乐主义、犬儒主义,支撑 80 年代中国社会的知识和思想是非常复杂的,并非一个启蒙和解放可以了事。

20 世纪 90 年代中后期兴起的消费文化开启了一个与建国三十年不同的文化时代,无论是追求思想文化品位的《读书》,还是面向普通大众的《读者》,抑或以娱乐为主题的春节联欢晚会,都必须在市场这个基本的框架内生存。同样作为编辑,我完全能够体会到始终伴随着《读书》的资金难问题,编辑部每年都要郑重其事地向读者强调不涨价或提高定价的原因,直至后来发展到不可理喻的地步,由害怕涨价到不得不涨,由向读者解释涨价原因到编辑部预告涨价消息,甚至害怕订数增加的当代杂志怪现象,都说明了市场竞争的残酷,让人顿生多收了三五斗的感叹,且看,"一提到这个款字,又说到了我们的痛处,我们对此更不敢有所许诺。不说也罢。"(1991 年第 2 期,"敬告读者")。可谓是欲说还休。1991 年前后,"停刊"一度成为"读书"的题外话题。这说明一个真理,资金,这个极度资本主义的幽灵,对于任何杂志来说都是不能回避的。而另一家大众杂志《读者》的兴盛,恰恰有力地说明了,刊物定位和市场眼光的极度重要性。一个很重要的启示是,中国 80 年代以来思想解放运动所产生的历史结果,不是《读书》的思想着的主体,而是《读者》的娱乐着的主体。虽然无奈,却令人深思。

往事与随想

——《读书》史学类文章研究

薛 刚

史学几无边界,外缘与政治学、经济学、文学打成一片,内里政治史、经济史、思想史等分野也只是一个方便的提法,没有不浸润思想的政治史,也没有不谈政治的思想。概而言之,既难在"史学"外定桩立界,将"史学"和"文学"、"社会学"之类截然分野,也难在"史学"内分门别类,把"政治史"和"经济史"造册纷呈。葛兆光即认为思想史至今仍是一个难以把握的领域,它的中心虽然清楚,但是叙述的边界却相当模糊,致使它常常面目不清,也无法像它的邻近学科那样清楚地确立自身的边界,"比如它与宗教史、学术史常常关注相同的对象,以至于它们总是要发生'领土争端',比如它与社会史、文化史常常需要共享一些知识和文献,于是它们又总是要产生'影像重叠',比如它与政治史、经济史常常要建立一种互相注释的关系。于是它们又总是要'互为背景',甚至产生了到底谁笼罩谁、谁涵盖谁的等级秩序问题。"①虽然葛兆光单就思想史立言,但上述叙述困境在史学各子学科中均不同程度存在。另外,"历史"的时间坐标也在不断变更,20世纪90年代初视为"现实"的人事,于今已几同"历史"。故本文对于《读书》杂志史学方面的研究以梳理为主,分思想史、大学史、"遗忘史"、"大历史"和学人史等子目详加考辨,时间限定为1990—2006年。当然,此种分类也是便宜行事,"文化大革命"史②、社会史③之类由于篇幅所限只能割爱,就纳入考察的各点而言,也有颇多重复成分,如朱学勤的《思想史上的失踪者》即可划入思想史、"遗忘史"论列,难以面面俱到,只好在行文中择要说明。④

---

① 葛兆光:《中国思想史》第2卷,复旦大学出版社2001年版,第2页。关于"如何写思想史"的问题讨论近十年之后,学术界对于"什么是思想史"的问题仍有颇多分歧。参见丁耘主编:《什么是思想史》,上海人民出版社2006年版。

② 由中国传统的"盖棺论定"的观念而论,由于当事人大都还在,"文化大革命"并不能被看做"历史","文化大革命"研究更多地由政治学和社会学来承担,但在《读书》对于"文化大革命"和20世纪80年代的"回忆"虽然没有提供一种成型的话语体系,但提供了丰富的"现场"资料,并提供了若干叙述的可能。

③ 社会史在20世纪90年代以来取得长足进步,且颇受人关注。如"缠足"问题即有不少学者关注,反响颇大。参见杨兴梅:《小脚美丑与男权女权》,《读书》1999年第10期;张鸣:《男人的"不缠足运动"》,《读书》2001年第10期。

④ 朱学勤:《思想史上的失踪者》,《读书》1995年第10期。

《读书》比较注重知识界之趋势与潮流。编辑曾言现在编刊物出书,都要讲究研究趋势。"趋势看对了,趁早下手,在趋势刚刚露头、人家刚刚觉察之际,这里文章、图书已经源源涌出,一遇一合,于是大有成焉!趋势看不对,文章、图书发表得过早过晚,钱自然赚不到,说不好还有逆潮流而动之嫌。"①《读书》杂志自20世纪90年代初至今一直都处于不断因应各类趋势之中,本身更是不少潮流的塑造者,如论《读书》者多关注两次"人文精神"的讨论,就蔚为一时之大观,这一时期不少史学文章也在行文中多有回应。② 加之《读书》杂志本身又"有意无意间塑造出一种类似文化评论风格的书评体裁"③,即不必像专业书评那么必须准确概括所评书籍的内容,且所论有时也不一定紧扣原书主旨,常常可以借题发挥,使得作者们可以"顾左右而言其他",于法度之内言之所欲言。总之,正是由于《读书》的这两个特点,使笔者可以从《读书》中一窥当下学人之心境、学风之流转,不至于妄自揣度。

思想史——"重写"的努力

就20世纪90年代以来的《读书》而言,思想史上升可能是一个较大的趋势。李泽厚提出90年代是一个"思想淡出,学术凸显"的时代,而颇为吊诡的是,"思想史"反而成为史学内部上升最快也最有活力的子学科。《读书》中有关思想史文章的数量上升,与90年代以来史学发展直接相关。罗志田认为,在相当长的时期里,包括近代史在内的中国史仍以政治史(包括经济史)见长,只是到了近一二十年"关于政治、经济、外交等方面的史学论著开始减少,而以思想、社会和学术为主的专门史逐渐兴起。"④《读书》既受这一趋势影响,又在相当程度上推动了这一进程。

"重写"是思想史讨论的重要议题。葛兆光曾言,20世纪80年代以来有一些话题至今仍在不断被提起,其中一个就是"重写",重写文学史,重写文化史,重写哲学史,当然也有重写思想史,重写"是相当诱人的事情,更是必然的事情。"⑤从葛兆光发表在《读书》上的文字可以清晰地看出"重写"本身的历史。在1992年6月写就的《思想的另一种形式的历史》一文中,葛兆光提出"似乎自胡适以'截断众流'的大气魄讲出一番

① 《编辑室日志》,《读书》1992年第6期。
② 《人文精神寻思录》,《读书》1993年第4期;典型"史学"类文章对这一讨论的因应如葛剑雄《江陵焚书一千四百四十周年祭》。作者概述555年梁元帝江陵焚书并申论,"有人在评价某些伟人时,往往有意无意地强调他的个人品德,突出他的人情味,或者更time毛一些,用人文精神来加以衡量,我以为不是正确的态度和方法,至少是相当片面的",即有回应讨论的"今典"在,详见《读书》1995年第6期。
③ 罗志田、葛小佳:《东风与西风》,三联书店1998年版,第3页。
④ 罗志田:《激变时代的文化与政治》,北京大学出版社2006年版,第15页。《读书》主编汪晖先生个人的因素也应考虑,汪晖先生的治学领域重要组成部分即为中国近现代思想史,并在十余年来发表了大量的思想史论文。参见汪晖:《现代中国思想的兴起》,三联书店2004年版,"前言"之第3页。
⑤ 葛兆光:《连续性:思路、章节及其他——思想史的写法之四》,《读书》1998年第6期。

哲学史以来,人们都已经习惯了哲学史或思想史的叙述方法。当读过一两本这类著作的人闭目回首思想的历史时,出现于脑际的总是睿智清醒的思想家从古到今地列队而来,仿佛古代中国思想史真的如此严肃而高雅地由这批思想家系列构成,而那些曾经弥漫在更广泛阶层的思想似乎不是思想,被剔理出了历史的时间与空间之外。"葛先生称自己常常怀疑思想史这种叙述的真实性究竟有几成,也常常怀疑思想史这种叙述的全面性究竟有几分,并逐渐觉得必须写思想的另一种形式的历史。① 到 1994 年《置于思想史视野中》一文中,葛兆光继续追问思想史的生成与合法性,"过去的思想史把方术一刀切到了'迷信'一边儿,然后又把迷信一刀切出了思想史的地盘,这使得思想史变得很干净很纯洁,但也使思想史变成了'理性发达史'或'文化人思想史'。"②这一思考过程持续了七八年,直到 1998 年,他才在《读书》上一口气刊发了《一般知识、思想与信仰世界的历史》、《知识史与思想史》、《道或终极依据》、《连续性:思路、章节及其他》③,宣示了重写思想史的思路。在他心目中,新的思想史需要描述的一般知识、思想与信仰世界,其构成与影响大体在三方面:一是启蒙教育的内容,二是生活知识的来源,三是思想传播的途径。④ 作者没有按照人来设立章节,无论是孔子还是老子,无论是董仲舒还是王弼;在这部书中,也没有特别精确地把某种思想或某种说法算在某个思想家的年代,可能年代尺度是比较宽泛甚至是宽大的,总是只在比较长的时间段中描述着思想史的流程。⑤

　　"新知"的输入仍是 20 世纪 90 年代思想史研究的重要议题,但外表上大都没有 80 年代常见的以"西学"启"东学"之蒙的味道,而采用形式上较为平等的"对话"或"引介"。如汪晖与艾尔曼、李欧梵及沟口雄三的等人的对话⑥,葛兆光与艾尔曼的书评往返⑦,都显示了 90 年代以后中国思想史学科的进步。当然,此时对海外中国史研究的最新成果一直不乏介绍,到 90 年代中期以后,甚至颇有尚未成书的研究在《读书》上展

---

① 葛兆光:《思想的另一种形式的历史》,作者本文是关于《中国方术考》的书评。葛兆光先生在文中指出,"读到李零所著《中国方术考》,接触了更多更新的思想史资料,这种怀疑便由七分达到了十分。"

② 葛兆光:《置于思想史视野中》,《读书》1994 年第 10 期。

③ 葛兆光:《一般知识、思想与信仰世界的历史》,《读书》1998 年第 1 期;《知识史与思想史》,《读书》1998 年第 2 期;《道或终极依据》,《读书》1998 年第 3 期;《连续性:思路、章节及其他》,《读书》1998 年第 6 期。

④ 葛兆光:《一般知识、思想与信仰世界的历史》,《读书》1998 年第 1 期。

⑤ 葛兆光:《连续性:思路、章节及其他——思想史的写法之四》,《读书》1998 年第 6 期。

⑥ 汪晖、艾尔曼:《谁的思想史?》,《读书》1994 年第 2 期;沟口雄三、汪晖:《没有中国的中国学》,《读书》1994 年第 4 期;李欧梵、汪晖:《什么是"文化研究"?》,《读书》1994 年第 7 期;李欧梵、汪晖:《文化研究与地区研究》,《读书》1994 年第 8 期。

⑦ 葛兆光:《十八世纪的学术与思想》,《读书》1996 年第 6 期;艾尔曼:《再说考据学》,《读书》1997 年第 2 期。

示,至少在表面上中西学术开始同步。①

　　整体上看,美国和中国台湾地区的中国史研究已被学术界自觉纳入到研究视野内,颇为直观的表现是不少博硕士论文纷纷开列美国同行的长串书单并借此展示自己已进入"学术前沿",虽然大部分只是点缀,但毕竟也是"心向往之"。相比之下,东邻日本的思考和学术成果却难进入大陆学人法眼,除了一些特殊的领域绕不过去,不少人甚至懒得借此装点门面。相对于 20 世纪初"西潮却自东瀛来"的盛况,日本思想和学术在世纪末的缺位耐人寻味。②孙歌为将日本学术研究引入中国思想界作了巨大的努力,《读书》是这一努力的最重要管道。孙歌曾用大量的篇幅介绍七卷本论文集《在亚洲思考》,她认为日本的同行们有着某些与中国学者完全不同的问题意识、思维走向、方法模式。同时,这种不同又完全不能归结为日本人拥有比我们更多更准确的西方理论著作的译本,"我实在没有胆量断言说丛书的作者们是赛依德的东方知音。平心而论,来自这个亚洲边远岛国的'亚洲思考',已经远远超过了纠缠于'我们在使用谁的话语来讨论东方问题'的水平。"③不过似乎孙歌等人介绍"东学"的努力仍乏响应者,戴燕直到最近仍认为,就我们日常浏览、阅读的范围来看,那也还是吉光片羽,尚不足以使汉语世界的读者一窥其全貌。④

　　上述关于思想史的梳理大都集中于学科进展,但《读书》上还有另外几种思想史的提法,或自居于草根意识,或着眼于民族精神,但引起的共鸣不遑多让。如张承志就宣言"不管精英们多么不喜欢这样说话,关于个性的命题、关于民族气质的命题,已经愈来愈严肃地被提上了中国思想史的前台。"⑤此处,"思想史"三字即与上述各处不同,但也显示了中国思想界的某些特质,恕不赘述。

大学史——"老北大"们的故事

　　20 世纪 90 年代以来,《读书》刊发了大量关于老北大、老清华、西南联大的文字,既有大量的回忆,也有不少研究成果的摘录。通过不断的重复叙述和有选择的考证,它们基本上重构了民国大学的形象,开始将大学史从革命史和救亡史的叙述框架中独立出

　　①　如罗厚立、葛佳渊在 20 世纪 90 年代即做了大量同步引介工作。参见《跨世纪的启示:从章太炎到古史辨》(介绍王汎森的《章太炎的思想及其对儒学传统的冲击》、《古史辨运动的兴起:一个思想史的分析》),《读书》1991 年第 10 期;《社会与国家的文化诠释》(介绍 Praenjit Duara 的《文化、权力与国家》),《读书》1992 年第 3 期;《市场经济与乡村发展的新诠释》(介绍黄宗智《长江三角洲的农民家庭与乡村发展》),《读书》1992 年第 9 期。

　　②　此处借用葛兆光先生一篇文章的题目,与文章内容略有关涉。参见葛兆光:《西潮却自东瀛来》,《葛兆光自选集》,广西师范大学出版社 1997 年版,第 138 页。

　　③　孙歌:《亚洲意味着什么?》,《读书》1996 年第 5 期。

　　④　戴燕:《乡关何处》,《读书》2005 年第 7 期。

　　⑤　张承志:《再致先生》,《读书》1999 年第 7 期。

来。如陈平原在《读书》上回应《北京大学校史》的作者时认为，"作者们对中国革命史太熟悉了，以致将其研究思路乃至具体结论直接移植到大学史的写作，这是我所不能同意的。"①

老大学的重构在 20 世纪 90 年代初，多以老先生们的追忆往昔为主，伴随着不同程度的美化。张中行的《闲话北大图书馆》温情默默地讲述了老北大图书馆"借书还书的自由主义"。具体说，自由包括两个方面：一方面是借书多少，数量不限；另一方面是借的时间，长短不限。"此外还可以加上一种小自由，比如我们一些几乎天天来的看客，座位有定，借书，大多是送货上门。"②资中筠也回忆那时大图书馆的常客一般都有自己相对固定的座位。一进入那殿堂就有一种肃穆、宁静，甚至神圣之感，自然而然谁也不会大声说话，连咳嗽也不敢放肆。借书手续简便，不存在管理员态度问题，"以至于我根本不记得书是怎样借出来的，似乎到图书馆总可以读到自己想读的书，一切都那么自然。"③

其后的研究和回忆的境界皆有不少"拔高"。何炳棣在评论苏云峰的《从清华学堂到清华大学》时认为，"从清华学堂这小小的一隅，最能看出一个内外积弱的古老国家，在救亡图存的过程中所呈现的一线曙光。"④费孝通则在《清华人的一代风骚》中对汤佩松先生笔下的西南联大赞叹不已，称这些不仅是令人难忘的，而且是历史上也永远不会褪色的镜头——"汤先生这枝生花妙笔把当年这几间泥砖盖起的'陋室'里仙境般的灵气，一一从回忆中记录了下来：从门上手锯的木制金字，室内那些分别由成员们从远洋带回来的冰箱、电动唱机等'超级'设备，墙外喊声震天男女混打的排球场，'雷打不动'的周末桥牌集会，以及香飘门外的'殷家烙饼'和改善生活时的'汤阴楼'聚餐会，一直到四合院场地上尘土飞扬的'盛大舞会'。"⑤海内外的史学家和当事人开始联手在"老清华"的记忆中建构一个"新清华"。当然，直到陈平原的《老北大的故事》系列问世之前，大多数类似的文章都被作者和读者两方认作"闲说"，费孝通做此文时即被友人称为"真是个白头宫女，还有心情闲坐说清华"。

大概由于当下大学在体制和人事上都颇有不尽如人意之处，《读书》诸位作者多在回忆考证之余顺便"借古启今"。如校庆本是颂扬之时，但钱理群在北大百年校庆（1998 年）时发表《想起了七十六年前的纪念》，认为与老北大相比，在当下的北大中，办学的人均忙于创收，无力真正关注教学与科研，"经营之道取代办学之道的结果，是教学质量与科研水平大幅度滑坡，导致教育精神价值失落，这正是当前北大存在的突出

---

① 陈平原：《大学史的写作及其他》，《读书》2000 年第 2 期。
② 张中行：《闲话北大图书馆》，《读书》1990 年第 4 期。
③ 资中筠：《清华园里曾读书》，《读书》1995 年第 1 期。
④ 何炳棣：《史家笔下的早期清华》，《读书》2001 年第 3 期。
⑤ 费孝通：《清华人的一代风骚》，《读书》1991 年第 11 期。

问题"。① 钱理群毕竟客气地说自己"翻开当年的《北京大学日刊》,想从历史的回顾中,寻一点作庆典文章的材料",不料这一翻,就将那点凑趣的雅兴给打掉了,但到了清华九十周年校庆(2001 年)时,曾昭奋已经直白地批评"梅贻琦时代的清华,走出来一批全国有名的大师;蒋南翔时代的清华,盖起了全国大学中最高的主楼,主楼升起的时代,正是不出大师不要大师的时代。"②不过曾昭奋早在清华八十三周年校庆时即发表《清华园里可读书?》,对"不出大师"的清华也多有回护。他认为清华八十多年的历史,可粗分为两半,"前一半,它出了许多大师大家。像陈寅恪、梁思成那样的,他们后来的遭际,是民族的厄运和悲哀。这后一半,它出了许多大官。像上海市副市长倪天增那样的,为人民服务,鞠躬尽瘁,是民族的骄傲和进步。都不容易。"③"都不容易"四字让人感慨不已。

十余年间,新文化运动时期的北大和西南联大已成为中国高等教育史上自由和民主的象征,堪称一场世纪末的造神运动。近日何兆武的《上学记》出版,雷颐撰文认为此书道出西南联大传奇的秘密所在,即神似雅典学园的"自由散漫"④。谢泳也认为,"联大的和谐是由容忍和民主精神造成的。"⑤和谐、民主、自由、容忍之类的关键词层出不穷,尽数置于西南联大本已夺目的光环内。事实上三校历史虽然不长,但在近代以来风雨飘摇之中难以事事求稳,如北大清华数次驱赶校长⑥,在某些"过来人"看来就是很不宽容,只不过此类史料被《读书》的作者们尽数过滤,我们目前所见的倒都是诸位先人"容忍"的一面。虽然三校是否"自由"颇成疑问,但此类提法不断出现在《读书》中,至少体现了时下知识人对老大学的想象。⑦

随着老大学被不断重塑,蔡元培、梅贻琦、张伯苓、蒋梦麟的地位也逐渐上升。建构者既有中西学者,也有不那么精英地活跃在"读《读书》"和"读书平台"栏目的读者群。如魏定熙(Timothy·B. Weston)认为"蔡元培的胸襟与领导作风是'北大精神'众多因素中的核心,一点也不夸张。"⑧孟凡茂认为梅贻琦"不仅对清华大学,对我国现代教育的贡献也是永标史册的。"⑨张晓唯说"从一定意义来讲,南开的成功也就是张伯苓个人

① 钱理群:《想起了七十六年前的纪念》,《读书》1998 年第 5 期。

② 曾昭奋:《大楼与书桌》,《读书》2001 年第 9 期。

③ 曾昭奋:《清华园里可读书?》,《读书》1994 年第 7 期。

④ 何兆武:《上学记》,见雷颐:《西南联大传奇的秘密》,《中国新闻周刊》2006 年第 40 期。

⑤ 谢泳:《西南联大的启示》,《读书》1994 年 12 期。

⑥ 驱逐校长事参见杨早:《梁实秋:五四运动的局外人》,《触摸历史》,广州出版社 1999 年版,第 181 页。

⑦ 近来学者对西南联大党派政治的一面颇为关注,不知道是否能影响已经被建构起来的大学形象。参见王晴佳:《学潮与教授:抗战前后政治与学术互动的一个考察》,《历史研究》2005 年第 4 期;王奇生:《战时大学校园中的国民党:以西南联大为中心》,《历史研究》2006 年第 4 期。

⑧ 魏定熙:《蔡元培与北大》,《读书》1998 年第 8 期。

⑨ 孟凡茂:《生斯长斯　吾爱吾庐》,《读书》1996 年第 8 期。

的成功。"①这三位先生的思路和行动也不断被重提,被视为当下大学改革的可能路径。有人提出"中国的大学校长们,与其频繁地出国考察、取经,不如向蔡元培、梅贻琦学习学习。不知以为然否?"②但三人的某些颇有争议之处却无人注意,也可见作者群体的倾向。③

　　陈平原的"老北大的故事"系列在《读书》上连载一年有余,影响可以用"深远"形容。《"太学"传统》说北大不续"太学"的家谱而有作为中国现代化原动力的野心,《校园里的"真精神"》强调北大"独立"与"自由"的"校格",《学问家与舆论家》描摹"生气淋漓"的《新青年》,《北京大学:从何说起?》和《北大校庆:为何改期?》详解北大戊戌创立和校庆改期两大"身世之谜",《不被承认的校长》讲述传教士丁韪良与北大的离合,《作为话题的北京大学》则回顾了历次校庆。④ 此系列在《读书》连载之后反响颇大,也引起一些非议。陈平原随后在《大学史的写作及其他》提出"我不主张将一部北大校史建构成加挂教学和科研的'学生运动史'"⑤,这既是《读书》诸多大学史文章的"内在理路",也可以被视作重写大学史的宣言。

"遗忘史"——智者的寂寞

　　"遗忘"本是人间常态,《读书》的编者也认为"记忆远远不像遗忘那样绵绵不绝,它总是断断续续,借酒浇愁,或者将现实推向历史,或者将历史拉至现实。"⑥十余年来,《读书》的编者和作者都在不停地做"将历史拉至现实"的工作。

　　1994 年第 4 期的《读书》以"智者的寂寞"为标题刊发了六篇文章,介绍五位清末民初的学者和一位外国学者。编辑说这些文章并非着意约写,编前也无既定设想,更无弘扬国学、贬黜西学乃至张扬激进或保守等宏伟意图。只是一些作者不约而同地写了一些过气文人,描述了他们生前或死后不同类型的寂寞,编者加一总题,集中刊出。中外古今,智者不免寂寞,这种现象,或可供今天的学人借鉴。从"天下何人还识君"的俞理初(高瑞泉作)到"空余高咏满江山"的王闿运(杨念群作),从"涕泪乾坤焉置我"的范当世(章品镇作)到"万山不许一溪奔"的杜亚泉(吴方作),都被作者们重新从故纸

　　① 张晓唯:《无奈的结局》,《读书》2004 年第 9 期。
　　② 张巨成:《说〈读书〉》,《读书》1995 年第 5 期。
　　③ 曾经在《读书》发表过数篇文章的张晓唯曾在《书屋》发表《所谓蔡元培"晚节不保"问题》,认为蔡元培等人的"真实作用不过是参与谋划和履行表面程序而已。"但作者也认同蔡元培等人是"自毁清誉"。参见《书屋》1996 年第 11 期。
　　④ 分别参见《读书》1997 年第 4、5、11 期,1998 年第 1、3、4、5 期。
　　⑤ 陈平原:《大学史的写作及其他》,《读书》2000 年第 2 期。
　　⑥ 《编辑手记》,《读书》2006 年第 10 期。

堆里打捞出来,重见天日。① 此数人有的生前就颇为孤寂,如费孝通称他的老师史禄国
在清华园里即是个孤僻的隐士。而有的人则是墙内开花墙外香,如朱维铮称辜鸿铭生
前死后"在中国学术文化界的知名度,都远不及他在西方学者中间那样引人注目"。还
有的人则是由于时代背景转换而被淘洗出主流叙述,甚至成为"进步"的对立面,如吴
方认民国初年的《东方杂志》在海内的影响可谓首屈一指,算得上中国现代期刊界发展
的先头军。但"随着一二十年代社会文化思想的急剧演变,新潮音阵阵,相形之下,杜
亚泉主编的《东方杂志》不免显得面貌'保守'了,其实也可以说不够激进,因而一时成
为思想新潮的对立面"。其实"寂寞"乃是平常之事,葛兆光曾就被学术史遗忘的沈曾
植撰文《世间原未有斯人》②,钱文忠也曾为陈三立鸣不平,自问"今年恰值陈散原先生
逝世六十周年,但还有多少人记得起这位早年叱咤风云,晚年巍然一代诗宗的人物
呢?"③让人颇为意外的是,夏晓虹也曾写《寂寞身后事》,感慨梁启超去世后的遭际,孙
郁也用《身后的寂寞》来形容茅盾④,虽然按照上述几人的标准,这两位其实已经是风光
无限了。

诸位被"遗忘"之人也有翻身之时,只可惜翻身不久就再次陷入被遗忘的窘境,颇
有潮来潮去之态。杨念群曾观察到如1996年堪称"辜鸿铭年",随着《中国人的精神》
中文译本的问世,图书市场掀起了一股狂销热潮,"那个当年拖着发黄的辫子游走于学
术江湖的幽灵般形象,随着地摊广告渗进了城市的大街小巷"。杨念群认为"民族英
雄"的新标签对辜老来说固然是张冠李戴,但辜老先生重新流行绝非道德学问被重新
体认,说到底还是民族主义作祟——"中国人崇拜辜鸿铭,首先在于他有能力用流利的
洋话痛骂洋人,而且更为关键的是洋人居然被骂得心服口服,这是何等的痛快。"⑤当
然,辜鸿铭本人的形象也在这拨热潮中被重新涂抹,不复为其书生本色。

朱学勤的《思想史上的失踪者》一文震动颇大。作者自称自进入思想史这一行当,
始终有一个古怪的寻踪癖,想寻找一群还活着的人,二十年前他们有过一段思想踪迹,
似可载入当代大陆思想史。他"希望这群人能站着进入思想史,或许能改变一下思想
史上都是一些横躺着的先逝者的沉闷格局"。所谓"失踪者"是在1968年前后上海的
一些高中生。他们与现在电视、电影、小说中描述的红卫兵很不一样,至少不是"打砸
抢"一类,而是较早发生对文化革命的怀疑,由此怀疑又开始启动思考,发展为青年学
生中一种半公开半地下的民间思潮。作者把这群人称为"思想型红卫兵",或者更中性
一点,称为"六八年人"。但后来这些人都渐渐杳然无闻,用作者的话来说:"历史苦难

---

① 高瑞泉:《天下何人还识君》;杨念群:《空余高咏满江山》;章品镇:《涕泪乾坤焉置我?》;朱维铮:
《辜鸿铭生平及其他非考证》;吴方:《万山不许一溪奔》;费孝通:《人不知而不愠》,《读书》1994年第4期。
② 葛兆光:《世间原未有斯人》,《读书》1995年第9期。
③ 钱文忠:《神州袖手人甲子祭》,《读书》1998年第5期。
④ 孙郁:《身后的寂寞》,《读书》1996年第5期;夏晓虹:《寂寞身后事》,《读书》1996年第6期。
⑤ 杨念群:《我们这个时代的"文化英雄"》,《读书》2000年第8期。杨文刊发时,辜鸿铭热已然退潮。

积累起来的思想史资源，在起飞之前就已经坠落，进入了一种令人难堪的流产状态"。①
该文刊出后风行一时，甚至连"失踪者"也成为流行词汇。《读书》随即在 1996 年第 2
期发表了十四篇来信并统名为"失踪者说"，这在 20 世纪 90 年代以来的《读书》历史上
极为罕见。② 来信中各种声音都颇为激烈，赞成者暂且不论，不以为然者说此事"不需
'寻人启事'，也不必烦恼"，反对者已开始奉劝作者"走下你的知识分子的精神阁楼，融
自己于自然，于社会，于必然"。直到三年之后，钱理群仍说他和作者一样"怦然心动"，
并且"潸然泪下"。③ 作者的思考与认知或有商榷之处，但对于"文化大革命"的解读的
确牵动众人神经，毕竟"遗忘史"中占据最大份额的就是"文化大革命"。但被遗忘的趋
势短时间内难以扭转，张志忠即认为"我们不能不承认，这种'文革'在中国、'文革学'
在国外的局面，业已形成。"④

"大历史"——"黄河依旧绕青山"

黄仁宇的"大历史"观念在 20 世纪 90 年代风行一时，受到公众层面的欢迎和不少
人的模仿，但也受到一些职业历史学家的质疑，《读书》在褒贬上均有所涉及，可窥"大
历史"接受史之一斑。黄仁宇在《读书》上第一次出场并不是裹挟"大历史"观念而来，
而是一篇介于小说和随感之间的《摩天楼下的刍议》。这篇后来收入《地北天南叙古
今》的文字在黄仁宇的诸多宏文中并不特别出彩，只是可能因为刚刚写就便顺手刊
出。⑤ 黄仁宇在《读书》上发文并不多⑥，反响也不如诸种著作之流行一时，之所以单节
分述，部分是因为黄仁宇在《读书》作者群中的特殊地位——他也许是 90 年代以来所
有《读书》史学作者中著作行销最广的一位。黄仁宇去世后，《读书》的编辑写了一条消
息，称其"不仅以'大历史'史观在国际史学界自成一家之言，而且他的著作虽多属学术
范畴，却行销于市，一版再版"。⑦ 粗粗几语，大致勾勒了黄仁宇及其"大历史"的特殊
之处。

黄仁宇年轻时正处于中国知识分子从"坐而言"到"起而行"的转折中，以书生从
戎，颠沛数十年终难以出头，中年之后又在中西学界夹缝中奋斗，一直面临实际的生存

---

① 朱学勤：《思想史上的失踪者》，《读书》1995 年第 10 期。

② 《"失踪者"说》，《读书》1996 年第 2 期。

③ 钱理群：《民间思想的坚守》，《读书》1998 年第 9 期。

④ 张志忠：《抗拒遗忘》，《读书》1996 年第 2 期。

⑤ 此文曾于 1990 年 9 月 15 日刊于(台湾)《中国时报》人间副刊。

⑥ 黄仁宇：《摩天楼下的刍议》，《读书》1991 年第 3 期；《怎样读历史》，《读书》1991 年第 8 期；《"持
续"与"汇合"〈赫逊河畔谈中国历史〉大陆版序》，《读书》1991 年第 12 期；《研究中国历史到威尼斯?》，《读
书》1992 年第 3 期；《现代中国在世界上的地位》，《读书》1993 年第 8 期；《为什么称为大历史》，《读书》1994
年第 11 期；《关于"资本主义"一词的使用》，《读书》1997 年第 6 期。

⑦ 《黄仁宇辞世》，《读书》2000 年第 3 期。

压力,所以作者自称,"在各处发表的文字多用'中国大历史'的名号确有标奇立异的趋向"。① 葛兆光曾说黄仁宇身上"好像一切都是矛盾",正可以看到思想与生命被一个庞大的制度、无情的社会和主流的观念所挤压。②

黄仁宇学术著作主要围绕明朝财政史展开,但"中国大历史"的观念实际上多着眼于20世纪的巨变,黄仁宇认为,中国于百年之内抗战动员、土地革命、重创法制,变迁之大亘古未见,③史家必须理解这一巨变背后的长时段时间背景和群众运动的空间纬度才能考察这一变局的前因后果。但黄仁宇认为,不少写历史的人,包括他自己在内,通常不能甩脱个人的观感,而且感情用事,容易小心眼,用寻常人的眼光去议论非常之事和非常之人,不过很多骤看来不合情理的事物,在长时期远视界的眼光之下,拼合前因后果看来却仍合理。此点在《读书》上被讨论颇多,如傅铿认为黄仁宇的大历史观重在"超越道德批判"④,张弓则认为超越道德的观点堪忧,"科学进步、技术革命和工业化,在造就西方文明的同时也使西方文化病入膏肓"⑤,较黄仁宇本人的意旨已然偏离。

可供解释中国近代变局的范式很多,费正清等人提倡的冲击——反应模式和马克思主义史学视野中反封建反殖民地模式都可以在相当范围内解释过往百余年的历史,但这两种体系一体两面,都共享了一个停滞的传统社会的假设,将近代变局限定在鸦片战争前后。而黄仁宇则将整个中国历史统划为三个帝国,以秦汉为第一帝国,隋唐宋为第二帝国,明清则为第三帝国。第一帝国的政体还带贵族性格,世族的力量大。第二帝国则大规模地和有系统地科举取士,造成新的官僚政治,而且将经济重心由华北的旱田地带逐渐转移到华南的水田地带。第二帝国"外向",带"竞争性",与明清之"内向"及"非竞争性"的豁然不同。在财政与税收的方面看来,其性格之差异尤为明显。第二帝国带扩张性,第三帝国则带收缩性。⑥ 近代之变局乃是从第三帝国转型而来,而不是从19世纪中期才开始,变革的决定因素是"数目字管理",陈乐民即从中读出"黄氏的历史观其实与我们所熟悉的历史唯物史观十分相像。"⑦黄仁宇文字清通,对其观念传播助益极大,"大历史"三字若无此种文笔以为支撑,可能会乏人问津,如陈乐民即认为黄仁宇"用一种生动活泼的体裁系统地讲历史,推事及理,有叙有议"⑧。但由于格局太大,黄仁宇往往论证不足,时不时有"口吐真言"之论,难以被学院派所接受,但赢得了大众尤其是年轻读者的称许。

---

① 黄仁宇:《为什么称为大历史》,《读书》1994 年第 11 期。
② 葛兆光:《黄河依旧绕青山》,《读书》2003 年第 12 期。
③ 黄仁宇:《怎样读历史》,《读书》1991 年第 8 期。
④ 傅铿:《超越道德批判》,《读书》1993 年第 2 期。
⑤ 张弓:《超越道德的忧虑》,《读书》1993 年第 7 期。
⑥ 黄仁宇:《"持续"与"汇合"》,《读书》1991 年第 12 期。
⑦ 陈乐民:《历史的观念:释"历史的长期合理性"》,《读书》1993 年第 11 期。
⑧ 陈乐民:《坐视世界如恒沙》,《读书》1993 年第 1 期。

学人史——思想资源与文化符号

　　林毓生说胡适一生曾扮演了许多角色，"五四启蒙运动的思想家、白话文运动的理论奠基者、中国现代化高等教育与高深研究的倡导者、20—30 年代因发表《人权论集》而遭受国民党政府通缉的自由斗士、史学家、考证学者、外交官、公众人物、文化明星等等"①。20 世纪 90 年代史学界的一大变化是胡适成为完全正面的文化符号和核心的思想资源，从研究禁区到"熟而又熟"不过用了十余年时间。舒芜在 1995 年还认为"大约近十年来，周作人和胡适这两个研究禁区，都已逐步被打破，出了一些可喜的研究成果"②，现在重读这套"禁区"和"打破"的话语已是恍如隔世。胡适的改变包括两个层面的努力，其一与"自由主义"相关，不少治思想史的学者将胡适作为此思潮之代表；其二则是在学术史追溯中将胡适诸种论学之作接上学脉，续入学谱，且多纳入正统。因胡适文字好读，50 年代大批判时又积累了无数材料，故两者并行不悖，皆无窒碍。雷颐即认为，从 30 年代的《胡适论》（胡绳作）到 50 年代的《胡适思想批判》，再到 80 年代末的《胡适研究丛录》，历史在更高的层次上"重复"，表明了一种研究的深入，一种新"范式"的破后之"立"。③

　　20 世纪 90 年代初阅读胡适作品还给人一种新鲜感，钟叔河即认为，"过去提起中华书局，想到的总是《中华大藏经》、《大唐西域记》，古气盎然。打开《胡适的日记》，正如在柏林寺藏经殿内推开一扇紫檀色的窗户，不禁深深吸了一口气。"[65] 一旦进入胡适的语境，各种思想资源即自然而然进入研究者视野。"大胆假设、小心求证"之类的"格言"被反复引用④，文学史、哲学史、思想史、佛学史，哪一个都必须提及此公，甚至连谈《红楼梦》也无法绕过。更不要说胡适本人的政治立场、人际往还、思想流变，所有面相都被反复爬梳，甚至藏书和遗嘱也不乏关注，难怪陈红民会感慨"真是个道不尽的胡适"。⑤

　　以 1998 年第 9 期的《人间鲁迅》谈话集为起点，关于鲁迅和胡适的争论迅速展开，一时论者纷纭。钱理群认为"鲁迅和胡适最根本的区分就在于，鲁迅是体制外的、批判的立场，胡适是体制内的，补台的"；林贤治觉得"对中国现代史上的自由主义知识分子（比如胡适）的评价不宜太高，与此密切相关的，就要联系到对鲁迅的评价"；王得后说"鲁迅和五四一代文化人，和胡适，在一般文化的选择上是一致的，或相近的，在政治文化、现实政治的选择上才相对立"；王富仁认为不要否认胡适们的贡献，但"只要想一想

①　林毓生：《平心静气论胡适》，《读书》1999 年第 9 期。
②　舒芜：《理论勇气和宽容精神》，《读书》1995 年第 12 期。
③　雷颐：《"破"后之"立"》，《读书》1990 年第 6 期。
④　葛佳渊、罗厚立：《大胆的假设》，《读书》1997 年第 3 期。
⑤　陈红民：《智者千虑》，《读书》1999 年第 3 期。

左拉对德莱福斯事件的态度,想想西方同类知识分子的现实表现,就知道中国学院派知识分子与真正的自由主义知识分子的区别了"。① "胡适还是鲁迅"的问题由此成为焦点。李森随即撰文认为鲁迅不是在野党的一员,胡适也不是执政党的跟屁虫,"把鲁迅划到胡适等人的对立面,正是鲁迅被长期利用的出发点"②,并认为我们今天对胡适的评价,至少不能低于鲁迅。从史实层面而言,这可能会被认为是个伪问题,两人的处事风格和人生遭际都有所不同,本没有"鲁迅道路"还是"胡适道路"的分野。但由于它的象征意味及其所牵扯到的感情波动,使得这一问题拥有巨大的阐释空间,至今仍被不时提出。

与胡适同时成为重要思想资源的还有陈寅恪。但由于陈寅恪学问艰涩,故多被作为"独立之人格,自由之思想"的标本众说纷纭,谈学论道的知音并不多。反映到《读书》中就是谈人多(谈诗也是在揣摩陈寅恪本身用意),谈学少。此处也不赘述。

《读书》的作者大都是以"学术"为饭碗之人,在20世纪90年代以来日益固化的学术分科体系内,不少作者显然过得相当不错,属于公认的学术"带头人"之类。但在小圈子里继绝学或在学术生产流水线上做螺丝钉的生活可能会让人略感窒碍,如李零曾言"这是一个世无英雄、哲人委顿的时代"③,由此《读书》成为一个难得的平台。李零说"我一直在逃,从专业学术的腹地逃向边缘,从边缘逃向它外面的世界……我关心的事在有如工业流水线的专业学术中没有位置,只能用业余的方式,另外找个地方说话。"④《读书》不仅可供"透气",也会在不知不觉间影响作者自身的注意力甚至治学路数。陈平原曾说"我的三次学术转折,都与《读书》杂志密不可分。"⑤最值得注意的是孙歌,孙歌说在《读书》上引介东邻学人们的思考仅仅是由于一个朴素的愿望——希望在更广泛也更深入的领域内了解日本,了解日本知识界,也了解日本知识分子对于世界的贡献,从而更好地了解我们自身的知识处境。但是在做了这一切之后,"却不得不面对一个基本的现实:我发现自己无家可归了……我不是一个中国的日本研究者,我似乎也不再是中国文学研究者。我的思考和研究变得无法归类,不仅跨越了学科的限度,甚至也跨越了国界的限度"。⑥ 当然,也有作者如葛剑雄存着"让这些成果在为专业人员利用的同时也为广大读者所知所用"的想法。⑦ 虽然志向不一,但各位作者对文字的负责态度让后辈如笔者颇受教益。罗志田认为在《读书》上的"写作固不妨比写学术论文更加'率性'一些,但既然是写给别人看(特别是有阅历不深的青少年可能要看),总以

---

① 《人间鲁迅》,《读书》1998年第9期。

② 李森:《小议鲁迅与胡适》,《读书》1999年第1期。

③ 李零:《花间一壶酒》,同心出版社2005年版,"后记"。

④ 李零:《花间一壶酒》,同心出版社2005年版,"后记"。

⑤ 陈平原:《与〈读书〉结缘》,《读书》1999年第4期。

⑥ 孙歌:《求错集》,三联书店1998年版,"前言"之第5页。

⑦ 葛剑雄:《往事和近事》,三联书店1996年版,第3页。

多少有点'作圣'的责任感为好"。① 张鸣也曾自白,"可以让他们说我不务正业,但不能让他们说我胡说八道"。②

借用吴思纪念吴方先生的一段话作为本文的结尾③,也借此表达对《读书》诸位作者的感谢——他们的悲怀和他们对人生的理解已经成文,因此成为人类经验的一部分。我不知道他们的文章能够流传多久,但在永恒的人类经验中,在我们亲历的观念变迁中,已经融入了他们的一片心血。

---

① 罗志田、葛小佳:《东风与西风》,三联书店1998年版,第4页。
② 张鸣:《历史的坏脾气》,中国档案出版社2005年版,"前言"之第2页。
③ 吴思:《擦桌子的"主义"》,《读书》2006年第6期。此处引用对原文有所更动。

未来不能没有马克思

——《读书》中的马克思形象

郗　戈

　　中国知识界好谈马克思，谈论的方式也不断地因时而变。而这种流变的具体环节、特定阶段和实际进程又成为映显学术与时代之间深层互动过程的一个不可多得的"镜像"。因而，梳理和检省《读书》自1979年创刊以来二十八年的马克思论说，实属一项非常有趣而又意义重大的工作。

　　那么，《读书》作者们二十八年以来究竟是如何理解和诠释马克思的呢？他们究竟给我们描绘了怎样一幅（或多幅）马克思的思想肖像呢？这种思想肖像又在何种意义上正是他们的"群体自画像"呢？

　　概而言之，《读书》的作者们对马克思所做的诠释工作大致经历了下述三个阶段性的变化——第一个阶段从1979年到20世纪80年代中期，作者们主要从马克思与意识形态的亲和性上来理解马克思的思想形象，马克思仍然保持着他的"传统形象"。第二个阶段从80年代中期到80年代末，马克思被"边缘化"了，关于马克思的论说在《读书》文章中不再占据主流。第三个阶段从80年代末开始特别是从90年代中期以来，马克思获得了"新形象"，作者们从多种远离意识形态的多种学理视角出发，开始了重新诠释马克思的积极尝试，马克思的形象逐步地被塑造为承载着人文主义精神的公共知识分子的典型；而这一塑造过程又是富于当代性和现实感的，它恰恰就是作者们在当下境域中的"自我塑造"过程，通过把马克思塑造为公共知识分子的典型，他们为自己标识出了必须承担的责任、必须具备的品质和必须传承的理想与精神。

　　第一阶段的核心人物是：作为"革命导师"和"真理化身"的马克思。应"解放思想"的时代要求，《读书》杂志于1979年创刊之际便围绕着"读书无禁区"的问题展开了讨论。而在要求"读书解禁""解放内部书"的呼声中，马克思也相应地被当做绝对意义上的"权威学者"来加以引证和探讨。例如，仲民的《马克思恩格斯的书评》（1979年第1期）和《马克思恩格斯写的序跋》（1979年第2期）、金海民的《马克思的笔记》（1979年第8期）和《历经沧桑的马克思、恩格斯的私人藏书》（1980年第6期）等，都直接把马克思看做学者的典范、读书人的楷模，或明或暗地要求当时的读者们在阅读、研究和写作方式上向马克思学习。作为"学术楷模"，马克思甚至直接被用来向读者推介好书，例如，王象的《马克思很喜欢的一本书（摩尔根的〈古代社会〉）》（1979年第6期）等，都有以马克思的"绝对认可"为标记向读者推介书籍的用意。

在《读书》创刊初期的几年中,马克思是绝对意义上的"读书权威",是《读书》的大多数作者和读者心目中的学术标尺,是绝对真理的化身和象征。引用马克思等经典作家的著述不仅是文章"在思想上正确"的标志,而且还是它"在学术上具有科学性"的标志。

为什么大家都把马克思著作当做"真理的化身"呢? 这显然是因为:《读书》初期仍然停留在原有的、以"图解政治"为宗旨的学术研究模式中塑造马克思的思想形象。如果细读 1979 年至 20 世纪 80 年代最初几年的《读书》文章,就会发现,与"读书无禁区"同时并行、同样火热的一个问题是"如何正确地理解和对待马克思主义?"(以至后来的"人道主义与异化问题"的讨论)这样一个问题。很明显,后者绝不是一个纯粹学理上的问题,而是一个政治问题,一个意识形态问题。所谓"读书无禁区",当然是在正确理解的马克思主义的指导下去无禁区地读书。因而,在意识形态的话语权力的支持下,马克思理所当然地会成为《读书》所树立的"第一号学术楷模",成为知识人的典范和真理的持有者。作为"革命导师"、意识形态化了的马克思,显然是《读书》所塑造的"权威学者"马克思的精神内核。《读书》最初几年的主要讨论和主要文章,都是在政治化的马克思或者马克思主义这一绝对原则指导下展开运作的。

以马克思来图解政治,或者说,对马克思思想和著作进行纯粹政治性的诠释,其后果显然是对马克思进行了一层又一层的意识形态涂抹,从而把他变成了一个可以随处标贴的意识形态符码,这样,其本身的思想精髓和学理意蕴却在无形中被不断翻新的政论言谈深深地遮蔽了。然而,值得庆幸的是,在意识形态化诠释的主流之下,仍有另一股"潜流"在隐约中显现出来:部分学者已经开始有意识地从纯粹学理的角度探讨研究马克思的思想和著作。例如,上文所述的金海民的两篇文章,如果仅从文章内容而不是从当时实际的思想环境来考虑的话,都可以视为 20 世纪 90 年代以来马克思主义文本研究的学术热潮的一些最早的"先声";而李以洪的《人的太阳必然升起》(1981 年第 2 期)等文章提出的马克思主义与人道主义关系问题和恢复人在马克思主义中的地位的观点,以及杨适的《应当借鉴的一个重要方面(读两本关于青年马克思的书有感)》(1983 年第 3 期)集中研读青年马克思著作的做法,也都可以视作重新从"本来面目"上诠释马克思的积极尝试。

第二阶段草草退场的是被"冷落"和"边缘化"的马克思。上述各种重新诠释马克思的积极尝试,在《读书》后来的发展中似乎并没有像学界特别是马克思主义哲学界那样被连贯地传承和发展下去:20 世纪 80 年代中期之后的几年中,曾经在《读书》上纵横捭阖、显赫一时的马克思,突发性地"退隐"了。从 1984 年张钟朴、雪苇和周继旨的数篇分别谈论马克思的《资本论》手稿、《资本论》和科技思想的文章之后,马克思(至少是马克思思想专论)便在《读书》上不动声色地消失了!

1985 年第 12 期上的一个"座谈会侧记"《马克斯·韦伯:一位思想家的肖像》标识

除了世界性的"韦伯热"在中国"再热一把"的可能性。虽然,国内韦伯研究一开始就是在"马克斯·韦伯"的比较语境(特别引起学者们关注的是这二者的共同问题:现代资本主义的起源问题)中来引介和谈论韦伯的,但是,一个实质性的变化开始发生了:学者们开始逐渐离开马克思的立场、观点和术语而被吸引到韦伯的立场、观点和术语上去。正如甘阳所言,中国的社会科学研究虽然打破了"马克思神话",但却立即走进了另一个神话:"韦伯神话"。① 而在哲学思想领域,马克思退隐之后所遗留下的"思想真空",被多种西方思潮如萨特的存在主义、弗洛伊德的精神分析学说、后现代主义、尼采直至海德格尔、伽达默尔等竞相占据,呈一派鼎盛繁荣之势……

第三阶段的新主角是被重新塑造为"公共知识分子"的马克思。这一阶段大致开始于1989年下半年,《读书》从第7—8期开始,特辟了"学习马列著作"专栏,从列宁主义学起,一直学到1990年上半年回复到马克思方告一段落。这一专栏的突出强调列宁主义的哲学党性原则,具有明显的政治色彩,基本上属于政治教育和思想宣传性质的文章,与此前《读书》探究学理的一贯风格不同,使人容易联想起《读书》创刊时期的思想氛围。而唯独李文的一篇《回到马克思(读〈德意志意识形态〉手记)》(1990年第3期),算是一个恰到好处的结尾,呼应了学术界日益强烈的要求纯粹学理地研究马克思的潮流。

20世纪90年代初西方"现代性"话语的大量引介以及国内相关讨论的逐步兴起,为学理地同时也是完整地理解马克思的思想——特别是其批判性的和超越性的内涵——提供了一个契机。早在80年代末,《读书》作者就依靠西方马克思主义的多种观点开始重视和理解马克思的批判精神,例如,徐均尧在《知识分子和现代社会(从葛兰西到新左派的思考)》(1988年第9期)一文中就提出了马克思对现代社会的批判活动的积极作用,并且把这种批判理解为知识分子的必要因素。而真正全面地理解马克思的潮流则开始于90年代中期以后,《读书》作者们在积累了西方马克思主义等左派思想以及西方现代性论说等双重话语资源之后,对马克思形象的重新诠释和塑造才大规模地步上"正轨"。总体来看,这种努力主要呈现出以下三个方面的特点:

第一,部分作者开始对马克思的重要著作、核心概念、基本原理进行细致研究和重新考辨,并进一步提出了"重新理解马克思"的问题。例如,卞悟的《拒绝"原始积累"》(1998年第1期)一文就对人们耳熟能详的马克思概念的译名进行了重新考辨,提出了颠覆性的意见。而辜正坤的《外来术语翻译与中国学术问题》(1999年第8期)和王若水的《"异化"这个译名》(2000年第7期)两篇文章,围绕着马克思的关键术语"异化"的理解和翻译问题展开了细致严谨且饶有兴味的争辩。而且,作者们并未停留于基本概念的讨论,而是在此基础上,进一步破除各种误解成见和僵化模式,开始了重新理解马克思的各种积极尝试。例如,曹卫东在《从"公私分明"到"大公无私"》(1998年第6期)一文

---

① 参见甘阳:《韦伯神话》,见《将错就错》,三联书店2002年版,第244—246页。

中,引介哈贝马斯的"公共领域"学说的同时,还满怀正义感地为马克思—马克思主义的研究方式辩护:他十分公允地指出,所谓"经济决定论"纯粹是强加在马克思—马克思主义身上的"不负责任的误解"。林杉的《〈社会科学与现代〉:有关"哲学基本问题"》(1998 年第 7 期)一文,强烈质疑苏联的教科书体系,要求破除把"唯物"、"唯心"绝对化的僵化理解模式,从而重新理解马克思以至马克思主义哲学。

第二,作者们在引介和讨论西方思想家,特别是现当代思想家时,普遍注意到他们与马克思的相似性和可比较性,从中凸显出马克思作为西方现当代思想的重要来源这一不可忽视的理论地位。

在哲学问题的讨论中,一些作者对马克思与西方哲学传统的关系提出了较为新颖的理解。例如,张汝伦的《实践哲学的意义》(1997 年第 5 期)一文试图从西方哲学的整体的"实践化"趋势以及中西方实践哲学会通的可能性中凸显马克思主义思想的独特价值。在他此后发表的《黑格尔与现代国家》(2001 年第 10 期)一文中,他更进一步地把马克思和黑格尔的现代性批判置放在同一个问题框架中来加以思索,以期发现二者在本质上的内在关联。相比而言,作者们更为关注的是马克思与西方现当代思想之间的密切关联性,此类文章比较多见,而且有时会在一段时期非常集中:1997 年第 6 期上刊载的两篇介绍福柯的文章:旷新年的《从界外思想》和张弘的《心仪福柯》都特别强调了福柯与马克思的相似性与共通性,前文侧重于二者相似的怀疑批判精神,后文则侧重于二者具有传承关系的"社会化"思想。1997 年第 7 期,王铭铭的《思考的实践》在讨论布尔迪厄的"实践"理论时也没忘记顺便提及了布尔迪厄对马克思的继承关系。1997 年第 11 期上的两篇文章:曹卫东的《法兰克福学派的历史效果》和朱学勤的《在文化的脂肪上搔痒》虽然对法兰克福学派褒贬不一,但都十分重视作为法兰克福学派思想源头的马克思的作用。而此后陆杨的《政治与解构》(1998 年第 12 期)评述德里达的政治思想,同时讨论了德里达与马克思主义之间的密切关系,并得出结论说,德里达由结构走向建构,显然继承了马克思主义的理想主义精神和弥赛亚式的希望。甚至一些西方哲学界的权威专家也开始打破长期以来西方哲学和马克思主义哲学相互隔绝的僵化体制,开始探讨二者的内在共通性。例如,倪梁康在《过渡与间域——阿多诺的哲学定位》(2001 年第 11 期)一文中,就提出了马克思、西方马克思主义的历史理论与西方现象学传统(胡塞尔和海德格尔)之间的理论关系问题。在经济思想史领域,情形也非常相似。2000 年第 4 期同期刊载的两篇文章:张军的《从剑桥到芝加哥》与答毅平的《凯恩斯思想演变的轨迹》中都特别强调了马克思对于西方现代经济学思想的重要影响。而随后一期,孟捷的《"通往奴役之路"?》(2000 年第 5 期)一文,则探讨了马克思社会主义概念的经济规定,该文把马克思理解为"西方个人主义价值传统的继承人",甚至认为,马克思主义与自由主义之间存在着"弥合分歧"的可能性。①

---

① 孟捷:《"通往奴役之路"?》,《读书》2000 年第 5 期。

　　第三,作者们普遍注意到了:作为现代性(尤其是全球资本主义体系)的强有力的思考者和批判者,马克思思想正是当代中国知识分子所急需的理论话语资源,马克思仍然是我们的同时代人。《未来不能没有马克思》(1997 年第 2 期)一文就从 20 世纪 90 年代迫使知识分子面对资本主义全球化的挑战这一宏观历史背景中,凸显出马克思对于当代中国的现实借鉴意义的问题。刘擎的《"奇异的沉寂"意味着什么?》(1998 年第 7 期)一文,则更加具体地切中了上述问题的要害。文章主旨在于反思 90 年代后大陆知识界的变化即"学问家凸现,思想家淡出",批评学者们的普遍性的政治冷漠,以及他们所从事的那种抽空了社会关怀的"纯粹学术",从而呼唤介入的、现实的、公共性的思想和思想家的出现。值得注意的是,在这一"呼唤"中,马克思当之无愧地被当做历史上的"公共知识分子"的典型来加以刻画:马克思是具备现实感和介入感的思想家的典型,始终深切地关注着他的时代的现实事件。① 在 1998 年第 10 期的第一篇文章即林春的《不朽的宣言——纪念〈共产党宣言〉一百五十周年》中,马克思的这种"新身份"被强有力地公开化了:作者不赞成生搬硬套《宣言》的具体结论来评判当代,但尤为赞赏从马克思恩格斯身上体现出来的"知识分子的社会批评功能"——"知识分子不可幻想救世,但应与被压迫的民族和人民认同。"②

　　很明显,《读书》作者们主要从"批判性"和"超越性"两个维度上来理解马克思的"公共知识分子"形象。例如,张汝伦的《柏林和乌托邦》(1999 年第 7 期)一文,在否定作为实在形式的乌托邦即"苏联社会主义体制"的同时,高度肯定了马克思主义的理论与实践的批判功能和崇高理想,认为马克思—马克思主义所高举的"正义"、所开启的"希望"对于人类现实生活具有不可替代、不应削弱的伟大意义。与上述观点类似,张隆溪的《乌托邦:观念与实践》(1998 年第 12 期)把马克思主义置放到柏拉图《理想国》以来的理想主义传统中去理解,凸显其正面建设意义,并且得出结论说:人类仍然需要乌托邦理想主义和超越现实、创造历史的意志。

　　联系到第三世界国家的具体情况,特别是中国的当代国情,《读书》作者们进一步就马克思的批判精神、社会主义构想与中国知识分子以至中国改革实践的结合问题作出了一些富于介入感和现实感的思考。尤为有趣的是,张旭东的《从"资产阶级世纪"中苏醒》(1998 年第 11 期)在评价本雅明思想之余,仍未忘记讨论"中国青年一代读者对马克思主义的接受问题":中国读者对西方马克思主义的接受,绕开了一般读者对庸俗化、教条化、公式化马克思主义的冷漠与反感,从而开启了年轻一代读者对这一批判性传统的"新的知识学兴趣"。③ 还有一些文章甚至提出了在第三世界(包括中国)实现马克思的社会主义理想的具体构想——索飒与海因兹·迪特里齐的对话《知识分子危

---

① 刘擎:《"奇异的沉寂"意味着什么?》,《读书》1998 年第 7 期。

② 林春:《不朽的宣言》,《读书》1998 年第 10 期。

③ 张旭东:《从"资产阶级世纪"中苏醒》,《读书》1998 年第 11 期。

机与批判精神的复苏》(2002 年第 5 期与第 6 期两期连载)从左翼知识分子批判性立场出发,反思全球知识分子在思想上向资本主义体制投降的可怕危机,呼吁全球知识分子特别是第三世界国家的知识分子重新担当起自己的责任与理想,致力于创造一个更加符合人性的社会。这一新型社会就是他们所构想的具有"参与性民主"的"新型社会主义":它恰恰是要在第三世界国家真正实现马克思、恩格斯的伟大理想。①

　　马克思甚至已经被一些作者看做辨别"公共知识分子"的"试金石"。例如,张汝伦的《良知先于理论》(2002 年第 10 期)一文,就把美国自由主义哲学家罗蒂撰文纪念马克思恩格斯《共产党宣言》的行动理解为一个真正的"公共知识分子"的行动,它指出,罗蒂在这个极度"崇尚私人物质利益"、"嘲笑理想和热情已成为一种伧俗时尚的今天",仍然真挚地赞扬马克思恩格斯带给人类的"希望"和"理想",因而罗蒂就将自己与束缚在学院体制中的"专家学者"区分开来,成为了真正意义上的"公共知识分子"。

　　总体来看,在近十年的《读书》文章中,马克思受到了非同寻常的"礼遇":他在新的时代背景和思想氛围中被重新诠释和塑造了。一方面,《读书》作者们开始对马克思的基本思想、关键概念进行了更深层次的细致探讨;另一方面,《读书》作者们开始在西方思想的整体语境中来理解马克思思想的理论内涵和历史意义。最后,在前两个方面讨论的基础之上,形成了至为重要的第三个方面——《读书》作者们在西方现代性反思的理论支持和资本主义全球化的现实压力之下,开始集中关注马克思思想中的"批判精神"和"乌托邦维度":通过对现实的无情批判,马克思呼吁的是一种"历史性的正义",通过一种"乌托邦式的预言",马克思建构了一种"超越性的希望"。在他身上,同时兼备了人道主义的诉求和反思批判的精神;而无论是由于这种现实主义的批判,还是由于这种理想主义的呼唤,马克思都当之无愧地成为了公共知识分子的一种"理想原型"。在《读书》作者们的这种塑造中,一个完整的、活生生的"马克思"浮现出来了。

　　然而,这种对马克思的"塑造"并非是一个单向的过程:他们把马克思塑造成了公共知识分子的楷模,而反过来,这种理想形象又成为塑造他们自己的一种原型。一言以蔽之,在"马克思"形象的重新塑造过程背后进行着的,其实正是团结在《读书》周围的一批作者的"自我塑造"。可以想象,成为马克思式的公共知识分子,同时承担人文精神、批判意识和理想主义的使命与责任,正是相当一部分《读书》作者们的理想:他们为马克思所描绘的这幅"思想肖像"恰恰就是他们自己的"群体自画像"。而且,最为有趣的是,在《读书》的许多作者们看来,马克思似乎已经不再是"体制"中人,而分明站在了他们即正在进行着自我塑造和自我养成的"公共知识分子们"这边。曾经被当做"意识形态符码"而使用的马克思形象,现在被解构并重新建构出来,成为了批判性知识分子的典型!

　　纵观《读书》二十八年来的马克思言说史,虽然颇为纷繁芜杂,但仍然可以清理出

---

① 索飒、海因兹·迪特里齐:《知识分子危机与批判精神的复苏》,《读书》2002 年第 6 期。

三条主要的脉络——首先,在对马克思思想精髓的理解上,马克思的形象不断被"人道主义化",而且越来越被赋予了"批判精神"和"理想主义"的维度和意蕴。其次,在对马克思思想本身的定位上,马克思的形象被不断地"脱意识形态化"、"学术化"以至"知识分子化",马克思由"意识形态的学理化身"逐步地被改写为一种"公共知识分子的理想原型"。最后,从马克思哲学研究与其他哲学门类的关系来看,马克思哲学也由一枝独秀的地位开始,逐渐被边缘化;但近期内,又逐步在各种话语同时并存、多元竞争、互相融合的潮流中重获生机。可以说,《读书》杂志在马克思思想的诠释和研究方面基本上保持了与国内学术界的同步发展,在某些方面——如对马克思批判精神和超越维度的强调——甚至稍有领先,开一代风气之先。

当然,《读书》的马克思论说,只是改革开放以来中国学人理解马克思的整体思想历程的一个缩影,一个镜像,一个片断。中国学人对马克思的论说,是一个非常具有普遍意义的文化现象。几乎再没有一个西方人,能够像马克思一样,引起过中国几代仁人志士这么强烈的热爱与憎恨,这么长久的讨论与纷争,这么深刻的反叛与皈依……曾经那个辉煌一时的"马克思神话"确实被打破了,但我们不必为此感伤。因为,一个"真实的马克思",同时也是一个"当代的马克思"、一个"我们自己的马克思"必将从这毁灭中浴火重生并走向未来!

今天,在这样一个全球资本主义体系吞噬民族认同的时代,一个经济利益、消费体系淹没思想、激情和理想的时代,一个迫切需要社会改革和文化创新的时代,每一位第三世界的知识分子,难道不应该锻造他们自己的批判意识、崇高理想和人文精神吗? 难道不应该在心灵深处拥有一个真正属于他们自己的"马克思"吗?

《读书》中的政治哲学与政治科学①

钟　城　方力维　陈小鼎　黄琪轩

一、引　言

王国维讲:哲学上之说,大都可爱者不可信,可信者不可爱。② 政治学作为一个划分为政治哲学和政治科学的学科,也是如此。由于政治科学研究讲科学实证,要求有严格的社会科学方法论,所以,中国读者大都觉得政治科学不可爱;而政治哲学激扬文字,纵横捭阖,又让人觉得不可信。

而今,由于政治科学的强势,政治哲学在政治学领域被挤压得并没有多大空间。因此,政治哲学和政治科学这个两极格局其实是"跛足"的两极。而这"跛足"的两极,在《读书》上恰好倒置,是政治哲学谈得多而政治科学谈得少。所以,《读书》所追求的是可爱的一面。

同时,正是由于它执著于追求可爱的一面,《读书》中所刊载的关于政治学领域的文章,没有几篇是专业政治学学者的撰稿。

而让人感到意外的是,在介绍西方的政治科学及其新走向时,《读书》的脚步一点也不滞后。③《读书》上的文章对原典作了人文化的处理,娓娓道来,让普通读者也很容易接受。

---

① 本文是集体写作的产物,由北京大学政府管理学院博士生黄琪轩负责召集并主要负责文中引论与余论部分,北京大学政府管理学院博士生钟城主要负责政治哲学部分,清华大学公共管理学院博士生方力维主要负责比较政治学部分,南开大学周恩来政府管理学院研究生陈小鼎主要负责国际关系部分。最后由黄琪轩整理全文。此外,在成文过程中,感谢北京大学政府管理学院冯明亮、刘娟凤,复旦大学国际关系与公共事务学院博士生李巍,南开大学周恩来政府管理学院博士生刘伟伟的宝贵意见。

② 王国维:《静庵文集》,"自序二",辽宁教育出版社1997年版,第160页。

③ 如对政治学的几个新走向:理性选择主义、新制度主义等,《读书》都有及时的、生动的介绍。如1996年第2期,刘军宁在《大道容众,大德容下》一文中对政治学中理性主义的介绍。1996年,张曙光的《经济增长和国家兴衰》对奥尔森著作的介绍。2000年,杨雪冬的《金钱的政治经济学》对苏珊·斯特兰奇《疯狂的金钱》的介绍,引入了人们对政治学的新的研究领域——国际政治经济学的关注。此外,许宝强在1998年第8期的《没有界限的经济和经济学》中对比较政治学经典著作波兰尼 *The great transformation* 一书的介绍,超前于中国当时政治学界的视野。Polanyi, Karl, *The great transformation*, Boston: Beacon Press, 1957. 关于政治学的新走向,参见 Goodin, Robert E, *A new handbook of political science*, Oxford；New York: Oxford University Press, 1996。

本文拟从政治哲学、比较政治学、国际关系三个方面，分别梳理一下《读书》在相关领域的文章。

二、《读书》中的政治哲学

作为政治学中的一个重要分支[①]，政治哲学"是一个政治共同体之自我认识和自我反思的集中表现。政治哲学的兴起一般都与政治社会出现重大的意见争论有关，这种争论往往涉及政治共同体的基本信念、基本价值、基本生活方式以及基本制度之根据，从而必然成为所有人文社会科学的共同关切"[②]。当然，对政治哲学的探讨和关怀在不同的时期会呈现出不同的风貌与特征。

(1)20 世纪 70 年代末至 80 年代初，知识分子群体面临着"如何评价以往的历史教训以及中国向何处去？"这一重大问题。在这一时期的讨论基本上是在新中国成立以来所形成的"传统政治学框架"中展开。讨论一般认为新中国成立后出现失误的原因在于中国长期的封建文化遗毒之影响。此外，讨论中所达成的共识是我们需要社会主义民主与法制。出于对历史教训的反思，这一时期关于"人性"的讨论也颇为热烈。同时，也有一些介绍西方政治哲学著作的文章发表。如 1981 年 12 期王沪宁所发表的《卢梭政治思想绵延——〈社会契约论〉读后札记》，介绍了卢梭的"资产阶级自由、平等、民主观念"。但该文对于卢梭的思想深层以及他与其他启蒙思想家的区别都未加注意。1982 年第 12 期刘文立的《卢梭的社会政治哲学》，认为卢梭是"政治上革命，文化上反动"。当然，在我们今天看来，这是一种较为简单的进步主义视角。不过，我们的理解应当结合当时特定的历史情境，正如我们即将看到的，讨论在不断地深入。

(2)20 世纪 80 年代中后期，中国经济改革取得的成果激发了对政治改革的期望和关注。这一时期，《读书》上政治哲学的文章，一方面承接了前一时期的关于西方政治哲学著作的介绍，如马基雅维利的《君主论》、修昔底德的《伯罗奔尼撒战争史》等；另外，一本在后来影响甚广的西方政治学著作《变革社会的政治秩序》在 1985 年的第 11 期被介绍给《读书》的读者群。另一方面，比照前一时期，相关的讨论逐渐表现出知识分子自身的独立性。这种倾向集中地表现在 1985 年第 12 期关于马克斯·韦伯的一个座谈会侧记上。学者们在关于这位德国思想家的讨论中所表达出来的思想因子已经超越了意识形态的束缚，富于自身独到的见解。

---

① 当然，政治哲学有时也被认为属于道德哲学和伦理学，或者与社会哲学放在一起讨论，另外，与英语学术界不同的是，德国学术传统倾向于将其称为"法的国家哲学"或"法和国家的哲学伦理学"。可参见北京大学哲学系韩水法教授的《什么是政治哲学》一文。网络资源：http://www.phil.pku.edu.cn/personal/hansf/philpolitics.doc。

② 甘阳、刘小枫：《政治哲学的兴起》，《南方周末》2006 年 1 月 12 日，此文是作者为华夏出版社"政治哲学文库丛书"所写的总序。

这一时期的发展特点主要表现在:首先,理论的解读和探讨开始走向深入和精细。比如,对于"民主"和"法制"的理解就明显有西方分析哲学影响的痕迹。其次,几位颇具影响力的海外华人学者开始陆续在《读书》上发表文章。他们给《读书》带来一股新的风气。再次,对于政治哲学问题,开始出现了不同的流派。虽然并没有激烈论争,但若细加考察,还是可以辨识出某些端倪。有倾向于自由主义的主张,有希望接续、转化与发扬传统的新儒家,还有强调秩序与稳定的"新权威主义"一派。

(3)20 世纪 90 年代初期。这一时期关于政治哲学的探讨稍显沉闷,所关注的重点是现代化问题。另外,值得注意的是,后现代主义开始在《读书》上出现,并引发了一些争论。这一时期,尽管缺少 80 年代的热情与蓬勃,但政治哲学的深度探讨却持续展开,一些较有分量的文章相继刊出。如林毓生的《从苏格兰启蒙运动谈起》,给当时熟知欧陆启蒙运动的中国知识分子开启了一片新的视野;冯克利的《打了折扣的民主》,继续对"民主"进行"正名"……所有这些,都在某种意义上暗示着政治哲学在中国发展的一个新时期的到来。

(4)20 世纪 90 年代中后期。这一时期,"自由"、"民主"、"平等"仍是探讨的关键词,而它们之间在特定情境下所固有的张力也成为大家阐明自身看法的持续动力之一。这一时期比较有代表性的文章有刘军宁的《当民主妨碍自由的时候》、陈家琪的《保守的自由主义与激进的民主主义》、崔之元的《卢梭新论》、林毓生的《思想危机的一个面相》等。特别值得一提的是甘阳在 1999 年第 1 期上发表的《自由主义:贵族的还是平民的?》一文。作者一反之前的自由倾向转而关注民主与平等问题,表明政治哲学问题已经开始逐渐摆脱学理层面的探讨转而与中国当代具体情势接轨。而此前讨论都是在不同程度上利用西方的资源,在西方话语中心的前提下反思中国问题。甘阳的这篇文章算是政治哲学本土化趋势的一个重要标志。

我们同时还注意到,20 世纪 90 年代中期以来,《读书》一方面还是坚持自己"文化漫谈、思想清议"的特色,看似闲散的笔调中可以发现诸多闪光的思想因子;另一方面,由于自 90 年代开始的社会科学在中国的蓬勃发展,《读书》的文章不论在知识的领域还是在问题的领域都比从前扩展和深化了。

(五)21 世纪初期。进入新世纪,由于在"问题意识"和"知识储备"两方面已经有了长足的进步,相关的讨论在此前的基础上继续扩展和深化。这一时期,"正义"、"民族主义"等成为《读书》上出现的关键词。此时所刊文章的关怀已经超越了具体的一时之需而能够从更广阔的视角来对政治哲学诸问题进行深入的探寻。比较有代表性的文章有万俊人的《正义为何如此脆弱?》、张旭东的《知识分子与民族理想》、王绍光的《饼做大以后……》等。当然,《读书》的视角并未局限于国内,域外政治哲学发展的动向也仍旧被关注。如许纪霖在 2005 年第 6 期发表了《两个美国与政治自由主义的困境》,对美国近年来兴起的新保守主义作了介绍与评价。我们知道,世纪之交,中国知识界和思想界有所谓"自由主义与新左派之争",但是仅从《读书》的文本来看,似乎并没有出现"剑拔弩张"之势。我们读到的更多的是文章作者基于学理层面的政治哲学思考。就此而论,值得关注的文章之一是甘阳于 2003 年第 4 期上发表的《走向政治民族》,作者通过对《民族国家与经济政策》、《联邦党人文集》等经典的研读与体会,提出中国应当成为成熟的"政治民族",自此,"如何走向政治民族?"开始成为知识界持续关注的一个话题,尽管对此提供的答案见仁见智。

以上简略总结了政治哲学在《读书》二十多年来的发展历程,我们大致可以勾勒出三条发展的线索:其一是对于政治哲学原典的仔细与深入研读的趋势在不断加大。比如对卢梭及其著作多年来都是《读书》的作者群所一直关注的对象。其二是对西方思想界的研究动态的持续介绍。比如从 20 世纪 90 年代开始对后现代主义的介绍以及对美国新保守主义的介绍。其三是政治哲学的讨论同社会历史以及思想的大背景乃是密切相关的。从创刊初期的反思历史教训到现在的"如何走向政治民族"就清晰地呈现了这一线索。当然,不无遗憾的是,除了以杜维明等为代表的"新儒家"从文化意义和文化发展的角度对儒家思想及其与现当代世界关系多有关注和述评外,在《读书》上对于我们传统政治哲学的讨论还是相对的欠缺,不论是文本的精读还是在研究方法、视野的拓展上都显得有些捉襟见肘。

回首这二十多年来《读书》走过的政治哲学之路,笔者感触最深的一点就是,与其讲我们是在不断的超越,不如说我们更多的是在对话。正是在这样的对话、理解中,正是这种必要的张力的存在,政治哲学的深远影响才得以逐渐展开。

三、《读书》中的比较政治学

比较政治学自美国舶来,是对本国以外的政治现实进行的实证研究,并往往期望从多国比较中得出有价值的经验性命题。本文按照比较政治学比较公认的三个基本研究范畴(比较政治制度、比较政治发展和比较政治经济)来选取和总揽。下表是就所考察的文章按问题性质和研究类型(国别/比较)所做的一个样本统计:

从统计情况来看,应当说《读书》对比较政治学这一学科是非常重视的。早在 1987 年《读书》就曾介绍新中国成立后第一本比较政治学教科书,即王沪宁的《比较政治分析》[①],尽管从今天的眼光来看,这本教材更接近于通用政治学教材,但对于当时沉寂 30 年的政治学界来说无异于有开天辟地之功,直至今天学人仍要回忆王沪宁一书对打破政治思维的单一习惯、开拓学界视野的重要意义。

(一)现代化的研究既涉及政治现代化(即民主化,属比较政治发展范畴),又涉及经济现代化(该过程属比较政治经济范畴),而《读书》上对现代化之关注更多的是综合

---

①　陈奎德:《政治文化与比较政治学》,《读书》1987 年第 6 期。

问题性质		总文章数	国别研究	比较研究
政治制度		6	5(美国、日本、美国)	1
政治经济(共24篇)	日本研究	7	6	1
	西方发达国家	10	5(法国、美国、美国)	5
	转型国家	4	2(匈牙利、俄罗斯)	2
	全球化	2	0	2
现代化研究		12	5(美国、韩国、阿根廷、印尼)	7
政治发展(共16篇)	官僚制度、政治过程与腐败研究	6	3	3
	革命	6	5(法国、俄国、中国)	1
	民族主义	5	2(以色列、南斯拉夫)	3

性的①,所以将这一议题单列出来,能更好地进行对比学习。总的来说,这些论述现代化的文章看到了现代化在政治、经济、文化、科学技术、组织等多个方向上的巨大变化,但并没有将现代化简单等同于几个最终目标,也不迷信这些目标是可以随着经济发展自然实现的,而是很早就注意到了政治力量(政府、底层人民)在其中的能动性作用。在有关美国、韩国、印尼和阿根廷的文章中我们能切身感受到这一过程的艰辛。而在相对理论化或是多国比较(尤其是多个后发展国家比较)的研究中,则明显能感受到国内学界的一种基本认同,这一认同在《现代化理论与霍氏改革观》和《现代化为什么受挫》以及推荐亨廷顿政治现代化理论的多篇文章中尤为突出,作为典型代表的亨廷顿、霍森施塔特、富永健一和艾森斯塔特的观点都以历史为依据,强调综合性现代化变革的成功必须依靠强有力的政治中心(或杰出政治改革家)提供凝聚力、国家统一和社会稳定作为过程的基本保障以及政府拥有决策艺术和能够推动制度创新的能力。

（二）《读书》早在 1989 年就开始探讨宏观制度问题。崔之元推荐的顾准遗著《希腊城邦制度》,以及李培林《共和国真义考》就在提醒国内学者重视西方本身的制度差异、重视政治学概念及理论的发展和意义,从而发掘能为我们所用的价值所在。进入21 世纪后,《读书》又推荐了英国法学家白芝浩的巨著《英国宪制》,刊登了多篇对美国联邦制度及其民主制度和宪法的演变进行深刻分析的文章,无论从视野上还是思想上都有很大的启发作用,尤其值得一提的是,这些文章的专业性和可读性都很强。

（三）这里将对于微观的管理制度的研究纳入比较政治发展范畴,西方比较政治学中的行为主义流派也主要集中在这一领域。《读书》早在 20 世纪 80 年代初就开始关

---

① 1985 年第 11 期《现代过程中的政治发展》;1987 年第 3 期《现代化理论与霍氏改革史观》;1988 年第 7 期《探索政治现代化道路》;1989 年第 2 期《抛弃乌托邦》;1989 年第 5 期《亨廷顿与他的强大政府论》;1989 年第 6 期《民主与权威》;1990 年第 4 期《现代化的四个不等式》;1991 年第 5 期《现代化为什么受挫》;1999 年第 10 期《苏哈托的宿命》;2000 年第 10 期《韩国政治现代化的历史考察》;2002 年第 5 期《阿根廷危机的思考》;2003 年第 7 期《阿根廷危机与制度性不信任》。

注官僚主义问题,20 世纪 90 年代末以来则更加重视微观过程诸如利益集团与政治过程的关系,这里特别要提到的是美国比较政治学家詹姆斯·斯科特(James Scott)关于腐败的研究。[1] 斯科特利用历史案例进行比较分析,批判了腐败研究领域里的"文化决定论",深刻地指出"腐败成为问题"本身就是"社会价值与规范(即道德标准)变迁的结果",而"存在腐败"的原因在于:"腐败'政治机器'是在社会缺乏共同价值理念而难以达成共识的境况下的替代政治文化的一种控制机制。"类似这样的研究,不仅指出了社会问题之所在,更挑明了问题的本性以及解决问题的可能(文化本身是社会实践的结果,因而是可以变革的)。

对于民族主义的研究是近十年的热点话题,《读书》刊载的五篇文章[2]数量虽不多,但已然涵盖了西方在民族主义研究领域几乎全部的经典研究和著名理论,并包括了对种族主义的两种政治经济学研究(1999 年和 2004 年文章),还涉及对中国民族主义研究的一些看法,内容全面,议题前沿。

(四)比较政治经济在美国已是一个丰富而深刻的领域,关注的问题大体可以分为后发展国家的经济现代化、转型国家从计划向市场的转型、西方福利/发达国家的政策转变/调整等三大主题。前表已反映出《读书》在这方面也非常着力。只是对发达国家更关注其成功的历史,这中间自然也不乏深刻理论和洞见思想,但可惜的是对发达/福利国家在新一轮全球化下面临的挑战和政策调整这一问题没有涉及,而这些问题对当前我国的政策选择和调整是明显有影响的。对转型国家的关注方面,80 年代看重社会主义国家内部,尤其是匈牙利,但到 90 年代后则只重点讨论了俄罗斯的私有化问题。此外还有对全球化的两篇论述,警示全球化可能给发展中的国家带来的消极影响。

四、《读书》中的国际关系

下文将从战争与和平、外交、全球化与区域化、恐怖主义等四大主题进行综述。

(一)战争与和平——国际关系永恒的主题。第一次世界大战的惨痛经历催生了对国际关系科学研究的努力。《读书》以其特有的人文关怀深入挖掘战争背后的政治与伦理观,关注战争的合法性、限度及战后对新秩序的安排等。所刊发的文章高屋建瓴,深刻透视战争背后的种种因果关系,体现了中国传统的和平主义思想:止戈为武,战就是为了不战,反对穷兵黩武。此类文章精彩纷呈,有代表性的比如《广岛轰炸再反思》(甘阳,2000 年第 8 期)、《战争的影像》(顾铮,2005 年第 1 期)、《平民化战争研究的启示》

---

① 刘擎、麦康勉:《政治腐败、资本主义冲击、无权者的抵抗》,《读书》1999 年第 6 期。

② 1997 年第 6 期《民族主义与当代中国》;1998 年第 6 期《泰晤士评论:民族主义与社会主义》;1999 年第 8 期《民族自决权、人权与主权》;2000 年第 11 期《自由主义与民族主义》;2004 年第 7 期《起火的世界》。

（李小江，2006 年第 10 期）、《战争的文化透视》（倪乐雄，1992 年第 3 期）。

如倪乐雄的《战争的文化透视》一文往返古今，比照东西，有着深刻的哲理内涵，佳作难得。此文对富勒的《西方军事史》一书作了精彩的解读，见解独到深刻，令人耳目一新。克劳塞维茨视战争为政治的继续，而富勒把战争放到社会的大背景中进行考察，认为"自古至今战争一直支配着人类生活"并尤其重视决定性会战对历史进程的深刻影响。举希腊的发展史为例，认为马拉松之战、撒拉米斯海战、普拉提亚会战对欧洲文明的早期发展有至关重要的意义。此外，富勒以基督教为例，剖析宗教的兴衰与战争之间的关联。倪乐雄以此为立足点，对中西的战争文化进行深入的比较，得出较之西方战争的功利主义观（百战百胜为最高境界）而汉民族的战争观（不战而屈人之兵）更重视以"民本"为核心的伦理主义取向这一结论。倪乐雄认为鸣条之战（商伐夏）、牧野之战（武王伐纣）作为东方文明史上的决定性会战奠定了华夏政治文化的基础，对中国历史产生了深远的影响。倪乐雄在文末指出应借鉴年鉴学派的历史观，用长时段的视角来剖析战争与社会文化的互动，唯独如此才能真正地理解文明的兴衰。此文纵横捭阖，笔者为之钦佩。

（二）在外交的研究方面，比较有代表性的有《六十年来中国与日本》（王芝琛等，2006 年第 3 期）、《日中关系为何政冷经热》（津上俊哉，2005 年第 8 期）等。

津上俊哉的《日中关系为何政冷经热》一文，标题虽意在探究政冷经热的原因，但作者似乎打了个擦边球，主要探讨日本国内看待"中国崛起"的不同意见及影响。作为日本学者，津上较为客观地指出了中国崛起给日本带来的机会与压力，日本国内分化为享受到中国崛起利益的"胜者"和受到损失的"败者"，因此造成了对中日关系看法的不同。津上指出日本应当抛弃不必要的障碍，积极利用中国崛起带来的机遇，实现"双赢"，构建和谐的中日关系。津上此文的意义在于倡导日本应当积极回应中国的崛起，这需要中日双方共同努力，作者以"无论距日中关系的黎明还有多远，我们都有责任努力下去"做总结，可知其对中日关系的重视。日本国内除了右翼势力之外，还有为数众多的有识之士，他们较为理性地看待中日关系，希望中日关系平稳发展。

（三）全球化作为一个正在发生的客观事实和不断增强的趋势，对世界的进程有着重大的影响。与此同时，以欧盟为代表的区域化进程也取得了重大的进展，北美、非洲、东亚亦开始效仿，区域一体化进程不断加速。近来学界对全球化与区域化展开了深入持久的讨论，《读书》对此问题也相当关注，有代表性的比如《三种新的全球化国际关系理论》（佩里安德森等，2002 年第 10 期）、《秩序还是失序？——阿明和他对全球化的看法》（汪晖，1995 年第 7 期）、《后民主民族与欧洲未来》（曹卫东，2002 年第 5 期）。

佩里安德森系英国新马克思主义学派的重要代表人物，对"新马克思主义"有着重要的阐释。《读书》邀请其演讲并座谈。佩里安德森介绍了三种新的全球化国际关系理论：民主和平论、攻击型现实主义、后现代国家（市场国家理论）。

在《秩序还是失序？——阿明和他对全球化的看法》一文中，作者介绍了阿明对全球化的看法,并结合中国实践进行思考。阿明是"依附论"的主要代表人物之一,认为不发达国家的贫穷落后是由发达国家所主导的不合理的国际政治经济秩序所致,主张"脱钩"理论。但中国和东南亚国家在借助外资取得发展的同时,又在很大程度上维护了自主权。这与以拉美经验为基础的"依附论"有一定的出入,阿明以此为着眼点阐明目前全球化处于失序状态,目前的全球化并没有完善的配套制度,不能包含亚、非、拉的发展,以及公平严重缺失等。全球化只是西方的全球化,是新一轮全方位的垄断。作者立足亚洲经验,认识到包括阿明在内的第三世界学者已把中国和东亚看做第三世界的例外,呼吁中国学者不仅要从效率这一资本主义规则来解释中国现代化道路的独特性,更要从正义、公平及相互关系进行深层次的思考。

(四)恐怖主义。自"9·11"以来,恐怖主义的日渐凸显改变了国际关系的议事日程,成为国际关系炙手可热的一个议题。

那么美国学者是如何看待恐怖主义的,《读书》刊发了乔姆斯基的《恐怖主义、全球化与美国》一文。他明确地提出了国家恐怖主义这一说法,从这个意义上说,美国是世界头号恐怖主义国家。恐怖主义的根源在于强权政治本身,美国的外交政策尤其是中东政策,引起了伊斯兰底层人民深刻的不满,滋生了恐怖主义的土壤。作者认为用武力来解决恐怖主义问题,只能陷入以暴易暴的恶性循环,世界将永无安宁,呼吁美国转变思维,调整内外政策以应对日益增加的反美问题。

在《萨义德论恐怖主义》一文中,萨翁认为"恐怖主义"一词带有太多的政治偏见,不如"暴力"一词客观。西方无视以色列对巴勒斯坦人民的杀戮,却把恐怖主义标签牢牢地与巴勒斯坦联系在一起,伊斯兰成为了恐怖主义的代名词,这是十分不公平的,并进一步刺激了巴勒斯坦人民,使巴以陷入了冤冤相报的政治困境。作为一名有良知的知识分子,萨翁不得不两面开弓:一方面反对西方和以色列对巴勒斯坦解放运动的诋毁与丑化;另一方面谴责伊斯兰极端组织的行动,指出他们的这种做法解决不了问题,只能使本国人民遭受更多的苦难。萨翁指出,美国在阿富汗战争和伊拉克战争之后所实行的"中东改造计划"会适得其反,将遭到阿拉伯人民的强烈反抗,因为美国并不知道阿拉伯人所需所想。萨翁所见可谓高瞻远瞩,但正如作者在最后所说的:"政治的困局、顽冥不化的偏见不能在短时间内解决"。萨翁已逝,但其风骨将成为今后知识分子的宝贵财富。

五、余 论

从《读书》二十多年的政治学类文章来了解政治学,与其说能从中了解政治学发展的脉络,不如说是从中了解中国政治学的发展脉络;与其说是从中了解中国政治学的发展脉络,不如说是从中了解中国知识分子偏好演化的脉络。由于中国知识分子的特殊偏好,他们对政治学文献进行了选择性阅读。

首先,着意于阅读政治学中比较"人文化"的文献。① 中国知识分子还比较强烈地保留了韦伯所说的人文教育传统。② 这一传统使得呈现在读者面前的政治学文献比较"可爱",可读。

其次,《读书》着意于选择非主流的视角。在比较政治学与国际关系领域这一表现尤其明显。③ 由于不是对西方主流视角亦步亦趋的跟进,才让《读书》政治学类的文献有着明显的本地气息。而这种气息,可能是自《读书》创刊时便启动的市场化改革所带来的。

由于政治学恢复时间短,整个政治学界读书的情况才能通过《读书》折射出来;由于恢复晚,政治学才急于发出自己的声音。所以,不少政治学者对政治学的经典文献的阅读反而不重视。因此,不少重要的政治学文献是靠非政治学领域的学者介绍给读者的。这实在是很大的贡献。

---

① 《读书》政治学类所涉及的文献。对行为主义以前和后行为主义时期的文献都有所涉及。但是比较缺乏行为主义时期的文献。

② 马克斯·韦伯:《儒教与道教》,江苏人民出版社 2003 年版。

③ 如《读书》中对西方比较政治学的主流文献涉及并不多,反而更多的是质疑西方主流文献三位一体的(经济市场化、社会多元化、政治民主化)比较政治学模式。同时对国际关系中,沃尔兹开创的结构现实主义传统的突出领导地位也没有顾及;相反,对国际关系的评述常常是对 1648 年威斯特伐利亚条约签署以后的国际关系现状的质疑,隐隐地在提供不同的选择路径,如中国的传统文化可能会让国际关系有更和谐的前景。对于主流视角的了解,参见 Wiarda, Howard J, *Comparative politics: critical concepts in political science*, New York: Routledge, 2005;以及 Waltz, Kenneth, *Theory of international politics*, New York: Random House, 1979。

三代人同时面对文学

陈振中

翻阅 20 世纪 80 年代的《读书》，我们可以发现其中讨论文学尤其是中国现当代文学的文章数量众多、比例甚大，而且精品甚多、反响最大；这道亮丽的"风景线"的出现，与其时学术界格局息息相关：伴随着 80 年代政治的全面复苏，文学（包括创作和研究）又一次无可避免地充当了"冲锋号"的角色，在这段文学与政治的"蜜月期"中，现当代文学因为最容易与现实挂钩，而成为这一时代的"显学"。① 鉴于《读书》从创刊之初就与学术研究有着千头万绪的联系，考察其中所展现的现当代文学图景的流变，对于我们今天的回顾，无疑是最佳的切入角度之一。

一、从作者群体说起

现在大家提起 20 世纪 80 年代《读书》，最津津乐道的莫过于其时的作者名单。因为这张名单无论在当时还是如今都可算是一个"超豪华"的阵容。事实上，《读书》从创刊伊始就有着比较明确的自我定位，也即在创刊号上的"编者的话"中所言："我们这个月刊是以书为主题的思想评论刊物。"②它从此时起就采取了一种居高临下的启蒙姿态，因此是与整个 80 年代的思想氛围互为呼应的；也正是从此出发，它依托三联书店的出版网络和官方背景，构建了一批以北京高校和科研机构内的高级知识分子为主的作者阵容。

在这个作者阵容里，我们可以很明显地发现它至少可以分为三个主要的群体。第一个群体是 20 世纪 30—40 年代崭露头角却在新中国成立后被压抑被埋没的作家、诗人以及编辑等，以卞之琳、柯灵、钱锺书、袁可嘉、绿原为代表；第二个群体是 50 年代出现过后来再次出现于 80 年代的"重放的鲜花"，以王蒙、钱谷融、王元化为代表；第三个群体是当时还在高校里就读的大学生或刚开始进入体制的知识分子，以刘再复、陈平原、张颐武为代表。这个群体的文章是当时数量最多、影响最大的，其他作者虽有零散的其他文章，但是这三个群体无疑是当时刊物的核心作者。

---

① 温儒敏等：《中国现当代文学学科概要》，北京大学出版社 2005 年版，第八章。
② 《读书》1979 年第 1 期，"编者的话"。

　　我的这个划分受到了洪子诚和许纪霖的启发①,但在他们的类似划分的基础上也有所调整。我在这里的划分标准主要是他们初次"发言"的时期,同时适当兼及其人的知识背景、社会地位,以及由此带来的面对历史的态度之不同、文风之差别。当然,考虑到这些情况,我们可以在其中再作适当的分疏。例如,刘再复和陈平原在知识背景和发言姿态上就有明显差别,但是考虑到他们都是在 20 世纪 80 年代初次提出他们的代表性观点,从这个角度出发,还是将他们归入一个群体。

　　由此带来的问题是,在 20 世纪 80 年代的《读书》上,他们零零散散地谈了哪些话题? 是否具有对话的姿态? 如前所述,在 80 年代的"文化热"中,文学尤其是现当代文学的研究和评论都备受关注,但是就在这种背景下,他们是否也有意无意地忽视了一些话题? 在这一幅"众声喧哗"的图景中,我们可以倾听到三种主流的音调,但是这三种音调是否完全是协奏,而没有变奏?

二、两种"异曲同工"的追忆

　　与 20 世纪 80 年代的现代文学学科的"复苏"相关联,《读书》所呈现的现当代文学图景是以挖掘文学史上的被淹没的作家作品为主。这些挖掘"出土文物"的努力主要以序跋、回忆性散文、书评为主,同时也初步出现了一些研究论文。

　　这次挖掘为时甚久而且范围广阔,据我的粗略统计,按照相关文章发表的顺序,涉及的作家有:周作人、俞平伯、叶圣陶、闻一多、朱湘、徐志摩、沈从文、林语堂、梁宗岱、鸳鸯蝴蝶作家群、张爱玲、郁达夫、九叶诗人、胡风、钱锺书等。但是我们可以注意到,其实很多作家作品的谈论只是短暂的,似乎与刊物的约稿的偶然性有很大关系。因此,很多话题在当时并无很大反响。

　　但是,"九叶诗人"完全是一个例外。1981 年江苏人民出版社出版《九叶集》,按照"九叶诗人"之一的唐湜的说法,"是新中国成立以来我国第一册新诗的流派选集"②。这部诗集出版之前,袁可嘉为它作的序言就提前发表在 1980 年第 7 期的《读书》上。这是一个普通的现象:这种行为在当时更多的是一种对读者的阅读的引导,而非对于作品的自我吹捧。而特别之处就在于,围绕着《九叶集》和"九叶诗人",《读书》陆续发表的文章竟然有 6 篇之多③,这是少见的例子;加上袁可嘉、王佐良在当时发表的造成很

---

　　① 洪子诚:《中国当代文学史》,第十六章第三节"作家的分化与重组",北京大学出版社 1999 年版;许纪霖:《20 世纪中国六代知识分子》,收入《中国知识分子十论》,复旦大学出版社 2003 年版,第 79 页。

　　② 唐湜:《一叶诗谈·序》,广西教育出版社 2000 年版。

　　③ 这 6 篇文章是:袁可嘉:《〈九叶集〉序》,《读书》1980 年第 7 期;杜运燮:《怀穆旦》,《读书》1981 年第 8 期;巫宁坤:《绿色的希望的旗帜——读〈九叶集〉》,《读书》1982 年第 4 期;辛笛:《〈辛笛诗稿〉自序》,《读书》1983 年第 9 期;曹辛之:《面对严肃的时辰——忆〈诗创造〉和〈中国新诗〉》,《读书》1983 年第 11 期;蓝棣之:《有追求、有欢乐、有苦涩的诗》,《读书》1986 年第 12 期。

大影响的关于西方现代派文学的论文①,完全是"九叶诗人"的一次集体亮相。它呈现了一个较为完整的"九叶诗人"的形象序列,并且由于大多是九叶诗人自己现身说法,对于我们的研究来说,这个群体无疑是最合适的研究对象。

从时间与叙述的关系出发,我们完全可以把九叶诗人的大多数文章看成是一种"追忆"。但是有必要略作分疏的是,在这里,我们看到了两种追忆。

第一类追忆主要可以概括为"追忆逝水年华"。这些文章包括袁可嘉的《〈九叶集〉序》,杜运燮的《怀穆旦》,辛笛的《〈辛笛诗稿〉自序》,曹辛之的《面对严肃的时辰——忆〈诗创造〉和〈中国新诗〉》。这一类文章都是以当事人的身份对于当年的"九叶派"的诗歌活动的追忆,其中涉及很多不为外人所知的诗歌史实。这在后来的诗歌史研究者那里自是极好的史料,但是在20世纪80年代的"九叶诗人"那里,却完全是一种面对过去的追忆。看看他们的文章,我们很容易就发现他们难以掩饰地面对一个新时代的喜悦。

第二类追忆可以理解为九叶诗人对自己的理解和剖析。这一类文章与前一类文章有交叉,但是最具代表性的是袁可嘉的《西方现代派与中国新诗》。加上袁可嘉和王佐良等人所写的介绍西方现代派的一系列文章,可以说,袁可嘉等人在这里向他们的师承资源和诗歌史先驱一一点明并予以致敬。这一类文章大都理论性较强,深具洞见;后来的研究者都乐于引用。因此,我们也可看出,在这些文章中,袁可嘉等人所提炼的一条诗歌史的线索已经逐渐"浮出历史地表"。

在这里,我们可以将这两类文章还原到当时的学术史背景当中去。当时,围绕着九叶诗人的历史回忆和重新评价问题,出现了若干重要的学术论文。② 这些论文与《读书》上的相关文章构成互动,共同促成了当时的重新认识和评价"九叶诗人"的热潮。

由此出发,我们可以发现,在20世纪80年代的《读书》之上,相对于后世,以袁可嘉为首的九叶诗人的两种追忆,加上两位研究者巫宁坤和蓝棣之所写的重评文章,实际上进行了一项"文学史形象自塑"的工程。我的论断主要是针对他们的文章的效果而发;而在他们,当时未必有很明显的这种自我形象建构的意识。但是后来的研究者大都从此出发来理解整个九叶诗派乃至整个中国新诗史上的现代主义诗歌潮流。谓予不信,请看三个证据即可:其一:20余年来出现的九叶诗人研究著作③,在关于九叶诗人的师承渊源、九叶之各人诗歌风格、九叶在诗歌创作之外的其他贡献的评价等问题上都没

---

① 这些论文包括:袁可嘉:《西方现代派文学的边界线》和《西方现代派文学的边界线(二)》,连续刊于《读书》1984年第10—11期;袁可嘉:《西方现代派诗与中国新诗》,《读书》1985年第5期;袁可嘉:《西方现代派文学的来由、发展与趋向》,《读书》1985年第6期;王佐良连续刊载于《读书》1987年第1—10期的《读诗随笔》(之一至之十)。

② 温儒敏等:《中国现当代文学学科概要》,北京大学出版社2005年版,第375—376页。

③ 游友基:《九叶诗派研究》,福建教育出版社1997年版;余峥:《九叶诗派综论》,海峡文艺出版社2006年版;唐湜:《九叶诗人:中国新诗的中兴》,上海教育出版社2003年版;蒋登科:《九叶诗人论稿》,西南师范大学出版社2006年版。

有超出袁可嘉等人的系列文章的论述范围和深度;其二,由袁可嘉在《西方现代派与中国新诗》这篇文章中提出的诗歌史线索,在后来的研究者孙玉石的著作《中国现代主义诗潮史论》①中有更加精彩的发挥,但是基本的框架依然一仍其旧;其三,涉及九叶诗派的外围诗人问题,由于当时袁可嘉等人的团队意识较强抑或是由于其他条件限制,对于自己群体之外的同类型诗人根本毫不提及,于是后来的研究者除了少数目光敏锐者之外,都不提及九叶诗派的外围诗人。② 其实,就在九叶诗人 80 年代集中亮相于《读书》的同时,在此刊上接连发表《读诗随笔》的王佐良,其实就是九叶诗人的重要盟友和外围诗人之一。

九叶诗人在 20 世纪 80 年代出土之后的这一系列行动,实际上是在为自己在文学史上的地位争一席之地。当然,九叶诗人在当代是在继续生长当中的。不能说他们在新时期的创作一无可观,只是当他们过度沉湎于对过去的时代的追忆当中时,我们这个越来越快的时代也就开始慢慢地将他们抛弃在后面了。

三、面对历史的"暗河"

与九叶诗人的欢欣鼓舞略有不同的是,更年轻的两代人所体现的却是更加自信豪迈的气度。在面对历史和今天的态度上,他们其实可以简约归并为一类人。

考虑到 20 世纪 80 年代学术研究(尽管在今天看来是草率空疏的)和文学创作之间的亲密联系,值得注意的是在《读书》上发表的批评家与作家之间的通信。这些文章很少涉及理论,但对于创作来说,极具指导意义。这里体现了一种良好的互动氛围。但是请注意,这种互动仅限于后两代作者群体之间。

与 20 世纪 80 年代的文学创作相关联的,《读书》上的新时期诗歌和戏剧的命运就悲惨得多。出于官方背景,《读书》没有登载过关于当时正在如火如荼地进行的"朦胧诗运动"的任何文章。在我们今天面对着日益被经典化的"朦胧诗"的读者的眼里,这是不可思议的。然而当时的事实就是这样,面对着代表着民间的、青年全体性的、反思"文化大革命"的"朦胧诗"诗歌浪潮,《读书》的无语是一个巨大的有意味的行动。而这个行动加上当时的九叶诗派对于当前诗歌的有意无意的不以为然,造成了一个巨大的历史空缺点。

散文的命运也是如此。当金克木等人在那里继续着 20 世纪 30 年代周作人的风格写作那些学者散文时,他们对于当前的散文创作一律是不加置评的。他们不停地重复自己和对当代继续生长的其他被压抑的散文类型的忽视,同样也是一个意味深长的对比。

---

① 孙玉石:《中国现代主义诗潮史论》,北京大学出版社 1993 年版。
② 游友基的《九叶诗派研究》(福建教育出版社 1997 年版)是个例外。

在第三代作者群体的逐渐占据版面和第一代作者的逐渐退出版面的对比中,我们可以看出,《读书》的作者群体在无形中发生着巨大的分化。正如"大风起于青萍之末",这种分化其实正是其后的学术界出现分裂和陷入困境的预兆和契机之一。

体现在《读书》中的 20 世纪 80 年代的嬗变,迄今为止,其实都不能为大家所完全理解。面对历史,我们其实都是那几个摸索大象身躯的瞎子。

现当代文学的沟通即是最佳例证之一。在论述五四以来的散文与中国古代散文的联系时,周作人曾经用了一个很妙的比喻:"现代的散文好像是一条被湮没在沙土下的河水,多少年后又在下流被掘了出来。"①与此相类,当代的很多文学现象都可以从现代文学中找到源头。因此,从《读书》的三代作者群体的分类中,我所着眼的其实还有一个现当代文学的交接与沟通的问题。虽然当时的研究者和评论者其实很少有明显的现当代文学学科建设意识,但是在各类文章的追忆和重评中,我们却看到了论者的沟通现当代文学的努力。

然而太多的事实证明,这种努力在很多时候其实是徒劳,我们在很多时候面对着历史的"暗河"时还是没有跨越。还是回到九叶诗人出土后的遭遇上来。他们在出土之后的形象,非常符合"活化石"这一品题。虽然郑敏等人的诗作和诗歌理论在当代依然在不断的出现,却已经边缘化了。更年轻的诗歌写作者与他们缺少接触和理解。因此,谈起九叶诗派在 80 年代之后的创作,虽然九叶之一的诗人唐湜曾有九叶诗人"与出色的一代代年轻的诗人们,如朦胧派、第三代、后现代主义者一起奔突向前"的乐观之语,②但我们所看到的悲哀事实是,无论是当代诗歌的评论家还是创作者都已经将他们忽视了。他们的影响已经停留在文学史研究的层面,而与当下的诗歌写作主潮不发生关系。

这里出现了一个巨大的历史的回旋。20 世纪 80 年代的文学在接受前人的指引的同时,再一次重头做起,以至于现在我们又出现了与前人类似的困境。

是什么导致了这种情况的发生? 单纯归罪于任何一方都是不负责任的轻率之论。倒是更应该值得指出的是,整个 20 世纪以来中国知识分子群体越来越急迫的以西方为标杆的现代化渴望。这种深层的思想潮流背景其实在暗地里指引了一切,包括 80—90 年代的《读书》作者群体的分裂,以及由此导致《读书》风格的渐变。

因此,我们从 20 世纪 80 年代的《读书》中看到的却是这样一幅互动和封闭并存不悖的图景。关于现当代文学,三代作者大致分为两个阵营,无论是写作、评论还是研究,无论从话题还是文体,其间的"断裂"都已无可避免地隐隐呈现。

---

① 周作人:《〈杂伴儿〉跋》,见《永日集》,河北教育出版社 2001 年版。
② 唐湜:《一叶诗谈·序》,广西教育出版社 2000 年版。

张玉能教授的实践美学发展观刍议

章　辉

在 20 世纪 50—60 年代的美学大讨论中,李泽厚首次引用马克思的《巴黎手稿》中的实践观点研究美学,在本体论而非认识论层面探讨美的本质问题,实践美学由此脱颖而出。在 80 年代的美学热潮中,随着对《巴黎手稿》的深入研究,实践美学进一步发展,并成为中国主流美学学派。实践美学弘扬人的自由和主体性,反对机械唯物主义美学观的基本精神为其赢得了广泛赞誉,成为影响了整整一代人的学术理论取向和价值维度的美学学说。但 90 年代以来,一批中青年学者借助西方现当代美学的视阈,对实践美学提出了颠覆性的批评,并纷纷建立了超越实践美学的超越美学、生命美学、生存美学等各派后实践美学。这样,一系列问题就摆在了实践美学的坚守者面前:实践美学真的没有生命力了吗? 实践美学如何回应现代西方美学的挑战? 如何阐发实践美学的现代性? 如何回答后实践美学的批评? 这些问题密切相关,它们关系到中国新世纪美学的走向,关系到美学基本理论的建设和美学学科的转型。理论思考应该是自由的,学术研究更应该多样化。在学界巨大的批评实践美学的热浪中,张玉能教授逆流而上,站在坚持和发展实践美学的立场批评了学术界的浮躁情绪,对实践美学作了现代性的诠释和建构,其理论姿态引人注目。

张玉能的美学思考主要表现在三个方面:一是对实践美学的哲学基础——实践的本体地位的维护;二是阐发实践概念的现代性;三是在此基础上重新审视美学基本问题,界定了美、美感、艺术、自然美等一系列美学范畴的内涵。

一、实践的本体性与美

美学的哲学基础即本体论问题是美学讨论中的一个重要问题。实践美学以马克思主义的实践观为美学的哲学基础和逻辑起点,在此基础上推演出一系列美学范畴和概念,而后实践美学抛弃实践,另选"生命"、"生存"等范畴作为美学的哲学基础,并以此为起点建构美学体系。因此,是否坚持实践本体是实践美学与后实践美学区别的关键。也就是说,作为美学的哲学基础,实践本体是否优越于生命本体或生存本体? 对此,张玉能认为,生存只是人的条件,人的存在的本体应该是实践。历史和历史活动的第一个前提是人的生命存在,但这种个人的生命存在也可以是动物性的自然存在,是自然历史的产物,而把人与动物的个体存在区别开来,使人类个体开始人的历史的根源却是以物质生产为中心的社会实践,即生产物质生活本身。也就是说,是物质性的实践活动满足了人的初级需要,并产生新的需要,从而开始了人的历史活动,人类才从自然的历史进入人的历史,人类的每个人的生命存在才逐步生成为社会的存在,成为具有人的本质的存在。在实践过程中,人由片面生产走向全面生产,由只生产自身到生产整个自然界,由同肉体相连的生产到自由地对待自己的产品,由按照所属物种的尺度来生产到按照任何一个物种的尺度来生产,因此人的生产才逐步成为按照美的规律来建造的生产。张玉能追溯了实践概念在西方哲学史上的流变,认为马克思主义的实践本体论超越了唯心主义和旧唯物主义。因此,个人的生命存在仅仅是美和艺术生成的前提条件,而以物质生产为中心的社会实践才是美和艺术生成的历史起点。总之,生存是条件,实践才是本体,实践本体论优越于生存或生命本体论。

此前的实践美学的代表人物李泽厚认为,实践是一种客观的社会性的人与自然交换物质的活动。按此,实践的精神性因素被忽视。张玉能认为,实践是一个具有多层累性和开放性的概念,前者指的是实践本身是一个多层次累积的结构,后者指的是实践是一个随着时间和空间及具体条件不断调节和变化的、恒新恒异的结构。张玉能提出,作为人类基本的维持生存的物质性活动,实践除了物质交换层外,还包括意识作用层和价值评估层。实践的物质交换层指的是,人为了生存下去必须与外部自然界进行物质交换,从大自然中取得自己生存的物质生活资料。实践的意识作用层指的是,人的需要推动了实践的发展,它也随着实践不断丰富发展,产生了物质需要和精神需要,这就产生了人与自然之间的认知关系、审美关系和伦理关系,通过这一系列的实践关系,人不断地达到自我实现,成为真正人化的人。在此基础上,人还要表现出对于人身外的各种客体的判断和评估,还要通过相应的认知活动、审美活动、伦理活动和身体活动来体现这种判断和评估,这就形成了实践的价值评估层。实践的这三个层次相互交错累积,其含义和结构内在地规定了美和美学问题的特征。与实践一样,美也是多层累的突变性创造,是恒新恒异的创造。

张玉能具体地分析了实践的各个层次与美的关系。首先是实践的物质交换层。张玉能认为,实践的物质交换层由工具操作系统、语言符号系统和社会关系系统这三方面构成。第一,工具操作决定了美的外观形式性。工具操作就是用工具直接作用于活动对象,以改变对象的外观形式,使其成为对人有用的器物。在改变器物改观形式的过程中,人们不仅仅要求对象满足实用目的,还要求对象的形式、色彩、质地、姿态包含一定的审美目的和审美价值。这就产生了美的外观形式。张玉能认为,那些未经人类改造加工的自然对象以广大的人化的自然对象为基础,这些对象在人们的想象性的意识中产生了变形,以适应人的审美需要和审美目的。它们以其独特的外观形式成为人的审美对象,因而也具有美的外观形式。第二,语言的中介性决定了美的感性可感性。实践的语言符号系统既使实践的物质交换和工具操作成为可能,也使实践脱离人的身体和本能,成为一种更加自由和间接的活动。它把某些活动转化为语言和符号形式,有效地实现人与自然的物质能量和信息的交换。随着符号系统的运用,人的感觉器官由对直接需要的满足转移到对对象的感性可感性的关注。因此,美的感性可感性是实践的语言符号系统的产物,也是事物的外观形式真正转化为美的外观形式的中介环节。张玉能由此推论,正是有了以语言符号为依托的感觉器官的非实体化和非实用化,人们才能把外观形式仅仅当做一个语意对象或符号对象来从感觉上加以把握,这就是艺术语言或艺术符号的来源。第三是社会制约性与美的理性象征性。在实践活动中,对象的外观形式也与社会结构发生了密不可分的关系,它不仅是感性可感的,而且成为某种社会的宗教关系、政治关系、道德关系的象征或符号标志,从而使其有了间接的,只有理性才能揭示的深刻内涵,这就产生了美的理性象征性。实践的物质交换层使对象具有了美的外观形式性、感性可感性和理性象征性,这三者组成一个形式和内容不可分割的整体,合称为美的外观形象性。

其次是实践的意识作用层。实践的意识作用层也包含三个系统,即无意识系统、潜意识系统和意识系统。无意识系统以需要为主要表现。审美是一种精神性的需要,它产生于物质实践活动的长期过程中。审美关系是审美对象与审美主体的超越了物质满足的精神性关系,它的精神性决定了在实践中生成出来的美感和美的精神性内涵。潜意识系统主要表现为由需要向目的的转化,其目的系统的建构具有层次性和递进性。审美目的的建构超越了实用目的和认知目的,具体体现了人对现实的审美关系的美感和美也就具有了超越直接功利目的的性质,即超功利性。意识系统在审美和艺术中表现为情感性。实践的意识系统包含着知、情、意三种心理活动,而实践过程中的情感是认识活动和意志活动的中介,这就决定了审美情感的中介性,使客体的美和主体的美感具有了情感的中介性。在审美关系中,情感的中介性表现为情感的驱动作用、定向作用和弥散作用。总之,实践的意识作用层决定了美的精神内涵性、超越功利性和情感中介性,合称为美的情感超越性。

最后是实践的价值评估系统。它指的是在实践活动的策划和实施的前后都有一个评估和调节的过程,看实践是否符合自然和社会的规律和目的,它包括三个系统,即合规律的评估系统、合目的的评估系统、合规律和合目的相统一的评估系统。实践必须合乎自然或社会的规律,在此基础上产生的美的对象或对象的美也必须合乎自然规律或社会规律,它是美的基础即真的反映。实践活动必须合乎目的,它决定了美的合乎目的性。合规律性和合目的性的具体统一的实践才是自由的实践,它显示了人的自由,其外观形象也就是美的形象。这就产生了来源于实践的价值评估系统的美的自由性,它是外观形象性显示出来的合规律性和合目的性的统一。总之,张玉能认为,实践的价值评估层的合规律评估系统、合目的评估系统、合规律与合目的相统一的评估系统,使实践生成出来的美的对象和对象的美,具有了合规律性、合目的性、合规律与合目的的统一性,合称为美的自由性。美的这种自由显现性使得审美对象成为塑造人的真正人性的有效手段,使得人在审美对象和审美活动中充分感受到超越了一切功利限制和社会局限的真正的自由。

二、实践的现代性与美

除了对作为人与自然的物质交换的实践活动本身的内涵进行开凿外,张玉能进一步认为,作为人们为了实现自己的生存而处理人与自然、社会、他人之间的关系的感性现实的活动,实践可以分为物质生产、精神生产和话语实践。

张玉能具体分析了实践的各种形态与美的关系。首先是物质生产与美。当物质生产充分地显现了其所具有的自由的有意识的活动的性质时,也可以说是一种广义的审美活动。张玉能认为,在现实中,物质生产毕竟不是审美活动,但它可以逐步地发展成为审美活动,服饰艺术、艺术设计、技术美学、建筑艺术等就是审美化的物质生产,而物质生产的审美化是其展现人的本质的历史趋势。其次是精神生产与美。精神生产可以分为认知活动、伦理活动和审美活动等类型。张玉能认为,认知活动是审美活动的基础,审美活动中必然包含着认知活动的因素,没有了感知、表象、联想、想象、思维等认知活动,就不可能有感受美和判断美的审美活动,不了解自然和人本身的规律性,也不可能有合规律的审美活动。审美活动也必须在伦理活动的基础上进行,没有动机、目的、决定、计划、方法、行为等伦理活动要素,也不可能有感受美、判断美和创造美的冲动,不了解对象的对人的效用性和合目的性,不了解人和社会本身的目的及其实现中的困难就不可能有审美目的的转换,也就没有审美活动的产生。因此,审美活动的历史发生,正是在对对象世界的合规律性与合目的性的认识活动和伦理活动的基础上,人类的实践活动达到了某种程度的自由,这种自由的实践对象化为可以直观的形象世界时,审美活动也就产生了,对象的美也就形成了。审美活动是处理人对现实的审美关系的实践活动,它以人的情感和想象为内在的心理要素,并通过情感这个中介把认识和意志的心理要素和活动沟通起来,形成了一个以想象的形象为载体,充满情感并超越各种实用功利目的的活动。审美活动一般具有外观形象性、情感感染性和超越功利性,它是现实的实践自由的形象显现。再次是话语实践与美。张玉能认为,话语实践是人类自我生成和生存的实践根据,是人类社会交往的产物和手段,是人区别于动物的实践性标志,它具有实践本体论和实践存在论的意义。一方面,与物质生产相结合的话语实践是审美活动的直接基础,没有话语实践不可能有人类的审美活动;另一方面,审美活动又可以话语实践的形式表现出来,而且审美化的话语实践或者诗意的语言才是最本质的话语实践。

以上是张玉能对实践概念的现代内涵及其与美的关系的阐释。张玉能认为,实践美学从康德开启思路,中经席勒和黑格尔的思辨分析,在马克思这里得以完成。在这个过程中,哲学和美学在西方正经历着从认识论到社会本体论的现代转向,因此,实践美学绝非古典形态的美学,而是世界美学的现代形态的开创者和奠基者。他认为,问题的关键在于理解实践概念的现代性。实践不仅是人的本质力量对象化的感性活动,而且是人类自由自觉、有目的有意识的理性活动;实践不仅是人类认识的基础,而且也是将外在对象移植到人们意识之中的转换器,是检验认识的真理性的唯一标准;实践是一个生生不息充满活力的动态开放过程,它不是一种永恒不变的实体,而是一个包含着人与自然、人与社会、人与意识的一切关系的动态开放的系统,因此,唯有实践才能够真正终结一切旧的形而上学,才能超越一切物我的分离,消弭一切理性与感性、个体与群体的对立,成为现代哲学和哲学现代性的真正根基。因此,建立在实践哲学基础上的实践美学也是具有现代性的美学。总之,从席勒到马克思,实践美学的话语不断弘扬着美学的现代性,由精神(道德)的自由跃升到实践的自由,高扬着个体与群体相统一的自由,并且在这种实践自由的基础上,预示着资本主义社会中重大矛盾对立的解决。具体说来就是:第一,实践美学主张,经过以物质生产为中心的社会实践,自然向人生成,由"自在自然"逐渐转为"为人自然"即"人化自然",在实践基础上生成人对自然的审美关系,从而自然界生成美,人化的人也就有了美感,并生成出艺术生产。这便是人与自然的矛盾对立的解决过程。第二,实践美学主张,在长期的社会实践中,随着自然成为确证人的本质力量的对象,人的感觉和感觉的人类性,尤其是美感,才在人类通过劳动自我生成的历史之中生成,感觉直接变成了理论家,人才能不仅以科学思维,而且也能以全部感觉,全面地占有自己的本质,把人文理性与科学理性结合起来,这样,人在自己所创造的世界中直观到自身,逐步解决长期以来感性与理性、科学理性与人文理性的矛盾对立。第三,实践美学主张,在长期的社会实践中,形成了作为人的现实本质的社会关系,生产不仅是自身生命的表现,而且是直接肯定自己的个人生命和个性特点的活动。因此,在美感的自由中,在艺术生产的实践中,在未来社会主义实践中,每个人的自由发展是一切人的自由发展的条件(《共产党宣言》)。这也就是个体与群体矛盾对立的最后解决。

而且,张玉能认为,实践美学具有后现代意味,因为这种理论是从资本主义社会的基本矛盾的一个侧面,即无产阶级的立场上来对资本主义进行的反思,把一个资产阶级哲学家致力于解释的世界还给人自身的实践改造。张玉能指出,马克思的实践美学正是借助于人的实践力量,已经解决了在理论上揭示出来的现代社会的矛盾对立。后现代思潮的一切文化策略都忽略了消除社会矛盾对立的实践基础和人的实践力量,它们虽然都指出了一些资本主义社会的矛盾对立,但无论是在理论上还是在实践上都是无力的。实践唯物主义的实践性、革命性、批判性正是消解后现代主义所要消解的一切社会异化现象,消解旧形而上学的主客二分、逻各斯中心主义、理性主义、单视角主义、本质主义、基础主义、绝对确定性等的唯一有力武器。由此,实践美学与后现代思潮具有同步性。

三、新实践美学对美学基本问题的解答

在坚守实践的本体地位和诠释实践的现代内涵的基础上,张玉能重新考察了美学基本问题。张玉能认为,人类的创造活动本质上讲是自由自觉的实践活动,只有真正实现了创造的自由自觉本质的实践活动才能实现自由,才能使人的需要和目的不断实现和超越。人类的实践经过了千万次的重复,逐步达到了创造,创造活动的多次重复又逐步达到一定的自由,正是这种创造的自由使人与现实产生了审美关系。审美关系指的是,在长期的以物质生产为中心的社会实践中形成的,人要求对象满足自己的审美需要,对象也成为能满足人的审美需要的对象的特殊关系。这种关系是人这个主体在实践的创造活动中与对象的外观形象发生的关系,是主体超越了自身对于对象的实际的直接功利目的的关系,是包含着主体的人的情感的关系,其特点是外观形象性、超越功利性和情感感染性,并以此区别于实用关系、认知关系和伦理关系。审美关系产生于人化的自然和人化的人之中,在审美关系中对象体现为美,人则感应美而生成美感。美和美感都是以物质生产为中心的社会实践的产物,都是以往全部世界历史的产物。美对美感的价值以及美感对美的感应都是在社会实践的历史进程中同步发生和变化着的,因此,美可以定义为:显现人类自由的肯定价值,而美感则是对显现人类自由形象的自由的感应,艺术是审美关系的集中表现形式。作为创造自由的产品,艺术是连接社会、艺术家、接受者和作品的审美关系的表现形式,它使人的生命存在自由化审美化。

从实践创造与自由的关系出发,张玉能对形式美和自然美作了说明。形式美来源于实践的自由,人在自由的实践中产生了满足感,并对形式产生了肯定性的情感,因此,形式美是形式所体现的自由。对生产工具、劳动收获品和生活用具的加工是形式美生成的三种途径。形式美一般具有感性可感性、理性象征性和内涵多义性。自然美的根源是人化的自然。人化的自然就是由于人类的社会实践而与人的关系发生了根本性变化的自然,具有了与人发生审美关系的可能性的自然,内在地蕴涵着人类自由的自然。自然美是人类实践的一定自由程度在自然对象上的显现,人对自然的美感则是人类实践的一定自由程度在人的意识上的表现。从本体论看,自然美是一种社会的属性和价值;从发生学看,自然美是人类社会实践达到一定自由程度的产物;从认识论看,自然美存在于自然事物和自然现象本身中,可以离开人的意识而存在,具有客观性;从现象学看,自然美附丽于自然事物的外在表现形式及其形象之上。因此,社会性、自由创造性、客观性、形象性是自然美的特点,自然美的本质仍然是人类自由的形象的肯定价值。

四、几点评论

张玉能的实践美学观的逻辑行程是这样的:人的生命存在为条件,实践活动为根

本,经过实践创造达到创造的自由,产生了人对现实的审美关系,从中生成美和美感,美感和美凝结成艺术,实现实践的艺术化和生存的审美化,最终走向全面自由发展的人。在此,个体生命的历史存在,实践活动的根本地位,美和美感的必然产生,自由个性的理想形成等命题环环相扣,构成一个完整的美学问题域,形成了实践美学的新形态,从而把实践美学的研究推进到一个新的发展阶段。其理论贡献在于:一、反对旧唯物主义和包括生命、生存、存在在内的各种唯心主义本体论,坚持了实践哲学在美学研究中的地位,并深入开凿了实践与美的关系。二、在坚持实践本体论的基础上发展马克思主义,多方面阐发实践的现代内涵,回应了后实践美学的批评,避免了此前李泽厚等人的单纯以物质实践为出发点,忽视实践的多层累的深层内涵的弊病,为美学的现代性奠定了哲学基础。三、把美与人的自由、人的创造以及人的理想生存联系起来,赋予美学以新的使命,回归了美学的人文内涵。

但张玉能的美学探索存在着有待完善的地方。比如,在人类理性已暴露缺陷的今天,如此强调美与实践的关系,把人类最美好的花环赋予实践是否恰当? 如何阐明审美活动的现代内涵以行使其批判社会异化的功能? 也就是说,如何维护审美先天的自由性? 在中国,市场经济击毁了传统的伦理规范,如何阐发审美活动对于个体生命的意义? 等等。这些问题是今天的美学研究者们不得不考虑的问题,也是发展实践美学的现代性必须面对的问题。

参考文献

[1]张玉能:《坚持实践观点,发展中国美学》,《社会科学战线》1994 年第 4 期。

[2]张玉能:《评所谓"后实践美学"》,《云梦学刊》1995 年第 1 期。

[3]张玉能:《从实践美学的话语生成看它的生命力》,《益阳师专学报》2002 年第 1 期。

[4]张玉能:《实践的类型与审美活动》,《吉首大学学报》2001 年第 4 期。

[5]张玉能:《当代中国美学应该高扬人文精神》,《华中师范大学学报》1996 年第 1 期。

[6]张玉能:《后现代主义与实践美学的回答》,《华中师范大学学报》2002 年第 1 期。

[7]张玉能:《审美人类学与人生论美学的统一》,《东方丛刊》2001 年第 2 期。

[8]张玉能:《实践美学:超越传统美学的开放体系》,《云梦学刊》2000 年第 2 期。

[9]张玉能:《美与自由》,《华中师范大学学报》1990 年第 3 期。

[10]张玉能:《形式美的生成》,《云梦学刊》2001 年第 2 期。

[11]张玉能:《新实践美学与实践观点》,《武汉理工大学学报》2002 年第 4 期。

[12]张玉能:《自然美与自由》,《云梦学刊》1997 年第 1 期。

[13]张玉能:《实践的结构与美的特征》,《华中师范大学学报》2001 年第 1 期。

[14]张玉能:《形式美的基本特点》,《益阳师专学报》2001 年第 2 期。

[15]张玉能:《在后现代语境下拓展实践美学》,《广西师范大学学报》2001 年第 1 期。

[16]张玉能:《重树实践美学的话语威信》,《民族艺术》2001 年第 1 期。

敞开与遮蔽:文学史的叙述方法及其限度

——以洪子诚著《中国当代文学史》为中心

王金胜

一、启发与突破:以"重写文学史"为学术起点

洪子诚(以下简称著者)著《中国当代文学史》(以下简称洪史)为中国当代文学史的深入研究提供了新的学术视角,开拓了新的研究视阈。任何学术新质的出现必然以潜在的薪火传承和新型学术场域的生成为其滋生与成长的背景资源。以唐弢、施蛰存等为代表的老一辈现代文学专家提出的当代文学成不成"史"的讨论①和陈思和、王晓明主持《上海文论》"重写文学史"专栏所引发的"重写文学史"论争,是洪史出现的整体学术背景和学术资源。"重写文学史"作为对既有文学史学科性质和研究模式的反思,一方面强调中国现当代文学学科研究的整体性,另一方面将其指涉为现代文学史研究和当代文学批评两个层面,体现出现代文学学科的优势地位和扩张趋向②,它与"20世纪中国文学"命题以及"当代文学不宜写史"的异议具有共同的倾向(或缺陷):首先是对20世纪40年代以后的"解放区"文艺传统有意无意的忽略,将40年代尤其是50—70年代的文学视为对"五四"新文学传统的离弃,将其作为以"五四"新文学为源头和评判标准的中国现代文学("20世纪中国文学")的异质因素处理;其次是将"新时期"文学看做"五四"文学精神的复归,是现代文学("20世纪中国文学")的逻辑演进,

---

① 唐弢、施蛰存以历史书写的稳定性为基点,指出由于当代文学处于现在进行时所具有的变动性,所以"当代文学"研究应以记录事实和评述思潮现象、作家作品为主,而"当代文学"与"史"所具有的内在逻辑矛盾使它只能在经历时间的淘洗之后以"史料"的形式进入其稳定性构成——现代文学的叙述领域。详见唐弢:《当代文学不宜写史》,《文汇报》1985年10月29日;施蛰存:《当代事不成"史"》,《文汇报》1989年12月2日。

② 陈、王指出,开辟"重写文学史"专栏是"都是围绕着一点,就是对原来现代文学史上的各种理论,提出某种质疑,或者说提供某种怀疑的可能性。这种怀疑的可能性,我们是在我们所谈的历史的审美的文学史这一范畴里提出来的,是对过去把政治作为唯一标准研究文学史的结果的怀疑。"(陈思和、王晓明:《关于重写文学史专栏的对话》,《上海文论》1989年第6期)"重写文学史"就是"要改变这门学科(指中国现代文学——引者注)原有的性质,使之从置于整个革命史传统教育的状态下摆脱出来,成为一门独立的、审美的文学史学科"。(陈思和:《关于"重写文学史"》,见《笔走龙蛇》,山东友谊出版社1992年版)

属于"现代文学"或"文学批评"的研究范畴。① 所以,一方面,"重写文学史"("20 世纪
中国文学")对文学史研究中整体眼光和审美特质的强调,为洪史以新的整体性学术眼
光,从艺术角度重估当代文学,提供了新的历史视界和独特的叙史视角;另一方面,它们
对 40 年代尤其是 50—70 年代文学的有意疏漏和异质化处理,以及潜在的对"当代文
学"的形成历史、艺术特征、复杂内涵及其与"五四"新文学的内在关系乃至作为一门学
科的合理性科学性尤其是历史必然性的漠视和否定,又都构成了洪史独特的学术视点、
研究方法、叙史模型的内在动力:"继续采用这一概念的另外原因,是它连同相关的分
期方法,仍有其部分存在的理由,即可以作为把握本世纪中国文学状况的一种有效的视
角。"②因此,洪史既是"重写文学史"的重要收获,又是"带有'权宜'的意味"的写作实
践,其中也蕴涵着对"重写文学史"("20 世纪中国文学")宏大叙事的反思和修正。这
使洪史在文学史理念、叙史模型建构及叙史原则等方面呈现出强烈的学术个体性。同
时,正如洪史"后记"所言:"当代文学史的个人编写,有可能使某种观点、某种处理方式
得到彰显。当然,因此带来的问题也不言而喻。受制于个人的精力、学识和趣味的限
制,偏颇遗漏将是显而易见的。"在凸显洪史在开创和拓新当代文学史叙述范式、叙述
空间上所具有的意义的同时,探讨由此带来的"问题"、"偏颇遗漏",进而寻找洪史及当
代文学史写作中存在的限约和限度,对于此后文学史研究和写作更有不可忽略的意义
和价值。

二、"当代文学"内涵:从"话语形成"到"自然时空"的悄然转化

洪史独到的叙史理念、叙史结构形成于其在"前言"中对"中国当代文学"概念的独
特界定:"中国当代文学"从时空范围上指涉 1949 年以来发生在特定"社会主义"现实
语境(中国大陆)中的文学;就深层的历史发展来说,它是"'五四'以后的新文学'一体
化'趋向的全面实现,到这种'一体化'的解体的文学时期"。基于对"当代文学"的重
新定义,洪史将"当代文学"分为"一体化"逐步全面实现的 20 世纪"50—70 年代文学"
和"一体化"走向解体的"80 年代以来的文学"两个不同的历史阶段,其中包含两种不
同的文学格局和文学形态。

洪史对 20 世纪"50—70 年代文学"的叙述借鉴了新历史主义尤其是福柯的知识考

---

① 　 直到最近,对当代文学学科地位、性质与合理性的质疑仍在持续进行。许志英在《给"当代文学"一
个说法》(《文学评论》2002 年第 3 期)中对"当代文学"、"当代文学史"的学科合理性提出了质疑,认为区分
为"现代文学"和"当代文学""这种跑马圈地、各立山头的思路已没有多少市场,人们对从 1917 年开始到今
天为止的中国文学只能作为一个学科,已无多少歧异之见",他指出:"不仅现在的文学可叫做现代文学,就
是几十年甚至几百年之后的文学也可叫现代文学。"这实际上是用"现代文学"来整合"当代文学",将"当代
文学"限定为对最近十年文学现象、作家作品的批评,它随时间而积淀为"现代文学"。另外,陈思和、郜元
宝、张业松等也基本持这种"当代文学"批评化的处理方案。
② 　 洪子诚:《中国当代文学史》,北京大学出版社 1999 年版,第Ⅲ页。以下未注明者皆引自此书。

古学和话语理论的学术思路。福柯的知识考古学的基本方法是运用话语理论对知识的生成变化进行具体的分析,在历史的平面和连续中发现其错乱与断裂,展现被历史叙述所压制和被历史文献所掩盖的另一面和另一性。在知识考古学的眼光中,没有自然平整、纯粹干净的知识,其间不可避免地掺杂着主观意志和权力干预。历史是一种在权力支配下产生的话语系统,是潜藏着权力、斗争和意识形态的权力话语,历史作为话语或语言陈述形式,受到统一的知识范式的支配和文化力量、意识形态的影响。福柯的知识考古学瓦解并悬置了知识的科学性,而对目标进行"历史化的语言分析",通过对话语实践如何产生了知识的调查,揭示知识背后话语的隐秘活动。著者在考察"当代文学"概念时,指出:"这里所要讨论的,主要不是'中国当代文学'(以下简称'当代文学')的性质、特征,或从概念的'本质'上,来讨论其含义及相应的分期方法的'真、伪'、'正、误',而是考察'当代文学'这个概念在最初是如何被'构造'的,以及此后不同时期、在不同使用者那里,概念含义的变异。即概念在特定时间和地域的生成和演变,和这种生成、演变所隐含的文学规范性质。"①借助于知识考古学,洪史不再执著于传统文学史叙述中所极为注重的历史的"本相"、"真实"和"本质"等真理性终极话语,而是将"当代文学"本身就视为一种话语,是权力合法化的历史建构,是制度和秩序的生成、确立和转化的过程。也就是说,"当代文学"不再被视为一个自然生成的光滑平整的有机构成物,而是一个充满矛盾、斗争、悖论和断裂的历史"构造"物。"当代文学"的"构造"性是洪史的重大发现,也是著者展开新型历史叙述的基点。简言之,"当代文学"是在特定意识形态支配下,通过权力斗争,以程序化、制度化形式固定下来的话语形成。"'当代文学'的概念的提出,不仅是单纯的时间划分,同时有着有关现阶段和未来文学的性质的指认和预设的内涵。""不仅是文学史家对文学现象的'事后'归纳,而且是文学路线的策划、推动者'当时'的设计。因而,当代文学概念的构造,和这一概念所指称的文学的生成,应是同步的。"②所以著者"将问题'放回'到'历史情境'中审察",实际上就是还原历史,将对"当代文学"概念的构造和"当代文学"的生成的揭示视为同一过程,当代文学(尤其是20世纪50—70年代的文学)是构造"当代文学"概念并通过对概念注入新的理解、新的内涵来促进"当代文学"生成、确立并不断进行历史推进的过程。知识考古学既不同于思想史,又非完整的历史理论,而是一门有关"人们说过哪些话、怎样说才算是知识或真理"的历史,它通过查阅研究对象所赖以形成的文化档案,追索它在特定历史语境中的迁移变动,进而分析构成这种观念、理论、秩序、制度的语言陈述形式,以揭示它们实为由知识、权力和语言诸因素合成的"话语形成"。洪史对中国当代文学的叙述切入点和叙述方式是"对于原有的概念、分期方法等加以审察,分析它们

①　洪子诚:《中国当代文学》,洪子诚、孟繁华主编:《当代文学关键词》,广西师范大学出版社 2002 年版,第 1 页。相关论述亦可参阅洪子诚:《"当代文学"的概念》,《文学评论》1998 年第 6 期。

②　洪子诚:《中国当代文学》,洪子诚、孟繁华主编:《当代文学关键词》,广西师范大学出版社 2002 年版,第 1 页。相关论述亦可参阅洪子诚:《"当代文学"的概念》,《文学评论》1998 年第 6 期。

出现和被使用的状况和方式,从中揭示这一切所蕴涵的文学史理念和'意识形态'背景"。① 这种对"当代文学"施行的历史化的语言分析,正是秉持福柯知识考古学和话语理论所进行的文学史写作实践。所以洪史在对50—70年代中国文学的叙述中打破了以第一次文代会或新中国成立为界限的传统文学史"自然"分期,而是将学术视野延伸到40年代的延安文艺整风和文学实验乃至五四文学革命运动,历经40年代末文学格局中各种倾向、力量的重组,50年代初期"新的人民的文学艺术"的出现,50年代中期对"当代文学"的"社会主义文学"的定性,至此"当代文学"方才成为一种独立的文学形态,并确立了其确凿无疑的历史地位。同时,洪史除了对思潮流派、作家作品的持续关注外,将50—70年代的文艺政策、文艺方针以及有关的文艺讲话、文艺批评特别是文学史研究纳入主体对"当代文学"的形成和确立的考辨中,作为"当代文学"赖以生成的文化档案进行历史化的语言分析,揭示诸种话语背后的权力运作:"破除文学生产、文学文本的'独立性'和'自足性',将文学生产、传播、批评纳入国家政治运作轨道上。"②从洪史对50—70年代文学的叙述模式上看,"当代文学"是一个历史生成和构造的话语实体,著者对"当代文学"进行"'社会主义'历史语境的限定是其靠近并还原历史的必然选择",这就决定了洪史"'当代文学'的性质、特征,是在它的生成过程中描述、构造的"基本判断的形成。由此可见,洪史对"当代文学"指涉中国大陆范围的地域限定中暗含着"社会主义文学"的性质确认,只不过著者没有对此进行正面的分析,而只是将其作为一种"话语形成"来展示隐深的知识和权力活动。总的来看,洪著在其"上编:50—70年代的文学"中是通过对"当代文学"概念的话语解析中确立起著者个体性的当代文学史叙述的。"当代文学"以其"社会主义"性质来排斥台港澳等异质文学因素的渗透从而自成一体。

进入"下编:20世纪80年代以来的文学","当代文学"作为文艺路线策划者、推行者的"设计"蓝图,已经无法在新的历史时空中建筑起坚固牢靠的大厦,"当代文学"概念的含义已经悄然发生了变化和分解。洪史将50年代以后的"当代文学"视为"左翼文学"的"工农兵文学"形态,而50—80年代的"当代文学"则是"工农兵文学"建立起绝对支配地位,以及这一地位受到挑战而削弱的文学时期。③ 可见,在洪史中,"当代文学"的实质和具体形态是"工农兵文学",它是一个有着特定历史内涵和历史依据的实体,无论从时间("1949年以后")上看,还是从空间("中国大陆")上看,它都超越了作为一个具体的时空概念的存在而具有了特定的意识形态含义。而在80年代以后,"当代文学"的支配地位遭到削弱,它不仅无法作为权力话语而具有意识形态建构和整合功能,而且其"社会主义"性质也变得含混不清,不能在80年代以后的文学文本中得到

---

① 洪子诚:《"当代文学"的概念》,《文学评论》1998年第6期。
② 洪子诚:《"当代文学"的概念》,《文学评论》1998年第6期。
③ 洪子诚:《当代文学概说》,广西教育出版社2002年版,第61页。

清晰、明确、有力的艺术呈现，甚至连它在50—70年代文学中所获得并得以彰显，以致作为新型创作道路和新的发展方向来倡导的包括内容上的以社会主义革命和建设为主要表现对象，以工农兵群众为作品的主人公；艺术形式上对民族化和大众化的追求；美学风格上的明朗、健康、乐观、豪迈等内容和形式层面上的某些"崭新"特征，在80年代以后的文学形态中也呈现出整体性的衰退、虚化趋势。因此可以说，在这一时期，"当代文学"作为一个实体已经逐渐消散而不复存在，它的意识形态建构和整合功能也因进入新的历史语境而遭到极大削弱，而仅仅只是在人道主义、异化、朦胧诗等文艺论争中偶尔浮出水面，但其功效也已今非昔比。可以看出，在80年代以后的文学史叙述中，洪史实际上已经悄然对"当代文学"概念的内涵进行了转换，"当代文学"实际上已经被处理成一个历史概念。尽管洪史在对存在于80年代社会文化语境中的文学现象、思潮流派、作家作品进行叙述、分析时，仍然使用"当代文学"这一概念，并基本注意在文学史流变中揭示其支配地位的逐渐丧失过程，但从总体的文学史叙述来看，"当代文学"更多的是仅仅作为一个时空概念，为了维持文学史叙述对象的完整性、一致性而存在，它不再具有超越概念自身的特定意识形态含义。根据洪史"前言"部分对"中国当代文学"的概念界定，按照基本的叙史逻辑来推论，洪史在"上编"完成对新文学"一体化"趋向全面实现、"工农兵"文学建立起绝对支配地位的叙述之后，在"下编"它应该对"当代文学"在80年代以后的遭际、命运及其在文学文本中的艺术呈现进行相应的叙述和评析。著者将50年代以后的"当代文学"定义为具有"社会主义"性质的"工农兵文学"，是主流意识形态话语操作并进行"一体化"的必然结果，"当代文学"由此呈现出泛政治化的倾向。进入80年代以后，以"工农兵文学"为存在形态的"当代文学"失去了大一统的绝对权力，作为一个有着特定内涵的整体性概念，它遭到削弱乃至最终解体。但无论是在"外部"还是在"内部"，主流话语的整合、构建的意图及功能在新型文学格局的建构中并未完全消失，它仍然拥有文艺政策、文艺方针的制定者和推动者的合法身份，仍然以文艺理论文本、文艺批评文本和文艺创作文本的不同形态出现，并在与精英话语、民间话语的交流碰撞、冲突妥协中呈现为复杂暧昧的存在。可以说，80年代以后，"体制化"的文学形态和文学规范的支配地位逐渐失去，但"失去"的过程是充满矛盾斗争的，"失去"后主流文学的形态和规范也是大可深究的，这一切都会在理论文本、批评文本和文学文本中以不同的形态不同程度地存在。其实，各种文学及非文学力量从来不会主动放弃各自"制度化"的冲动，在新的文学秩序和文学格局的形成中，始终充满着各派力量血与火的冲突和争斗。但洪史显然对此作了简单化处理，而将叙述重点放在"在不同的社会历史语境中，中国作家建立'多元'的文学格局所做的艰苦努力"上，而所谓的"艰苦努力"也并没有呈现出新型文学形态如何突破"政治"或"经济"等各种力量的约束和压制，后者如何以"文化"为中介而对"文学"产生怎样的效果，"文学"内部如何在迁移流转中呈现出何种艺术形态，这些大多被洪史所有意或无意地忽视。于是，它关于80年代以后的文学史叙述就体现为诸多文学思潮流派、文学现象和作家作品的顺时态叙述和评析。80 年代以后的"当代文学"被置换为 80 年代以后的"中国文学","中国大陆"转化为一个纯粹地域意义上的限定而丧失了其叙史深层逻辑上的存在必要性,从"下编"来看,台港澳文学完全可以纳入 80 年代尤其是 90 年代的历史叙述而不对"下编"的叙史格局产生根本性影响(当然,这会对"上编"所确立的叙史框架造成破坏,但"下编"所使用的叙史结构已经潜在地破坏了整体叙史框架的完整性和统一性)。造成这种现象的根由就是"当代文学"概念的实体性内涵已被抽空,它变成了一个虚化的概念。"上编"是将"当代文学"视为一个由知识、权力、语言三方面因素合成的"话语形成",在对其进行"历史化的语言分析"的基础上进行个体化的文学史建构的,这是一个包含着话语分析和历史还原两个维度的文学史建构实践。而"下编"则由于"当代文学"绝对支配地位的削弱和"一体化"格局的消解,洪史失去了进行话语分析的具体对象和统摄文学史叙述的支撑点和制高点。也就是说,"当代文学"由作为叙史基点和依靠的"话语形成"已经蜕变为一个仅供容纳文学事实和文学史料的"自然时空"。所以洪史"上编"叙述环环相扣、逻辑紧密、衔接自然、严丝合缝,而"下编"叙述虽也有理有据、时有新见,却相对零乱涣散,个别地方只是浮光掠影的现象、文本的评述,止于泛泛而未具备"上编"的叙史深度和学术严整性。

三、"一体化"的实现与解体:文学史观、
叙史情节结构的洞见与遮蔽

　　福柯认为历史是一种在知识范式指导下的话语,是背后隐含着权力(意识形态)的语言叙述形式。受福柯影响的新历史主义认为历史只是一种渗透着个人想象的虚构的叙事话语。"历史学家在研究一系列复杂的事件过程时,开始观察到这些事件中可能构成的故事。当他按照自己所观察到的事件内部原因来讲述故事时,他以故事的模式来组合自己的叙事。"①著者也认为:"文学史是一种'叙述',而所有的叙述,都有一种隐蔽的目的在引导。"②洪史"努力将问题'放回'到'历史情境'中去审察。……以增加我们'靠近''历史'的可能性。"但由于"历史的'事实',是处在一个不断彰显、遮蔽、变易的运动之中",③所以它悬置"评价"、质疑"本质",将个体价值观念和叙述方式隐藏在非个人化的历史场景中:"能整理、保留更多一点的材料,供读者了解当时的情况,能稍稍接近'历史',也许是更为重要的。"④对传统文学史叙述模式的反思,形成了洪史内敛性的学术品格,但对"材料"和文学现象的选择、处理,又不可避免地接受著者文学

---

　　①　海登·怀特:《作为文学虚构的历史本文》,张京媛主编:《新历史主义与文学批评》,北京大学出版社 1993 年版,第 165 页。

　　②　洪子诚:《问题与方法:中国当代文学史研究讲稿》,三联书店 2002 年版,第 31 页。

　　③　洪子诚:《问题与方法:中国当代文学史研究讲稿》,三联书店 2002 年版,第 34 页。

　　④　洪子诚:《1956:百花时代》"简短的前言",山东教育出版社 1998 年版,第 4 页。

史观和价值尺度的渗透和规约。洪史以文学"一体化"的全面实现到逐渐削弱作为文学史观和叙史情节结构，将知识考古学和话语理论分析的方法引入文学史叙述，试图将"外部研究"与"内部研究"融合为一体，把社会历史语境和主流意识形态对文学的指导，内化为文学观念、写作传统和价值取向上的"延续"与"断裂"之争，在文学主题、题材、人物塑造、美学风格以及文学样式的转换中求索主流话语、时代语境的操作方式和运行轨迹，在文学与政治的缝隙中发现历史的真实一面。"上编"叙述"一体化"的实现。所谓"一体化"既指文学演化过程，又指文学组织形式、生产方式的特征，还指文学形态的主要特征。① 洪史从五四新文学运动的"一体化"垄断倾向，谈到延安文艺整风和文学实验，将"当代文学"、"一体化"进程梳理为新文学—革命文学—新的人民的文艺—社会主义文学—共产主义文艺—真正的无产阶级文艺这一逐步"进化"的文学过程，从文学机构，文学报刊，作品的写作、出版、传播、阅读、批评等环节探求"一体化"的组织方式和生产方式，从"农村小说"、"革命历史小说"等小说命名的出现和消失、小说题材的分类和等级、叙事诗的潮流和政治抒情诗的形成与变迁、历史剧和革命样板戏创作热潮的出现、杂文的命运，以及文本修改和"经典化"、"组织生产"、"集体写作"等文学生产方式等"问题"中探求其背后的意识形态含义。总体来看，"上编"以"一体化"的实现为叙史情节结构和文学史观极具统摄性，这不仅突破了传统文学史叙述中对 20世纪 50—70 年代文学"断裂"的武断判定，将其复原为一个有着深刻的内在逻辑性的历史"延续"过程，而且著者务实求真的学术品格和参与现实的知识分子责任承担意识，也在历史叙事中得以潜隐而执著的呈现。"下编"叙述"一体化"解构的过程中作家建立多元格局的文学实践。著者以"思想解放"、"现代化"、"市场化"、"全球化"为思想文化语境概述诸体裁领域内的文学思潮流派、文学现象和作家作品等总体状况。尽管"一体化"作为叙史情节结构仍时隐时现，但其连续性、贯穿性已大为削弱；"一体化"作为文学史观虽仍极力涵盖历史叙述，但其统摄力较之"上编"已大为降低。对"一体化"解构的叙述，除了在"拨乱反正"时期文艺政策的调整、实施新文艺方针的实施、给作家作品"落实政策"，伤痕文学、朦胧诗、现代派文学的论争，对异化、人道主义、主体性等理论和创作问题的讨论和批判等方面有所体现外，文学思潮的嬗变、文学现象的涌现、作家作品等层面上存在的问题都没有得到应有的深度阐释。如果真像著者所说："对'五四'的许多作家而言，新文学不是意味着对多种可能性的开放格局，而是意味着对包容多种可能性中偏离或悖逆理想形态的部分的挤压、剥夺，最终达到对最具价值的文学形态的确立。这就是说，五四时期并非文学百花园的实现，而是走向'一体化'的起点：不仅推动了新文学此后频繁、激烈的冲突，而且也确立了破坏、选择的尺度"，②那么"一体化"的解体，也很难说是在顷刻间实现的。"一体化"的实现与解体都与主流意

---

①　洪子诚：《问题与方法：中国当代文学史研究讲稿》，三联书店 2002 年版，第 187—232 页。

②　洪子诚：《关于 50—70 年代的文学》，《文学评论》1996 年第 2 期。

识形态有着密切的关系,政治意识形态的转型尚须经历复杂的矛盾与斗争,作为审美意识形态的文学要完全摆脱"一体化"格局,具有自足独立的艺术形态,无疑需要更漫长曲折的过程。其实,五四新文学所隐藏的"一体化"倾向也很难说是政治意识形态推动的结果,正如著者所说是要确立"最具价值的文学形态",尽管著者没有进一步探讨"最具价值"的具体含义,但从著者对"一体化"进程的叙述来看,"最具价值"应是一个不断被历史和时代赋予新质的不断流转变动的概念。若以上推论大体不错,那么无论这种"价值"是启蒙、救亡,是个体、群体,是传统、现代,是本土化、全球化,是主流、精英抑或大众,都很难说 80 年代以后的文学中丝毫不存在"一体化"的或隐或显的冲动,并在文学历史的各层面中有所闪现。再退一步,即使"一体化"解体后真的完全丧失了这种冲动,那么"一体化"的遗留态还存不存在? 如果不存在,那么它是怎样渐趋消失的? 如果存在,它又呈现为何种具体形态? 这些本应深究的问题,"下编"的处理却显得过于表面化和简单化。因为洪史将 80 年代以后的文学进程确立为"一体化"解体而进入"多元"格局的过程,实际上是认为其"断裂性"是大于"延续性"的,这可在洪史叙述 90年代文学状况时所作的"与当代文学在 70—80 年代之交出现的变化相比,它与 80 年代文学之间的'延续性'要大于两者的'断裂性'。这是因为 80—90 年代之交的社会'转型',主要是由于市场经济的全面展开,社会文化并没有作有意识的全面调整(像'文化大革命'结束那样)"的判断中得到证明。这说明以"一体化"的实现和解体作为叙史情节结构和文学史观是有其适用限度的,在"上编"中它显示出极强的统摄力,而在"下编"它的凝聚力显著降低,与传统文学史叙述几无差异。在著者心目中,他想写的似乎是中国"当代文学"史而非普遍的中国当代文学史,要实现二者的重合就得把当代文学史限定在 50—70 年代,洪史对 80 年代以后文学的叙述尽管是以"史"的面目出现,但更像属于文学批评的范畴,这在著者以后出版的《问题与方法——中国当代文学史研究讲稿》将中国当代文学史限定在 50—70 年代中可以看到一点影子。① 那种认为洪史"建立了一个自足的文学史的研究与叙述体系"的观点放在"上编"无疑是准确的,但从"下编"来看,则似乎稍显乐观。这似乎可以说是"当代文学"近于"文学批评"而远乎"史",但深究则又不然,著者若将"在不同的社会历史语境中,中国作家建立'多元'的文学格局所做的艰苦努力"从具体的分析转入宏观的把握,整体地描绘出各种文学与非文学力量的搏击、冲撞、融合的态势及其在文本层面的艺术呈现,把"上编"对文学机构,文学报刊,作品写作、出版、发行、阅读、批评,文学评奖,经典的确立等诸多因素引入对 80—90 年代文学进程的叙述,则更利于洪史叙史情节结构的完整和叙史风格

---

① 洪子诚在《中国当代的"文学经典"问题》(《中国比较文学》2003 年第 3 期)一文中,一开篇就指出:"这里所说的'当代',指的是 20 世纪的 50—70 年代;文章讨论的,是这个时期中国内地的文学经典的问题。"可见,作者对"当代文学"内涵、外延的界定是以一贯之的。

的统一。①

　　以"一体化"的实现与解体作为叙史情节结构和文学史观的背后隐藏着一种二元性的叙述模式。这种模式是洪史力图克服一元性文学史观"非此即彼"的偏执性,建构客观公正的当代文学史而作出的自主选择。但这种二元性叙述模式也导致了难以避免的新问题:首先,其对客观公正性的诉求,很大程度上是通过价值中立而实现了叙述的非价值化;其次,在具体文学史叙述中,为了维护二元性叙述结构,不自觉地持续强化文学运动、文本蕴涵和价值取向的对立性。洪史对"叙述的非价值化"问题的处理是适当的,它没有停留于对文学现象的单纯"描述",而是将著者主体的价值体认深隐于"阐释"之中。在"一体化"进程中,有主流文学就会有"非主流文学",有"中心作家"就会有边缘作家,有正统就会有"异端",有压抑性力量就会有"被压抑的小说",有"规范"就会有对规范的质疑,有新人、新诗风的出现就会有"隐失的诗人和诗派"。总之,有"一体化"力量的推进就一定会有非"一体化"、反"一体化"的异质因素与之抗衡。尽管洪史将"非主流"这一术语作为一个"'历史的'概念"并在使用中作了进一步的阐释,但也很难说清"非主流文学"(如"百花文学")与"主流文学"的深隐复杂关系。艺术的个体创造固然离不开特定的历史文化语境,但对于具体作家、具体作品来说,则未必都有一种"抵抗"意识在起作用。所谓的"潜在写作"中未必没有"主流"的刻痕,"主流"中也未必没有个体的情思。文学是复杂的思、情、意的结晶,放在一种冲突性结构和文学运动的进程中考察,难以穷尽其艺术含蕴的复杂性。洪史在"前言"中强调:"尽管'文学性'(或'审美性')的含义难以确定,但是,'审美尺度',即对作品的'独特经验'和表达上的'独创性'的衡量,仍首先应被考虑",但基于"当代文学"的"构造性","对'当代文学'的生成,需要从文学运动开展的过程和方式上去考察"②,同时"'当代文学'的特征、性质,是在它的生成过程中描述、构造的"③,所以"当代文学"的特征和性质,以及文学文本的"审美性"也就生成于"一体化"文学运动的进程。基于此,洪史放弃了以著者个体的审美尺度对文学文本进行臧否评价,即使是对《创业史》、《红岩》、《青春之歌》等"经典"也只是置于彼时历史语境中,在"外部研究"与"内部研究"的结合中揭示其"审美性"得以形成的意识形态本源。可以说,洪史是偏重于历史的观察和叙述而相对忽略文学文本的艺术品评。社会历史语境的严格制约和"一体化"一往无前的推进,使洪史的历史叙述(尤其是20世纪50—70年代)笼罩着浓重的历史决定论

---

　　①　这一缺憾在邵燕君的《倾斜的文学场:当代文学生产机制的市场化转型》(江苏人民出版社2003年版,为其博士学位论文。作者在北大读书时听过洪子诚的文学史讨论课,阅读过洪子诚的有关著述,受其影响颇深)一书中得到了一定程度的弥补,但相对来说,邵著更注重从文学期刊、出版、评奖、批评、作家等构成文学生产机制的诸环节入手,分析其在市场化转型中"制度上的变化",及其对"当代文学的样貌、成规以及未来走向产生的内在影响。"邵著更重世纪末"文学场域"现状的分析,对"场域"运作中文学文本的艺术形态、深层蕴涵则语焉不详。

　　②　洪子诚:《"当代文学"的概念》,《文学评论》1998年第6期。

　　③　洪子诚:《"当代文学"的概念》,《文学评论》1998年第6期。

的魅影。这种凸显"历史"、淡化"文学"而对"当代文学"另一面和另一性的揭示,可谓动人心魄又令人心伤。洪史对"历史"和"文学"关系的特殊处理,显然与著者运用福柯的知识考古学和话语理论对"当代文学"进行"历史化的语言分析"相关,因为知识考古学实际上是一门有关"人们说过哪些话,怎样才算是真理"的历史,"当代文学"则是由知识、权力、语言诸要素合成的"话语形成"。"当代文学"作为"话语形成",具有强大的制约功能,话语的生产总是遵循一定程序受到控制、挑选、组织和分配。由于权力的暗中操纵,话语在言语禁忌、理性原则、真理意志的控制下,变成了强加于事物的暴力。洪史倚重"历史"而淡化"文学"是著者主体能动选择的结果,其洞见与遮蔽也源于此①。

　　独特的文学史观和叙史模型的使用,使洪史瑕瑜互见,但瑕不掩瑜,它所建立的历史与现实、文学与世界的开放性对话结构,连同著者的深隐在叙述背后的压抑与兴奋、愤激与困惑,使洪史散发出独特的思想与学术魅力,执著地呼唤着后来的历史书写者新的思索、新的发现和新的超越。

---

　　①　旷新年指出:"洪子诚与陈思和都将'审美主义'和'纯文学'固定为文学的本质。他们不约而同地将'十七年文学'和'文革'文学视为'一体化'的和反文学的。这样一种看法体现在其'二元对立'的文学史叙述结构上。"作者进而指出了洪史尽管强调以"审美性"和"文学性"作为评判标准,但实际上"并没有真正贯彻文学性和审美性的叙述原则",它"对于文学史的整理并不是真正从'审美性'和'文学性'出发的"。作者还引用其他研究成果进一步证明:"李云雷指出,洪子诚的文学史写作宣称以'审美性'和'文学性'作为标准;然而,实际上却不是审美的把握,其特色主要在于对文学环境、文学规范和文学制度的深刻剖析与把握。"(旷新年:《"重写文学史"的终结与中国现代文学研究转型》,原载《南方文坛》2003年第1期,收入林建法主编:《21世纪中国文学大系2003年文学批评》,春风文艺出版社2004年版)在笔者看来,洪子诚尽管将"文革文学"视为"一体化"的完全实现和崩溃的前奏,但在洪史中"文革文学"不仅不是"反文学",而且是一种激进的文学实验,是20世纪40年代延安解放区文学实验的延续和逻辑进展。旷文之所以认定洪史指认"十七年"和"文革"文学为"反文学"其根源就在于对洪史借鉴知识考古学和话语理论来建立自己的研究方法和学术视角缺乏明确的理论自觉。其实,洪史叙史风格的形成是特定方法所造成的必然结果。洪史因在"下编"中并没将此方法严格地贯彻到底,也就更具有对文本"文学性"的评介和剖析。而这显然并不仅仅是文学史叙述对象的"文学性"的差异。(邵燕君的《倾斜的文学场:当代文学生产机制的市场化转型》注重对20世纪80年代中期以后所谓回归文学本体的"后新时期"文学的研究,但同样没有多少"文学性"。这自然并非此时的文学是"反文学"的。这自然并非20世纪80—90年代的文学现状或者说作者对它的评价是"反文学"的。从洪史和邵著的反差中,我们更可以看出原因所在)。

许明:审美学理的比照解读

张艺声

许明在 1992 年 5 月 18 日《文汇报》发表了《90 年代的美学研究一瞥》,预测:"在中西美学史的研究上,20 世纪 90 年代将会出现体系化的趋势。这是由于 80 年代的积累已有相当规模,单独的零碎的介绍评述已经不是学术发展的急需了。我说的体系化,除了指研究规模的扩大外,还指理论的深刻化。"他这一预测的自我践履就是他的研究成果《美的认知结构》与《康德美学变革的历史意义》(上、下)的出台。我将从《美的认知结构》的本位解读、康德两种美论的学理性阐析以及康德美学的贡献与唯心论局限及许明对之作局部超越等三大维度予以比照解读。

一、《美的认知结构》的本位解读

《美的认知结构》38 万字,是许明师从蔡仪的美学博士论文,旁征博引,气势恢弘,散点透视,涉及广泛,首先秉承乃师理念,提出了美的客体说。但是,他又没有囿于此说,而是对蔡仪的"美的客体系统"论作了辩证解读。他开宗明义阐明:不论美是客体现象也好,是对象化的情感也罢,"必须存在着现实的美感对象,才会有美感的现实产生"。但是,不是所有客体都是美的客体。因为美的客体具有特殊性,是审美关系的客体。美之所以被感知,不仅有个人需要的价值,而且还有社会实践的价值。另外,客体不能脱离主体。主体是指某一关系行为中的行为者,客体是指这一关系对象中的行为对象。双方都表达了各自的实践认识活动双向回流的特殊地位。客体不是刻板、被动的,而是变化、流动的,以符号形式进入人的思维与感觉的。许明认为:"人与对象的关系,是思维者与符号的关系。客体进入审美者的途径和形式是稳定的。"①符号构成了人的感知世界。客体符号系统可以分解为自然、社会、艺术和技术等四个系列。客体符号在能指与所指的复合中,与思维的主体构成有机的反应模式。如此看来,许明提出"美的客体系统"并不完全摆脱主体思维的反应模式。为此,他专门从视觉形象代码的构成角度切入,阐述诸如相似代码、识别代码、色调代码、传输代码、趣味感觉代码等不同特色,然后又阐述自然对象、社会对象与艺术对象作为视觉代码的对象物特点,两者

---

① 许明:《美的认知结构》,花山文艺出版社 1993 年版,第 77 页。

的契合,就是美的客体从自在的他向自为的我的转换。

这种转换论使许明的"美的客体系统"论摆脱了纯客观美学观。许明指出:"这种转换关系是时时存在的,不仅对审美个体,而且也是对审美的群体和类而存在。"①因为审美对象不断地在人类的视野中扩展开来,并逐步形成有较固定结构的形态。这样,客体在审美中从自在的他变成自为的我。而且这种转换是对象在美的意识中建构而成,具有历史性与社会性的。

在对美的客体系统作了分析以后,许明接着从系统论视角阐析审美观念的四类系统结构。

当代西方美学忽视了审美观念,许明特地提出审美观念,认为"美的观念存在是一个文化个体的实存状况"。② 因为,美感反映客体的美是通过美的观念这一中介,才能真正理解美感的奥秘。这一中介在逻辑系统中,又分为初级感知层面和意象组合层面,是一种流动递进式的认知结构。所谓初级感知层面,其特征是客体的表征符号与主体的初级感受器官双向流动的联结过程。它表现为对美的符码的感觉登记、观察陈述和知觉加工等三个序列。许明在这里澄明了一个学理问题:在初级感知阶段就已包含了"相对应的理性的自由感,也就是说,美的理念的理性内容应当是对理性的自由的一种总体观照"。③ 当然,它不是一下子就具备的,而是以审美快适化状态通向感知觉,从"感官的愉悦"进入"理智的满足"。接着,许明又从心理/生理学的信息加工维度对审美感知觉作了学理阐述,认为美的知觉不同于一般认识意义上的知觉,它的特征是具有强烈的意向性,"是一种生命力的冲动本能,一种向着主体生命深处的激荡起来的亲和力与冲击力"。④ 这就是审美观念的逻辑起点,由此升华为意象组合这一较高层面。

所谓"美的意象组合"层面,是由一般思维发展的普通表象升华为美感思维的特殊表达方式,即意象。意象包括表象的一切基本特征,又有以想象为基本内涵的特征。在美感思维的逻辑发展过程中,一般的表象并不是单独存在,它从美的感知中定向发展,使能动的表象再现、再造,向思维的等级阶梯上攀登意象的组合。许明把它纳入逻辑系统,提出了"双重编码"与"混合编码"的命题。前者是指明图形编码与语言编码的双重性,既有形象化特征又有概念化特征。后者是指涉采用了组合与融合两种混合形式。但它是一个不断积累的过程,组合只是一个对象内部的不断调整,属于低级层面,而融合则是由多个对象改变品格而融合成一个新形象,属于高级层面。由此生成的"意象"是思维的重要成果。而语言编码"除了艺术形象的认识功能之外,还具有交际、记事的功能"。⑤ 因为,图示性的形象历来是逐步融化为文字的手段,让人的心理、思维向高级

---

① 许明:《美的认知结构》,花山文艺出版社 1993 年版,第 117 页。
② 许明:《美的认知结构》,花山文艺出版社 1993 年版,第 151 页。
③ 许明:《美的认知结构》,花山文艺出版社 1993 年版,第 165 页。
④ 许明:《美的认知结构》,花山文艺出版社 1993 年版,第 206 页。
⑤ 许明:《美的认知结构》,花山文艺出版社 1993 年版,第 233 页。

发展,形成意象组合的审美活动。

许明的阐述并没有就此打上句号,而是继续深入下去,从意象的符号与语言意象的混合编码维度阐述意象运动的逻辑特性,即思维与逻辑的关联性,进入审美观念的建构系统。

美的观念的建构不是随心所欲的。虽然,美的观念具有多元性、历史性、变异性与地缘性等差异。但是,就它的建构系统而言,不能摆脱马克思的"按照美的规律造形"这一总体原则。许明就以此为纲,阐述了美的观念的建构系统。许明认为美的规律就是人们在审美活动中,美的创造中的普遍性原则,在个别中仍然具有普遍性、共有性、遵循性和可重复性等品格。这是由于思维结构的客观性存在,由于审美活动作为实践性存在,由于艺术创造中客观规律的存在,就必然会自觉或不自觉地依照这个规律进行审美创造、美学建构的。许明说美的观念的建构系统包括"对客体的美的特性的把握,对主体的逻辑生成与反应、动机与分析以及这些因素所组成的一个活动着的统一的网络的解剖。"①由此看来,美的观念的建构系统具有许多变数,是政治观念、文化观念及其他意识形态观念混合编码的产物。它是建构美的系统的载体。

那么如何建构以及建构以后的美的情景又是如何呢?

许明进一步阐述:美的观念的建构像一个螺旋形的宝塔。开始是时间上最起始,空间上最广泛的奠基工程。这时,意象的抽象与概念的具象在其结构的时空统一性中得到契合,进入美的观念生成的发展过程,个体与群体的审美创造交织在一起,形成了美的观念的十分复杂的社会现实图景。

这幅图景是美的观念的集合,具有金字塔式的结构特点。许明把建构关系的层次性分为三个档级:一级是金字塔的顶端,是美的观念的哲学抽象,具有普泛适宜性;二级是金字塔的塔身,是审美领域在实践中形成的自然美、社会美、艺术美与科技美等组合,"比一般的哲学抽象要具体,各有自己的具体内涵"②;三级是金字塔的塔基,是审美建构系统的基质,没有它就没有美或者离开它就离开美。但是美又是普遍存在的,生活中须臾不能没有它,任何人也离不开它。正如爱因斯坦所说的:"独立于人的精神而存在的世界中,蕴藏着完美与和谐。我们完全可以感觉到自然界和思维世界显示出一种崇高庄严和不可思议的秩序。我们可以把整个宇宙当做具有审美意义的整体来体验。"③人们面对美的观念的建构系统的过程,无论从实践上还是心理上,其思维逻辑就必然要进一步思考美感生成的动机系统。

人类对自己的审美实践活动的逐步开拓,引起了先贤哲人对审美实践的学理思考,其中包括美感理论的探讨也呈多元化态势。例如普洛丁(Plotinus)就提出美感就是用

---

①　许明:《美的认知结构》,花山文艺出版社 1993 年版,第 292 页。
②　许明:《美的认知结构》,花山文艺出版社 1993 年版,第 318 页。
③　爱因斯坦:《爱因斯坦文集》(第一卷),商务印书馆 1976 年版,第 243 页。

心灵去感觉的一种特质。这个特质却来自神明的理式。它与人的美感动机是风马牛不相及的。不妨说，从亚里士多德、柏拉图到康德、黑格尔，对美感动机系统或许留下了空白，也为本文的比照可能留下空白，所以，本文只能作本位话语的零比照的超越。

许明将美感动机纳入现代心理学框架，并以史前艺术作为例证，对美感动机的成因作了心理学分析。许明认为巫术艺术不是纯粹的史前文化，而是一种再生性的文化样态。因此，美感动机的生成与原始初民的实践本性密不可分。他们粗陋的物质活动的制约要在想象的精神活动中获得补偿。"'补偿律'是人类特有的，是人类具有文化的标志。"①所谓图腾崇拜就记载原始初民野性的呼唤，表现他们追求审美心理的动机。这本能动机的不断生发，是一种精神需求，可以唤醒审美意识、审美情感与审美形式。许明强调审美情感的唤起是潜意识的唤起。所以，"在美感发生的诸动机中，情感是一个巨大推动力，而且它伴随着审美过程的始终。但在情绪中，除了以思维为基础的主导情感，以仪式化状态作为中介的次导情感外，还有一种潜意识的情感"。② 这种情感动机的生发还不是目的，其目的是获得审美效果。我可以称之为美感因果律转化论。

美感因果律转化必须具备两个因素：一是对审美价值的界定。许明认为，"审美价值"无疑是指主体与客体之间的一种特定的联系功能。它一方面指审美客体具有特殊含义，另一方面也指审美主体评价性的认识意蕴。二是对美的创造本能的追求。人的创造本能在非文化中只是潜在的，具有可能性而非现实性。只有在特定人文环境中，在外界条件具有某种意义时，才会作为包括审美因素的文化体系创造出来。但是，开始时，只是意识到它的实用价值，并未意识到它的文化价值。例如，初民在创造火时，只知道火的照明、取暖与烧食，并不知道这就是火光文化，更不知道由此引发了物理、化学与生命等文化样态。但是，由实用的动机产生了文化的效果。这就是美感动机系统的起始而走向美感反应系统的必然。

美感反应系统指涉审美直觉表现，我将予以比照诉述。

西方美学家认为美感反应是一种直觉的即时状态。最有代表性的可谓克罗齐的《美学原理》。它是以直觉即表现为其美学思想的出发点。认为直觉就是见到一个事物，心中只领会那事物的形象或意象，不假思索、不生分别、不审意义与不立名言的全部心灵活动的基础。③ 与之比照，许明美感反应系统中的直觉论就是对克罗齐的一种超越。克罗齐的直觉论排斥了一系列复杂的心理活动及其过程。而许明则包含着感知、表象等心理要素的综合活动。他把美感反应与审美接受链锁在一起，纳入心理机制框架。现代认知心理学认为人对外界的认知过程是一种信息加工过程。人通过信息处理器，对一大堆模糊材料进行模式识别。模式识别就是一种以主体的原有知识为基础的

① 许明:《美的认知结构》,花山文艺出版社 1993 年版,第 342 页。
② 许明:《美的认知结构》,花山文艺出版社 1993 年版,第 363 页。
③ 克罗齐:《美学原理》,作家出版社 1958 年版,第 140 页。此处引文选自该书第一章第一条译者朱光潜对"直觉知识"(lntuitive knowledge)的注释。亦可见该书第 1—20 页的有关阐述。

认知方式,对文字、图像、声音与物体等审美对象进行解读、分析,作出必要的反应。许明认为:"美感反应既不是那种无主体的直觉映象,也不是从知觉加工开始的逻辑认识。它是一种特殊的识别判断。这就是康德所说的'趣味判断'。"①它可谓美感反应系统渠道之一,应该予以比照辨析。

康德的"趣味判断"亦可称为"鉴赏评断",是人们在美感反应系统中判断设定一个对象是否美的心理态势。趣味/鉴赏判断不是知识/逻辑判断,与一般认识不同,不凭借概念,而是审美主体在其美感反应流程中,借助想象力和感知性的共同活动,把对象的表象同主体的情感联系起来,以此判断对象是否美。它又与纯粹的官能判断不同,不涉及对象的质,而是一种直接的情感判断。判断的结果是主体的愉快或不愉快。趣味判断的普遍性与主体意识的普遍性相吻合。在鉴赏过程中,判断先于快感。因为它来自人人所有的"共通感",所依据的对象是无目的的合目的性的形式(主观的合目的性)。趣味判断是康德美学思想的核心,也是许明所谓美感反应系统的一个"相似块"。只有"'相似块'相互和谐共鸣才能产生美的感受。否则,人们就会无动于衷。"②那么,这种美感共振是整合性的还是分层次的呢? 如果是整合性的则是一次性共有的,如果是分层次的则是数次性分列的。许明以"世界上没有两片相同的绿叶"这一常规性哲理为契机,认为"在美感反应中,美的观念的组合呈现着复杂多变的状况,它与对象反应所获得满足的条件,绝对不可能'全相同'的"。③ 既然如此,以逻辑学的排中律,就要排除美感反应的整合共有,而选取其层次分列。

许明接着阐述美感反应系统的三个级别的层次分列:第一级别的层次是具体观念上的共振,属于具体观念与对象表象的共振结构,处于比较低级的美感反应状态。第二级别的层次是类观念与对象的相似,标志了一种"类"的存在物与美的性质。具备着抽象概括性,也说明审美者不仅在表层上与对象发生美感反应,而且在深层上与作为美的艺术的意蕴,发生了"共振"。第三级别的层次是最高级层次,是美的理念的抽象与对象的本质相似。这种相似可以说是真正的美感反应。它是透过具体的色彩、线条与人物言行的具象性、表现性,达到文化心理上的一种同构共振。许明认为:"这种同构与共振,只能发生在真正审美对象与真正审美主体之间,两个对象本质上升华为生命之真谛的相似与沟通。"④此外,在美感反应系统中,许明还进一步阐析了美感反应中的反差效应率、美感反应中语/图的转换规则以及美感反应中的情感量度等三个子题,由于篇幅的制约,不能一一作比照评价。

① 许明:《美的认知结构》,花山文艺出版社 1993 年版,第 393 页。
② 张光鉴:《相似论》,《思维科学》1985 年第 1 期。
③ 许明:《美的认知结构》,花山文艺出版社 1993 年版,第 396 页。
④ 许明:《美的认知结构》,花山文艺出版社 1993 年版,第 398 页。

二、康德两种美论的学理性阐析

许明在 1993 年出版了长篇博士论文《美的认知结构》,两年之后,又发表了长篇美学论文《康德美学变革的历史意义》(上、下)。许明的《康德美学变革的历史意义》涉及面有较大的时间、空间与学理的广延性,本文限于篇幅,首先只能以许明所重点论述的纯粹美、依存美两种美论的美学理念,进行学理阐析。其次阐述康德美学的贡献、局限。最后,从比较美学视角出发,叙述康德美学的主观说这一唯心论局限性、分析亚里士多德美的客观性这一机械论片面性,以及许明的"美的客体系统"说对两者的比较与超越。

我们知道:"康德整个美学体系以由美到善的过渡为其中心线索,实行了两个具体的过渡:一个是由美到崇高的过渡,一个是由纯粹美到依存美的过渡。"①由这两对范畴组合而成的两个过渡,就是康德美学体系的中心线索,原本是不可分割的。但是,许明却舍优美与崇高,取纯粹美与依存美,不是粉碎了康德的美学体系了吗?我主观认为许明可能认为优美与崇高这对审美范畴,在大学美学教材及一般美学论著中,均有较多涉及,而他的研究品格是弃从俗、喜创新,所以撇开了优美与崇高这对审美范畴,就直接从纯粹美与依存美这对审美范畴切入,进行学理解读。更何况康德曾说:"有两种美,即纯粹美与依存美。第一种不以对象的概念为前提,说该对象应该是什么。第二种却以这样的一个概念并以按照这概念的对象的完美性为前提。"②本文依照这一思路解读康德的纯粹美与依存美的学理特性。

康德"纯粹美"就是对纯粹的审美情感的规定。何谓纯粹美呢?康德认为,经验派与理性派的美学思想都被世俗的观点玷污了,因而要给予"净化"。这种"净化"方式就是将审美对象的内容全部抽去,而只剩下形式。这种对于对象纯形式的审美就是纯粹美。康德对纯粹美的学理,是从质、量、关系与方式(许明称之模态)等四个向度进行阐述。但是,康德的行文冗长烦琐,许明、曾繁仁都分别作了梳理。我则将它综合引述于下:康德要求审美的愉悦完全无功利。审美要与情感的愉快相联系;康德还提出主体的审美愉悦应具备主观的普遍性。它不是凭借概念,而是凭借由对象的形式所引起的主体共同感受,表达一种共同的心意状态。康德在最后提出一个无目的的合目的的原理,并把合目的性区分为自然的合目的性与实践的(道德的)合目的性。③ 许明依据康德这一纯粹美原理,作了学理解读:"这里康德一方面排除了与功利、内容有关的目的性;另一方面又指出审美判断的先验条件:第一是,主观的目的,但又无目的,仅仅是适合审美

---

① 曾繁仁:《康德论美》,见《美学之思》,山东大学出版社 2003 年版。
② 康德:《判断力批判》(上卷),商务印书馆 1985 年版,第 67 页。
③ 康德:《判断力批判》(上卷),商务印书馆 1985 年版,第 16 页。

主体的悟性与想象力的和谐自由活动；第二是，不是事物的内容适合，而是事物的形式适合于主体的某种心意状态。"①那么，纯粹美的表现形式究竟如何呢？纯粹美就是一种纯形式美，在现实世界中是极为罕见的。康德也认为所谓纯粹美的自然现象只不过包括单纯的颜色、音调、建筑物上的框架、壁纸上的簇叶饰与无标题的幻想曲等，而现实中的美却是优美、崇高与艺术美等依存美。这样，康德不得不从纯粹美中，进一步探究依存美。

许明对纯粹美作了学理解读以后，认为"依存美"是依存于或附属于一个概念，所以是有条件的美。它是由美向善的过渡而又达到"美和善的统一"。这里，我认为要明确两个命题：一、依存美的内涵即它的质的规定性；二、依存美的外延即它的善的关联性。这两个命题叙述了，也就解读了依存美的学理特性。

首先，在康德的美学体系中，依存美占有重要的品位。康德认为：全部艺术作品和部分自然美都属于依存美。在依存美中，康德阐析的主体对象是艺术美及部分人化了的自然美。并且对这两种美作了分流或区别，认为艺术美包含着某种理性观念，纯粹自然美不包含理性观念。而艺术美的创造则是一种以心理性为基质的艺术创造性活动，是有目的的"制作"。它既要在某种理性观念指导之下，又要涉及创作对象的内容。康德认为艺术美的本质特征是一种不受任何束缚的"自由游戏"。它不是受劳动报酬约束的手工匠式的强制性劳作，而是身心愉快的、舒展的自由自在式的非强制性活动，犹如游戏一般。它的主体没有任何束缚，对客体无实在的要求，只是一种审美观照。这就涉及艺术美创造活动的心理机制问题——"创造想象力"。康德认为：艺术创造不是基于概念，而是基于形象显现，而形象显现的功能就是想象力，就是感性与理性、形象与思想的高度融合，也是想象力与知性力的协调，依据经验进行联想、类比，创造出"第二自然"。② 这就是依存美的学理特性与艺术创造的内涵。

其次，依存美不仅依托于艺术对象美，而且它的外延还指向道德的善。许明抓住康德关于"美是道德的象征"的要领，认为指向道德的善就是指向最高的存在，不仅艺术美包孕了审美理想，而且自然美之所以能引起观赏者的兴趣，也是建构于道德的善这一载体的。这样，康德就将美和善的结合升华到理性理念的高度。许明指出："康德的道德并非是功利意义上的道德，他的善就是灵魂不灭、意志自由和上帝存在，具有很高的哲学意义。"③我认为这类所具有很高的哲学意义就是康德实践理性批判所产生的一种善良意志。这种善良意志是无条件的，它不是达到有条件有目的的手段，隶属于客观的道德规律，而是对一切均有效应的。

总而言之，康德的判断力批判中的美学思想体系，通过依存美内涵的外延，通向了

---

① 许明：《康德美学变革的历史意义》（上、下），见《人文理性的展望》，河南人民出版社 1995 年版。
② 朱光潜：《西方美学史》（下卷），人民文学出版社 1979 年版，第 395 页。
③ 许明：《康德美学变革的历史意义》（上、下），见《人文理性的展望》，河南人民出版社 1995 年版。

实践理性批判的道德意识体系。康德的善良意志是主观完善的意志以道德规律为追求目的的,力求达到至善的最高道德境界。

三、康德美学的贡献与局限及许明的局部性超越

在欧洲美学史上,前康德时期并未形成美学的独立研究领域。理性派将美学同哲学、伦理学等社会科学混同,经验派将美学同生理学、地质学等自然科学混同。康德则独辟蹊径,开辟了崭新的"情感领域":首先,提出美的问题是审美判断的问题,即人在何种情况下作出美的判断的问题,美感则是有机物的自然既有外界刺激所生的经验又有主观意志的作用,是自然和自由的统一。其次,针对理性派的"合目的性"与经验派的"无目的性",康德把美学研究推向感性与理性统一的正确轨道,提出"无目的的合目的性"的关系说即形式是无目的的,内容是有目的的。所谓"无目的性"是指审美的感性特征;所谓"合目的性"是指审美的理性因素。两者的结合,就摆脱了形而上学的束缚,包含了辩证法因素,为黑格尔开创辩证法与建构美学体系,开拓了广阔的前境。最后,康德的美学研究准确地把握了艺术思维的心理特征。曾繁仁认为,康德关于纯粹美是想象力与知性力的自由协调、艺术美(依存美)是想象力与理解力的自由协调,以及壮美是想象力与理性力的对立、崇高感是对恐惧感的战胜等论述,都较细致深刻地涉及艺术思维的心理特征。这些论述虽然带有猜测性,不够准确全面,但对文艺心理学的建立具有启示性、推进性作用。[①] 依据以上三个向度的阐析,康德美学思想体系的贡献,毋庸置疑是巨大的。但是,它与西方美学一样,仍然存在着时代的、意识的与理念程度的比较超越,有待于后来学人从不同视角作某些局部而非体系性的不同程度的比照超越。

康德美学的思想体系的学理内核是主观唯心主义,其辩证因素与矛盾现象诸如无目的与合目的、感性与理性、个别与普遍、客观与主观、形象与理念、自然与艺术以及未有概念与趋向概念等都把它归结到二律背反这一学理上,有其合理的一面,但是另一面由于统一于主观、属于信仰领域的理性活动,则是违背客观现实的,不能给予科学解决的,这是其一。其二,康德关于纯粹美的论述完全"净化"了内容、"消解"了道德,虽然在依存美中作了补正,但已是有些亡羊补牢与矫枉过正了。其三,其局限的焦点是美的主体性。我述说许明对康德的比照超越也侧重于这一维度。

康德是以美的主体性(subjectivity of beauty)建构其美学体系性大厦的。他认为美只适用于人类这个主体。主体在审美活动中,发挥积极主动的作用,是产生、形成美的重要因素。事物的美是系于自己心里并从表象看出来的,而不是系于事物的存在。所以,他是从人的主观的"心意状态"来分析构成美的各种因素,认为审美规定的根据只

---

① 曾繁仁:《康德论美》,见《美学之思》,山东大学出版社 2003 年版。

能是主观的。康德的美的主观说为里普斯的美是主观移情的结果及克罗齐的美属于人的心灵的力量等学理的流播开创了先河。与之相反,美的客观性(objectivity of beauty)学派,美所具有的客观属性是不以人的意志为转移,超越于人的主观之外的客观存在。亚里士多德最早提出了美在现实世界之中,把零散的因素结合成统一体客观对象物。他们都从客观外界的因素探求美的起源和属性,认为美的客观属性是客观存在并呈现于客观事物之中,体现了美的自然性、物质性和社会性及三者的统一体。上面两种对立的美学观,都制造了封闭式的终端格局,走入了困域的误区。

许明在其《美的认知结构》一文中,突破了这一两极化封闭格局,走出了这一困域误区,作出了某些相应的一定的超越论述。

许明的《美的认知结构》虽然提出了美的客体系统作为其他系统的载体。但是,我从全书体例观照,他的客体系统是大客体系统。他认为:"在人的现实活动中构成的客体(反应、认识、审美对象),是以人的认知能力为限而显示出来的。而显示的现实标志是符号。客体是以符号形式进入人的思维与感觉的。这种符号是广义的符号论,不是由符号标志构成的文字符号,而是由符号构成了人的感知世界。人在符号的深层化中,达到了对客观世界的不断掌握。"①许明的这一学理就说明他既超越了康德的美的主体性,又超越了亚里士多德的美的客体性,也不同于黑格尔的美是感性的理念显现。这种超越不是体系性的,而是维度性的,也是观念性的,表现于如下四个维度及相对应的理念。

第一,许明把美的认知看做是由审美逻辑(操作)、美感反应、美感动机与美的客体等四维结构模式。这就突破了美的主体性或美的客体性各执一端的单维结构模式,超越而至成为美的大系统。

第二,许明所提出的这种结构模式是以美的认知为主线,将哲学认识论、认知心理学、大脑思维学、语言符号学与人本人文学等学科成果同社会实践、美学实践与创作实践结合起来,作出统一的美的分析,获得新的视界。

第三,这种美的分析与美的认知的逻辑流程密不可分,是一个信息加工的过程。其中,美的客体是信息源,美的感知觉、意象组合与动机反应是逻辑操作流程。所以,它是美的客体与审美主体的融合。

第四,这种融合就是美的建构系统,即美的创造。它通过合规律、合目的的社会实践对人类生活和艺术活动的不断创新、美化与完善。美的建构系统是人们以一定的审美理想、创新意识与审美形式,按照美的规律进行的一种改造客观世界的同时也改造主观世界的自觉的实践活动。

总而言之,我在此处的比照解读是一种宽泛性的比照,以许明的《美的认知结构》、《康德美学变革的历史意义》(上、下)的文本话语为主体,以康德的美论话语为导语,作

---

① 许明:《美的认知结构》,花山文艺出版社1993年版,第79页。

出非对等的非同步的超时空的学理比较。所谓"超越"仅指对康德美学体系中的某些局限性或个别性的一种超越。仅此也可以说明,中年学者许明的学理思维的敏锐、学理时空的开拓是非同一般的。

　　许明在《美的认知结构》一书的"后记"中曾说:"我要坚持的研究方向,是与哲学认识论,与逻辑,与思维,与认知等是分不开的。"[①]这说明此后许明的学术研究已从美学维度向新意识形态维度突进了。我将在另文专题性地对许明的新意识形态批评论这一课题再度作出学理评介。

---

　　①　许明:《美的认知结构》,花山文艺出版社 1993 年版,第 474 页。

关于郭沫若与陈寅恪关系的辨正

谭解文

近些年来,在海内外持续不断的陈寅恪研究热的影响下,有关郭沫若与陈寅恪的历史交往及相互关系问题,成了人们有兴趣的话题。相关的文章常见于报章杂志之中,其所述史实,真伪混杂,毁誉褒贬,莫衷一是。本文试就其中的某些问题作些探讨。

从已有资料的记载来看,郭沫若与陈寅恪相互之间的联系很少,会面更几近于无。究其原因,当是多方面的,但最主要的原因,还是两人政治选择的有别,学术理念的不同。新中国成立前,郭沫若作为"左翼"文坛的领袖人物,不仅与共产党有着密不可分的关系,而且亲身参与了南昌起义等重大的斗争活动。新中国成立以后,他的文学与学术活动,更是始终与当代社会政治活动紧密联系在一起。陈寅恪则与之相反,他坚守"从来不谈政治,与政治绝无连涉,和任何党派没有关系"的原则,坚持以"独立之精神,自由之思想"从事学术研究。我们无须对二人的政治与学术选择进行是非评判,但"道不同,不相为谋",郭沫若与陈寅恪之间少有交往,应是可以理解的。

少有联系,并不等于就互不了解。郭沫若与陈寅恪都非常清楚对方在学术上的地位和影响,而且可以说都曾以独特的方式,表达了对对方学术地位的肯定。1953年,郭沫若曾亲笔写信,委托专人来中山大学邀请陈寅恪出任中国科学院中古史研究所所长。这次聘请由于陈寅恪的拒绝而未能实现,它在为历史留下遗憾的同时,也留下了许多值得探究的话题。

话题之一是由陈寅恪出任中古史研究所所长,谁在其中起了决定的作用?郭沫若的聘请信是受命从事,还是出于己意?已有的资料中未曾留下明确的答案,学界对此也有过不同的猜测。我以为起用陈寅恪任所长一事中,起主要作用的正是郭沫若本人。第一,郭沫若是中国科学院院长,且是同年成立的历史研究委员会的主要负责人,任命科学院下属的历史研究所所长之事,应以郭沫若的意见为主。第二,郭沫若是著名的历史学家,与当时科学院中的党内人士相比,他对于史学界的情况最清楚,他的意见也最有权威性。第三,根据当时的情况来看,任命所长一事,最后当通过了毛泽东的批准,郭沫若与毛泽东关系密切,新中国成立初年,毛泽东对他甚为尊重,他的意见较易为毛泽东所接受。凡此种种,都说明,聘请陈寅恪出任所长一事,最有可能出自郭沫若的创意与决断,它最清楚不过地表现了郭沫若对陈寅恪的了解与尊重。

话题之二是陈寅恪坚拒科学院中古史研究所所长一职,是否如有人所说,"相当部分是冲着郭沫若来的"？① 我以为并非如此简单。陈寅恪拒绝赴京任职,主要与他个人的政治立场与学术理念有关,而并非针对某个人而发。陈寅恪与郭沫若并无夙怨,此以前素未谋面,在学术研究上亦未发生过争论。仅对王国维之投水自沉一事,两人对死因的看法不尽相同,也只是学术上的歧见。郭沫若在《鲁迅与王国维》一文中,谈到王国维由于受了罗振玉的影响,"一层层封建的纲纪便把王先生封锁着了","逐渐逐渐地被迫成为了一位'遗臣'"。但郭沫若并不同意王国维自杀是为满清"殉节"的说法,他认为王的死因是由于受了罗振玉的逼迫与伤害。陈寅恪可能不同意郭沫若对王国维死因的分析。他对来广州劝他赴京的当年的学生汪篯说:"王国维之死,不关与罗振玉之恩怨,不关满清之灭亡,其一死乃以见其独立自由之意志。"这一见解,与当年他为王国维纪念碑题写碑文的思想是一致的。在这次谈话里,他进一步发挥说,王国维纪念碑"如果做得不好,可以打掉,请郭沫若做,也许更好。郭沫若是甲骨文专家,是'四堂'之一,也许更懂得王国维的学说。那么我就做韩愈,郭沫若就做段文昌。"一些人以此为据,认为这是陈寅恪在发泄对郭沫若的不满。我以为,这样判断未免过于简单。实际上,陈寅恪不过是以碑文之事,借题发挥,强调独立精神与自由思想对于学术研究的重要性。有关王国维投水自沉一事,见仁见智者颇多,陈寅恪不会因为与郭沫若有不同看法即对他心存芥蒂,进而拒绝出任中古所所长之职。他与汪篯的谈话也证明了这点,他对汪篯反复强调说,"学说有无错误,这是可以商量的","我的学说也有错误,也可以商量,个人之间的争吵,不必芥蒂"。可以说,陈寅恪不肯就任中古史所所长,并非出于他与郭沫若个人的恩怨,而是源于他对自己学术原则的坚持。有关韩碑、段碑的毁誉,历史上也并无定论,陈寅恪用此典,虽有某些个人的情绪在内,但并非简单地针对郭沫若。至于借用"四堂"之说,固然语涉讽刺,但另一方面,不也表现了陈寅恪对"郭沫若是甲骨文专家"的学术地位的认可吗?

可以说明问题的是,两人并未因此而结怨,之后又有过多次的联系交往。就在陈寅恪拒绝了郭沫若的聘任一个月后,1954年1月16日,郭沫若再次致函陈寅恪。这封信似乎未保存下来,具体内容已不详,根据当时的情况和陈寅恪的回信分析,很可能是聘请陈寅恪担任正在筹办的刊物《历史研究》编辑委员会的委员并向其约稿。陈寅恪1月23日即作函回复,云"一九五四年一月十六日手示敬悉。尊意殷拳,自当勉副。寅恪现仍从事于史学之研究及著述,将来如有需要及稍获成绩,应即随时函告并求教正也。"从陈寅恪的回信来看,他是比较乐意地接受了郭的约请的。后来的事实也证明了这点,陈寅恪不仅担任了《历史研究》的编辑委员,而且在该刊的第二期上发表了《论韩愈》一文。可见郭陈之间,并不存在什么"结怨甚深"的情况。

最为人所乐道的,则是郭沫若与陈寅恪因《再生缘》一书而留下的一段文坛佳话。《再生缘》是清代乾隆年间女词人陈端生的多卷本弹词作品。最先发现该书的价值并

---

① 陆键东:《陈寅恪的最后二十年》,三联书店1995年版。

进行认真研究的是陈寅恪。1953年年底至1954年年初,陈寅恪撰写了《论再生缘》长文,给予《再生缘》以极高的评价。文中道:"今寅恪殊不自量,奋其谫薄,特草此文,欲使《再生缘》再生。"文章指出:"《再生缘》之文,质言之,乃一叙事言情七言排律之长篇巨制也","实弹词中空前之作"。大致在1960年年底,郭沫若读到了陈寅恪的《论再生缘》,对"陈寅恪的高度的评价"《再生缘》感到"惊讶",便"以补课的心情"来阅读《再生缘》,并想"检验一下陈教授的评价究竟是否正确"。在之后一年多的时间里,他不仅对《再生缘》进行了认真的校订,而且在《光明日报》等报刊上发表了一系列关于《再生缘》的论文。郭沫若不仅肯定了"陈寅恪的评价是正确的",也针对陈寅恪的《论再生缘》中的观点,提出了某些不同的看法,特别是就作者陈端生的有关问题进行了认真的探讨。这一连串的文章,引起了学术界对《再生缘》的极大兴趣。戏剧界还将它改编成剧本,搬上了舞台。

　　有关陈、郭二人研究《再生缘》过程中最引人关注的事件,是两位大师在此期间的两次会晤,这大概也是两人一生中仅有的两次会面。在进行《再生缘》研究期间的1961年,郭沫若先后两次至中山大学陈寅恪寓所内拜访陈寅恪。两次拜会,郭沫若日记均有记载。第一次为1961年3月13日,日记载云:"同(冯)乃超去看陈寅恪,他生于庚寅,我生于壬辰,我笑说今日相见是龙虎斗。伊左目尚能见些白光,但身体甚弱,今年曾病了好久。胃肠不好。血压不大高。"据有关资料记载,他们这次见面还谈到陈寅恪正在研究写作的"钱柳姻缘"即后来出版的《柳如是别传》,郭沫若答应为陈寅恪解决需用的稿纸问题,并自告奋勇到北京代为查找钱柳的相关资料。同年11月15日,郭沫若再访陈寅恪。日记记录如下:"访陈寅恪,彼颇信《云贞曲》之枫亭为仙游县之枫亭。说舒四爷,举出《随园诗话》中闽浙总督五子均充军伊犁事,其第四子可谓舒四爷。余近日正读《随园诗话》,却不记有此人。我提到'句山樵舍',嘱查陈氏族谱。壬水庚金龙虎斗,郭聋陈瞽马牛风。渠闻此联解颐,谈约一小时,看来彼颇惬意。"我们今日已不能详细、具体了解两位大师的这场智慧、风趣的学术对话了,从郭沫若的简短的日记中,我们大致可以知道,这次谈话的主题是《再生缘》,涉及许多学术问题的探讨。病中孤寂的陈寅恪因郭沫若的到访而"颇惬意"。郭沫若创作并当场吟咏的那副对联,更成了两位大师这段学缘的美好见证。"壬水庚金龙虎斗,郭聋陈瞽马牛风",包含着郭、陈两人的生辰、属相、生理特征,也针对社会上有关两人关系的某些误解作了含蓄的剖白。这副对联,幽默、风趣,充满着学者的智识,至今仍传为美谈。即使是不苟言笑的陈寅恪,也"闻此联解颐",可见二人洽谈甚欢,并无什么心存芥蒂之处。

　　有一种说法,认为郭沫若1958年在给北大历史系师生的一封信中,曾对陈寅恪有过别有用心的攻讦。1958年6月10日,郭沫若在《光明日报》发表《关于厚今薄古问题——答北京大学历史系师生的一封信》,信中说道:"在史学研究方面,我们在不太长的时间内,就在资料占有上也要超过陈寅恪。这话我就当着陈寅恪的面也可以说。'当仁不让于师'。陈寅恪办得到的,我们掌握了马克思列宁主义的人为什么还办不到？我才不相信。一切权威，我们都必须努力超过他！这正是发展的规律。"考虑到发表这段话时中国正处于全民"大跃进"的历史背景下，郭沫若的"高调"与当时的时代氛围倒是合拍的，被今日之有些人斥为"热昏了头"，为历史留下了"笑话"，虽是言重了一点，终究是事出有因；但若说此后中山大学出现一连串批陈寅恪的"喜剧"，都"与郭沫若这句话有直接的关联"，"后人可以领略到一种历史设计与布局的从容"，①则未免使人感到有深文周纳之嫌，是"欲加之罪，何患无辞"了。作为中国近代史学大师的陈寅恪，其学问根底和学术成就固非一般人所能企及，但不能因此认为，陈寅恪是永远不可逾越的高峰。郭沫若在信中希望青年师生"在不太长的时间内，就在资料的占有上也要超过陈寅恪"，本是鼓励后学之意，难道要青年们面对前辈学术大师的成就望而却步才是尊重大师吗？更何况，将陈寅恪视为一个赶超的目标，鼓励青年"当仁不让于师"，本身就是号召青年要以陈寅恪为师，是对陈寅恪尊崇地位的肯定。即使陈寅恪本人大概也并不认为郭沫若信中的话对他有何特别的伤害，否则，以陈氏性格之倔犟，三年后，他会在自己的寓所内接见郭沫若且洽谈甚欢吗？

当然，如前所说，郭陈二人因政治和学术理念的不同，又处在那样一个极"左"的年代中，两人的关系主要还是处于一种疏离和隔膜的状况是可以理解的，即使出现某些学术言论上的歧见乃至相互批评也不足为奇。从现有的材料来看，郭陈二人确曾有过一些学术之争，主要出现在有关《再生缘》的研究之中，郭沫若在自己的系列论文中对陈寅恪的《论再生缘》的某些观点提出了不同的看法。这种争论属于学术上的探讨与砥砺，是正常的学术研究方式。试举其中数例：一是关于第十七卷的写作地点。陈寅恪认为"端生似随父玉敦赴云南"，郭沫若认为"写在浙江，陈端生并未随父到云南"。二是关于陈端生的丈夫是哪个范菼。陈寅恪猜测为浙江秀水范璨之子范菼，郭沫若认为是会稽范菼。三是关于陈云贞是否是陈端生。郭沫若坚持"陈云贞就是陈端生"，并引出《寄外书》的真假和《绘声阁续稿》、《雕菰楼集》中《云贞行》等文献的史料价值问题。四是关于《再生缘》的反封建性问题。陈寅恪给予作者很高评价，认为"端生心中于吾国当日奉为金科玉律之君父夫三纲皆欲借此等描写以摧破之也"。郭沫若却认为，"其实作者的反封建是有条件的。她是挟封建道德以反封建道德，挟爵禄名位以反男尊女卑，挟君威而不认父母，挟师道而不认丈夫，挟贞操节烈而违抗朝廷，挟孝悌力行而犯上作乱。……实际上她还是在那里鼓吹忠孝节义。"两个国学大师的学术的交锋，与20世纪50—60年代已习以为常的以政治批判替代学术批评的文艺批评迥然不同，引起了人们极大的兴趣，它所包含的意义已超越了争论的是非本身。

时隔十年以后的"文化大革命"期间，郭沫若出版的《李白与杜甫》一书在对李白家世考证时，曾顺便对陈寅恪三十五年前发表的《李太白氏族之疑问》一文中的李白身世的观点提出了批评。陈寅恪该文认为，以李白出生于碎叶条支，"断非当日情势所能有

---

①　陆键东：《陈寅恪的最后二十年》，三联书店1995年版。

之事实。其为依托，不待详辩"。进而认定，李白不是汉人，而是西域胡人："夫以一元非汉姓之家，忽来自西域，自称其先世于隋末由中国谪居于西突厥旧疆之内，实为一必不可能之事。则其人本为西域胡人，绝无疑义矣。"郭沫若则指出陈说有误，错在"把中亚碎叶误认为了焉耆碎叶"，"陈氏不加深考，以讹传讹，肯定为因罪窜谪，他的疏忽和武断真是惊人"。"陈寅恪关于李白'本为西域胡人'的说法，是毫无根据的。"陆键东先生在他的《陈寅恪的最后二十年》中用这样的话指责郭沫若："在其新出版的《李白与杜甫》一书中，开篇章节即毫不留情地多次批驳陈寅恪关于李白身世的学术观点，反复使用了诸如'陈氏不加深考，以讹传讹'，'他的疏忽和武断，真是惊人'等句式。此时陈寅恪含冤去世已有两年。"给读者的感觉似乎是，郭沫若乘人之危，对陈寅恪落井下石。

实事求是地说，陈寅恪在《李太白氏族之疑问》中谓李白为胡人，确有疏忽、武断之嫌，郭沫若的批评倒是切中肯綮的。至于说郭沫若的批评别有用心，则窃以为未必。关于李白身世的考证，属于纯粹的学术范围的问题，郭沫若对陈寅恪观点的不同意见，是纯粹的学术争论。即使在今日看来，说一句"疏忽武断"和"毫无根据"之类的话，也算不得大不敬。比之"文化大革命"期间的大批判文章动辄给对方加上"思想立场反动"，"反党、反革命"的政治帽子，比之当时的中山大学造反派批判陈寅恪"他狂叫'兴亡遗恨尚如新'"，"简直是反动透顶、恶毒至极"的谰言，则郭沫若之学术批评，不但大不合潮流，而且在当时很可能会因为"以学术问题掩盖政治问题"，"假批判，真开脱"而授人以柄。以此而论，陆键东先生对郭陈二人观点的曲直是非本身避而不谈，却借题发挥，指责郭对陈之不敬为居心不良，其用意倒是颇值得玩味了。

其实，学人间的切磋砥砺，是再正常不过的事。陈寅恪自己也说过"我的学说也有错误，也可以商量"。对陈寅恪的学术研究提出批评者，事实上也并非郭沫若一人。学术界对陈寅恪的以诗证史、以史解诗的学术方法有时太显烦琐，过于实证主义的批评，早有所闻。另一位国学大师钱锺书就曾对陈寅恪的治学方法提出过批评。他在《管锥编》中说道："泥华词为质言，视运典为纪事，认虚成实，盖不学之失也。若夫辨河汉广狭，考李杜酒价，诸如此类，无关腹笥，以不可执为可稽，又不思之过焉。"可看做是钱先生对文学研究中的实证主义方法的不足的批评。1978 年，钱锺书在意大利米兰举行的欧洲汉学家第 26 次大会上作了题为《古典文学研究在现代中国》的演讲。他在演讲中对国内传统的古典文学的研究方法提出了批评，认为那些研究者不觉得有理论的需要，而是醉心于来历的追究，典故的笺注，实证主义的考据。钱锺书甚至以调侃的语气举了一个例子：新中国成立前有位大学者在讨论白居易《长恨歌》时，花费博学与细心来解答"杨贵妃入宫时是否处女"？认为这种讨论于研究毫无意义，是可笑的。这里所说的大学者，即指的陈寅恪。杨玉环入宫前是否处女的问题，正是陈寅恪在西南联大讲授过的一个题目，也是《元白诗笺证稿》第一章中详加讨论的问题。我们并不认为这是钱锺书对陈寅恪的大不敬，倒是从大师们的不同见解中得到了极大的启发。

谈到郭沫若和陈寅恪之间的相互关系及今人的是非评价，我以为应该特别注意的一个问题是：我们不仅应看到两人固然有政治和学术观点上不同的一面，更要看到，作为诗人和学者，他们在本质上也有许多相通之处，其中最主要的，乃是他们的精神血脉中，都灌注着深厚的中国传统文化修养，都有着对国家、民族的挚爱，对学术的执著痴迷，他们都取得了举世瞩目的学术成就，成为现代中国的文化巨人。这种共同之处使得他们虽然一居北京，一处广州，但政治和地域上的距离，并没有割断他们精神和文化上的联系，日常交往上的疏离，也没有屏蔽他们学术上的相互关注，他们是"道"有所别，心有所通的。

张兵先生学术访谈录

聂付生

一、引 言

张兵先生算不上第一流的学问大家,但绝对是个勤奋、刻苦的学者。22 年的学术生涯中,他共出版学术论著 12 种,约 300 万字,主编词典两部,近 400 万字,发表学术论文 92 篇,计 100 万余字,整理校点小说文献 13 种,约 500 万字,另外,还参与了十多部词典的撰写,在多家报纸杂志上发表各类学术文化随笔、短文、报道和文摘等 200 余篇。洋洋大观,可谓著作等身矣。

2004 年秋天,我在复旦大学博士后流动站工作,有幸聆听张先生的指教,收获颇多,对他在学术上的辉煌成就和默默无闻的编辑工作深表钦佩。于是,萌发了采访张兵先生的想法,以此勉励自己及同仁。下面就是详细的采访记录。

聂付生(以下简称"聂"):张老师,看了您的一些资料以后,我深为您在学术研究上的勤奋和执著所感动,我很想请教您一些有关治学方面的经验或者说是经历,尤其是您密切关注的几个研究领域,希望您不要拒绝。

张兵(以下简称"张"):我的人生理念是不谈治学经验这一类的问题。记得巴金说过,作家是靠作品来说话的。而一个学者也应该靠他的作品——论文或论著说话。这是一条很重要的原则。我在给学生上课时,也反复地说过这类话。因为我一向认为,一个人的立世,要在剧烈的社会竞争中站稳脚跟,并永远领先,首先得靠自己的努力奋斗,要有超过他人的实力,这样你才能有自己的话语权。不要看有些人名气很响,其实有可能是绣花枕头。我们不可学习这种浪得虚名。

我治学的面比较宽,从研究的文体来说,有诗、词、小说和戏曲,以小说为重点;其次是词和戏曲。从成果的形式来说,有论文、论著、词典、选注、随笔等,以论文和论著为主。可以说,学术研究的十八般武艺都用过了。这可能跟我的兴趣有关,当然它也和我的编辑职业有关。这种多元的研究,促使着我去学习广博的知识,同时也有利于开阔研究视野,拓宽研究领域。我应该感谢现在所从事的工作。

二、话本与准话本

聂：我知道，话本小说是您的学术研究最早进入的领域，也是奠定您在学术界地位的重要根基。我很想问一下，您当初为什么要选择话本小说作为研究生涯的第一站呢？

张：这是我乐意详谈的一个话题。不过，非常惭愧，我在话本小说研究领域中的成就实在是微不足道的。不过，我开始话本小说的研究，倒也不是心血来潮和一时的感情冲动。仔细想来，大致有以下三个原因，或者说是机遇。

第一，与我小时候的生活经历有关。我生长在江南农村的一个小镇。绵延二三里的小镇却有七八家大大小小的茶馆。茶馆里经常聚集着一些说故事的江湖艺人。他们说的《小红袍》、《大红袍》、《杨家将》、《三国演义》、《水浒传》、《岳家军》等吸引了很多小听众。我就是其中最忠实的一员。只要有时间，只要有演出，我必到无疑。久而久之，我对他们讲的故事都能倒背如流了。"文化大革命"中，我在农村教书，因为我知道的故事多，被县文化馆叫去编写故事。当时我们这个创作班有好几个人，每年都要举办两三次。我们在一起交流写作素材和经验，创作出来的东西很受群众的喜欢。所以，县文化馆领导也很器重我们，经常把上级安排下来的创作任务交给我们去做。根据芭蕾舞剧改编的革命故事《白毛女》就出自我和另一位同志之手，后来还刊登在《文汇报》上，并且套上大红标题，整整一大版。这本近十万字的小书的出版着实让我兴奋了好几个月。我考取复旦大学以后，有机会读到了"三言"、"两拍"等话本，这些小说的故事情节、人物安排、语言技巧等居然与我们当时编写的相差无几，我惊呆了，简直不敢相信自己的眼睛，可又是千真万确。从此，我对话本的方方面面都非常感兴趣，这就是我较长时间迷恋话本的主要原因，仿佛它就是我的一个情结，我毕生就是要解开这个情结。

第二，也与当时我校中文系的教学和科研力量有关。本来复旦大学中文系研究话本小说的实力很强，著名的专家有赵景深、章培恒，还有年轻的马信美先生等，尤其是陆树仑先生是专治冯梦龙和"三言"的精锐。他们成就卓著，十分抢眼。不幸的是，陆树仑先生被一次车祸夺去了宝贵的生命。大约是 1985 年吧，陈允吉先生任中文系主任。有一天，他找我说："小张，你准备一下，开门话本小说专题研究课吧。"当时我正为选择学术方向苦恼，这番话正中心意，而且有一次我在章培恒老师家见到一本日本学者小野四平写的《中国近世白话小说研究》，感觉国内在这方面的研究也实在太滞后了，在章老师的鼓励下，我正式选择话本作为我的研究方向，从此而一发不可收。

第三，是我的学术思想认识所致。我生于农村，长在农村。中师毕业后也在农村教书，一直生活在农民中间，甚至自己也承包着土地，是一个十足的农民教书匠。虽然进入大学，思想却还是农民的，至少是有着浓厚的农民的色彩。我一直认为，话本小说是人民群众创作的，不管是题材、思想内容，还是人物声口、文学风格等都是民间的、世俗的，这些民间的、世俗的东西来源于民间，又深受群众的喜欢，是地地道道的民众文学，而《三国演义》、《水浒传》、《红楼梦》等文人化的小说又明显是话本发展后的产物。然而,在当时,对话本小说的研究在大陆却没有引起足够的重视。改变这种状况理应成为我们这一代学人肩负的历史重任。

正是这样的机缘,我进入了这个领域。

聂:资料丰富,考证详尽。是您研究话本小说的一个重要特点。而宋至元四百余年的小说史料大多散落在各种笔记、野史当中。辑录、甄别这些史料不但需要花费大量的时间和精力,而且需要具有史家眼光和丰富的专业知识。在"既无依傍,又无借鉴,且涉及的作家、作品多,而古代文献资料又严重失传;还有许多无法回避的学术'悬案'"①的情况下开展这项工作,其难度就更难想象了。在资料收集、考证上做了哪些工作?

张:话本发展至宋元时期,成为了与诗、词、文、戏曲一样重要的文学体裁。有人甚至把话本发达的宋元时代称为"平话"时代,可见它在我国文学史上的重要地位,自然,它也成为学者们研究的重点之一。早在20世纪的20年代,鲁迅先生曾在《中国小说史略》中辟专章论述"宋人之话本"。后来的胡士莹、孙楷第、谭正璧、程毅中先生等都专注于此,为话本小说的研究作出了杰出的贡献。但是,话本小说作为宋元时期的一种特殊的文学现象,还有很多概念需要厘清。比如,什么是话本小说?话本小说的判断标准是什么?而且,不少话本小说的文本不在国内,要想对话本作一个精确的判断,除了对在国内能找到的资料进行梳理和甄别之外,还必须依靠众多的海外朋友的努力,尽可能地搜集更多的、至今还躺在国外图书馆睡大觉的原始话本材料。所以,我认为,研究话本的第一步,必须编纂一部《话本小说总集》,把散落在各地的话本材料集聚在一起,供研究者查阅和参考。这是从事话本小说研究最基础的工作,尤其是文本,虽然大部分经过前贤和时人的努力已经出版,但大多系零打碎敲,缺乏完整性、系统性和专业性。正是基于这样的考虑,我滋生了啃这块骨头的念头。于是,我一头扎进图书馆,从各种资料中确定了100多种话本小说。然后,我把目光锁定海外,在众多朋友的帮助下,这项工作做得非常顺利,很多珍贵资料源源不断会聚在我手里。然而,问题居然出在后来的出版上。我整理好书稿后,却因某种外在原因未能出版,断送了我和出版社的计划和理想,将我们殚精竭虑几年的心血一笔勾去。这件事尽管已过去好些时候了,但每每想到此事,我都扼腕长叹不已。

尽管如此,我对话本小说的感情还是一如既往。我先后写过《宋元话本》、《宋元话本赏析》、《话本小说史话》、《宋辽金元小说史》、《凌濛初与两拍》、《话本小说简史》等专著。当时,我确实是在"既无依傍,又无借鉴,且涉及的作家、作品多,而古代文献资料又严重失传;还有许多无法回避的学术'悬案'"的情况下开展这项工作的。对材料的重视,对学术问题实事求是的考察,是一部严谨的学术著作应有的学术品格,也是我

---

① 聂付生:《宋辽金元小说史·后记》,复旦大学出版社2001年版。

一贯的学术态度和追求。对所论及的每个作家、每部作品,我都要详细考证,如果涉及版本、作家的生卒年等问题,除了可靠而丰赡的材料外,还要有严密的逻辑推理,得出尽可能符合实际的答案。比如,我对学人提出"《绿窗新话》是宋代'说话'艺人的重要参考书"的说法心存怀疑。经过考证,我认为,《绿窗新话》的编纂曾受到宋初编纂的小说巨著《太平广记》以及北宋和南宋编纂小说类书的影响,实际上,它也是一部像《太平广记》一样的类书。话本小说比较复杂,似是而非的现象比较普遍,这就需要我们除了尊重材料之外,还要慎重甄别。

聂:"准话本"是您多年话本研究中最重要的研究成果之一,您并且说,准话本"从形式到内容和话本小说有着千丝万缕的联系,是直接沟通文言小说向话本小说过渡的桥梁"。据我所知,刘斧的《青琐高议》等书既非纯文言,也不是白话,其中的很多小说正题之下,还有一个七言的副题,当时我曾对其归类疑惑过。看过鲁迅的《中国小说史略》以后,发现鲁迅已注意到这一问题,并称此为"拟话本"。我想,这类拟话本就是您所说的"准话本"吧?

张:你说的没错。"准话本"这一概念是我第一次提出的。据《汉语大词典》的说法,"准话本"的"准",是我国旧时代的公文用语,始于唐、五代,意思是许可、依照等。它也可以引申为比照,作某类事物看待解。我说的"准话本",是指那些可以作话本看待的非话本类作品。按照这个界定,鲁迅是最早注意到这个问题的人。他说《青琐高议》"文辞虽拙朴,然尚非话本,而文题之下,已各系以七言",简短的概括抓住了准话本的主要艺术特征。然而,鲁迅先生把这种文学现象称为"拟话本",我认为这是他的失察所致。"准话本"和"拟话本"是不同的,准话本在话本之前,是对话本的溯源;而拟话本则是在话本之后,系受话本的影响而写作的小说。倘从字面上理解,拟话本是"模仿话本而作的小说"(新版《辞海》),而《青琐高议》等显然不是,它是由文言向白话转型的作品,有话本小说的一些特征,确实又不是话本小说,我称之为"准话本"的用意就在这里。最近我写了一本小书《话本小说简史》,在"绪言"中用三个交叉圆的图示方法把它们以及中国小说发展之路作了形象化的表述。等书出版后,我一定送一本给您指教。

准话本作为话本的前驱,在艺术体制上必然与话本有些相同或相似的地方,这一点在《青琐高议》中表现得非常明显。刚才你提到的正题和副题就是一个最能说明问题的例子。清人俞樾也看出了这一点,他在《九九消暑录》一书中曾这样评论:"宋刘斧所著《青琐高议》,每条各有七言标目,如《张乖崖明断颁才》、《回处士磨镜题诗》之类,颇与平话体相似。"他说的"颇与平话体相似"一语,就是我说的"准话本"的艺术特征。它尽管不成熟,但它确实是中国的文言小说向白话小说转型时期的一种独特的文化现象。只有注意这种现象,我们才能把话本的研究引向深入。当然,这一问题仍可讨论。

三、小说，从本质上说是一种文化

聂：最近几年，您的研究重心似乎已经转移至中国古代小说与文化的研究。我看过您的《小说：一种文化》、《〈铸剑〉的文化解读》、《从〈赵泰〉看佛教对中国小说发展的意义》等论文，似乎都显示出这种转向的迹象。其实，小说不只是一种审美的反映，它还是历史的、民族的，它承载着太多的文化因素。

张：你说得很对。我认为小说从根本上来说是一种文化，这是我从十几年的话本和其他中国小说研究中得出的一点看法。我们对小说的研究应该跳出以往单纯的就小说研究小说的传统思路，而应该把它置于整个中国文化的大背景下来研究，这样才能把中国古代小说的研究引向深入。你提到的那篇《从〈赵泰〉看佛教对中国小说发展的意义》，就是从佛教文化的角度研究中国小说发展的一次尝试。应当承认，以前我们的古代小说研究在这个层面上还注意得很不够，希望以后能够得到改进和加强，使中国小说的研究更上一层楼。我认为，为加强这方面的研究，诸如编写《佛教小说史》、《小说文化史》、《小说思想史》、《小说艺术史》和《小说美学史》等的新课题，应当提到有志于小说研究者的日程上，这在目前或今后，都是很有必要的。

小说，从本质上说是一种文化。其文化特质究竟表现在什么地方呢？我提出这一观点是深思熟虑的，经过了几年的思考，绝不是什么空穴来风，或是什么追赶时髦的潮流之类。

在我看来，这种理论的依据和基本逻辑至少可以表现在以下几个方面：一、文化是小说的根，也是小说的魂，而小说则是文化的一种载体和一种特殊的表现形态。二、文化决定了小说的内容和形式以及各种艺术表现方式，而小说则是文化价值的展露平台，充分表现出各种社会理想和人的审美观念。三、文化标示着民族的心理性格，是一个民族精神意志的集中体现，而小说则通过具体而鲜活的艺术形象（包括各种人物形象和情感形象），去表现民族的心理性格和精神意志，在这里，文化作为两者之间的中介，起着特殊的、促进转化的重要作用，这种作用是其他中介无法替代的。四、文化依多种符号形式存在，呈现其多元化的基本特征，而小说却只能以一种符号形式和文学语言去创造，而且这种文学语言还受到相当多的制衡，或者说是束缚，例如民族、国别、区域，有时甚至是生活环境的各种影响。五、小说越来越成为文学的主体，而文学在文化学者眼中向来被认为是民族文化心路历程的活的化石，小说在文化研究中的比重日益提高，它所承载的历史使命也与日俱增。

聂：张老师，您对小说的文化性概括确实很精辟，看得出来，这是您多年研究总结出的结论。然而，"文化"的内涵太丰富，它是一个各种因子的"复杂整体"，小说的文化性界定也会呈现多元化特征。那么，我冒昧追问一句：小说既然是一种文化，它是一种什么性质的文化呢？

张：小说的文化性质的界定离不开对文化定义的界定。现在文化定义很多，而且很杂，在这里，我不想复述。在有关文化的诸多观点中，我一向信从列宁的两种文化学说，而且始终把它视作是我学术研究的指路明灯。多少年来，它一直左右着我的学术选题的把握。列宁在《关于民族问题的意见》一文中说："每一个现代民族中，都有两个民族，每一种民族文化中，都有两种民族文化。每个民族的文化里面，都有一些哪怕是还不发达的民主主义和社会主义的文化成分，因为每个民族里面都有劳动群众和被剥削群众，他们的生活条件必然会产生民主主义和社会主义的思想体系。但是每个民族里面，也都有资产阶级的文化（大多数的民族里面还有黑帮和教权派的文化），而且这不仅是一种成分，而是占统治地位的文化。因此，民族文化一般说来是地主、神父、资产阶级的文化……我们提出民主主义的和全世界工人运动的国际文化这个口号，只是为了从每个民族的文化中取出民主主义和社会主义的成分，而取出这些成分只是，并且无条件是为了同每个民族的资产阶级文化、资产阶级民族主义相对抗。"

如果我没有理解错的话，列宁的这段话，大致包含了三层意思。第一，阐明了两种文化的内涵。第二，从本质上说，这两种文化是相对抗的。第三，我们要建设群众文化。过去，我们对统治阶级的文化已经研究得很多、很透、很深，而对劳动群众的文化都较少有人去进行专门的深入的理解。正如列宁所说，在劳动群众的文化中有着很多的"社会主义成分"，这些"社会主义成分"的文化无疑是今天建设社会主义新文化所迫切需要的。每一位研究者对此都有自己的一份责任。

我在话本小说的研究中，对这一点深有体会，文化虽然是劳动群众创造的，然而，劳动群众却不能享受自己创造的灿烂文化。只有当他们当家做主、成为国家的主人时，才拥有自己的文化。文化的阶级性、阶层性在界定文化定义时必定要注意到的。所以，我们研究包括小说在内的所有文化，都应该以此为出发点和理论基石。中国小说的发展长期处在人民群众被压迫和被剥削的状态中，根据列宁两种文化的学说，它毫无疑问是劳动群众和被剥削群众的文化。我们通过对小说的研究，可以发现民众的所思、所想和他们的爱憎，其中的积极成分乃是我们民族文化的精华之一。《红楼梦》等小说就是最好的例证。这一点也用不着我再来多说了。

聂：佛教与小说研究是您涉足小说文化研究的一次尝试。这次尝试是否也是小说文化研究？

张：是的。佛教本是印度的宗教，自两汉之际从异域传入中土以来，对我国文化产生了深刻的影响，魏晋南北朝时期，是我国小说萌生的重要阶段，也是佛教在华夏大地迅速流播扎根的岁月，在此交汇点上，小说与佛教的结缘，构成了我国文学发展的一道亮丽的风景线。

过去，也有人对小说与佛教的关系作过研究，但总的来说，还停留在浅表的层面上。近几年，我看了一些佛学类书，发现这一领域的研究大有可为。当前最重要的是要认识到小说与佛教的息息相关。两者的互相渗透已如水乳交融。可以这样说，不懂得中国佛教(当然也包括道教等),就不可能真正深入研究中国小说,也不可能理解中国文化的精髓。把小说与佛教结合起来作跨学科的研究,应当得到鼓励和倡导。因为我认为,佛教至少在以下三个方面促进了古代小说的发展:

第一,佛教文化拉大了中国小说与史传的距离,有利于文体自然回归。我国是一个历史悠久的国家,先人的历史意识很重,早在商周时期,史官文化发达,君王在进行祭祖和各种重大的活动中,都要有史官对其记录,《春秋》、《左传》、《国语》、《战国策》乃至《史记》等一部部优秀的历史著作,构建了灿烂的史官文化乐章。佛教的密切渗入小说,可以拉开小说和史传之间的距离,有利于小说文体的自然回归。源于印度的佛教在经典文本上呈现出鲜明的文学性,为了宣示教义,征服人心,往往选用许多形象化的比喻和富有情节内容的生动故事以及充满想象力的艺术虚构(比如天堂、地狱、恶鬼等),并且表现得活灵活现,动人心魄,这对小说克服史传带给它的缺陷是一剂良药。佛教传入中国后的小说发展,尤其是魏晋南北朝时期志怪小说的勃兴,正好说明了这一点。

第二,佛教文化丰富了中国小说艺术表现力,增强了中国小说的文学性。

第三,佛教文化改变和开拓了中国小说发展的前进方向。从中国小说史的发展来看,它基本上处于历史、志怪和世情鼎立之状。在佛教传入中国之前,小说受历史的影响很大很深,它的发展基本上依附史传,尚少独立的文体意义。佛教传入中国后,小说逐渐摆脱了对史传的依附,它在表现历史题材的同时,更多地把目光投向现实的人生,尤其是注重提高其艺术表现力。魏晋南北朝小说中的志怪小说的蓬勃发展,就是这种努力的结果。

四、关于武侠小说的研究

聂:有一问题我必须向您请教:武侠小说一向被正统、严肃的学术界称为通俗小说,难以进入他们的学术视野。正如陈平原指出的,虽然有了金庸这样的武侠小说名家横空出世,也引起了部分好事者的关注,"但在正统文化人心目中的武侠小说仍是毒害青少年的'文化垃圾'"。您认为武侠小说有研究的价值吗?

张:陈教授的话我没有看见,不能在此妄加评议。我也不知道这句话中所说的"正统文化人"是指哪些人。不过,对武侠小说的认识,有不同看法,我以为是很正常的。正如对任何事物的认识总是由浅入深那样,对武侠小说认识也应该允许有个过程。况且武侠小说本身也存在鱼龙混杂的现象,少量作品确也存在着粗俗媚众,甚至是凶杀斗殴的倾向,容易对自制力不强、好学喜模仿的部分中小学生产生负面影响。这也正是我们要研究武侠小说的目的之一。积极引导他们走上健康的道路,是我们每一个人的责任。

就我的看法而言,武侠小说从总体上说是有着积极的思想意义的。它的走俏市场、广受欢迎就是一个最好的证明。最近,我写了一系列的论文已对此作了初步的说明。

我们不能因为武侠小说是通俗小说而否定其价值所在。其实,我们津津乐道的作为"纯文学"的小说,与所谓通俗小说一样,恰好起始于和正史文化(史官文化)相对立的民间野史文化。我们强行把它们分为纯文学和通俗文学,不过是同出一母的兄弟。真实的情况是,世上并没有什么纯文学和通俗文学,只有优秀的文学和不优秀的文学的区分。退一万步讲,就算是通俗文学,我们只需要问一问,当年的《三国演义》、《水浒传》等作品,不也被正统文人认为难登大雅之堂而拒绝接受吗? 说《金瓶梅》是海淫海盗之作,吓得作者连姓名也不敢署上,连中国文学的巅峰之作《红楼梦》,很长一段时间里也难入经生儒士的尊眼,至于走红甚或火暴,不过是百余年间的事情。我对这种主观的,甚或武断的研究态度是极为反感的。武侠小说有很多优秀之作,特别是金庸的小说,其语言真的是千锤百炼,几乎达到了炉火纯青的地步。如《神雕侠侣》中的李莫愁,人称"女魔头"。在金庸的笔下,对她临死前的描写确实精妙绝伦,叹为观止。金庸把李莫愁的死,写得非常优美,既有熊熊大火的包裹,又有凄厉歌声的传出,如此神奇的语言描写,读者是很难把它和"女魔头"联系在一些的。像这样的美文,能说没有研究价值吗?学界无论如何也应该注意到一点:为什么以金庸为代表的新武侠小说在今天有这么大的市场? 为什么其作品会经久不衰? 新武侠小说一般都以古代为时空坐标,和提倡现实主义、关注国事民瘼的宗旨相距何止天壤,而为什么众多的读者偏偏喜欢与自己的现实人生处境八杆子也打不着的古人的恩恩怨怨、爱恨情仇呢? 这一切难道真的不值得深究?

我很喜欢看武侠小说,金庸的、古龙的、梁羽生的,爱不释手。看多了,也开始思考一些问题,留意这方面的研究信息。什么是武侠小说? 这是首先必须界定的,我看过很多这方面的文章,都是抓住一点不及其余,要么界定太宽,要么太窄。我认为,要判定某篇作品是武侠小说,起码要符合四条基本标准。第一,作品中要有兵器,尤其是早期的武侠小说,这一点非常重要。它是人物行动的道具。离开了它,我们很难将它称为武侠小说,也不容易把它和其他样式的文学作品区别开来。第二,作品中要有武侠人物。所谓武侠人物,是指小说中的人物应具有扶弱抑强,见义勇为等基本的侠义精神,他们属于社会中一个特殊的群体,系士林的性情中人。第三,要具备小说的要素。作品中要有基本的故事情节,符合叙事文学的基本特点。其中很重要的一点是要和历史著作相区别,在创造人物、描写环境和叙述故事发展时,应有某种程度的艺术虚构,不能完全照搬真实的历史。第四,独立成篇。既然称为武侠小说,应是独立的文学作品。那些依附在历史著作中的,或者是诸子著作中作为作者说理而列举的比喻、寓言和人物故事等,是很难称得上是"武侠小说"的。诚然,判定武侠小说是否成立的标准还有很多,但这四条,无疑是最基本的。离开了它们,我们很难界定武侠小说了。

明白了这些道理,武侠小说的起源问题,自然比较好解决了。我在拙文《武侠小说发端于何时?》曾对这个问题有比较详细的阐述。

对武侠小说,我也许说得太多了。不过,还有两点看法我不能不说。其一是我反对对旧作作一次而再次的修改。我的一位朋友说得好:"随着时代的发展,人的认识也在不断提高,用大学教授的眼光去修改自己当年做大学生的论文",这有什么必要呢?尊重历史,就是尊重读者,把一个真实的自我留给读者吧!其二是研究者们的"三千宠爱在一身",目光过多地集中于金庸身上。金庸小说固然不错,但他绝不是无懈可击。要不,他为何要多次做修改呢?目前的金庸小说研究,似有过于溢美的倾向。相反,对其他作家的武侠小说注意得很不够。例如古龙,他的作品无疑是真情的流露。个性鲜明,率性任情,别有风格。做一不很恰当的比喻,金庸和古龙,犹如唐代的杜甫和李白、现代的鲁迅和郭沫若,他们各有千秋。诚然,还有梁羽生、温瑞安、萧逸等等,都等待着我们去用心解读他们。您说"金庸这样的名家横空出世",我不太同意用"横空出世"这样的词语来评论新派武侠小说家。因为他们的出世,要是没有旧派武侠小说的铺垫是根本不可想象的。最近我已注意到这一问题,正在撰写《武侠小说史》,准备追根溯源,把武侠小说的来龙去脉说清楚,以期把武侠小说的研究从文化的整体上加以详细的评论。由于身体不好,这方面的进展不快。

五、结　语

聂:张老师,我还注意到,您对学术的精品意识很强烈,在很多场合都强调了这一点。您的作品那么多,您是按这个意识来要求自己的吗?

张:您提到这个问题,我的心里很虚。因为自己的论文和论著都称不上是精品。况且每一个人的学力不同,对精品的看法也会不一致。

您说得不错,我曾在不少场合说过"崇尚精品"之类的话,也发表过文章。说白了,那是我的一种追求。有没有这种追求是不一样的。有了这种思想上的追求,就可以不断地鞭策自己,力争上游;没有这种追求,就可能停滞不前,放低要求,最后一事无成。所以我认为,凡是别人研究过的,你如果没有新的发现和创造性,就尽量不要写文章,一者,这样的论文除了滥竽充数外,于学术的发展毫无意义。相反,倘竞相制造学术垃圾,就只会污染和毒化学术空气。二者,过多地重复他人,也是对别人劳动的不尊重。既然你在某个学术问题上无法超越他人,那就应该老老实实地坐几年冷板凳,等你有了新的发现和创造性或者是新收获时再撰文也未迟。三者,倘把精力集中在这里,就会影响你对其他学术问题的关注。长久下去,不仅会影响你的学术视野,也会对学术的发展带来不必要的危害。因此为多数学人所不取。1995年我在澳门《华侨时报》上发表过一篇短文,反响很好,多次被人引用。其中一段话,我摘引在此:"我们之所以需要人文科学,其终极目的乃在探寻社会发展的规律,以促进人类自身的进步。换言之,在人类改造世界、征服世界的长期斗争中,学术研究是其中一种独特的、无可替代的重要武器。而使学术研究真正为人类作出贡献,创造性科学发现乃是唯一的、最高的价值目标。诚然,科学的前进离不开对传统的继承,创造性的独特发现,也与现有的学术成果密不可分。如果我们能在前人和时贤奠定的基础上继续前进,为人类提供迄今为止尚未领悟的客观真理,那么,人和发现未知世界的创造性的学术劳动,都应获得尊重和奖赏。"①这段话我在很多场合引用过,我想,在不正学风泛滥的今天再次引用,还是很有现实意义的。我写文章,努力做到有感而发,坚持有发现才写文章。我一直认为,学术研究是一种创造性的事业,尽管我在学术研究中至今还没能真正做到重大的"发现",但我坚信,一直朝着这个方向努力,总会修成正果,造福于民。

今天谈的实在太多了,就到这里吧。聂博士,谢谢您,下次欢迎再来做客。

---

① 张兵:《学术贵在发现》,《华侨时报》1995 年 3 月 12 日。

简论李元洛的诗歌研究

朱平珍

一

四十多年前,当年轻的李元洛还只是北京师范大学中文系二年级的学生时,他就立下大志:此生要写 10 本诗歌理论著作! 几十年过去,他在 60 岁前于海峡两岸共出版了 10 本诗评和诗美学著作。其著作可分为三类:(一)50 万字的《诗美学》大著[先由江苏文艺出版社出版,后由(台湾)三民书局出版]。(二)《李元洛文学评论选》(湖南人民出版社出版,系冯牧等主编的"中国当代文学评论丛书"之一)、《缪斯的情人》(湖南文艺出版社)、《写给缪斯的情书——台港与海外新诗欣赏》(北岳文艺出版社)等新诗评论方面的著作;(三)《楚诗词艺术欣赏》(长江文艺出版社,后出了台湾版)等评析、研究古典诗词的专著。

读李元洛的诗评和诗论,会使人眼前一亮,禁不住会拍案称妙:"好优美的文笔!"进而深研,更会被其独妙的艺术感悟力和体大思博、精美宏伟的诗论殿堂所深深吸引。

"古代山之东的刘彦和,为文学批评树立典型;当代湖之南的李元洛,亦步亦趋,为古今诗歌剖情析采。"香港学者黄维梁曾将李元洛与刘勰进行类比。刘勰是中国古代颇有成就的文学理论批评家。他早年笃志好学,撰写的《文心雕龙》文辞优美,发展了前人进步的文学理论批评,对当时创作界片面追求形式的风气进行了批评,是我国古代第一部体系完整的文学理论批评巨著。一个真正的文学批评家总是有自己的文学观和批评观的,刘勰建立了他具有独创性的文学观和批评观,李元洛也建立了他具有独创特性的诗歌观和诗评观。李元洛在他的《诗美学·后记》里明确地概括了自己的诗歌观:

> 中国的新诗应该纵向地继承传统,横向地向西方借鉴,以中为主,中西合璧;解决好社会学与美学、小我与大我、传统与现代、中国与西方、再现与表现、作者的创造与读者的再创造的辩证关系;力求民族化、现代化、艺术化和多样化。

这种诗歌观具体体现在新诗评论集《缪斯的情人》的"理论篇"中。他对诗歌传统的根本看法是:既反对全盘肯定传统、抱残守缺,不敢开拓的保守、僵化。又反对全盘否定传统,无选择、无批判地以西方的美学原则来改造我们的新诗的民族虚无主义、全盘西化。从而提倡具有定力地立足于纵向的继承,同时也态势开放地着眼于横向的借鉴。

由于有自己的诗歌观和诗评观,李元洛不趋流俗,具有评论家的自主性和独立个性,敢于发表自己的观点和看法。1980 年前后,针对一味强调用西方现代派的诗歌艺术来"革新"或"改造"我们的新诗的观点,他明确提出不同意诗歌就是"自我表现"的主张。他先后发表了《什么是"新的美学原则"?》、《时代·诗情·创新——且说中国当前的新诗创作》、《前车之鉴——从台湾诗坛看现代派》等多篇有影响的论文。他提出了自己的总看法:"诗的艺术当然应当不断地发展、革新和创造,株守传统不思革新,顶多是只能算一个恪尽其职的仓库保管员;但是,否定传统一意向西天取经而不回头,那也不过是一个并无出息的弃家出走的浪子。中国新诗艺术的发展,毕竟要纵向立足于传统,横向借鉴于西方,合则双美,离则两伤;以中为主,中西合璧,努力促进中国新诗的民族化和现代化。"

在20世纪80年代中期关于文学批评方法的大讨论中,李元洛针对当时文论的弊病强调说,当代文论应重视艺术感受和讲究文采。1987年他在接受记者的采访时说,与西方文论的体大思周相较,中国文论则重艺术的直觉和感受,司空图的《二十四诗品》、刘勰的《文心雕龙》等都具如此特色,片羽吉光,文采斐然,能引发读者思考和想象。当代文论应继承我们民族文论的重艺术感受和讲求文采的传统,并和西方文论重逻辑思维、重理论体系的长处融合起来而呈现新的面貌。这样我们的理论才具有民族特色,并具有较大的可读性和可接受性。

李元洛评诗论诗能旁征博引,挥洒自如,可见出他渊博的学识。"学贯中西",艾青这样称赞他;"嗜古,但不泥古"(转引自《文学报》1987年12月17日),臧克家如此评价他。例如他的《楚诗词艺术欣赏》一书收文章100篇,从屈原到清代的楚诗词都有涉及,每篇集中谈一种诗艺,在对每一艺术特点进行赏析时,几乎都引证了与之相似或相反的作品,从艺术构思到艺术手法与之对照比较;同时,在论析时,李元洛还注意就某些诗词发展史上的问题(如宋词中的婉约派、豪放派,明代的复古派等)发表自己的看法,努力做到赏析一首,而兼及同类的诗、同一人的诗乃至同一流派的诗。有论者认为,他的诗评旁征博引,四面生风,形成一种雄辩的气势,使对具体作品的欣赏和对普遍艺术规律的认识互为生发,令人十分信服。(《未名诗人》1985年10月号)

李元洛出版于1992年的《写给缪斯的情书——台港与海外新诗欣赏》是第一部系统欣赏、研究台港与海外华文新诗的著作。大陆改革开放后,他在赏析台港与海外华人几十家诗人近百篇作品中发现,凡是比较有成就的诗人都是"纵向地继承传统,横向地向西方借鉴,以中为主,中西合璧"。例如余光中、洛夫、痖弦、郑愁予等人的代表作就是这样。对纪弦完全靠"横的移植"而写出的《狼之独步》等作品,李元洛明确表示不满,而对其清新可爱的《你的名字》却非常赞赏,给予了细致的艺术分析。

从上所述,我们可以感受到从李元洛诗评中流动出来的睿智与学识,看到他独具特性的有自己真知灼见的诗歌发展观。

二

李元洛的诗歌研究成就还突出地表现在他建立了体大思博的诗歌理论体系。他的50万字的巨著《诗美学》是我国第一部系统的诗歌美学专著。该书出版后,大陆的《人民日报》、《文汇报》、《文学报》、《读书》,香港地区的《大公报》、《文汇报》、《星岛日报》,台湾地区的《联合报》、《文讯》,美国的《世界日报》等数十家报刊发表了书评,对其学术成就和地位给予充分的肯定。

《诗美学》构筑了独特的理论体系,主要体现在:

第一,全书有严谨的理论框架。作者以审美主体的美学心理机制为逻辑起点,由此出发伸论开去,探讨诗的思想美、感情美、意象美、意境美、想象美、时空美、阳刚美与阴柔美、含蓄美、通感美、语言美、自然美、诗艺中西交融之美等诗歌美学中一系列重要问题,以论诗的创作与鉴赏的美学作结。如同《文心雕龙》一样,全书"立论井井有条不紊"(王利器评《文心雕龙》语)且全面完整。

第二,《诗美学》有充实的内容和鲜活的思想。《诗美学》全书各章都能做到立论精严、周全。在每一章里,李元洛都要首先对论题作一番广角镜式的扫描,从纵向上全面把握这一领域的研究历史和现状。然后,从古今比较、中外比较、诗学与其他学科比较中横向展开,立足中国新诗,融入当代研究成果,从而提出自己系统性的观点。例如意象本是中国"古已有之"的美学范畴,李元洛将接受美学引入后对其作出了很有新意的解释,提出"原生性意象"和"再生性意象"、"再造性意象"或"继起性意象"等新概念。另外,如第七章"论诗的时空美"体现了李元洛的创新精神,他肯定诗的时空的巧妙安排与运用,可以形成美好而多样的诗的意境,具体探讨了诗歌各种时空结构类型。他在不少细小的理论支点上也有新的解析,例如他在论述了诗的几种联想方式后提出了"虚实联想",等等。

第三,《诗美学》是一部从理论到创作实践对中外古今诗艺的大总结。从理论方面看,西方自亚里士多德到现代主义诗歌理论,中国从历代诗论到今人论诗;从诗歌创作方面看,从《诗经》、《楚辞》到晚清历代著名诗人乃至不甚著名的诗人,从现代诗歌创作到当今诗坛,从中国大陆到中国港、澳、台地区以及新、马诗苑,从西方古典诗歌、浪漫主义诗歌到现代主义各流派,几乎全被纳入李元洛的视野,真可谓"思接千载,视通万里"。如"论诗的通感美"中引证古今中外诗歌50余首,从诗歌美学的角度展开探讨,从心理学角度确切而通俗地进行解释,指出通感非纯属修辞问题,也是一种文学现象。

李元洛诗歌理论(诗美学)方面的建树比起他的诗歌评论方面的成就来,更见功力,也更需要学识基础作支撑,因而可以说,李元洛深厚的学者素养在他的诗美学研究中得到了进一步的、更高层次的展示。

三

以诗笔写文论,也是李元洛诗评诗论突出的特色。李元洛说:"文艺论文既要有科学性,又要求艺术性。"(《文学报》1987 年 12 月 17 日)李元洛继承了中国古典文论既论证周详、又抒情味很浓的传统特色,很注重寓理于情,情中辩理。我们读李元洛的文论,总感到有一种激情的潜流在字里行间奔涌,使你为之倾心动情。正如新加坡著名诗人、学者蔡欣在给李元洛的信中所说的:"大作虽为评介文字,但写来文采晔然而又法度严谨,异于一般干枯乏味之理论八股。"李元洛在《写给缪斯的情书》中写道:

　　　一湾天然的海峡,一道人造的鸿沟,三十多年来锁住了台湾海峡的惊涛骇浪,却锁不住海外游子们怀恋母亲的心,和他们驾着云彩飞来的望乡的歌声。在那众多的思乡之歌里,诗人余光中的《乡愁》与《乡愁四韵》,是情深意长、音调动人的两曲。

文中如诗的激情,叩击读者的心扉,李元洛的文笔优美、诗情的浓郁由此可见一斑。因而可以说,他的诗评、诗论既是严谨的议论文字,又是优美的散文诗,与那些模式化的语言干巴的论文迥然不同,形成他诗笔写文论的风格。

以诗笔写文论,源于批评家的艺术感受力和才情,但更与对生活、对人生的热爱,对社会、对国家的责任感密不可分,李元洛对著名诗人郭小川的研究突出地体现了这一点。"文化大革命"结束后,李元洛是最早为郭小川的"坏诗"、"毒草"翻案的诗评家。李元洛写于 20 世纪 70 年代末至 80 年代初的研究郭小川的专著《诗卷长留天地间》(人民文学出版社 1982 年出版),将激情寓于理论阐述之中,为诗人取得的思想和艺术成就而赞叹,为诗人蒙受不白之冤而悲怆,为诗人不能加入十月的胜利大合唱而惋惜。他充分肯定郭小川"首先是以一个思想战士然后才以一个诗人的身份出现在诗坛上"。李元洛与他的评论对象郭小川在社会责任感和时代使命感上是完全心灵相通的。

阅读李元洛的诗评、诗论,可以感受到社会责任感、人间正气和忧患意识已经内化到了他的诗人才情和人格之中。

四

一生最爱是诗论,是诗论家李元洛的人生特点,也是他的人生幸事。他将大半生的光阴、激情熔铸到诗歌研究中,这从他的如《缪斯的情人》、《写给缪斯的情书——台港与海外华人新诗欣赏》等诗歌评论集的书名,便可以感受其情之真切。从大学二年级时立志此生要撰写诗论 10 卷,到如今著诗论 10 卷兼著以诗为题材的散文多卷,可以看到他对诗论之爱的专一,治学目标的专一。李元洛说:"一个人一生必须紧紧'咬'住一个目标,不左顾右盼,不心猿意马,才可能学有所成。""咬住一个目标"是他的人生经验。李元洛兴趣广泛，但他在读大学三年级时，上海的《文艺月报》和北京的《诗刊》发表了他论诗的文章，使他备受鼓舞，于是下定专攻诗歌研究的决心，任何情况下也不动摇。由此可见胆识、自信和目标确定对人生多么重要。

研究方法的开放、多样构成李元洛治学的显著特点。对于他的《诗美学》，有论者评论说："此书除了用社会学方法、心理学方法、比较方法、语言学方法外，用得最多的是美学方法。作者在使用这一方法时，把基础美学、发展美学、应用美学结合起来。"（《写作》1988 年第 6 期）李元洛《写给缪斯的情书》特别善于运用比较的方法，在他的评析中，总是信手拈来他人（包括前人、同代人、外国人等）的诗作进行比较。在赏析新加坡诗人南子的《白云山听蝉》时，将其与其他著名诗人的咏蝉诗比较，从而得出推论：南子完全是写"听"蝉的美感经验，重在写听觉美感，写出了颇堪玩味的空灵境界。

以诗笔写诗评与诗论，敢于发表自己的见解，构建独特的诗歌理论体系，并将自己大半生的时光、情感熔铸到诗歌研究中，是李元洛诗歌研究的特点。由于他的成就和影响，中国社科院文学研究所主编之《中华文学通史》，在"当代卷"中曾将他与谢冕合为一节论述。我们至少可以说，李元洛在他前半生的诗评诗论的生涯中，是在追蹑刘勰的背影。

《古史辨》辨名

张京华

　　1926 年 6 月《古史辨》第 1 册的出版，是现代疑古思潮与"古史辨派"的形成标志，但由于此书的题名，是使用了一个单字"辨"，而"辨"字自古至近代一向与"辩"字通用，因此"古史辨"的"辨"既有"辩论"的含义，又有"辨伪"的含义，具有较大的模糊性。以致当时的编者和后来的学者在涉及此书以及"古史辨派"的性质时，意见多有分歧。细加分析，可知此一字之别非出偶然，而实与学术史的发展背景相关联。

　　为《古史辨》第 1 册题写书名的，是北京大学教授沈尹默，而为此书命名的，应当是编著者顾颉刚。顾颉刚说："两年前，我在《努力周报》附刊的《读书杂志》里发表辩论（原文如此——作者注）古史的文字时，朴社同人就嘱我编辑成书，由社中出版。我当时答应了。"①在后来的追述中也说："我们觉得可以开一个小书店了……大家说我和别人讨论古史的文章可以出一本《古史讨论集》，于是《古史辨》诸册就陆续问世了。"②当时顾颉刚甫得大名，他对于此书的编著权向无争议。据顾潮说，关于此书题名，钱玄同曾有不同意见："他（指顾颉刚——作者注）将此书定名为《古史辨》，当时钱玄同认为此名不合适，但父亲未改，在致钱氏信中说：'我所以不换去者亦有故。因为我所作的各种文字，凡收入此编者，其目光皆在于古史。'"③似二人之分歧在前两字"古史"上。因为钱玄同的专长是经学，"一身受了章太炎和崔适两人的相反的思想的影响，于今、古文家都不满意"④，在与顾颉刚编《辨伪丛刊》时，曾提出编《伪书辨证集说》及分设"诸子"与"群经"二部分的意见⑤，表明了他注重经学的倾向。然而顾颉刚为什么在书名中只使用一个单字，以及沈尹默怎样为此书题写书名，并不见于记载。此书虽然包括了各种不同的学术观点，但题为"古史辨伪"仍然未尝不可；如果说要与曹聚仁编《古史讨论集》避开，题为"古史辩论"也是可以的。使用一个单字的做法是出于有意还是出于偶然，已不得而知，但是单字较之复合词更多歧义，是显而易见的。

　　李学勤曾说："王国维先生所以叫《古史新证》，就跟《古史辨》之名有关。因为你是

---

①　顾颉刚：《古史辨》（第 1 册），上海古籍出版社 1982 年版，第 1 页。
②　顾颉刚：《古史辨》（第 1 册），上海古籍出版社 1982 年版，第 21 页。
③　顾潮：《历劫终教志不灰——我的父亲顾颉刚》，华东师范大学出版社 1997 年版，第 9 页。
④　顾颉刚：《古史辨》（第 1 册），上海古籍出版社 1982 年版，第 13 页。
⑤　顾颉刚：《古史辨》（第 1 册），上海古籍出版社 1982 年版，第 40 页。

叫《古史辨》,我是叫《新证》,这正好是一个补充。"①笔者认为似可稍作修正,即以《古史新证》与当时正在公开讨论的编辑《辨伪丛刊》计划及"古史辨伪"的目标相对应。理由之一就是"古史新证"与"古史辨"的用字不合。

许冠三曾说:"颉刚古史学的要旨并不限于疑古和辨伪,考信方面且是后来居上。他大致是1928年前重疑,三十年代尚辨,四十年代由辨伪向考信过渡,六十年代后则以考信为主。"②"疑"、"辨"同义而小有区别。所谓"疑",殆指整体的疑古思想而言;所谓"辨",殆指具体的考辨书史而言。可知一字之差,却可以反映出治学路向的重要变化。

历览经常为"古史辨派"学者征引的学术著作,题名各有不同,大略有"疑古"(刘知几:《史通·疑古篇》)、"正讹"(胡应麟:《四部正讹》)、"辨妄"(郑樵:《诗辨妄》)、"伪书考"(姚际恒:《古今伪书考》)、"通考"(姚际恒:《九经通考》,其中包括"存真"、"别伪"二类)、"疏证"(阎若璩:《尚书古文疏证》)、"考证"(刘逢禄:《左氏春秋考证》)、"考信"(崔述:《考信录》)、"征信"(章太炎:《征信论》)、"伪经考"(康有为:《新学伪经考》)、"古学考"(廖平:《古学考》)等等。但就"古史辨派"学者所侧重的内容而言,基本不出"辨伪"和"疑古"二义。"辨伪"和"疑古"二语虽有书(辨伪书)、史(疑古史)的区分,但含义相近,学界早已视为同义语。就学派而言,"古史辨派"就是疑古派;由学术史言,辨伪学史就是疑古学史;就社会影响而言,辨伪运动就是疑古思潮。③

但是由于"辨"与"辩"二字通假,所以"辨"字又有"辩论"的含义。顾颉刚《古史辨》第1册"自序"谈到此书性质时,使用了"辩论"(原文如此——作者注)、"讨论"、"辨明"、"辨证"、"辨伪"、"怀疑"、"疑窦"、"伪造"、"造伪"、"推翻"、"破坏"等词语,其中使用最多的是"辩论"和"讨论"。在这篇"自序"前5页中,使用"辩论"一词就有6次,使用"讨论"一词有12次(书名1次除外),而这两个词语的含义是基本相同的。所以"古史辨"之"辨"主要就有"辨伪"和"讨论"两种含义。

顾颉刚最初正是将《古史辨》的性质表述为"讨论"的。在这篇"自序"的结尾,他说:"末了,我再向读者诸君唠叨几句话。第一,这书的性质是讨论的而不是论定的,里面尽多错误的议论。"④在《我是怎样编写〈古史辨〉的?》中,他说:"《古史辨》第1册,是我与胡适、钱玄同、刘掞藜等讨论古史的函件和文章,以'禹'为讨论的中心问题,兼及历代的辨伪运动。"⑤同时,胡适在介绍《古史辨》时也说:"这是中国史学界的一部革命

① 据郑良树,最早为"辨伪学"这门学问安上名号的是曹养吾,见郑良树:《论古籍辨伪的名称及其意义(代序)》(载郑良树:《诸子著作年代考》,北京图书馆出版社2001年版,第2页)。曹养吾:《辨伪学史》写于1926年10月,刊于1928年5月东吴大学《水荇》杂志第一卷第一期,后收入《古史辨》(第2册)。

② 许冠三:《新史学九十年》(上册),岳麓书社2003年版,第200页。

③ 参见杨绪敏:《中国辨伪学史》,天津人民出版社1999年版;路新生:《中国近三百年疑古思潮研究》,上海人民出版社2001年版。

④ 顾颉刚:《古史辨》(第1册),上海古籍出版社1982年版,第103页。

⑤ 顾颉刚:《古史辨》(第1册),上海古籍出版社1982年版,第21页。

的书,又是一部讨论史学方法的书。"①

但是,在刘起釪和顾洪的文章中,是将"古史辨"之"辨"解释为"考辨"的。刘起釪说:"在《古史辨》中,体现出顾颉刚一生治学成就主要在四个方面,即:考辨古书(辨伪),考辨古史(疑古),考辨历史地理(《禹贡》学研究),以及作为考辨古史的辅助和佐证而进行的民俗学研究(民间故事、歌谣、神道、会社、风俗等)。"②顾洪说:"《古史辨》是一部以顾颉刚先生的疑古思想为核心而编著的考辨我国古代史料真伪、探究神话传说面目的论文总集,并由此产生了现代史学界的重要流派——古史辨派。"③"考辨"一词与"考据"含义相近,此处则是作为"辨伪"或"疑古"的代称,但是不使用"辨伪"、"疑古"而使用"考辨",大约也有含糊其辞的用意。

然而这种含糊特征其实还是来源于顾颉刚的。因为就在上引《古史辨》第1册"自序"的结尾,顾颉刚又说:"第二,我个人的工作,不过在辨证伪古史方面有些主张,并不是把古史作全盘的整理,更不是已把古史讨论出结果来。"④如上所引,《古史辨》最初的书名正是《古史讨论集》,并且1925年夏由曹聚仁编、上海梁溪图书馆出版、顾颉刚称之为"上海某书肆中把我们辨论古史的文字""抢了去"⑤的有关文章汇编也叫《古史讨论集》。由此可以推测,顾颉刚为此书题名为"古史辨"确乎是有意推敲,使之兼有"讨论"与"辨伪"的二重含义。就汇编函件而言,此书的性质是讨论的;就顾颉刚自己的工作而言,此书的性质则意在辨伪。

《古史辨》第1册共分上、中、下三编,中编以著名的《与钱玄同论古史书》为首篇,这篇书信写于1923年2月25日,节选后于同年5月6日在《努力周报》增刊《读书杂志》第九期上公开发表,随即引发出激烈的反响和争论,形成了持续9个月的公开讨论。其间各家意见纷呈,从形式上说正是一种讨论的性质。但是在公开讨论之前,以1920年11月胡适的《询姚际恒著述书》为首篇,在胡适与顾颉刚、钱玄同已持续了两年多的信函来往,这些信函收入《古史辨》的上编,共有35篇之多。信函所涉及的主要内容就是"辨伪"。

顾颉刚曾说:"我的《古史辨》的指导思想,从远的来说,就是起源于郑、姚、崔三人的思想,从近的来说,则是受了胡适、钱玄同二人的启发和帮助。"⑥姚际恒著有《九经通考》170卷,其中《存真类》135卷、《别伪类》28卷,末附《古今伪书考》。胡适致顾颉刚的《询姚际恒著述书》,正是他一生从事史学辨伪的出发点。很快,由搜求、辑录姚际恒的辨伪著作,顾颉刚便有了系统"辑录辨伪文字"的计划。最初的计划是整理出版《辨

①　顾颉刚:《古史辨》(第1册),上海古籍出版社1982年版,第334页。
②　刘起釪:《古史续辨》,中国社会科学出版社1991年版,第6页。
③　顾颉刚:《我与〈古史辨〉》,上海文艺出版社2001年版,第1页。
④　顾颉刚:《古史辨》(第1册),上海古籍出版社1982年版,第103页。
⑤　顾颉刚:《古史辨》(第1册),上海古籍出版社1982年版,第1页。
⑥　顾颉刚:《古史辨》(第1册),上海古籍出版社1982年版,第12页。

伪三种》,即宋濂的《诸子辨》、胡应麟的《四部正讹》和姚际恒的《古今伪书考》,时间是1920年12月15日。① 计划得到胡适的赞同,胡适并且建议"加入别的新发现的跋文著作"②。到1921年1月25日,顾颉刚就修改计划,决定整理出版多卷本的《辨伪丛刊》了。③《辨伪丛刊》中原无名称、由后人另加书名的两种书,张西堂辑点的《唐人辨伪书语》和白寿彝辑点的《朱熹辨伪书语》,也都以"辨伪"为名。此后,信函大多围绕《辨伪丛刊》进行深入细密的研究,包括胡适著名的《自述古史观书》和顾颉刚"必可使中国历史界起一大革命"④的预言都出来了。所以胡适在介绍《古史辨》时又这样说:"因为这个缘故(指标点《古今伪书考》——作者注),他天天和宋元明三代的辨伪学者相接触,于是我们有'辨伪丛刊'的计划。先是辨'伪书',后转到辨'伪事'。颉刚从此走上了辨'伪史'的路。"⑤

"辨伪"与"讨论"具有截然不同的含义。"讨论"正如顾颉刚自己总在申述的,是不易于得出结果的"过程"。在《古史辨》的编写过程中,始终有人向顾颉刚提出疑问:"你们讨论古史的结果怎样?"顾颉刚"屡次老实答道,'现在没有结果。……我们现在的讨论只是一个问题的开头呢,说不定我们一生的讨论也只是一个研究的开头咧!'"⑥又说:"我以为一种学问的完成,有待于长期的研究,绝不能轻易便捷像民意测验及学生的考试答案一样。……责备我的人们,请息了这个想念罢! 我是不能满足你们的要求了!"⑦又说:"古史问题是讨论不完的;《古史辨》希望在我死后还有同志们继续出下去。"⑧顾颉刚的意见以及《古史辨》的编写,确乎反映了学术研究的真实规律,同时也为学术研究提供了一个优秀的范例。顾颉刚自己也因此在人格、学格上备受赞誉,如李学勤曾说:"顾先生这个人呢,胸怀极其宽广,他特别能够包容。"⑨特别需要指出的是,在顾颉刚求学时期,即曾有过"是非兼收,争论并列"的治学态度。1916年顾颉刚休学在家,曾有编辑《学览》的计划,顾颉刚治学是从目录入手的,所以他说:"凡名览者,如《吕览》、《皇览》、《御览》,皆汇集众言以为一书,非自成者也。其义则在博学明辨,故不以家派限。……吾辑此书,比于学术之史,故是非兼收,争论并列。"⑩

但是另一方面,如果总是没有结果,也不符合人的心理定式。细绎其意,"讨论"一语其实也含有推托、无奈的因素。顾颉刚性格耿介直率,事业心极强,具有"打碎乌盆

---

① 顾颉刚:《古史辨》(第1册),上海古籍出版社1982年版,第13页。
② 顾颉刚:《古史辨》(第1册),上海古籍出版社1982年版,第15页。
③ 顾颉刚:《古史辨》(第1册),上海古籍出版社1982年版,第20页。
④ 顾颉刚:《古史辨》(第1册),上海古籍出版社1982年版,第36页。
⑤ 顾颉刚:《我与〈古史辨〉》,上海文艺出版社2001年版,第336页。
⑥ 顾颉刚:《古史辨》(第1册),上海古籍出版社1982年版,第2页。
⑦ 顾颉刚:《我与〈古史辨〉》,上海文艺出版社2001年版,第3页。
⑧ 顾颉刚:《古史辨》(第1册),上海古籍出版社1982年版,第27页。
⑨ 李学勤:《疑古思潮与重构古史》,《中国文化研究》1999年第1期。
⑩ 顾颉刚:《古史辨》(第1册),上海古籍出版社1982年版,第30页。

问到底"①的精神,所以就其自身愿望来说,他是不可能不追求结果的。顾颉刚曾在笔记中写道:"辨伪运动已经起了三次了:1. 宋代……2. 清代……3. 现在我们;不知将来如何失败。也许这次可以成功了!"②特别是顾颉刚一生坎坷,学术研究受到种种客观与人为的限制,"受了太多的不公道,受了太多的冤气"③,所以,由"讨论"一语所隐含的无奈之情,其实也是随处可见的。

"辨伪"一语与此不同,它包含有明确的判断的含义,比较倾向于下"结论",如说"古今来造伪和辨伪的人物事迹倒弄得很清楚了"④即是。这一点首先在学理上其实已背离胡适所提倡的先研究问题、再做出结论的实验主义方法了。换言之,以精密求证为标榜的"古史辨派"的多数研究实际上是在率先有了目标或结论的前提下进行的。胡适主张求证在先、结论在后,而顾颉刚的实际做法却是结论在先、求证在后,这一点是胡、顾二人的主要区别。

在顾颉刚看来,与"辨伪"相针对的是"造伪"。"作伪"、"伪作"、"伪造"等语,已见于宋代以来的著作,但并无一律。顾颉刚的习惯则是使用"造伪"一语,更突出了事情的人为性质,如说"至于在造伪的原因上看,有的是要'装架子',……有的是方士骗皇帝,求利禄,……有的是为抢做皇帝而造的符命。有的是学者的随情抑扬。有的是学者的好奇妄造"⑤,又说"我认为古史的传说固然大半由于时代的发展而产生的自然的演变,但却着实有许多是出于后人政治上的需要而有意伪造的"⑥皆是。

"辨伪"相对于"造伪"而言。在 1920 年 12 月 15 日以后的信函来往中,顾颉刚是大谈"辨伪"的。他既为自己的"辨伪"研究做了定位,如说:"我的性情还是近于史学的;因为想做史学,所以要搜集史料,审定史料。我搜集史料,所以要做'目录学';为审定史料,所以要'辨伪'。"⑦也区分了两种"辨伪的事情":"(一)考书籍的源流,(二)考史实的真伪。"⑧或辨伪工作的三个方面:"所谓辨伪,大约有三方面:一是(辨)伪理,二是(辨)伪事,三是(辨)伪书。"⑨

胡适最初于 1920 年 12 月 18 日在对顾颉刚提出他有编写有关"学史"的想法时,提的是"订疑学"或"订疑学小史",说:"略述'订疑学'历史,——起王充,以至于今。"⑩这

①　顾颉刚:《古史辨》(第 1 册),上海古籍出版社 1982 年版,第 45 页。
②　顾洪:《顾颉刚学术文化随笔》,中国青年出版社 1998 年版,第 241 页。
③　顾潮:《历劫终教志不灰——我的父亲顾颉刚》,华东师范大学出版社 1997 年版。
④　顾颉刚:《古史辨》(第 1 册),上海古籍出版社 1982 年版,第 42 页。
⑤　顾颉刚:《古史辨》(第 1 册),上海古籍出版社 1982 年版,第 29 页。
⑥　顾颉刚:《古史辨》(第 1 册),上海古籍出版社 1982 年版,第 25 页。
⑦　顾颉刚:《古史辨》(第 1 册),上海古籍出版社 1982 年版,第 26 页。
⑧　顾颉刚:《古史辨》(第 1 册),上海古籍出版社 1982 年版,第 26 页。
⑨　顾颉刚:《古史辨》(第 1 册),上海古籍出版社 1982 年版,第 32 页。
⑩　顾颉刚:《古史辨》(第 1 册),上海古籍出版社 1982 年版,第 15 页。

件事也是顾颉刚同时在考虑的,在 1921 年 1 月,顾颉刚已经提到要"做成《古史考》"①,不久又规划"将来我自己想做三种书:(1)《伪史源》,(2)《伪史例》,(3)《伪史对鞫》"②,"我为要做这三项工作,所以立了三册笔记簿,标题《伪史源》、《伪史对鞫》、《伪史例》,总题为《伪史考》"③。后来到 1935 年,顾颉刚将其所写的《崔东壁先生遗书序》节选后,题为"战国秦汉间人的造伪与辨伪",发表并收入《古史辨》中,其后又经王煦华增补,题为《中国辨伪史略》,附于《秦汉的方士与儒生》1998 年上海古籍出版社重印本书后刊出,最终是使用了"造伪"和"辨伪"的词语。④

而"辨伪"一语对顾颉刚而言,又与"攻倒"、"推翻"、"破坏"等词语实际上具有相同的含义,而与"建设"一语相针对。如顾颉刚所说:"从此以后,我对于无论哪种高文典册,一例地看它们的基础建筑在沙滩上,里面的漏洞和朽柱不知道有多少,只要我们何时去研究它就可以在何时发现问题,把它攻倒"⑤;"想到这里,不由得不激起了我的推翻伪史的壮志……到这时始有推翻古史的明了的意识和清楚的计划"⑥;"我知道要建设真实的古史,只有从实物上着手的一条路是大路,我的现在的研究仅仅在破坏伪古史的系统上面致力罢了。我很愿意向这一方面做些工作,使得破坏之后得有新建设,同时也可以用了建设的材料做破坏的工具"⑦。其实,在著名的《与钱玄同先生论古史书》中,顾颉刚的主要提法就是"推翻非信史",为此一连提出了四个"打破":"(一)打破民族出于一元的观念"、"(二)打破地域向来一统的观念"、"(三)打破古史人化的观念"、"(四)打破古代为黄金世界的观念"。⑧ 在《古史辨》诸册中,类似含义激烈的词语随处可见,原因就在于它们与"辨伪"的主题互相关联。

1930 年前后顾颉刚在燕京大学讲授"中国上古史研究"时,曾有编"四个考"的规划。他说:"我想编四个考:(一)辨古代帝王的系统及年历、事迹,称之为《帝系考》。(二)辨三代的文物制度的由来与其异同,称之为《王制考》。(三)辨帝王的心传及圣贤的学派,称之为《道统考》。(四)辨经书的构成及经学的演变,称之为《经学考》。这四种,我深信为旧系统下的伪史的中心;倘能作好,我们所要破坏的伪史已不能支持其寿命。我很想作成之后合为《古史考》,与载零碎文字的《古史辨》相辅而行。"⑨根据文义可知,这里所说的"考"、"辨"仍是"辨伪"、"破坏"的含义。而所说《古史辨》的"零

---

① 顾颉刚:《古史辨》(第 1 册),上海古籍出版社 1982 年版,第 28 页。
② 顾颉刚:《古史辨》(第 1 册),上海古籍出版社 1982 年版,第 36 页。
③ 顾颉刚:《古史辨》(第 1 册),上海古籍出版社 1982 年版,第 43 页。
④ 李学勤:《疑古思潮与重构古史》,《中国文化研究》1999 年第 1 期。
⑤ 顾颉刚:《古史辨》(第 1 册),上海古籍出版社 1982 年版,第 48 页。
⑥ 顾颉刚:《古史辨》(第 1 册),上海古籍出版社 1982 年版,第 43 页。
⑦ 顾颉刚:《古史辨》(第 1 册),上海古籍出版社 1982 年版,第 50—51 页。
⑧ 顾颉刚:《古史辨》(第 1 册),上海古籍出版社 1982 年版,第 99—101 页。
⑨ 罗根泽:《古史辨》(第 4 册),上海古籍出版社 1982 年版。

碎",则应当是指它汇编了众人的讨论而言。① 可见编写一部辨伪的专书,使之与《古史辨》并行,这才是顾颉刚所最向往的本意。

据此可知,在陈述自己的学术事业即对内而言,顾颉刚多侧重于《古史辨》的辨伪性质,而在汇编学者的争鸣文章即对外而言,顾颉刚多侧重于《古史辨》的讨论性质;在1923年5月6日公开发表《与钱玄同论古史书》以前,顾颉刚对《古史辨》的阐释多侧重于辨伪的性质,而在这篇书信发表之后,顾颉刚对该书的阐释多侧重于讨论的性质。在为《古史辨》题名时,这种"辨伪"与"讨论"的二重心迹则通过一个单字"辨"而隐含了起来。

---

① 至今仍有学者认为《古史辨》是一部工具书,如说:"需要指出的一点是,《古史辨》是一部资料书。"见俞兆鹏主编:《中国伪史概观》,江西教育出版社1998年版,第53页。

试论何光岳的史学研究

何林福

　　何光岳,1939 年 11 月出生,湖南岳阳人,是一个从小学文化的农民成长起来的国内外著名的学者。1978 年 6 月调湖南省社会科学院历史研究所从事古代史、民族史研究。1985 年获全国总工会职工自学成才金奖,1986 年获"国家级有突出贡献的专家"称号,1992 年 5 月享受国务院政府特殊津贴。1994 年 5 月任炎黄文化研究所所长,研究员。1998 年 2 月被评为湖南省十大优秀社会科学专家。他的传奇色彩和独特的成功之路,创造了一个又一个的奇迹,谱写了一个农民学者的神话。

一

　　"惟楚有材,于斯为盛"。在人杰地灵的湖湘文化名人中,王船山的学术成就是最令人注目的亮点,是我国宋代理学的总结者,是明清之际的人物。其"六经责我开生面"之语不谓不狂,其 1093 万字的《船山全书》字数不能说不多。然而,何光岳比王船山更狂,他说:"从王船山到何光岳五百年出一个,我要超过王船山,出书两千万字"。这是神话,又是现实,把何光岳出版的著作叠加起来,的确是一个著作等身的学者。

　　作为一个学者应负有责任,写出具有中国水平乃至世界水平的著作,拿出有分量的学术成果,奉献给社会。以此作为标准,我们不妨先罗列一下何光岳到 2004 年年底已出版的著作(含编注)共 30 多部,分别是:《岳阳地区历史上的自然灾害》、《杨么起义历史地理研究》,岳阳市档案馆 1988 年;《楚源流史》,湖南人民出版社 1988 年;《南蛮源流史》,江西教育出版社 1988 年;《楚灭国考》,上海人民出版社 1990 年;《岳阳地区地名建置沿革考》,岳阳市档案馆 1990 年;《百越源流史》,江西教育出版社 1990 年;《东夷源流史》,江西教育出版社 1991 年;《绝妙好联》,湖南文艺出版社 1991 年;《炎黄源流史》,江西教育出版社 1992 年;《夏源流史》,江西教育出版社 1992 年;《陈姓》,三环出版社 1992 年;《一法通·万法通》,今日中国出版社 1992 年;《秦赵源流史》,江西教育出版社 1994 年;《中原古国源流史》,广西教育出版社 1995 年;《商源流史》,江西教育出版社 1996 年;《周源流史》,江西教育出版社 1996 年;《汉源流史》,江西教育出版社 1997 年;《岳阳楼志》,湖南人民出版社 1997 年;《氐羌源流史》,江西教育出版社 2000 年;《三湘掌故》、《舜源流史》,湖南教育出版社 2002 年;《北狄源流史》、《东胡源

流史》、《女真源流史》,江西教育出版社 2003 年;《中华姓氏源流史》,湖南教育出版社
2003 年。主编的著作有:《中国帝王大全》、《中华姓氏通书》、《中华姓氏史话》、《炎黄
文化论文集》、《汉民族的历史与发展》、《楚史楚文化论集》等 5 部著作;已完成待出版
的著作有:《张姓源流史》、《陈姓源流史》、《钱姓源流史》、《续绝妙好联》、《湖南竹枝词
浅释》、《何光岳诗文集》等 7 部达 345 万字。发表的论文、文章共 442 篇。其著作之
多,在当今学界非常突出。其部头之大,如《中华姓氏源流史》共 4 大卷,705 万字,堪称
皇皇巨著,令人叹为观止。其影响之广,被中国人民大学报刊复印资料全文转载 30 多
篇,《新华文摘》转载 20 多篇,还有不少著作流传海内外。

现在,我们对何光岳出版的著作和发表的论文、文章的字数作出初步统计,总共为
2058 万字,已超过历史上湖南的大学者王船山。

二

综观何光岳的学术研究,大致可分为四大板块,一为史学,二为历史地理,三为笺
注,四为创作。

一为史学研究。史学研究是何光岳学术研究的主体。他"三十多年,不论是自学
也好,专业从事研究也好,几乎无日无时不在寻找和思考有关中华民族源流史及姓氏资
料和内貌"。几十年的资料积累,几十年的笔耕不辍,在孤军作战,后无援兵,前有绊索
的情况下,终于到达漫长的"彼岸",了却了一大夙愿。正如他与我交谈时所说"我做学
问的目的,就是要发扬中华文化,让子孙后代懂得我们民族的悠久历史。作为一个炎黄
子孙,如果不懂得中华民族,不悉知神州大地,就像一个人姓甚名谁,何来何去一样,是
十分可悲的。这样的人也就不会热爱自己的祖国,我一定以有生之年,笔耕不辍,完成
《中华民族源流史》和《中华姓氏源流史》两大系列丛书,使海内外的中国人都知道自己
的'根'"。从他的史学研究成果来看,主要由中华民族源流史、中华姓氏源流史和地方
史研究构成。

其一是中华民族源流史研究。何光岳在 2003 年年底前完成了《中华民族源流史》
系列丛书,它由《楚源流史》、《南蛮源流史》、《东夷源流史》、《炎黄源流史》、《百越源流
史》、《氐羌源流史》、《夏源流史》、《商源流史》、《秦赵源流史》、《周源流史》、《汉源流
史》、《东胡源流史》、《北狄源流史》、《女真源流史》14 部著作构成,总字数 667 万字。
他的中华民族源流史,研究了中华民族中 56 个民族的族源、发展、变化、兴亡,紧扣中国
历史顺序和朝代,是以民族为主轴的通史。研究内容侧重研究和探讨民族的发展史,而
不研究或很少研究某一个朝代的政治、经济、军事、文化和民俗,并非单一论述中国古代
华夏、东夷、北狄、西戎、南蛮等"五大族团"的某一部落,而是全面、系统地探讨一个族
团的各个部落或民族,把民族渊源追溯到"三皇"、"五帝"时期,史域涵盖不仅包括今日
中国之域,而且包括世界诸国,其内容之广泛,涉及范围之大,无论是数量,还是质量上

堪称洋洋大观。由此可见，其研考之详，探讨之深，论述之新，知识之渊博，功力之深厚，都是不言而喻的，其贡献在于填补了中华民族研究的空白。

其二是中华姓氏源流史研究。姓氏是中国由原始公社制社会发展到氏族社会的新产物，标志着进入文明的曙光。鉴于我国姓氏的古老而众多，至今尚无一部具体而完整的姓氏全书。何光岳花了25年时间，在1988年中完成23编、16000多个姓氏达705万字的《中华姓氏源流史》，开辟了一个史学新领域。他全景式地论述了中国古代各方国、各种群、各民族、各姓氏的来龙去脉。书中对中华各民族在远古源头的生存状况，以及从源流、世袭、迁徙、繁衍、演变、支系及分布等方面进行了叙述。总结综合了古今关于中国姓氏、谱牒学的研究成果，补充增加我国56个兄弟民族姓氏，从而编纂成一部完整的姓氏大全。同时，又致力于研究每个姓氏的产生、发展和兴衰史，以及每个姓氏从古到今有业绩的中外人物与族系，使其又成为继往开来的中华姓氏源流史书。该书从过去和现在的谱牒中，采集了较多的姓氏世系表，旨在便于读者能一目了然地了解姓氏源流及其演变情况。广征博取，其中不少资料都是罕见的精本、善本、珍本、孤本，填补了中国谱牒史上的不少空白。这部书不仅中国各族人民可以使用，而且世界各国华人也可以使用，从中都可以找到自己姓氏的由来和演变史，亦可知诸多民族姓氏的渊源是华夏姓氏。① 另外，他对中华姓氏作了深入的研究，已完成了《张姓源流史》、《陈姓源流史》、《钱姓源流史》等书，字数达230万字以上。史学要有生命力，要不断发展，就不能仅仅是专家之学，还应该成为群众之学，在群众中普及，在群众中扎根。为了做好姓氏史的普及工作，他还主编出版了《中华姓氏通书》、《中华姓氏史话》，在社会上广泛流传。

其三是地方史研究。楚国是春秋战国时期的一个大国，历史延绵2000多年，有着极其丰富的文化。地处南楚的湖南，曾是楚国经济上和军事上具有战略意义的后方基地，是楚人活动和楚文化发展传播的主要区域。因此，何光岳认为研究楚国文化的源流和发展，首先必须研究为楚所灭的国家和民族的历史，并把它作为自己学术研究的主要区域。由于这些为楚所灭的国家和民族往往是名不见经传，史籍记载极其缺乏，即使有些记载，也往往是一鳞半爪，挂一漏万，以至长期以来，很少有人涉及这一研究领域的荒原。何光岳从1980年起开始进行拓荒工作，在1986年他出版了《楚灭国考》一书，详尽叙述了楚怎样从周初一个事爵小国，发展成为战国时期的"地方五千里，持戟百万"的大国的。从周初只能为周武王守燎火而没有资格参与盟会的弱国，一举成为战国时代"中分天下"的强国。全书17万字，资料翔实，系统全面，结合地名及民族学、文物考古、古文字等学科进行综合研究，力图从这些小国的蛛丝马迹中，对其中部分国家和民族的历史源流作了很多有价值的探索。

二为历史地理研究。何光岳历史地理研究的成果主要有《杨么起义历史地理研究》、《岳阳地区地名建置沿革考》、《岳阳历史上的自然灾害》、《洞庭湖变迁史》、《三湘

---

① 杨东晨:《中华姓氏源流史》,湖南教育出版社2003年版,"序"。

掌故》等著作。何光岳研究历史地理,是在历史被颠倒、文化被否定的动乱年月起进行的,他钻进档案馆、图书馆、古旧书店,进行了艰难的跋涉,踏遍了家乡的各个角落进行实地察访考证。经过数年的努力,终于为家乡成就了《岳阳地区地名建置沿革考》等3本历史地理著作。比如,《岳阳历史上的自然灾害》一书追溯了自有史以来的天象记录,汇集了公元前611年至1949年两千多年的历史过程中,岳阳市所管辖各县市区及其毗邻地区等发生过的水、旱、虫、风、冰雹、地震、饥荒、瘟疫等自然灾害,史实源远流长,前简后繁,内容丰富,文字简练,语言通俗,对读者了解、研究岳阳历史,指导现实工作,具有重要的参考价值。随着学术研究的深入,何光岳的研究视野逐步扩大,其研究的范围和领域也相应拓展。从历史地名学到城市历史地理都有了广泛的研究,先后写出了《湘潭古城史略》、《衡阳古城史略》、《常德古城史略》、《桂林古城史略》、《长沙古城史略》等文章,尤其是《洞庭湖的变迁》、《关于洞庭湖治理的几点意见》,不仅阐述了洞庭湖变迁的基本情况,然后还分析了造成变迁的原因,提出了作者的许多新见解,其中不少建议被当地政府和有关部门采纳。

三为笺注。何光岳的笺注,可分为两类:一为对作者著作的点校和笺注,如《一法通·万法通》。二为选学的笺注,如《湖南竹枝词》、《湘潭竹枝词》的注释,选学在前,注释在后。选学在传统文化中享有很高的地位。“作品选”是中国文学传播的主要方式,同时又是文学审美观和文学思想的表现方式,并且还是文学创作的教科书。读者由“选”而接受文学,同时也接受了选家的文学审美和文学思想,并且也接受了作家的全部创作经验。比如,《一法通·万法通》是晚清湖南学者、教育家吴獬编著的一本学童蒙学精品。其中收集了民间俗语,富含哲理,读来朗朗上口,细想拍案叫绝,比《三字经》、《增广贤文》等,更能显示出民族文化与智慧的博大精深,因而在清末民初广泛流传于民间。他的《绝妙好联》通过对旧联的发掘和新联集锦,共选用了2000多副对联,用联话的形式,完成了古今楹联汇编工作,受到对联爱好者的好评。他的笺注对象,大多在文学和历史上有独特的意义,透过笺注我们可以看出一位学者的忧国忧民的情怀。大多数属创注性的,往往是前无古人,空所依傍,其笺注的重点,尤其重视对作品所含历史内容的发掘,从某种意义上说,何光岳的笺注既是对作家作品的诠释,也是对一个时代历史和文学的诠释,可见他的笺注达到相当高的水准。

四为创作。何光岳不但是一个史学家,还擅长诗、词、联和散文的创作,并已为有识者重视。湖南教育出版社2005年出版的《何光岳诗文集》,其中诗词800首,对联800副,散文随笔(序、跋、游记)共200多篇,总共60多万字,爱国、勤奋和亲情是其最鲜明的特点。“腹有诗书气自华”,何光岳乃一代通人,于诗词、对联、古文所达到的境界自然贯通于心。特别是他的散文的创作反响最大,1979年10月23日上海《解放日报》发表了他第一篇散文《续杂说——读韩愈〈杂说〉有感而作》,并加了编者按。这时何光岳报考复旦大学历史地理研究生落选后,还不满40岁,因此深有感慨,用文言文写了这篇文章寄给该报,报社破例发表了新中国成立以来的第一篇文言文。时隔两年,应广大读者的要求,《解放日报》又发表了他的第二篇文言文《再续〈杂说〉》。其文语言酣畅淋漓,用典恰切妥当,注释所涉及的知识面广泛丰富,都可以看出何光岳的自学根底的深厚扎实。这两篇文章发表后,一些侨居国外的华侨纷纷致信:"想不到经过十年动乱,祖国还珍藏着如此精通古文的人才。"国内一些读者评价说:"此文直抒胸襟,读来酣畅淋漓,令人荡气回肠,精神为之一爽"。有的地方还特地将这两篇文言文选入中学课外阅读教材。之后,何光岳一发不可收,先后写下了《续〈卖柑者言〉——读〈刘基卖柑者言〉有感而作》、《续〈陋室铭〉——读刘禹锡〈陋室铭〉有感而作》、《续〈爱莲说〉——读周敦颐〈爱莲说〉有感而作》、《祭炎帝陵文》、《耕读堂记》、《味根斋记》等20多篇文言文,这些文章大多是读古文之后有感而发,较好地反映了作者的品格。

综上所述,何光岳学人、诗人合而为一,是一个集史学、历史地理、笺注、创作于一身的学者。

三

综观何光岳治学的历程和研究方法,我认为有五点值得我们学习和借鉴:

一是勤奋的治学精神。何光岳在《勤奋、毅力、德操是自学历史地理的六字箴——我自学历史地理的体会》一文中进行了概括,他认为所谓的勤奋,就是要做到六勤:勤看、勤问、勤记、勤学、勤收集、勤研究。比如,勤看、勤记、勤写,他坚持每天至少有4个小时看书,规定每年要看五至六百本书,并养成了坚持天天记笔记、做卡片的习惯。除看书本外,还进行实地考察,向别人求教,从中获得了可贵的东西,在自己的脑子里形成一个资料库,既可随时备用,又能爆发出新颖的知识火花,结出丰硕的智慧之果。勤看、勤问、勤记而不勤写,就等于为山九仞,功亏一篑。这一篑就是冒尖,这是很重要的一着。他每天要写两三千字,有时一天能写八九千字,最多的一次,一天一夜写成《中国帝王大全·序》24000字,没有修改一个字即出版。在坚持写作的过程中,他提倡多写,长短文章结合,普及性和专业性结合,论文与专著结合,对于一个学者来说,勤奋固然重要,锲而不舍的心志,更是必备的条件。做学问不是一时的心血来潮,必须坚持方向,持之以恒。何光岳一生的研究范围主要集中在中华民族源流史和中华姓氏源流史方面,治学态度十分严谨。他几十年来,极少睡午觉,也很少在午夜前睡觉,一天保持十四五个小时的工作、看书、写作的时间。

二是竭泽而渔地收集资料。何光岳最重视占有材料。所谓占有材料,是说要瞭望这一问题各个方面有关的材料,搜集材料,加以考证。在人所共见的平凡书中,发现问题,提出见解。马克思关于历史研究方法的首要观点就是研究必须充分地、准确地占有资料,事实是一切研究工作的出发点。何光岳自觉地将这一方法运用于自己的历史研究中,并使之成为其他方法的基础和条件。他认为勤收集很重要,单靠抄书、摘录资料,专门跑图书馆,到处借书,这对时间来说是很不经济的。要学研究历史,就必须自己有一个小图书室。做起学问来十分方便,不用去东奔西跑,浪费大量的时间。因此,何光岳在准备材料阶段,真是做到了"竭泽而渔"。目前,何光岳个人藏书已达93000余册,被评为湖南省十大藏书家之冠,其中私人收藏族谱达4000多部、39000余册,辞典4000多部,为全国私藏之冠。从何光岳的著述来看,文献收集齐全体现在诗、文、记兼备,文献的完备无遗,研究材料收录齐全三个方面上,作者从大量的相关文献出发,通过材料搜集和材料的归纳组合来解决具体问题,他所研究的对象没有做过多的理论发挥,而是站在大量原始文献的基础上将问题提出,试图解决一些极具价值的具体问题。正如杨东晨在《论何光岳〈中华姓氏源流史〉的重要价值》一文中所说:"其著作中的丰富,宝贵资料,尤其是大中型图书馆找不到的族谱、家谱、谱牒资料,以及对某一问题不同认识,不同观点的正反各种资料惊叹不已,啧啧称赞!敝人的《先秦区域民族史研究》、《远古史研究》,许多资料都取自于何光岳同志的《中华民族源流史》。……他书中的许多资料是大史学家和著名教授所未见的。"①

三是大胆开拓史学新领域。何光岳对史学研究有着自己的见解,做历史地理研究运用史料要真实,治学要严谨,钻研要精深,切勿东拼西凑,赶热潮,看风色,炒现饭,走老路,步人后尘。做研究工作,必须在研究前人已有成果的基础上要有新发现,新创造,新发展,新提高,新论点。从何光岳史学研究的实践来看,他以毕生之力,开拓了史学新领域。全景式地论述了古代各方国、各种群、各民族的来龙去脉。在中华文明史上有文字记载的仅有三四千年,而在远古时代留下的只是古老神话和传说,据《史记》记载,中华远古祖先华胥氏出现在八千多年前。再到伏羲、女娲、少典、炎帝、黄帝、仓颉、陶唐等氏族,以及申、许、吕、齐、井、纪等方面,以往还少有史学家系统地研究过。在当代史学家中,何光岳像一条"拓荒牛",一个人肩负起中华民族源流史和中华姓氏源流史两副重担。他为了撰写《炎黄源流史》一书,参考了中国上千个遗址和文物资料,研究了1300多个诸侯国家的史迹,这些诸侯国家产生了中国万余个姓氏。他还到不少地方进行实地考察,补充了文献资料的不足。《中华姓氏源流史》披露了不少中国姓氏的珍闻,并将中国56个民族的16000多个姓氏的来龙去脉梳理得清清楚楚。现在,他又着手准备撰写《中国边疆史》、《中国文体源流史》,对中国历史上复杂多变的边疆和139种文章体裁进行考证、研究,这又将是填补中国历史研究空白的举措。

四是善于运用多学科交叉研究。一般地说,考古学未兴起以前,主要是以古文献研究史学。之后,王国维提出文献与考古资料结合研究史学,称"二重证据法"。随着甲骨文(含陶文)、崖石文、铭文(金文)研究史学的展开,有的学者又找出"三重证据法"或"多重证据法"。何光岳除采用这些史学方法外,依照自己著作的特殊体例,又创造出新的研究方法。傅朗云在《东胡源流史·序》中说:"何光岳同志的史学研究方法是在写作过程中形成的。其研究方法的主要特点是采用多种史料和多种研究手段相结合

---

① 　杨东晨:《华人寻根问祖惊世典籍》,《民族》2004年第1期。

的综合对比研究,尤其是注重用模糊史学与泛史学的理论观点,适当的分析和辩证,以理服人。"依我看,何光岳的这种历史研究法实为多学科交叉研究。何光岳说:"这对于像我这样一个自学者来说是很艰难的。我之所以在 40 岁以前不以民族史名世,自感工夫不到。"因此,他广泛研习历史、地理、民族学、古典文学、训诂学、考古学、文字学、图腾学、古农史和气象学。有人称赞他博闻强记,基础扎实,为他的多学科交叉研究奠定了雄厚的基础。从他的研究来看,似乎比较集中,其成果主要是《中华民族源流史》丛书,从炎黄,夏源流上一直写到东夷、南蛮、百越、北狄、东胡、氐羌、中原、楚等,其研究方法同样也是熔历史地理、民俗民族、文字训诂、文物考古、地名图腾、天文气象、动植物学等于一炉的多学科交叉研究,解决了许多学术界一些悬而未决的疑难问题。何光岳揽学术界各种观点运用交叉学科对其进行研究,以独特的见解提出:"华胥氏、伏羲氏、女娲氏、炎帝神农氏、黄帝轩辕氏等历代华夏的祖先,都起源于甘肃东部的渭水上游一带。神农氏出于姜水,为姜姓,本系甘肃一带羌人的一支。"①从而纠正了许多古籍记载中的错误和中外名家论说中的不确之处。

　　五是采用分合研究法。何光岳和我谈到自己治学方法时,曾打个一个生动的比喻说:"我好像木匠师傅一样,采用是'拆零组装'的方法。"据何光岳的史学研究分析,他对黄河,长江中下游的我国古代部族和古国进行研究,采取的就是这种方法。一方面对于上古时代中国氏族部落的三大集团——西戎羌族集团、东夷集团、南方苗蛮集团,从整体上进行了研究,探讨它们的来龙去脉及交融过程,写出了一批综合性的文章;另一方面又将这大部落联盟中一些较重要的部族和国家挑出来,逐个地进行穷本溯源的探讨,写出了许多部族史、国别史的研究文章。这样把整体研究与个别研究相结合,由个别到整体,再由整体到个别的研究方法,就初步理清了我国古代部族来源、迁徙和融合的线索。② 从《中华民族源流史》的体例来看,何光岳认为,我要把中华民族的源流脉络理清,但用一种什么方法来表述? 或者说用一种什么体例去完成我的著述? 这是件很费斟酌的事情,在我脑子里转了几十年。古人治史有八种体例:一曰编年体,二曰纪传体,三曰纪事本末体,四曰通典体,五曰文献通考体,六曰通志体,七曰会要体,八曰方志体。我想来想去,这几种体例都不能顺畅而清晰地表述上古氏族,部族,民族,方国的变化融合和传承脉络,必须采用其他的文体。因此,他自创源流体,即在《中华民族源流史》丛书下设专著的办法,合而可观中华五千年历史之来由,分而可见各族祖先之发源脉络和相互之间的斗争与融合。正因为他深悟传统史学的精髓,靠自学成才,没有太多的学术条条框框,所以能自由出入史学殿堂,然后按自己的意图拆零整装,追求史学文体的自觉,用夹考、夹叙、夹议的笔法来大胆突破史学的文体限制,这些都丰富了史学的叙述空间和叙述策略,有助于历史学的研究。

---

① 何光岳:《炎黄源流史》,江西教育出版社 1992 年版。
② 吴澧波:《何光岳史学研究方法述评》,《云梦学刊》1989 年第 1 期。

论唐湜的诗歌理论

任先大

作为我国 20 世纪诗歌理论批评史上一位出色的诗歌评论家，唐湜（1920—　）先后出版了评论集《意度集》和《新意度集》。《意度集》出版于 1950 年，收录了唐湜 1945 年至 1949 年所写的评论，主要是对"九叶诗人"的诗作作一些较细致的艺术讨论。《新意度集》出版于 1989 年，由三联书店出版。所谓"新"，就是在原《意度集》的基础之上，增收了 50 年代以后所写的评论文字。阅读唐湜的诗歌评论，无论是旧作还是新作，不难发现他的诗歌评论的一个显著特点是对具体作家作品的评价与理论探讨的有机融合。这使得他的诗歌评论超越了单纯的实践形态而具有形上的理论价值。

一

在新诗形式问题上，主张寓自由于格律之中，通过节奏与韵律来制约自由化，把自由化与格律化辩证统一起来。对新诗形式问题的探讨始于"五四"新诗运动并一直紧贴新诗的向前发展，其结果是形成了新诗发展史上的自由诗派与格律诗派之争。"五四"时期，刘半农、俞平伯、胡适、宗白华、康白情等人都不同程度地主张新诗自由化，而以胡适和康白情为最。胡适在纲领性的《论新诗》里明确提出，新诗的发生必须打破束缚自由的种种传统的枷锁镣铐，进行第四次诗体大解放，即"不但打破五言七言的诗体，并且推翻词调曲谱的种种束缚；不拘格律，不拘平仄，不拘长短；有什么题目，做什么诗；诗该怎么做，就怎么做"。后来，他又将上述主张概括为"作诗如作文"。可见，胡适在新诗的形式问题上是坚决主张"自由化"（散文化）的。康白情在《新诗底我见》一文中火力同样猛烈："旧诗里所有的陈腐规矩，都要一律打破。最戕害人性的是格律，那么首先要打破的就是格律。"他主张"以自然的音节废沿袭的格律"，"用散文的语风"做诗，这样真正的新诗可得而创造了。而当时《学衡》派诸君子（梅光迪、吴宓、胡先骕）则捍卫格律化。他们认为"诗之有格律，实诗之本能"，"诗之异于文者，以诗之格律必较文为谨严"，反对胡适"作诗如作文"的主张。进入 20 世纪 20 年代，新月派诗人饶孟侃和闻一多等人再次提出了"新诗格律化"的主张，形成了新一轮的格律化运动。饶孟侃认为新诗的音节包括格调、韵脚、节奏和平仄诸要素，新诗抛弃这些要素绝无成功的可能。其中"和谐的节奏"是新诗的生命，平仄并非"旧诗里的一种死的形骸"，平仄用得好能增强诗的抑扬顿挫,否则诗的音节一定是单调的。闻一多认为格律是艺术必需的条件,新诗应自动而且乐意地带上"脚镣"去"跳舞"。他说:"越有魄力的作家,越是要戴着脚镣跳舞才跳得痛快,跳得好。只有不会跳舞的才怪脚镣碍事,只有不会做诗的才感觉得格律的束缚。"20 世纪 30 年代现代派诗人戴望舒在《望舒诗论》中高标"诗情",认为"韵和整齐的字句会妨碍诗情,或使诗情成为畸形的。倘把诗的情绪去适应呆滞的、表面的旧规律,就和用自己的足去穿别的人的鞋子一样。"这样现代诗派在 30 年代重新又举起了"诗的自由化"的旗帜。艾青作为"新诗第三个十年最有影响的代表诗人",也是"诗的自由化"的自觉提倡者。他说,自由诗体是"新世界的产物","受格律的制约少,表达思想感情比较方便,容量比较大,更能适应激烈动荡、瞬息万变的时代","自由体的诗是带有世界性的倾向"。大声高呼:"宁愿裸体,却绝不要让不合身材的衣服来窒息你的呼吸。"在写于 1939 年的《诗的散文美》一文中,他把诗歌形式散文化的问题提高到美学的高度,认为"散文是先天的比韵文美",它最接近口语,"新鲜而单纯","富有人间味,它使我们感到无比的亲切"。还说"天才的散文家,常是韵文的意识的破坏者。"40 年代初期,废名与胡适遥相呼应,明确提出"新诗应该是自由诗","如果要做新诗,一定要这个诗是诗的内容,而写这个诗的文字要用散文的文字"。

在这场持久的关于新诗应该走自由化还是格律化道路的论争中,唐湜理性地把自由诗派与格律诗派的观点融合、统一起来,形成了既内在联系着两派又不同于两派的新的统一派。自由诗派和格律诗派都把新诗的自由化与格律化不同程度地孤悬、对立起来,而唐湜认为自由化和格律化之间并没有一条不可逾越的完全"断裂"的鸿沟,两者之间是相互渗透、相互交错、相互转化的,新诗的形式应该是"寓自由于格律之中","使自由与格律达到辩证的统一"。在《新诗的自由化与格律化运动》一文中,唐湜分别从历史、时代和主体三个方面展开了论述。一是从中国和欧洲诗的发展史看,"诗的发展就是通过这种自由化与格律化的相互渗透、相互转化,甚至相互交错的辩证道路走过来的"。例如从《诗经》的四言形式到楚辞这种掺杂着四言、五言的新诗体,就是"一个突破,一次自由化的运动。"而唐诗"使自由与格律达到了辩证的统一,这是寓自由于格律之中,新的相当谨严的格律反而为诗人开辟了新的发展道路"。二是从时代的角度来考察,唐湜认为新诗的形式也受到特定时代的影响:"现实社会在大动荡之中,历史的发展在瞬息万变,任何凝固的诗律都会束缚诗的发展,而使诗停滞不前,终至叫诗人们不能不以激荡的诗情来冲决格律的堤防与陈陈相因的风格",去创造新的解放的形式;但为了巩固胜利的成果,又必须创作、铸造凝练的新诗体、新诗律、开拓新一代的诗风,让后来者能循着新开拓的道路,写出更成熟的辉煌作品来。三是主体的试验。作者在自己多年的诗歌创作实践中,形式上交错反复地写过自由诗、半格律诗和严谨的格律诗。作者不反对写自由诗,他年轻时写的都是散文化的自由诗,在写作时要求自己写得意态自如,如行云流水,不受任何约束。后来受到现代派诗风的影响,更趋向于突兀新奇,更为自由狂放。写于 20 世纪 50 年代末的风土故事诗《划手周鹿之歌》,形式上就是拿最自由、最散文化的"英雄双行诗"(欧洲人常用两行一节的诗体来写英雄故事,但有一定格律)来写的,只在每章之末,押上个韵。后来写另一南方风土故事诗《泪瀑》,加上韵脚,押上韵,每行固定了顿数,使节奏感增强,诗意凝练。此时在作者看来,"用纯散文的笔调来写诗也感到有些散漫、飘忽,觉得也许不能给人深刻印象,应该用诗的格律把诗意凝结、提炼、提高"。后来作者又写起了最自由的双行诗,一首千多行的故事诗《白莲教某》完全不押韵,只在每章末押个韵作结,跨行甚至跨到节外去。又觉得太散文化,就加以修改,把每行固定于四顿,不再跨到节外去。通过这些自由化与格律化的试验,作者体会道:"没有海阔天空的自由探索,新诗会僵化而停滞不前",但"自由诗如过度散文化也许会冲淡诗的抒情浓度与节奏感,减弱诗的音乐美","诗必须通过节奏与韵律的制约才能创造高度的凝练,也就是高密度的抒情"。

二

在新诗的审美追求上,认为新诗诗美的化境是走向"意象的凝定"。从"五四"新诗运动开始,现代诗论家围绕新诗的建设从不同的角度进行了审视、思考。除了将注意力集中于语言形式,还从审美的角度去凝神观照。穆木天指责胡适是中国新诗运动"最大的罪人",但胡适作为初期诗论最重要的作者,在理论上已经意识到要从审美的角度给新诗充电。他同样在《谈新诗》一文中说:"诗需要用具体的做法,不可用抽象的说法。凡是好诗,都能使我们脑子里发生一种或许多种明显逼人的影像。这便是诗的具体性。"强调"诗的具体性",即要求新诗用形象说话,"抽象的议论是不会成为好诗的"。当时与胡适进行审美唱和的,还有俞平伯、宗白华、康白情等人。"意象"一词在中国现代诗歌理论史上出现,就是胡适等审美意识的觉醒并进而从审美的视角去盘活新诗的产物。新诗理论史上较早运用"意象"一词的是宗白华和闻一多。20 世纪 20 年代初,宗白华在《新文学底源泉》一文中说,新文学的创造,要用"真诚确切的意象","表写新生命新感觉的精神"。闻一多《〈冬夜〉评论》这篇长文则频频运用"意象"来言说,如批评早期白话诗"很少浓丽繁密而且具体的意象",陷入了"抽象"与"琐碎"。30 年代以后,陈梦家、朱光潜、臧克家、艾青、李健吾等人纷纷用"意象"来论诗,意象作为审美范畴重新受到现代诗人和诗论家的特别关注和追捧。

踵武前贤,同时交织着对"九叶诗派"诗歌创作的肯定和不满当时"许多诗人放弃了真挚的沉思,去追求空虚而苍白的外在表现",唐湜把"意象"作为他的诗歌理论的核心概念和审美理想,并在自己的文本中运用交叉火力对"意象"进行了地毯式的轰炸。在《论意象的凝定》一文中,他认为"诗,能向意象的凝定的方向走去,才会……步入成熟而丰饶的中年。"在另一篇理论性的《论意象》中,他认为意象是"诗的生命","在最好最纯净的诗里面,除了无纤尘的意象之外,不应再有别的游离的滓渣"。又说"诗可以没有表面的形象性,但不能没有意象"。与之呼应,在实际批评中他特别注重从诗的意象出发去揭示诗歌作品的审美特征。举例说,他在"诗人唐祈与莫洛身上看到了意象的深沉的凝定";他认为杜运燮的《诗四十首》给我们的主要印象是"意象丰富,分量沉重,有透彻的哲理思索,自然又多样,简赅又精博,有意味深长的含蓄,可以作多样的解释";辛笛《手掌集》的特点是"意象环生";冯至的《十四行集》"凝定的生命意象不断涌现";读郑敏的诗,"我们对诗人的虔诚的祈祷与真挚的思索,丰盈的思想与生动的意象,感到一种莫大的喜悦";评陈敬容《交响集》,他说"虚心而意象环生"一语正可以用来说明诗人的创作。如此等等。

那么,什么是"意象"呢? 唐湜在承继中西传统的基础上对此作了专门的探讨。意象首先是中国传统文论一个古老而又内涵十分丰富复杂的审美范畴。唐湜对意象的认识和看法主要见于《论意象》、《论意象的凝定》两文。唐湜认为,意象不是一个静止凝固的概念,而是一个由低级向高级发展而逐步走向成熟的概念。处于"自发阶段"的低级意象,指文学作品中的艺术形象,它有待于发展到高级意象。高级意象(成熟的意象)是"最清醒的意志(Mind)与最虔诚的灵魂(Heart)互为表里的凝合",也就是古典精神的理性与罗曼蒂克的主观情感的凝合。刘勰《文心雕龙·神思》篇云:"陶钧文思,贵在虚静,疏瀹五脏,澡雪精神,积学以储宝,酌理以富才,研阅以穷照,驯致以绎辞。"唐湜认为刘勰这段话"实在很符合古典精神",是对理性的重视和强调。受其影响,唐湜因此特别强调理性因素,认为真正的诗应该由"光芒焕发的浪漫主义走向坚定凝重的古典主义",应该化入"诗人作为人与思想者的灵魂"。由此可知他所说的高级意象即"表意之象",也就是蕴涵哲理的象征意象。从实践层面上看,唐湜在具体诗歌评论中所说的"记忆的意象"和"诗人心胸里的意象"即指心中之象。这说明唐湜对传统意象的接受不仅是表层语词上的,而且是深层完整意义上的,是两者的有机统一。意象不仅是中国传统文论一个古老的审美范畴,还是西方文论的一个审美范畴。唐湜的多元意象观一头根植于中国传统文论,另一头则紧紧拉着西方现代派诗论。爱尔兰象征主义诗人叶芝认为,"诗歌之所以感动人是由于它的象征性","象征性写作"比"比喻性写作"更完美,"因为当比喻不是某种象征时,就不够深刻动人"。受其影响,唐湜对象征意象给予了特别关注和重视。他认为新诗诗美的方向是走向"意象的凝定",也就是走向象征意象。更进一层,唐湜还对象征意象的内在特征进行了剖析。他认为象征意象有两个特点,一是多义性。他说:"成熟的意象,一方面有质上的充实,质上的凝定;另一方面又必须有量上的广阔伸展,意义的无限引申。"又说:"意象的质的内涵应该是明确的,但它的量的外延却可以伸展到无限,随着时间的变化而变化,不断地以新血液代替死细胞。"象征意象的魅力不在于它的本义,而在于它能裂变出无限丰富的暗示义或者联想义,所以诗的生命是永远流变的,因而也是万古长青的。二是"一元化"契合。象征意象是表意之象,当意义化入意象之后,"意象与意义常常会结合得不可分离",超越修辞学中比喻的二元性而达到"一元化"的圆浑境界。唐湜的多元意象观在"西洋风"方面除了受到象征主义的吹拂,还受到弗洛伊德的滋润。他用弗洛伊德的精神分析理论来解释意象。唐湜认为,写诗不能否认或忽视生命的最有力、最纯真的核心,最大的"能"潜意识流的作用。意象是"潜意识通往意识流的桥梁,潜意识的力量通过意象的媒介而奔涌前去,意识的理性的光也照耀了潜意识的深沉,给予它以解放的欢欣。"又将意象比喻为"潜意识深渊里的鱼",当它从潜意识的深渊里跃起时,不是一种表象的堆砌或模糊的联想媒介,而是一种本能与生命冲击力的表现,却又是化装了的被压抑着的生活经验。在唐湜看来,不论是在言的心中之象、还是已言的艺术形象和象征意象,其产生在终极意义上都离不开诗人的生活经验,是诗人对客观世界的真切体贴的结果。

三

对诗歌的含蓄美进行倡导和肯定。诗贵含蓄,诗歌含蓄才有诗味,才美,这是中国古代文论家的共识。晚唐司空图在《二十四诗品》中倡导"不著一字,尽得风流"的"含蓄"风格,宋代张表臣《珊瑚钩诗话》认为"篇章以含蓄天成为上",清代吴乔《围炉诗话》则云:"诗贵有含蓄不尽之意,尤以不著意见声色故事议论者为最上。"唐湜从古人手中接过了这根"接力棒",他认为一个好的作品好比"一座潜伏的火山,站在它上面的人可以感觉到一份灼热的情感,热情像岩浆在它里面激荡,但它却仍是静止的,含蓄而不外露。"因此,他批评辛笛的个别诗篇"直截了当的诉说多了点,而含蓄的抒情较少",特别是"一写到家国之痛与较大的社会主题","往往有过于直率的诉说,而使整篇诗显得不太完整了"。同样,诗人赵瑞蕻的诗"一接触到进步的思想主题",便"政治热情奔涌而出,过于直白地坦率"。这些不和谐的"杂音"冲淡了诗意,损伤了诗的艺术表现,从而导致了"概念诗"、"口号诗"的产生。在唐湜看来,诗歌创作要杜绝"直"和"露"的弊端,"诗最好由诗自己来抒发一切",也就是用形象说话,通过生动丰富的形象来抒情,不以抽象的议论为诗,不用"东方的人民由警觉中已经起来了"一类的话入诗;如果要把散文式的叙述或评论引进诗里,那么首先应该使之"诗化",使之带着诗的激情,能拍动灵感的翅膀,然后才能进入诗里。只有这样,诗歌的含蓄美才会产生。

参考文献

[1]王运熙:《中国文论选·现代卷》(上、下册),江苏文艺出版社 1996 年版。

[2]艾青:《诗论(修订本)》,人民文学出版社 1995 年版。

[3]唐湜:《新意度集》,三联书店 1990 年版。

[4]《宗白华全集》(第一卷),安徽教育出版社 1994 年版。

[5]《闻一多全集》(第二卷),湖北人民出版社 1994 年版。

[6]郭绍虞:《中国历代文论选》(第一册),上海古籍出版社 1979 年版。

[7]朱立元、李钧:《二十世纪西方文论选》(上卷),高等教育出版社2002年版。

[8](清)何文焕:《历代诗话》(上册),中华书局1981年版。

[9]张葆全、周满江:《历代诗话选注》,陕西人民出版社1984年版。

程抱一作品研究中的几个问题

牛竞凡

在跨文化交流的历史坐标上,为程抱一先生准确定位却并非易事。在具体研读这位法籍华裔著名学者作家作品的过程中,我们无法回避一些本质性的问题,只有在围绕着这些问题思索,并且试图给出开放式的解答时,才有可能深入作品内部及作者的内心世界。本文从语言文化的认同、文本之间的互动关系等方面提出某种研究的思路和多元理解的可能性。

一

在中法文化交流史上,程抱一无疑是个值得特写的人物。国内学界知道程抱一这个名字,主要还是因为 2002 年他获得了法兰西学院院士的殊荣。虽然早在 20 世纪 80 年代曾经由湖南人民出版社出版过他的《法国七人诗选》(译介法国诗歌),以及 60—70 年代台湾、香港地区也曾发表过程先生的中文诗歌及《和亚丁谈里尔克》、《和亚丁谈法国诗》等,但程抱一那些令法国人耳熟能详的作品,都是用法语创作的。其中比较重要的作品如:小说《此情可待》,诗歌《谁来言说我们的夜晚》、《双歌集》、《冲虚之书》、《沿着爱之路》,以及关于石涛和朱耷的画论,至今没有中文译本,只有短短几首诗被翻译成了中文。程先生的文学作品中也仅有长篇小说《天一言》被翻译成中文出版。这无疑造成了中国读者对他作品的"隔膜"。不过,可喜的是,他理论建树中的扛鼎之作《中国诗语言研究》和《虚与实:中国画语言研究》已经由国内学者翻译,出版指日可待了。此外,2003 年上半年的《跨文化对话》(中法文化年专号,总第 17 期)上特别开辟了"程抱一专辑",从访谈录《文化汇通、精神提升和艺术创造》,作品论《月光下的升华》、《一个法语声音里的中国之道》等文章中,我们可以明显地看出,国内学者已经开始对他的思想和作品进行更加深入的解读和分析了。

20 世纪 70 年代他的文艺论著《中国诗语言研究》和《虚与实:中国画语言研究》在法国文化界脍炙人口;他的小说《天一言》获得了费米娜文学奖;诗集以及画论也频频获奖,在崇尚文化艺术的法国可谓是家喻户晓。可是迄今为止,法国国内尚未有人对程先生的创作与思想进行深入的爬梳分析。以其文化贡献获得法兰西学院院士和法国最高荣誉勋章、在大众中引起巨大反响的作品难道不值得去深入探究吗?是他的思想太深刻、范围太宽广？还是他的思想比较大众化、通俗化,不值得学院派作专门的研究？或者因为还没经过时间的沉淀,对他,人们还来不及运用理论和反思的能力,且尚不能把握批评的分量和分寸,还在拭目以待？

我们依然认为无论从哪种意义上追寻,我们都有必要对他本人的思想和创作进行细致的研究,发掘"程抱一现象"背后的成因,透过他的个案分析,我们或许还可以对文化交流作进一步的思考:文化对话是否可能、如何挖掘其最大的潜能、如何创造性地融合中西方文化且不会顾此失彼、厚此薄彼。

二

程抱一研究中的一个核心问题首先是语言问题。语言是一切思想的承载体,现代人甚至将语言提高到了本体论的地位,与人的存在对等起来。威廉姆·洪堡曾经说:唯语言才使人能够成为那样一个作为人而存在的生命体。作为说话者,人才是人①。而程先生本人也格外关注语言问题,在《对话——一种对于法语的激情》一书中有过精彩的论述。选择另外一种语言创作,也就是选择了另外一种人生。于是程抱一变成了弗朗所瓦·程(Franhois Cheng,程先生的法国名字)。"语言的掌握是一个本质而复杂的过程,这不足以让人感到惊奇吗？这不光是一件需要记忆的事情,人们还要动员起他的身体、精神,以及所有的理解力和想象力,因为人们学习的不是一种词语和规则的集合,而是一种感受、洞察、推理、拆解、判断和祈祷的方式,最根本的,是一种存在的方式。"②而波兰作家沃依采赫·卡尔宾斯基也曾说过,更换另一种语言的作家乃是在完成"一种英勇的背叛,乃是在实行与过去的决裂,在某种程度上,也是实现与自己的决裂。"③我们在程抱一的例子中看到的是一种和谐,而不是决裂。或者说,经过决裂这个阶段,他最终达到了和谐状态。

我们研究程抱一的理论著作,无法回避他对中国文化的译介问题,即他如何用西方的语言、西方人能够接受的观念以及符合西方人期待视野的理念来转释中国的文学艺术。我们也需要考察他的法语文学作品当中如何在娴熟的法语与东方式的意象与思维中灵活地跳转。程抱一的法语作品为什么会被比较挑剔的法国读者所接受？

巴特在1966年发表的《批评与真实》一书中,引用了地理学家巴诺(Baron)讲的一个趣闻:"巴布亚人的语言很贫乏,每一个部落有自己的语言,但它的语汇不断地在削减,因为凡是有人死去,他们便减去几个词作为守丧的标记。"④巴特对法国的语言现状不无嘲讽地说:"奇怪的是,法国人不断地以他们能有一个拉辛(只用两千字写作的人)

① [德]海德格尔:《在通向语言的途中》,孙周兴译,商务印书馆1997年版。
② Franhois Cheng, *Le Dialogue:Une passion pour la langue franhaise*,Descloche de Brouwer,2002.
③ 转引自《比较文学与世界文学》(第1辑),商务印书馆2004年版,第363页。
④ [法]罗兰·巴特:《批评与真实》,温晋仪译,上海人民出版社1999年版。

为傲,却从来不埋怨没有一个自己的莎士比亚。"法语在维护其"纯净"的同时也丧失着它的丰富变化性。语言监督机构不遗余力地破坏新的语言表达方式的诞生,却美其名曰这是对"语言的净化"。就这一点而言,巴特辛辣地说:"我们可能胜过巴布亚人,因为我们虔敬地保存已故作家的语言,同时拒绝思想界的新词、新义。在此,守丧的特征不是让一些已有的词死去,而是不让新词诞生。"①设定一种规范其实就是画地为牢,自我束缚。

客观地说,程抱一的法语作品,其法语语言不可能"绝对纯正"(如果按照保守派所规定的概念来说),法国人读他的诗歌总还有些隔膜和不解,仍然觉得是一个"外国人"写的。他的法语"变体"之所以得到法国的认可,可以说是学界前人(例如罗兰·巴特、米歇尔·福柯等人)开出的一条道路,使得法语自身的包容度更大。翻译之间的转换同时也扩大了法语本身的词义。新的词义和词组渐渐深入人心的时候,就是法语本身不断丰富、绽开的过程。因为有外来语言、文化的渗透,法语才能够保持旺盛的生命力,才不至于在英语的强势之下日益萎缩。

当然对于中国读者而言,用西方语言翻译中国传统的术语及哲学美学范畴(例如意境、神韵、气韵、中庸等等),难以传达尽意,词义的缩小和缺失是不言而喻的。程抱一的著作中结合了西方汉学家的翻译成果,选择了他认为比较恰切的法语词汇来翻译,尽可能多地传达原意。程先生有着母语为汉语的条件以及深厚的中文功底,在用法语来诠释中国文化内容时,具有鲜明的优势。我们以为,在这个问题的讨论上,不必纠缠于一般意义上对翻译中语言转化的共识性观点,而应该作一个横向和纵向的比较,比较程先生在对这些术语的翻译处理上与前人有何不同,其特色在哪里。

三

伽达默尔曾经指出,艺术作品只有当被表现、被理解和被解释的时候,才具有意义,艺术作品只有在被表现、被理解和被解释时,它的意义才得以实现。② 他提出了诠释学的核心概念"效果历史"。他解释道:"真正的历史对象根本就不是对象,而是自己和他者的统一体,或一种关系,在这种关系中同时存在着历史的实在以及历史理解的实在。一种名副其实的诠释学本身中显示历史的实在性……理解按其本性乃是一种效果历史事件。"③从某种意义上说,后来法国的新批评、结构主义、符号学的哲学依据就在于此。他们不相信有何方权威,认为有趣比所谓"正确"更正确。对传统的无情颠覆、文本的任性解读,无非是大胆表达"自己的理解"。当然这是有点极端的例子,不过我们可以

---

①　[法]罗兰·巴特:《批评与真实》,温晋仪译,上海人民出版社1999年版。

②　[德]伽达默尔:《真理与方法哲学诠释学的基本特征》,洪汉鼎译,上海译文出版社1999年版。

③　[德]伽达默尔:《真理与方法哲学诠释学的基本特征》,洪汉鼎译,上海译文出版社1999年版。

从中发现在当代的理论文本中,要想找到"正宗传统"的解释恐怕绝非易事。程抱一身处异国,离开中国已经五十多年了,对中国的理解大概会带有一种致命的"隔膜感"以及某些理想化的色彩,他对中国文化的诠释大胆而有新意,平心而论,他的诸种观点理论在法国比在中国遇到的质疑和阻挠要少得多。尤其是在法国这样有着"自由诠释"传统的国家,更加可以畅通无阻了。

我们研究当中所遇到的一个难题也就恰恰在此。在中文的语境下,总在无形中带着中国传统思想的卫道士面具来进行评判。但我们应该如何评判程先生的观点"有理"或是"无理"? 我们应该参考哪一家的学说? 以谁人为准绳? 或许我们的古人已经给出了答案。中国自古就有"六经注我"和"我注六经"两派分歧,前者从原理上可能和伽达默尔所说的"效果历史"相差不远。

程抱一思想乃至全部作品的核心在于"气论"和"三元论",以及由此衍生出的对于文化整体的思考——"文化对话观"。他在《虚与实:中国绘画语言》、《对话——一种对于法语的激情》中对中国传统文化的"气"、"三元论"阐释得最为具体。他认为,"中国人宇宙与生命的观念建立在气论上面。生生不息也是从气而来。""气把所有的东西都包容进去。同时又由于气是动性的概念,它立刻又引起变化的概念和关系的概念。"①道家认为:道生一,一生二,二生三,三生万物,万物负阴而抱阳,冲气以为和。阴阳构成了二元的格局,而冲气就是三,是第三元。正是因为有三这个中空虚位,才使得阴阳得以碰撞、沟通和交融,产生多种形式的对话。这个三使宇宙和生命达到一种和谐。整个世界是动态的,从有限生发出无限来。从具有超越性的三元论出发,他不断地探讨文化之间的对话是否可能以及如何进行的问题。

可以说20世纪70年代的《中国诗语言研究》和《虚与实:中国画语言研究》不仅奠定了他在法国学术界的地位,也代表着他个人思想的形成和成熟。20年后写的文化随笔集《对话——一种对于法语的激情》,其实是更进一步地发挥了这一观点,其精神的内核始终如一。虽然他服膺道家思想,但是真正纯粹的"正统"的道家思想文化是什么? 恐怕现代人对此类问题都感到犯难。况且程抱一的思想来源本身就是多元的、兼容并蓄的,他的作品中往往糅合了儒家、禅宗、现象学甚至基督教神秘主义的思想。尽管他认为自己是言说中国人的传统宇宙观、生命观,但是笔者以为,程抱一说的是"他眼中的传统思想"或者根本就是他本人的宇宙观和生命观! 他后期的作品也是不断在重复这些观点。我们的问题是:这一说法是否在海外具有强大的理论生长点? 与中国学者的识见有何分歧? 与西方人对中国"气"、"道"等哲学范畴的解释有何差异?

鉴于研究资料的缺乏和时间篇幅的限制,我们首先应该理清:程抱一具体是如何解释他眼中的"气"、"三元论"的,他的理论和作品有着什么样的内在有机的逻辑建构。至于他对中国传统思想阐释是否具有"权威性"、"代表性",笔者暂不作判断。有关这

---

① 　陈彦:《生命、激情与中西文化对话》,《文景》2004年第5期。

方面的论著汗牛充栋,很难有一个确切的回答。

从阐释学的观点来说,程抱一的评论和作品都只是他个人对中国传统的一己之见,中国古代的哲学思想一直是在被后人的改造和"利用"中"现身"的,后人占据着很大的阐发空间。程先生是用西方语言写中国美学思想,也可以说,是用西方思维方式重新思考和重新建构中国的美学思想传统。

四

程抱一的创作历程:20 世纪 60 年代以结构主义方法论为指导写作《〈春江花月夜〉的形式研究》;70 年代关注中国诗语言和绘画语言,那个时期的他用法语介绍中国文化、阐释中国思想艺术,着重在于理论的探讨与构建;80 年代开始创作法语诗歌,最近几年在小说和诗歌创作上收获甚丰。这个时期的他更显著的身份则是诗人、作家,相比于中西文化"摆渡人"的头衔,他更喜欢别人称他为"创造者"。可见,创作、艺术实践在他心目中占有绝对重要的位置。

在他涉猎广泛的创作领域里,有一种特别为西方人惊羡的艺术类型——书法。他自小就练习书法,这一中国传统士大夫的习惯,伴随着他的人生,甚至在精神上挽救了他的生命。书法,不仅成为他的精神寄托,而且还长久地启发着他的艺术创作灵感,简直可以称为他的"缪斯女神"。他坦言道:"我父亲没有给我留下家具、首饰之类,但是留下了毛笔。这些毛笔是我家的祖传宝贝,传了三四代,比金子还要珍贵。每日操练书法所带来的欣喜,并非来自对书法技艺的追求,而是一种内心的祈祷。每天早晨,我写书法,以使心情平静,驱走残留的梦魇,融入生活的节奏。我带着一种神圣的忧虑感,在孤独中工作。在这个意义上,可以说这是一种精神上的探求。"①

2001 年巴黎的 L' lconoclaste 出版社曾经出版过一本程抱一先生的书法集子,书名叫做《气化成符号》,副标题为"通过书法我寻求真与美"。那时候他还没有入选法兰西文学院院士,在他的诗歌、小说广泛进入法国人视野的时候,他的书法也已经在艺术界登堂入室了。尽管程先生曾经谦逊地对笔者说过,"我的书法不属于何派何体,很难用传统书法理论规范划分,只能说有点自己的风格。我很怀疑自己的书法是否有研究的价值"。然而,我们以为,研究这本薄薄的书法册子还是很有意义的。

这本书除了一幅一幅书法以外,还有作者写的一篇很长的序言,每一幅书法的旁边都有作者的创作手记(类似于随笔的文体),此外还有他从古代典籍里摘引的文句,用细细的红色字体标于页角。这本书文字部分的重要性并不亚于书法本身,它是书法的释义和解读,对于读者理解程先生的创作意图与精神历程提供了绝好的注脚。我们研究的重点不在于讨论程先生的书法风格,以及其作为书法家的身份是否合于"法度",

---

① Franhois Cheng, *Et le souffle devient signe*, L' lconclaste,2001. 见封底。

而在于通过具体的研读,从文本互动、互证的角度,试图窥见他书法创作背后所展现出的纵深的精神文化背景、美学追求以及内心情感历程。

　　还有一个重要且复杂的问题就是接受问题。为什么偏偏是这个时期,为什么又偏偏是程抱一(还有朱德群、赵无极这两位几乎同时获得法兰西艺术院院士的艺术家,以及因法语小说获奖的戴思杰和山飒等人)能够在法国得到认可,并且获得如此高的"礼遇"? 除了程抱一先生所谦虚地总结为"中国文化本身的魅力"之外,恐怕有更深层的接受美学、接受者心理、接受环境以及当地的文化心态等诸多因素。因为依据程先生的话,我们要将"魅力"看成是一个客观的事实存在,也就是说,它是恒量,是不变的。那么,为什么在黑格尔时代,西方对东方的误解鸿沟会如此之深呢? 那时候"中国文化魅力"本身是存在的,只是没有被充分地认识到罢了。

杨晦、周扬与文学理论教材建设
——胡经之先生访谈录

李世涛

李（李世涛，以下简称李）：据我所知，自 1952 年您到北大中文系学习以后，参与了不少文艺界、美学界的活动，有时是亲自参加，有时是见证人。今天，许多当事人或已作古，或已改做他事。为此，我想就新中国成立后文艺理论、文艺批评等问题求教于您，希望能为以后的研究提供些材料。我知道，您曾经在新中国成立后的第一届文艺学研究班学习过，而杨晦先生又是文艺学研究班的班主任。首先希望您谈一些文艺学研究班的情况。

胡（胡经之，以下简称胡）：1952 年我考入北京大学中文系，一心想攻文艺学和美学。当时的文艺理论课，除了杨晦的文学概论，就没有别的了。北大虽有朱光潜在，后又来了宗白华，但都不开美学课。高校中文系的最大的难题就是没有人来上文艺理论课。而且，当时的文艺理论课没有教材，连大纲都没有。新中国的文艺理论课要讲些什么，怎样讲，大家心里都没数。当时教育部还在请杨晦、蔡仪等拟教学大纲，争论不下，教育部就决定请苏联专家来。1954 年年初，从苏联请来了一位副教授毕达柯夫到北京大学开讲"文艺学引论"，从全国高校调来一批中青年教师来研修，又从北大中文、西语、俄语等外文系中抽调一批高年级学生当研究生，决心为全国高校专门培养文艺理论教师。文艺理论研究班是从 1954 年正式开始的。当时，教育部直辖的院校——复旦大学、南京大学、中山大学、陕西师大都来人了，这就是中国的第一批文艺理论教师。那时霍松林（陕西师大）、蒋孔阳（复旦大学）、张文勋（云南大学）和楼栖（中山大学）等人已进入中年，都教过中国古典文学或现代文学课。他们参加研究班的主要任务就是为了听毕达柯夫讲的课，好回去开文艺理论课。他们边听边研究，写自己的讲稿。蒋孔阳当时 30 岁刚出头，他的《文学基本知识》（1957 年出版）就是那时写的，后来，他在文艺学、美学方面取得的成就也最大。还有些年轻教师，如从东北师大来的李树谦在这里听课，自己记笔记，听一堂就赶快用快件把听课记录寄给东北师大的同事李景隆，李景隆根据苏联专家的讲课内容加以改编，融合中国文学材料，举些中国的实例，再到课堂上去讲，不少教师也边学边写，上完课，他们编写的《文学概论》就出版了，而且比毕达柯夫的讲稿出版得还要早。霍松林的国学基础很好，熟悉中国古代文论，所以，他很快把苏联理论与中国传统文论结合起来，出了《文艺学概论》（1957 年出版）。李树谦、李景隆合编了《文学概论》，冉欲达、康侃出了《文艺学概论》（1957 年出版），刘衍文出了《文学概论》（1957 年出版）。当时就出了好几本这样的教材。而毕达柯夫的讲稿等到 1956 年研究班结束，才从俄语翻译过来，并等到 1958 年年末方由高等教育出版社正式出版，不久，中国已进入反修正主义时代了。新中国成立初期，大家都不清楚马克思主义文艺理论是什么样，该讲些什么，就只有听苏联专家的。其实，那个毕达柯夫只是列宁格勒大学的一位副教授，学术水平并不高，但他党性强，卫国战争时，他失掉了一只手臂。他也是在卫国战争胜利后才从事文艺理论教学，在苏联并非一流，在苏联学术界也没有学术地位，基本还是师承季摩菲耶夫的《文学原理》的路数。他讲的东西基本上是季摩菲耶夫的，季摩菲耶夫更早，是他老师一辈，当时毕达柯夫才 40 岁左右。他身材魁梧，用俄语讲，由于不懂中文，系里给他配备了翻译霍汉姬。苏联专家大谈意识形态、经济基础、上层建筑的理论，突出文学的党性、阶级性、思想性、人民性、社会主义现实主义，再加上一些文学写作的技法。分析、举的例子都是俄国作品，中国文学他不懂。他讲的那些，当时中国没有，就觉得很新鲜，以为这就是正宗的马克思主义啦！苏联专家不懂中国的文艺实际，不了解中国文学，所以，且不说这些理论究竟如何，最大的问题就是脱离中国的文学实践。

杨晦先生当时是中文系主任，受高教部之命，任当时文艺理论研究班的主任。我当时是三年级学生，并不是研究生（1956 年我才是杨先生的副博士研究生），因我爱好文艺理论，所以得到他的特殊批准，也去听苏联专家的"文艺学引论"，并得以认识蒋孔阳等学长，我们一些年轻人，如赖应棠、王家骏等都称那些年近中年的学长为大师兄。赖应棠、王家骏、谭令仰、石汝祥等是从中文系抽调出来的研究生，从俄语系、西语系也调来了不少研究生，如乔福山、弓惠英、陈娴英等。

苏联专家的"文艺学引论"上了一年多，新中国成立后的第一批文艺理论教师以此为蓝本，回到各地高校，加以中国化，纷纷开设了文学概论课程。北大的课程结束于 1955 年，但研究班要在 1956 年才结束，让大家做论文，编讲稿。研究班结束的次年，1957 年就出版了好几本文艺理论教材，除了上述几种，以后又有钟子翱的《文艺学概论》等教材的出版。但在 1957 年"反右"之后，特别是 1958 年的"大跃进"及随后的"反修"，高校的文艺理论教材也发生了变化，转为突出毛泽东文艺思想。

李：您研究生毕业后，就参加了蔡仪先生主编的《文学概论》的编写。《文学概论》是新中国成立后我国文艺理论界集体编写的第一本高校教材，既提高了对文学理论的学术研究，也对我国的文学理论教学产生了深远的影响。当然，其历史局限性也是很明显的。请介绍一些您参加教材编写的情况。

胡：我于 1960 年年底研究生毕业后就留北大任教。1961 年春，我在北大开设文学概论课程，刚开始，我就被调到中央党校，要我参加蔡仪主编的《文学概论》的编写。蔡仪的文艺思想基本上是现实主义，哲学基础是反映论，认为文学是反映生活的形象手段，他当然要贯穿这个思想。我受命写第一章，正是要阐明这个基本思想。他与杨晦先生的关系很好,我们早就相识。我研究生的毕业论文是《古典艺术为何至今还有艺术魅力?》,我强调了真、善、美的统一,实际上已经转到美学了,文章有 2 万字,发表在 1961 年的《北大学报》上,蔡仪看到了。《文学概论》的第一章是"文学是形象地反映生活的意识形态",强调文学的作用是认识、审美和教育,与我论文中所说的真、善、美对应起来了。

周扬是看重这个教材的,为什么呢?因为他提出要建设具有中国特色的马克思主义美学,他要把毛泽东的《在延安文艺座谈会上的讲话》贯彻到《文学概论》中去,经过"反右"、"反修"后,苏联的文艺理论已淡出,毛泽东文艺思想突出起来,高校教材必须适应这一发展。但教材又要讲究科学性、系统性、逻辑性,还是要讲出文学的特征,如何结合得好,寄希望于这本教材。但蔡仪有自己的文艺思想,他是研究美学的,一向把文学艺术放在美学中来研究。他一向把文学艺术看做是以形象来反映生活的特殊方式,反映生活会有倾向性,但艺术还是要反映真实。而毛泽东文艺思想的核心是文艺要为政治服务,文艺是阶级斗争的工具,《文学概论》不是突出这个思想。讨论来讨论去,蔡仪主张还不如另编一本《毛泽东文艺思想》的教材,不要和《文学概论》合在一起。当时,蔡仪已要张炯、王燎荧负责编出了提纲,和《文学概论》的提纲一起送给周扬,但被周扬否定了,他只让搞一本《文学概论》。这样,《文学概论》第一章写的是文学反映生活,由我执笔起草,集中阐明蔡仪的基本思想,题目最后定为"文学是反映社会生活的特殊意识形态"。这一章的草稿、修改稿和定稿,我都直接交蔡仪审定,由他亲自修改几次。第二章写的是文学在社会生活中的地位和作用,在这里则集中突出文艺为工农兵服务,为社会主义服务。这一章实际上已经打破了蔡仪自己构想的体系。所以,在编写教材的过程中,蔡仪是很不愉快的。当时我也慢慢地体会到,周扬关注文艺为政治服务,这是第一位的,关于文艺要与认识结合起来,要认识生活、反映生活,那是如何为的问题,属第二位。所以要突出文艺的政治性,但也注重形象性。这是周扬和蔡仪的不同,但周扬已明确规定主编责任制,所以周扬也作了让步。

《文学概论》的编写,除了请来所外的一些人,如楼栖(中山大学)、李树谦(东北师大)、何国瑞(武汉大学)、吕惠娟(山东大学),我和吕德申是北大的,文研所整个理论组都参加了。编教材时,钱中文当时在苏联攻读副博士研究生,还没到文研所,我们是后来才认识的。

李:那么,您是如何看待和评价这部教材呢?

胡:我认为,《文学概论》突出认识论和政治倾向性,把政治和认识尽可能统一起来。通过编教材,我深深体会到,一是《文学概论》的政治性还是较突出的,谈文学艺术本身的规律太少,主要谈论文艺与政治,文艺与社会的关系。二是蔡仪把反映论理解得太狭窄,把反映论等同于认识论。其实,反映论是很宽广的概念,应包含体验论,体验论不同于认识论,体验和认识不同,各有特点。艺术主要是审美体验,实际上应该通过审美来谈认识。读了斯大林之后的马克思主义美学,我就感到,作为艺术的文学应该强调审美,其主要作用也是审美的,其他的作用只能通过审美才能达到。但这是就艺术的文学来说的,如今,文学概念又在扩大,文学不仅只是艺术的,还可以是非艺术的,那么,可以说文学的认识作用,政治作用又在受到重视,更有许多实用价值也在发挥作用。

《文学概论》是在 20 世纪 60 年代前期编成的,但是在"文化大革命"后使用的。无疑,它努力吸取了当时的学术成果,《文学概论》把理论奠基在认识论上。但是,《文艺概论》还是太政治化,只强调文学与政治、社会、阶级的联系,不大从审美活动本身的实际出发来研究文学,这是一个缺憾。但在当时的背景下,也很难有别的选择。文学有艺术的、非艺术的,应予以区分。文学可以有重在认识生活,也可以有为政治服务的,甚至还有专为满足感观刺激的,应有区分,不能混淆。

李:您到北大时,就作了杨晦主讲的文学概论的课代表,在他的照顾下参加了第一届文艺学研究班的学习,后来又做了他的研究生。请您介绍些杨先生的情况,特别是他当时的教学情况。

胡:我上大一时,文学概论由杨晦开设,入学后的第一堂课就是他上的。杨晦讲文学概论,当时还没有任何教科书,连教学大纲也没有。他授课的特点是重在对中国古代文艺思想的概括和阐释。记得当时他讲文学是什么? 中国的文学概念是变化的,他由广义的文学讲到狭义的文学,讲到魏晋南北朝的纯文学。他分析中国古代的文学观念,最早的"文",范围很广,天文、地文、人文都在内,就是后来缩小到语言符号,那也笼统地包括了所有用语言文字写成的文本。刘勰的《文心雕龙》里说的"文",虽然有专门篇章说以抒情为主的文学,但所论的包括了所有文体,并非后来所说的纯文学。魏晋以后,才产生了纯文学,但杂文学仍在发展。纯文学当然有"自律",但仍有"他律"起作用,就像地球在"自转",又环绕太阳"公转"。杨晦是"五四"老人,火烧赵家楼的参与者。他既有文学创作经验,又长期从事文艺评论,所以能结合中国文学的实践来谈理论。但给我印象深刻的是,他把地球自转和环绕太阳公转的道理运用于文艺理论,说明文艺和社会的关系,以太阳的自转与公转来解释文学的"自律"与"他律"。我一直记着这个道理,成为我以后研究文艺美学的基本方法论,也可以用来解决今天的许多问题。杨晦的这一观点是他长期研究文艺现象得出的结论,他在 1949 年出版的《文艺与社会》一书中已经明确表述。杨晦早年在北大是哲学系学生,哲学底子厚。早在古希腊时候哲学家就有了类似说法,任何事物都有自律和他律。但杨晦用这种说法来解释艺术与非艺术、审美与非审美,这是他的创新。任何事物都有自律的运动,也都有受他律进行的运动,问题是它的他律是什么,它的自律是什么? 文学艺术有自己的他律、自律。我在写《文艺美学》时,就接受了这个观点,受益匪浅。

当时,他讲文学概论时,很少讲苏联的文学艺术,而是着眼于中国古代的传统文化。他也讲现实主义、浪漫主义,但有他自己的见解,并且对茅盾的观点抨击甚烈。当时茅盾的《夜读偶记》认为,中国文艺发展的历史就是现实主义与反现实主义之间相互斗争的历史。杨晦认为,这是茅盾搬用苏联教条来套中国历史,不符合中国实际。杨晦对曹禺很有研究,他最著名的评论文章是《曹禺论》,连曹禺自己也认为批评得很中肯。他还写了好几篇关于关汉卿的文章,从各个角度来阐明,关汉卿的戏剧是浪漫主义的。依杨晦的研究,中国文艺的主潮是现实主义和浪漫主义的,而不是现实主义和反现实主义的斗争,也不能把中国的文艺归结为形式主义和反形式主义。杨晦一直倡导,具体问题要具体分析,讲到具体问题,他可以连续讲好几节课。讲艺术起源时,关于九鼎由实用到象征的演变,他就讲了很多,充分展开。自1959年起,杨晦开设了中国古代文艺思想史,他的讲稿后来由杨铸整理,导论部分"关于中国早期文艺思想的几个问题"收入《杨晦文学论集》(北京大学出版社)。苏联专家来后,我去听课了。杨晦对我说,你们也就只能听听他的观点,中国的问题他们不懂。中国文艺理论经过了苏式化、大跃进,他已认识到只有总结中国自己的文艺实践才有出路。可惜,这对他来说有些晚了,他搞中国文艺批评史时已经有60多岁,离"文化大革命"没几年了,使他壮志难酬。

1956年,正赶上高等学校要试行学位制,北大等几所名校准备向苏联学习,先试招副博士研究生(四年制)。当时各大报纸都登列了拟招专业和导师名单,面向全国招生。北大目录中有杨晦、钱学熙招收文艺学副博士研究生。我当时正在中国人民大学马列主义研究班攻读马克思主义哲学,我看到招生目录,就向杨晦提出申请,半年后就回到北大跟随杨晦攻读文艺学副博士学位课程。当时被录取为首届文艺学副博士研究生的还有严家炎、王世德。此时杨晦的研究已转向中国文艺思想史。他说,如要建设中国的文艺学,不研究中国古代的文艺思想是绝对不行的。他要我从研究老庄、孔孟的文艺思想开始,一本一本地读古籍原著,写读书笔记,及时送他审阅,一心埋头读书,不要随便写文章。我有两年多时间确实按导师所说,关在书斋,"两耳不闻窗外事,一心只读圣贤书",连轰轰烈烈的"鸣放"、"反右"也都擦肩而过,并幸免于难。这要深深感激杨晦的帮助。

我这个人喜好哲学思辨,又受到朱光潜、宗白华、周扬等人影响,想向美学发展。1958年,那次革命现实主义和革命浪漫主义相结合的讨论,把我推向了文坛。杨晦见我志于美学,鼓励我向这方向发展。1960年他把张少康留作助教,协助他专攻中国文艺思想史。1960年年底,我研究生毕业,曾想回江南老家,到南京大学当教师。但杨晦劝我还是留在北大任教,并推荐给蔡仪,让我去中央党校参编《文学概论》。

"文化大革命"开始不久,系领导层特地安排我和杨晦先生同住一幢楼:燕东园37号,杨先生住楼上,我住楼下,原因是系里安排我保护他。我当时年轻,不会受冲击,担心红卫兵冲击他家,让我保护。后来两派斗争,不可避免地我终于被抄家,杨晦也被抄家了。杨晦是"五四"老人,每到"五四",《人民日报》、《红旗》都争相邀请他写纪念文章,他和许德珩一块儿火烧赵家楼,这一切周扬都知道,周扬对他也很尊敬。杨先生是1983年去世的。之后,我就去了深圳大学。

李:您在做校刊记者的时候就采访过周扬,1958年他到北大开讲座,你是他的助教。以后,还有些什么交往吗?

胡：做校刊记者时，我就采访过周扬。1958 年，周扬到北大开讲座，我做他的助教。他讲了两次，他在讲座中提出要建立中国特色的马克思主义美学，他还讲了文艺与政治的关系，这是我和周扬接触最多的一段日子。到过他沙滩北街的住宅，交谈过三次。邵荃麟讲了现实主义与浪漫主义，何其芳也讲了一次。讲座结束后就到了 1959 年的"反右倾"，接着就是"反修"。

"大跃进"提出了"破字当头，破中有立"，也就有了 1955 届的红色文学史。其间，周扬希望北大在文艺理论建设上有所作为，但由于种种原因，没有深入下去。以后，周扬把注意力转向中国人民大学，让何洛他们搞文研班。文研班是 1959 年搞起来的，主攻文艺评论，结果以"马文兵"的署名写出了一批文章，也出了一批人，他们也想搞教材，但没弄出来。中国的文艺理论人才，第一批是北大请苏联专家培养的，是北大苏联派，近乎学院派。第二批是人大文研班自己培养出来的。周扬曾寄希望于北大 1955 级，他们搞出了"红色文学史"，但学界并不认同。后来的"马文兵"影响大的也是批判，写了些有影响的批判文章，主要是在 60 年代，这些人后来大都搞马列文论和毛泽东文艺思想。在 20 世纪 60 年代的"批修"运动中，马文兵的力量最强，主要是何其芳、何洛领导的人大延安派。1958—1959 年的大批判我也参加了，但我主要是写革命现实主义与革命浪漫主义相结合的文章，先在《文艺报》有一发言，后在《文学评论》上发表《理想与现实在文学中的辩证结合》长文。"文化大革命"中写了一些《红楼梦》评论文章。从1979 年以后我就接着做学问了，专注于文艺美学的学科建设。

反思 20 世纪 60—70 年代，约有十多年时光虚度了，浪费了大好学术生命。

李：您说周扬在 1958—1959 年把文艺理论建设寄希望于北大，他在北大究竟做了些什么？

胡：就我接触和参与的，周扬曾支持了三件事。一是他亲自带头开设了马克思主义文艺理论讲座，他讲了两讲，邵荃麟讲了一讲，何其芳讲了一讲，本来还有林默涵、张光年、袁水拍等都要讲（他们都跟着来听周扬的课）。但没有接下去。二是他支持中文系学生编写《毛泽东文艺思想概论》。三是他支持中文系学生增编《马克思主义与文艺》一书。还曾想继续编中国古典作家论文艺、外国作家论文艺的资料。周扬在延安时代曾经选编过马克思、恩格斯、列宁、斯大林、普列汉诺夫、高尔基、毛泽东、鲁迅等人的文艺言论，我见过 1950 年解放社的版本，但在全国解放后，很少见到。在"大跃进"声中，中文系学生想作增补，得到了周扬的首肯。我把学生增补进的材料送周扬审定。但周扬一直未能抽出时间来审定，此事就拖延了下来，等学生毕业了，还没下文。1959 年以后，大家都忙着"反修"去了。所以，《马克思主义与文艺》的增订版一直没有出版，在我心里，觉得这是一个损失。自"反右派"以来，"大跃进"、"反右倾"、"反修"等等，文化学术界的运动不断，文艺理论建设缺乏学术积累。1958 年以前是苏联斯大林式的教材，1958 年开始，转向毛泽东文艺思想，如何全面掌握和了解马克思主义的文艺思想，我觉得周扬的《马克思主义与文艺》还有一定帮助。如真能做些增补，多选些论述文学艺术本身的论述,向大学生普及,还是会有积极作用的。可惜此事没有做成。1960 年,林默涵发表了《更高地举起毛泽东文艺思想的旗帜》,把毛泽东文艺思想推上独尊的地位,其他的自然都已被推向边缘了。

李:依您看,应如何评价周扬的文艺理论。

胡:当时,大家都把周扬看做是党内的马克思主义文艺理论家。20 世纪 50 年代,我曾有机会出入于中南海增福堂,和陆定一夫人严慰冰多次交谈,她就说周扬是党内马克思主义文艺理论家。有一次,我当面向陆定一请教文艺问题:如何理解革命现实主义和革命浪漫主义相结合。他就坦率说:"这你要去问周扬,他是专门主管文艺的,我是理工出身,不大过问文艺界的事。这个问题乃是主席提出来的,中央也没讨论过,你还是要去问周扬,主席是怎么和他说的,他怎么理解这个问题。我可没有深入考虑过这个问题。你是文艺方面的副博士研究生,也可以自己研究,作自己的解释。"

我对周扬这个人的整体印象,感觉很好。也许我从审美直觉上来看他,觉得他风度翩翩,外表文雅,穿戴得体,口才也好。我这印象和他所理解的理想人性相符。我在他家里的交谈中,我听他说过,马克思、恩格斯对文艺复兴时代对人性的完美追求是持肯定态度的,人应该逐步走向全面发展,充分发挥自己的潜能。共产主义就是要让人得到全面发展。周扬对美国诗人惠特曼情有独钟,赞赏有加。他说惠特曼的个性成长,不但表现了他个人向自由个性的发展,而且反映了美国初期那种蓬勃向上的精神。他的《草叶集》显得生气勃勃。我就没有想到,周扬的个性中还有向往自由的这一面。当时我就想,如果周扬不是去当政治家,而是当一个学者,他的文艺理论可能会是另一种样子,他懂得马克思主义,又了解中外许多文艺现象,沿着《马克思主义与文艺》这个路子走,也许会走出一条新路,在学术上有所建树,而不会是像多次文代会上的报告那样。不过,话又得说回来,那些报告如果不是由周扬来做,还是要有人来做,茅盾、何其芳也可以来做,那又如何? 我只是在现在姑妄一说,一笑。

周扬很佩服普列汉诺夫,普列汉诺夫重视社会心理对文艺的作用,美学问题、审美问题都与社会心理有关系,所以他对普列汉诺夫评价很高,这给我的印象很深,我也因此读了普列汉诺夫的书。他强调中介论、社会心理,而审美便是社会心理的一种形态,不能把审美直接等同于事物本身。但周扬在文章中是不讲这些的,只讲文学要为政治服务,这是他的一个矛盾。文艺为政治服务,周扬想在他主编的教材中突出这点。蔡仪也要在《文学概论》中贯彻他的反映论,这就和周扬有了矛盾。

但蔡仪的理论也有不足,他把反映论作了狭隘的理解,反映＝认识,其实人对世界的反映,方式多种多样,认识只是其一,人还体验世界,体验中就包含了理想、想象、感情等多种因素。

李:周扬到北大开讲座以后,和北大有更多联系吗?

胡:自 1959 年后期始,周扬对北大的讲座已不大过问,而把注意力转向中国人民大学的文艺理论研究班;北大送去的《毛泽东文艺思想概论》和《马克思主义与文艺》的增修稿也无下文。这当然有多种多样的原因。当时的"反修"和"反右"的任务已渐突出起来,只靠学生的力量,难以承担。需要有一定文艺实践和较高理论学养的人来承担。所以,当何其芳、何洛等从延安来的文艺老兵要在中国人民大学办文艺理论研究班,很合周扬心意。北大办过苏联专家的文艺理论研究班。但杨晦对周扬等人来设马克思主义文艺理论讲座,也不曾积极参与,他此时已把注意力转向中国文艺思想史。当时周扬来北大,主要由北大的副校长魏建功张罗,魏建功是研究古文字学的专家,对文艺的兴趣也不大。周扬对魏建功、杨晦、朱光潜等北大教授都很尊敬,但这些人都是长辈,而且都是从国统区出来的,不像何其芳、何洛等是在延安时的老部下,就是校长吴玉章也是延安的革命老前辈,真正要建立起毛泽东文艺思想的体系,还是要靠从延安来的这些老革命。所以,在中国人民大学办起马克思主义文艺理论研究班,真正是水到渠成,得心应手,比在北大好办多了。1960年全国第三届人代会召开,"马文兵"正式登上文坛,发表了一系列"批修""反修"的文章,引人注目。作为一个整体力量,北大也渐渐和文坛疏远开来。

我这个人,在大学时代听过毕达柯夫的课,对党性、阶级性、人民性这些问题没有去进一步思考,但对社会主义现实主义问题有些兴趣,对历史上的现实主义、浪漫主义有过思考,所以1958年讨论革命现实主义和革命浪漫主义相结合,我开始写文章,进入文坛。但我真正感兴趣的还是苏联斯大林之后兴起的文艺审美学派对文艺审美特性的研究,我在研究生毕业时写的长篇论文,就是探讨古典艺术为何至今还有魅力,想转向文艺美学研究。所以,我和周扬也就再没有个人联系,只在参编蔡仪的《文学概论》时,再见到过。"文化大革命"中,学生贴我的"大字报",说我是周扬"修正主义文艺黑线"在北大的代理人,我只交代得出1958、1959年的那些事,20世纪60年代就说不出来了,他的注意力已转到人民大学的"马文兵"(马克思主义文艺理论尖兵之简称)。

不过,周扬的文艺理论也有变化,实际生活给了他教育,他不能不作反思。"大跃进"之后是三年困难,大自然给予了惩罚。于是引起了反思,根据高等学校以前出现的"破字当头,破中有立",邓小平提出应该改为"先立后破,有破有立",要建设适用的教材。周扬受命抓文科教材,同时负责起草"文艺工作十条",纠正"大跃进"时代的浮躁之风,由此,周扬对"大跃进"以来的文艺进行了反思。在这过程中,他还到北大访问过冯友兰、朱光潜,听取他们对教材、文艺工作的意见。周扬在1959年春到北京大学作了第二讲,专论文艺与政治的关系问题。已说到对政治要作广泛些理解,文艺服务政治也有直接间接之分。在"文艺十条"中,周扬虽然仍把文艺为政治服务作为方针,但已认识到,"创作更多更好的作品,通过生动的艺术形象,优美的艺术形式,反映人民的生活和斗争⋯⋯满足人民多方面的需要"。什么是多方面的需要?"不但需要强烈的政治内容的作品,也需要没有什么政治内容,但能给人以生活智慧和美感享受的作品"。这样的表述,我觉得比较接近周扬的实际思想,比较重视文学艺术的审美水平了。但在他看来,为政治服务是前提,提高艺术审美水平是如何更好为政治服务的手段。

李：您做校刊记者时，采访过何其芳。您和他还有别的交往吗？

胡：我是通过何其芳的夫人牟决鸣认识何其芳的。当时我是杨晦课的课代表，也是班里的学习委员，那时我19岁左右。牟决鸣当时不到30岁，年纪比我大，她主要听杨晦的文学概论、吴组缃的文学史，别的课她不听。开始我不知道她是何其芳夫人，后来她请我去她家做客，见到了何其芳，方知他们是一家。何其芳也住在燕东园，是杨晦的邻居。我去看杨晦，就顺便也到他家去看望一下。那时他的儿子何凯歌正念小学，也见过几次。杨晦东边住的是蔡仪、冯至，东南为何其芳。何其芳脾气好，对人很客气。我当报刊记者，采访过何其芳。1957年上半年，北大请他和吴组缃开设《红楼梦》讲座，我也去听课。1958年，周扬到北大开讲座时，何其芳也讲了一次。不久他们就搬走了，他与蔡仪搬到了裱背胡同，我去看过蔡仪、何其芳夫妇，跟他们有这一点个人交往。到市里后，见面就少了。社科院文学所建所50周年时，我在会场想找到牟决鸣，但她没有来，听说她还健在，祝她健康长寿。

李：您提供了不少有价值的材料。最后，让我再次表示对您的感谢！

确立学术研究的时代意识和时代感觉

——治学心得

王先霈

我已经接近古稀之年了,要说治学,很惭愧,没有多少心得可以讲,走的弯路比直路多得多。1958 年,还在读本科,就遇上"大跃进",学生参加编教材,虽然借此读了一些书,却也沾染若干粗率的学风。1960 年毕业之后,自知根底太浅,静心读了几年典籍。1963 年至 1964 年,到中国人民大学和中国科学院文学研究所等几家合办的文学进修班学习,在那里听了许多前辈学者讲课。他们除了传授知识以外,彼此不同的治学风格给我指点了不同的求学途径。何其芳老师讲了一学期文学理论,很有激情地传播他的"典型共名说"。我写了一篇大约七八千字的作业,表示不同意他的观点。何老师打电话把我叫到他的家里,对谈一个晚上。那时,他工作十分繁忙,过不久要下乡参加"社会主义教育",很多事还没有处理交代。但他很耐心地要说服我,为此,甚至有一点急不择言,拿起桌子上《参考消息》的一篇报道作为论据,马上又说这个例子不妥。后来,看看时间较晚,我不敢耽误他太多,有些不舍地告辞。何老师送我穿过院子走到宅门,分手时说,"今天,我没有能够说服你,你也没有说服我"。何老师是中国文学理论界的领袖,我那时是二十四五岁的毛头小子,我是来向他请教,哪里想过要"说服"他! 他能那么认真地来和我讨论、争论,这件事让我想了很长时间。何老师坚持他的观点,他坚持的是他相信的真理,而不是他个人的声名、面子。讨论、辩论理论问题,他对声势煊赫的大家,对莽撞而无名的后辈,都一样平等相待。我们做研究,要追求的只是真理,其他的都是微不足道的。其后,我有机会跟张光年老师学习写作,他很注意作文技巧。关于每篇文章的构思,他爱用带湖北尾音的普通话强调论述的"角度",把"角"念成"阁"。他觉得,选取的"角度"是否恰当,对文章的成败关系很大。后来冯牧老师参与指导,他讨厌那种八股腔调,总是要求"娓娓而谈"。一次,要写一篇《红灯记》的评论,我看了几遍剧本就打算动笔。冯牧老师说,不看演出怎么能评论剧本! 不止看一场,要看很多场! 安排我看了钱浩梁和袁世海等人演的,以及北京戏校小同学演的,好几个不同剧团的演出。他要求有了真切的感受,再来做理性的分析。在进修班讲课的老师,像冯至、邵荃麟、周立波、陈荒煤,都有过创作经验,又有高深的理论素养。他们对文学作品敏锐的感受力,常使我惊奇。他们无言的示范,指引我注重理论批评联系创作实际。

经过了"文化大革命"十年,重理旧业,世界已经发生了巨大的变化,文学和文学理论的新现象、新风气扑面而来。我遇到的最大问题是,如何确立学术研究的时代意识和时代感觉。做研究工作的人,要随时明白自己处于什么样的学术时代,这个时代要解决的核心的学科问题是什么,文学观念可能有哪些选择,研究方法可能有哪些选择。哪些是已经甚至早已解决的问题,哪些是亟待解决的问题;哪些是关键的重要的问题,哪些是枝节的琐细的问题。陈寅恪先生 1930 年在《陈垣敦煌劫余录序》里说:"一时代之学术,必有其新材料与新问题。取用此材料,以研究问题,则为此时代学术之新潮流。治学之士,得预于此潮流者,谓之预流(借用佛教初果之名)。其未得预者,谓之未入流。此古今学术史之通义,非彼闭门造车之徒,所能同喻者也。"预流,不是追逐一时之风气,而是仰承学术发展的主脉,参加到本时代重大问题的探讨、思考和解决的攻关之中。科学研究是一种生产性思维,与消费性思维、承袭性思维、借贷性思维、传输性思维相区别,它的生命是创新;没有创新的研究不能算是研究。以中国古代用语表达,科学研究是立言,或立说。苏轼称韩愈"一言而为天下法";法是法式、规范,必须反映客观规律,才成为法式。我们做研究,能不能有一言而为天下法的雄心?反映规律,建立法式,为本学科的建设增添一小块砖瓦。我至今也没有真正的预流,更谈不上创造,但对这种目标心向往之。

文艺学研究课题要有时代性,有理论的预见性、超前性。21 世纪的文学会是怎样的?文学理论又会是怎样的?当代文化生活和文学活动的大变化,值得研究者重视。文学正在从文化生活的中心向边缘滑落,艺术的消费性娱乐性与意识形态性、审美性的关系变化,前者日益上扬,后者日渐收缩;纯文学与杂文学、非文学界限的模糊,非虚构的叙事与虚构的艺术性叙事争夺受众,"作家"含义也在变化。这些现象应该进入我们的视野,应该成为研究的课题。以严谨的科学态度和方法,收集新材料、活材料。陈寅恪所说取外来之观念,十分重要。但要真正汲取新的观念,不要只是搬弄新名词。观念陈旧,做不出好的大的成绩。即使研究中国古代文论,也要注意海外汉学。注意借鉴域外的和外学科的新的方法。外来观念又要与中国的社会的、文学的、学术的传统和当前实际相比较、相结合。我们要时时自问:我们的文学观念有何新意,我们的方法有何新鲜,我们的研究材料有何新颖?

近些年文艺学界讨论过文学理论的本土性,讨论过所谓"失语",有些人谈到西方文学理论的"中国化"。我觉得,谈本土化或中国化,有表述方式的"中国化",有问题意识和问题情境的"中国化",重要的是后者。理论首先要回答中国的、本土的、当前的文学实际的问题,作出自己的解释,提出自己的方案。在 21 世纪,有没有真正属于中国人的、被域外同行所关注和采纳的、独立的文学理论批评?文学理论不同于自然科学理论,现成地沿用西方的尺度,来衡估、解析、阐释中国的诗歌、散文、小说,总是难以尽善尽美的,总是无法使人满足的。文学理论的本土化,关键是不停止于把外国人的思想"翻译"为中国式的表述,而要从中国的文化土壤中、从现代中国人的"情绪化存在"中,提炼出自己的话语,并且融入本民族的术语体系、语言体系,与本民族精神形式的传统相衔接。我们的文学理论,在介绍、引进西方理论的同时,以更多的精力思索把握本民族的生存状态和生存体验,那样自然会有话要说、有话可说,可能构建自己独特的观念,独特的理论体系,而不会失语。既要有可说的话,说自己的话;又要有全球的视野,有可对话性,可沟通性,不只是自说自话。从上述认识出发,我曾在中国古代文学理论的诠释上做过一点工作,今后还会继续做些尝试。

文学理论能不能够、应不应该有内在的、所有参与者可以遵循和必须遵循的规范?我不太赞成现成套用自然科学方法,但是,文学理论也不能拒绝从自然科学汲取营养。自然科学是对物质世界规律的探究,通常是可以证伪的;人文学科的本质是意义的追寻,终极的关怀,是对不可最终回答的问题的回答。各种答案难以相互取代;科学技术更无法取代人文学科。而且,自然科学也未必不能从文学、美学、哲学获得灵感。诺贝尔奖获得者汤川秀树觉得核物理学太依赖大型加速器和高等数学,导致想象和直觉能力的萎缩。他说:"我之所以把庄子作为话题,是由于早在2300年前,庄子就已经洞察了现代人类状况的这种不可思议的感觉。"现代的人文学科之光,就不能照向自然科学吗? 强化了文学理论批评的审美属性,不是始终尾随科学技术之后,而是坚守人类智慧的独立领地,它将能恢复、保持和增强生命力、吸引力。

除了理论研究之外,作为教师,如何做好学界既有理论的阐述、传播,也不是次要的,更不是容易的工作。黑格尔的《哲学全书》第二版序言认为,对理论的通俗方式的说明是"与科学疏远"的领域,不允许进入哲学;而赫胥黎在《人类在自然界的位置》再版序言中则认为,用浅易的语言讲授,是澄清自己思想的最好方法。我宁肯接受赫胥黎的意见。所以,我在教材编撰和教学研究上投入了颇多精力。在教材中力求客观准确全面地介绍国内外学术研究的已有成果,对这些成果作梳理和综合,给予恰当的评价,不但是为了学生,也可以为创造性理论建设提供参照。

几十年来,所作的成绩太小太小,但是,研究工作和教学工作给我的愉快很多。要说心得,唯有这一点是差可自慰的。

理论与方法:汪晖的思想史研究

季剑青

从 20 世纪 80 年代的《反抗绝望——鲁迅及其文学世界》,一直到最近出版的《现代中国思想的兴起》,汪晖在其专业领域——现代文学史和思想史——的研究,一直受到人们持续的关注。进入 90 年代以后,汪晖又从其研究中形成的理论立场出发,不断地发表他对当代中国(特别是思想界和知识界)现状的看法,这些看法曾引起巨大的争议,汪晖也因此被视为"新左派"的代表人物,成为 90 年代后半叶所谓"自由主义"和"新左派"争论中的焦点。所有这些,都为本文的写作带来了困难,但也正因为此,汪晖的研究著述也构成了一个值得关注的对象。囿于笔者各方面条件的限制,本文无力也无意于全面评述汪晖的研究成果,也无法把它们与对 90 年代知识界整体状况的分析充分地结合在一起,虽然我相信理解这一时期的中国知识界和思想界的各种问题无法绕开汪晖,但这样的工作可能需要更长的时间距离和更充分的资料准备。本文只是以汪晖的个人研究为对象,力图从中梳理出汪晖本人在理论立场和方法论两方面发展的脉络(当然这两方面并不能截然分开),并试图揭示出两者之间既互相联系同时在某种程度上又互相冲突的复杂关系,这也是作为专业研究者的汪晖和作为文化批评者乃至思想者的汪晖之间的复杂关系。

一、作为起点的鲁迅研究

汪晖最早的著作《反抗绝望——鲁迅及其〈呐喊〉〈彷徨〉研究》是他的博士论文,1991 年作为"文化:中国与世界"丛书的一种由上海人民出版社出版,2000 年作为"回望鲁迅"丛书的一种由河北教育出版社再版,再版时书名改为《反抗绝望——鲁迅及其文学世界》。这本书刚出版时即在鲁迅研究界引起巨大反响,也受到了学者们普遍的赞誉,有论者把它和陈涌的《鲁迅论》、王富仁的《中国反封建思想革命的一面镜子——〈呐喊〉、〈彷徨〉综论》并列为"标志中国鲁迅研究的阶段性成果"的三本著作。[1] 对汪晖本人来说,这本书显然有着非同一般的意义,虽然之后他的视野转向了思想史研究,

---

① 张松建:《解构本质主义与超越决定论——汪晖〈反抗绝望〉的学术史意义》,《跨文化对话》2003 年第 11 期。

基本上已不再涉足于鲁迅研究，"但我在鲁迅研究中碰到的那些问题换了个方式又回到我的研究视野之中了，几乎成为我的思想史研究的一些背景式的问题。"①

对鲁迅研究界来说，人们一般都对该书关于"历史中间物"的第三章关注较多。"历史中间物"命题的提出，也被视为汪晖的重要贡献。② 汪晖本人对此也颇为珍视。在这本书之前，汪晖的《历史的"中间物"与鲁迅小说的精神特征》（《文学评论》1986 年第5 期）一文已经基本上容纳了本章的内容，汪晖认为："这篇文章的主要贡献却是提出了'中间物'意识这一概念，并用以解释鲁迅对世界的感知方式，自那以后，'历史中间物'概念在中国和日本的鲁迅研究界不断引起讨论，并成为第二届'亚洲国家近代化与民族性因素'国际学术讨论会（东京：1991）的中心议题之一。"③

不过，从汪晖本人研究的发展来看，该书的第一章"个人、自我及其对启蒙主义历史观的否定与确认（1903—1924）"和第二章"自我的困境与思想的悖论（1920—1936）"或许具有更大的意义。《汪晖自选集》把这两章和作者关于章太炎的研究放在一起，构成一个相对完整的部分，题名为"个人观念的起源与中国的现代认同"，从中可以看到这两章与作者后来的研究之间内在的相关性。

在这两章中，作者关注了鲁迅思想中那些互相构成悖论的部分。第一章主要讨论的是鲁迅的早期思想，特别是鲁迅对尼采、施蒂纳等西方非理性主义思潮的理解和接受。在汪晖看来，鲁迅对"个性张"的强调，对资产阶级民主制度和自由平等原则的批判，与鲁迅对民族独立和解放的吁求构成了一种悖论关系。在第二章中，汪晖主要考察了鲁迅五四以后的思想，并从中归纳出三组悖论关系：批判主题（整体性反传统）与自知主题（自身的历时性，自身与传统的紧密关系）；价值（来自西方的普遍价值观念）与历史（民族的自我批判直至自我否定）；理性观念（进化论）与感性经验（轮回的心理经验）。

通过对鲁迅思想中悖论因素的发现，汪晖揭示了鲁迅思想的复杂性，对于 20 世纪80 年代以来从先验观念出发将鲁迅思想构造成一个和谐的、不断发展的整体的鲁迅研究来说，这无疑是一个巨大的突破。然而，汪晖的贡献不仅在于此，在发现悖论因素的同时，汪晖还阐明了由这些悖论因素所带来的紧张，是如何在"个人同一性"④的框架内得到缓解、平衡和释放的，即这些悖论因素在互相冲突、对立的时候，又是如何在作为思想家的鲁迅的内部获得统一和构成一个整体的。

---

① 汪晖：《反抗绝望·新版序》，《反抗绝望——鲁迅及其文学世界》，河北教育出版社 2000 年版。

② 有关汪晖的鲁迅研究的几篇评论文章，均不约而同地强调了这方面，见张松建：《解构本质主义与超越决定论——汪晖〈反抗绝望〉的学术史意义》，王乾坤：《绝望：反抗与消释》（《读书》1995 年第 10 期），何思玉：《具有未完成性特色的"历史的中间物"——由汪晖的鲁迅研究而引发的关于中间物的一些新的历史特征的思考》（《鲁迅研究月刊》1995 年第 9 期）。张梦阳的《中国鲁迅学通史》（广东教育出版社 2002 年版）在谈到汪晖的鲁迅研究时也着重强调了"历史中间物"命题提出的意义。

③ 汪晖：《无地彷徨——"五四"及其回声》（以下简称《无地彷徨》），浙江文艺出版社 1994 年版。

④ 汪晖：《反抗绝望——鲁迅及其文学世界》，河北教育出版社 2000 年版，第 140 页。

　　在第一章关于鲁迅早期思想的讨论中,汪晖指出,鲁迅对尼采、施蒂纳等的产生于其自身语境中的思辨概念作了现实的理解,"具有非理性色彩的文化观最终被限定在理性主义的框架内",构成"现代思潮和理性启蒙主义的复杂组合"。① 因此,用于批判资产阶级民主制度的"个性张"观念,被用于启发民众觉悟反对专制传统的现实事业,"从而成为一种与其逻辑起点恰成相对的资产阶级启蒙主义思想"②。"对思辨内容的实用的或现实的理解,使得相异的思想观点在'同一的'现实需要中获得缓解。"③在这里,"同一性"概念的提出,已经预示了后来作者提出的具有方法论意义的"历史同一性"命题的出现。而《预言与危机——中国现代历史中的"五四"启蒙运动》中对"五四"启蒙运动"历史同一性"的形成与瓦解的分析,也和这里对鲁迅思想的分析有相近之处。"五四"启蒙运动中来自西方不同语境的各种思潮之所以能够形成一个整体("历史同一性"),正是由于启蒙者们将这些思潮作了现实化的理解,使它们共同服务于"反传统"的事业,而"五四"启蒙运动的最终瓦解的内在因素也就根植于此。

　　如果考察汪晖在第二章中所归纳的三组悖论关系的每一项,就会发现在这三组悖论关系中,前一项表现出鲁迅献身于民族解放事业的热情,对源于西方的新的价值观念的拥抱和肯定,后一项则更多地联系着鲁迅的个人经验。两者在构成对立和冲突的同时,也形成了一种互为前提的关系。用汪晖自己带有总结性的话来说:鲁迅"通过对自身经验的有限性的认识,通过宣布自己不属于未来而属于旧世界,来表达历史进步的必然性。这种自我牺牲、自我否定的态度实际上是以否定的方式来证明自己心理经验的有限性和历史进步的必然性,从而在对'进步'的信念中汲取奋斗的信心,平衡因感性经验而显得过于悲观的心理。"④这就是鲁迅"历史中间物"意识形成的动力和根源,在某种意义上来说,鲁迅的"历史中间物"意识是连接上述三组悖论关系每一组前后两项的桥梁,也正是在这个意义上,"历史中间物"可以被视为"一种深刻的自我意识,一种把握世界的具体感受世界观。"⑤

　　在汪晖后来的研究中,"世界观"的问题,"认同"的问题不断出现,而"寻找认同也是在新的社会条件下重新确认自己的行为,而要完成这样的行为就必须重建认识自己的框架"⑥,"寻找认同"即个人如何在新的社会条件下"重建世界观"。这一思路一直延续到《现代中国思想的兴起》中对"公理世界观"的研究。而所有这些都依赖于一个前提即对"个人同一性"的把握,虽然这一"个人同一性"内部可能存在着种种互相构成悖论的因素,但仍然需要把它作为一个整体来理解。汪晖的思想史研究经常采取思想

　①　汪晖:《反抗绝望——鲁迅及其文学世界》,河北教育出版社 2000 年版,第 86—87 页。

　②　汪晖:《反抗绝望——鲁迅及其文学世界》,河北教育出版社 2000 年版,第 65 页。

　③　汪晖:《反抗绝望——鲁迅及其文学世界》,河北教育出版社 2000 年版,第 90 页。

　④　汪晖:《反抗绝望——鲁迅及其文学世界》,河北教育出版社 2000 年版,第 176—177 页。

　⑤　汪晖:《无地彷徨》,浙江文艺出版社 1994 年版,第 8 页。

　⑥　《汪晖自选集》,广西师范大学出版社 1997 年版,"自序"之第 1 页。

传记式的写法(从对鲁迅的研究开始)，即以某一个具体的思想家为研究对象，与这种对"同一性"、"整体性"的强调不无关系。汪晖认为"鲁迅研究实际上就是要研究他所感受到的世界结构"，就是要揭示出鲁迅的独特性、特殊性，并据此对以往的鲁迅研究表示不满，也即出于这一思路①。由此带来的利弊，后面还会谈到。

　　综上所述，《反抗绝望——鲁迅及其文学世界》至少在两个层面上构成了汪晖此后研究的出发点。在理论立场上，对于鲁迅思想内部悖论因素的发现，最终引导出关于"反现代性的现代性"、"现代性的悖论"诸命题，即不把中国现代思想看成西方理性化的现代性的简单移植，而是从中发现各种复杂的、相互矛盾和构成悖论的因素，并以此质疑和对抗 20 世纪 80 年代以来的"现代化"叙事。这一理论立场同时延伸到汪晖关于当代中国的论述中。在后来的研究中，汪晖从对理性化的现代性的质疑出发，发现了"传统生活形态"、"传统知识"作为思想资源的意义，从而把"天理"、"帝国"等命题也纳入到中国现代思想研究的视野之中。而在方法论上，"同一性"的概念从"个人同一性"扩展到"历史同一性"、"文化同一性"，对"同一性"、"整体性"的强调使汪晖偏向于从思想史的内在逻辑中寻找"同一性"形成和瓦解的因素，虽然他也曾强调社会史和观念史结合的意义。对"公理世界观"问题的兴趣也缘此而来。同时，这一思路也与汪晖将中国现代思想乃至儒家思想看做"构成性的力量"和当代中国的思想资源而非学术研究的客观对象的理论立场有关。在汪晖的理论立场和方法论之间，存在着密切的联系，然而，理论立场在给汪晖的学术研究带来活力的同时，也使其在方法论上遇到了许多困难。

二、现代性的悖论

　　进入 20 世纪 90 年代以后，汪晖转向了思想史的研究，先后写下了关于梁启超、吴稚晖、章太炎、严复等思想家的专题论文。这些文章大多发表在他和陈平原、王守常共同主编的《学人》丛刊上。这份以学术史、思想史研究为主要内容的刊物在 90 年代的知识界相当引人注目，由它引起的关于"学术规范"的讨论也曾经是一个热门话题。有一些论者认为《学人》代表了 90 年代知识界"学术凸显，思想淡出"的倾向，但汪晖显然不同意这种表面化的看法。对汪晖来说，"重新回到历史之中，目的正是为了重新考虑我们与历史的关系"②。在当时一篇关于学术史和学术规范的随笔中，汪晖认为《学人》的创办和学术史的研究一个内在的动机是"借助于学术内省晚清以来在西学东渐背景下建立的现代性的历史观"③，对这一"现代性历史观"的反省，也就是要重构现代

---

① 汪晖：《反抗绝望——鲁迅及其文学世界》，河北教育出版社 2000 年版，第 416—417 页。

② 《传统、现代性及其他》，《死火重温》，人民文学出版社 2001 年版，第 288 页。

③ 《必要的沉默——关于学术史与学术规范的随想》，《旧影与新知》，辽宁教育出版社 1996 年版，第 127 页。

中国思想的复杂图景,展示思想家内部各种复杂、冲突乃至相互对立的倾向。在那篇引起巨大争议的长文《当代中国的思想状况与现代性问题》中,汪晖把"反现代性的现代性理论"视为"晚清以降中国思想的主要特征之一"①。而汪晖本人的研究,正如他后来所说,也是为了揭示严复、鲁迅、章太炎这些人是如何"在寻求现代性的过程中展开对现代性的批判的"②。汪晖在这里明确地表达了自己研究的理论立场。

以上只是一个大概的描述,实际的情形要复杂得多。汪晖早期对鲁迅的研究虽然勾勒出鲁迅思想内部的各种悖论因素,但这一勾勒本身还没有获得理论上的命名。1997 年,在和王晓明的一封通信中,汪晖回顾了自身思想的发展,表示"鲁迅以及他的老师章太炎对现代性的那种悖论式的态度一直是我思考的问题之一",汪晖将其归纳为"现代性的悖论"③,此时汪晖已经形成了对现代性的自己的完整的理解。

这一理解大致可以追溯到发表于 1994 年的《韦伯与中国的现代性问题》,无论对汪晖本人,还是对当代中国的知识界,这都是一篇相当重要的文章。④ 汪晖对现代性的看法第一次在理论上得到了完整和清晰的说明。汪晖是从对韦伯的中国研究的分析入手的。在汪晖看来,韦伯的《儒教与道教》在处理非西方文明的现代性问题时,将"理性化"作为衡量现代性的普遍乃至唯一的标准,而同时,在韦伯的《新教伦理与资本主义精神》中,"理性化"又是深深根植于西方特定的宗教背景之中的。据此,汪晖发出如下的疑问:"如果现代性与西方理性主义具有哈贝马斯所指出的那种自明关系,而后者直接来源于清教伦理,那么,中国的社会变革是否只能以基督教化中国为前提? 此外,在中国失去了产生基督教的最后机会之后,我们如何解释现代国家机构的形成、社会组织的重建、工业体系和市场的发展等被编织在'现代性'或'现代化'的话语之中的历史过程及其动力?"汪晖同时指出:"通过现代性与其欧洲的、新教伦理的起源关系的分离,现代化理论被用于非西方社会的地区研究,这一理论与西方历史的内在联系通过价值中立化的策略而被遮掩起来。"由此,以"理性化"为核心的现代化叙事成了抽象的、普遍的放之四海而皆准的话语。汪晖认为"必须在'理性化'这一范畴之外寻找中国社会和文化的现代同一性",必须在"理性化"之外寻找中国现代性的内在动力⑤。这篇文章表现出了汪晖广阔的理论视野,他把中国的现代性问题放到世界背景中考察,隐约表现出对中国现代性的"内在性"和"特殊性"的强调。在后来的研究中,汪晖越来越关注中国自身的文化传统如何参与到现代中国思想的图景中,成为中国现代性问题中一个

　　① 《死火重温》,人民文学出版社 2001 年版,第 50 页。
　　② 《现代性问题答问》,《死火重温》,人民文学出版社 2001 年版,第 14 页。在这篇访谈中,汪晖系统地论述了他对现代性问题的看法。
　　③ 《反抗绝望·新版序》,《反抗绝望》,河北教育出版社 2000 年版,第 3 页。
　　④ 罗岗也给这篇文章以很高的评价,并认为这篇文章"是 90 年代思想界研究(范式)转型的重要标志",见罗岗《"现代"的诱惑》,《二十一世纪》1999 年 10 月号。
　　⑤ 《汪晖自选集》,广西师范大学出版社 1997 年版,第 25、27 页。

有机的部分。在另一方面，对抽象的、普遍主义的"理性化"的现代性叙事的质疑和拒斥，针对的是 80 年代以来并且在当时知识界仍很活跃的"现代化"理论，在汪晖后来的观察中，这一理论话语后来逐渐滑向了为垄断资本辩护的"新自由主义"。因而，这篇文章也带有某种针对现实的论争性色彩。

就具体研究而言，现代中国思想的"反现代性的现代性"构成了问题的焦点。所谓"反现代性"，"反"的正是那种抽象的、普遍的理性化的"现代性"。汪晖通过具体的思想史的研究，展示了现代中国思想充满矛盾、悖论和各种面向的复杂图景。在《汪晖自选集·自序》中，汪晖表示，"我所描述的现代中国思想的内在复杂性和矛盾性，在我的视野中，正是中国思想对现代性的悖论态度。……在悖论中显现了现代性的内在紧张。因此，中国现代思想本身，仍然应该作为我们反思现代性的主要源泉之一。""探讨产生悖论式思想的社会条件和历史含义，便成为本书的中心任务。"①

这里没有篇幅对汪晖就梁启超、章太炎、严复等所作专题研究进行评价。简单地说，汪晖在考察现代中国思想中的"科学"概念时，揭示了严复、陈独秀、吴稚晖、梁启超等人思想中知识论和道德论取向之间的复杂纠葛，后者更多地来源于传统的理学②；在关于章太炎的"个人"观念研究中，汪晖分析了章太炎如何"从个人的自主性开始，发展为否定公理世界观和各种以'公'的名义出现的事物，最终达到的并不是绝对自主的个体，而是本体论意义上的普遍性"，也即"无我之我"和"无私之公"，从而以普遍性概念为对立面的"个人"观念，最终要解决的仍然是普遍性问题。而在章太炎的思想中，庄子和佛学构成了积极的、能动的资源。③

在汪晖提供的现代中国思想图景（他后来称之为"公理世界观"，详后）中，传统因素作为互相构成悖论的各个面向中的一种，起着重要的作用，并赋予现代中国思想以紧张感和活力。在讨论现代中国思想中的"科学"概念时，汪晖已经自觉地在思考传统"天理"观对现代思想家理解"科学"概念的意义。④ 而在《韦伯与中国的现代性问题》中，汪晖则明确提出了"相应于西方理性主义这一文化同一性因素及其与现代性的关系，中国的现代性是否也有自己的文化同一性作为动力？"⑤的问题。不过对此问题更为深入的理论思考，是在写于 1997 年《科技作为世界构造和合法化知识》一文的最后一节"文化与控制的诸形式"中。汪晖认为当代西方对现代性理论的反思（哈贝马斯、利奥塔）过于注重对"控制"的结构描述，而缺少"历史形式"方面的考察，由此，汪晖提

---

① 《汪晖自选集》，广西师范大学出版社 1997 年版，第 5—6 页。
② 参见《科学的观念与中国的现代认同》（收入《汪晖自选集》），《梁启超的科学观及其与道德、宗教之关系——中国现代思想中的科学与人的世界》（收入《无地彷徨》）。
③ 参见《个人观念的起源与中国的现代认同》，《汪晖自选集》，广西师范大学出版社 1997 年版，第 65—66 页。
④ 参见汪晖、沟口雄三：《科学与道德的对话》，收入《无地彷徨》。
⑤ 《汪晖自选集》，广西师范大学出版社 1997 年版，第 25 页。

出了"'传统生活方式的具体理念'能否成为检讨和批判现代性的有效工具"的问题。从其对于中国现代思想中包含道德、政治和科学三方面实践的"公理观"的考察出发，汪晖认为"'内在于传统生活形式的理念'仍然有可能成为理解和分析现代性问题的资源"①。在汪晖看来，晚清思想中"公理世界观"之所以在今天看来仍具有活力，并能成为当下反思现代性问题的思想资源，就在于这些公理世界观深深地根植于传统知识。正是基于这一思路，在《现代中国思想的兴起》这部皇皇巨著中，汪晖花了相当大的篇幅来（几乎占到一半）来考察"理与物"、"帝国与国家"这些传统命题，目的在于"重新发掘历史的可能性"②。

汪晖的现代中国思想史研究，一方面展示了现代中国思想内部各种构成悖论的复杂因素，以挑战思想史研究中的"现代化"叙事，另一方面又把这些思想本身作为当下反思现代性的理论资源。这一鲜明的理论立场使得汪晖的研究不能被视为单纯的价值中立的学术研究，在其背后总有着现实的针对性，有时这种针对性还相当强烈。在与西方理论的参照中，汪晖试图为中国的现代性问题寻找自身的历史和文化动力③，他把目光转向长时段的历史视野，从中寻找参与现代中国思想建构的各种活跃着的传统因素。而这些传统因素甚至对于当代中国而言，也是一种值得重视的思想资源④。在提出许多富于启发性的洞见的同时，对中国现代性问题之"特殊性"的重视乃至强调，也受到了一些学者的异议和批评⑤。不管怎么说，汪晖的研究所提供的富于启发性和反思性的理论视野，或许比他的具体研究更值得我们重视，在我看来，这乃是汪晖的思想史研究中最具生命力的部分。

三、"个人同一性"与"历史同一性"

当汪晖把充满各种悖论因素的鲁迅思想视作一个整体时，"同一性"这一概念在方法论的意义上被提出来，并在汪晖以后的研究中获得了扩展和深化，成为理解汪晖思想史研究的一个关键词。写完《反抗绝望》后，汪晖转向了思想史研究，并把"个人同一

---

① 《死火重温》，人民文学出版社2001年版，第259页。
② 汪晖：《现代中国思想的兴起》（上卷之第一部），三联书店2004年版，"导论"之第23页。
③ 汪晖另外一篇颇具影响的文章《地方形式、方言土语与抗日战争时期"民族形式"的论争》（收入《汪晖自选集》）在讨论到五四白话文运动的自身动力时，指出了西方的"语音中心主义"和"方言民族主义"理论的限度，指出它们完全不能适用于对五四白话文运动的分析。
④ 例如，汪晖在描述清朝内部多元的文化关系后，提出了这样的问题："对于帝国时代内部的文化关系的描述能否提供一个批判性的视野和能够包容差异的民主方案？"这一提问显然有着现实的针对性。参见汪晖：《现代中国思想的兴起》（上卷之第一部），人民文学出版社2001年版，"导论"之第22页。
⑤ 比如，吴冠军就曾针对汪晖的论述，指出应当坚持现代性方案中一些具有普遍性的价值（特别是启蒙理想那部分），而不论这些价值的源头是否产生于西方。他甚至专门为此写了一本书：《多元的现代性——从"9·11"灾难到汪晖"中国的现代性"论说》（上海三联书店2002年版）。

性"概念扩展到"历史同一性"的范畴，从而将其运用于对更广泛的思想运动的考察，其最初的成果就是那篇著名的写于1989年的《预言与危机——中国现代历史中的"五四"启蒙运动》。

　　这篇文章指出"五四"启蒙运动内部包含了各种各样复杂的思想因素，这些思想因素缺少统一的方法论基础，但它们之所以能够形成一个具有"同一性"的历史运动，原因在于"五四"启蒙思想家"反传统"这一态度的"同一性"。在对这些思想因素和理论命题作现实化的理解，使之服务于"反传统"这一共同的现实事业方面，他们的思维模式和鲁迅并无不同。实际上这篇文章涉及鲁迅的那一部分（"人的发现和人的分裂"）基本上即来源于《反抗绝望》的前两章，从而毫无疑问地昭示了两者的内在关联。而在另一方面，正由于这些思想因素之间缺少统一的方法论基础，仅仅依赖于某种态度和情感才获得"同一性"，"五四"启蒙运动最终走向了瓦解。在这个意义上，汪晖认为，"五四"启蒙运动的最终瓦解，其根源和动力应该在其内部寻找。①

　　不久，汪晖对这篇文章中提出的"历史同一性"概念作了进一步的理论阐释，试图以此来建立思想史研究的方法论。在《"历史同一性"及其形成与解体——关于思想史理论与方法的札记》中，汪晖把"历史同一性"的形成与解体视为思想史研究的重要主题。汪晖认为："同一性"同时也"包含自我瓦解、自我解构的含义，而思想史的任务之一就是寻找这种自我瓦解、自我解构的力量隐藏在何处。"这种力量应该到"同一性"的内部去寻找："不能用外部历史情境的变化对思想的变迁作出简单解释，思想时代的终结是由该思想时代的思想自身的矛盾造成的，因此，'历史同一性'解体的原因必须在实现这种'同一性'的思想方式的内部寻找。"②

　　汪晖原本打算从"历史同一性"方法论出发，写一本关于"五四"的书，后来由于各种原因没有写成。③　不过，"在思考过程中我渐渐形成了一种意向，即先清理20世纪中国思想的一些基本概念或话语及其在运用中的变异"④，在《"历史同一性"及其形成与解体——关于思想史理论与方法的札记》中，汪晖也提到了对关键概念的梳理对于思想史研究的重要性："思想史的延续性的最集中体现莫过于人们一直在沿用的概念。"⑤此后，汪晖对现代中国思想中的"个人"、"科学"等概念作了系统的考察，但是与一般的概念史和观念史研究不同，汪晖的这些研究仍然主要是以具体的思想家（严复、梁启超、吴稚晖等）为对象来展开的。正是在这里，我们看到《反抗绝望》中提出的"个人同一性"概念仍然支配着汪晖的思想史研究。

　　"个人同一性"使得汪晖在考察现代中国思想家时，倾向于把这些思想家的思想作

----

　　①　汪晖：《无地彷徨》，浙江文艺出版社1994年版，第17页。
　　②　汪晖：《无地彷徨》，浙江文艺出版社1994年版，第240、236页。
　　③　汪晖：《无地彷徨》，浙江文艺出版社1994年版，第18页。
　　④　汪晖：《无地彷徨》，浙江文艺出版社1994年版，第18页。
　　⑤　汪晖：《无地彷徨》，浙江文艺出版社1994年版，第244页。

为一个整体来把握,虽然他同时也揭示了思想家内部各种复杂和充满悖论的因素。和从"历史同一性"的角度考察"启蒙"运动一样,汪晖也是从思想家的内部考察其整体结构和内在脉络。比如,在考察梁启超思想中科学、道德等观念的相互关系时,汪晖就指出:"梁氏思想的变化不仅是因时而异的,而且是有其内在逻辑的,是从他赖以建立其思想体系的那些基本概念及其相互关系的运动中产生的。"①

在以具体的思想家为研究对象时,对象本身的稳固性为"个人同一性"的成立提供了前提和保障;同时,这种"个人同一性"又被理解为一种"世界观",也即作为个人的思想家如何组织他的思想资源来面对一个新的"世界",如何在这个新的"世界"中认识自己,认识世界,《汪晖自选集·自序》中所谓"认同"问题也是在这个意义上被提出来的。

通过对严复、陈独秀等人的"科学"观念的考察,汪晖发现,现代中国思想中的"'科学'概念取代或尝试取代传统的宇宙观、社会观、历史观、人生观和其他价值体系"。以严复为例:"严复的'科学'概念含有一种对整体秩序的追求",他"试图用科学的定理与方法来重建过去由理学来承担的宇宙本体论、人类社会秩序和伦理规范,也即整个传统的秩序与意义系统"。② 实际上,这是现代中国许多思想家思考方式的共同特点。

在这里,"世界观"一方面以"个人同一性"的思考方式为前提,换句话说,如果不是从"个人同一性"出发,不是以具体的思想家为研究对象,便不可能对他们的"世界观"进行考察;而在另一方面,"世界观"也确实体现了晚清思想家思考方式的特点,因而可以作为一个客观存在的事实得到确证,为了明确起见,汪晖后来在"世界观"前面加上"公理"作为限定,汪晖认为,"晚清思想的主要特征是天理世界观的崩溃和建构新的公理观的努力,以至于我们可以把这个时代称之为'世界观的时代'。……所有这些思想都力图构筑一种关于世界的完整的解释,亦即一种普遍主义的公理世界观。"③在后来的研究中,汪晖指出传统"天理"观在这其中起到了重要的作用。

当汪晖把晚清命名为"世界观的时代"时,我们发现"历史同一性"的命题又再次出现了。汪晖通过对具体的个别的思想家的个案研究("个人同一性"),发现了他们在思考方式上的共同特点,从而在更广阔的视野上(相对于"五四"启蒙运动而言)获得了对一个时代的命名("历史同一性")。不仅如此,汪晖还探讨了这一"世界观的时代"的衰落("历史同一性"的解体)。和考察"五四"启蒙运动的思路大致相似,"世界观的时代"的衰落,"公理世界观"的瓦解,其动力应该到这些"世界观"内部去寻找。"'科学世界观'的第一个危机是它的'世界观'特性与它对科学方法的宣称之间的悖论关系。""科学共同体的活动包含了普遍的和分化的双重原则。""公理世界观"瓦解也是"知识的分化原则和体制的专业化原则逐渐剔除其'世界观特性'的过程"。④ 这里虽然也有

---

①　汪晖:《无地彷徨》,浙江文艺出版社 1994 年版,第 175 页。

②　《汪晖自选集》,广西师范大学出版社 1997 年版,第 235 页。

③　汪晖:《现代中国思想的兴起》(下卷之第二部),三联书店 2004 年版,第 1411 页。

④　汪晖:《现代中国思想的兴起》(下卷之第二部),三联书店 2004 年版,第 1404—1411 页。

外在的社会和制度方面的因素，但是"公理世界观"自身所包含的悖论因素显然起着主导的作用。

由此可见，"历史同一性的形成与解体"这一思路仍然活跃在汪晖最新的研究中。一方面汪晖注重对一个思想家和一个思想时代（运动）作整体性的把握，强调其内在的各个因素在这一整体中的功能；但同时，汪晖又不把这个具体的对象本质化，对它作静态的分析和把握，而是从中寻找各种复杂的、矛盾的、互相冲突和构成悖论的面向。对思想家本人来说，这些悖论性的因素构成了思想发展的内在动力，①而对一个思想运动和时代来说，其内部的各种悖论性的思想因素，是这些思想运动和时代中紧张感的来源，同时也是使它们至今仍对我们具有意义，至今仍能成为我们反思现代性的思想资源的主要动力。也正因为此，汪晖在分析它们最终由此而瓦解和衰落时，站在当下反思现代性的立场，也对这瓦解和衰落抱某种不无惋惜的态度，因为这也意味着某种紧张感和活力的消失。②

不过，这种对思想家和思想运动的"同一性"和"内在化"的理解，在有效地把握思想家和思想运动的整体面貌及其内部因素的同时，也不可避免地会在方法论上受到质疑。这种"整体性"和"同一性"是否只是论者建构的产物？当我们把各种思想因素都组织到思想家和思想运动的整体内部时，是不是多多少少也切断了它们和外在的社会历史的具体联系？思想运动形成和瓦解的脉络，仅仅从内部就能获得充分的解释吗？是不是需要把各种思想因素的出现尽可能地还原到当时的社会语境和问题结构中来理解？这样它们是不是有可能获得更充分更有效地解释？

汪晖其实也并非没有完全注意到这一点，在强调思想史内部视角的重要性时，汪晖又补充说："这不是说外部情境是不重要的，而是说这种外部情境必须转化为思想史的问题才能有效地解释思想的变迁动因。"③但是"外部情境"如何转化为思想史的问题本身就是一个需要具体分析的历史环节。在《汪晖自选集·自序》中，汪晖说"我的基本方法可以视为观念史与社会史的一种结合"④，而且他也强调社会史方法的重要性，但是总的印象，他对外在社会语境的把握是不够充分的，也是有点简单化的。

这其中可能与思想史研究的某种"惯性"有关，思想史家出于对研究对象进行建构的需要，经常会倾向于把思想史视为具有自身发展脉络的、相对独立的整体，从而过于强调思想史的内在延续性。不过，对汪晖来说情形要更复杂一些。汪晖对"同一性"、"整体性"和"内在性"的强调，在很大程度上与他把现代中国思想视为当下反思现代性的思想资源的理论立场有关。既然需要把研究对象作为现实的思想资源，那么就不可避免地要强调这一对象自身的完整性和活力。在研究中，汪晖强调"思想、观念和命题

---

①　汪晖：《反抗绝望——鲁迅及其文学世界》，河北教育出版社 2000 年版，第 177 页。
②　汪晖：《无地彷徨》，浙江文艺出版社 1994 年版，第 47 页。
③　汪晖：《无地彷徨》，浙江文艺出版社 1994 年版，第 236 页。
④　《汪晖自选集》，广西师范大学出版社 1997 年版，第 3 页。

不仅是某种语境的产物,它们也是历史变化或历史语境的构成性力量",在对儒学的研究中,汪晖认为只有把儒学看成一种"构成性力量","才能摆脱仅仅将儒学作为对象的社会史方法"①。强调思想作为"构成性力量"和现实的思想资源的意义,必然会要求对思想作"整体性"的把握,而忽视思想史的社会史方法。

  前面说过,汪晖的学术研究并不仅仅是单纯的价值中立的学术研究,无论是其理论立场还是方法论,都包含着对当代中国的现状与未来的思考,从这个意义上说,汪晖更像是一个思想者,而不仅仅是一个学者。他的研究所取得的成绩和存在的问题,都与此有关。对他研究所做的评判,也必须充分考虑到这一点。不管怎么说,汪晖的研究所取得的丰硕成果,都极大地拓展了当代知识界的理论视野,提出了许多深刻的洞见,他在研究中建立的理论框架和立场,也为我们考察中国现代思想史乃至文学史提供了非常有价值的参照,而且已经产生了不小的影响。虽然在方法论上有些地方可能还值得商榷,但我想这并不妨碍我们承认他对现代思想史研究所作出的重要贡献。

---

① 汪晖:《现代中国思想的兴起》(上卷),三联书店 2004 年版,"前言"之第 2 页。

吴福辉现代文学史研究述略

丁 文

一、"缝隙"发现与话题延伸——《京海晚眺》及其他

于吴福辉的作品中,我最喜读的便是《京海晚眺》那样的"小品"文字。虽然,吴福辉并非一位"正襟危坐"、令人"如隔云端"的学者,他在讲座中显得那样健谈,滔滔不绝中给人启迪颇多而又备感亲切;而他的著述也一如他的讲话,包括《都市漩流中的海派小说》这样"正经"的学院派专著也依旧深入浅出,颇能"抓"人。然而从一位学者的小品文字入手,去解读其更切入肌理的眼光与性情,或许将有一番奇遇。20 世纪 90 年代后期,吴福辉似乎越来越喜欢上了小品这一形式:从 1997 年的《京海晚眺》到 1998 年的《且换一种眼光》,甚至包括 1999 年的《深化中的变异》,连他自己都没料想到,这种属于"学术余暇的散步,居然会走得那么远,那样起劲"。

在吴福辉看来,让人"心向往之"的学术小品应当有如下特点:其涉及的学术话题,虽属"学海拾贝"式的小题目,然而"小归小",却"有学术的新鲜锐意",同自己的专业研究"处处扣题而又斜枝旁出"。这样的"学术小品"更"透着活泼的气象","更要多放些材料,观点不必那么正大,却闪闪耀耀绝不能少。要写得从容、平易、简练,引经据典不能无,也切忌倾盆而下,大掉书袋。要有书卷气,要有情趣,有幽默感"。这样的表述,让人油然联想厨川白村的名句:"如果是冬天,便坐在暖炉旁边的安乐椅子上,倘在夏天,则披浴衣,啜苦茗,随随便便,和好友任心闲话,将这些话照样地移在纸上的东西,就是 essay。兴之所至,也说些以不至于头痛为度的道理罢。也有冷嘲,也有譬句罢。"这使人感到,吴福辉的学术小品除了这种趣味、情调方面的着意追求外,或许还蕴涵着文体方面的认真经营吧。如果可以假定学术小品本身便属于 essay(随笔、散文)的一种的话,那么对于习惯于阅读严谨论文的专业读者来说,最引人注目的一点恐怕便是其"任心闲话"的境界。因为气象活泼且情趣盎然的小品文字,不仅凸显出了学者的性情与品味,更由于其闲聊般随意不拘、侃侃而谈的特点,其兴之所至的发挥处,对于有心听者来说往往意味着研究缝隙的点拨乃至"且换一种眼光"的惊喜——而这一点正是《京海晚眺》的最大特点。

《京海晚眺》中的 37 篇文章分为七辑:即"京海两难"、"新的旧的"、"海派文人"、"京派文人"、"图书报刊"、"名著改编"、"文化冲突"。仅从书名和专辑名称上,就明白

表现出吴福辉在海派文学研究上的一贯专注（对于京派文学的关注也时刻以海派为参照背景，以求对后者有更开阔的考察视野为目的的）。"京海两难"一辑中的七篇文章，均写于或修改于《都市漩流中的海派小说》完成不久，于是将这一组文章看做是吴福辉对海派研究的思考延续并无不可。正如作者自己所言，小品文字实为专业著述外的"一点余兴"，是论文里"未能尽言"处的发挥。然而专著写作有着话题集中、论述谨严等要求限制，带"节外生枝"性质的精彩话题，其展开余地实乃有限。于是，学术小品便弥补了这一遗憾。读过《都市漩流中的海派小说》的读者会对吴福辉时常引述的鲁迅、沈从文等人对于海派的审视与批判之辞留下印象，然而这些只能作为楔子或例证略提几笔。而到了"京海两难"中方才具备了从容谈论20世纪30年代不同派别作家笔下"京海论争"这一话题的可能，而《沈从文的上海观》、《谁之北京乎》更分论沈从文（京派文人）眼中的上海以及海派文人眼中的北京——题目本身即已颇具张力，足以勾连起相当诱人的景象来。

《都市漩流中的海派小说》在谈论海派期刊时，提及要将"中国近百年文艺刊物封面女郎画，拿来做'史'的对照"，以期对"海派与女色"这个题目重新考虑，但这一想法并未展开。到了《封面女郎和学院脸孔》中，则专做起海派、京派期刊的"表面文章"——以两派期刊迥然绝异的封面特色透视其各自不同的文化趣味，在别人视而不见处寻出了有新意的"缝隙"。至于谈上海的四马路和大马路的两篇，指出四马路与大马路文学在"现代质素"上是否具备的本质差别，重申了《都市漩流中的海派小说》中首章"从四马路到大马路——海派文化的历史变迁"的要义，如数家珍般地徐徐展开一幅晚清以来上海城市文化的变迁地图，那种对老上海牢固的童年记忆不禁让读者会心一笑："到底是上海人"！

"新的旧的"一辑中的《旧派渐渐不"旧"》一文颇有意思。作者历数陈寅恪、辜鸿铭、吴宓等长期被视作"旧学术文化的代表人物"，指出其身上常被忽略的学贯中西、既旧且新的特质。而近代以来的文化思潮却往往"一浪压倒一浪"、非击垮旧派不足以树立新派；如果能戒除只认同一种新文化的毛躁心理，给予各种旧派以必要的生存空间，将有助于多元文化的竞争发展。其实这一有关文化的新与旧问题，正是吴福辉甚有心得的一个观点，在2003年年底北大中文系的一次题为"30年代文学"的小型报告会中，他就此问题还有过如下发挥，令人记忆深刻——他说王瑶先生讲"五四"时，抓住了两个词：一个词是"新"（从当时的杂志名称就可看出：如《新青年》、《新潮》等）；另一个词是"青春"。当时反感"五四"的很多人都是中老年人，早已功成名就，然而突然一夜之间，他们发现自己已然落伍，一些二三十岁的人成了大气候。"五四"是一个大的转折，如列车突然转轨，甩掉了很多人，应当注意这其中有一种"中老年心态"，这种心态是很复杂。他又提及了《旧派渐渐不"旧"》中举过的一个例子，即后人认为《学衡》是文化保守主义，然而不可忽视的是《学衡》中人同时又是中国比较文学学科的先驱，可见《学衡》的视野绝非封闭。他还举老舍《断魂枪》中那位镖师为例，认为那就是一位典型的被时代甩掉的人，然而这位过气镖师身上有种坚守之美。在吴福辉看来，"五四"中跟着潮流走的人与被潮流甩掉的人，到底谁对历史更有贡献还很难说。这一论述的背后，实则包含着对非此即彼式的简单省力的研究方法的反思，以及一个有同情心的学者对于研究对象的温润同情——做到这点其实并不容易。

在我看来，吴福辉这种对于新、旧论题的独特领悟，还与其个人经历相关。作为80年代前后文学研究领域的新锐力量，他所体验到的倒不是弄潮儿的风光无限，而是一位"人到中年"的"老新人"的特有惶惑："新的探索，瞬间可能已感陈旧，昨天还在'突破'，无意间今日却已陷入一个新的'模式'不能自拔。"这一代学者"与一个新的文学研究时代不期而遇"，其脚步扎实稳健，固然容易博得喝彩，但这种探索气息却也被迅速定格为一个特定转折时期的印记，新与旧的转换，仿佛就在一夜之间。作者自身深切体验到这种新旧交替的永在性，于是对研究对象的这类特质便能多投注一份理解与同情。

作为其长期关注的海派文学自身所独具的新旧交织特色，也是使得吴福辉对于新旧缝隙的把握多了一分小心翼翼，少了一些明快斩截的原因。如同他认定"以新写旧"为海派文人"张爱玲的文学价值很大一部分"一样，这一把握新旧"缝隙"的能力，还显明体现在对于习惯思维中所谓新文学家身上的非新文学特质的体察中——其张天翼研究便典型体现了这一点。从1980年的论文《锋利·新鲜·夸张：张天翼讽刺小说的人物及其描写艺术》直至2003年《语文建设》上带有客串意味的"名家推荐"栏内的短札《推荐张天翼〈我的幼年生活〉》，吴福辉对于张天翼关注时间不可谓不长，然其关注重心却发生变化。最初，关注现代讽刺小说的吴福辉是在涉及对"左联"青年作家的讽刺小说的总体把握时，将张天翼作为其中才华突出的一位而详加考察。而到了《张天翼早期侦探小说〈空室〉》中，吴福辉注意到张天翼早年在《星期》、《半月》上发表的八篇侦探小说，指出一些新文学家早期在"鸳蝴派"刊物上发表作品走上文坛这一文学史现象，并由此牵扯出新文学与"鸳蝴派"的纠葛这一复杂话题。后来的《张天翼儿童文学作品全集·前言》更注意到这位天才小说家于成人文学的写作同时的另一副笔墨——儿童文学写作，并对其评价极高，认为"我们直至今天也没越过张天翼的儿童文学时代"。作者犀利地指出张天翼儿童文学中"教育笔调"、"左翼色彩"、"拟儿童体"、叙事特色、"情绪力"等特质，显然有着将其儿童文学研究整合进张天翼研究天地中，从而刺激其研究格局拓展的意义。

同样，在对茅盾《霜叶红似二月花》续稿的评说中，吴福辉也有着类似颇富启示意义的缝隙发掘——他指出续稿中喜作人物的服饰（甚至包括衣服质料）描写这一酷似章回小说作家的特点，从而见出茅盾在"历史的品格和旧说部精微叙述的风度，诗词意境的运用"上面对于传统的有意承接——"这个曾经用力批判鸳鸯蝴蝶派的革命文人，到了晚年，情不自禁地泄露出他与中国旧小说千丝万缕的联系"。这便又触及了民国旧派小说与新文学之间关系的话题，虽然难度很大却颇能激起研究者的热情。

在对《良友》画报的解读中，吴福辉由茅盾革新《小说月报》为话头，引出了人多不知的梁得所将《良友》画报这一鸳蝴派刊物一变而为"对准了上海的市民生活"的"新海派画报"的事实,表现出在更开阔的视野中考虑报刊史丰富现象的眼光,以及试图还原出文学史的主观叙述中所谓新与旧壁垒分明背后的真实景观的努力。

吴福辉曾在《现代人之现代文学》中表达了想要日后"做点学术通俗化的工作"这一"不大不小的理想",想让每个现代中国人都具备本国文学、外国文学的起码常识。这仿佛揭示出现代文学学科在其经典化历程中会有部分成果渐渐成为大众文化消费对象的趋势。一个典型的例子是,作为现代文学领域的专家,吴福辉常常被邀写作纪念某作家诞辰多少周年之类的文字,"凑巧中国作家的百龄高潮方兴未艾,于今为烈,有位在某大报工作的朋友最近让我提供一份 21 世纪降临之前现代作家百年诞辰的名单,可真洋洋乎大观,好像预示了这种文章还能不断地涂抹下去。"当现代文学 30 年的历史慢慢沉积且渐行渐远之际,社会上一种普遍心理是突然对历史生出一份心平气和的好奇,阅读、"消费"一点"现代文学"成了一种小型的时髦,鲁迅、茅盾、郁达夫、王统照等步入历史的人们的独特价值终因"迎合"了人们某种微妙的欲望而具有了走进现代人日常读物中的可能。实际上,《京海晚眺》与《且换一种眼光》中的不少文章,都带有这种纪念作家诞辰、向民间读者(当然也包括专家读者)提供介绍某一作家某一点对于人们尚属新鲜特质的好读耐读的读物的性质。较之专业著述,学术小品因其清浅亲切而拥有更广的读者面,而吴福辉写作学术小品的机缘之一,也与这股兴起于 90 年代后期的"学者散文热"难舍难分。普通读者们在心态上仍持有那种阅读散文的优游之时,便已不太费力地领悟了学界的先锋思想,这不能不说是书斋式研究的价值在消费文化为主导的社会中的某种实现。

在题为"现代文学研究的'当代性'问题"的讨论中,吴福辉发表过《学科的发展趋向及其内在的矛盾性》的短论,他坦言自己由于年龄等因素在研究方法上存在着的局限性:"对于现代文学研究,我只能操比较老的、有'我'渗入的研究方法",但也并"不反对吸取任何一种我能理解的、觉得好用的中外理论方法"。于是,我更将学术小品写作视作吴福辉的一个"扬长避短"式的自我选择与思路调整。对于"这一代"学者来说,无须讳言,他们在年龄、知识背景等方面制约条件使其继续转型变得较为艰难,而学院化论文又往往格外注重长期积累后的厚积薄发。于是,学术小品写作的轻灵迅捷一方面对其惯常厚重的学术节奏起到某种程度的纠偏作用;另一方面也使他更能发挥自己对文学史现象、问题的相当敏感这一特长,使自己的即时思考时常处于与学界众声的不断对话的过程之中。

二、"寻找自我"的路径——吴福辉学术脉络寻踪

以后人的眼光看待吴福辉这位 1939 年出生,20 岁参加工作(1959 年),当了近 20 年中学语文教师后考入北大中文系读研(1978 年),毕业后(1981 年)在现代文学研究

领域又被视作一代"新人"的经历,多少有些荒诞,然而这却是那一代学者的普遍经验。这种个人际遇的"错位",却正使得他们在研究起步的关键阶段能够恰逢20世纪80年代文学研究的清新氛围,在一片生荒多时的土地上大有作为,这的确又是一种幸运,用王瑶先生的话来说又不啻是"一种历史的补偿"。

在自己的第一本论文集的"后记"中,吴福辉写道:"我只有夹在1976年以来在文学研究领域内新成长起来的整整一代人中间,才能深切感到存在。""谁也摆脱不开这一代研究者的'代'的性质。"而吴福辉的同窗赵园也说:"有关的讨论中我所属的'代'被认为代征分明。"这一代研究者有一个共同点:即他们自身对于属于"这一代"的自我认同感相当明显,而实际上许多"个人特征"似乎也都不专属于个人,而带有时代印迹,将其视作一种"代际特征"也并无不可。于是寻觅作为"这一代"学者中个案的吴福辉学术旅途中的屐痕处处,或许能够窥见那个让学界至今难忘的"激情的80年代"学术特色中的某些共通性。

吴福辉其实接触海派作家甚早,20世纪70年代末期便已通读施蛰存,他与他的同学在1981年《十月》杂志上发表文章,介绍当时长期被忽略的沈从文、废名、郁达夫、老舍、萧红、施蛰存、钱锺书等人。吴福辉写了专门评述施蛰存《春阳》的文章,他至今仍为自己在当时无所依傍的情况下"独立地认定《春阳》是他的代表作之一而心存骄傲"。可以说1981年的《十月》上发表的这些论文,标志着一批崭露头角的研究者与一批被湮没良久却又存在极大阐释价值的作家的一次具有历史意味的邂逅。事实上,也正是这批研究者取得了这批作家研究中的突破式成果,如吴福辉自己所言,突然间他"发现已置身于一个新的文学时代之中"了。

然而从评析施蛰存的《春阳》到都市视角下的海派小说研究,其间距离仍然相当遥远。我注意到在吴福辉的研究中有这一特点:他那些由搜罗梳理原始资料出发而深入下去的研究,往往会有意想不到的收获。比如《京派小说选》与《梁遇春散文全编》的编选,前者使得吴福辉在日后的海派研究中,保持着一个更大的"京—海"、"乡村—都市"的潜在对比结构;而后者钩沉校勘梁遇春的创作、译文的艰苦工作,则不仅诞生出一篇颇有分量的《梁遇春:"酝酿了一个好气势"》,还催生出二十多篇"'春醪'漫笔"与"梁遇春赏析"式的学术小品,使得作者此后在相关论题中显得颇有余裕。而《二十世纪中国小说理论资料》(第三卷)的编选更是一个突出例子。这本20世纪30年代小说批评的资料编选历时三年,而史料的繁重采集所凝成的结果便是那篇"前言",它实际上代表了吴福辉对于30年代的小说批评与小说创作的互动关系的总体看法。由此,吴福辉对于30年代的小说理论便有了一番扎实的把握,由小说理论与实际创作的共生状态角度来透视30年代小说史的景观。其实,有关现代小说的理论批评,吴福辉可谓早有涉足,在1979年"五四"前夕便写过一篇《五四时期小说批评概述》,他本人也说"选定这个论题已逾十载",自己是"较早感悟到文学批评是个绝大的空白"的。于是,十年之后的《深化中的变异:三十年代中国小说理论与小说》虽然较之早期的《五四时期小说批评概述》远为成熟,然而这种进展却并非一蹴而就,也正说明了同类论题上思考的连贯性所带来的可预期的深度。

有了这种20世纪30年代小说批评的理论功底,吴福辉进而又将注意力集中在这一时期小说的重要一支海派小说上。由此,他写出了其代表作《都市漩流中的海派小说》。该书从选题到完成历时仅两年不到,然而这一"寻找自我"的路程却不能不称得上漫长。在《都市漩流中的海派小说》中,不难读到的是吴福辉在其30年代小说批评理论研究中已然做过的某些论断。例如《深化中的变异》一文的第一部分,即以数据说明30年代中期在现代小说史上是一个值得格外关注的重要时刻,而到了《都市漩流中的海派小说》一书中,作者对1934、1935年在上海外滩改造完成与在都市文化进程中的时刻表意义的一再强调就让人印象颇深。又如《深化中的变异》中提出了30年代的小说作家与理论家们对于小说现代性的自觉追求,而这种"现代质素"到了《都市漩流中的海派小说》中则成为应为海派文学"正名"的"'海'的第一品格"。于是,完全有理由将海派研究视作吴福辉对其30年代小说的一贯思考基础上所作的整合与深化。

在《京海晚眺》的封底,有一段有趣的作者自述:"吴福辉,浙江镇海人,但不会说浙语。20世纪30年代最末一年生于沪,后长于辽,居于京,南人北相,据说是'福'相……"可以说正是《都市漩流中的海派小说》的写作,使这位曾疑惑过乡关何处却又喜欢谈论着有关"南人北相"话题的学者,寻到了自我,并完成了一次精神还乡之旅。然而或许正是这一略带诙谐意味的"南人北相"的说法,使得吴福辉在"面对出生地"时,握住了一份"不即不离的审美间距"。他对苏青的评价就是一个例证:"苏青是由宁波人转化成的上海人",是吴福辉真正意义的"老乡",然而他一再指明了苏青的"女性涉世"基调中的某种"俗气",批评其在文体创造力上的匮乏,这显然没有为乡贤讳言,反而有一种自觉审判的意味。而通观《都市漩流中的海派小说》全书,的确并无多少上海人回顾一段精彩往事时的自豪,而是尽力保持着一种置身事外的独立姿态。这在情感上确是失却了一份"献给出生地"的虔敬,但却是本乡人做本乡地域文化研究时将对象彼岸化的理性态度。

促使吴福辉与其心仪的海派小说课题相遇的因素,除了对20世纪30年代小说理论资料的梳理以及那层关于老上海的独有记忆外,不可忽视的还有早先所从事讽刺小说、"左翼"青年作家研究的准备。他曾说道自己由茅盾、张天翼的作家研究中,领悟到"城市的文学形态",又从"左翼"青年作家研究过渡到京派、海派作家的历程;而他的导师王瑶对其也有过类似点拨研究方向的提示:"作者似乎对都市文学以及与之相关心态、现代小说的讽刺艺术,始终保持着持续的研究热情与兴趣"。三年的《沙汀传》写作所花费的心力,又使其对所择取的"左翼"青年作家的个案沙汀有了一份体贴式的特殊了解。由于"左翼"小说与海派小说本就同属于20世纪30年代小说中的两块重要阵地,于是具有了研究性质上的相似;而"左翼"青年作家的研究又迫使他正视上海这一"左翼"文学发生的重要场所,由此具备了日后探讨其都市文化的契机,由此,有关"左翼"与海派文学之间共生与冲突的课题也进入了吴福辉的视野。在《沙汀传》中,吴福辉曾用"1933 年的文学新人"来形容当时刚刚步入"左翼"文坛的上海"亭子间"作家沙汀,联系《都市漩流中的海派小说》中对于 30 年代中期这一时刻标志现代小说走向成熟的格外强调,不难把握到"左翼"作家研究在其海派小说中的某种铺垫。而《都市漩流中的海派小说》中诸如"海派小说四大作家群"之类关于作家群落的分辨、概括以及单个作家论述的精彩与新颖,都能见到早年作家论的专业训练所积累的厚重痕迹。

　　然而作者的"海派研究远没有完结"。在海派小说的基础上,吴福辉又对"20 世纪中国文学与区域文化"这一地域文化视角的课题进行着进一步的方法论意义的反思。《地域文化视角》一文指出 20 世纪中国小说中"凡极具地域特性的,便往往成为文化小说",而地域文化研究"与地域文化色调的深厚或稀薄的关系"值得我们充分关注。而地域文化研究最终要指向文学,"可能应当精心分析文学本文,分析文体、语言(叙事话语、抒情话语)与地域文化的关联"。他举到自己由徐訏香港时期的沪语句式出发,进而研究香港、台北、上海三个城市在徐訏意识深处的不平衡性所折射出的都市文化的不平衡的例子。这指的是《城乡、沪港夹缝间的生命回应——从徐訏后期小说看一类中国现代作家》一文。此文中,作者深入探讨了徐訏后期小说(1950—1980)中"都市主题日趋悲凉,乡村性的画面大量渗入"现象背后的原因,指出沪、港、台三个"中国沿海城市的差异和不平衡性在徐訏身上激发出的复杂文学品格"。

　　《地域文学史的难题》在谈及"重庆与中国文学"这一话题时,提出了"地域文学史的写作应当慎之又慎",处处写史等于无史,只有在触摸原始材料的基础上才能选择最有价值的地区以及最有分量的时段。作者还特别指出地域文学史在强调地域性的同时最终不能忽视国家性,重庆文学史的现代源头仍然在"五四"。而《地域文化视角》中曾举到闻一多在谈《女神》时的"地方色彩"实际上就是今天意义上的"中国色彩",将"国别的"看成是"地方的",从而见出"五四"一代学者的世界观念比我们强烈。这又让人联想起作者在《"五四"接受史和"五四"》中所强调的不同时代的人实际上都在与"五四"进行着新一轮的对话,而《中国左翼文学、京海派文学及其在当下的意义》更指明"左翼、京派、海派的产生,是'五四'文学分流的结果"。这些都提示我们作者的海派小说(20 世纪 30 年代小说)研究实际上也存在一个与"五四"对话的潜在框架。

　　一方面是方法论上的总体思考,而另一方面作者更试图以不同角度继续进入海派的相关话题。如他关注海派文学的"周边地带"近现代通俗文学,指出"海派并非是'鸳蝴—礼拜六'的自然延伸",并提出通俗文学的现代性及其获得过程,以及海派文学在保持现代品格的同时自身进行的通俗化努力,强调对于近现代通俗文学内涵与外延的界定。《海派的文化位置及与中国现代通俗文学之关系》指明海派在 40 年代上海"孤岛"环境中与鸳蝴派的合拢之势,并指出那种呈现纯文学与通俗文学"比翼双飞"状态的"大文学史",不过是呈现出通俗文学如何向纯文学"投降"过程的思路。早在《都市漩流中的海派小说·后记》中吴福辉即已表明"希望有一天能遍读上海小报",而到了

《小报视界中的日常上海》,吴福辉终于在市民的普通读物——小报中寻到了老上海日常物质生活的踪迹。《多棱镜下有关现代上海的想象——都市文学笔记》则探讨上海这一都市形象在晚清小说、"左翼"都市题材小说、京派小说、海派小说中的种种呈现,可以预想,在一种更开阔的视野及多棱镜视角的映射下,作者还会继续保持着他那份关于现代上海的独特想象并深得其乐的。

参考文献

[1]吴福辉:《京海晚眺》,江苏人民出版社 1997 年版。

[2]吴福辉:《且换一种眼光》,上海教育出版社 1998 年版。

[3]吴福辉:《深化中的变异》,浙江文艺出版社 1999 年版。

[4]厨川白村:《苦闷的象征》,鲁迅译,百花洲文艺出版社 2000 年版。

[5]吴福辉:《都市漩流中的海派小说》,湖南教育出版社 1995 年版。

[6]吴福辉:《带着枷锁的笑》,浙江文艺出版社 1991 年版。

[7]吴福辉:《推荐张天翼〈我的幼年生活〉》,《语文建设》2003 年第 1 期。

[8]吴福辉:《施蛰存短篇小说集》,湖南文艺出版社 1998 年版。

[9]吴福辉:《学科的发展趋向及其内在的矛盾性》,《文学评论》2002 年第 2 期。

[10]赵园:《我的第一本书》,《中华读书报》1998 年 7 月 1 日。

[11]吴福辉:《梁遇春:"酝酿了一个好气势"》,《读书》1992 年第 3 期。

[12]吴福辉:《二十世纪中国小说理论资料》(第 3 卷),北京大学出版社 1997 年版。

[13]李今:《海派小说与现代都市文化·序》,安徽教育出版社 2000 年版。

[14]吴福辉:《沙汀传》,北京十月文艺出版社 1990 年版。

[15]吴福辉:《地域文化视角》,《天津社会科学》1995 年第 3 期。

[16]吴福辉:《城乡、沪港夹缝间的生命回应——从徐訏后期小说看一类中国现代作家》,《文艺理论研究》1995 年第 4 期。

[17]吴福辉:《"五四"接受史和"五四"》,《中国现代文学丛刊》1999 年第 4 期。

[18]吴福辉:《中国左翼文学、京海派文学及其在当下的意义》,《海南师范学院学报》2001 年第 1 期。

[19]吴福辉:《通俗文学与海派文学》,《中国现代文学研究丛刊》2001 年第 2 期。

[20]吴福辉:《海派的文化位置及与中国现代通俗文学之关系》,《苏州科技学院学报》2003 年第 1 期。

[21]吴福辉:《小报视界中的日常上海》,《文艺争鸣》2004 年第 1 期。

[22]吴福辉:《多棱镜下有关现代上海的想象——都市文学笔记》,《湖北大学学报》2003 年第 4 期。

论王元骧的审美超越论

宗志平　熊元义

近些年来,中国文学理论界不少人对于一些基础性的、重大的理论问题日益失去了兴趣,过分地把注意力倾注在一些细碎、琐屑、理论意义十分有限的问题上。诚如王元骧所说,当前中国文艺理论不但缺乏一种"问题意识",而且缺乏一种责任意识和人文情怀,很少意识到自己的研究对于推进中国当前文艺实践向着真、善、美的方向发展,对于净化世道人心起到什么作用。也就是说,在当前中国文艺理论界,文艺理论专家虽然不少,但真正的文艺理论家却屈指可数。真正的文艺理论家不仅应当为文艺理论的发展提供一定的知识,而且应当主动接受时代对文艺的挑战,并站在底层民众的立场上积极推进文艺基本理论的发展。我们从王元骧近些年来的文艺理论批评中可以看出,王元骧就是这样一位具有深刻思想的真正的文艺理论家。

一、政治批评与理论批评

在当前这个利益急剧分化时代,王元骧既不像一些文艺理论专家掩盖自己的政治倾向和回避自己的政治立场,更不像有些文艺理论专家公然站在当前中国新富人的立场上,而是旗帜鲜明地站在底层民众的立场上。王元骧在同当前中国文艺界一些恶劣思想倾向进行坚决的斗争时表现出了一位真正的文艺理论家的理论勇气和批评锋芒。

王元骧认为真正优秀的作家总是站在广大被压迫、被剥削、被奴役的人民大众这一边,为他们摆脱苦难、争取自由、平等的生活而进行呼吁和奋斗。王元骧不仅是这样说的,也是这样做的。他站在底层民众的立场上,不但敏锐地指出了一些文艺理论的政治倾向,而且深入地批判了它的荒谬。在当前中国文艺理论界,有人把文艺视为仅供"新富人"们休闲、娱乐的东西,公然提出要让"引领时尚的中产阶级"来主宰文艺的潮流,让"中产收入者"(即所谓"新大众")的文化品位和文化要求来为我们今天的文艺定向。王元骧坚决反对这种文艺思想倾向。这就是他对当前中国出现的消费文化的深刻批判。首先,王元骧认为:"消费文化虽然以通俗文化的形式出现,但它作为后工业社会出现的一种资本主义商业文化是与传统的通俗文化有着本质的区别的。"王元骧从接受主体、社会功能和产生的社会历史条件这三个方面进行了严格的甄别,认为消费文化的接受主体是一些"引领时尚的中产阶级",在中国,实际上是一种为"新富人"们所把持和享受的"新富人文化";消费文化是一种没有思想深度的,人们即时的、当下的、"过把瘾就扔"的、及时行乐的玩物,完全成了一种"享乐文化";消费文化完全是一种后工业社会的资本主义的商业文化,是一种完全被资本主义所操纵和利用的文化。它不仅以刺激感官、挑动情欲、为资本主义创造巨大的利润为目的,而且还以这种纯感官的快感把人引向醉生梦死、及时行乐。它为资本主义国家用来在国内,对人民群众进行意识形态控制;在国外,进行意识形态输出,为推广他们的霸权主义、强权政治扫清道路的工具,成了霍克海默、马尔库塞、弗洛姆所说的"控制文化"、"操纵文化"。而"我们还远没有进入'消费的时代',对于大多数人来说,还不知道什么是'消费文化'。"然后,王元骧义正词严地指出:"我们应该站在哪一种立场发言? 这就是摆在我国今天文艺理论工作者面前的两种价值选择。作为一个有良知的、有社会责任感的理论工作者,难道能不考虑广大人民群众的需要而一边倒向'引领时尚的中产者'那里? 不考虑文艺对于提升人的精神生活承担职责而把它看做只是供少数人休闲玩乐、纵情遣欲的对象,一味为消费文化进行呐喊鼓噪?"

　　可是,有人对这种文艺理论家从一定的政治立场出发把握文艺的本质却不以为然。王元化指出:"我们太重视立场,而没有想到首先应该考虑的不是立场,而是对真理本身的追求。长期以来我们都按照凡敌人赞成的就要反对或理解的要执行不理解的也要执行这样一种模式去办事,这已是十分普遍的现象了。"王元化认为这是一种意图伦理:"许多人至今仍相信思想取决于立场态度的正确。解决思想问题,不是依靠理性的认识,而是先要端正态度,先要解决爱什么,恨什么,拥护什么,反对什么的立场问题。这种立场态度决定认识的观点,正是马克斯·韦伯所说的意图伦理,我们都十分熟悉意图伦理的性质及其危害,它使学术不再成为真理的追求,而变成某种意图的工具。"而"按照认识事物的实际情况来看,恰恰应该是相反的。因为结论要从事实的分析中才能得出,正确立场要经过明辨是非的认识过程才能确立。已有的结论固然可以有助于去分析未经探讨的事实,但不能改变事实,而事实却可以改变过去所获得的结论。同样,原来的立场也必须继续不断地在明辨是非的过程中得到检验,才能证明它是正确的还是错误的。否则就会流入由意志代替真理的信仰主义,形成一种宗派意识。"王元化这是要求思想家成为"纯粹的"个人。显然,王元化这个要求是不现实的。马克思、恩格斯说:个人隶属于一定阶级这一现象,在那个除了反对统治阶级以外不需要维护任何特殊的阶级利益的阶级还没有形成之前,是不可能消灭的。对于各个个人来说,出发点总是他们自己,当然是在一定历史条件和关系中的个人,而不是思想家们所理解的"纯粹的"个人,又说:一定时代的革命思想的存在是以革命阶级的存在为前提的。英国当代文论家特里·伊格尔顿指出:"文学理论同这个政治制度有着一种非常特殊的关系:文学理论在有意或无意地帮助维持这个制度并加强它的各种理论主张。""即使是在避开各种现代意识形态的行动中,文学理论也表现出它与这些意识形态往往是无意识的牵连。"因此,问题不在于从一定的立场出发,而在于个人在多大程度上超越自己的狭隘立场。在深入批评当前中国文艺界的一些恶劣思想倾向的同时,王元骧较为透彻地把握了这些文艺思想倾向的政治立场。

在文艺理论批评中,王元骧没有重复过去简单的政治批评,而是将必要的政治批评与深入的理论批评有机结合。王元骧一方面认为文艺理论"与现实总是保持一种必要的张力",反对文艺理论成为马尔库塞所说的"拍马屁的理论"。另一方面指出,一切真正的文学总是表达人民群众的思想愿望的,"不应该把文学当做少数人的专利,满足于少数人享受和玩赏的工具"。这种辩证的认识有力地克服了过去简单的政治批评。

20世纪80年代以来,人们由于逆反心理和出于维护自身利益的需要,极力抵制批评甚至正当批评,尤其反对政治批评。20世纪90年代以来,我们看到不少文艺理论批评由于忽视必要的政治批评,在批评实践中往往是隔靴搔痒。过去,人们之所以忽视有些中国知识分子包括作家的社会背叛,就是因为自觉或不自觉地放弃了必要的政治批评。其实,在特定时期特定时候,政治批评不但是必要的,而且是及时的。英国当代文论家特里·伊格尔顿在《文学原理引论》这部专著里指出:"一切批评在某种意义上都是政治的。"伊格尔顿认为:"对于文学理论,不应因其具有政治性而横加责备,但它们隐蔽地或无意识地具有政治性——表现为'技术性的'、'不需证明的'、'科学的'或'普遍'真理的学说时所具有的欺骗性,却是应该受到谴责的。只要稍假思索就可以看出这一切不但相互联结,而且是为了加强特定的人们在特定时间里的特定利益的。"因此,真正应该反对的是文学理论中所包含的政治的性质,而不是文学理论的政治性。俄国文艺评论家别林斯基对俄国作家果戈理的《与友人书信选集》所进行的政治批评就是相当卓越的。在《给果戈理的一封信》中,别林斯基尖锐地指出:"不是在神秘主义、禁欲主义和虔信主义里面,而是在文明、开化和人道的进步里面,俄国才能够得救。俄国所需要的不是教诲(她听得够多了!),不是祈祷(她背诵得够多了!),而是在人民中间唤醒几世纪来埋没在污泥和尘芥里面的人类尊严,争取不依从教会学说,但却依从常识及正义的权利与法则,并尽可能严格地促其实现。"因此,别林斯基认为果戈理"现在却出版了这样的一本书,凭着基督和教会之名,教导野蛮的地主榨取农民更多的血汗,更厉害地辱骂他们……这难道不会叫我愤怒吗?"在指出果戈理文学创作前后期的变化的基础上,别林斯基主要从政治上肯定了果戈理的前期文学创作,全面否定了果戈理的后期文学创作。因此,我们既不能只是进行简单的政治批评,也不能摈弃必要的政治批评,而是要把必要的政治批评和深入的理论批评有机地结合起来。

赵勇批评李泽厚等人充分肯定大众文化是批判精神的沉沦就因为摈弃必要的政治批判,所以没有切中要害。赵勇在2005年《文艺研究》第12期上以"批判精神的沉沦——中国当代文化批评病因之我见"为题指出,中国20世纪90年代以来兴起的文化批评在发展流变中逐渐丢失了批判精神,越来越成为一种纯粹的知识活动和话语游戏。而"对于文化批评来说,批判精神的淡化或丧失是一件十分重要的事情,因为这意味着它丧失了自己的灵魂,变成了一具行尸走肉"。赵勇认为20世纪90年代中国的文化批评之所以存在这种种问题,很大程度上是因为批评主体本身出了问题。"已经成为或正在成为'阐释者'的知识分子一旦从事文化批评,他们一方面已无力承担批判的重任,另一方面又会把那些与'阐释者'成龙配套的观念和理念带入到文化批评中,从而逐渐改变文化批评的颜色。"因此,赵勇提出"在当今中国这样一个价值观念紊乱、失去价值判断同时又热衷于价值中立的时代,我们也就更需要现代性的知识分子来承担起'立法者'的重任,更需要记住知识分子的批判使命,肩负起知识分子的道义责任。"显然,赵勇对一些中国知识分子的批判是不太了解他们。这些中国知识分子之所以充分肯定大众文化,是因为他们认为大众文化具有瓦解、消解正统意识形态的作用。这就是说,这些中国知识分子在文化批评中没有淡化或丧失批判精神,只是这种文化批评所批判的对象不是赵勇所要批判的对象。李泽厚就提出了"解构之后再重建",这种解构就是一种批判。赵勇的这种理论批判没有把握李泽厚等人肯定和推销大众文化的实质和消极面。而王元骧因为坚持必要的政治批评和深入的理论批评有机统一,所以他对中国当前文化界出现的消费文化、休闲文化的批判就正确地把握了李泽厚等人肯定和推销大众文化的实质和消极面,即当今在中国发展消费文化可以达到"消解主流意识形态"的目的。王元骧深刻地指出:"'文化批评'的出发点是我国当今社会的新富人,认为当今我国已进入了消费社会,文学艺术也应该让这些新富人来'引领时尚'。所以它已经走出剧院、博物馆、音乐厅和传统的诗歌、小说等领域,而进入歌厅、舞厅、美容院、健身中心、酒吧、咖啡馆、广告、时尚,它的功能只是为了满足感官的快适,满足'消费的放纵',使人们'在那里人们不再是他自己',而只是'沉浸其中并在其中被取消'。为了让这种新富人的趣味标准成为主宰来改造我国社会主义文化,以求新富人的享受欲得到最大的满足,在文艺理论研究中,他们提出要对文学越界、扩容,为此就必须彻底否定传统的、以追求精神超越为目的的审美理论,断言文学的性质已不再是审美的。"而"这种仅仅满足于感官的刺激和享受所带来的愉快,也确像霍克海默、马尔库塞和弗洛姆等人所指出的,它与工具理性结合在一起,从物质和精神两方面,双管齐下地造成对人的奴役,它使人在轻松中忘记了生存的痛苦,陶醉中忘记了人生的意义,从而使它沦为资本主义社会对人的思想操纵和控制的一种工具和手段。"这种必要的政治批判正确地指出了中国当前文化界出现的消费文化、休闲文化的实质和危害。在这种必要的政治批判的基础上,王元骧还进行了深入的理论批判。王元骧指出:"对于美的文学和艺术来说,它给予人的即使是最轻松的审美方式,也不仅仅纯粹是感官的快适,更不是把人引向颓废和沉沦,就像鲁迅在谈小品文时所说的,虽然它'能给人以愉快和休息',但这种愉快和休息'不是抚慰和麻醉',而是'劳作和战斗之前的准备',正是在这个意义上,人们把美,把美的艺术与宗教一样都比作是人的'精神家园',是人的生存需要;否则,人的精神就无所寄托,灵魂就无所安顿,世界就没有亮色,人生就失去意义。"这种将必要的政治批评与深入的理论批评有机统一的批判是相当深刻而有力的。

为了进一步地清理消解主流意识形态的消费文化、休闲文化,王元骧深入地把握了文艺这种意识形态。王元骧一方面坚持文艺是一种意识形态，另一方面在对文艺这种意识形态与经济基础、与其他意识形态的辩证关系的深入把握的基础上，对文艺这种意识形态的内部结构进行了深入的开掘。

马克思在《〈政治经济学批判〉序言》中精辟地指出：人们借以意识到这个冲突并力求把它克服的那些法律的、政治的、宗教的、艺术的或哲学的，简言之，意识形态的形式。这里，马克思明确地认为艺术和法律、政治、宗教、哲学一样都是意识形态，它们只是意识形态的不同形式。因此，有人认为文艺不是意识形态，这是站不住脚的。不过，过去人们一般只是认为文艺是一种意识形态，而对这种意识形态的内部结构却没有进行深入的挖掘。这就是人们只是认为文艺反映现存冲突，而没有认识到文艺也积极解决这个现存冲突。王元骧提出当代形态的文艺本体论就深入地开掘了这个内容。王元骧指出："文艺反映人生的目的最终也无非是为了回归人生，为了唤醒和激发人的生存自觉，它在满足人的感官的享受的时候，又使人从当下的生存状态和个人生活中超越出来，去思考和追求自己生命终极的目的。这个终极目的相对于有限的、实际的目的来说，也许永远只是一种期望和期盼，但它却可以使我们生命不息、奋斗不止，不至于当到达了有限的目的之后就会陷入迷茫和空虚，而始终觉得前面还有一个更为高远的目的等待我们去完成，从而使自身的生命价值不断地得以提升和拓展"，而"这种追求自我超越的渴望本身就是现实人生所固有的，本身就属于人生的一种追求美好、完善的形而上的冲动"。王元骧这种从人的主观心理上寻找人追求超越的动力，可以说没有把握推动人追求超越的真正动力。正如恩格斯在致弗·梅林的信中所指出的：意识形态是由所谓的思想家有意识地，但是以虚假的意识完成的过程。推动他的真正动力始终是他所不知道的，否则这就不是意识形态的过程了。因此，他想象出虚假的或表面的动力。王元骧认为："对人来说，理想、信念、信仰和追求不仅只是他的一种主观心理，而且也是构成他的生命本体、生存本体的不可缺少的内容"，而伟大的文艺作品"把蛰伏于人们内心、驱使人们行动的那种最深刻的东西发掘出来，展示于人们的面前。所以它总是带有某种追求、企盼、梦想的性质"。显然，王元骧这种从人的主观心理上寻找人追求超越的真正动力是舍本求末。

马克思在《〈政治经济学批判〉序言》中指出：人类始终只提出自己能够解决的任务，因为只要仔细考察就可以发现，任务本身，只有在解决它的物质条件已经存在或者至少是在形成过程中的时候，才会产生。马克思的这个唯物主义思想后来在恩格斯的文艺批评中得到了天才发挥。恩格斯指出：倾向应当从场面和情节中自然而然地流露出来，而不应当特别把它指点出来；同时我认为作家不必要把他所描写的社会冲突的历史的未来的解决办法硬塞给读者。恩格斯在这里用"硬塞"这两个字是深刻的，因为艺术家的解决办法或对未来的设计，是由历史本身提供的，而不是由艺术家主观臆造出来的。否则，就会损害文艺作品的深度和力度。恩格斯对巴尔扎克的"现实主义的胜利"的高度赞扬和列宁对列夫·托尔斯泰的"反动"思想的深刻批判就从正反两个方面说明了这一点。马克思、恩格斯指出,分工也以精神劳动和物质劳动的分工的形式出现在统治阶级中间。因为在这个阶级内部,一部分人是作为该阶级的思想家而出现的(他们是这一阶级的积极的、有概括能力的思想家,他们把编造这一阶级关于自身的幻想当做谋生的主要泉源);而另一些人对于这些思想和幻想则采取比较消极的态度,他们准备接受这些幻想和思想,因为在实际中他们是该阶级的积极成员,他们很少有时间来编造关于自身的幻想和思想。这些思想和幻想有些是真实的,有些是虚假的。马克思、恩格斯说:每一个企图代替旧统治阶级的地位的新阶级,为了达到自己的目的就不得不把自己的利益说成社会全体成员的共同利益,抽象地讲,就是赋予自己的思想以普遍性的形式,把它们描绘成唯一合理的、有普遍意义的思想。进行革命的阶级,仅就它对抗另一个阶级这一点来说,从一开始就不是作为一个阶级,而是作为全社会的代表出现的;它俨然以社会全体群众的姿态反对唯一的统治阶级。它之所以能这样做,是因为它的利益在开始时的确同其余一切非统治阶级的共同利益还有更多的联系,在当时存在的那些关系的压力下还来不及发展为特殊阶级的特殊利益。革命阶级这个时候所编造出来的关于自身的一些思想和幻想所包含的真实成分就相对多些。但当它成为统治阶级以后,就有可能发展为特殊阶级的特殊利益。这个时候已占统治地位的革命阶级所编造出来的关于自身的思想和幻想所包含的真实成分就相对少些。正如思想家所编造的一些思想和幻想存在真假,艺术所展示的"应是人生"的图景也存在真假与好坏。而这种艺术所展示的"应是人生"的图景的真假与好坏的判断,我们显然不能从人的主观心理上寻找根据。

二、审美超越论与科学存在观

在批判当前中国文艺界的一些恶劣文艺思想倾向的过程中,王元骧提出了审美超越论。王元骧指出:"现代社会不仅是一个价值多元的社会,不同的社会群体、社会阶层对于'应是人生'这一理想图景都有不同的价值取向和评判标准,而且也是一个'异化'进一步加剧的社会,科技理性与商业经济所追求的功利原则,导致物质利害关系在人的生存空间中的地位不断升级,从而使得人日趋沦为物的奴隶,迷失了对于自身生存活动的意义的终极眷念,把追求物质享受和私欲的满足作为衡量人生意义的最高尺度。"有些人为了肯定这个价值多元的现代社会,大肆鼓吹一种粗鄙存在观。他们认为:"如果真的致力于人文精神的寻找与建设,恐怕应该从承认人的存在做起。"这种粗鄙存在观认为,要求作家人人成为样板,其结果只能消灭大部分作家。寻找或建立一种中国式的人文精神的前提是对于人的承认。从这个意义上说"痞子"或被认为是痞子或自己做痞状的也仍然是人。王元骧认为这难免会使人们的价值观念陷于相对主义甚至虚无主义。为了克服这种粗鄙存在观,王元骧提出了审美超越论,建构一种当代形态的文艺本体论。他说:"文艺以人为对象和目的,其要义就在于它把这种在人的生存活动中所潜在的、固有的,而又为一般人所不易发现和认识的人的追求自我超越的本性,通过艺术家的领悟和构思呈现在人们面前,从而反过来又去启示和引导人们在对现实人生的反思中把自身从经验引向超验、从有限引向无限、引向自我超越。这不是像人们所曲解的把人引向逃离现实,像王尔德所说的'美的事物'是'与我们无关的事物',而恰恰是出于作家对现状的痛切感受所产生的要求改变现状的强烈渴望。"的确,相对于这种只承认人的存在而否认人的超越和发展的粗鄙存在观而言,王元骧的这个审美超越论强调人的自我超越和发展是一种历史进步。但是,王元骧的这个审美超越论构造了一个与现实世界对立的理想世界,又陷入了另一种偏向。

王元骧的这个审美超越论是围绕文艺创作的有限目的与终极目的的关系、物质家园与精神家园的关系、现实世界与理想世界的关系这三个层面展开的。

第一,文艺创作的有限目的与终极目的的关系。王元骧认为:"作为真正意义上的人的生活必然具有的两个世界,即经验的世界和超验的世界,经验的世界是一个相对于人的自然需要而言的物质的世界,在这个世界中,人所追求的是一种'有限的目的';而超验的世界是相对于人的文化需要而言的精神的世界,只有进入这个世界,人才能找到自己所追求的无限的,亦即'终极的目的',从而使得在两个世界,两种目的之间形成一种张力,不断地把人引向自我超越。"而"这个终极目的相对于有限的、实际的目的来说,也许永远只是一种期望和企盼,但它却可以使我们生命不息、奋斗不止,不至于当到达了有限的目的之后就会陷入迷茫和空虚,而始终觉得前面还有一个更为高远的目的等待我们去完成,从而使自身的生命价值不断地得以提升和拓展。"王元骧虽然认为文艺的有限的目的与终极的目的不是"绝对对立、完全不相容的",但是他认为文艺的最终目的和根本目的"是为了在人的物质生活空间营造一个精神上的圣地,为人的生存提供一种精神的支撑,增添一份诗意,而使人自身得以提升和完善"。这就在一定程度上割裂了有限的目的与终极的目的的辩证联系。黑格尔所提出的"理性的狡计"就是对人的有限的目的与终极的目的的辩证关系的深刻把握。他在《历史哲学》中说:"热情的特殊利益,和一个普遍原则的活泼发展,所以是不可分离的:因为'普遍的东西'是从那特殊的、决定的东西和它的否定所生的结果。特殊的东西同特殊的东西相互斗争,终于大家都有些损失。那个普通的观念并不卷入对峙和斗争当中,卷入是有危险的。它始终留在后方,在背景里,不受骚扰,也不受侵犯。它驱使热情去为它自己工作,热情从这种推动里发展了它的存在,因而热情受了损失,遭到祸殃——这可以叫做'理性的狡计'。"这就是说,人的终极的目的是通过有限的目的的实现而实现的。王元骧没有深入地把握人的终极的目的与有限的目的的这种辩证关系,提出了人的终极的目的只是在人的精神世界中实现。

第二,物质家园与精神家园的关系。王元骧反对把人看做只是欲望的主体,即认为人的存在就是求得自身欲望的满足,提出建构人的"精神的家园"。王元骧指出,当前中国畸形发展的"消费文化""诱导人们把吃、喝、玩、乐作为自己生活追求的目标,除了无限制地刺激人们的欲望之外,使得人们对自身存在不再有终极的关怀,以至拜金主义、享乐主义、利己主义在当今社会成风,它与科技理性一起共同把人推向物化的深渊。"王元骧认为:"人在生活中是需要有两个'家园'的,除了'物质的家园'之外,还有一个'精神的家园'。""我们今天所要强调的不是人的感性欲望,而恰恰是人的精神生活。"他要求大力建构人的"精神的家园"。然而,这种"精神的家园"却不是建立在现实世界中,而是建构在精神世界里。过去,人们认为当代有些中国知识分子包括作家在精神上出现了退却甚至背叛的现象是人文精神的失落。其实,这种精神危机现象实际上是这些中国知识分子社会背叛的必然产物。也就是说,当前有些中国知识分子的精神背叛和社会背叛是互动的。因此,阻止当前有些中国知识分子在精神上的退却和背叛不仅是一个精神问题,而且是一个社会问题。如果我们不能从社会生活中彻底解决当前有些中国知识分子的社会背叛问题,就不可能完全解决他们在精神上的退却和背叛问题。因此,我们不能仅在精神上建构"精神的家园"。虽然王元骧深刻地认识到人的解放"从根本上说无疑是一个社会的、现实的问题而非只是意识的、精神的、审美的问题;不认识到这一点,我们就可能会变成空想的、不切实际的'审美救世主义者'"。但他所建构的"精神的家园"还是没有完全正确把握"两者之间所存在的互动关系"。这个局限在王元骧对普世价值与普世情怀的辩证关系的把握上有较为充分的表现。王元骧认为:"普世价值与普世情怀都关涉一个普遍适用性的问题,但两者又有根本的区别:普世价值是一个客观观念,表明这种价值在实际生活中是客观存在着的,是以视'一般人性'为现实的存在为思想依据的;而普世情怀是一个主观的概念,它只是把'一般人性'看做是一种理想的尺度,只是表明对于普世价值的一种主观的意向和追求。"而"只要社会上还存在着人压迫人、人剥削人的现象,还存在着强势群体和弱势群体的对立,建立在共同人性基础上的普世价值、全人类价值是不存在的。"王元骧认为"一般人性"只不过是一个理想的尺度而非现实的尺度。这种"一般人性"在现实世界里是不存在的,而在理想世界中却是存在的。所以,王元骧不赞同普世价值而提倡普世情怀。王元骧一方面认为"只要社会上还存在着剥削、压迫,就不会有真正普世的价值,但这并不排除个人出于自身的道德理想所为之奋斗的决心和行动,这就是作家的一种普世情怀"。这种普世情怀对于一个从事"美的艺术"创造的作家来说是不可缺少的。另一方面指出妄想以"一般人性"和"普世价值"为尺度评价作品是徒劳无益的。这是自相矛盾。既然"普世情怀"是伟大的作品不可缺少的,那么,人们以"一般人性"和"普世价值"为尺度进行评价就绝不是徒劳无益的。王元骧之所以自相矛盾,是因为他所追求的理想世界完全脱离了现实世界。其实,人性的历史发展往往是在异化中发展的,而不是异化就是异化,发展就是发展,人性的发展与异化不是绝对分离的。也就是说,所谓"一般人性"存在于现实的人性的历史发展中,但又不等同于特定历史阶段人性的发展。因此,我们只是反对"抽象人性论"以理想的尺度,即"一般人性"否定现实人性的发展,绝不反对它否定现实人性的异化。而王元骧所提倡的普世情怀仅把"一般人性"

看做是一个理想的尺度,就没有看到"一般人性"在现实世界中的发展。因此,王元骧所建构的这种"精神的家园"必然成为是一种脱离现实世界的不切实际的空想。

第三,现实世界与理想世界的关系。王元骧的这个审美超越论不是在现实世界中完成的,而是在理想世界中实现的。王元骧认为:"美的艺术就不像古典主义所理解的那样仅仅是由美的对象所决定的;在美的艺术作品中,'丑'并非就是美的对立面,它同样可以得到美的表现。……自近代以来,许多美的艺术都是在表现丑的对象时实现对丑的超越而显示美的价值的。"在他看来,"当作家有了这样的一种理想和追求,那么,对他的作品来说,描写卑琐、空虚、平庸就成了对卑琐、空虚、平庸的超越;描写罪恶、苦难、不平就成了实现对罪恶、苦难、不平的超越;描写压迫、剥削、奴役就成了达到对压迫、剥削、奴役的超越,这样,文艺也就成了人类为了摆脱和改变现状、实现生存超越愿望的一种生动而集中的表现。唯其在美的文艺作品中,一切美丽的幻想、想象、期待和企盼本质上都是源于人们这种追求超越的渴望,所以,它才能成为引导人们前进的火炬。"王元骧的这个审美超越论不过是一种主观幻想而已。在艺术世界里,我们虽然可以批判甚至否定现实的丑恶现象,但是克服这种现实的丑恶现象却只有在现实世界中才能真正完成。毛泽东认为文艺"能使人民群众惊醒起来,感奋起来,推动人民群众走向团结和斗争,实行改造自己的环境",就是要求文艺推动人民群众在现实世界中改造自己的环境,而不是在艺术世界里实现这个目标。因为现实生活的丑恶现象不是人们在理想世界中可以完全超越的,而是在现实世界中才能真正克服。正如马克思所说:批判的武器当然不能代替武器的批判,物质力量只能用物质力量来摧毁。我们强调在人民的历史创造中进行艺术的创造,在人民的进步中造就艺术的进步,而不是在艺术家的领悟和构思中从经验引向超验、从有限引向无限、引向自我超越。文艺对现实世界的超越,是肯定正义力量的同时否定邪恶势力,不是构造一个与现实世界完全对立的理想世界。可以说,王元骧的这个审美超越论没有看到人民的历史创造和人民的历史进步。

而王元骧之所以看不到人民的历史创造和人民的历史进步,是因为他接受了克尔凯郭尔的英雄创造历史的唯心史观。王元骧首先肯定地引用了克尔凯郭尔一段鼓吹英雄创造历史的话,即"人是什么? 只能就人的理念而言,……那些庸庸碌碌的千百万人不过是一种假象、一种幻觉、一种骚动、一种噪音、一种喧嚣等等,从理论的角度看他们等于零,甚至连零也不如,因为这些人不能以自己的生命去通达理念。"然后指出:对于什么是文艺,我们是否也可以同样作如是观,尽管当今文坛,什么'新写实'、'新状态'、'身体写作'、'欲望写作'……四处泛滥,但只要我们在理论上还不足以否定文艺的特性是审美的,我们就没有理由要以它们来作为衡量理论的标准,或因对它们丧失了'阐释的能力'而断言理论已经过时了,终结了。相反的,面对这种芜杂的文艺现象,就更应该加强理论的研究,就更应该寻求一个务使我们的文艺能得以健康发展的理念(观念),使我们看待文艺问题有一个理论上的预设。"这是一种英雄创造历史的唯心史观。恩格斯在致约·布洛赫的信中指出:历史是这样创造的:最终的结果总是从许多单个的意志的相互冲突中产生出来的,而其中每一个意志,又是由于许多特殊的生活条件,才成为它所成为的那样。这样就有无数互相交错的力量,有无数个力的平行四边形,而由此就产生出一个总的结果,即历史事变,这个结果又可以看做一个作为整体的、不自觉地和不自主地起着作用的力量的产物。因为任何一个人的愿望都会受到任何另一个人的妨碍,而最后出现的结果就是谁都没有希望过的事物。所以以往的历史总是像一种自然过程一样地进行,而且实质上也是服从于同一运动规律的。但是,每个人的意志——其中的每一个都希望得到他的体质和外部的、终归是经济的情况(或是他个人的,或是一般社会性的)使他向往的东西——虽然都达不到自己的愿望,而是融合为一个总的平均数,一个总的合力,然而从这一事实中绝不应做出结论说,这些意志等于零。相反地,每个意志都对合力有所贡献,因而是包括在这个合力里面的。可见,唯物史观并不认为参与历史事变的每个人的意志等于零,而是认为每个意志都对合力有所贡献,因而是包括在这个合力里面的。

王元骧虽然站在人民群众的立场上深刻地批判了一些恶劣的文艺思想倾向,但他所建构的这个审美超越论却仍然是从人类的某个绝对完美的状态出发的,所以是一种彻底否定现实的虚无存在观。这种虚无存在观在否定假丑恶的同时,也否定了真善美。有人就是这样要求作家"对现实生活的拒绝和批评应该坚决、彻底和深入,永远保持这样的行动热情——如同堂·吉诃德那样挺起长矛冲向风车,即用敏锐和短暂的虚构天地通过幻想的方式来代替这个经过生活体验的具体和客观的世界"。这种对现实生活的坚决、彻底和深入的拒绝和批判在否定现实生活中的邪恶势力的同时,也拒绝了现实生活中的正义力量。这种虚无存在观从人类的某种完美理想状态出发,只看到了现实和理想的差距,看不到它们之间的辩证联系,这实质上无异于取消了多样的存在。20世纪 80 年代中期,刘再复提出的文学主体性理论就是这种虚无存在观的表现。1988年,我们在《性格转化论》中对这种虚无存在观进行了全面的解剖和批判。指出"刘再复认为他提出的人物性格的二重组合原理正是一个与神本主义相对抗的主体性原理。在刘再复看来,'社会历史的运动是从人类诞生的那一天开始的,经历了"人的否定"这一曲折的痛苦的历程,最后又回到人自身,当理想社会实现时,人不仅是调节外部自然的强大力量,而且是调节自身内部自然的强大力量,唯其在那时,人的价值才充分获得实现,人类的"正史时代"才开始。'显然,刘再复的人物性格的二重组合原理是以理想社会为依据的,是为正史时代服务的。倘若现实生活中没有这种类型的人物,作家就赋予人物以人的灵魂,即赋予人物以精神的主体性。刘再复的理论出发点是主观理想而不是客观生活。"2002 年,仍然有人指出:"'主体性的失落'是主体论文艺学的一个基本命题。它所要说的是:人本来是有主体性的自由的人,但后来主体性失落了,人变成了非人。由此而产生的图式是:人 = 作为主体的人 = 个性化的人 = 自由的人。由于人在这里是个体的同义语,因而问题出现了:在人类已有历史的大部分阶段内,大多数个体都并非作为个性化的自由的主体而存在,难道他们不是人吗? 显然,主体论文艺学所说的人并不是指所有实存过和正在实存着的人,而是一种理想原型。用一个预悬的人的理想原型去衡量人类历史,就会把某些阶段的实在的人类史当做非人的历史,所以,人—非人—人这个图式的虚构性是显而易见的:根本不存在非人的人类历史,只存在人类历史的不同形态。实际上,如果真的把上述逻辑贯彻到底,那么,一切实存过和正在实存着的人类史都会被认定为史前史,因为所有实在的人都不可能完全符合人的理想原型。这样,人—非人—人的三元图式就转变为非人(从古至今)—人(未来)的二元图式:'人类社会,今天仍然处于"前史"时代,这种社会是有缺陷的。处于这种社会状态的人,还不能充分地全面地占有人的自由本质,作为客体的世界,还不是真正人的对象,它对于人还只有有限的价值和意义,它还不能把人应有的东西归还给人。'人 = 理想的人,历史 = 理想的人变为现实的人以后的历史,因此,符合主体论文艺学尺度的人和历史都是传奇化了的,而现实的人和历史则被判定为'非人'和'前史。'"20 世纪 90 年代以来,伴随粗鄙实用主义的大肆泛滥,这种虚无存在观也重新出现了。这种虚无存在观的确看到了粗鄙存在观的偏颇。但是,它只看到历史上的英雄行为,而忽视了基层民众的点滴努力,是一种英雄史观的表现。与这种虚无存在观不同,科学存在观则既承认人的局限性,又承认人的超越性。它既不是完全认同现实,也不是彻底否定现实,而是要求既要看到理想和现实的差距,又要看到现实正是理想实现的一个阶段。也就是说,我们针对现实提出某种理想,与人们在实现这种理想时达到了什么程度是两回事。我们绝不能因为人们没有完全达到这种要求,就全盘否定他们的努力。科学存在观在人的发展观上不只是反对空洞的批判精神,而是提倡与建构精神相统一的批判精神。而文艺的批判精神是作家的主观批判和历史的客观批判的有机结合,是批判的武器和武器的批判的有机统一,是扬弃,而不是彻底的否定。作家的批判必须和现实生活自身的批判是统一的;否则,作家的批判就是"用头立地"。也就是说,文艺的这种批判是内在的,不是外在的;是在肯定变革历史的真正的物质力量的同时否定阻碍历史发展的邪恶势力;是站在人民群众的立场上,不是站在人类的某个绝对完美的状态上。

参考文献

[1]王元骧:《审美超越与艺术精神》,浙江大学出版社 2006 年版。

[2]王元化:《清园近思录》,中国社会科学出版社 1998 年版。

[3]《马克思恩格斯选集》(第 1 卷),人民出版社 1995 年版。

[4]特里·伊格尔顿:《文学原理引论》,文化艺术出版社 1987 年版。

[5]张铁夫:《外国文学评论选》(下册),湖南人民出版社 1983 年版。

[6]王元骧:《审美超越与艺术精神》,浙江大学出版社 2006 年版。

[7]《马克思恩格斯选集》(第 2 卷),人民出版社 1995 年版。

[8]《马克思恩格斯选集》(第 4 卷),人民出版社 1995 年版。

[9]丁东、孙珉:《世纪之交的冲撞——王蒙现象争鸣录》,光明日报出版社 1996 年版。

[10]黑格尔:《历史哲学》,王造时译,上海书店 2001 年版。

[11]中共中央文献研究室编:《毛泽东文艺论集》,中央文献出版社 2002 年版。

[12]洪治纲:《信念的缺席与文学的边缘化》,《文汇报》2005 年 7 月 3 日。

[13]熊元义:《回到中国悲剧》,华文出版社 1998 年版。

[14]王晓华:《超越主体论文艺学》,《学术月刊》2002 年第 7 期。

道德文章,高山仰止

——"纪念齐思和先生百年诞辰学术研讨会"纪要

齐小玉(整理)

牛大勇(北京大学历史学系主任、教授):我们纪念齐思和先生百年诞辰是非常有意义的。齐先生在他的学术生涯中,先后在南开大学、燕京大学、哈佛大学、北平师范大学、中国大学学习或工作,最后在北京大学任教。齐先生的学术成果非常丰富,学术成就非常高,今天我们开会纪念,应该说非常必要的。首先,我们请张芝联先生发言。张先生已经快九十岁了。

张芝联(北京大学历史学系教授):对齐先生我是非常尊敬的,本来给我打电话,我还考虑该来不该来,因为我这脚啊腿啊都有毛病,老人的毛病都来了,但是我想今天一定要来,而且我一定要讲话,讲得就短一点,题目是"向齐先生学习"。大家都知道我在燕京大学念书,我写了一篇文章,叫《三进三出》,我到燕京来是 1935 年,我的学号是35009,然后,出去了,抗日战争了,到 1937 年,我又出去了,没能够回来,家在南方,这是一进一出。1941 年,我想还是进燕京读书,安静点,尽管有日本人在,但还有美国人在,所以又考了那个研究生,到这来念研究院,1941 年的 3 月,日本进来了,占领了,我又出去了。然后,第三次,那就感谢齐先生了,那时候我还在上海光华大学的附属中学,我是校长,解放以后学校被国立了,我想我还是离开好,到了北京了。我那时候接到齐先生一封信,说我们希望你回燕京来教书,那时候还是燕京大学,刚刚改成公立燕京大学。向齐先生应该学什么? 能够学什么? 齐先生的学问是非常之丰富的,中外古今,所以要向齐先生学的学问,一时半会儿是学不了的,还有一个品质更不容易学,齐先生忠厚,厚道。齐先生从来不怪别人,这么多年,学生也好,同事也好,没有一个责备的,特别是后来,各种各样的运动以后,齐先生更加这样。总而言之,他的原则就是忠实厚道,第二个特点就是从来不对人刻薄,齐先生从来不说人这个说人那个,这就很不容易,这就非常难得。齐先生做事情也好,待人也好,从来也不刻薄,刻薄待人最后没有好处。齐先生的学问是非常之厚实,又厚又实在,他正是念通了,能够教中国史,能够教外国史,能够教古代史,能够教现代史,我们到了燕京以后,人家都跟我们说,说齐先生会说笑话,人倒没听到过他说笑话,因为我没上过他的课,人家说齐先生讲现代史的课,好极了,讲第二次世界大战、丘吉尔、斯大林,很多都能说出笑话,这不是他的特点。你把他看成一个只会说笑话的、讲故事的历史老师,这是错的,他的学问是非常之深厚的,他可以研究这个,研究那个。比方说中西交通史,那是一门很难的课,齐先生能教这门课,而且能写文章,写郑和下西洋,中国和拜占庭的关系,他可以,谁可以研究拜占庭啊,没人可以,他能,他能如数家珍一样的,中国和拜占庭的关系。所以在学问上的厚实,经史子集,中外交通史,没有人能够。你现在找一个人,让他讲这几门课,根本不可能啊,所以底子非常厚。

齐世荣(首都师范大学前校长):齐先生是我的老师,1946 年我到燕京大学上二年级,受到齐先生的教导。刚才张芝联先生说了,齐先生的学问是非常渊博的,我个人的体会就是齐先生对于中西的学问,可以说是中西汇通,贯穿古今。我当时听过齐先生两门课,一是战国史,就是中国古代先秦那一段,另外一门是西洋现代史。中国人教外国现代史,这个鼻祖是谁,我要借这个机会说一下,是齐思和先生。有的人以为现代史是学习苏联以后有的,其实不是,是齐思和先生第一个,当时在全国,外国现代史是各个学校都没有,中国教的只是近代史,现代史是受气的小媳妇,没有人重视,外国现代史更没人重视,也没人能教,唯一的就是齐思和先生。在燕京,当时他用英文编的,叫《西洋现代史》,一个大纲,还有一个资料。这两门课都给我留下很深的印象。战国史是齐先生最拿手的,齐先生对先秦史、西周、春秋战国很有研究的,当时我很爱听这课,齐先生讲课跟有些老先生不一样,他学贯中西了,所以讲战国史,同时也介绍很多西方汉学家,其他社会科学领域的,自然科学领域的史书,比如当时他给我们介绍民族学的经典著作《金枝》。西洋现代史课当时在燕京特别轰动,听的人不光是文学院历史系,还有法学院,我记得是一个很大的教室,一百多人,大家特别爱听,齐先生讲课的时候很幽默,每次,比如讲到希特勒什么的,齐先生穿一件蓝布长袍,肚子很大,把那个手放在肚子上,到时候微微一笑,他不能大笑,课堂非常活跃,法学院听西洋现代史的最多,现在我觉得很难找到这样的老师了。讲中国古代,可以开先秦史,外国史可以开现代史,现在几乎不大可能了,说明老一代学者的功底之深厚。我们应当向齐先生学习,研究历史要汇通中西,要达到他们的标准很难,但应当作为我们学习的一个榜样,努力朝这个方向去做,才能够达到一流水平。最后我希望北大历史系,把齐先生有些著作整理发表。齐先生还有好多著作,现在出版的只是一部分。我还有一个建议,把齐先生在哈佛时的博士论文,还有他们那一代人,还有比齐先生岁数更大的一批人的在国外读书的博士论文搜集到一块儿,用原文出版。如果没有出版社出,北大就自己影印一下,送给研究外国史的同仁,这很有意义。

廖学盛(中国社会科学院世界史研究所原所长):今天我很激动,因为被邀请来参加这样一个隆重的会议,我觉得可以学到很多东西。我认识齐先生是在 1961 年,那时候刚刚从苏联留学回来,齐先生当时在主持编世界通史教材,我那时候就去参加了,认识了齐先生。我那时候也就 25 岁吧,齐先生已经是很有名望的老先生了,给我的一个印象就是非常之谦和。齐先生本来还希望我到北大来工作,我说服从组织分配,分配到哪里就上哪里,后来就没有来这里,所以经常在齐先生身边学习的机会就不是太多,后来因为"文化大革命"，所以跟齐先生的接触不是太多，但给我留下的印象非常深。齐先生对中国的世界史所的成长非常关心，后来世界史所成立学术委员会了，齐先生是学术委员，对我们所的建设也提了很宝贵的意见。齐先生学贯中西，中外兼通。我觉得我国的世界史要发展，就要出一批中西能贯通的、上下能贯通的人，现在非常需要这样一批人，因为只有这一批人才能真正从理论层面上把中国的世界史推向前进。中国的史学前辈给我们打下了很好的基础，有很值得我们学习的东西，现在应该大力宣传这些。

郝斌（北京大学原副校长）：我接触齐先生最多的场合是在教室里，今天纪念齐先生百年冥诞，我谈谈课堂上的齐先生。我是1953年入系，当时学制改成了五年，我们两门基础课——中国通史、世界通史，教学三个学年。世界通史就是齐先生讲，当时齐先生不足五十岁，已经是一位名教授了，在燕大做过历史系主任，做过文学院长。但是他给我们讲基础课，那基础课讲得绝对的严谨、规范。怎么严谨，怎么规范，我想我在这数一数齐先生抓的这个教学环节，大概就可以有一点了解。第一，就是要编讲义，那个时候没有教科书。讲基础课，先要编讲义，讲义是现编现印现发，发一堂讲一课，所以说基础课，也是科研，而且是分量很重的科研。齐先生的讲义，绝大部分都是讲课之前发下来的，拖到课后发的很少，拖了，那是印刷厂没印出来，齐先生都会给我们做一个说明。第二就是讲课，自己编的讲义，自己再去讲，这基础课本来就难，这种情况之下就更难了，你自己编的又不能照念，完全另外来一套，也不可能。可是，这个课齐先生讲起来条分缕析，深入浅出，非常好，而且不时还有一些生动的语言，很吸引我们。第三就是参观，参观西什库教堂、王府井教堂，参观时还要讲讲中世纪的神学，文艺复兴的人文主义，讲讲哥特式的建筑，都很吸引我们。第四就是课堂讨论，有时候还指定我们看一些小说，如文艺复兴时期薄伽丘的《十日谈》，还有参考书，每一讲之后啊，都列出参考书目来，有必读的参考书、一般的参考书，哪一本第几页到第几页，这不是把学生管得过死，讲基础课就用基础课的办法，可能好处还是很大。我毕业以后就很少看世界史的书了，仅有的一点中古史的知识都是齐先生教的。今天怀念齐先生，我们历史系的老先生尚（鸿逵）先生、郑（天挺）先生、齐先生，三位都生于1907年。今年是连续三次给这三位老先生开了纪念会，这三个会开起来，真好。过去我们历史系相爱相助，犹如一家，闲事是非很少，现在又能够尊重前辈，注重传统。

徐苹芳（中国社会科学院考古所原所长）：齐先生给我的印象是一好好老先生，对学生是非常和蔼，好像就是对子女一样的，在他面前就是随随便便，一点都不害怕，给学生的印象是非常之好的，当然学问那不必说了。今天是齐先生诞辰百年，刚才郝斌同志讲，今年开了三个会了，我觉得这是一个很好的势头，看来现在要注重我们的学术传统。这个问题极其重要。从现代学术发展史上来看，只有一条路，就是以自己的深厚的旧学为基础，然后引进欧美的思想和方法，回过头来解决中国自己的学术问题，这非常重要。我们整理现代学术的发展的过程，特别是一些代表人物的治学、研究方向，统统都是这一条路走下来。我们现在要继承的就是这批人的学术传统。我们现在确实是应该整理一下中国现代学术的发展的路途、经验、教训，然后才能够清楚今后要走什么样的路子。学术跟政治不一样，和社会发展也有些不一样，学术的发展有自己的特点，违背这个规律也是不可能的。我们今天开会纪念齐先生，我们应当好好体会一下齐先生这批我们的先辈，他们到底是做了些什么，在他们的基础上我们前进，这样才能走出现在学术界的迷茫的状态。

寿纪瑜（人民教育出版社编审）：今天参加齐先生百年诞辰纪念会，我回想起了好多往事。我在齐先生门下求学，已经是五十多年以前的事情了。齐先生学问的渊博、深厚、扎实，还有他做学问的悟性，还有齐先生的修养，温良敦厚，与人为善，待人接物的谦和，还有齐先生对后学的培养和关怀，这些都给我留下了很深的印象，今天回想起来了，还有很多美好的回忆。最近我们得到了齐先生新出版的《史学概论讲义》，这本书是齐先生从1935年起在北京师范大学以及北京大学执教时的教材，齐先生把中西史学糅合在一起，内容非常丰富，结构也很新颖，这部著作正好展现了齐先生深厚的国学功力、史学造诣和运用古文的能力，这本书是用文言文写的，读起来却是行云流水，这本书集中体现了齐先生的才华，这点感受比以前加深了。戚国淦因为行动不便，他今天没有来，也让我替他表达几句，他见到这本书以后，也就像当年做学生的时候一样，每天都要抽出一段时间来阅读，阅读完了以后，他对齐先生那么年轻就达到这样的成就，他感到很惊奇，也联想到过去在写纪念齐先生的文章的时候，虽然也是努力地收集材料，尽量想写得全面一点，但这本书当时还没有出版，也没有看到，所以也不可能写进去，他觉得这是一个遗憾，今天他看到这本书，读了以后就写了一副对联，作为对文章的补充，也作为对齐先生的纪念。读齐思和先生《史学概论讲义》后：谠论叙真知，融会古今，早岁先生留巨著；纵横卷博览，贯通中外，暮年子弟忆良师。

赵虹（《社会科学论坛》杂志社社长兼主编）：非常高兴来参加齐先生的百年诞辰纪念会，齐先生在学问、治学和做人上让我们这些晚生后辈们由衷地敬仰。通过纪念齐先生，听各位老师的讲话，我们怎么办好个学术杂志，我觉得是非常重要的，也大有意义，特别是怎样坚守学术正道，怎样抵制不良学风，弘扬传统，发扬光大，对我们来说确是帮助非常大。

郑福庆（山东省宁津县文化局局长）：今天是齐思和先生诞辰百年纪念日，我和宁津县档案局局长王学英同志来参加这个纪念活动，很荣幸。我们今天带着全县45万人民对齐思和先生的怀念来参加这个活动的。齐先生是宁津县人，他的一生为我国的教育事业和社会进步作出了巨大的贡献，为家乡人民争了光，是宁津人民的骄傲。我们作为齐先生的家乡人，向齐思和先生纪念活动的倡导者、组织者和参与者表示衷心的感谢，同时如果各位老师方便的话，下次到我们宁津去搞齐先生纪念活动，我们一定要把这个事办好。

马克垚（北京大学历史学系原主任）：今天借这个机会缅怀齐先生给我的教导，我的心情一方面激动，另一方面又有点惶恐。我是1952年到北京大学，第二学期上齐先生的课，毕业以后就留校，从1959年开始，就到世界古代史教研室，一直跟着齐先生，跟他学中古史，比较中古史，一直到他去世，应该说这个时间不是很短。很惶恐就是因为我不是一个好学生，没有把齐先生那么深厚的学问学到手。后来，我很想写写文章，弘扬先生的学术，但总是觉得自己写不全，因为这一半不了解，所以非常惭愧。今天我发言的题目是讲一讲齐先生的会通之学。齐先生确实博古通今，什么都懂得，什么都知道，而且什么都非常深入，这确实非常不容易。齐先生的会通之学是有理论有体系的，他不是一般地讲会通，我觉得他的会通之学两点非常重要，首先，他强调具体研究，强调专史的研究，有了专史的研究，有了专题的研究，然后才能通，不做专史，不做专题，通不了的，这一点非常重要。其次，要讲会通，找规律，齐先生讲过这样一句话，可能大家知道，"人类文化与发展，虽然迟速不同（就是快慢不同），质文各异。然所循之途径，则大致相同"。他讲了这样一条道理，人类发展是有规律可循的，是可以找出它的规律来的，这是他的通，他的思想的会通，一般是很难做到的。齐先生在哈佛的毕业论文是《中国春秋时期的封建制度》。他说中国和西方封建制不同，在宗教方面有很大的差别。齐先生的会通之学还充分体现在那本《史学概论讲义》，把中国和西方的史学、历史哲学和史学史融合到一块儿。他说中国的二十四史包罗万象，是知识的海洋，是文化的总汇，欧洲史学一直到十八世纪不过主要是政治史，到了十九世纪这种状况才改变。没有齐先生就没有完全的会通之学。他晚年卧床，他给我说，他说人生就像跑长跑，后几圈非常重要，他说你别看后几圈，你要是保持了体力，就能冲刺，他还讲他自己年轻的时候不锻炼，后几圈跑得不好，后来得了糖尿病，心脏也坏了，后几圈跑得不好。但是我认为，在学识上齐先生的后几圈跑得还是很好的，因为他很多工作都是病榻上做的，关于西方人介绍《尔雅》的著作都是他在病床上完成的，还有英国中世纪史的研究。

王春梅（北京大学历史学系党委书记）：齐先生学贯中西，中西兼通，而且博古通今，他的治学领域非常的宽广，他的成果很丰硕，而且非常的精深，给我们留下了非常优秀的治学传统，还有一批学术成果，他一生对史学的贡献，对培养人才的贡献，是他个人、包括他家人的光荣，也是我们历史学系的光荣，也是我们历史学系的骄傲，那么我们今天来纪念齐先生，就是要学习他的这种精神，学习他治学的传统，感悟他的精神的魅力，对我们今天在相对浮躁的社会背景之下来做学问，特别是要做出精深的学问，要写出高水平的成果很有激励意义。

刘新成（首都师范大学副校长）：研讨会第二阶段由我来主持，刚才大勇说没有资格来做这个主持人，那我就更没有了。既然受委托，就掌握发言的次序和时间。那么首先请郭小凌教授发言。

郭小凌（首都博物馆馆长）：我是读齐思和先生的书进入历史学科的。廖学盛先生是我的导师，人应该有感恩之心，所以我是怀着感恩之心参加这个纪念会的。在纪念雷海宗先生去世四十周年的时候，我写了一篇《生不逢时的雷海宗先生》，齐思和先生和雷先生都是一代人，也可以说是生不逢时。为什么说生不逢时呢？齐先生、雷先生都属于他们那个时代最聪明、最有才学，而且是受到国内国外最好的教育的一批人，可是他们所处的时代使他们没有条件充分发挥他们的才华。比方说，齐先生 1935 年回国，很快就是抗日战争，然后就是四年的解放战争，再然后是二十七年的运动，差不多四十多年，使他们的才华无法得到充分的发挥，虽然他们都写了很多的著述，但我觉得还是有一点遗憾的地方，就是以他们那样的学识、教养，写一部令晚生后辈绕不过去的巨著是很有可能的。这可能是由于时代的局限，我们说生不逢时的那个"时"，就是历史条件吧，或者用我们平常的话说是命的原因，就是命是这样。中西史学当中有一个很有影响的历史观叫命运观，个人在很大程度上受着命的制约，人的出生和死亡是完全不能自主的，那么在生和死这很短暂的时间，人有很少量的自由，也就是说创造的自由，或者个人的自由，但这个自由也看你碰到什么时代，比方说现在碰上改革开放这样的时代，可能你的才华、治学的潜力可以充分地调动和发挥出来，但是当你遇到了比方说"文化大革命"、抗日战争，兵荒马乱，不能放一个平静的书桌，因此人就受到了制约。所以说，像我这个年龄还有往后的，像在座的很多年轻的学人，应该珍惜现在大好的时代，潜心治学，争取能做出一些史学佳作来。

黄安年（北京师范大学教授）：齐思和先生在北京师范大学历史系所讲的除了"史学概论"外，1936 年还讲授过美国史，他是当时讲授美国史的专家。我想谈谈齐先生《史学概论讲义》及其出版给我们的启示。第一，抢救老一代历史学者的学术遗产是我们刻不容缓的历史责任，像齐先生这样的教学讲义在我们的高等学校还有一些，都应该加以整理保存，这是我们学术遗产的一部分。像齐先生 20 世纪 30 年代在北师大不同的讲义，现在还没有找到，北大和北师大的有关人士应该做好工作，否则上无从告慰先师，下无从配合教学，这是我们的失策，也是我们的失责。第二，齐先生《史学概论讲义》的出版丰富了史学课程的研究和教学，这份讲义写在 70 年前，虽然它出版在 2007 年，但它的确是 70 年前的教学实践和学术成果，我们不能以公开出版来认定它的学术价值，我以为凡是那些未公开的出版物、讲义、手稿等，都应该给予足够的重视。第三，和一般的讲义不同，齐先生的讲义总共才七万字，但它的含金量很高，言简意赅，画龙点睛，可以称为课程讲义的典范，很值得我们的教学工作者学习和借鉴。先生能够写出这样高质量的讲义，是和先生本人具备兼具深厚的中外史学修养分不开的。如果没有高素质的教师，没有高素质的讲义和教材，没有学贯中西的教师，就不可能写出这么高水平的讲义。齐先生是当之无愧的享誉海内外的著名史学家，他的著作包括中国近代史、世界史、先秦史三个方面，每一个方面都有其杰出的贡献。

杨立文（北京大学历史学系教授）：齐先生是我的老师，而且是我毕业论文的导师。我研究美国黑人问题，齐先生早年是在美国研究美国史的，写了关于美国黑人的论文并且发表了，所以那几年里齐先生给了我很多的教导。齐先生是史学奇才，大学阶段是范文澜先生的学生，精通英法德俄多种外语，在学术上博古通今，学贯中西，特别是先秦史、中国近代史、世界史、拜占庭史等领域造诣尤深，著述很多。他所主编的中国近代史资料,每一种在美国和西方都不止培养了100位以上的博士。他对拜占庭史的研究,20世纪50年代曾经轰动苏联史学界,齐先生当年在课堂上曾经给我们讲研究拜占庭史的经验,他说他在三十多年研究中国古代史的过程中,一遇到拜占庭史的材料,就做一张卡片,他的卡片积累到很多,然后1956年写文章发表了,在苏联史学界引起轰动。美国有一个学者来我们系讲学,他研究拜占庭,还向我们要那本书,我也复印了一本给他,齐先生留给我们的学术遗产十分丰富,也十分宝贵,在他的百年诞辰的时候,我们要努力继承并且发扬光大。

林被甸(北京大学图书馆原馆长):我的世界古代史,一开始就是齐先生教的。齐先生授课留下的印象,慈祥,博学。历史系博学的老师很多,我们进来感觉到教授的学问都是很大的,跟他们相处多少有点紧张,问题都不敢问。但在齐先生的课上,大家比较放松,讲课又风趣,他讲到生动的地方往往是细节,在别人想不到的地方画龙点睛,很受启发。齐先生的博学,给我留下了一个很深的印象,记得有一年系里请来了一个埃及专家讲学,他讲的是埃及古代史,内容比较深奥,专家非常有学问,讲完后,翻译特费劲,因为他涉及的内容既是埃及古代史,又是讲英文,所以翻译很着急,后来就请齐先生接着来译,齐先生一译,情况就倒过来了,那个专家讲了好多,齐先生一句话就给他译完了,专家老看他,似乎是说我说了那么多,你都给我译完了?就是非常轻松给他驾驭了。我觉得有学问的人就是这么轻松自如地来对待这样一个场合。

纪念齐先生,我想了一个世界史人才该怎么培养的问题。我们的世界史队伍大体上可以分为四代,第一代就是齐先生那样的,这一拨是我们中国世界史的创始人,他们都是从国外留学回来的。北大讲世界史的都是从国外回来的,但他们有一个特点,都有很好的国学基础,他们是在国学的基础上再去搞西学。他们这一代人的又一个贡献就是培养了第二代人,这一代基本没有出过国,但他们做学问的功夫基本上是传承了第一代的,既有国学的功底,又有西学的功底。因此,第一代不仅开创了世界史研究,而且还培养了第二代。第三代的客观情况有一个很大的变化,是在一个特殊的环境下成长的,是在既批判国学又批判西学的环境下培养的。第三代是因人而异,从总体上来说,学术上残疾,尽管自身也努力,但受到了时代的局限。第四代是现在全新的环境下成长起来的,应该说是新中国成立以来最好的环境、最好的条件,从学术传统角度来考虑,这一代人和第一、第二代人相比,他们又可以到西方去,但又缺少国学的基础,这样我们就该想想,新的世纪的人才应该怎样培养。

郭方(中国社会科学院世界史研究所研究员):很遗憾,我没有亲眼见过齐思和先生,但我觉得我受到齐思和先生的恩惠,是非常多的。我是"文化大革命"后北大世界史专业的第一届大学生。我之所以三十岁考到历史系,很重要的原因就是因为我看了齐先生的书,包括《世界中世纪史讲义》、《中外历史年表》等。当时很多人对历史有点反感了,那时候历史搞政治化。我进了历史系,马克垚先生教世界中世纪史。在当时我想考中国史研究生的,有一个老师跟我说,齐先生虽然卧病在家,但非常愿意辅导学生,你完全可以放心大胆地去向齐先生请教。终生遗憾啊，我当时胆小，齐先生卧病在家，不敢去，但是先生给别人讲的，我手抄，我们同学中间传听课记录，还有齐思和先生传出来的手稿，对我后来搞世界史是一个非常大的启发。我现在就有很多感触，虽然我没有见到齐思和先生，从我开始见到马克垚先生，后来见到戚国淦先生，还有师母寿纪瑜寿先生，我有一个感觉，老一辈的学风真是春风化雨，桃李不言，下自成蹊，我到戚先生他们家，非常简朴，待人亲切、谦和、周到。现在回想起来，受齐思和先生间接的恩惠也是一辈子受用不完的。我还要提一条，后来我才知道，齐思和先生和梁启超先生、蔡元培先生、马寅初先生、鲁迅先生、周作人先生，不是世亲就是至交，但人家一辈子低调，老老实实做学问，靠自己的学问，比起现在的炒作、张狂，简直不可同日而语。后来我知道齐思和先生的家里，不论他们的后代还是学生，一辈子老老实实做人，勤勤恳恳做学问，从来没有张扬过，他的学问惠及了多少人，但生活朴素、低调。关于历史学者的家系、学派与渊源风范，我认为齐思和先生的家系是风范，应该有人写本书，好好把齐思和先生的家系、师承渊源的风范写一写。

余三定(《云梦学刊》主编，书面发言)：本人是《云梦学刊》主编，并兼任《云梦学刊》重要特色栏目"当代学术史研究"的责任编辑(本人十多年来也致力于当代学术史研究)。仅从"当代学术史研究"栏目责编的角度来看，我以为纪念和研讨齐思和先生至少具有两方面的重要意义。其一，齐思和先生作为当代著名历史学家在当代学术发展史上占有重要地位，他的治学历程、学术成就、治学精神、人生境界自应成为我们的研究对象，我们应该将他置于宏观的学术史背景下来开展具体、深入的研究。就是说，研究齐思和先生是研究当代中国学术史的题中应有之义。其二，齐思和先生学贯中西，不仅在中国古代史、中国近代史、世界古代史、中世纪史等领域取得了突出的成果，而且在史学史研究方面也作出了重要贡献。史学史作为一种学科史即是整个学术史的组成部分，齐思和先生在史学史研究方面取得的成就，他的研究方法、视野，他的观点、范式等等，都可以成为我们今天进行当代学术史研究的重要参照和借鉴。

仲伟民(《清华大学学报》常务副主编)：我 1981 年上大学的时候，自己在图书馆里瞎摸，有一本书爱不释手，就是齐先生翻译的《新史学》。当时我从图书馆里借出来读了两遍，可是有些情节呢我还是想继续读，那怎么办呢？每天去看，后来去得太多了，觉得还是不过瘾，就复印了一本书，那是我在大学复印的第一本书，当时复印费非常贵，为了复印这本书，好几天都得吃青菜，老先生那么有眼光，那么早就把这么好的书翻译过来，这个是很了不起的，尤其是在那种社会环境下。齐先生做了那么多的资料工作，在座的各位都知道齐先生是中西兼通，古今兼通，我今天拿到了这本书，我粗粗看了一下，这里面好多资料性的书都是齐先生编的，而且我在做博士论文的时候，我做的博士论文是关于 19 世纪的，这里面的好多书都是齐先生亲自编的。我没有见过齐先生，但对齐先生的感激之情无以言表，我在这向齐先生鞠一躬。

杨令侠(南开大学历史学院教授)：我首先在这里表达我父亲杨生茂先生的三个意

思:第一,他特别感谢北大历史系和筹备组的同志们,能够做这么一件有意义的事情,他觉得这个会议意义非常重大。第二,他对齐思和先生的家人,尤其是齐文颖老师,让我转达对他们的敬意和问候。他说他 1938—1941 年曾在燕京大学就读,在中外史学方面,他说齐先生是他的恩师,先生循循善诱的教导方式和严谨治学的态度,令他终生难忘,通过这次会议,这位一代鸿儒的贯通中外史学的渊博宏大的业绩,一定能够得到完整的总结。第三,他行动不便,因为今年他 90 周岁了,基本上不下楼了,未能到会,歉憾殊甚,请多见谅,最后他恭祝会议成功。我作为个人呢,参加这次研讨会,觉得非常荣幸。听了各位的发言后,很受感动,收获也很多。

李剑鸣(北京大学历史学系教授):作为后生晚辈,对齐先生学问的博大精深是非常的佩服。齐先生的学问是渊博,他的这种博不是一般意义上的知道得多,懂得多,而是他在很多的领域都有精深的研究,他的这种博在今天很难有人做得到,因为现在学术发展分工越来越细,而且前人研究积累越来越多,后学所要越的山头是越来越多,你根本就不可能超越前人,所以只找一个非常小的点去深入地钻研下去,做一个小小的专家。在学术专业化的过程当中,出现了一个问题,就是专家无常识,除了自己的专业以外,知道的东西太少。在这种状况下纪念齐思和先生,来回顾来温习他的博大精深的学问和他治学的路,这对我们有一个很重要的启示,那就是说做任何学问,都要涉及一个博和专的关系,尽管只能做一个小小的专家,但还是要做一个有常识的专家,要在专业领域之外有一些积累,有一些更多的知识作为铺垫。昨天晚上就有两位研究生到我那去聊天,就问我,我们现在做学问是不是空间越来越小,因为过去老前辈要做外国史啊,一上来都是空白,随便一个就是填补空白,现在我们要填补的空白越来越少,要看的东西越来越多啦,想出来一个题目,上数据库一查,别人写啦,觉得就没有办法做了,是不是空间越来越小。我就说我的想法,绝对的空间肯定是越来越小,前人的东西越来越多,前人所做的工作在不断地积累,文献数量上的增加都是难以估量的,所以说绝对的空间是在缩小,所以是后学要超越前人的难度越来越大;但同时,可能相对空间也还是比较大的,我们今天所能掌握的信息,所能利用的条件已远远超过前人了,前人他们可能留学的时候条件好,回国之后,可能就面临文献匮乏啊,面临条件种种的不足啊,我们今天相对还是要好一点。不管空间是大还是小,你要有新的创造,要在前人的基础上迈进一小步,那都需要做很多的工作,首先就是要有广博的知识,要有比较深厚的学养。我说这个通,是两种意义上的,大通,像齐思和先生那样的,一般人很难做到的,咱们"大通"做不到,尽量做个"中通"、"小通",能做到"小通",其实也很不简单,要努力做一个有常识的专家,能够在一个比较好的知识积累的基础之上,能够把前人开创的外国史研究的事业慢慢地一步一步地向前推进。

钱乘旦(北京大学历史学系教授):缅怀齐思和先生这样的大师,既激动又骄傲。今天是齐先生百年诞辰,在 100 年前的中国实际上是没有世界历史这样的一个学科的,可是经过了像齐思和先生以及他的同时代很多的前辈的努力,这样一代一代的传承努力,坚持不懈,我们今天已经看到了非常像样的中国的世界史学科。我们缅怀像齐思和先生这样的第一代世界史学者,没有他们开创性的工作,今天的世界史学科是不存在的。第一代的学者经历了很多的艰难困苦。他们是在中国一个非常艰难非常混乱的一个时代,走上了学术的道路,而且他们在开始他们学术的学习和研究的时候呢,基本上是从中国史介入的,解放以后,因为时代的需要,转到了世界史研究。像这样的情况不仅仅是齐思和先生一个人经历过,而且其他的第一代乃至第二代的中国世界史的学者都经历过,开创了我国世界史学科的新局面。我在读齐先生 1964 年在《历史研究》上发表的《英国封建制度的形成》的时候,我是的的确确能够体会得到的,当时 1964 年已经是一个非常特殊的年代,而且很快的就要爆发动荡,这篇文章是扎扎实实的,我非常感动。我觉得应该好好做人,好好做世界史这门学问。

徐凯(北京大学历史学系教授):我 20 世纪 70 年代到北大读书以后,一个很偶然的机会见到了齐思和先生,因为当时在机关里面工作,军事科学院的一些同志要到齐思和先生家里请教一些关于战争史的问题,当时 70 年代的时候正是儒法斗争搞得热火朝天的时候,我陪他们去,齐先生就世界的战争给他们提了些意见。记得当时有一位同志提到如何来看待儒法斗争的问题,齐先生当时没有怎么说话,因为当时在那样的环境下,齐先生不能有他自己的看法,在那样一个条件下不太好发表意见,从齐先生那个表情来看有很多难言的地方,现在回过头来看,齐先生对这个问题有很多自己的看法。齐先生的《中国史探研》把宽阔的视野和史料结合起来,从宏观到微观,博大精深,治学的严谨,对我启发非常大,所以我们年轻的学者应该继承齐先生优良的治学传统,在史学的发展过程中作出自己的一点努力和贡献。

张绪山(清华大学历史系教授):我没有机会见到齐先生,但对齐先生的了解还是很早的。最早是在读大学的时候,当时是把齐先生当做世界史专家来看,尤其是他的《世界中世纪史讲义》和关于英国史的论文。20 世纪 80 年代最能体现他的学术的《中国史探研》出版,当时觉得先生学问确实是博大。后来又读到先生关于中国和拜占庭关系的研究,对我的影响确实是非常深,现在还是一读再读,我自己真正系统地研究拜占庭是从齐先生这本书开始的,这书对中国史料的分析是超越以前的,它的系统性也不是以前的著作可以相比的。再有是他对匈奴和西羌的研究,他有一个宏大的计划。我们现在纪念齐先生,认识他的学术是一个方面,再一个方面就是认识这一代人的生活轨迹。在 19 世纪末 20 世纪初的这些学者,都能做到中学西学会通,学贯中西,博通古今,从先生发表的书目上可以看得出来。我感到这个现象还不止是齐先生一个人,这一代人博通古今,学贯中西,实际上是一个时代的大风景,一个大现象,这一代人为什么能够成就这么大的学问,值得研究。我们常常讲,存在决定意识,他们这一代人在 20 世纪 50 年代末以后,基本上都受到相当大的影响,他们的学问基本上是在 50 年代以前做出来的,50 年代以后,叫回光返照也好,叫惯性也好,反正是受到很大很大的影响,所以一方面要考虑他们的学术本身,另一方面还要考虑这一代经历的生活轨迹。现在有一些人想一拍脑袋就想出一个问题，实际上从学术规范上讲是不应该的。我们做学问是接着讲，看一下前辈们都做了什么，我们后辈人应该怎么做，所以我觉得我们现在重要的是对50年代以前的文化遗产做一个整理，50年代以后，我们看不到外国学者的研究，我们了解外国学者的研究是从前辈那里学到的，50年代以后是我们看不到什么，那么我现在对国外学术的借鉴也是非常重要的，我觉得这两个前提是我们应该重视的，一个就是对前辈学术的整理，再一个就是对西方的借鉴。

陈杰（留美学人）：说起来已是30年前了，因为我父亲的关系，30年前，我就见过齐先生了，据说我是最后一个接受齐先生教育的学生了，当时我是大学一年级，齐先生躺在病床上，我们一谈就是两个多小时，我当时刚进入历史系，刚开始学历史，我完全不懂，一头雾水，就跟齐先生聊，按照回忆呢，都把它记下来了，在北大当时传抄。齐先生讲得非常完整，他仔细地讲了怎么学中国历史，怎么学世界史，怎么学古文，怎么学英语，怎么学写作，一样一样地逐一地谈，非常的细致，非常的具体。他说学历史，一定要中外两个历史都要好，搞通了再在两者之间比较，特别强调两个中间做比较，比如说1640年，英国在做什么，中国在做什么，这给我的印象很深，他第一句话就说学历史很好，在社会生活领域你要是不懂得历史，无异于盲人瞎马。他这句话在我的脑袋里转了三十年，到现在，我知道是千真万确的。当我每碰到一个现实的东西的时候，我就想起来齐先生说的话，我觉得谋生也好谋心也好，历史都是非常重要的。

杨大力（北京大学分校历史系教授）：我1953年在北大历史系入学，1958年毕业，我受齐先生的恩惠非常深。早就想要纪念齐先生，想多少年。当年在学校的时候，在学术上受齐先生的恩惠多深没法叙述，除了课堂之外，我去看齐先生，请他给我指教历史的方法，讲了非常多，受益匪浅。第一点就是齐先生是继承乾嘉学派的学者，他的文章是非常见功力的，也是非常有用的。第二，齐先生告诉我，学中国历史要知道怎么查书，会查书。学中国史，最头痛的就是这么多书，要不懂方法，就没法学，这是齐先生告诉我的，这就一辈子受用无穷。还有就是齐先生的学习劲头太令我感动了，"文化大革命"的时候他的眼睛已经看不见了，他还借了一本英文书，他看不到了，叫我给念，我给他念了好长时间，当时我心里很难过，为什么，因为先生那么大岁数了，躺在床上，眼睛也看不见了。他的那种精神永远鼓励着我。齐先生永远是我学习的榜样，像齐先生中西兼备的，反正我碰到的很少。

齐文颖（北京大学历史学系教授）：今天是我父亲诞生一百周年的日子，他1907年5月7日生人，在今天纪念他老人家，我觉得意义深远。正如同志们所说，我父亲的学问是博大精深，学贯中西，要让我来总结，我只能讲一点感想。第一，今天所有的发言对我启发很大，对我教育也很大，使我对我父亲的学术思想、为人道德以及他对史学界的贡献等方面，加深了我对父亲的认识。第二，父亲能达到今天的成就，有几个因素，第一个是他受的教育，他是一个20世纪的人，生于20世纪，逝世于20世纪，他受的整个的教育都是20世纪的，他的小学和中学，就是当时西学东渐以后兴起的学堂，他的中小学是学堂教育,到大学以后就是专业教育,他进的学校,严格地来说都是私立学校,这是20 世纪学校制度的一个特点。私立学校和学堂教育是一种方式,他念的是天津第一私立小学,是当时有名的学校,第二个是天津南开中学,第三个就是到了北京的燕京大学,第四就是美国哈佛大学,这些学校都是私立学校,他是 20 世纪的私立学校的学堂教育培养出来的历史学家。他在这些私立学校,一个是受到了良好的基础教育,另一个是受到了良好的国学教育,再一个是受到了良好的西学教育,加上他本人对历史的爱好,天资的领悟,就造就了他研究历史这条道路。既是他中学老师又是他大学老师的范文澜先生,是一个著名的学者,正是范先生的教育,使他对中国的学问有了进一步的深入了解,又是由于范先生的引导,1928 年考入了燕京大学,当时燕京大学也是国学大师们荟萃的地方,像顾颉刚先生、邓之诚先生等等,在这些老师的教育下,他对中国学问的认识更进了一步,更深了一步。另外,他是特别喜欢念书,在学习的过程中,不但学习历史,还学习了哲学,当时冯友兰先生就在燕京大学讲中国哲学,他从冯先生那里受益不浅,至今还有我父亲在冯先生课堂上的作业,当时全是用毛笔写的,他的评分都是极好的。在这些老师的直接教育下,他学习了国学的精髓。同时燕京大学又是一个西学研究的地方,他在那里又学习了西洋的文化、语言等等,所以他就变成了一个中西兼通的学者,当然通谈不到,但他是两方面都喜欢,就是在《中国史探研》的"前言"里头,他写了一句话,当时他是病得很重了,是我妹妹帮助整理的,他说他喜欢中国历史,也喜欢世界历史,所以这两个东西他都挺喜欢的。在燕京大学,他特别受到顾颉刚先生的青睐,在顾先生的指导下,他写了《黄帝的故事的传说》,论文后来受到李约瑟先生的注意,把一个青年人的毕业论文列入到他的科学技术史专著上,这在学术界上也是少见的。大学毕业后,他又有机会到哈佛大学,哈佛是 20 世纪 30 年代美国历史学的重镇,大师云集,他在哈佛受了西方历史的教育。哈佛一毕业,他马上就回国了,他说,恨不得马上回来,用他的历史为国家服务。他回来就首先在师范大学教书,开了两门课,"史学概论"这门课就是在师范大学开设的。同时还开设了美国史,因为他在美国学的是美国史。与此同时,他还在北京大学任专职讲师,讲授史学概论和美国历史,在清华大学讲的是战后国际关系史,在燕京大学讲的是中国上古史,还有西洋现代史。他回国一投入就把他的所学的东西马上交给祖国,为祖国作贡献,这就是他学术成长的道路。从那以后,他在中国史和世界史方面都进行了教学,他一生开的课程大概有二十门左右,有中国史也有外国史。他的研究的特点就是和教学紧密结合,这也是我们今天所提倡的,他在教学过程中提出来的问题,放到他的科研里面去,再把科研研究的成果贯彻到教学中间去,从他的论文来看,他的教学跟科研是紧密结合、互相促进的。他教学的课程是中西的,他的科学研究在早期阶段是教世界史,教中国史,做科研是做中国史的。在晚期阶段,也就是 1949 年以后,他也教外国历史,做的科研集中在世界史上。他的科研的特点,一是他既受过去传统学术的影响,又有西方学术的影响,所以在他的研究的主要特点之一就是推陈出新,要向传统的史学挑战,要为新的史学作贡献,所以他在学术上经常有新的突破，比如在先秦史特别是战国史的研究，他就把传统对战国史的研究提高到一个新的阶段，把战国史列为中国历史的重要阶段，他还用物质文化史的方法来分析，研究出了毛诗古文考，研究了农业科学。在中国近代史方面，特别有贡献的就是关于魏源晚清学风的影响。关于英国史的研究，也很有成绩。还应该提到的是，他是一个爱国主义人士，他就想随时随地学习，他热爱历史，同时随时随地都想为中国的历史研究作出贡献，所以他在美国得了博士学位以后，马上就回到国内。还有就是在抗日战争时期，他拒绝到日伪学校工作，坚持在北京燕京大学教书，后来又到了中国大学。1947 年时，英国牛津大学请他去做教授，他觉得他应该在中国作贡献，婉言谢绝了这个邀请。在解放战争前夕，有老友请他到台湾去办学，叫他主持台大历史系，就我记得这位刘老先生三次到我家里去，跟我父亲谈，让他一块去办台大历史系，我父亲坚决拒绝了，他说我应该留在北京，应该留在大陆来做历史的研究。还有就是在 1948 年的时候，哈佛大学请他去任教，而且当时给他订了八张机票，他也坚决拒绝了，他说他要留在祖国。所以，我说我父亲不仅是一个学贯中西、博古通今的学者，同时他也是爱国主义人士。我们今天时代变化了，可以说遇到了空前的发展学术的一个好机会，那么在今天纪念我父亲，我们更应该珍惜我们今天的机会，来共同开展我们历史研究的事业。

满运龙（美国麦坚时国际律师事务所合伙人）：我是齐文颖老师带的第一个研究生，我就从一个齐老师的弟子的角度说几句。我们这一代，在经历了“文化大革命”后进大学，在一个相对宽松的学术环境里面，能重新对历史学开始细致的研究，应该说是最幸运的一代。没有齐老师对我们的栽培、关注，不会有今天的我们，因此我们每个人的成就都是与师长的栽培分不开的。我是 1985 年离开北大到美国留学的，虽然学的是美国史，但后来因为各种原因，没能回到历史学界，没能再回到中国来工作，这是我 22 年以后第一次回到历史系，见到我们的师长，心情非常激动，以学生的名义对齐老先生和马老师、杨老师等的栽培，表示敬意和谢意。现在我们的学术越来越开放，好的环境能够使新一代的学人实现像齐思和老先生那一代人所秉承的独立之精神、自由之思想。

贺卫方（北京大学法学院教授）：从历史上看，导致一个人的名誉受损的往往不是因为他做了一件坏事，而是他本来做的是一件好事，选择的却是不适当的时间或场合。例如，我在这个研讨会上的这个时间讲话。如果我在法学院的课堂上给我的学生们讲一下齐先生的学术成就，以及我自己的一些体会，当然是非常恰当的，但是，今天在座的都是历史学界的前辈学者和知名专家，在大家发言结束后，却让我在这个时候作一个特邀发言，想必你们和我一样都对此感到困惑——这个场合让一个法学院的教师讲，能讲什么？况且在我们这所校园里，一般文史界的学者在内心也许对于像我们法学这样的俗学都有些复杂的感觉吧，北大历史上具有全国性影响的学者也的确以文史哲这样的学科为多。现在，一个法学院的学者居然贸然闯入在历史系召开的研讨会上，还要特邀发言，岂不是有“公牛闯进瓷器店”的嫌疑？

我跟今天纪念的主人公倒是有一点联系，那就是刚才主持人杨玉圣教授所说的，我跟齐老都是山东人。不过,这点联系也很脆弱——宁津县过去还曾经属于河北省。所以,这也不足以成为我讲话正当性的借口。如果往专业一点的角度说,我虽然一路都是学法律过来的,但是早在大学时代就读过齐思和先生的著作。20 世纪 70 年代末,法学刚刚恢复,其知识还是相当贫乏的,因此,我们那一代的法科学生中不少人都保持着对于文史的爱好。大三的时候,我曾经在图书馆里借出一本厚厚的英文版著作,Sidney Painter 的《中世纪史》,尽管读起来十分困难,但是慢慢地也受到一些字里行间知识的熏染,又把图书馆里的一些世界史尤其是中世纪史的作品借来读,于是自然地就读到了齐思和先生的著作和译作,例如《世界通史》、《中世纪早期的欧洲》、《中世纪晚期的西欧》等。这种阅读逐渐把我带向了法学与欧洲史的结合地带,即外国法制史。自己的本科论文以及后来的硕士论文主题都是关于中世纪天主教教会法的历史,直到今天,我教学的主要领域仍然是外国法制史。所以,齐思和先生等前辈学人对于我这个行外之人也是有引路之功的。

刚才马克垚老师总结齐老学术思想,主要表彰了他会通的追求,这种会通体现在中西历史的会通,体现在古代、中世纪和近现代史的会通,我想还体现在另外一个方面,即由于他的历史写作建立在许多专题研究的基础上,因此,那些成果就有了一种打通不同学科的特点。历史学家在不同的知识领域里开疆拓土、攻城拔寨,不仅仅扩展了历史学本身的疆域,而且也为其他学科提供了有益的知识和思想基础。马老师本人关于英国封建社会的研究,其中就包含着不少对于英国普通法历史的探讨,我从中就受到过很多教益。实际上,同样是中世纪史研究,法律问题的研究之于欧洲就比中国要重要得多,例如,梅特兰就直接说 12 世纪是欧洲的一个法律的世纪。所以,从齐老那一代开始,一直到今天的许多学者,都十分注重对欧洲史上法律制度和法律思想的研究,不是偶然的。但是,历史学家研究法律也会有一些特殊的困难。这种困难也许部分地来源于法律是一个专业化的学科,法律职业者所使用的一套所谓的法言法语对于行外人而言简直可以说是拒人于千里之外。例如,英国中世纪土地制度,其中那些复杂烦琐、意义差异微妙的术语就已经令人头疼不已了,整体性的行业话语就更是如同一套密码,而要学会这套密码,非要经历数年的法律专门训练不可。另一个困难是法学和史学的方法论上的巨大差异。历史学注重特定对象与社会其他方面之间的关联,而法学恰好为了维护体系内部逻辑的自洽而必须牺牲这种关联。记得梅特兰曾经有个著名演讲,"为什么英国法律史迄今没有写出",就讲过这个道理。近年来,在法律史学界,有关中国传统司法制度的性质也有过颇多的激烈争议,在我看来,其中就蕴涵着两种方法论之间分歧所导致的冲突。但是,无论如何,在前人成果的基础上继续努力,历史学和法学两个领域之间更多的对话、更多的合作研究可能产生的知识创新还是值得期待的。

今天的不少发言者都提到,我们需要对于齐老所留下的史学遗产做更多的梳理和研究,有人还提出了一些具体的方案。我只想再补充一点大家没有提到的一个也许是很细微的问题。我刚刚拿到了齐文颖老师题赠的《史学概论讲义》,信手翻到附录里的

《论史学之价值》一文。齐老在文章中主张历史写作的目的并非为了提供文章学的教材,说一个史家如果考证功夫好,文采倒是次要的;反之,假如史家过多地追求文采,反而会因文害义,损害历史本身的严谨。不过,值得注意的是,齐先生本人的写作却有着特别的修辞学特点,他的文笔清澈而优雅,既措辞谨严又富于感染力。你看这一段,"既是过去了,为什么说他还活着?这就是为马文(Marvin)看清楚了:过去从时间上讲固然是已经过去了,过去的人物或者已经死掉了,但是他们的努力,依然存在,我们还是不能完全摆脱他们的支配。慈禧和那般守旧党已经死了,但是他们的罪恶,他们的昏庸,并没有同他们俱死。因为他们的缘故,我们增加了无法偿清的担负,因为他们的缘故,中国闹到不可救药的地步。"仔细看,你会发现齐老的最后这几句话既是排比,又有明显的押韵倾向。这篇文章发表在 1930 年,在知识界的写作方面,正是自文言向白话过渡的时期,齐老的这种白话文实在是达到了很高的境界。

其实,就个人粗浅的阅读经验看,伟大的历史学家从来都是很好的文章家。中国的司马迁、班固自不必说,西方的大史家也大多如此。记得汪荣祖教授专门分析过吉朋的《罗马帝国衰亡史》的文笔之美,甚至发现了其中的一些对仗句式,读起来真正是朗朗上口。德国著名的罗马史学家蒙森以其《罗马史》荣获诺贝尔文学奖,更是史学家文史双馨的典型例证。瑞典学院的颁奖辞说:《罗马史》"既有完整而广泛的学术价值,又有生动有力的文学风格……他的直觉能力与创作能力,沟通了史学家与诗人之间的鸿沟。"齐老的文章风格当然也可以说是对于这种历史写作传统的延续。

今天,我们在这里纪念齐思和先生,对于齐老本人而言,自然已经是没有意义的了。不过,通过这样的纪念会,我们愈发意识到"死而不亡者寿"的道理。通过今天在座的齐老的儿女后人,通过各位发言人所告诉我们的一切,我们看得到齐老学术思想在今天依旧有着巨大的生命力,他分明还活在我们的心中。昔日雅典政治家伯里克利在阵亡将士墓前演讲中说:伟大人物的纪念物不是墓碑,是地球;他们的精神不是刻在石头上,却是铭刻在后人的心中。虽然修昔底德明言他书中的演讲词并非逐字照录,但是今天我们在座的每一个人都可以见证演讲里的这个说法不是文章家的向壁虚构,而是历史家的卓识远见。

齐文同(北京大学地球与空间学院教授):今天是先父齐思和教授诞辰 100 周年纪念日,先父齐思和教授潜心史学五十余载,辛勤耕耘,卓有建树,今天有这么多位各级领导、重要媒体、知名专家学者和贵宾光临,举行盛大的学术研讨会,一起缅怀先父齐思和教授,研讨他的治学方法,历数他的学术成就,给予先父很高的赞誉,这是先父的荣幸,我们家人非常感谢。光临这次学术盛会和作报告的既有北京大学郝斌校长,和北京师范大学的齐世荣校长、刘新成校长等,多所高等学校研究所、出版社、博物馆等各个单位的领导,重要媒体和新闻记者,又有多位知名的专家教授,先父的老同事、老朋友,还有许多风华正茂、崭露头角的莘莘学子。我谨代表全体家人,衷心感谢各位贵宾在百忙之中光临这次盛会,衷心感谢各位领导和专家学者对先父的高度赞誉,感谢北大历史系牛大勇主任和王春梅书记等的大力支持,感谢杨玉圣和满运龙老师对这次学术研讨会的组织筹备,我们全家更要感谢北京大学和历史系的各位领导多年来给予先父的大力帮助,在家父病重期间的殷切关怀,我们都清楚记得郝斌书记等领导多次来家探望。在这次学术盛会上,多位领导和学者盛赞先父齐思和教授,在中国史和世界史两个研究领域都有诸多创建和丰硕研究成果,可谓学贯中西,他在长期的教学生涯中,还为国家培养了一批成绩卓著的历史学家,作为齐思和教授的后人,我们还要感谢他对我们的言传身教,我们不会忘记父亲在书房中挑灯夜读、笔耕不辍的身影,我们也不会忘记父亲病卧在床手不释卷的执著精神,我们姐弟生在燕园,长在北大,大姐齐文颖和二姐齐文心先后就读于北京大学历史系,学有专长,大哥齐文虎由北大毕业,在中科院地质研究所工作,三弟齐文彬由北京石油大学毕业,历任辽宁省政府副秘书长,现任辽宁省政协常委,四弟齐文路毕业于北大无线电系,曾经从事计算机应用开发。我曾在北大地质系学习,在地球与空间学院任教。我的二姐夫李宗一北大历史系毕业,在中国社科院近代史所任研究员、副所长,英年早逝。我们的子女中,齐小玉和李维也在兢兢业业从事历史研究事业。如果说我们能不负先父的期望,为国家作一点贡献,我们都要感谢北大的优良学风,感谢各位老师的谆谆教诲,最后再次衷心感谢各位领导、各大媒体、各位专家学者和各位贵宾光临这次学术研讨会,我们全家衷心祝愿各位领导和贵宾身体健康、事业有成、万事如意。缅怀先父,继往开来,衷心祝愿先父毕生热爱的历史学兴旺发达,再创辉煌。

杨玉圣(中国政法大学法学院教授):今天,除了缅怀齐思和老先生外,我们还要特别感谢齐老先生,就是因为老先生,沾老先生的仙气,100 周岁,今天正好是值得纪念的日子,史学界少长咸集,四世同堂:如果我们今天在座的张芝联先生(89 岁)、齐世荣先生(82 岁)算是第一代的话,马克垚教授、齐文颖教授、黄安年教授、林被甸教授等算是第二代,刘新成、牛大勇、李剑鸣、贺卫方等教授算是第三代,那么更年轻的一代学子可以算是第四代,今天能够坐在一块儿,重温齐老先生的辉煌人生,学习齐老先生的道德文章,真是让人无限感慨,特别美好。

说实话,关于齐老爷子的故事,讲得再多也是我们愿意听的。老先生过世之后,齐文颖老师、齐文心老师以及戚国淦先生、马克垚先生都写了非常好的文章,就像黄安年教授讲的,齐先生曾经任教过的北师大有一个史学理论与史学史研究中心,应该把齐先生的学术事业作为一个学术史来研究,这也应该是我们更年轻的一代义不容辞的,所以我感到非常高兴的是我的学生井建斌,在认真拜读老先生论著的基础上,赶写了两篇关于齐老先生道德文章的评论,学术生命之树常青。

我特别理解运龙师兄,他有一肚子感激的话语,不知从何说起,似乎永远也说不完。运龙有一个愿望,等他再挣点钱,就回来搞美国史。

托齐老先生的福,我们在座的,四代同堂,不仅仅是史学学科的,而且还是一个跨学科的研讨会。会议最后的发言嘉宾贺卫方教授,非常谦虚,说他只是在地缘上和齐老先生有一点勾连，其实不止如此。比如，卫方和齐老先生都是这所这么漂亮的燕园的教授。卫方谦虚地说他是外行，就狭义的史学来讲，他不是我们"史坑"的，然而他搞法律史，广义上讲，也和我们是一行的。而且除了看热闹，也能看门道，比如提炼出齐老史书的修辞美来，令人高兴。

最后，报告大家一个好消息，河南大学出版社已经答应尽快出版老先生的名著《中国史探研》的姊妹篇——《世界史探研》文集。齐老先生，作为20世纪第一代中国的优秀学者的代表，不仅仅属于北大历史系，而且属于整个的史学界。对齐老先生的学术遗产的挖掘、整理、出版，还有很多工作可做。除了已经出版的《中国史探研》、《史学概论讲义》外，正在整理编辑《世界史探研》。建议条件成熟的时候，编辑出版《齐思和文集》。

齐老先生不仅是我们中国20世纪第一代的优秀史学家，而且是我们20世纪第一代留美学生的优秀代表。齐老先生28岁就拿了哈佛大学的博士学位，而且是拿到学位就回国服务，为祖国的史学发展作出杰出贡献。我觉得齐老先生还是一个非常伟大的父亲，他把六个孩子都培养成大学生，至少有四个是教授（一个中科院的，三个北大的教授），还有一个高级公务员。齐文颖老师继承了老先生的世界史学术事业，齐文心老师传承的是老先生的先秦史，可谓双璧，非常了不起。就像齐文同教授说的，齐家第三代里面还有齐小玉、李维，小玉做的是妇女史（性别研究），李维做的是欧洲史。单从齐家来讲，史学也是一脉相承、生生不息的，这也可以说是中国史学的象征吧。

最后，我要代表会议筹备组，特别感谢德高望重的张芝联先生、陈致宽先生，这两位老人都是带病来与会的，还要特别感谢来自山东宁津老家的郑局长和王馆长，我们也期待有机会在齐老先生的故乡宁津，开会纪念齐老先生。再次感谢各位的光临与参与。

胡绳研究回顾与展望

赵庆云

胡绳是我国著名的马克思主义理论家、哲学家、历史学家,又是人文社会科学领域的重要领导人。他著述宏富,在中国近代史研究、中共党史研究、马克思主义理论宣传等方面都作出了卓越贡献。胡绳逝世后,中国学术界掀起了纪念热潮,各方人士纷纷发表悼念、追忆文章,有关其生平思想的学术研究也日趋增多,充分体现了胡绳学问人生的巨大魅力。

胡绳著作相继结集出版,①为对他进行深入研究奠定了基础。目前已出版的关于胡绳研究的书有两本:2003 年 11 月社科文献出版社出版的《思慕集》选编了胡绳逝世后国内外报刊发表的回忆、评述文章,由于撰文者多为他的同事、朋友,这些文章为我们多侧面更深入地了解其生平和学术提供了珍贵的文献;郑惠所著《程门立雪忆胡绳》集中了对胡绳的访谈、评介、回忆、通信及悼念文字,其中评介部分对他 60 年的理论生涯作了全景式的论述,为进一步深入研究胡绳的学术思想构建了一个平台。学术界的研究主要集中于胡绳逝世以后,不少学者致力于发掘其著述的思想资源,进行学术领域的学理探讨,发表了数量较多的研究论文。并且有王文滋以"胡绳晚年学术思想研究"为题完成了博士论文。

已有的研究成果可以分为以下几类:

一、胡绳生平研究

由于胡绳逝世不久,他的年谱及传记都还有待研究者加以整理编撰。胡绳的秘书及郑惠等人在胡绳晚年所作访谈、胡绳自己的回忆文章中提供了一些重要的资料及线索,为研究的深入展开带来了极大的便利。

胡绳晚年思想的变化是目前研究的一个热点,出现了多篇论文。胡绳的《八十自寿铭》也被多位学者解读,以之作为他一生心路历程的写照。吴江对胡绳的个性特征

---

① 包括《胡绳文集 1935—1948》(重庆出版社 1990 年版)、《胡绳文集 1979—1994》(中国社会科学出版社 1994 年版)、《胡绳全书》1—6 卷(人民出版社 1998 年版)、《胡绳全书》第 7 卷(人民出版社 2003 年版)。

进行了较为准确的定位,他认为:胡绳虽官阶不低,但非政要;在"阶级斗争为纲"的年代,属宽厚派、温和派;在政治上洁身自好,谨言慎行,处处自我设防,在重大关键时刻或重大问题上易受制于人、不轻易越雷池一步,"这可能限制了他作为思想家的才能的发挥"①。李普援用蔡仲德评论冯友兰的"早年实现自我,中间失去自我,晚年又回归自我"来概括胡绳的一生,对他晚年的反思予以高度评价。② 李一氓提出"胡绳周扬现象"的说法,认为胡绳与周扬"都是做意识形态工作多年的老党员,并且担任高级领导职务,一生执著,对党忠诚,成就突出,德高望重,但在晚年垂暮之际,又都有所憬悟,有所忏悔和抱歉,说了一些压在心底、发自肺腑、不吐不快而感人至深的话语"。③ 高华认为,胡绳在理论问题上一向谨慎,他在晚年思想的转变,包含了丰富的思考和对国家、民族命运的深切关心,表现了一个马克思主义学者求真务实的态度。胡绳是在以他自己的方式,用一个重要理论家的言说,来表达对邓小平理论的支持。④ 石仲泉将胡绳晚年的思想变化称为"胡绳现象",认为胡绳老而弥坚,勇攀学术高峰,是中国理论界和中国学术史上的奇迹。这种执著追求真理的科学精神和革命风范,令人深为感佩。石仲泉归纳"胡绳现象"产生的原因主要有:时代大环境;坚持与时俱进的马克思主义观;有密切关注现实的社会责任感;有面向世界的开阔视野;有独具特色的历史眼光;坚持全面、缜密、多维的辩证思想方法。⑤ 王文滋也认为,"胡绳现象"是主客观因素交互作用的必然结果,客观环境的变化还只是提供了现实可能性,最关键的还是胡绳主观上打破了教条主义的框框。⑥

二、胡绳学术的总体定位

胡绳评价自己"'纯学术'的文章几乎没有,对此并不后悔"。王梦奎认为,像胡绳这样从青年时代就投身于民族独立和人民解放事业并且矢志不渝的人,理论研究只是他所选择的武器,"他的不悔,我以为首先是坚持自己所选择的革命道路"。⑦ 石仲泉提出,胡绳是"将学术与政治相结合,着力研究、阐发和宣传马克思主义理论的学派"的杰出代表。由于具备深厚的学术根底和理论功力,胡绳的著作能够以历史学家的广阔视野,着重从历史的背景和历史发展的脉络来评论政治、分析现实的思想文化倾向,政治宣传与学术价值得到了很好的统一。这种政治性较强的学术研究,对于我们国家、我们

① 吴江:《胡绳病中来信和他最后关注的一个问题》,《炎黄春秋》2001年第1期。
② 李普:《悼胡绳》,见《思慕集》,社会科学文献出版社2003年版,第121页。
③ 李一氓:《胡绳周扬现象》,《炎黄春秋》2002年第7期。
④ 高华:《略论胡绳晚年的思想变化》,《江西社会科学》2004年第10期。
⑤ 石仲泉:《与时俱进:胡绳学术晚年的新辉煌》,见《思慕集》,社会科学文献出版社2003年版,第65—66页。
⑥ 王文滋:《透视"胡绳现象"》,《人文杂志》2003年第3期。
⑦ 王梦奎:《领导 老师 "同学"》,见《思慕集》,社会科学文献出版社2003年版,第50页。

党来说,是绝对必要的。① 余三定对胡绳的学术风格作了深入论述。他认为,为了时代和人民的需要而进行学术研究,是胡绳的治学精神的精髓所在,主要表现为四个方面的特点:一是关注现实,与时俱进,不再向书斋讨生活,而是以学术去主动地关心、关注、研究政治。二是独立思考,不断创新。既努力营造学术自由的氛围,也能够在自己的研究中保持独立思考、勇于创新的理性精神。三是信念坚定,但不僵化。真诚地信仰马克思主义,但不是机械、教条地以马列的经典论述为万用灵丹,而是深刻把握马克思主义的立场、观点和方法。四是逻辑严密,说理透彻。这得益于胡绳的哲学素养、长期论辩的锻炼以及一丝不苟的治学态度。②

三、胡绳与历史研究

(1)胡绳一生钟情于中国近代史研究,他在近代史方面的著作如《帝国主义与中国政治》、《从鸦片战争到五四运动》等都葆有恒久的学术生命力,为构建马克思主义近代史研究学科体系作出了重要贡献。马克思主义史学的学术史研究,如桂遵义的《马克思主义史学在中国》、张剑平的《新中国史学五十年》、梁景和的《中国近代史基本线索的论辩》等,都对胡绳的中国近代史研究成果有所介绍。但笔墨主要集中于胡绳在1954年发表《中国近代历史的分期问题》引发的分期问题讨论,还难称系统的研究。张亦工在发表于《历史研究》1988年第3期的《中国近代史研究的规范问题》一文,高度评价了胡绳对中国近代史传统规范的奠基之功。郑惠、徐宗勉合写的《胡绳理论生涯六十年》,全面评介了胡绳的中国近代史研究成果,并简略阐释了他关于近代史的一些主要看法。③ 目前为止,最为系统论述胡绳对中国近代史研究的贡献的著作当属张海鹏、龚云合著的《中国近代史研究》,其中专辟一节论述胡绳的《帝国主义与中国政治》,分析其产生的时代背景及巨大反响,指出:《帝国主义与中国政治》"在近代中国政治转型的紧要关头,发挥了历史的战斗和借鉴作用,推动了近代中国的政治发展",并且标志着中国的马克思主义者研究和探索中国近代史的成功,为新中国成立后中国近代史学科的建立和发展,奠定了扎实的基础。④

胡绳晚年对于革命与改良、中间势力、近代化、近代史的下限等问题的精辟论述,郑惠、石仲泉、张海鹏、徐晓旭、王文滋、于文善等人分别撰文予以阐发。张海鹏特别指出,因为胡绳登高一呼,提出打通1840—1949年作为中国近代史的研究对象,统一了史学

①　石仲泉:《胡绳:当今学术界一个重要学派的杰出代表》,《中共党史研究》2001年第1期。

②　余三定:《为了时代和人民的需要而学——论胡绳的治学精神》,《学术界》2002年第3期。

③　郑惠、徐宗勉:《胡绳理论生涯六十年》,见《中国社会科学院学术大师治学录》,中国社会科学出版社1999年版。

④　张海鹏、龚云:《中国近代史研究》,福建人民出版社2005年版,第6页。

界对近代史下限的认识。① 胡绳对以现代化为主题来写近代史表示赞同,对此,不同的学者理解迥异。徐晓旭认为,胡绳晚年已经突破了"革命化的中国近代史研究的理论框架",至于他在《从鸦片战争到五四运动》再版序言中所强调的阶级分析的观点和方法,"仔细推敲一下,这种方法论实际已经是运用在现代化史观下的方法论了",这是综合运用多种方法论,"站在新的理论高度对中国近现代历史的全新审视"②。而石仲泉、于文善、王文滋则强调:胡绳晚年虽然对传统中国近代史理论框架作了一定的调整,引入了现代化的视角,视野中涵括了中间势力,对传统规范简单化、公式化对待马克思主义的一面进行了反思;但同时更应看到他晚年对阶级分析的观点和方法、对近代中国革命主题的坚持,他提出的近代化不能脱离民族独立而存在,民族独立是真正实现现代化的前提。因此不能认为胡绳提倡以"现代化"范式取代"革命"范式来研究中国近代史。③ 傅怀锋则明确指出:"胡绳是想以革命史观为主的旧范式来包容以现代化为主的新范式,使现代化理论成为旧范式中的一部分,同时实现对新范式的革命化改造和对旧范式的现代化改造,在保持马克思唯物史观的同时加以发展,建构一种能回应现实的史学范式",这是"对马克思唯物史观的一种回归"。④ 究竟何者更符合胡绳的本意,这当然可以作为学术问题继续进行深入探讨,但胡绳对近代史学科建设作出的卓越贡献则为广大学者所公认。

(2)20 世纪 80 年代以后,胡绳主要转向党史研究领域,并主编了党史巨著《中国共产党的七十年》。郑惠、徐宗勉对胡绳的党史研究成就作了评介,对他在编写《中国共产党的七十年》的过程中提出的一些重要观点加以阐释。并认为:胡绳提出在探索社会主义建设道路的过程中存在着"两个发展趋向"的观点、以十一届三中全会为划分社会主义时期党史的标志的主张,都是党史研究极重要的指导思想。周一平着重指出,胡绳在党史研究方法方面提出了一些新的观点,主要包括:不回避党的失误及党史上其他负面现象,坚持实事求是;党史应该形象化、细节化,不能止于粗线条;从党的历史事实出发,发一些有新意、有价值、有内容的议论,不说空话;坚持以理服人。⑤ 于文善将胡绳的党史理论归纳为:其一,新民主主义时期党史研究,可以充分论证教条主义的危害,破除迷信;其二,社会主义时期党史研究的目的,在于用历史事实来论证党的十一届三中全会确定的路线方针的正确性;其三,"宜粗不宜细"的研究方法,其内在含义是指党史研究不能面面俱到,应该有所侧重。⑥ 王文滋具体分析了胡绳关于新中国成立后党

---

① 张海鹏:《胡绳与近代史研究所》,见《思慕集》,社会科学文献出版社 2003 年版。
② 徐晓旭:《胡绳晚年历史观的变化》,《南通工学院学报》2004 年第 6 期。
③ 石仲泉:《与时俱进:胡绳学术晚年的新辉煌》,见《思慕集》,社会科学文献出版社 2003 年版;于文善:《胡绳先生晚年学术思想研究简论》,《西华师范大学学报》2004 年第 4 期;王文滋:《胡绳晚年论近代史上的中国现代化问题》,《湖北行政学院学报》2003 年第 5 期;王文滋博士论文:《胡绳晚年学术思想研究》。
④ 傅怀锋:《胡绳晚年历史观散论》,故乡网站 2002 年 6 月 26 日。
⑤ 周一平:《胡绳中共党史研究的理论和方法》,《中共党史研究》2005 年第 4 期。
⑥ 于文善:《胡绳先生晚年学术思想研究简论》,《西华师范大学学报》2004 年第 4 期。

史分期的主张,认为:在中国学术界,胡绳第一个提出并论证了把十一届三中全会作为坐标的缘由和意义,并把这一观点运用到中共党史的编写中去。在此基础上,胡绳还就十一届三中全会之前和之后两大时期各作了具体的阶段细分。这些观点解决了编写中共党史时划分章节和控制篇幅的问题;凸显了十一届三中全会的历史地位;与党的文献和党的领导人的提法相呼应。① 林蕴辉结合胡绳晚年发表的《资本主义和社会主义的关系——世纪交接时的回顾和前瞻》、《毛泽东的新民主主义论再评价》及对党史编撰的指导意见,分析了胡绳对于过渡时期总路线的新思考,即过渡时期总路线、三大改造的提出有它的历史由来,起过重要作用,但不能把它说成是客观规律的反映,不能绝对化。在新的历史背景下,中共党史的编写,如何以决议为指导,又符合中共已大大前进了的认识,胡绳的主张都有助于分寸的把握,具有指导意义。② 胡绳在《关于撰写〈从五四运动到人民共和国成立〉一书的谈话》中新见迭出,杨奎松认为:胡绳谈话最为引人注目之处在于明确指出“中国革命客观上就是要‘为资本主义发展开辟道路’”,但由于“资本主义”的内涵在这里未能严格界定,这种表述未必严谨准确;他进而揣测胡绳的本意应该是指:中国革命要“为资本主义生产力发展开辟道路”③。胡绳在谈话中有一个假设:如果国民党当年能够在大陆走资本主义道路,则中间力量大多数会跟着国民党走。杨奎松亦对此提出商榷,他认为:胡绳可能是基于肯定资本主义在近代中国的积极意义而提出这一观点,但尚未对国民党的阶级属性等问题进行缜密的思考。国民党失去中间势力的支持是因为它太长时间没有找到一条能够使中国摆脱积贫积弱状态的发展道路,而并非因为它不搞资本主义,胡绳的这种观点有其内在矛盾,逻辑上难以自圆其说。④

关于胡绳的治史方法,徐宗勉认为有两点值得特别注意:首先,胡绳虽然反复强调史学研究的科学性与革命性是统一的,但其本意还是把科学性视为马克思主义历史学的根本,而革命性必须和它的科学性相一致才能实现,丧失了科学性,也就说不上革命性。其次,胡绳提出历史研究应分为从具体到抽象、再回到具体两步进行,即先从史料中得出本质的、规律的认识,再将这些规律性认识放回到具体的历史现象中去,以之为指导,对史料、史实加以分析、说明,这从根本上回答了如何做到“史论结合”的问题。⑤ 侯且岸认为,胡绳的史学思想有几点值得深加体会:非常重视理论与史学研究的联系,重视历史研究中的学术史反思,强调党史研究的科学性。⑥

①　王文滋:《胡绳晚年论建国后党史的分期》,《石油大学学报》2004 年第 1 期。
②　林蕴辉:《胡绳晚年对新民主主义过渡时期总路线的思考拾零》,《历史研究》2002 年第 3 期。
③　杨奎松:《资本主义化,还是现代化? 读胡绳遗稿札记》,《现代化研究》2002 年第 1 期。
④　邱路(杨奎松):《国民党代表谁?》,《读书》2002 年第 4 期。
⑤　徐宗勉:《胡绳史论二题》,《历史研究》2002 年第 3 期。
⑥　侯且岸:《评胡绳的史学思想》,见《当代中国的“显学”》,人民出版社 2000 年版,第 229—232 页。

四、胡绳与马克思主义理论研究

（1）胡绳早期发表了大量马克思主义哲学著作，并参与思想文化方面的论战，在马克思主义立场上捍卫理性与自由，为马克思主义哲学中国化作出过重要贡献，郑惠、徐宗勉对此曾撰文予以总结评介。① 吕希晨对胡绳的文化哲学思想进行了较为深入的研究，他认为胡绳在哲学及思想文化战线上的贡献主要有：其一，对资本主义文化的本质、历史地位及其发生危机的必然性，进行了历史的和阶级的分析；其二，胡绳认为中国的文化思想需要接受人本主义的洗礼，强调尊重人的尊严，并将此视为民主政治的思想基础；其三，对冯友兰、贺麟、钱穆等人的反理性主义和复古主义文化观展开批判，深刻地剖析了唯心主义文化哲学产生的社会基础、思想实质及其消极的社会作用。② 胡绳论胡适的文章计有7篇，在《关于撰写〈从五四运动到人民共和国成立〉一书的谈话》（简称《谈话》）中也有不少关于胡适的论述。龚育之对此作了深刻剖析。他认为，建国前胡绳评论胡适的5篇文章是基本公允的，也是有历史的分析和深度的。而胡绳在20世纪50年代胡适思想批判运动中所写的《论胡适派腐朽的资产阶级人生观》和《唯心主义是科学的敌人》，其可取之处在于澄清了科学与人生观论战中胡适、丁文江的科学观在哲学上的底细，其时代痕迹则在于，不仅对胡适的政治立场，而且对胡适的学术思想也取完全否定的态度。而在《谈话》中胡绳七处讲到胡适，认为胡适坚持反对复古，反封建，称胡适为"不革命的民主派"，属于中间势力。这些论述"不仅从政治上立论，而且从思想上和文化上和学术上立论"，在认识上有新的突破。③

（2）20世纪80年代以后，胡绳以很大精力关注和研究中国社会主义发展的现实问题和理论问题，发表了一系列很有理论深度的论文，对邓小平建设有中国特色的社会主义理论作了精到的阐释和发挥，引起了很大反响。丁伟志将这些理论的精粹之处归纳为：一是高举"马克思主义是发展的理论"这面反教条主义的大旗；二是深入阐释"社会主义最根本的任务就是发展生产力"；三是论述如何正确处理资本主义与社会主义的关系。丁伟志认为，胡绳晚年的这些论述破除了自己原来见解的拘禁，破除种种流行定见与常规的束缚，表现了无所畏惧的勇气，为社会科学界和理论界树立了一个解放思想、探索真理的范式。④ 胡绳在《毛泽东的新民主主义论再评价》一文中提出了新中国成立后的民粹主义错误问题，颇具震撼力，甚至引起一场激烈的争论。非议者认为这是

---

① 郑惠、徐宗勉：《胡绳理论生涯六十年》，《中国社会科学院学术大师治学录》，中国社会科学出版社1999年版；郑惠：《胡绳的读书和治学生活》，见《程门立雪忆胡绳》，中央民族大学出版社2003年版。
② 吕希晨：《论胡绳的历史唯物主义文化观》，《哲学研究》2000年第7期。
③ 龚育之：《送别归来琐忆》，见《思慕集》，社会科学文献出版社2003年版，第268—311页。
④ 丁伟志：《解放思想的表率》，见《思慕集》，社会科学文献出版社2003年版，第1—25页。

对毛泽东的贬低，是庸俗生产力论①；但大多数学者对胡绳的观点予以高度评价。② 尤为值得注意的是石仲泉的看法，他认为，胡绳所说的中共急于消灭资本主义是染上了民粹主义色彩，是从总结经验的角度而言，而并不意味着否定成绩，评价历史事件只需及格标准，而总结教训则应该用优秀标准，不能将这两个标准衡量的不同问题混为一谈。③

综上所述可以看出，胡绳研究已经取得了一定成果。但也无须讳言，已有的研究主要集中于胡绳晚年的思想，且大多止于对其学术成就的评介，还难称系统深入的研究。笔者以为，胡绳研究可以从以下几个方面加以突破和推进：

（1）虽然胡绳生前已出版《胡绳全书》1—6卷，第7卷也已于2003年出版，但他早年还有相当数量的文章未能收入，这些散佚的文章有助于我们全面地了解胡绳的个人经历及思想变化，极有必要加以搜集整理。胡绳的生平研究还是薄弱环节，他早年以笔为剑驰骋于思想文化战场的丰富经历甚少文章论及，新中国成立后他因对政治潮流不理解而产生困惑的思想历程也只有泛泛的介绍。生平研究是其他方面研究的基础，如果能够用翔实的资料编出胡绳的年谱、传记，必将极大地推动胡绳学术思想的研究。

（2）对于中国近代史学科体系的理论建构，胡绳的贡献可以说无人能出其右，值得进一步系统研究总结。他在1936年18岁的时候就发表了《〈中国近代史〉评介》一文，开始尝试用马克思主义观点解释中国近代史，随后在发表大量近代史文章的基础上完成了《帝国主义与中国政治》这部经典著作；新中国成立后撰文发起中国近代史分期的讨论，他构建的中国近代史分析框架影响了几代史学家的研究。这个框架经过他晚年的调整与完善，至今依然是马克思主义中国近代史研究的主流框架。

（3）胡绳在新中国成立前发表了大量通俗哲学著作，为马克思主义哲学的传播作出了巨大贡献，对此的研究几乎尚为空白。胡绳早年论人道主义而受到批评、在中苏论战中所发挥的作用等方面亦尚无文章论及。胡绳在党的十一届三中全会前后的思想变化也只有粗疏的介绍。这些都还可以进一步深入研究。

（4）从研究方法来看，不能仅仅局限于文本阐释，而应将胡绳的著作与个人经历，以及与时代背景的互动关系结合起来加以考察，才能将研究进一步引向深入。

---

① 沙健孙：《坚持科学的评价毛泽东和毛泽东思想》，《真理的追求》1999年第3期；《一个至关重要的全局性问题——对科学评价毛泽东和毛泽东思想的重要意义的再认识》，《中流》1999年第4期；《马克思主义，还是庸俗生产力论?》，《中流》1999年第12期；范麻：《能够这样论证吗?》，《中流》1999年第4期；黄如桐：《社会主义革命的成就岂容否定》，《中流》1999年第4期；《最光辉的胜利之一》，《真理的追求》1999年第10期。

② 何秋耘：《清澈与幽深交融——读胡绳〈毛泽东的新民主主义论再评价〉》；温璋平：《岂能如此曲解》，《中国社会科学》1999年第5期；何诚：《读〈毛泽东的新民主主义论再评价〉》，《中共党史研究》1999年第6期；邱路：《请放下你的棍子——质疑沙健孙教授对胡绳先生的批判》，《百年潮》2000年第1期；林庭芳：《应当尊重胡绳教授的原意》，《中共党史研究》2000年第1期。关于这一论争的具体情况可参阅刘建国的《近廿年来中国学术界关于民粹主义与中国革命和建设问题的争论》，《中州学刊》2006年第6期。

③ 石仲泉：《与时俱进：胡绳学术晚年的新辉煌》，见《思慕集》，社会科学文献出版社2003年版，第70—71页。

共识与分歧

——评有关《中国学术腐败批判》的讨论

杨玉圣

围绕《中国学术腐败批判》一书的讨论，自 2003 年 5 月初以来，已经在学术批评网上进行了一段时间的集中讨论。像这样围绕一本书而进行如此专门讨论的情况，在过去，不是没有过，但至少是不多见的。

此一讨论，除《史学月刊》副编审周祥森、复旦大学副教授张伟然、学术的境界主持人井建斌等年轻学者外，该书作者杨守建先生、责任编辑张献忠先生也积极回应、参与了讨论。我本人也是讨论的参与者之一。在这一讨论中，来来往往的交锋、商榷，使得严肃认真的学术批评与反批评成为可能。这也是以往的讨论和评论中很少有的一种可喜现象。这些讨论文章，有不少是采用了书信体，用通信这样一种相对生动活泼的形式，无拘无束，也不失为一种有益的尝试。

看得出来，讨论中有一些共识，也仍还存在一些分歧。无论是共识还是分歧，都应当正视，都值得分析。

第一，如何看待《中国学术腐败批判》存在的问题？比如，该书是否存在抄袭的问题？

周祥森认为，该书存在显性和隐性的剽窃。"显性的，如引用资料不注明出处，只说谁谁谁说，而在哪篇文章中说，该篇文章又首发在什么地方？对这些却不作交代。"对此，作者杨守建一方面承认"拙著中的确有许多地方引用他人说法，没有详细注明出处。兹举数例。徐庆凯先生说：'……'（第35页），《历史研究》副主编张亦工先生曾说：'专家才能写书评，专家应当写书评。'（第104页），1996 年时任北京市中院知识产权庭副庭长的别小壮在审结一起著作权案后，曾评论说：'……'（第195页），80 多岁高龄的钱锺书曾不情愿地被搅入《〈围城〉汇校本》纠纷，当时他义正辞严地说：'……'（第196页），孙周兴教授曾说：'……'（第253页）。"另一方面，他又认为："我当时以为这样已经足够了，没必要再详写出处，因为文中不仅说明了是谁说的，而且都用了引号（没有详查，不知有否意外）。我认为如果这算是显性剽窃，那干这种勾当的人未免太多了，而且许多学术杂志上的许多文章都会是剽窃之作。"

在这里，周祥森先生把显性剽窃说成是"引用资料不注明出处，只说谁谁谁说，而在哪篇文章中说，该篇文章又首发在什么地方？对这些却不作交代"，显然有明显的漏洞。所以,杨守建先生接下来才会理直气壮地提出"如果这算是显性剽窃,那干这种勾当的人未免太多了,而且许多学术杂志上的许多文章都会是剽窃之作。"

那么,究竟什么是显性剽窃呢? 我觉得最主要的问题,还不是"只说谁谁谁说,而在哪篇文章中说,该篇文章又首发在什么地方,对这些却不作交代",而是"引用资料不注明出处"。就是说,白拿白用,对使用的文章的出处、原文作者等信息不作任何说明或交代。拿《中国学术腐败批判》来说,这样的情况不少。举例而言,第 47 页谈山东某大学教师为当博导而弄虚作假,本是引自拙文《学术腐败现象与学术打假》;第 49 页谈陈国生抄袭郭声波观点事,本是引自蓝勇的文章《维护学术规范和学术道德——评陈国生学术造假事件》;第 96—98 页谈高校教材低水平重复的内容大都来自《学术腐败现象与学术打假》或《学术打假与学风建设》;第 295 页关于复旦大学关于不承认徐德江为"客座教授"的论述,基本来自拙文《冷眼旁观"客座教授"热》。这些资料,按说都应该注明出处,但《中国学术腐败批判》一书却都没有注明出处。

据杨守建先生说,"之所以没有作注,除了我的疏忽以外,还在于有些东西在我看来不必注解。有些东西学术界说的人很多,而大家说时也没有作注,我认为这已是一种通行的观点,不必作注"。他还认为,"有些观点,有些事例,谁来说中国的学术腐败问题都无法绕过。有些话别人说了,还得接着说。拙作的问题是,在说有些话时没有作注"。问题确实就出在这里。举例来说,第 64 页讲到使用抢先发表法的抄袭事件时,曾举烟台师范学院副教授李心华一篇未发表的论文被当代中国研究所副研究员陈立旭抄袭、反被后者告上法庭的例子,这确实是一个不可思议也是一个非常稀奇的个案,是据我在《中华读书报》(2000 年 1 月 19 日)发表的长篇报道《你说我"抄袭" 我告你"诽谤"》(署名"英堂")而改写的,这样的"事例"确实是"谁来说中国的学术腐败问题都无法绕过"的,但这能成为不注明出处的理由吗? 再如,第 314 页引述了中国社会科学院哲学所一位老先生的话:"现在学术界的假冒伪劣现象已经相当严重……这类假冒伪劣作品不仅能出版,而且可以获得规格甚高的优秀成果奖。你想提出批评吗? 真是困难重重! 我在这方面做过努力,但收效甚微;因为你有你的权,他有他的权。"这段话反映了一个老学者的学术良心及其面对学术腐败而无可奈何的沉重心情,非常有说服力。这本是这位老先生 1996 年 11 月 20 日读了我的《"博士论文"与"文抄公"———种值得注意的非学术现象》(《中华读书报》)后写给我的一封信中的一段话,我感触甚深,遂在《学者的自律及其他》(《中华读书报》1997 年 2 月 19 日)第一次引用,并在《学术打假与学风建设》中也加以引用。只是有一点很可惜,因我笔误,《中华读书报》发表时将原信中的"你有你的理,他有他的权"误写成"你有你的权,他有他的权"(收入《学术批评丛稿》时已作了改正),结果守建先生也是沿袭了原来的笔误。我相信,这位老先生究竟是谁,守建可能至今也难以确切地知道。像这样的材料,《中国学术腐败批判》使用了而不作必要的说明,就颇不应该,因为这很容易给人造成是杨守建亲自采访所得的错觉。这样的"事例",难道"没有必要作注"吗?

　　周祥森先生曾明确指出：如果杨守建先生坚持认为《中国学术腐败批判》一书是"第一"本揭批学术腐败问题的"学术著作"，那么他在几篇反批评文章中所一再强调的对有些材料无须作注释的种种理由就是不成立的。因为注释的规范化是对一部"学术著作"最基本的要求，也是表征一部"学术著作"学术水平最基本的依据。杨守建先生自己也认为"当时对注释重视不够"。责任编辑张献忠先生也坦率地指出："现在看来该书注释确实存在一些问题，但我认为这不是作者有意要否认前人的成果，而是作者第一次写书，对此认识不够，甚至不是太懂，这从作者的原稿中可以看出，原稿中作者的注释几乎都缺少书的出版年代和出版社，有些我查阅有关书补正，有些反馈给杨守建先生让其追加。我认为，对这一点，我们应当提出善意的批评以使作者意识到该问题的重要性，作者也应当虚心接受，这对我做编辑工作来说，也是一个教训和启示。"其实，注释绝不单纯是一个技术环节。写书撰文而作必要的注释，体现了知识产权、学术伦理、学术规范等多重意义，绝非小事，而是大事。我从一开始就明确指出：这本书最突出的问题，"是引用资料注释不够或未做注释问题，从而掉下抄袭的陷阱"。

　　第二，《中国学术腐败批判》作者应该署名"著"、"编著"还是"编"？

　　这是围绕本书的讨论中提出的另一个关键问题。周祥森认为：这本书名曰"著"，是不符合实际的，只能算是"编"；张伟然提出：我并不想要杨守建先生如何如何，只是想提出一个忠告：当你连什么是"著"、如何作"注"等一系列问题都还搞不清楚的时候，便贸然弄出这样一本志在"流向地摊"的书来，偏偏又要坚持将它定性为"著"，实在是不太合适的。杨守建自己认为：本书是"编"还是"著"抑或"编著"，读者看过之后自有公论，他不便多说。责任编辑张献忠在该书应署名"著"还是"编著"的问题上，倾向于后者；据他说：著的问题，自己"有至少一半的责任。审读完该书书稿后，我也觉得该书不能算是'著'，算编著更合适些，并向老编辑提出了这一问题，老编辑又问了我其中的内容，认为可以算作著，于是我没有再坚持自己的意见——此乃我之大错。"

　　其实，即使不是"著"，哪怕是"编著"，也应该在引用他人作品（包括材料、观点）时加以注释或说明的。这是一个基本的前提。作为作者，杨守建自己也很清楚："的确，这本书中所说的案例大都是别人已经揭露过的。只有关于《世界文明史》抄袭问题，薛进军事件（还应加上一个关于《丑陋的学术人》的抄袭问题），可以记在我的名下。"既然如此，就应该如实地把这些"别人已经揭露过"的"案例"注明出处，这是学术规范的要求，也是负责任的表现。

　　值得一提的是，杨守建事后在写给我的一封信中说过："我觉得这本书最大的问题不是举了一些实例没有指明出处（当然也应该指明的），而是一些观点没有指明出处，虽然这些评论的地方也许只是三言两语。如果综合已有报道，然后再写入书中也算抄袭，那我敢保证没有人可以写出这样一本书来，至少用这么短的时间不能，难道要自己采访到足够的事例再来写吗？"对此，我也不敢苟同：意识到"一些观点"没有指明出处是"最大的问题"，这很好。但"举了一些实例没有指明出处"，也同样是"最大的问题"。道理就在于,这些"事例"实际上是其他学者劳动的结晶。至于"综合已有报道"是不是抄袭,那要看"报道"的性质而论,比如,假设"报道"是新华社发布的共享性质的信息资源,那么,加以"综合"、"然后再写入书中",恐怕很难说是抄袭;但是,假如这些"报道"——以学术批评中揭露出的学风问题为例——是专家学者经过艰苦的研究、讨论而作的,那么,即使加以"综合"、"然后再写入书中",也要交代这些"报道"的出处。自己采访不到"足够的事例",当然也可以"写"书,但写书的时候必须对引用的已有的"事例"作出注释或说明,这是作文做人的道理。哪怕写的时间"这么短",也不能成为用了他人的材料(事例)和观点而不注明的理由或借口。

第三,对张献忠先生《对〈中国学术腐败批判〉应当肯定》的评论。

在这里,首先应当高度评价张献忠先生对讨论始终积极关注、参与的立场。作为责编,献忠先生之参与讨论,是非常有意义的。因为这样一来,问题的讨论不仅有来有往,而且立体化了。其次,献忠先生提出,对一本书的评论"不能脱离了当前的社会环境,具体到《批判》一书来说,其环境就是学界无人愿写一本得罪人的书,对学术腐败分子来说,不仅没有形成老鼠过街,人人喊打之势,而且他们中的好多人依然逍遥于学术界,对大多数人来说,不仅不了解他们的丑闻,还敬而仰之。在这种情况下,杨守建的书虽然存在一些不足和缺点,但却显得及时而必要。对书中存在的问题,我们应当善意地提出,我想这样无论对作者还是批评者都是一件好事,对学术打假事业更是功莫大焉。试问,今日哪位学者能站出来写一本学术打假的书?"这是有道理的。

我想提出讨论的是献忠先生的如下一个中心观点,即"虽然《批判》一书存在这样那样的不足之处甚至是缺点(某些缺点也有我个人的原因……),但从总体上我们应当肯定。"或者,如献忠的文章标题所说的,"对《中国学术腐败批判》应当肯定"。我的看法,与此有所不同:《中国学术腐败批判》的内容"应当肯定",但对于《中国学术腐败批判》写作中引用他人成果(材料、观点)而缺乏注释或注释不详的做法,则不应肯定。这是两个不同的问题。献忠所说的"从来没有学者(或许他们就没有这个勇气)为此写一本书",是事实(《丑陋的学术人》不算"第一"本的话),但"相对发表在学术刊物上或报纸的学术打假文章,书的受众面要大得多,影响也大"的说法,则恐怕值得怀疑。想想看:是发行10万份的《中华读书报》"受众面要大得多,影响也大"呢?还是印刷5000册的书的"受众面要大得多,影响也大"?献忠还提出"杨守建对于学术规范和学术批评的论述虽然基本上是对前人观点的总结,稍显肤浅,对于学界中人说或许了无新意,但对于绝大多数本科生乃至研究生却很有价值。"可是,能因为"对于绝大多数本科生乃至研究生却很有价值"就可以对"了无新意"的文字加以掩护吗?

不久前,一位朋友在给我的信中感慨说:对于《中国学术腐败批判》存在的问题,"无论是作者还是出版社,实际上都没有予以认真对待,更没有引起足够的重视。这场辩论,无形之中其实为《中国学术腐败批判》做了免费的广告宣传,最大的赢家是作者和出版社。无论是作者还是张献忠先生的辩护,实际上都是建立在一个根本不成立的前提之上的,即《中国学术腐败批判》在学术圈子之外,特别是在本科生、硕士研究生和博士研究生范围内得到了广泛的传播。作者和责编都一直坚持认为学者们原先以单篇文章的形式对学术腐败事件的揭露,其影响只局限于小圈子之内,而他们的这本书的影响则超出了"小圈子",具有广泛的社会影响。我真不知道他们的这个虚假的前提有什么事实依据。难道这本书的读者会超出学术界这个圈子,走进寻常百姓之家? 这一点,不知道责编献忠先生、作者守建先生以为然否?

我从一开始就说过:"本来,杨守建写作《中国学术腐败批判》是好事,我希望我们的讨论也从善良的愿望出发,使这一美中不足的好事真正变成于方方面面都有意义的好事。"杨守建也曾在答复我和祥森先生的文章中一度"对此书的不规范和失误之处表示愧悔之意"。我还曾提出:"作为学术批评者,首先应当严格要求自己,离开自律(不论是有意还是无意),就不可能理直气壮地开展学术批评。自己站直了,才不可能趴下。否则的话,就很有可能自己被自己所打败。"这也就是我们何以应当就《中国学术腐败批判》展开学术讨论的理由之所在。我期望这一讨论能结出正果。

论出版者对抄袭剽窃者违约责任的追究

汤啸天

可以预料,中国加入 WTO 之后,出版市场将会受到较大冲击。这种冲击除主要表现在出版市场的竞争外,体现知识产权价值的稿酬也会有较大幅度的增长;与此同时,文贼的抄袭剽窃活动很可能更加活跃。

抄袭剽窃是当前常见的侵犯知识产权行为。按照我国目前的诉讼模式,对抄袭剽窃者只能由被抄袭者提起侵权之诉。原告即便胜诉,抄袭者也只需承担著作权侵权责任,笔者认为这是很不公平的。依法理,抄袭剽窃者除必须承担侵权责任外,还应当承担对出版者的合同违约责任。利欲熏心者将抄袭剽窃之作投寄到出版社(含报纸杂志社,下同)之后,因为编辑未能识别而出版的可能性并不小。当然,编辑有审稿不细、把关不严的责任,但是在出版量大得惊人的信息时代,要求编辑绝对地把住关卡也是不现实的。客观地说,出版者收到抄袭剽窃之作后予以出版的,只要其未与抄袭者合谋,就同样也是受害者。本文拟依据合同法,侧重讨论出版者对抄袭剽窃者违约责任的追究。

一、出版者也是抄袭剽窃的受害人

在知识产权侵权纠纷的诉讼中,时常可以遇到出版单位被人民法院作为无独立请求权的第三人通知出庭的情况。所谓无独立请求权的第三人是指,对当事人双方的诉讼标的虽然没有独立的请求权,但是,由于案件的处理结果与其有利害关系,可以自行申请或者由人民法院通知参加诉讼的人。出版单位尊重人民法院的决定出庭是理所当然的,但是,出版人作为无独立请求权的第三人被通知参加诉讼往往有说不出的冤屈。这是因为:一方面出版人对于原告指控被告抄袭剽窃的事实并不知晓;另一方面,只要法院作出认定抄袭剽窃的判决,就会使出版人陷入极为尴尬的境地,甚至蒙受巨大的经济损失。例如,当法院作出停止侵害的判决后,有抄袭剽窃内容的出版物将立即封存、停止发行,这种损失是无可挽回的,即使法院允许在进行技术处理后再发行,进行技术处理的费用和耽误了投放市场的最佳时间所造成的损失也是惨重的。

那么,出版人在并不知晓投稿人具有抄袭剽窃行为的情况下,就无法追索自己在客观上已经受到的损失了吗? 我国加入 WTO 之后,出版人不可能仅仅凭借政府的拨款运作,自身的经济利益将会促使其奋起追究抄袭剽窃者的法律与经济责任。但是,长期以来绝大多数出版人都忽视了自己具有向投稿人追究合同违约责任的权利。故笔者愿意大声疾呼：出版人有权追究抄袭剽窃者合同违约的法律责任，审判机关应当明确宣告抄袭剽窃者的合同违约责任。

众所周知，著作权许可使用是最常见的著作权贸易，即许可人（作者）与被许可人（出版者）为使用作品（出版）建立权利义务关系，通常表现为出版合同。这就是说，投稿人与出版者之间是合同关系，诚实、信用是双方必须遵循的共同原则。我国《中华人民共和国合同法》第六条明确规定："当事人行使权利、履行义务应当遵循诚实信用原则。"显然，诚信原则旨在实现双方当事人与社会三方的利益平衡，任何一方当事人都必须以诚实、善良、守信的态度规范自己的行为，不得以自己获利的行为损害对方或第三人或社会的利益。

合同，在出版界是一个并不陌生的字眼，遗憾的是我国出版界的合同意识是普遍偏弱的，有相当一部分出版人把签订合同视为"例行公事"，甚至出现了纠纷时也不知道用合同维护自己的合法权益。有的出版者唯恐因作者的过错使自己卷入诉讼，索性以"本刊声明"的形式宣称："来稿文责自负，如有侵犯他人版权或其他权利的行为，本刊不负任何连带责任。"其实，只要投稿人在版权上掺了假，出版者是无法不受"连带"的。例如，投稿人抄袭剽窃的事实经法院审理认定，法院判决出版者停止发行该出版物或作技术处理，出版者作为无独立请求权的第三人必须无条件执行。所以说，出版者因投稿人违法而产生的连带责任并不是一则"声明"可以免除的。鉴于"出版合同修订本"明确规定由甲方保证其作品不含有侵犯他人著作权的内容（详见第三条），故出版者在签订合同前，有权要求投稿人以明示的方式保证其对所提供的作品具有真实、完整的著作权。

我国《著作权法实施条例》第三十二条规定："同著作权人订立合同或者取得许可使用其作品，应当采取书面形式，但是报社、杂志社刊登作品除外。"显然，出版图书都必须事先签订书面合同，合同的内容尽管涉及诸多方面，但不可或缺的一项是著作权人向出版者保证其作品未侵犯他人的著作权。换句话说，非经授权投稿人只能将自己具有著作权的稿件送交出版社，以签订合同的方式与出版者签订出版合同者必须具有真正的著作权。报社、杂志社在接受投稿时虽未与投稿人签订合同，但其征稿启事中均有"文责自负"的约定。所谓"文责自负"，一是对文稿的内容负责，二是对稿件的著作权归属负责。投稿人的投稿行为表示已承诺上述要约。以上两种形式都说明，投稿人是以投稿行为向出版者确认了其所拥有著作权的真实性。无论是否以书面形式签订出版合同，投稿这一行为的发生即已证明合同的成立。如果投稿人提供的是抄袭剽窃之作无疑是合同欺诈行为。习惯上所说的投稿人是出版权授予人，其交付作品的行为是向出版人授予版权，出版人所承担的是复制与发行该作品。无出版权而出版，无疑构成著作权侵权；同理，无著作权而向他人授予版权，即构成对他人著作权的侵犯和对出版者的欺诈。这种欺诈行为与商家向消费者出售假冒伪劣商品在本质上是一致的。从这个意义上说,将抄袭剽窃之作交付出版是向出版者提供"假货",出版者也是合同欺诈的受害人。

二、抄袭剽窃是用欺诈手段骗取出版

货真价实是诚实信用原则在贸易活动中的具体体现,抄袭剽窃是典型的权利滥用。只要是有抄袭剽窃内容的作品,就应当视为"假货"。明知自己对作品不具有或不完全具有著作权,仍然签订合同送交出版,其实质就是骗取出版。当然,出版者对来稿负有审查之责。但是,出版者的审查之责并不能替代或削减作者的"文责",抄袭剽窃之作骗过编辑的眼睛也是难免的。在出版量大得惊人的信息时代,苛求编辑无一遗漏地辨别作品是否抄袭剽窃是不现实的。

一般而言,当抄袭剽窃之作交到出版者手中之后,可能出现的情形有三类:

一是抄袭剽窃的骗局被编辑识破,且查实有据。此时,出版者如将稿件"一退了事"就等于容忍了甲方(投稿人)的合同违约。正确的做法应当是在协商、仲裁、诉讼三者中选择自己认为恰当的方法要求甲方赔偿由此造成的损失。显然,甲方必须赔偿出版者审稿人力费用、为调查侵权事实而支付的检索费、查证费、交通费等开支。

二是抄袭剽窃之作暂时被蒙混过关,但出版发行后即被揭露。此时,出版者如果有意护短,想抢在法院判决前将侵权的出版物销售完毕,就很可能与抄袭剽窃者一起成为共同被告。当然,出版者竭力避免经济损失的心理可以理解,但是,"冤有头,债有主",抄袭剽窃者所负的合同之债,是可以通过法律途径追偿的,受害人不应当再去帮助骗子欺骗读者。

三是出版社明知是抄袭剽窃之作仍予出版。这样的做法显属《中华人民共和国合同法》明文禁止的"恶意串通,损害国家、集体或第三人利益"。事实一旦被揭露,抄袭剽窃者与故意出版者必然以共同被告的身份出现在法庭上。这显然是出版者为获取非法经济利益咎由自取的结果。

长期以来,人们总觉得只有被抄袭者才是抄袭剽窃行为的受害人,似乎只有被抄袭者才有权向版权管理部门或人民法院要求维护其合法权益。其实,当抄袭剽窃之作得以出版后,受侵害的何尝只有被抄袭者一方。侵权之作一旦得以发表,出版者面临的处境将是困窘与无奈的。首先,出版者将在法庭上成为无独立请求权的第三人,一旦被告败诉,出版社必须执行人民法院有关停止侵害、未经原告同意不得复制发行该作品等判决。其次,出版社将承受立即停止销售、封存余书、进行技术处理带来的经济损失。还有,出版社的信誉将受到重大损害,"审稿水平低下"的影响在短期内很难消除。只要出版者与抄袭剽窃者没有恶意串通,出版者也是实实在在的受害人。既然当事人双方的权利义务已经由合同约定,出版者理所应当可以追究抄袭剽窃者的合同违约责任。

三、抄袭剽窃是根本违约

在出版合同中，交付作品的一方是"出版权授予人"，承担作品复制、发行工作的一方是出版人，出版人所获得的是作品的专有使用权。显然，只有授权方对出版的对象（作品）具有完全、真实的著作权，才有权将该作品的出版权授予出版者。倘若该作品已无著作权，出版人便可自行出版，也就无须订立出版合同；倘若该作品的著作权不属于或不完全属于授权人，那么作为合同当事人一方对另一方的授权就具有欺诈性质。可见，授权人对作品具有真实、完整的著作权，是出版合同的根基所在。出版合同转移的是作品的专有使用权，授权人必须承担权利瑕疵担保责任，即出版授权人负有第三人不向出版者主张任何权利的责任。一旦第三人在事实上能够向出版者主张权利（哪怕是部分权利），就在实际上剥夺了出版者根据合同有权期待得到的利益。对于抄袭剽窃者来说，其对所交付的作品不具有真实、完整的著作权，就构成了合同根本违约。欧洲合同法委员会 1998 年制定的《欧洲合同法原则》第 8：103 条规定："如有下列情形，不履行即为根本性的：1. 严格符合债务要求是合同的核心；或 2. 不履行实质上剥夺了受害方依合同有权期待的东西，……；或 3. 不履行是故意的，……"从合同法的一般原理看，根本违约的一方因为履行合同上存在重大瑕疵而使合同的整个目的落空，非违约方有权解除合同。据此，面对抄袭剽窃他人作品的虚假著作权人，出版者有权单方面终止出版合同，并要求抄袭剽窃者承担全部责任，赔偿由此造成的全部损失。

四、出版者有权向抄袭剽窃者追究违约责任

从以上论述明显可知，投稿人向报纸杂志投稿或与出版社签订出版合同时，除另有声明者外，出版人可以从理论上推定其身份是著作权人。以往，出版者往往从人格信任角度将理论推定视为现实中的真实，不再追问著作权的真实与完整。这样做的结果无疑是使出版者承担了著作权虚假的巨大风险。1999 年 3 月国家出版局颁发了《图书出版合同》（标准样式）修订本（以下简称"出版合同修订本"），则从根本上解决了这一问题。"出版合同修订本"第三条规定："甲方保证拥有第一条授予乙方的权利。因上述权利的行使侵犯他人著作权的，甲方承担全部责任并赔偿因此给乙方造成的损失，乙方可以终止合同。"这就是说，作者在与出版者签订合同时，必须保证其作品中不含有侵犯他人著作权的内容；因作者侵犯他人著作权给出版者造成损失的，作者应承担全部责任并作出赔偿；出版者可以因作者侵犯他人著作权而终止合同。

在以往的实践中，出版者在作者被认定抄袭剽窃之后往往显得十分无奈。责成抄袭者写出检查、追回已发稿酬、公开点名批评、以编辑部名义宣布撤销已发表的抄袭稿，就算出版者尽到了最大努力。这一局面的形成既有法制不健全的因素，又与法学界的

某些误解有关。有的学者认为,抄袭剽窃行为所造成的是侵权之债与违约之债的竞合,似乎追究侵权责任已经足矣。其实,抄袭剽窃所发生的侵权之债与违约之债并未发生,也不可能发生竞合。侵权之债的对象是特定的著作权人,违约之债是相对于与其签订合同的出版者而言的。受到侵犯的著作权人有权向抄袭剽窃者追索侵权之债;受蒙骗的出版者除有权要求抄袭剽窃者承担全部责任并赔偿由此造成的损失,还可以终止合同。可以肯定地说,著作权人的侵权之债追索权与出版者的合同违约之债赔偿权是来自不同主体的各自独立的权利。抄袭剽窃者应当承担双重法律责任的发生缘由,前者是抄袭剽窃行为,后者是《中华人民共和国合同法》第四十二条所指的"故意隐瞒与订立合同有关的重要事实或者提供虚假情况"。

可以预见,抄袭剽窃者承担著作权侵权与合同违约的双重法律责任的制度在我国建立后,对著作权侵权的惩戒力度将明显增大。特别是那些印刷量大、发行面广的出版物,一旦销毁或重新制作或作技术处理,合同违约者须向出版者支付的赔偿金额是巨大的。这无疑是从另一方面强化了著作权保护力度,是我国法律体系严密、完善的又一体现。

令人遗憾的"道歉"

——《〈学术论文的伪注问题〉刊登始末》读后

田　畔

将后写的"补记"放在正文之前,不过是想说点正文中没有说或没有说清楚的话。

2003年2月19日下午,笔者在光明网上看到《中华读书报》刊发的《〈学术论文的伪注问题〉刊登始末》一文(该文"编后"称其为"《学术论文的伪注问题》一文发表始末的调查"),读后非常吃惊。简直不敢相信自己的眼睛,这能是一家负责任的媒体的"调查"?!

既然是"调查",为什么只调查鲁品越本人和他的同事、学生,而不调查与他争论的诸位哪怕是其中一位学人?这算是什么调查?而号称"始末",难道《中华读书报》式的"始末",就是只有"始"与"末",中间过程一概勿论?该调查完全回避了最重要的事实,即被批评者鲁品越教授在看到初始批评后的一段时间内发表的那些对批评者的无端指责,而这才是引发一系列争论的关键。

从《〈学术论文的伪注问题〉刊登始末》一文内容和了解到的一些情况推测,该文在进行所谓"调查"之前,调子已经定下。所以才会有单方面的"调查",才会只让"原告"(鲁教授)说话,不许"被告"(诸批评者)发言。貌似公允,而实具强烈的倾向。冠冕堂皇地主张端正学风,自己其实就在破坏学风建设。昨天一位关注此事的朋友来电话说,看了《始末》一文,也感觉他们说的有道理。就连对"伪注争论"有所了解的人,都被这篇不负责任的文章所蒙蔽,其他人可想而知!

作为参与"伪注争论"的当事人,如果不站出来说话,不仅是对自己的不负责,也是对支持学术批评的诸多学人的不负责,更是对关注这一"争论"的广大读者的不负责。《中华读书报》可以放弃其公正立场,可以不负责任地发表片面之词。作为坚决支持学术批评并"身体力行"的笔者来说,要讲负责任的话。并且希望用批评的方式,帮助《中华读书报》认识自己的错误,尽快回到正确的立场上来。

2003年2月23日作者补记

2003年2月19日的《中华读书报》,刊发了一篇该报记者撰写、题为《〈学术论文的伪注问题〉刊登始末》(以下简称《始末》)而意在"向鲁品越教授致歉,并认真记取教训"的文章。拜读之后,感到非常遗憾。

因为说到"伪注问题争论",凡是认真读过全部有关文章,了解其来龙去脉的学人都很清楚,它绝不仅仅是对"伪注"本身的不同意见,更重要的是如何对待学术批评的态度问题。但《始末》一文却回避了某些重要事实,从而给读者造成一种错误印象,被批评者鲁品越教授曾受到批评者极不公正的对待与"伤害"。由于事关批评者的声誉及"学术界的学风建设"等重要问题,对已圆满结束的"伪注争论"不准备再发表意见的笔者,不得不再说两句,以向广大读者指出事实真相!

笔者以为,在没有见到英文原刊的情况下,就从网上下载据说是发表于该刊的文献,且由于引用者的"想当然"而"将英文刊名搞错"注释,林矟先生称其为"伪注"①,是非常恰当的。当然,因为缺乏法规上的依据和权威部门的定论,作为一个可以讨论的问题,这只不过是批评者的个人看法。但有一点非常明确,一些学人包括笔者,论证其为"伪注"(具体论证,详见学术批评网与《博览群书》2003 年第 1 期刊发的有关文章),既没有"将学术研究中的失误与现在学术界非常之严重的抄袭、剽窃与自我炒作等刻意造伪、欺世盗名的恶劣现象混为一谈",也没有"宣判了其学术研究和学风的重刑"。

对于被批评者来说,在这种情况下,即使"伪注"一词听着有些刺耳,因为是自己的错,也最好是多作自我批评,姿态"高"一点。所谓良药苦口利于病,宜进行说明性的争论,不宜进行"言词激烈的反驳"。

但当时情况又如何呢?据《始末》"编后"称,"记者随后的调查证实了鲁品越教授的陈述是实事求是的,并在调查中得知了在本报发表此文前,鲁品越教授作为一位学者,在讨论发生后对待批评和学风建设的积极的、建设性的态度"。《始末》正文中还列举了许多"调查"来的鲁教授是如何"严格要求自己,感谢别人的批评"的言论与事例,以为证据;甚至断章取义地引用笔者的话,称赞"鲁教授为学界同仁作出了榜样!"

看了《始末》的"调查证实",我们不禁要问,既然被批评者鲁品越教授是以"积极的、建设性的态度"对待批评,怎么会在"此后两个月间(实际上不到一个月——田注),不断有人加入'学术批评网'关于这一问题的讨论",最终发展成为一场发布了十几篇针锋相对文章的重大争论? 诸多学人都在哪些问题上"曾经激烈批评"鲁教授,以至于"通过网上的讨论,鲁品越进行了深刻的反省"?

《始末》一文避而不谈的真实情况是,当鲁品越教授最初看到批评文章后,尽管承认自己是"错注",却又极不冷静地"进行了言词激烈的反驳"——其实岂止是"言词激烈的反驳",简直就是无端的指责。鲁教授颇有些恼羞成怒地指责批评者是"无限上纲,诋毁他人人格,并非君子之为",是"以延伸与夸大事实为手段,以攻击他人为目的",是"非常不实事求是的'扣帽子'的行为",是"攻其一点,不及其余,凭其不合逻辑的想象罗织罪名",以及"文化大革命",等等。这种做法能算是《始末》"编后"所称道

①　林矟:《学术论文的伪注问题——从〈中国社会科学〉2002 年第 3 期发表的一篇重头文章说起》,学术批评网,2002 年 10 月 30 日。

的"积极的、建设性的态度"吗？——鲁品越教授的反批评文章,现在还贴在学术批评网(www. acriticism. com)上,并发表在《博览群书》2003年第1期,事实俱在!

正是由于被批评者鲁品越教授自己错了还强词夺理,才引起包括笔者在内的诸多学人的批评,才引发了"伪注争论"。这一点从双方文章发表的时间上也可以得到有力证明:自2002年10月30日林猗先生的《学术论文的伪注问题——从〈中国社会科学〉2002年第3期发表的一篇重头文章说起》,到2002年11月9日鲁教授的《对〈学术论文的伪注问题〉一文的答复——兼论健康的批评文风之建设》(11月10日又改发"修改稿"《是错注还是"伪注"？——答〈学术论文的伪注问题〉兼论健康的批评文风之建设》),其间没有任何人就此问题发表过任何评论。只是由于鲁教授在11月9日的"答复"中指责批评者"无限上纲,诋毁他人人格,并非君子之为"等,笔者才撰文《应当如何对待学术批评》与鲁教授商榷,并于11月11日发表于学术批评网;之后,又有其他学人陆续加入争论。笔者可以负责任地说,"伪注争论"是承受能力太差、过于敏感的鲁教授一手挑起来的。

如果《始末》非要说鲁教授态度"积极",也只能说他后来在诸多学人的批评帮助下,作出了明智的选择。虽然保留了对"伪注"之说的不同意见,但承认"错注"是"严重的学风问题";不但不再指责批评者,还表示"真诚地感谢学术批评网上的这些批评"①。鲁教授态度的转变,受到批评者的欢迎,从而最终结束了争论。——这才是笔者所说的"鲁教授为学界同仁作出了榜样!"②——虽说难能可贵,但也仅此而已。

据《始末》"编后"称,《始末》是《中华读书报》记者"关于《学术论文的伪注问题》一文发表始末的调查"。既然是调查,就应当全面客观,而作为学界享有盛誉的光明日报主办的全国性著名媒体,更要实事求是。但我们从《始末》中所看到的,完全是一面之词,除了起首处为说明事由不得不举出最初批评文章的一些文字外,根本看不到其他批评者为什么批评,如何批评,批评的是什么等有关内容,全篇几乎都是鲁教授越描越黑的自我辩护及他人为其开脱之语。该文虽然也提到鲁教授"最后的态度得到曾经激烈批评他的人们的首肯",但对他看到批评后的并非"积极的、建设性的态度"却丝毫未及,当然更没有笔者上引的鲁教授的激烈"反驳"。好像根本就没有这么一回事,好像是诸多学人都对一位"严谨"学者的偶然"失误"抓住不放,没完没了,甚至落井下石。这种回避问题实质与不尊重事实的"调查",能算是《始末》"编后"所提倡的"媒体在学风建设中坚持实事求是、严谨的作风"吗？

如果是因为"就在此事讨论已经得到较一致的认识时,2002年12月18日,《中华读书报》发表署名林猗的文章《学术论文的伪注问题》",而没有发表其他争论文章尤其

---

① 鲁品越:《一丝不苟,共同营造严谨的学风——答谢林猗、田畔、周祥森、敬礼诸先生》,学术批评网,2002年11月19日。

② 田畔:《我的学术批评观——对三种人要严厉抨击》,学术批评网,2002年11月24日。

是鲁教授的文章,不足以反映"伪注争论"全貌而有失公允。向被批评者道歉,也是可以理解的。但如果为了表示自己有道歉的诚意或出于其他什么原因,就不实事求是地发布一面之词的调查报告,就不足取了。笔者以为,《中华读书报》编辑部的这一具有强烈倾向性的所谓"调查",不仅是对以认真负责态度参与争论的诸位学人,更是对广大读者的不尊重!

最后,再指出两点。一是《始末》一文煞有介事地借鲁教授同事之口,赞扬"鲁品越做学问很严谨"。然而,不无讽刺的是,《始末》又披露说,鲁教授承认自己在注释时经常"极不严谨":"我有一个特别坏的习惯:平时依赖电子资料(特别是网上资料)做电子笔记","一旦网上印刷品出处不明时(或自己怀疑其有问题时),自己就会根据网上其他旁证资料来自作判断标出印刷品出处,而懒得跑图书馆寻找正式的印刷出版物来核对"。那么,鲁教授做学问到底是"很严谨"还是"极不严谨"? 这种自相矛盾的说法,怎能堆在一篇文章之中而不加任何分析说明呢? 看来《始末》的作者(记者)也没有"调查"清楚。没有"调查"清楚,就来乱说,以其昏昏,如何使人昭昭?!

二是《始末》称,《中华读书报》在"时过境迁"之后,发表《学术论文的伪注问题》,是"对当事人造成了新的伤害"。言下之意,诸位学人此前对伪注问题的严肃批评,都是在"伤害"被批评者。难怪《始末》一文对被批评者厚爱有加,原来他们是从"伤害"的角度来看待学术批评的。看到笔者一向敬慕的《中华读书报》的记者,竟然会发表这等低水平的言论,的确是十分地吃惊与遗憾! 难道这就是《始末》"编后"所标榜的,"身体力行地参加到学风建设中来"吗?

附:参与争论的全部 13 篇文章都首发于杨玉圣先生主持的学术批评网(www. acriticism. com),并刊发于光明日报社主办的《博览群书》2003 年第 1 期。读者可以通过这两家媒体,了解到"伪注争论"的真"始末"。

令人忧虑的抄袭剽窃现象

——从拙著《中国悬棺葬》的遭遇谈起

陈明芳

笔者用近年来遭受的几起抄袭、剽窃事实说话,或许有助于读者诸君对中国学术腐败的了解和认识。

一、笔者耗费了十多年心血完成了一部名叫《中国悬棺葬》的学术专著

二十多年前笔者考入中山大学人类学系文化人类学专业攻读硕士学位,从那时起就在广东曲江马坝人的发现者梁钊韬先生的指导下开始对广泛分布于华南和东南亚地区的悬棺葬进行研究。梁先生决心通过我们师生的共同努力,去揭开中国历史上乃至世界文化史上的这一"千古之谜"。

探索悬棺葬之谜的过程非常艰苦而又漫长。因为这一古老而又奇特的考古文化和丧葬习俗存在的时间和空间跨度都很大,与此同时它是涉及历史学、考古学、民族学等多学科的一个综合性研究课题,需要深厚的知识积累,尤其重要的是它需要研究者长时间进行大量的田野科学考察。

为完成悬棺葬研究,笔者不仅花费了十多年时间到全国各地收集、整理有关的中外文献资料,而且不辞劳苦、不分寒暑到华南十个省区做艰苦的实地调查,足迹几乎遍及了我国大陆凡有悬棺葬的地区。十多年来笔者孤寂一人年复一年地长途跋涉,翻山越岭,深入人迹罕至的偏僻山区,经常要冒着生命危险去攀登令人头晕目眩的陡崖绝壁。其间学术界许多朋友曾多次劝笔者放弃这项"既冷又偏"且费力不讨好的研究,另选省时省力、容易出成果的课题,但想到恩师梁先生的谆谆嘱咐,加上从事这一研究极富挑战性,因此不管碰到多大困难,笔者探索悬棺葬之谜的决心都从未动摇过。

经过了十多年的潜心研究,笔者在公开发表了近30篇悬棺葬研究专题论文和若干篇田野科学考察报告的基础上,终于出版了国内外第一部全面、系统研究悬棺葬的学术专著《中国悬棺葬》(重庆出版社1992年版,以下简称《中》),拙著从科学的角度初步揭示出了悬棺葬的种种奥秘。

二、抄袭排行榜

自 1999 年 3 月以来至今笔者不经意间发现抄袭、剽窃拙著《中》的科普读物已有 9 本之多,有的抄袭之作刚面世即被发现,而有的是过了一二年之后才发现的,以此推测,可能还会有一些抄袭拙著《中》的作品尚未被发现。

(1)四川大学历史文化学院(原历史系)考古系教授罗二虎著《魂归峭壁——悬棺与崖葬》(四川教育出版社 1998 年版,以下简称《魂》)。

《魂》从书的整体框架结构,学术观点以及说明这些观点的实地调查第一手资料和文献资料,实地拍摄照片、手绘插图、注释等均抄袭拙著《中》。经初步核对,《魂》书正文共 13 万多字,抄袭拙著《中》语言文字达 7 万多字,超过《魂》全书篇幅的 50% 以上,将拙著《中》的学术价值破坏殆尽。尤其令人感到荒唐可笑的是,这位名牌大学的教授、考古学博士在抄袭过程中因过于贪婪和懒惰,竟然连拙著《中》书中出现的笔误、标点符号的错误等都一并原封不动地照抄照录,成为抄袭剽窃的铁证。

更令人震惊的是,就是这样一本有严重抄袭剽窃性质,在知识性、科学性方面也存在许多错误的假冒伪劣产品竟然作为《华夏文明探秘丛书》中的组成部分,于 1998 年获得了全国最高图书奖项——第十一届中国图书奖,同时还是四川省“五个一工程规划”中的重点书目和四川省知识工程优秀图书推荐书目。1999 年 10 月《华夏文明探秘丛书》作为新中国成立五十周年四川出版界的辉煌成就之一在成都市最大、最有影响的西南书城展销,罗二虎的抄袭“大作”也堂而皇之收入其中。《魂》这本盗窃他人科研成果的“科普读物”获得了如此多的奖项和荣誉在中国学术界和出版界都算得上是一大奇闻(请详见《学术界》2003 年第一期笔者撰写的《抄袭剽窃的大奇案——评罗二虎著〈魂归峭壁〉》)。

(2)《中国考古大发现》上册中《天上的阴间——中国悬棺之谜》全文 6000 字,竟全都抄袭拙著《中》,据悉,抄袭者为某名牌大学历史系一位历史学博士。

(3)老弓编著《中国考古大揭秘》(言实出版社 2001 年版)中《悬棺葬:天上的阴间》文字约 3000 字抄袭拙著《中》1800 多字,文内 13 张照片均抄袭自笔者在全国各地实地拍摄的照片。据该出版社副社长黄军先生称,编者老弓是四川大学一群在校学生的集体笔名。

(4)《中国西部》2001 年第 12 期专题文章《珙县僰人悬棺之谜》,作者为西南民族学院中文系副教授兼该杂志社副主编杨树帆,文中《僰人之谜》、《悬棺之谜》和《悬棺葬内涵之迷》大约 9400 多字,抄袭拙著《中》5100 多字。《中国西部》大型画刊为四川省人民政府外事办公室主办,编委会主任和该刊顾问都十分了得,除了全国顶尖级学者,还有四川省政府、中国外交部、新闻出版总署的高官。杨树帆的抄袭是属个人行为,但他还是给《中国西部》杂志和有关人士抹了黑。

（5）中国民俗学会编、刘铁梁主编、王增永、李仲祥著《婚丧礼俗面面观》（齐鲁书社2001年版）中的第268—271页"悬棺葬是怎么回事?"和第271—274页"船棺葬是怎么回事?"共约5000字,几乎全抄袭拙著《中》和《论船棺葬》（《东南文化》1991年第1期）。

（6）陆建松著《魂归何处——中国古代丧葬文化》（四川人民出版社1999年版）第50—54页《古代悬棺葬探幽》约2300字,均抄袭剽窃拙著《中》,该书在后面特别注明:"本书研究成果为复旦大学美国亚洲基督教高等教育青年基金资助。"

（7）叶文宪著《趣味考古》（上海古籍出版社2002年版）中的第100—103页《特殊的墓葬——悬棺葬》约1600字,大多抄袭拙著《中》。

另有2本是近一两年在书店所见《中国历史上的千古之谜》和《丧葬面面观》,均有悬棺葬的文章,每篇文章大约只有1000字左右抄袭拙者《中》,因将其与罗教授、某历史学博士、西南民院副教授等人的抄袭相比,是小巫见大巫,看了之后,笔者仅一笑了之,所以未专门记住抄袭者姓名和出版社的名字。

至于以上"学者"究竟是如何抄袭、剽窃拙著《中》书的,笔者将另撰文并会将上述抄袭之作与拙著的文字加以对比,一一公诸于众。

仅笔者一个人在近几年时间中就发现和遭遇了八九起抄袭剽窃,在中国学术界被抄袭、剽窃的人还少吗? 抄袭、剽窃虽然是个人行为,在中国学者中只是少数,但这些人肆无忌惮的猖狂窃掠严重损害了他人权益,破坏了学术界正常的秩序。

三、抄袭剽窃者的形象

在笔者遭遇的几起抄袭剽窃事件中接触到的抄袭者已有几位,而其余文抄公笔者目前对他们的情况还一无所知。

1999年3月当我发现四川大学教授罗二虎对拙著《中》有严重的抄袭行为后,主动与之交涉,希望通过协商解决问题,罗二虎起初对自己抄袭行为被发现还是显得很惊慌,承认"民族方面全是抄"笔者的,他表示愿将从出版社所得稿酬都交给笔者,但笔者指出,抄袭拙著《中》之事不仅仅是一个稿酬问题,更重要的是有个是非问题,而且《魂》书面世后,既获奖又畅销,他还向国内一些考古研究所资料室免费赠送,对笔者的科研成果和名誉等均造成了严重损失,这些社会影响又如何消除? 见击中要害,罗二虎干脆死不认账,加以抵赖,为自己的抄袭行为百般狡辩。

（1）"抄袭有理":罗二虎认为因《魂》与《中》都是写悬棺葬,"由于考古学对象的客观性和唯一性决定了除利用前人成果之外,不可能通过其他正常途径获得",言外之意,他的"大作"《魂》只有抄袭《中》才是"正常途径",他抄袭"有理"。

（2）罗二虎认为抄袭拙著《中》书几万字还抄得不够。中国版权保护中心版权鉴定委员会《鉴定报告》认定,《魂》抄袭《中》的字数有3项:笔者的田野科学考察资料;经笔者选取、编排的文献资料;《魂》将笔者收集、整理的古文献译为白话,共计超过四万字。

罗认为《魂》不是百分之百抄袭拙著,他还嫌抄得不够,"所占比例不大","根据学术界惯例,凡自己找不到的资料均可从他人著作中转引"。

如果我们抓住一个小偷,无论他偷一百元钱还是一千元钱,其性质都是盗窃,罗二虎身为四川大学教授,硕士研究生导师,难道不知道抄袭一万字或几万字都是抄袭吗?根据《著作权法》,只要是在自己的作品中使用他人作品,不指明作者姓名、作品名称,或所引用他人作品不是为了"介绍、评论他人作品或者说明某个问题",无论抄袭多少均被认定为抄袭,对抄袭的认定并没有字数和所占比例的规定,1999 年国家版权局下达的关于如何认定抄袭的文件再次重申了这一法律条文。

罗二虎所谓"可以转引"的谬论更是暴露出了抄袭者的本来面目,"转引"不过是一块掩盖其偷盗行为的遮羞布。第一,学术界根本就不存在罗二虎所说的"惯例";第二,他所谓的"转引"也并不是"引用"而是抄袭。若转引也必须指明被引作品的作者姓名、作品名称,因为被转引的资料或者学术观点之类虽然有的并不属被引用作品的原创,但该作者在收集、整理、选取、编排有关资料过程中也付出了艰苦的脑力劳动,转引者对此予以说明或注明是对他人劳动应有的起码尊重。《魂》连续几页、十几页地大量抄录拙著《中》的语言文字,不加以任何说明和注明,从根本上否定了笔者的劳动,作为读者自然会认为是罗二虎的研究成果。

2002 年 1 月初在外地工作一友人打长途电话告诉笔者,《中国西部》2001 年第 12 期刊登的杨树帆著《珙县僰人悬棺之谜》抄袭拙著《中》的内容太多,随后笔者买到该期刊物。杨某为西南民族学院中文系副教授兼任《中国西部》副主编,其大作《珙县僰人悬棺之谜》洋洋洒洒共约 1.2 万字,是《中国西部》2001 年第 12 期中的专题文章,也是该期杂志的主要内容。经笔者初步核对,杨文中《僰人之谜》、《悬棺之谜》和《悬棺葬的内涵之谜》三部分共约 9400 字,抄袭拙著《中》5100 多字,抄袭率 54% 。2002 年 9 月我委托四川省版权中心同《中国西部》杂志社和杨树帆交涉,该杂志社将此事全推到杨的身上。杨树帆与我直接见面以后,也是拒不承认有抄袭嫌疑,认为他的文章与拙著《中》"没有一点雷同的地方",但又反复辩称自己"不否认参考"了拙著《中》,甚至认为通过他的专题文章"是向广大旅游者宣传、介绍和传播了"笔者的科研成果。杨树帆写的文章中并没有确切注明和说明是笔者的科研成果,又如何能起到宣传、介绍和传播笔者科研成果的作用呢? 偷了别人东西的人,不仅未感到丝毫羞愧和向受害者表示歉意,而且反认为自己"有功",受害者应该向他表示感激才对,世界上哪有这样的强盗逻辑?

四、抄袭剽窃、引用和参考

笔者在学术批评文章中来谈这三个不同概念,很多人会认为十分可笑,因为区分抄袭剽窃、引用和参考属于太简单不过的常识了,谁会不明了? 其实不然,目前学术界抄袭剽窃腐败风气之盛行,就是由于少部分文抄公们在这三个不同的基本概念上大做文章,混为一谈。

　　抄袭、剽窃可以视为同义语,是指将他人作品或作品的片段当作自己的作品拿去发表,是一种欺世盗名的不法行为。而引用则是"在指明作者姓名、作品名称并且不得侵犯著作权人享有著作权"的前提下(1)为个人学习、研究或者欣赏使用他人已经发表的作品;(2)为介绍、评论某一作品或者说明某一问题,在作品中适当引用他人已经发表的作品。如果超出《著作权法》规定的前提条件及引用的目的都属抄袭。[①] 所谓参考,顾名思义是参照他言他事而考察之,参考的作用是对自己有所启迪,参考的对象并不一定成为自己作品中的引述部分。

　　以罗二虎和杨树帆为例,他们明明知道,几页十几页地抄录拙著《中》是违法的,但他们顾不了道德和良心的谴责或是否违法,企图以"打擦边球"的方式以身试法。在偷盗别人的东西之前,他们早已为自己想好了退路,那就是在自己的书和文章之后,将被他们大量抄袭的作品列为"参考书目",一旦有人发现他们的不法行为,就为能够"理直气壮"地拿参考书目来进行抵赖,为自己的抄袭行为狡辩。然而"假的就是假的",以被抄袭作品列为"参考"也无法为自己的抄袭行为开脱,因为"参考"是一种泛指,而非确指。大量擅自使用他人成果而不加说明和注明,作为广大读者是分不清楚哪些是作者的劳动成果,哪些是他人的劳动成果的,不作确切说明,读者就认为是抄袭者的劳动成果。

　　罗二虎和杨树帆毕竟是教授与副教授,而且还指导硕士研究生,杨树帆身为四川省官方主办的大型刊物《中国西部》副主编。罗、杨二人对拙著《中》的抄袭虽然有原封不动的低级抄袭,但也有改头换面的高级抄袭。高级抄袭与改编极易混淆,但两者之间的根本区别就在于是否注明了出处。因此罗二虎和杨树帆以"参考"这一泛指的概念来偷换"引用"的概念,企图让自己的抄袭行为蒙混过去是徒劳的。

　　值得注意的是,目前中国学术界不少人采用在书后列"参考书目"的方式大量抄袭剽窃他人科研成果,甚至包括某些省部级和国家社会科学的重点课题都采取这种鱼目混珠的方式。抄袭、剽窃与盗版同样是严重侵害知识产权的行为,有人认为刑法可以对盗版定罪,比盗版更严重的(盗版还使用了对方的署名)抄袭、剽窃更加应该定罪。

　　由于抄袭、剽窃者从不劳而获行为中得到的利益越来越多,又很少受到惩处,于是有更多的人步入此道,而且脸皮越来越厚,贼胆也越来越大。如前所列《中国考古大发现》、《中国考古大揭秘》、《婚丧礼俗面面观》、《魂归何处》等抄袭者更干脆,连"参考书目"这块遮羞布都懒得要了。有的自称是"考古专家写给普通读者的读本。取释疑、解谜、改写、补写历史的角度",自吹自擂,肉麻之极,目的是欺骗广大读者,大掏他们的钱袋,而且只在"后记"中写道:"由于本书引用的考古学成果和文物照片众多,无法一一

---

　　① 　郑成思:《著作权法中的若干问题》;许超:《关于抄袭认定中的几个问题》,见张鲁民、陈锦川主编:《著作权审判实务与案例》,中国方正出版社 2001 年版。

标注说明与有关摄影者联系"，谨向"他们表示崇高的敬意和谢忱。见到书中使用了自己原始照片的摄影者可与作者或出版社联系，以便办理有关稿酬事宜"。这段文字清楚地说明该书擅自使用了他人众多的考古学成果和文物照片，且事先并没有征得他人同意，因为照片是无法改头换面使用的，所以叫"见到书中使用了自己原始照片的摄影者"与他们联系，以付稿酬。那么书中大量擅自使用他人考古学成果的文字部分，又如何解决呢？写这个"后记"的某些人颇费了一番心计，从表面上看似乎尊重了他人的劳动成果，其实暴露了文抄公的嘴脸。言实出版社出版的《中国考古大揭秘》在书的底页只用了比芝麻还小的字体称"本书在编撰过程中，参考了部分国内外资料，在此深表感激！"以欲说还羞的方式表明抄袭者似乎也"尊重"了他人劳动。那么小的字还遮遮掩掩，一般读者根本不会注意，但抄袭者和出版社可是为这些小字费尽了心机！

再来看陆建松自称为"获得复旦大学某高等教育青年基金资助的研究成果"《魂归何处》，该书明显是利用他人成果编写而成，并不拥有完整的著作权（但陆先生将其称为"著"，提高"大作"的档次），既然如此，陆先生就应该在书中如实地指明他人学术观点和资料的出处，遗憾的是全书当中连一本参考书目都没有列出，只是在"序"中写道："在写作过程中，本书参阅了不少前人与同行的学术成果，……在此谨表衷心的感谢！"以为用这样简单的一句话就可以将被他抄袭的受害者打发掉。

中国民俗学会编，王增永、李仲祥著《婚丧礼俗面面观》也是一本利用他人成果编写的书，仍然自称为"著"。作者更直接、干脆地连类似上述几本书的客套话都取消了，主编刘铁梁先生在"总序"中写道：该书"从表面上看，提出的问题各式各样，回答的文字也比较平实，似乎没有什么理论深度和缺乏逻辑性，但事实上问题和答案的表述都是在认真研究基础上的"。不知刘先生所言，该书中问题和答案的表述是建立在作者王增永等认真研究的基础还是他人认真研究的基础之上？

五、某些出版社对抄袭剽窃起了推波助澜的作用

当抄袭侵权发生、追究出版社承担连任责任时，某些出版社总会大呼"冤枉"，做出一副"很无辜"的样子，甚至称自己也是"受害者"。

事实果真如此吗？答案是否定的。抄袭者名利双收，欺世盗名，最终是通过出版社实现的，而且抄袭之作一旦成为商品，出版社与抄袭者双赢。

如前所述的9本"科普"读物，出版社明明知道是改编作品，是利用他人成果写成的，出版社有没有把关，要求改编者提供征得原作者同意的证据呢？罗二虎的《魂》，陆建松的《魂归何处》，王增永、李仲祥的《婚丧礼俗面面观》，叶文宪的《趣味考古》，杨树帆的《珙县僰人悬棺之谜》，明显是编写作品，却都堂而皇之署名为"著"，就连言实出版社副社长黄长军都亲口说出《中国考古大揭秘》中所有的文章均是组织四川大学在校学生写的，老弓是他们的集体笔名，在这种情况下，还偏偏要给这本东抄西抄来的书冠

以"编著",这不是莫名其妙吗?

最具讽刺意味的要数上海古籍出版社出版的《趣味考古》一书了,作者叶文宪在前言中讲,该书中有些是自己亲自撰写,有些是他所教的学生在课余时间所写的。该书中确有29篇约1000—2000字不等的文章均署有他人的名字,这本书最多只能算是编写,而且全书不到21万字,其中还有那么多人所写的文章,但出版社仍冠以"叶文宪著"。上海古籍出版社应该是在全国名气和影响都较大的出版社,竟然也作出这种荒唐可笑之事,实在令人匪夷所思!

当受害者发现有抄袭之作面市,向出版社郑重交涉以后,个别出版社一面信誓旦旦保证涉嫌抄袭的作品"已发文停止销售"、"没有侵权行为"等等,而实际上却让那些抄袭之作一直都在销售,如罗二虎著《魂》,从1999年就引起著作权纠纷,而到去年12月份四年来仍在新华书店销售;老弓编著《中国考古大揭秘》,笔者于2001年12月就向言实出版社交涉,该出版社多次发来传真都称"早已发文停止销售",很有"尊重"笔者权利的"诚意",但直到今年2月份都还在成都各大书店销售,他们长期从侵害他人著作权的行为当中获得巨大的经济利益。

近年来各种文物考古的普及读物出得又多又快,令人眼花缭乱,一些抄袭之作混杂其中,良莠不齐;一些剪刀加糨糊的作品甚至是直接由出版社策划、组织的,如《中国考古大揭秘》。所有这一切都说明,某些出版社对学术界的抄袭、剽窃之风起了推波助澜的作用。

六、学术界对抄袭剽窃行为的过分宽容
是腐败难以遏制的重要原因

如果有人不经许可将他人物品悄悄据为己有,任何人都会认为他的行为是可耻的偷盗。然而在当今中国学术界不经许可,偷偷将他人的智力成果据为己有的人却比比皆是,虽然这种与贪污、盗窃无异的行为也为大多数富有良知和道义感的知识分子深恶痛绝,但也有人为之纵容和庇护。

去年王铭铭抄袭、剽窃被揭露以后,居然有不少学者为其鸣冤叫屈。四川大学教授罗二虎抄袭、剽窃行为被四川省、成都市多家报纸、电视台甚至被中国新闻社曝光,被中国学术界众多学者严厉批评①以后,也有人替他"喊冤",直到现在都还有学术界知名人士为他说情,原因何在? 因为近年来抄袭、剽窃已蔚然成风,一些人抱着"天下文章大家抄"和"法不治众"的错误观念,被抄袭、剽窃腐败风气熏得麻木了,或者"同病相怜"、

---

① 肖荣:《科普著作也必须遵守学术规范——评罗二虎著〈魂归峭壁〉》,《中国文物报》2001年1月31日;《中国文物报》2001年3月28日第8版《书林漫步》一整版批评文章;任继愈先生:《创新要有胆量,也要有科学良心》,《群言》2001年第11期。

"惺惺相惜"的缘故。更让人感到奇怪的是,在罗二虎的盗窃行为遭到社会舆论和学术界谴责、批评的情况下,于2001年6月他已由副教授评上了正教授,2002年8月26日至9月2日在中央电视台第一套节目播出《巴人之谜》第1—6集中罗二虎正式以四川大学历史文化学院考古系教授的"荣耀"身份频频亮相了。罗的抄袭、剽窃行为不仅未得到惩处,反而晋升了,而且还作为访问学者派到日本从事研究工作去了。

对西南民族副教授杨树帆的抄袭、剽窃行为,笔者向该院、中文系各级领导都写信和邮寄杨教授抄袭之作与拙著《中》的对比材料,希望有关领导重视杨树帆有损该校形象的不法行为,半年多过去了,没有任何人对笔者反映的情况有所回复。

以上情形不正说明学术界对抄袭剽窃过于宽容了吗?

中国科技大学校长朱清时院士曾忧虑说:"现在可怕的不是有人作假,或制度上有漏洞,而是很多人明知有人在骗,但抹不开面子,对学术造假采取容忍态度,对欺骗行为熟视无睹,有的单位采取保护主义态度,怕坏了名声。长此以往,终有一天会败坏集体的学术风气和科学精神。"①著名反伪科学斗士司马南先生也指出:"文抄公如果是等闲之辈,倒也罢了。但还有许多是名声显赫的家伙,他们获过奖,他们当着导师,这就成了一个非常严重的问题。许多精英的抄袭,与成克杰的腐败、胡长清的贪污没有什么区别。文坛剽客表现在新闻文艺领域,应该是比较容易引起整个社会的关注,但在学术领域,识别较难,往往不容易引起社会关注。但危害比新闻文艺领域大。"②

---

①　周立民、周剑虹:《不能让学术造假之风蔓延》,《中国教育报》2002年1月16日。
②　徐林正:《文坛剽客》,台海出版社2002年版。

关于目前高校学术流弊的对话

杨玉圣　晓　然

晓然：最近有这样几条新闻引起了我们的注意：近日中国工程院新一届院士名单首次公布，共新增 58 名院士，这些新院士是从 170 名候选人中选出来的。这条新闻在导语里特别强调说，这些人中学术道德有问题的，无一当选。2003 年 12 月 27 号，教育部紧急通知，要求严刹高校作弊歪风，紧接着教育部又出台了新的规定，要求从 2004 年开始，凡是参加全国普通高考的学生，都要签订一份考试诚信、守信协议书。

本周六和周日是 2004 年全国硕士研究生考试和全国高等教育自学考试的时间，教育部再一次发出通知，要求各地方、各报考点及考场要严格做好安全保密和考风、考纪工作。这些新闻所传达的信息非常令人担忧。学者和大学生在公众的心目中本应该是社会良知的代表和正直、诚实的化身，而如今他们的诚信问题却成了社会关注的焦点。

请问杨玉圣教授，您如何分析这一问题？

杨玉圣：中国工程院新当选的 58 个院士，新闻报道里面讲都没有学术问题，没有学术道德的问题；大学生在考试之前宣誓不弄虚作假，现在都成了新闻了。中国工程院的院士是中国工程学界代表最高学术成就的人，当然不应该出现学术道德的问题；作为中国的大学生，天之骄子，本来就不应该考试作弊。目前出现上述情况，说明考试作弊、学术道德问题等现象越来越严重，越来越普遍了。

晓然：现在大学中出现的学习风气不正和教学、科研风气不正，与近十年来高校急速扩招有很大的关系吗？

杨玉圣：最近十年，大学扩大招生，包括研究生招生、博士生招生的数量越来越多，但是质量下降，有相对滑坡的趋势。扩招应该说是适应社会发展的趋势的，但我们这些年的扩招，很多高校研究生、本科生翻倍增长，这样一来，大学的硬件，比方说实验设备，比方说教室，比方说学生宿舍，条件都没有跟上来。现在各大学排课，除了上午从 8 点到 12 点之外，下午从 1 点到 5 点，然后接下来从 6 点又到 8 点，到 9 点，全员上课，这样学生就没有上自习的时间了。相当多的教师也是超负荷运转。

还有，我们许多高校聘请的很多所谓的客座教授、名誉教授，相当一部分恐怕也名不副实。当初李岚清副总理在 1997 年 9 月曾经给原来的国家教委做了一个批示，他讲得非常好，他说："教授是一项崇高的称谓，有的国家甚至一个系只能有一位教授，兼职教授不是不可以，但一是本人得够资格，二是要有需要，三是要名副其实，要上课、讲学、搞科研,否则教授贬值是一个严重的问题,是教育的耻辱。"我觉得李岚清同志这个批示至今还是非常有针对性的。

晓然:2001 年 3 月,您创办了我国第一家学术批评网,希望这个网站能为学界同仁提供一个探讨学界热点话题、抨击学术腐败、褒扬优良学风、建树学术规范的新平台。能谈一下这方面的情况吗?

杨玉圣:我们目前出现的这些学术界的不正之风、不良现象,甚至一些学术腐败现象,是由很多方面的原因促成的。学术批评,从严格意义上讲,在我们国家几乎没有。我个人觉得,如果有了一个正常的讨论问题的氛围,有了心平气和、实事求是的学术批评与反批评,可能对于我们解决目前学术界存在的一些问题,会有一些帮助,给一些年轻人敲一些警钟,起到前车之鉴的作用。

中国这么多的教授、研究员,99% 的人一辈子写所谓的论文,所谓的著作,但很可能没有发表一篇学术评论的文章。因为一旦写评论,就得罪人,这一点是跟西方发达国家完全不一样的。在美国这样的现代学术发达的国家,一个学者在学术界有地位、有影响的标志之一,就是他发表了大量的评论,这是他学术地位的标志,是学术信誉的一个标志。在中国没有人愿意搞评论,特别是批评性的、讨论性的评论,没人愿意搞。这两年多来,快三年了,我们在学术批评网上发表了一些正面讨论问题、反面批评问题的文章,戳到了一些人的痛处,也对现行的学术体制、学术腐败现象,开诚布公、非常尖锐地提出了批评意见。其中有相当多的文章都是在学术批评网上首发,然后拿到《学术界》、《社会科学论坛》、《博览群书》、《云梦学刊》、《中华读书报》等这些公开的报刊发表,所以确实是得罪了不少人,在某种意义上甚至断了不少所谓的专家、学者的生路,让他们脸上无光,让一些大学,甚至包括中国最好的大学、最权威的研究机构,都感到很难堪,因为我们批评了他们的研究人员或教学人员。我个人也受到一些各种各样的说法和非议。但是,还有很多学者支持这个工作,特别是一些比我更年轻的正在读研究生、博士生的朋友,他们非常热心这个网,非常支持这个网,所以每天几乎都能够收到一些新的文章发布在上面,大家是不计报酬来支持这个工作。

晓然:您是觉得一定要把学术批评网办下去了?

杨玉圣:至少现在我还是有信心,虽然有时候也比较灰心,但是迄今为止我觉得有这么多热心朋友的支持,除非哪一天实在没有办法了,已经是走投无路了,就把它关掉。

晓然:刚才您谈到学术批评,它可以起到一些作用,但并不能最根本地来遏制这些不正之风。您觉得还有什么比较有效的办法吗? 比如说曾经有学者提到的学术评价机制、学术管理机制,您的看法呢?

杨玉圣:我觉得这是从根本上来解决问题的办法。现在各高校,包括中国社科院在内,都搞所谓的量化管理,即数量化管理,评价一个学者和教授,就他(她)发了多少篇文章,出了多少本书,特别地看在所谓的权威刊物、核心刊物发了多少篇文章。这种用数量来评价一个学者的成果的做法,现在看来,其问题和后果已经越来越明显。这样做的结果就是有些学者确实在无奈的环境中,在那里造一些自己也未必愿意写的所谓的论文;为了在那些所谓的核心刊物、权威刊物发文章,就动用各种关系,包括金钱关系、权力关系、人际关系。这样一来,无形之中就使人浮躁,弄虚作假,甚至抄袭剽窃。

中国有一个很特别的现象,从幼儿园老师到小学老师、中学老师、中专的老师、专科学校的老师,一直到北大这样顶尖的大学老师,每个人都要搞所谓的科研,每个人都要统计所谓的论文、著作成果,结果就形成了一个我的说法叫"全民搞学术"。这很像1958年大炼钢铁,大跃进,全民炼钢。你也知道,当初我们炼的钢的数量非常之多,但都不能用,都是废钢。这跟现在的情形非常相似,现在表面上大家都在搞学术,全民搞学术,结果搞出了很多著作、很多文章,但是这些著作和文章的水分非常多,精品非常少,也就是说像炼废钢一样,如今也在学术界"炼"出了一堆堆的垃圾,学术垃圾。这个问题应从根本上解决,不然的话,就会越来越恶化。

在中国,首先在观念上要转变。要知道,学术是自由的,学术是独立的,学术不能用行政来指挥。另外,学术评价机制必须得公正、公平、公开,谁来做评委,谁来做评委会的主席,目前在各大学,往往是大学的校长、院长、系主任。一个学者,哪怕再有名,再有权威,也往往进入不了评委,那么这样就很难保证这个评价机制是纯学术的,因而考虑问题往往首先是从管理的角度,而不是从学术的角度。

北京的各大学,可能包括外地的大学也是这样的,每年都要对老师进行考核,这是正常的,但问题也很多。每年的教学工作量、科研工作量、社会工作量都要做一个统计报表,然后作出一个考核,优秀、合格与不合格。还有的高校实行所谓的教师职务聘任制,每年考核你一次。比方说,假如你今年没有在规定的所谓的核心刊物上发表多少篇文章,他就认为你不合格,比方你本来是教授,现在聘你个副教授。学术本身是有内在规律的。它有一个很长时间的积累问题,提出问题、思考问题、解决问题是一个非常复杂的过程。一个学者在某一年会发三篇文章,也可能在某一年发一篇文章,还有可能在某一年一篇文章也发表不出来。另外你有了文章,还存在发表周期的问题,我们虽然有很多刊物,但是好的刊物并不多,那么大家都想到好的刊物发文章的话,周期很长,正常情况下是6个月到8个月甚至一年,所以你要求一个老师每年都要定期、定量发表论文,像鸡下蛋一样,这本身恐怕就是不合情理的。

我记得钟敬文先生是100岁那年去世的。在他去世前一年的一个报告会的后面,钟老发言,他就讲到,他说他现在看到很多年轻人动不动就说发表了100篇文章、200篇文章,他说:哎呀,我的天啊!我这么大年纪了,99岁了,我从十几岁就开始写东西,问到现在都总共发表了多少篇论文,就是学术论文,钟先生说恐怕也就是三五篇,不超过三篇。那么像钟先生这么一个饱学之士,他是名副其实的学术泰斗了,他是中国民俗学的开创者,他说一生能够写这么三五篇论文,我觉得不是谦虚。就是说,假如一个学者能够在一辈子中像钟先生这样高寿99岁,能够发表几篇真正在本人看来、在他人看来也是有价值的学术论文的论文,能够解决一到两个真问题,那就了不起了。问题在于,我们的很多学者,每年都炮制很多篇文章,十几篇,二十几篇,但可能一个问题也没解决。

晓然:作为一名学者和大学的教授,谈论这些学术腐败和学风不正的问题,让人感觉非常的沉重。您说过,如果不打击学术腐败,狠刹高校中的恶劣学风,大学、学者、大学生作为社会楷模的形象将遭受严重的损害,并将影响整个社会的价值体系。

杨玉圣:确实是如此。我们今天谈这个话题本身就是非常沉重的,我们谁也不愿意中国的学术界会是一副蓬头垢面的样子。我们希望我们中国的大学,中国的科研机构,中国的学者,每一个人都能够作出自己的学术贡献。在学术界,如果假冒伪劣的问题解决不了的话,学术腐败问题解决不了的话,那么,我们的学术、我们的教育也很难有希望。我曾经有一个不太恰当的比方,就是说我们每一个学者,都在中国学术界这艘泰坦尼克号上。这个泰坦尼克号船要是沉了的话,我们没有一个会是幸免的。

违背学术规律，漠视个性与人性

——评目前高校流行的"量化"管理制

黄安年

工业化时代的一个重要特点是标准化管理，后工业化时代或信息化时代的一个重要特点则是在信息现代化的同时，更加趋向个性化、多元化、人性化的管理。迈入 21 世纪的中国，正在加快现代化、信息化建设，凸显以人为本、权为民用，这就要求在改善标准化管理的基础上，更加关注个性化、多元化、人性化，而非实施"一刀切"的数字化管理。更重要的是，学术（特别是人文社会科学）研究本身具有明显的多元化、个性化、人性化特色。因此，学术管理和学术机制的建立，应尊重学术自身的运行规律，促进学术事业的繁荣发展。

在正常情况下，一个学术机制的形成和健全往往需要相当长的时间。若无政府的强烈干预，将是一个相对缓慢的发展过程。学术机制的完善，依赖于民间学术的发达与民间学术社团的促成，但鉴于中国民间学术机构的弱势情形，目前能影响学术发展的最大制约力量主要是来自官方及其主导下的学术管理机制。

事实上，现在"一刀切"式的数字化学术管理机制，正是以强势行政手段来推广的。改革旧的管理体制本身是无可非议的，问题在于"一刀切"的数字量化模式下，就必然出现只管数量不顾质量、见物不见人的异化现象，从而有悖于学术的健康发展。把学术管理的标准化等同于一刀切，就可能完全忽视个性化、多元化和人性化，不顾不同学术领域、不同学校、不同单位和不同个人、不同时间的区别，其结果是加剧了本已矛盾激化的人际关系，搅乱了学术和教育工作，使得学术领域更加不和谐，而且从根本上损害了学术事业本身。

鉴于现行"一刀切"学术机制绝大部分是教育行政主管部门和各大学自上而下推行的，具有明显的有利于官方行政管理的机制，因而称之为学术行政化、官僚化，并不为过。笔者 2003 年 3 月发表《谨防学术"官僚化"倾向》一文[①]提出："目前学术领域中的一个值得注意的现象，是学术'官僚化'倾向甚至是'官学一体化'倾向。"如学术机构的管理衙门化；职称评定、项目立项、评奖活动中的"赛跑"现象；学术评价中的官僚主义和形式主义；政府官员兼任学术项目主持人日益增多；政府官员兼任院校长的现象有增

---

① 黄安年：《学术官僚化与官学一体化值得注意的十种倾向》，（香港）《明报月刊》2003 年 3 月号。

无减;学术刊物主编官员化倾向突出;职称评定、奖金、住房等待遇向行政官员倾斜的力度加大;"腐败文凭"中的权钱学交易;学界新闻传媒活动凸显政府行政官员;一些学术团体官方色彩明显。

当前,学术行政化已经到了相当完备和系统的地步,例如高等学校的教师和技术职称评定机制,尤其是教授评定和聘任机制;博士学位点和博士生导师资格遴选机制;学术人才选拔和流动机制;高校人力资源的配备和倾斜机制;各类科研项目申报和审批机制;各类学科基地和学术研究中心的申报和评审机制;学术成果的申报和量化评估机制;学术论著成果的申报和奖励机制;教师各种待遇的分配机制;教学量化评估机制;核心期刊发表文章的激励机制;各种项目经费的激励和评估机制;学术经费分配和重点倾斜机制;高校和学术单位住房等福利待遇的分配机制;学科发展规划机制;高校专业设置和招生扩招机制;行政公示机制;各类名目的高校排名机制;学术团体官方化机制;学术机构和单位管理机制;裁判员、运动员兼于一身的学术评估和监督机制;包括校园网在内的学术新闻突出报道各级领导活动媒体舆论机制;等等。在上述各类机制中,几乎无所不包、无处不在。在这个"一刀切"的网络化管理网中,高校真像有的教授所说成了养鸡场,大学教师则成了数字化管理下的打工仔。这种情况甚至连已经边缘化的老教授也难以幸免。比如学术成果关系学校学术声誉和排名,即使已经退休的教授成果,学校也不漏掉,各级领导和程序管理员根本无须在平时关注、调查和统计教师的学术研究状况,只须对申报资料略作加工,就可以轻而易举地快速"一刀切"地完成学术成果的评估。显而易见,在这种情况下,数字化的制定者和管理者成了学术运行机制的决策人和领导者,而学术研究的主力军广大学术工作者则成了数字化的奴隶和俘虏。程序管理员的权力比教授要大得多,学校校长和各部门领导透过标准化数字可以掌握"实情"并作决策。人际关系、学术管理部门和学者之间的关系已经异化为数字游戏的关系,而数字的背后则是一连串的名与利、权与钱的较量。

客观地说,"一刀切"数字化管理在改革开放初期有着它的客观需求,对于引进竞争机制、刺激教学和学术研究的积极性、奖勤罚懒、推动有序管理,是起了积极作用的,也在相当程度上推动了高等教育和学术事业的发展。尤其是管理信息化、网络化的快速发展,带动了学校管理的一系列重要变化。但是,我们必须正视这样的事实和现实:

第一,数字化不能绝对化、神圣化,数字化的运行是由人来制定和操作的,如果制定者依据的数据是不客观或者不大客观的,如果制定者和操作者掺杂了各种非学术因素,其后果可想而知。

第二,不能因为强调数字化就忽视个性化、多元化、人性化,不能见物不见人,这一点在学术领域尤其需要注意,我们在自上而下推行标准化管理模式时出现的问题,恰恰是发生在这里。见物不见人,重量不重质,重大同轻小异,以一般代个别,以统一代多样,以共性代个性,以集权代自由,以标准代实情,强调大政府,无视小社会,严管的多,松绑的少。一句话:以官为本多,以民为本少。我们可以列举出太多的例子来说明这种现象。①

在这种情况下，即便是涌现了一些优秀学术人才、学术研究基地，有影响的知名高校、有相当质量的学术成果，但雷同的多，有特色的少。尤其是不利于不拘一格选用人材，难以产生各具特色的具有个性化的学术大师级人才；不利于和国际知名大学接轨，难以涌现出世界一流的国际知名高校和学术研究机构；不利于产生具有世界水平的高质量的学术创新成果，难以真正形成学术思想文化领域中的百花齐放、百家争鸣的景象。比如，按照目前的标准化管理模式，我们还能产生出像启功这样的大师吗？能由像蔡元培这样的教育家来管理教育和学术吗？② 现在到了需要松绑、松绑、再松绑的时候了！

第三，再说，如果细心地观察，在这些名目繁多相互影响的机制中，学术批评、学术纠错、政策听证、扶植弱势、学术监督的机制却很不完善，有的根本没有，有的则有名无实，成了制度化的形式主义和制度化的官僚主义。有的则违背公开、公正、公平的原则，裁判员、运动员一身二任，为监守自盗创造机会。表面上各项规定的出台，有公示，实际上只不过是走走过场，处于弱势群体的广大基层教师没有举足轻重的发言权，甚至连听证权、公开批评的话语权等民主自由权利都得不到充分保障。

第四，目前数字化规定和机制，在大多数是向着高校和科研机构的既得权势集团和利益集团倾斜的，普通教师等弱势群体已经处于更加不利的地位，从而形成强势更强、弱势更弱的畸形状况，从而助长了高校和学术界的不协调、不和谐。

那么，如何建设和谐健康的学术研究新秩序呢？

第一，尊重学术研究规律，实事求是，制定学术研究管理的规定和细则，促进有利于学术自身运行规律的学术机制，淡化和废止那些体现长官意志的量化举措。

第二，学术管理机制应兼顾管理科学化和学术个性化、多元化、人性化诉求。

第三，健全学术批评、学术听证、学术纠错和学术监管机制，淡化学术行政化、官僚化色彩。

第四，推进学术平等、学术自由和学术民主，审慎协调不同学术群体的利益关系，杜绝运用行政资源人为扶强抑弱，关注弱势群体，努力营造学术共赢与和谐的新局面。

---

① 参见黄安年：《再论人文社科学术成果过度"量化"的弊端兼与蔡曙山先生商榷》，学术批评网2001年12月2日；《申报教授必须要在〈历史研究〉发表文章吗？——兼谈某大学职称评审规定的非科学性》，《云梦学刊》2003年第3期；《评北师大学术职称评定中的"唯文凭化倾向"——1955年以来出生的教授必须有博士学位吗？》，学术交流网2002年7月5日；《学术评奖中的非学术因素》，《学术权力与民主》，鹭江出版社2002年版；《学术成果的量化与学术成果的投入产出》，学术交流网2003年2月19日；《究竟是奖励学术刊名还是奖励论文质量——评本末倒置的文科成果奖励津贴》，《社会科学论坛》2005年第4期；《建议将"节余型"因素引入学术评估机制》，学术交流网2005年7月12日；《评高校教授聘任中的唯学历倾向——兼谈博导称谓的误导性》，学术交流网2005年7月14日。

② 参见黄安年：《大师离我们远去　呼唤学术忧患意识——两篇报道不同见解引发的思考》，学术交流网2005年7月3日。

翻译态度与学术创新

——谈《十九世纪中叶俄罗斯驻北京布道团人员关于中国问题的论著》一书部分篇章的翻译及相关问题

陈开科

学术批评是个敏感而复杂的问题。现实生活中,我看到很多人因为热衷于"学术批评"而引火烧身。但毫无疑问,"学术批评"又是学术史的一个重要内容,不可或缺。从某种程度上甚至可以说,学术批评是推动学术进步的一种动力。所以,就学术本身的发展来说,学术批评是非常必要的。问题关键在于,这个"学术批评"是否健康。而学术批评的健康与否,除了实事求是外,还要看其批评的目的是否纯洁。如果我们的学术批评,能实事求是,唯一目的是为了进一步繁荣学术,提高学术研究的水平,那么,这样的学术批评是应该受到欢迎的,相信不会"引火烧身",也没有必要惧怕"引火烧身"。下面,我就本着这样的认识,对《十九世纪中叶俄罗斯驻北京布道团人员关于中国问题的论著》(以下简称《论著》)部分篇章的翻译问题,以及主编本人的学术态度,谈点建设性的看法。

《论著》一书,由中华书局于 2004 年 6 月出版,印数 1500 册。该书实际上译自《俄国驻北京布道团成员著作集》(以下简称《著作集》)。这是俄国历史上第一份汉学连续出版物,由 19 世纪俄国三位汉学大师之一的巴拉第①(另两位为雅·比丘林和帕·瓦西里耶夫院士)首倡编辑,共出版四辑,有圣彼得堡和北京两种版本。② 这份汉学连续出版物,虽然是巴拉第首倡,但是,由于他在北京,而定稿和印刷却在圣彼得堡,所以,实际

---

① П. И. 卡法罗夫(П. И. Кафаров,1817—1878),教名巴拉第(Палладий),所以又习称巴拉第。1840 年,他作为俄国驻北京第十二届布道团(1840—1850)的修士辅祭,来到北京。此后,又作为俄国驻北京第十三届布道团(1849—1859)和第十五届布道团(1864—1878)的大司祭,相继到北京定居,前后约 31 年之久,直到去世。他是俄国 19 世纪享誉欧洲的国际汉学大师,是 19 世纪俄国汉学布道团系统最具代表性的灵魂人物。

② 《俄国驻北京布道团成员著作集》(Труды членов российской духовной миссии в Пекине)前后出版四辑。第一辑出版于 1852 年,第二辑出版于 1853 年,第三辑出版于 1857 年,第四辑出版于 1866 年。这是第一版,姑且称之为"圣彼得堡版本";第二版则于 1909—1910 年由附属于俄国驻北京布道团的圣母安息教堂印刷所出版,姑且称之为"北京版本"。

编辑工作由其朋友阿·切斯诺伊①负责。该《著作集》共收集文章 28 篇,涉及中国的历史文化、宗教、交通和科技,包罗万象,全面反映了 19 世纪俄国的汉学旨趣,代表着 19 世纪俄国对中国的了解水平,所以,无论在学术史上,还是中俄文化关系史上,都显得非常重要。研究这样的著作,无疑是我们这些中俄关系研究者们的一个重要任务。在这点上,我不得不对曹天生和张琨、何玉英、王滢波诸位先生(女士)表示深深的敬意。他们走在学术的前列,率先组织翻译了该《著作集》,并由中华书局列入《世界汉学论丛》出版,填补了学术研究的空白,这是学术界的幸事。就我本人来说,对这件学术界的盛举尤其感到由衷高兴,因为,这几年我一直在研究巴拉第,我的博士后课题就与此相关。所以,书一出版,我就立刻购买并迅速浏览了全书。可是,在浏览过程中,我发现了一些翻译态度的问题,还发现有学术创新的问题。出于对学术负责,也出于对编译者们的敬意,我现在把我的意见略述如下。

由于研究工作较忙,我虽浏览了全书,但是认真阅读的篇幅不多。除了"前言",正文部分对照俄文原文仔细阅读了的仅仅只有《关于成吉思汗的蒙古古老传说》译者序(第 580—590 页)一篇。所以,我下面的意见,主要针对"前言"和《关于成吉思汗的蒙古古老传说》译者序。

先谈《关于成吉思汗的蒙古古老传说》译者序的翻译问题。该文为巴拉第所写,译成汉语共 11 页,即《论著》第 580—590 页。在这短短 11 页译文中,和俄语原文比较,约有如下问题:

(1)第 580 页译文"而且被收入《元史》中被称为'托布铃'的皇家档案馆内"。按:"托布铃"的俄文原拼为"Тобчиянь"。如果说要找到与《元史》中对应的称呼,一般都为"脱必(卜)赤(颜)",见于明修《元史·察罕传》及《明太祖实录》等。历史上没有"托布铃"的称呼,译文应该从俗。

(2)第 580 页译文"翰林张元泽和文官马晒河"。按:这两个人名俄文原文为"Чжань юаньцзе"和"Маша ихэ"。这两个人名的俄文拼写稍有误,巴拉第在此引用的这段话出自《明太祖实录》。查卷 141,原文为"火原洁"和"马懿赤黑"(顾炎武则写作"马沙亦黑"②)。这两个人名,历史上有明确记载,不能随意音译。译者应该查证相关资料,以求准确。

(3)第 581 页译文"学士刘三武"。按:俄文原文为"Лю санву"。刘三武,查明初无此人,实为"刘三吾"之误。刘三吾,湖南茶陵人,洪武为翰林学士,《明史》有传。

(4)第 582 页"北京图书馆"误译为"南京图书馆"。

(5)第 582 页译文"文集《三才图惑》和家谱《万姓通谱》"。按:俄文原文为"Сань

---

① 阿·切斯诺伊,即 Д. С. 切斯诺伊(Д. С. Честной,1799 ?—1866),教名阿瓦库姆,修士大司祭。曾任第十一届布道团的司祭。回国后,到外交部亚洲司工作,专门编辑管理来自北京布道团成员的学术著作。

② 顾炎武:《日知录集释》,岳麓书社 1994 年版,第 1255 页。

цай ту хой"和"Вань синь тунь пу"。前者拼写有误,所谓《三才图惑》是《三才图说》之误,乃明代王圻所辑,搜罗广博,但有芜杂之失。《四库全书总目》作《三才图会》;所谓《万姓通谱》则是《万姓统谱》之误,明朝凌迪知编。

（6）第582页脚注"日暇旧闻考"。俄文原文为"Жися цзю вень као"。按:此处当为《日下旧闻考》之误。清乾隆年间于朱彝尊《日下旧闻》基础上重编而成。

（7）第583页译文"四库全书"。俄文原文为"Сы ку цюань шу му лу"。按:此处显然是《四库全书目录》,也就是《四库全书总目》之误译。

（8）第583页脚注"《简明目录》第五卷第29页",用来注解德国东方学家克拉普罗特(1783—1835)的著作《论亚洲:对东方民族历史、地理、哲学的研究》(原译文中书名为德文,但窃以为该书名应该译成中文)。按:该脚注俄文原文是用来注解《蒙古源流》的,见俄文原文《著作集》第四辑第8页。但译者却误为注解德国东方学家克拉普罗特(1783—1835)的著作《论亚洲:对东方民族历史、地理、哲学的研究》。试问,德国学者的著作又怎么会出现在《四库全书简明目录》里? 岂不怪哉! 而《著作集》第四卷原文第9页对《元朝秘史》的脚注"《简明目录》卷8第9页",在译文中却又神奇般地不见了。

（9）第583页译文"1748年,万关戴也对《元朝秘史》产生了兴趣"。按:"万关戴",何许人也,查无实据。但熟知元史的人就知道,他就是"万光泰",字循初,秀水人,乾隆十五年(公元1750年)举人,著有《元秘史略》。俄文原文为"Вань гуаньдай",拼写稍有误。

（10）第583页译文"《朝代丛书》的出版者杨复计"。按:《朝代丛书》,应该是《昭代丛书》之误;而编者杨复计,也应是杨复吉之误。

（11）第584页译文"王慧祖把《元史》的各种版本和疏漏编成一册(参见《元史更正》),但效果甚微"。按:王慧祖,何许人也? 实乃元史专家"汪辉祖"之误。而所谓《元史更正》也世无其书,乃《元史本证》之误。俄文原文为"Юань ши бэнь чжэнь",没误拼。

（12）第584页译文"《元史累编》、《史遗》"。按:上穷碧落下黄泉,也无从查找此二奇书。仔细勘查,原来《元史累编》为《元史类编》之误,邵远平编;而《史遗》则为《史纬》之误,陈允锡编。俄文原文分别为"Юань ши лэй бянь"和"Ши вэй",没误拼,是误译。

（13）第585页译文"这些学者除徐松外,还有:程通文,宫定安,沈子敦,张石洲,何秋涛,吕先季,文正三"。按:程通文,当是桐乡"程同文"之误;而"宫定安"当为"龚定盦"之误。至于"吕先季"、"文正三"为何许人,查无实据,此处当存疑待考! 此二人俄文原文为"Люй сань цзи"(还原汉语拼音为 lǚ sanji),"Вэнь чжэньсань"(还原汉语拼音为 wen zhensan)。此处巴拉第列出的人物,必须符合两大条件:一是对西北史地,特别是蒙元历史(《元朝秘史》)研究有成的清学者;二是成名年代须在1866年巴拉第该文发表以前;此外,还要考虑巴拉第的俄文姓名拼音可能出错的因素。而翻检相关资料,符合条件而巴拉第没有提到的清学者有梁质人(1641—1729)、祈鹤皋(1751—1815)、俞正燮(1775—1840)、顾广圻(1776—1835)、魏默深(1794—1856)等,而"吕先季"、"文正三",则不在其列,是否巴拉第拼错,有待考证。而且,中国的人文地理相当奇特,如果说,巴拉第在这里所说的是两位隐居北京,虽无名当世但对元史有研究的学者,一点都不奇怪!问题在于(我个人认为),如果人名的真实性不能确定,那么就应该标明是"音译",免得读者误解,不慎引用,以致流毒。

(14)第586页译文"通过果比里、马里依和O.雅金夫……在施密特翻译的《萨囊彻辰》和不久前出版的、附有喇嘛公布也乌的俄语译文的《阿尔唐脱布敕》中都复述了蒙古传说。……我们在翻译成俄文的洪德密拉和阿布尔嘎斯的著作以及《普济德拉克鲁》和德·奥松的《蒙古人历史》中可以找到……拉施德爱德京的年鉴……"仔细审视这段译文,简直如睹天书,不知所然。其中"O.雅金夫"其实就是雅金甫,即大名鼎鼎的比丘林神父。"O."即俄语"Отец"(神父)的略写。如果简单译为"O.雅金夫",不知内情的一般读者还以为"O."是"雅金夫"的名或父称的缩写。所以,应该译为"雅金甫神父";译文中的"喇嘛公布也乌"就是19世纪中叶蒙古喇嘛嘎尔桑·贡博叶夫(Галсан Гамбоев)。而译文之《阿尔唐脱布敕》就是被誉为"蒙古历史三大历史文献之一"的《黄金史纲》,又作《阿勒坦·脱卜赤》①。1858年,喇嘛嘎尔桑·贡博叶夫将之译成俄文,名为《一部蒙古编年史的原文、译文,附卡尔梅克原文本〈乌巴什浑台吉及其与卫拉特人的战争史〉》,发表于该年《俄国考古学会东方分会学报》②第14卷;译文中的"阿布尔嘎斯"就是17世纪蒙古史学家"阿布耳-加齐"(Абул-гази,1605—1664)。为成吉思汗长子术赤的后裔,1643年为中亚花剌子模汗,有著作《突厥世系考》(Chedjeie-i-turk),也就是译文中的《普济德拉克鲁》③;译文中"德·奥松的《蒙古人历史》"就是广为人知的法国蒙古学家"多桑的《蒙古史》"。冯承钧先生于1934年翻译出版。译名应该从俗;此外,译文中之"拉施德爱德京"虽和俄文原文音近,但仍应该从俗,译为"拉施特"(或译"拉施都丁"、"剌失德丁"④)。何况在该书序言里,主编自己就称其为"拉施特丁"(见第9页)。同一个人,在同一书中,称呼不一,实为不妥。

(15)第585页译文"1841年,因为认识翰林院图书馆馆员,他得以进入科学院图书馆";另第588页"北京科学院"等,其"科学院"译文似可商榷。清王朝又哪里有科学院?还是译为"翰林院"为好。这也是巴拉第本人的意思。他在前面就已经提示"Хань

① 朱风、贾敬颜合译:《汉译蒙古黄金史纲》,内蒙古人民出版社1985年版,第2页。

② Монгольская летопись в подлинном тексте и переводе. С прил. Калмыцкого текста истории Убаши-Хунтайджия и его войны с Ойратами. Пер. ламы Галсана Гамбоева. ТВОРАО,1858г. Ч.6, ⅩⅣ.

③ А.Ю.雅库博夫斯基著:《十一至十三世纪蒙古史研究概况》,魏英邦译,科学出版社1959年版,第31页(译者脚注)。

④ 《中国历史大辞典·辽夏金元史卷》,上海辞书出版社1986年版,第284页。

линь（Академии）"①,可惜译者没有注意。

（16）第 581 页译文"韵文本,据看过其原稿的人们证明,没有什么价值"。按:此句完全误译。俄文原文为" тонический текст, по свидетельству людей, видевших оригинал,не никакого названия"②。对照原文,应译为"韵文本,据看过其原稿的人们证明,没有任何名称"。意思是说,《元朝秘史》的韵文本,原本没有署名。误将俄文单字"名称"（названия）当作"价值"（значения）,真是一字之差,谬以千里。

（17）第 582 页译文"这些书籍多达一百项"。俄文原文为"…Они доставлены были во 100 ящиках..."。应译为"……这些书籍达 100 多箱"为宜,这可能源于笔误。

（18）第 582 页译文"……尤其是 1644 年的那次动荡,而且在满洲统治中国时期,还被某些人盗走了一些书,因此少了十卷上述珍品"。按:俄文原文为"...и в особенности переворота 1644 года, равно похищений книг частными лицами, с воцарением Маньчжуров в Китае, не заключала в себе и 10-й части прежних сокровищ"③。应该译为"……尤其是 1644 年的动荡,满洲人在中国确立统治的那段时期,被某些人偷走的书籍,不下前述珍品的十分之一"。译者将"十分之一卷"误解为"十卷",完全错误! 先不说此处有语法理解错误,就说清代明这样改朝换代的社会变动,翰林院图书馆的书籍仅仅被盗走十卷,岂不是笑话! 而珍藏损失"十分之一",基本符合史实。

（19）第 582 页译文"而从其地质学部分节选出来的一些短而不全的片断被收集在……文集中"。按:俄文原文为" между прочим краткая и неполная выписка из генеалогического отдела её,помещена в сборнике..."④。这里的错误在于译者把单字"家谱学的"（генеалогического）误译为"地质学的"（геологического）。所以,这句话应该译为"顺便说一句,其有关家谱部分的短而不全的摘录,被文集……所引用"。

（20）第 584 页译文"……人物传记是在家族传说和神祷碑的基础上编写的……"按:这里要商榷的是"神祷碑"一词的正确翻译问题。俄文原文是"…могильных памятников（шень дао бэй）"⑤。其实,原文已经很明确,应翻译为"墓碑（神道碑）",而非古里古怪的"神祷碑"。"神道碑"始于汉代,其典故的来龙去脉,见于宋吴曾《能改斋漫录》卷二"墓路称神道"条。而"神祷碑"却查无史据。

此外,还有些译文极不通顺,例如:如第 584 页译文"这就是钱大昕及其后来的研究者把《元朝秘史》视为研究在通常的史料中含糊简短的事件最好的、不可多得的原件"。这句话怎么读都别扭,欠通! 查俄文原文为" Вот почему Цянь дасинь и

① Труды членов российской духовной миссии в Пекине. 1866г. СПБ, Т. IV, стр. 4.

② Труды членов российской духовной миссии в Пекине. 1866г. СПБ, Т. IV, стр. 6.

③ Труды членов российской духовной миссии в Пекине. 1866г. СПБ, Т. IV, стр. 7.

④ Труды членов российской духовной миссии в Пекине. 1866г. СПБ, Т. IV, стр. 8.

⑤ 《中国历史大辞典·辽夏金元史卷》,上海辞书出版社 1986 年版,第 284 页。

последовавшие за ним изыскатели встретили Юань чао ми ши, как редкую находку, как оригинальный документ о временах, события которых темно и кратко изложены в общедоступных источниках"①。如果译为"所以,钱大昕及其后来的研究者们,把《元朝秘史》看作是弄清那些在一般史料里、叙述得很模糊简明的历史事件的珍稀原始文件",就通顺多了。需要说明的是,译文中这类不顺语句甚多,在这里我就不一一指明了。

其他各篇是否也有这些问题,我不能断定。如果对上面出现的这些问题进行分析,就可以看出:

第一,绝大多数问题都出在"认真"二字上面。如(1)、(2),只要译者核对一下原文,就一清二楚;如(4)、(7)、(8)、(15)、(16)、(17)、(18)、(19)等,大都是单字辨认方面的简单错误。而这些错误对于译者来说,是不可能发生的。因为译者或为俄语语言学博士,或有在俄罗斯进修的经历,都是中国俄语界的精英。要说他们连"家谱学的"(генеалогического)和"地质学的"(геологического)都分不清,那是说不过去的。依我看,关键不在俄文水平,而在翻译的态度。过去我们特别强调翻译的境界"信"、"达"、"雅",而忽视了境界之外的"态度"问题。其实,要使自己的翻译作品达到"信"、"达"、"雅"的境界,前提就是态度要"认真"。

第二,也有些问题出在"史学素质"上面。如(3)、(5)、(6)、(9)、(10)、(11)、(12)、(13)、(14)、(20)等,都是因为译者的知识结构里缺乏史学常识所致。这是目前翻译界的一个大问题。在20世纪上半叶,由于时代的需要,中国文坛涌现出了一支俄语翻译大军。其中如曹靖华、戈宝权、瞿秋白等都是其中的佼佼者。他们的翻译作品,脍炙人口,确实达到了"信"、"达"、"雅"的境界。究其原因,除了认真的态度外,就是他们本身都是文学大家,他们不仅仅是一个译者,他们在翻译文学作品的过程中,同时也在进行艺术的再创造。但是,随着时代的发展,科学领域的进一步拓宽,学科分类的进一步细化,学科门外汉不可避免地开始出现于翻译界,从而不可避免地使译文带有一些因专业知识欠缺而造成的错误。而这些错误,却不是译者所能负荷的。因为译者虽然是俄语专家,但没有受过历史专业的训练,对历史掌故和一些历史常识不很熟悉,所以,才发生一些在历史专家看来十分幼稚的错误。不过,严格地说,这类错误虽然主要是因为历史知识缺乏所造成,但译者的态度仍然有问题。如《元史累编》,稍微查查有关目录书籍,就可以纠正为《元史类编》。可是,译者却没有去查证。

然而,读主编的序言,似乎这些问题都不可能发生。其中说:

"我再三强调翻译的质量,他们三位都非常尽心"。

"我所做的工作是:利用笔者所掌握的历史知识和理论,把握所译每篇材料的准确背景;查找搜集翻译该书所需的参考书、背景材料;对所译内容反复研读,并结合史

---

① Труды членов российской духовной миссии в Пекине. 1866г. СПБ, Т. Ⅳ, стр. 12.

实、习俗、语言表达习惯等,对译文有疑问的地方提出修改意见等。张琨所做的工作是:负责对全部译稿与俄文原文反复对照,进行核译,做到字斟句酌。最后,我们又在一起对全部译稿进行润色,尽量向'信、达、雅'的要求靠拢"①。

看了这样美妙的文字,再对照上述拣出的错误,不能不使人感慨万端!

其实,翻译工作很难不出错误,谁也不能保证不出错误。如果说,十几页译文,有一两处不顺不通,自在情理之中。可是,像《论著》之《关于成吉思汗的蒙古古老传说》译者序,错误如此之多,错得如此没有来由,以至于严重到不懂俄文,手头没有俄文原典可以对照看,就无法使用该译文,那就有点离谱了。

另外,再细读主编曹天生先生为《论著》所写的"序言",发现在《论著》的"翻译"问题之外,主编本身还存在一个学术的"创新"问题。而这个问题不能说与上述《论著》所存在的翻译问题毫无关联。主编在序言中说,《论著》一书之所以得以翻译出版"起因于我对马克思在《资本论》中唯一提到的中国人——王茂荫的研究"②,还说,为了弄清马克思得知王茂荫的资料来源问题,"从1992年起,查阅这篇俄文资料的原文便成了我的一个自拟的任务"。

首先,按主编"序言"里所说,他在国内为查找俄文《著作集》,花去了6年多时间,但一直没有结果。直到1999年,费尽心力,披荆斩棘,才从俄罗斯国立列宁图书馆将俄文《著作集》复印回来。其实,要获得这份《著作集》,根本用不着如此大动干戈。因为,在北京国家图书馆和北京大学图书馆里,就收藏有1909年后的北京版《著作集》。在莫斯科,这份《著作集》的两个版本在许多图书馆都有收藏,如俄罗斯科学院远东研究所的汉学图书馆,还有信息研究所的图书馆、俄罗斯历史图书馆、国立列宁图书馆等,很容易找到。据我所知,在北京,私人收藏(包括复印件)这份《著作集》的也不在少数。

其次,由《资本论》原文得知,马克思是通过俄文《著作集》的德文译本才知道这个"王茂荫"的,所以,曹主编为了刨根问底,才竭尽全力要搜求《著作集》的俄文原本。由于直到1999年,曹主编才获得经过千辛万苦得来的俄文《著作集》复印件。又由于曹主编不懂俄文,所以等到2000年译稿出来之后,才得以完成其夙愿——《王茂荫:马克思在〈资本论〉中唯一提到的中国人》论文,并于2000年8月发表于《中华读书报》。屈指一算,前后费时约10年。对曹主编的这种忘我的科学探索精神,笔者是由衷赞叹。但赞叹之余,却又心里不免凄凄。因为只要曹主编稍微花时间了解一下学术史,他这十

---

① 曹天生主编:《十九世纪中叶俄罗斯驻北京布道团人员关于中国问题的论著》,张琨等译,中华书局2004年版,第4—5页。

② 曹天生主编:《十九世纪中叶俄罗斯驻北京布道团人员关于中国问题的论著》,张琨等译,中华书局2004年版,第1页。附:马克思的原话为:"清朝户部右侍郎王茂荫向天子上了个奏折,主张暗将官票宝钞改为可兑现的钞票。在1854年4月的大臣审议报告中,他受到严厉申斥。他是否受到笞刑,不得而知。审议报告最后说'臣等详阅所奏……所论专利商而不便于国'。"(《帝俄驻北京公使馆关于中国的著述》,卡尔·阿伯尔博士和F.阿·梅克伦堡译自俄文,柏林1858年版第一卷,第54页)

年的大好时光,大可不必空费。

还在 1936 年 10 月,郭沫若在阅读陈启修翻译的《资本论》时,就已经发现这个问题,写有《〈资本论〉中的王茂荫》一文,发表在《光明》第二卷第二期上。考证出陈启修译文中的"万卯寅",就是清户部右侍郎"王茂荫"。但是,限于资料,当时郭沫若未能弄清楚王茂荫的生平,及其官票宝钞章程四条等问题。于是,郭就发出大家讨论的号召。接着就有张明仁的《我所知道的〈资本论〉中的王茂荫》,王璜的《王茂荫的生平及其官票宝钞章程四条》等文章应和。其中,王璜还专门去王茂荫的老家——安徽歙县访问,找到了王氏的后裔王桂鋆、王桂培,并获当年王茂荫的奏折以及生平行状。稍后,郭沫若又发表了《再谈官票宝钞》①。1937 年,吴晗又写了《王茂荫与咸丰时代的新币制》②的长篇考证。至此,只需要找到马克思《资本论》引文的俄文原件,搞清资料来源,所谓马克思《资本论》中的王茂荫问题就算彻底解决了。

1952 年,谭彼岸发表《〈资本论〉中的王茂荫问题》,虽然没有找到俄文《著作集》,但大胆推断王茂荫的介绍人可能是俄国驻北京布道团的巴拉第,虽不中③,亦不远矣!1989 年,曾倾毕生精力研究早期中俄关系史的蔡鸿生教授,终于从北京国家图书馆找到了俄文《著作集》,并完成论文《俄罗斯馆与〈资本论〉中的王茂荫》④,发表于《历史研究》。原来是俄国驻北京布道团修士司祭叶夫拉姆皮(Евлампин),在其编译的《关于钞法的会奏》文章中提到王茂荫。该文发表于《著作集》第 3 辑,译成德文后,被马克思所注意。

至此,应该说所有有关马克思《资本论》中的王茂荫问题,都得到了彻底的解决。可是,不知为何,从 1992 年开始,这个问题居然又成了曹先生手头的棘手问题。而且,有证据表明,曹先生是在阅读了谭、蔡二位先生的文章后,故意重复对该问题作千辛万苦的探讨,直到 2000 年,才得出了和郭沫若、吴晗、谭彼岸、蔡鸿生诸位大体一致的结论。曹先生的失误,失在学术的创新,所谓"君诗之病在于有杜,君文之病在于有韩欧"⑤。

学术的创新,是个复杂的问题。先贤陈寅恪在为王国维盖棺论定时,曾提出著名的"三曰"⑥,这当然是学术创新的高寒境界,吾侪难以企及,也无可厚非。但无论如何,学术研究总要多少有些创新。要么是资料的发现,要么是方法的发明,要么是新结论的得出。而无论就资料,还是方法,抑或结论,前述曹先生的努力都不具有半点学术创新的

① 参见《郭沫若全集·历史编》第三卷,人民出版社 1984 年版,第 318—345 页。
② 后来,此文标题改为"王茂荫与咸丰时代的币制改革",收入吴晗 1956 年的《读史札记》。
③ 谭彼岸:《〈资本论〉中的王茂荫问题》,《岭南学报》1952 年第 1 期。
④ 蔡鸿生:《俄罗斯馆与〈资本论〉中的王茂荫》,《历史研究》1989 年第 3 期。
⑤ 顾炎武:《亭林文集·与人书十七》卷四,《四部丛刊》本影潘刻本。
⑥ 陈寅恪在《王静安先生遗书序》中,总结王国维先生学术研究的创新有三:"一曰取地下之实物与纸上之遗文互相释证……二曰取异族之故事与吾国之旧籍互相补正……三曰取外来之观念与固有之材料互相参证",载《王国维遗书》(一),上海书店 1983 年版。

痕迹。可怜十年大好光阴,就这么白白浪费了。学术贵在创新,这应该是学者所应该遵循的一个基本原则,从某种程度上来说,这其实也和学者是否严谨治学的态度有关联。

不过,尽管《论著》的翻译态度不太认真,甚至《论著》主编曹先生自己所关心的"王茂荫"问题是在炒剩饭,但误打误撞,他们因此而翻译了《著作集》,使中国的学人能够把握 19 世纪俄国汉学研究的旨趣,能够深入了解 19 世纪中俄文化交流关系的具体内容,也算是填补了学术的空白,功不可没!我们不能因为《论著》这块白璧上的微瑕而否定其开拓之功。

通览百年学术,著就一部新史

——评《20 世纪中国古代文学研究史》丛书

张 兵 古 风

黄霖先生主编的七卷本《20 世纪中国古代文学研究史》(中国出版集团东方出版中心 2006 年 1 月第 1 版,以下简称《研究史》)已经出版了。当我们第一次捧着这部丛书时,感到非常的高兴。我们脑中首先跳出的是复旦大学中文系语言文学研究所在 20世纪 80—90 年代精心编写的七卷本《中国文学批评史》,那部七卷本的大部头著作,在学界获得了很高的评价和很多的荣誉,而这部同样是七卷本的大部头著作,无疑也是他们向学界献上的一份厚礼。因此我们愿借此机会对作者付出了辛勤的劳作而结出的这一份丰硕成果表示衷心的祝贺。

这几天,我们一直在拜读这部丛书。诚然,由于内容的广泛和涉及的问题之多,包括整整一个多世纪的古代文学研究的全部历史,而且这总共 322 万余字的篇幅,很难很快读完,我们只能就个人阅读中几点最深的印象谈一点粗浅的,也许是很不成熟的看法。

一

我们认为,这是一套极有价值的丛书。其价值首先表现在其开拓了学术研究的新领域。这个新领域就是当代学术史的研究。

学术是人类精神文化的思想结晶。学术史也是我们人类思想文化史的重要组成部分。我们以为,科学研究是不断发展和深化的认识运动,每向前一步都有赖于它内部矛盾的发现与克服,需要我们加强对它本身的认识。从文明的进化过程来说,人类智慧的火光,不啻照亮了自己逝去的背影,也能帮助人们了解现在的处境与探索未来的道路。这对中国古代文学的研究来说,同样是如此。因此,在我们刚迈进 21 世纪之初的时候,比较全面地回顾百年古代文学研究所走过的道路,准确地了解其真实的状况,实事求是地分析它的成绩和存在的问题,导扬其中科学性的积极因素,揭示出关系到全局性发展的症结,在进行理论阐述的同时,从实际上予以调整和解决,是当今学术研究工作者应该立即去做的一项重要工作。这种对学科现状的跟踪研究,是提高一门学科的重要途径,有利于我们较好地把握其今后的发展趋向,以避免或少走弯路。从这一意义上来说,开展当代学术史的研究是非常有价值的,值得有志学者去辛勤耕耘。

诚然,从事当代学术史的研究并非从这套丛书开始。远的不说,单以清代近三百年的学术研究来说,就有梁启超和钱穆两位国学大师的同名著作,进行了深入的拓荒,并且取得了十分可喜的成绩。可惜的是这一良好的学术传统并没有被我们继承下来,甚至在极"左"思潮的影响和干扰下,一度被迫中断,令人不禁扼腕叹息。新时期以来,在实事求是、解放思想的路线指引下,学术研究也迎来了科学的春天,可谓是开辟了一个历史的新纪元。近年来,特别是临近世纪之交的前后几年中,学术界在进一步从事研究工作的同时,也都纷纷结合各自的专业,对百年来的学术进展作了认真的回顾和反思。在总结经验的基础上寻找学术发展的规律,尤其是针对研究中发现的问题和薄弱环节,提出了改正的措施和今后努力的方向。实际上,这是一种在思想认识上从必然王国向自由王国转变的可贵努力,值得充分肯定。以中国古代文学的研究而言,仅笔者所见,并且在学术界较有影响的就有郭英德教授撰写的《中国古典文学研究史》以及季羡林教授主编的《20世纪中国古代文学研究丛书》十种等不下二十余种著作,一时蔚然成风。湖南理工学院主办的学术理论刊物《云梦学刊》,也专门开辟了"当代学术史研究"的专栏,并且发表了大量的论文和学人访谈等专门文章,为当代学术史研究的进一步发展起了推波助澜的作用。

黄霖先生主编的《研究史》正是在这一思想文化和学术背景下撰写的,无疑融入了这股当代学术史研究的潮流之中。说它开拓了学术研究的新领域,我们是从以下两个方面来认定的。

第一,与其他几种当代学术史研究著作相比,《研究史》无疑有着自己鲜明的特色。这一特色在体例上来说,就是以文体为类,共分七卷:总论、诗学、词学、散文、小说、戏曲、文论。这是完全符合我国古代文学研究实际的做法。而在它以前,如此规模的分体学术史研究著作似乎还没有出现。上面提到的郭著洋洋洒洒,虽有开创之功,但熔各体文学的研究于一炉,是一本综论性质的集大成之作。季著则仿照文学史的编写体例,按时代先后来描述当代学术研究的历史轨迹。而在实际上,我们的古代文学研究在大多数情况下和大多数学者中,基本上做的都是以分体研究为主的。搞古代文论研究的,往往对戏曲等其他体裁的文学的研究甚少兴趣,而从事于古代小说研究的,在一般情况下,也对古文论和其他文学体裁的作品所知不多。这种"隔体如隔山"的研究虽然不尽如人意,但人生有涯,精力有限,要出成果,不专心致志于一体也是很难的。在这里,我们没有丝毫指责学者们研究面不广的意思,只是想说明:《研究史》以文体来撰写,不仅构成了它独具的鲜明特色,而且也符合研究的实际。这也许是它一面世就很快受到欢迎的重要原因之一。

第二,从复旦大学中文系和语言文学研究所的学科建设来说,《研究史》展示的当代学术史研究无疑为新学科领域的开创打下了很好的基础。撰写这套《研究史》的作者队伍,基本上是复旦大学原来从事中国古代文学批评史的学者。众所周知,复旦大学的中国古代文学批评史研究，是全国的学界重镇。这里有这门学科的创始人和奠基者如郭绍虞和朱东润教授等老一辈学者打下的基业。新中国成立以来，尤其是20世纪60—70年代以来，以刘大杰、王运熙、顾易生等教授为代表的一代学者，继承了前辈学者的优良传统，兢兢业业，埋头苦干，在这门学科中作出了显著的成就，不仅培养了如黄霖、蒋凡、杨明等一批著名的学者，而且还以辉煌的实绩——先是三卷本，后为七卷本，再是简本的《中国文学批评史》傲立学界，树起了一座历史的丰碑。"长江后浪推前浪"，自黄霖先生接任中国文学批评史学科的领军人物以后，始终占据在他脑中的一个问题是：如何把中国文学批评史这一学科发展下去？先是"范畴体系研究"，以《原人论》、《范畴论》和《风骨论》等著作为代表，继而就是这套《研究史》。从郭、朱等学者单打独著的各具特色的《中国文学批评史》，到刘、王、顾等学者的以集体方式研究个人署名的完整的成体系的多卷本《中国文学批评史》，再到由黄霖先生主编的三卷本"范畴体系研究"，又发展到这套七卷本的《研究史》，学术传承的脉络极其清晰。从古代文论的研究到当代学术史的研究之理路也非常明朗。在一门学科已经过三代人的艰苦努力后取得辉煌的成就，一时较难逾越前人的前提下，适时转型，并且找到了适宜学者施展拳脚的新研究领域，这是需要有远见卓识和非凡胆略的。可以相信，随着《研究史》的问世，一门新兴的学科——当代学术史研究——在不远的将来，必将会在学坛上结出更加丰硕的成果。

二

我们认为，《研究史》的主要价值，还体现在这是一套既有理论深度又有个人学术见解的著作。

《研究史》的写作，按通常的思路，只要占有大量的历史资料，并在此基础上尽力进行客观的描述，演绎研究对象的历史演变就可以了，很少将理论的阐述和个人的学术见解融入其间。而《研究史》的作者在叙述各种文体的学术研究发展史时，不仅有比较客观的历史回顾，而且在进行这种回顾时，还有相当的理论深度，并且也阐发了个人的学术见解。这一点，也构成了这套《研究史》的又一道亮丽的风景线。

在这里，我们首先要提到的是主编黄霖先生的《总前言》，这是一篇既高瞻远瞩、又十分精彩的理论文章。从字里行间可以看出，作者的写作是花了极大心血的。他站在世纪学术的高度，运用历史唯物主义和唯物辩证法，对百年中国古代文学研究中的九大问题，一一作了相当深入的研究，从理论和实践的结合上回答了学者们十分关心的问题。这九个问题，都具有重大的理论价值和实践意义，反映了世纪之交的中国知识分子对世事和学术的热忱关注。由于作者长期从事学术研究，对古代文学研究的发展倾注了毕生精力，因而所论充满了诚挚的感情，读后不仅启人新智，而且还会回味不已。如第一个问题是论述古代文学"研究的价值取向"，作者围绕"个人的自适"与"社会的需要"两者之间的关系,认为无论是个人性研究还是集体的社会性研究都不能偏废。它们各有所长,也各有所短,不能绝对地作肯定或否定。这就澄清了一个问题:近年来我们在反思和总结"文化大革命"极"左"思潮影响下的古代文学研究时,不少人尤其是一些年轻的学者往往容易从一个极端走向另一个极端,从而涌动起一种彻底否定社会性研究而无限张扬个人性研究的思想,这类看法是很可深思的。他指出:"在过去被否定或批判的一些学者中,的确有一些好的学者,有一些好的成果,过去对他们作简单、粗暴的否定是不恰当的。但反过来,现在将一些经世致用与关爱人生的社会性研究的成果一笔勾销,恐怕也是不妥当的。"因为"要经世致用与关爱人生,有时候难免要与政治相关。事实上,即使文学研究与政治结缘,也不能简单地一笔勾销。关键是要看与什么样的政治结缘? 怎么样结缘?"等等,这就辩证地阐明了学术与政治,个人与社会性研究的关系,十分令人信服。诸如此类的"拨乱反正",在《总前言》中比比皆是,这就在学术史研究的理路上为人们指明了前进的路标。上海部分专家、学者在座谈、研讨《研究史》的时候,都一致赞赏《总前言》是前瞻性、理论性和科学性的完美结合,这并非是溢美之词。

20世纪的中国古代文学研究,各体虽有不同,但大体上都可以分为三个历史时期。(1)世纪初至"五四"运动前后为第一阶段。其时中国社会正处在新、旧转型时期,在这大动荡的时代,承继着清代朴学的传统,学者们又呼吸着西方文化的新鲜空气,产生了如梁启超、王国维、罗振玉、胡适和鲁迅等一代学人,先后出现了《红楼梦评论》、《人间词话》、《宋元戏曲史》、《白话文学史》、《中国小说史略》等一批学术名著。(2)从20年代后期到"文化大革命"结束为第二阶段。长期的国内战争及"左"倾思潮对学术发展的影响较大。除了郭沫若、范文澜、冯友兰等人在历史、哲学领域有所建树外,古代文学的研究进展不大。其间陈寅恪、郑振铎、朱自清、闻一多等学者可谓凤毛麟角。(3)从70年代末至20世纪末为第三阶段。人称"新时期"。在实事求是、解放思想的路线指引下,古代文学的研究迅速发展,研究者的队伍大为扩大,也出版了相当的论著和论文,然而这仅是一种虚假的繁荣,其背后也实在没有多少种可以传世的学术精品或经典之作,相反其中透露出的那种急功近利和浮躁虚荣的不良学风却遭到了有识之士的鞭挞。回顾20世纪的百年学术,从总体上来说,大致呈现出"之"字形的发展趋向。当然,事物是呈螺旋式上升之状的。这"之"字形的最后一画比起第一画来,无疑有着许多变化,尤其是在数量上更是如此;在质量上的进展却并非是最为显著的。

中国古代小说史的研究也许是一个很好的例证。20世纪初,在梁启超的"小说界革命"的口号下,小说从市井间里开始正式登上了文坛,甚至是政坛,受到前所未有的"宠爱"。在这股创作热潮影响下,对小说和小说史的研究也得到了学者们的普遍重视,其中可以胡适和鲁迅为代表。他们在各自的研究领域都作出了可贵的贡献。例如,鲁迅的《中国小说史略》是我国古代小说史研究的开山之祖,在古小说研究史上树立了一座丰碑,甚至可以说是一本书奠定了一门学科。然后在20世纪末,当我们回顾古代小说史的研究时，发现在这一领域中的进展并不很大。时光过去了七十多年，除了发现了若干新小说文献外，我们的古代小说史研究，无论在其基本的结构框架上，还是在它的分类、概念、评论等重大观点上，似乎都没有超越鲁迅的研究成果。

这一事例无可辩驳地告诉我们：学术史的发展是和社会的政治、思想、文化、经济等整体历史背景密切相关的，两者绝难分开。这也正是这部《研究史》著作在理论上的一个鲜明特点。正如《总论》卷的作者所说："本书力图联系 20 世纪中国社会发展的历史进程，全面把握 20 世纪中国古代文学研究的基本面貌，描述 20 世纪古代文学研究从古典形态转向现代形态的历程和学术范式的转变，评论重要学者的学术成就和重大的学术问题，总结百年古代文学学术的经验和教训，为开创 21 世纪古代文学研究的新局面提供借鉴。"也正因此，各卷基本上都遵循了这一思路，因而做到了浓缩百年学术于一书之中，只要一册在手，当可尽览，并且透过学术史的发展，也可约略窥知 20 世纪中国社会政治、思想、文化和经济的历史演变。

理论之树常青。而要保持理论的活泼的生命力，就需要用现代的、开放的眼光去审视中国古代文学的研究。也正是在这一点上，《研究史》丛书各卷呈现着鲜明的特色。作者都能运用今日的理论语言，在回顾各体文学研究的发展时，站在历史制高点上作宏观的俯瞰，又在各个学术问题的细微之处作微观的烛照，我们读来，如沐春风，时有新鲜感。各卷纵横结合、经纬交错，基本做到了点面结合，既注意各个学术支点，又不忘学术纷争的重点和进行讨论的焦点，学术风云尽收眼中。

以《文论》卷来说，第一章就是《20 世纪古代文论研究的现实语境》，作者从政治与文化地图中的几个话语图标，诸如科学、文学革命、民族化乃至阶级斗争、中国特色等切入，显得出手不凡，既勾勒了百年文论研究的历史，又紧紧抓住了各个历史时期的关键，试图从这些"现实语境"中去寻找中国古代文论研究的学术密码，获取笼罩在百年迷雾中的学术奥秘，这种可贵的努力在全书随处可见。他能比较熟练地运用辩证唯物主义的思想和方法，站在古代文论研究的学术前沿，对这门学科在 20 世纪的研究状况作了较为全面、准确和深入的描述，作者广搜博览，爬梳整理，深入研究对象的各个领域，掌握了大量的基本资料，而又不拘泥于其间，能做到提纲挈领和娴熟恰切地使用这些资料，达到了理论和实际、观点和材料的较好结合。在具体章节的安排上，全书分"概论篇"、"分体篇"和"专题篇"也甚恰当，基本符合古代文论研究的实际，可见驾驭此一题材时的得心应手。全书脉络清晰，叙述平实，评价比较公允，没有门户之见，并能注意顾及古代文论研究的各个学术支点和相应的方方面面，实属不易。

一切历史都是当代史。这"当代"两字的基本特点就是现实和开放。用开放的眼光去审视古代文学研究的现实，这就是学术著作的生命力之所在，也是这部《研究史》著作受人赞赏的重要原因。参加这部论著撰写的作者大多很年轻，其中又不乏近年来活跃在学术界中的新锐，他们没有学术负担或成见，写作中的顾虑较少，在对研究对象进行客观描述的同时，又融入了个人的见解。加上有著名学者、主编黄霖先生的参与和

"把关"，使《研究史》的学术质量有了根本的保证。例如，《诗歌》卷在叙述到屈原的研究时，并不回避"屈原否定论"。这一节的标题就是"存在的怀疑与证明"，作者在回顾屈原研究的历史时，先从否定屈原存在的中、外学者说起，比较客观地介绍了他们的观点和所持的史料，同时也认真地描述了持肯定意见者的看法，其中也包括他们的争议和对史料的分析和论证。对曾经存在的学术交锋也作了如实的叙述。有段时间，有人把对这一学术问题的讨论上升到政治的高度，甚至以是否爱国和爱国主义这样的帽子来衡定这场讨论的性质。这实在有点强词夺理了。作者没有陷入这种所谓的"政治陷阱"，坚持从学术争鸣的角度来看待这场屈原研究中的学术歧见，并且在对这种学术歧见作叙述时，字里行间也不乏个人的学术倾向。由于历史资料的匮乏，兼之此一问题的政治敏感性，又涉及国际学术界，作者在表达个人的学术倾向时表示了十分审慎的态度，但从他最后一段中引用了何其芳的一句话以及两个反问句中，不是可以看得十分清楚了吗？也正由于在撰写中渗入了作者主观的学术倾向或学术见解，使这部《研究史》著作不仅是一幅单纯的学术发展的历史画面，而且成为一部名副其实的学术论著。

《研究史》的撰写能达到上述成绩，当然是极不容易的。除了要在理论上对百年学术的发展有整体的把握外，还离不开丰富的历史资料的充分占有。而在这一点上，丛书的作者们可谓是呕心沥血、煞费心机。他们勤学习，充分利用了现代科技带来的便利条件，又常跑图书馆和资料室，认真搜集各种有用的资料，在差不多占有了全部资料后才进入文字的写作过程。也正因如此，他们既能从理论上着眼，又能熟练地运用所掌握的历史资料。尤为可贵的是，他们又不拘泥于此，而是对所占有的历史资料作了认真的筛选和整理，挑选其中最适合的、最有代表性和典型性的材料来做说明，因此往往一言中的，也使全书的风格显出言简意赅的基本风貌。

三

金无赤金，人无完人，书更无全书。更由于当代学术史的研究处于草创时期，加上时间短、工作量大，造成成书的比较仓促，以及篇幅较大又成于众人之手而总其事者又较难运筹帷幄。从百尺竿头、更上层楼的角度来看，《研究史》丛书也存在着某些可以讨论并且值得提高之处。这里提出以下两个问题以供磋商。

1."史"的观念是否应再突出

名为《20世纪中国古代文学研究史》的丛书，应是一部历史著作。它应是20世纪、中国古代文学、研究、历史，这里的中心词或说关键词是"历史"，而前面的20世纪、中国古代文学、研究，则是它的内容。这是毋庸置疑的。

《研究史》既然是一部历史著作，通常的写作格局是应按历史的发展进行客观的描叙，而历史是按时间顺序的发展而来的，我们的撰写是否也应以时间为顺序来组织章、节结构呢？我觉得这是一个可以讨论的问题。

　　《研究史》的撰写看来已经注意到这个问题。它在安排章、节结构时，似乎有所考虑。然而，也许过分拘泥于学术问题的相对集中这一特定的情况，作者似乎不敢大胆放开手脚完全按照历史的发展顺序来写，而采取了两者相融或者说是两者兼顾的体例和章、节安排模式。《小说》卷的章、节结构安排可说是一个最为典型的例子。

　　上编为总论，共三章，分别是 20 世纪中的三个历史时期——（1）1901—1949 年；（2）1949—1976 年；（3）1977—2000 年——的小说研究概况，是百年中国古代小说研究的简史。在这部分中，作者从 20 世纪初"小说新批评的开端"写到 20 世纪末"叙事学研究"，完全是按照历史发展的顺序，也即是按时间为序来做叙述的，符合一般历史著作的写作通例，可说是一部名副其实的当代中国古小说研究的学术发展历史。

　　全书余下大约三分之二的篇幅是中编和下编，分论上、下。其中中编为分论（上），乃中国古代小说的专题研究，共分五章，五个专题。它们分别是：（1）"中国小说史"著作的编纂；（2）古代小说理论研究；（3）古代小说文献研究；（4）白话短篇小说研究；（5）文言小说研究。下编为分论（下），乃小说作品研究。作者选择中国古代小说的七种名著：《三国演义》、《水浒》、《西游记》、《金瓶梅》、《聊斋志异》、《儒林外史》、《红楼梦》，分别立章，作专题研究。

　　其他几卷（除《诗歌》和《总论》外）也都大同小异。作这样的章、节结构安排，在作者可谓用心良苦。既有史，又有专题和作品，重点和一般兼顾，似乎还考虑到了学术问题的相对集中。但在我们读后，中编和下编的章、节结构安排，总有一种似曾相识之感。当我们回过头去读完季羡林教授主编的《20 世纪中国古代文学研究》丛书后，心里不禁一亮，似乎找到了这两者之间的共同点。季羡林教授主编的《20 世纪中国古代文学研究》丛书，是对百年中国古代文学研究的综述，它以文学史的分期作为分卷的依据，对不同时代的文学研究作综合性的评述，其研究对象是文学。而《20 世纪中国古代文学研究史》著作，则是对百年中国古代文学研究史的研究，俗称"研究之研究"，其研究对象是文学的研究。两者既有相同之处，更有不同之点。我们认为，两者的这种相同之处可以作为互补。然而，这种不同之点应是最为根本的。而最根本的不同之点就在于前者是一种文学研究的综述，而后者则是一种文学研究的研究历史。这里最为关键的是"历史"两字，而"历史"的描述与文学的综述不是一回事。我们的想法是：作为一部七卷本的《研究史》论著，在撰写时，可否大胆跳出人们甚为熟悉的文学综述类的基本写作框架，而一切以历史发展的时间为顺序来安排章、节结构呢？更何况，我们从事的是世纪百年文体文学研究的学术史的研究而不是文学专题研究的学术史，更不是文学研究的综合性评述！

　　"史"的观念的突出，应是一切历史类著作应有的题中之义。也许这不仅仅是一个简单的章、节结构安排或者说是一个体例问题，而应是一部书的"灵魂"。尤其是如《研究史》这样的七卷本大部头论著，在此问题上，似乎更应审慎行事。我们如果用这一标准来衡量，那么这部《研究史》著作中的《诗歌》卷等个别著作完全按照文学史的体例而不是按照学术研究发展的历史来组织章、节结构的写法不能算是什么成功之作。况且各卷之间的体例也不相同,从整套丛书的统一性来说,似乎也是美中不足之处。诚然,各卷的研究对象不尽相同,撰写者的才情也有高低,然而组合成一体共同奋斗,基本的步伐无疑也是应当统一的。在这方面,《研究史》给我们提供的借鉴十分有益。

撰史者须有历史观。我们在这里强调对历史著作的撰写应突出"史"的观念,是有感而发的。任何著述都是要给他人,甚至是后人看的,这就要经得起历史的检验。尤其是一些历史类著作,更应如此。即如《研究史》而言,它除了是一部学术著作外,也当属一种历史著作。撰写者除了要掺入主观学术情感,表达一定的学术倾向外,是否还应尽量注重历史叙述的客观性和准确性。须知,这是一把双刃剑。没有个人学术见解的学术著作不能算是成功的学术著作,而一部严谨的学术著作,尤其是那些标明为是"历史"的学术著作,更不能随意任情发挥。个人的学术见解和率性的任意发挥,两者看起来是矛盾的,而只要在尊重事实和对历史负责的前提下,是完全可以统一的。

2. 学术史的面是否应再拓宽

众所公认,"学术"是一个极其宽泛的概念。除了哲学社会科学外,它还应包括人文社会科学,还有医科、理科等,凡是人类一切的精神、物质领域的研究都可称为学术。这样说来,学术史的研究面已经够宽泛了,是否应再宽泛,似乎是一个不用再加讨论的问题。持有上述思想的人,无疑是对此问题的误解。如果"学术"的概念按照这样的思路来理解,那么,学术史著作的撰写是没有办法完成的。任何个人即使学问再大,也无法穷尽人类的一切智慧。不错,学术固然可以上至天文地理,下迄人文哲学,包括人类的一切研究领域,犹如一个巨大的篮子,里面可以把什么都装进去。然而学术史的撰写不能如此"眉毛和胡子一把抓",而应该按照各自的分类研究来进行。因此学术史的研究不能漫无边际,而应该选择特定的研究对象或者规定相应的时间范围。例如,20 世纪中国古代文学的研究,或者是 20 世纪中国古代文学的总论、诗歌、散文、戏曲、小说、文论和词学研究等等,就是很好的选择。

既然如此,为什么这里还要提出"学术史的面是否应再拓宽"这一问题呢?

我们认为,学术是有特定的研究对象的。学术史也应是特定的研究对象的发展史。然而,在人类社会中,这特定对象的研究又离不开它的时代和历史环境。即就 20 世纪的中国古代文学研究来说吧,这特定的研究对象十分明确。但是,20 世纪中国古代文学的发展又怎能和它生存的社会的历史和时代以及在这一历史和时代中发生的政治、思想、文化和经济等截然分开呢? 再具体一点说,学术的发展与统治者的学术政策以及这种政策的导向之间应该说也有着极为密切的联系。20 世纪的中国,正处在由古典的封闭保守锁国时代向现代开放改革自由时代缓慢发展的历史进程中,文学的发展和研究正在越来越融入世界学术的潮流。还有诸如学术队伍的组织、学术阵地的拓展和学术出版的繁荣等等,都在不同程度地影响着我们的文学研究的发展。作为一部完整的、真正的、系统的学术史著作,我们想自然也应包括这些内容。我们在这里所说的"学术史的面是否应再拓宽"的问题，主要就是指此。如果我们把学术政策、学术思想、学术潮流和主体学术队伍的组织、学术阵地的开拓、学术出版的繁荣以及中外学术的交流当做学术的研究"外史"的话，而那些学术特定对象本身的研究则无疑可以作为学术研究的"内史"。学术史的研究，既应把对"内史"的研究作为主要对象，同时也要把对"外史"的研究视为应有的题中之义。只有把两者有机的结合起来，我们的学术史研究才能呈现出完整的全貌。

　　写到这里，又想到一个问题。海外的中国古代文学的研究（以下简称"海外汉学"）。回顾历史可以发现，20世纪中国古代文学的研究和海外汉学的发展密切相关。例如，奠定中国古代小说史研究根基的鲁迅著作《中国小说史略》，就是受到海外汉学的影响而写作的。上面提到的"屈原问题研究"也是如此。20世纪中国古代文学研究中的几乎每一个有价值的学术命题，我们都可以看到海外学术的影响。诚然，这种影响是相互的、双向的。主要是东亚日、韩、朝等国以及西欧、北美，包括俄罗斯等国的汉学，以及我国台、港、澳地区的古代文学研究，对我们的影响较大，也比较直接。对此，《研究史》的撰写者大多已经注意到了，这是十分可喜的。然而，这部分的内容在《研究史》中显得分量太轻，还需要充实。有的作者甚至把它遗忘了，无疑这是很遗憾的事。《研究史》以后如果有机会修订或重版的话，希望能对此作些弥补。

岳阳宣言

——遵守学术规范,推动学术发展

贺卫方等

学术媒体为学术之公器,特别是在如今的信息时代,学术媒体不仅扮演着传承思想、介绍新知的角色,而且还深刻地影响着一个时代的学术。近来,进一步繁荣发展哲学社会科学已成为学界共识。作为学术成果主要承载平台之一的学术媒体,应以更积极的姿态参与到学术评价和学术体制的建设中来,以弘扬学术精神、促进文化发展为己任,为繁荣发展哲学社会科学作出自己应有的贡献。

为此,2004 年 5 月 15—16 日,全国有志于建立良好学术规范,推动学术健康发展的部分学者与学术媒体的主编和编辑应《云梦学刊》之邀会聚历史文化名城岳阳,举行"学术期刊发展战略研讨会",就"21 世纪我国学术期刊面临的发展机遇和挑战"、"如何看待和改革'核心期刊'及学术期刊评价机制问题"、"如何进一步加强学术媒体与学术研究之间的良性互动关系"、"学术期刊的定位与特色以及办刊经验总结"、"如何看待学术集刊"等问题展开了广泛研讨,并达成广泛共识。

为了更好地遵守学术规范,推动学术发展,特此发布如下联合宣言:

一、进入 21 世纪以来,中国的学术界包括学术媒体既面临着巨大的发展机遇,也面临着严峻的挑战。转型期的中国给学术界提出了大量的课题,全球化时代的到来使学术界能够有机会参与到相关问题的学术交流、对话和思想碰撞之中;与此同时,由于历史形成的原因、体制性障碍的存在、某些研究者急功近利的浮躁心态,学术界也出现了许多不尽如人意的现象,应该引起高度重视。

二、真正有价值的能推动学术发展的是具有原创性的研究,它需要学者有清醒而强烈的问题意识,这种问题意识不仅来自于深厚的学术史的积淀,而且来自于对这个急剧变化的现实社会的观照。应坚决反对原地踏步、故步自封、不求进取的思想作风,坚决反对抄袭剽窃、粗制滥造和低水平重复的论文生产。

三、哲学社会科学研究与自然科学研究一样也有其科学理论和方法论的支撑,应严格遵守学术规范。从问题的提出、课题的选择到学术论证、引文注释,研究者都应保持科学理性的精神和严谨求实的态度。

四、学术成果不仅可以而且能够得到科学客观的评价。近十年来,我国逐步建立了符合国际规范的社会科学期刊检索系统和引文分析客观评价系统,并开始创立具有中国特色的社会科学评价指标,大大增强了学术评价的合理性和科学性。但某些现行的论文评价的过分量化统计法和绝对以所发刊物论优劣的做法在一定程度上刺激了学术失范现象和论文发表中的权钱交易等不良现象。因此,应尽快建立学术共同体公认的符合学术发展规律和特点的定性与定量相结合的评价标准和体系。

五、学术的发展和繁荣还依赖于学者的自律,为此,应共同倡导优良的学风,坚决反对学术腐败,坚决杜绝假冒伪劣。作为学术界的公共平台,学术媒体应联合起来,关注学术单位和个人的学术信用记录,建立学术信用评估体系。

六、学术媒体应加强自身建设,制定出更有利于关注学术问题、更好地促进学术研究的发展战略。为此,应进一步明确学术媒体的定位,改变目前千刊一面的局面;还应进一步加强学术媒体(学术期刊、学术报纸与学术网站等)之间的良性互动关系,促进学术资源的共享和充分利用;学术媒体要加强自律,建立健全科学的审稿机制,杜绝学术垃圾。

七、学术研究应进一步发扬百花齐放、百家争鸣的精神,大力开展严肃公正的学术批评,营造宽松自由的学术环境。学术媒体要尊重各种不同的学术观点,尤其要注意支持有创见的学术成果的出现。

八、要充分重视国际学术交流,不仅使中国的哲学社会科学学者了解世界,也要使世界了解中国的哲学社会科学。学术媒体和学术检索系统是国际学术交流的重要载体,要按照国际学术规范,加强国际学术的合作与交流,使中国的哲学社会科学走向世界。

以上宣言由以下同仁共同签署(以姓氏笔画为序):

叶继元(南京大学中国社会科学研究评价中心)

许　明(《社会科学报》社)

邢东田(《中国社会科学院院报》编辑部)

刘曙光(《北京大学学报》编辑部)

余三定(湖南理工学院《云梦学刊》编辑部)

杨玉圣(学术批评网)

贺卫方(北京大学《中外法学》编辑部)

赵　虹(《社会科学论坛》杂志社)

徐思彦(《历史研究》编辑部)

袁玉立(《学术界》杂志社)

曾　军(《社会科学报》社)

蔡曙山(清华大学)

2004 年 5 月 16 日于岳阳

学术期刊的空间与方向

贺卫方

学术期刊的发展与整个国家的学术发展是密切关联的。就目前的情况而言,讨论"21 世纪我国学术期刊面临的发展空间"这样的问题还不是一个很好的时机。重要的是,就意识形态而言,学术刊物跟其他出版事业一样,面临着的是一个很微妙的时期。改革开放以来,经济形态发生了深刻的变化,但是,在政治权利方面,其变化相对而言没有那么深刻。这种不同步直接影响到我们学术期刊的编辑和出版。这可以说是我们今天需要面对的第一个困难。

第二个困难是,我们的一些学术期刊因为过分官方化所导致的缺乏个性和活力,缺乏一种真正的学术化的追求。我们的绝大多数报纸是机关报,甚至学术刊物也都是按机关的设置安排的,刊物也有级别之分,一种刊物是否为核心期刊常常是跟级别而不是质量有关联的。这样的一种级别安排使得学术研究变得官方化或官僚化;学术编辑也变成了一种行政化的安排。不少大学学报办得缺少活力,就是因为负责学报编辑的一些固定工作人员拿着学校的固定薪俸,刊物办得好与不好与报酬毫无关系,而别人的评价也不影响他们本人,因为这不是个人的刊物,所以学报格外容易成为一种学术福利的自留地。大家都在这里种地,你在这里种白菜,我在这里种萝卜,凭什么能发表他的而不发表我的。我现在担任《中外法学》的主编,这个刊物是一份比较纯粹的法律理论刊物。自从我主持编辑工作以来,我们经常编辑一些专号,一期全部是关于一个问题的。前段时间我们就做过近代法律制度引进、民法典编纂等专号,我发现大学学报就很难做到这一点,包括《中国社会科学》这样的刊物也很难做这样的事情。因为如果你把所有的篇幅都给一个学科的作者的话,就没有办法去照顾别人。文章的篇幅限制也是一个例子,如果学术刊物也要对文章的篇幅作出苛刻的限制,我觉得是一件很荒唐的事情。我们看到过许多过去所谓的一些又臭又长的文章,其实更多的是又短又臭,又臭又短。因为很多人为了使篇幅在符合 8000 字、10000 字、5000 字以内等不符合学术规律的要求,就把自己的一篇长文章切割成几篇,这对他也有好处,因为在统计数字上还会多几篇,但是文章的完整性就被破坏掉了。那为什么要作这种篇幅上的限制,有时候也是因为大家要学术福利,大家都要分一杯羹,这是令编辑们很苦恼的事情。我们的很多期刊都很有追求,有个性,绝大多数情况是碍于体制,它只能这样不死不活地维持,不得罪人才是最重要的。这便是我们的刊物缺少活力的重要原因。

第三个困难是,学术评价制度的混乱所导致的学术期刊的虚假繁荣问题。一个学者一辈子自己感觉好像很有意义,不断地写作,不断地发表,可是人一死原文章也随风飘去,原因就在于不少文章压根就是用来凑数的。采用目前的学术评价方式我们无法去判断一篇文章是否有价值,甚至在个别的时候没有多少价值的文章在作者活着的时候还受到很大的表彰,如获一等奖等。一个可悲的情况是,我们官方所设的奖项基本上都无法起到真正的激励作用;而有时候民间的评价也缺乏一种基本的程序意识,缺乏基本公正,说明中国民间的学术力量也很难形成某种与官方有真正区别的学术评价机制。我觉得一个国家能否维持一个奖项几十年、上百年,如诺贝尔奖;能够真正对于优秀学者有吸引力;能够长久地办下去,这是一个国家学术整体发展状况的一个标志。因此,我们所谓的学术期刊繁荣有时就显得很虚假、很泡沫化。

第四个困难是,现在期刊界还没有形成一种独立的民间式的力量,去经常性地推动学术事业的健康发展,与此同时又经常性去谋求期刊本身的改善,去逐渐地形成一些有助于学术发展的技术规范。现在不同学科的刊物,甚至同一学科的刊物所执行的编辑规范五花八门,令人无所适从。例如现行的高等院校文科学报编辑规范这种混乱怪异的文件能够强制各学报必须执行,例如期刊文章的分类完全不讲逻辑,例如英文使用的错误百出。我们本身要建立一个学术期刊编辑同盟,去推动技术化的改进,这一点对学术的发展非常重要。

最后,我想简单地说一下学术期刊走向世界的问题。我觉得这是一个特别重大的问题。前面有人讨论强调通过网络这样的方式让它与世界沟通;过去我曾在网络中跟网友专门讨论时,也讨论过这样一个中国跟世界对话的问题。学者在追求跟世界对话过程中可能会忽略我们这个民族、这个社会本身的一些现实问题;而这些问题可能美国人、德国人不关注,而我们却必须去关注它,研究它,我们这样的一种研究当然不会引起全世界范围内的关注。我更看重的是我们是否有一些成果能够成为西方的主流学术界关注的东西,而不仅仅是我们的这些期刊能否被他们看到。实际上如果他们不关注我们的国家的话,也就不会去关注我们的学术成果。从现代中国学术界的角度来讲,中国学者在世界范围内,尤其是在西方主流学术界的引用是很少的。我们知道虽然有一些国外汉学家们会引用一些中国的东西,但就主流而言,除了到中国演讲时礼貌性地引用一句孔子或孟子之外,中国学问是完全游离于他们的视野之外的。我觉得,如果追求与国际也就是西方学术界的对话成为普遍的时尚,一些中国的独特问题可能就会被遮蔽。我们一些学者运用自家资源解决自家问题的努力也是非常值得尊重的,我们不能"不把村长当干部"。不必一定要一窝蜂地追求国际引用。有些东西,包括历史问题,有些学者写的书——例如唐德刚、黄仁宇等,由于他们对于中国的历史文化有着身体化的知识,其中遣词造句,对人物事件品评的微妙之处,对于我们这些本地读者来说,那种阅读的快意真正是妙不可言,是我们在一些汉学家的著作中读不到的。但是,由于文化以及语言等方面的隔阂,他们的研究却得不到西方主流的认可。我觉得我们不必去刻意追求与西方的这种对话，而我们本身对学术的研究才是最重要的。钱锺书先生在给锺叔河《走向世界》一书写的序言中质疑道："走向世界"是什么意思？难道是说你能走出世界吗？我们中国本身不就是世界的一部分吗？我觉得我们这样说，应该不是"打肿脸充胖子"，我们还是有这种民族自信心的。我们自己研究自己本身的问题是有价值的，这是我关于中国学术走向世界问题的第一个想法。第二个问题是关于学术评价问题，我个人觉得邢东田先生的文章有一些愤怒的情绪在里头，我一直都在拜读他的大作，一直觉得他的文章是非常犀利的，非常的嫉恶如仇；但另一方面国家的学术需要不需要某种评价的机制，我个人觉得，包括袁玉立先生提出来的这样一个观点我也非常赞成，就是说我们不仅需要批判，我们还需要建设。至于我们怎么建设，还是像上面所说的，我们本身要从民间的角度去追求一种真正学术的评价，能否有民间的一种合理的评价模式，这是我们更应该值得考虑的。固然，我们现在应该批判那些不合理的官方评价体系，但另一方面我们能否有所建设，是需要更自觉的努力的。

学术发展三论

许　明

今天我讲三个自己遇到的问题,希望对大家有所互动。

第一,学术发展和中国问题。我注意到贺卫方同志先前讲到的关于学术发展的空间问题、编辑与期刊的空间问题,这确实是个现实的问题。20世纪90年代中期以后我们感觉到了中国的发展问题多多。但是这些问题在中国的许多刊物上得不到反映,我觉得我们知识分子有一种忧国忧民的优良传统,要关注现实问题,对中国的发展要有深切的关注。我感到我们要善于把握历史提供的时机。能不能把握时机是衡量一个学术刊物主编的水平的准绳。

第二,是学科发展和科学进步的问题。我们一直在关注,一直在写文章。其实人文科学也有科学进步的问题,如果人文科学没有科学进步的问题,那我们还写它干什么?我查过中国社会科学院文学研究所关于杜甫研究的998篇论文,发现很多文章所用的语言、话题都一样,那留下来有什么意义?除非重新发现了材料或者确实是有很新颖的观点的。

第三,我要提出一个学术发展和规范的建设问题。我们已呼吁过很多次。现在很多学术评比不太规范,我们能不能搞一个全国学术期刊的联合论文奖。我们的报纸能不能轰炸性地讨论一下规范问题。希望大家都来讲规范。

引文数据库精选来源期刊对学术评价作用的分析

叶继元

目前全世界出版的现期期刊约 20 万种,其中科技期刊约 7 万种,人文社科期刊约 3 万种,其他一般性、通俗性、时政性、消遣性期刊约 10 万种。面对如此庞大的期刊数量,任何一个期刊数据库都不可能也不需要收录所有的期刊。实际上,各种数据库都是根据其编制宗旨、用户信息需求来选择一定的期刊作为收录的对象。目的越明确,定位越准确,被收录期刊的选择就越严格。

来源期刊与核心期刊的概念近年来常被误用,因此有必要先对这两个概念进行辨异。

核心期刊是个外来语,20 世纪 70 年代末传入我国。目前我国学术界经常提到的"核心期刊",与核心期刊的原本含义已有很大的发展和变化。正由于这种变化,才引发了许多争论。笔者认为,由于核心期刊的概念现已超出了图书情报学界的范围,已被整个学术界、科研管理界等广泛接受和经常使用,因此,有必要根据其原有的含义和目前中国实际使用的情况重新对核心期刊进行界定。

正如上文所述,早在 20 世纪 30 年代初,就出现了核心期刊的概念。当时学术期刊和论文激增,某个学科的论文不仅发表在本学科的专业期刊上,而且出现在另一相关学科的期刊上,尤其出现在多学科的期刊上。同时,各种检索期刊也不断增多,仅文摘期刊就达 300 余种。这些文摘期刊经常摘自一些期刊,而不常或很少摘自另一些期刊。布拉德福敏锐地意识到了期刊论文的相对集中和分散的现象,并通过每天对到馆的润滑学和应用地球物理学 490 种期刊上 1724 篇论文进行逐册逐篇统计,按其发表论文数量的多少排出序列,他发现,少数期刊中集中了大量某个学科的论文,而另一些期刊却较少或很少出现某个学科的论文。如果把这些期刊分成几个区,各区的论文数大体相当,则核心区中的期刊与相继各区中的期刊呈 $1: a: a^2: a^3\cdots$ 的关系(a 是常数,大于等于 1,约等于 5)。这就是最初核心期刊概念的由来。以后众多学者对其进行研究、完善,其中有重要影响的是英国的布鲁克斯(B. C. Brookes)和美国的加菲尔德(E. Garfield)。布鲁克斯首次用数学公式描述了布氏定律,加菲尔德则从期刊论文后参考引文的角度证实了布氏定律及核心期刊的存在。

可见,核心期刊的理论依据是文献计量学中的布拉德福文献分散定律和加氏文献引用定律。布氏定律和加氏定律是通过大量的实践和思考,按照科学的统计方法,进行

引文数据库精选来源期刊对学术评价作用的分析 343

统计、分析、归纳、总结，又经过不断验证而得到的。它不仅有了较为成功的数学表达式，而且出现了许多应用性成果。实践证明，布氏定律和加氏定律揭示了期刊文献的分布规律，核心期刊效应是自然科学论文分布的现实反映。

核心期刊原本是文献计量学上的概念，学科性、集中性和代表性是核心期刊的三大特点。即它必须以统计数据作为基础，没有统计数据就无所谓核心期刊；它必须是某一学科较为集中地刊载原创一次论文的学术性期刊，通俗性、检索性期刊不包括在内；它必须是少量的、具有代表性的期刊。可见，原本意义上的核心期刊与质量高的期刊是有一些联系，但并没与质量高的期刊等同。但是近几年我国图书情报界、学界、管理界在使用核心期刊的概念时，不管他们是否意识到，已将原本概念扩大，使之等同于质量高的期刊。因此，如果核心期刊就是质量高的期刊，那么核心期刊必须重新定义。如果新定义可以成立，那么筛选核心期刊的方法也必须变化，不仅要从定量，更重要的还要从定性，即更注重各学科专家的判断来确定核心期刊。换言之，只要从定量和定性方面筛选出来的期刊，不论是名为来源期刊，还是核心期刊等各种名称，实质上都是真正意义上的核心期刊——高质量的期刊。

按照这样的观点，我们就能看清现在各种机构评选出的名目繁多的"来源期刊"或"核心期刊"的实质，有的名为"核心期刊"，实质上却不是；有的名为"来源期刊"，实质上却是真正的核心期刊。如中国科学院的《中国科学引文索引来源期刊》中就有这样的说明："来源期刊经过严格的评选，是各学科领域中具有权威性和代表性的核心期刊。"

严格说来，来源期刊与核心期刊是有区别的。来源期刊(source journals)是指编者根据所编数据库的目的、要求，从期刊学术性、编辑标准等方面衡量选出的作为统计源的期刊。核心期刊(core journals)是指刊载某学科文献密度大，文摘率、引文率及利用率相对较高，代表该学科现有水平和发展方向的期刊。尽管两者亦有相同之处，尽管两者大部或绝大部分期刊重合，但毕竟有不同。况且来源期刊之间也是有区别的。如CSSCI的来源期刊只有419种，而有的全文期刊数据库的来源期刊有几千种，只要同意全文被其收录，就是来源期刊，显然，这样的来源期刊的质量和其评价功能与精选过的来源期刊不可同日而语。

那么，精选过的来源期刊对学术评价到底有哪些作用呢？具体说来，笔者认为主要有以下四大作用：

第一，有利于形成统一的评价平台。

期刊种数众多，其内容多样，水平高低不一，其编校质量也差别很大，如作为统计源的文后参考文献(引文)有的有，有的无，或有的多有的少，或有的著录规范、有的较规范、有的不规范，如此等等。因此，为了能够获得必要的统计数据，必须根据数据库的编辑目的制定相应的期刊筛选标准，选出合适的期刊作为统计源，这样才能建立一个便于统计的统一的评价平台。否则统计源期刊良莠不齐、鱼龙混杂，其统计和评价的基础就较为薄弱。

第二,有利于获取较准确的评价统计数据。

一般说来,精选过的来源期刊的内容质量和编校质量较高,因为其审稿制度较为严格。其发表的论文较为符合有关的学术规范和撰写规范,如对重要观点、论据、数据等的引用和著录较为规范,较少出现用而不引、引而不用等漏引、伪引、乱引等情况,因此其有关评价的统计数据,诸如引文量、被引用次数、影响因子、半衰期等就较为准确。

第三,有利于获取较权威的评价统计数据。

同理,精选过的来源期刊上的论文质量较高,论文后的引文质量也较高,这些引文大多出自本领域具有较深造诣的专家、学者之手,显然,这些参考文献的质量和可信度比一般作者的一般论文后的参考文献的质量要高,其有关的评价统计数据较为权威。

第四,有利于提高获取评价统计数据的效率。

具有评价功能的数据库不仅需要具有足够大的数据,而且需要及时更新的数据,以满足用户最新的信息需求。来源期刊经过精选后尽管数量相对少了,但质量却大为提高。无用、粗糙的统计信息被忽略不计,真正有用的信息才被统计,从而大大节约了处理无用或用处不大信息的时间和费用,提高了数据获取的效率。

总之,精选来源期刊有助于明确数据的标准,提高数据的质量和效率,因此,有精选来源期刊的数据库与无精选来源期刊的数据库的评价功能是不一样的。一般来说,来源期刊精选得越严格,其数据库的评价功能越高,反之亦然。

引文索引(citation index)是一种以文献之间的引用关系为基础的文献索引,它不同于从作者、题名等为标目而编制的索引,它以被引用文献即引文为标目,其下列出引用过该文献的全部文献即来源文献。除了一般查询外,它能提供文献之间的内在联系。通过一篇具体的被引论文,可以检索到同领域的不同时期的各种论文。引文索引的这种独特、新颖、实用的文献检索作用是其最重要的特点,但可惜,这一点常常被国内一些论者所忽视。实际上,暂且不论其是否有助于评价等作用,仅此这一检索作用,就足以证明引文索引数据库研制的必要性。

由于引文能够"把全部科学论文编织成一个统一的网系",在大多数情况下,"引文是学者付给同行的硬币工资",因此引文索引可以帮助确定知识或科学的结构,反映学科的渗透情况,可以从一个重要侧面评价被引用论文、刊载被引论文期刊以及学者、学者群体的影响程度和水平。当然,在"利用 SCI 来进行科学评价时,一定要小心,要根据上下文的关系线索来理解,要理解整个领域,要看它属于哪个学科领域……在不同国家、不同学科,引文行为差异不同"。何况还有伪引、自引、负面引用、中性引用等问题,引文索引只提供数据,以帮助而不是代替专家进行评价,数据不能说明一切,只能与专家评价互补,因此对引文索引的评价作用一定要有恰如其分的认识,不可偏废。

世界上最早出现的引文索引是美国学者谢泼德(Shepard)于 1873 年创办的《谢泼德引文》(*Shepard's Citation*),该索引是一种供律师或法学家查阅法律判例及其引用情况的检索工具,它以最早的判例为线索,分别列出后来引用过这些判例的其他判例。20世纪 60 年代,美国著名情报学家尤金·加菲尔德(E. Garfield)等人加以发展和完善,他所领导的美国科学信息研究所(ISI)于 1963 年创办了《科学引文索引》(SCI, Science Citation Index),1973 年、1978 年又分别创办了《社会科学引文索引》(SSCI, Social Science Citation Index)和《艺术和人文学科引文索引》(A&HCI, Art & Humanities Citation Index)。几十年来,这些检索系统在科学查询、评价等方面产生了重要的国际影响。

目前,全球很多国家和地区都在将 SCI 作为一个官方或非官方的评价工具,其中一个重要原因就是 SCI 始终坚持的精品战略。ISI 执行副总裁文森特·卡拉赫于 2002 年 6 月针对一些全文数据库也作引文数据库,ISI 如何面对这种挑战的提问时说:"我们已有 45 年的实践经验,而且我们的技术也非常地领先,另外,我们认为对内容的选择非常重要,并不是所有的内容都是需要去索引的,我们始终要提供最好的信息资源和一些核心的研究成果。这方面我们也是非常独特的。"

SCI 的选刊标准包括很多因素,如期刊的被引次数、影响因子、发表哪些国家的论文、被哪些国家的论文所引用、是否遵循国际通行的编辑惯例、被引文献的文献项目是否齐全、每位作者有否完整的地址(包括电话号码与传真号码)、是否有英文撰写的能提供一定信息量的标题、文摘和被引文献、是否采用同行评议方式审稿、所载论文研究的结果是否具有新颖性、是否反映新的科学进展、期刊编辑委员会及论文作者是否具有国际影响力、新办期刊的主办单位是否具有声望、期刊是否具有地区代表性,等等。南京大学的 CSSCI 在来源期刊的筛选标准、原则等方面都是与国际接轨的,强调定性与定量,即专家意见与引文数据相结合的评价方法。在 2004 年 4 月 21—25 日成都四川大学刚刚结束的全国人文社会科学研究定性与定量评价研讨会暨南京大学中国社会科学研究评价中心咨询委员会第三届会议上,利用专家意见与引文法已将 CSSCI 来源期刊调整为 467 种,以后逐渐调整到 500 种。

所谓定性评价是指评价者根据其价值观与历史观对研究成果进行概括性评价,而定量评价是指评价者根据数据对研究成果进行具体精细的评价。一般来说,定量比定性更具体、更精确、更具操作性。人文社会科学与自然科学有共性的一面,但亦有不同的一面,其中最大的特点之一就是人文社科的许多现象不能或很难量化。不恰当地运用定量评价法,并非定量评价法之过,而是运用者之错。同行评议(peer review)是定性评价的一种主要方法,亦称专家评审,是指同一个学科或研究领域或同一个研究方向的专家对研究成果进行的评价。某一或若干领域的专家采用一种评价标准,共同对涉及上述领域的一项事物进行评价的活动。同行评议自 1665 年实行以来,目前在国内外仍为主要的评价方法。但是同行评议由于其保守性,以及假设评审人是公正等弊病,已受到多次的质疑。在我国人文社科界,由于学术规范和评价制度远落后于国外,因此同行评议遭到更多的质疑。定性与定量评价在一定的条件下均有其合理的因素及不足,应将定性与定量评价密切结合,取长补短,才是目前最适宜采用的方法。目前许多论著普遍认为引文计量(引证分析法)是定量评价法或间接评价法,实际上这种观点不够准确。引文分析法既是定性评价法(同行评议),又是定量评价法。因为成果被引用的前提是同学科的专业人员要阅读,且认为它有价值,这完全符合同行评议的含义,实际上就是大同行评议,尔后又能计算出被评价的次数,这又是定量评价。如果这个观点可以成立,那么可以进一步提高对引文分析法和引文数据库评价作用的认识。但尽管如此,由于引文动机复杂,引用行为尚不规范,因此对引文分析法仍然不能绝对化。引文计量对人文社科基础研究,宏观、中观研究的统计量较大,故比较有效。对微观,如个体的评价要慎重。

参考文献

［1］赵彦、王丹红:《SCI 的"自我评价"》,《科技时报》2002 年 6 月 7 日。

［2］葛涛:《强化学术评价功能　繁荣人文社会科学——叶继元教授谈 CSSCI》,《中华读书报》2003 年 11 月 5 日。

也谈学术期刊国际化问题

徐思彦

《光明日报》2004年3月1日发表了国家自然科学基金委员会副主任、鱼类基因工程专家朱作言的文章《学术期刊国际化》,一些网站很快予以转载。文章指出:"通常情况下,一个国家能办出有国际影响的学术期刊,在某种程度上反映了这个国家的科学技术水平,其影响可能比一个重点实验室的影响还要大。如果我国仅有很好的实验室和科学研究,却没有相应有影响的期刊,那是不全面的,也是令人遗憾的。"朱文说的是自然科学期刊,同样对社会科学期刊也是适用的。如果要讲21世纪中国社科期刊的发展战略,我个人认为,最重要的就是要办出若干份在国际学术界有影响的期刊,亦即中国社科期刊的国际化。中国的社科期刊在国际学术界的地位,是中国人文社会科学国际地位的重要表征。

其实,我们并不是今天才提出这个问题的。2001年,《历史研究》前任主编张亦工先生到香港参加学术会议,期间,与香港一所大学历史系师生座谈,表示欢迎他们投稿,得到的回答是:如果我们的文章达到一定水准,首选将是英语期刊,原因很简单,这对晋级等有利。这次座谈会给张亦工先生留下太深的印象,或者说受了相当大的刺激。尽管这些对他及编辑部同事们来说并不是新闻,但毕竟是亲见亲闻,毕竟是在我们中国的学校(虽说是一国两制)。我个人也有类似的经历。一位留美大陆学者曾投稿本刊,我们经过审稿程序后准备刊用,后来由于一家美国刊物决定刊用,她便将稿件撤回,原因也是相同的:在国内发表文章,晋级时不算数。我们国内一些大学有明文规定,在外文期刊发表文章可以得最高分;而国外学者在中国的学术期刊发表文章,即使是研究中国问题的,即使我们的所谓权威刊物,也不能作为晋级的重要成果。这就是我们社科期刊今天的"国际地位"。这种地位虽然有几分尴尬,却是我们不得不承认的。自那次香港会议后,张亦工先生多次提出,把提升在国际学术界中的地位,作为今后《历史研究》办刊的主要任务。

实现社科期刊的国际化,需要在两个方面努力,一个是刊物的学术水平,一个是刊物的学术规范。提高刊物的学术水平,有待于整个学术界的共同努力,没有中国人文社会科学的国际化,学术期刊的国际化也就无从谈起。但我们作为期刊编辑,应该有自觉意识,不能仅仅跟在学者的后面,甚至跟不上学术的发展,把不准学术发展的脉搏。

人类社会发展过程中会面临许多共同的问题,因此,我们要关注国际学术界的前沿问题、热点问题，了解学术理论的发展变化，参与国际学术讨论，不应自我边缘化；但国际化并非西方化，不能简单照搬，自觉不自觉地使中国学术"他者化"。任何一个西方的理论模式和解释框架，它所生发的环境是西方的，它所要回答的问题是西方的，它的话语系统也是西方，复制到中国来，必然有水土不服之处。在这方面我们有太多的经验教训，无须赘述。关于这个问题，纽约大学张旭东教授曾指出：中国学术"国际化"的一个良性指标，是看能否在讨论中国问题时对西方理论产生冲击，并对"普遍性"的概念体系提出修正，中国学术如果没有一种超出中国范围的相关性，对世界范围的学者的思考有所启发，就谈不上什么国际化。这个良性指标对社科期刊也是适用的。这里我想强调的是，我们不应仅仅以西方学者的问题意识作为自己的问题意识，但我们应该清楚他们的问题意识所在；我们更不应简单以西方的话语为自己的话语，但我们应该明白他们的话语所指是什么。否则，在我们与国际学界主流对话时，就会难以把握彼此对话的基准点，也就失去了对话的意义。

关于学术规范问题，这些年来受到学界的普遍关注，发表了很多很好的文章，从不同角度阐释各自的看法，最近河南大学出版社出版了由杨玉圣等主编的《学术规范读本》，其姊妹篇《学术规范导论》也即将面世。我没有什么新见解，这里只想根据我们的办刊实践谈三个问题。一个是专家匿名审稿制。香港一所大学有一份中文学术期刊"排行榜"，我记得历史学科方面，第一序列是台湾中研院历史语言研究所、近代史研究所集刊等刊物，《历史研究》在第二序列，原因之一就是内地的刊物没有实行专家匿名审稿。现在海外及台湾学者在我们的刊物发表文章，也常常要求我们开具一纸证明，证明他的文章是通过专家审稿后才发表的。《中国社会科学》和《历史研究》实行专家审稿已有十多年的时间，最初是实名的，现在是双向匿名，而且所有投寄本刊的文章，都在总编室登记时经过技术处理，发到各编辑室时，已经没有任何与作者身份有关的信息，也就是说对编辑也实行匿名审稿。实行专家匿名评审，不仅仅是为了与国际惯例接轨，这也是学术发展使然。就历史学而言，几乎人人可以发言的公共话题和宏大叙事越来越少，学术分工越来越细，学者的研究日益具体化、个性化，这就需要我们借助学术界的力量，对稿件的学术价值作出基本准确的判断。几年来匿名审稿制的实行，使编辑部获益匪浅，也深受广大作者的欢迎。当然，任何制度都不是完美无缺的，我们在实行匿名审稿时，也会碰到这样或那样的问题，如经费问题，如时间问题，如专家意见与作者意见严重分歧问题，需要我们不断总结经验教训，发展和完善这一制度。

另一个是对已有研究成果的综述问题。这本身是撰写学术论文的一个规范问题，而如何综述又是一个规范问题。我们刊物发表的论文多数有这方面的内容，但并不是都做得很好。相当一部分作者是这样叙述的：关于这个问题，迄今未见系统研究，却没有说明相关问题的研究究竟已经有哪些进展，你的研究的贡献究竟在哪里。综述已有研究成果，即是对前人研究的尊重，更是为了避免学术研究的低水平重复，作者自己首先要明确，也要使读者知道，你是"接着讲"，还是"照着讲"；你是从哪里"接着讲"。这方面存在的另一个问题是,往往忽略(或有意回避)国外学者和台湾学者的研究。关注国外学者的相关研究,可能是更高的要求,但是必须提出来的;否则,中国社会科学的国际化及社会科学期刊的国际化不过是一句口号而已。

还有一个是引用他人成果必须注明的问题。学术界的几次"打假"风波,使抄袭现象有某种程度的收敛。目前还存在着有人使用第二手材料不注明而是直接标注原出处的情况,我们刊物几次被网上文章批评均与此有关(尽管有些问题还存在不同意见)。不同学者对史料有不同的理解,同一学者对同一史料的理解也不是固定化了的。一份史料,引用哪些,从哪里引起,可能直接关涉对历史的解释。因此,我们提倡学者亲自收集资料。但限于条件,完全不用第二手材料也是不现实的,尤其是对世界史学科而言,需要做的就是老老实实地注明出处,这并不减损你的文章的价值。

中国社科期刊的国际化,是一项艰巨的任务,我们不能奢望短期内达成。20世纪20年代初,学界巨擘陈垣曾不无感慨地说,现在中外学者谈汉学,不是说巴黎如何,就是说日本如何,没有提中国的。我们应当把汉学中心夺回中国,夺回北京。1928年,傅斯年在《历史语言研究所工作之旨趣》中也大声疾呼:"我们要使科学的东方学正统在中国。"表明了那一代学人要在国际学术界争胜之心。80年过去了,历史已经进入了新的世纪,我们今天是否可以坦然宣告"科学的东方学正统"在中国呢?

我们这代社会科学学者和期刊编辑,应该共同努力,为提升中国社科期刊的整体水平,为缩短中国社科期刊与国际一流期刊的距离,脚踏实地,从一点一滴做起,作出我们的贡献。

关于"核心期刊"及学术期刊评价机制的几点思考

刘曙光

质量是期刊特别是学术期刊的生命。一本刊物有无市场,有多大的市场;是否能得到读者的认同,在多大程度上得到读者的认同;能否吸引优质稿件,能吸引多少名家的稿件;能有多大的经济效益和社会效益,关键就在于这本刊物的质量高低。

新闻出版总署和中宣部推出"中国期刊方阵"和"国家期刊奖",教育部实施"哲学社会科学名刊工程",中国人文社会科学报学会每隔几年对社科学报组织一次评奖,国内几家单位每隔几年修订、出版一本自己认定的"核心期刊概览"。这些旨在促进期刊质量提高的举措,都离不开对期刊的评价问题。但是,一本刊物的质量如何,或者说,如何评价和衡量一本刊物质量的高低,这确实是一个非常复杂的问题。现行的评价机制是否客观、科学、合理? 怎样的标准才是客观、科学、合理的? 这些都是值得深入探讨的问题。

一、核心期刊

什么是核心期刊? 哪些期刊是核心期刊? 谁有资格和权力来认定或者规定一本刊物是不是核心期刊? 这些问题在我国期刊界和学术界都是很混乱的。

众所周知,"核心期刊"这个名称是 20 世纪 80 年代从西方传译过来的。30 年代英国科技文献统计学家布拉道夫为了统计科技论文的文摘数据,考察了当时 300 种科技类文摘、索引期刊,他得出这样一个结论:某一学科的期刊中存在着被称为"核心期刊"的刊物,这些刊物刊发了该学科的大量论文。

很显然,这种现象仅限于科技论文文摘源与文摘量的分布统计。布拉道夫没有对其他类型,特别是哲学社会科学期刊作任何定性定量的分析。如果我们撇开中国期刊的实际,把这种方法简单机械地运用到对哲学社会科学期刊的评价中去,那是不科学的。

目前,对期刊是否为核心期刊进行规定的几家单位可以说都是"民间"组织,它们都是各自独立地按照一定的评价标准,每隔几年对"核心期刊"名单动态更新一次。例如,北京大学图书馆所编撰的"核心期刊概览",到 2004 年就已经到了第四版。

虽然有几家单位编纂的"核心期刊概览"在社会上造成了很大的影响,但是,其一,政府部门特别是期刊管理机构没有认可这种期刊评价方式,"核心期刊"的认定不是政府行为,缺乏权威性;其二,不同机构所认定或者说规定的"核心期刊"名单不尽相同,甚至有较大的出入,缺乏统一性;其三,究竟哪些刊物可作为核心期刊,不同学校有不同的规定,有的学校甚至不同院系有不同规定,也就是说,"核心期刊名单"的确定不是某一家或几家单位的特权,任何机构都可以根据自己的实际需要自行确定。因此,花很大的人力、财力编纂、出版"核心期刊概览"实际意义并不大。

从理论上分析,一个刊物即使这一次没有进入"核心期刊概览",也不影响它进一步提高质量,争取下一次进入"核心期刊"的行列。刊物之间的竞争好像是公平、公正的。

但是,从实践来看,是否能收录到"核心期刊概览",确实是一件关系到刊物生死存亡的大事。进入核心期刊行列,一个刊物质量有可能从此进入良性循环;相反,如果没有进入核心期刊行列,一个刊物有可能从此进入恶性循环。

首先,能否进入核心期刊行列,直接关系到一个刊物的经济效益和社会效益。如果没有进入核心期刊行列,刊物的征订者会认为这本刊物质量不高,是可有可无的,发行量会直线下降。虽然现在学术刊物的主办单位大多不指望它能带来多大的经济效益,甚至是靠年度拨款在赔本的状况下经营,但是,如果它不是核心期刊,它的出版即使只用来和别的刊物交换,或赠送给别人阅读,人家也会认为它毫无价值或价值不大,不愿意交换或阅读,这样,刊物就难以产生一定的社会影响。

其次,能否进入核心期刊行列,直接关系到一个刊物今后能否再进一步提高稿件质量。作者写文章都是有一定的目的的,希望文章刊发后能产生一定的社会影响,并且,对以后自己的职称晋升、待遇提高有一定的帮助。正因为如此,文章完成以后,作者投稿并不是盲目的,而是有所选择的。现在,很多学校和研究机构都规定,在不是核心期刊的刊物上所发表的文章,不能算作科研成果,不能用作职称评定。

这样,没有被核心期刊概览收录的刊物,就可能面临稿源困难。它不仅不能吸引新的作者群,而且,原有的作者队伍也会慢慢丧失。没有好的稿源,刊物的发展空间受到质疑,难以进一步提高质量;而没有稿源,刊物的生存权利就会受到威胁,甚至不得不停刊。

由此可见,把期刊特别是学术期刊这样简单地划分为"核心期刊"与"非核心期刊",对于我们期刊的繁荣发展是不利的。

二、学术期刊评价机制

(一)政治标准

现在对"核心期刊"的遴选标准,各种奖项的评价标准,可以说是大同小异的。首先的一条是政治标准,或者说政治质量。

所谓政治标准,即不能出现导向错误。在我们国家,刊物出现导向性错误,是致命的打击。只要出现这方面的问题,即使不被取缔,也意味着刊物在相当长一段时间将与各种奖项无缘。因为在各种评奖中,政治标准都是采取一票否决制。

我们常讲,"学术无禁区,宣传有纪律",要严格区分学术探讨与政治问题,不能将两者混为一谈。但在实际操作中,是很难严格区分的。作为编辑,我们可能认为某一问题是学术层面的探讨,可在另一些人眼里,可能就是政治性问题。

学术期刊理所当然要坚持理论联系实际的原则,要坚持解放思想、实事求是、与时俱进,要研究重大现实问题,在实践中推动理论创新。但是,理论有时候会超前于实践,往往会与现行的政策有不一致的地方。不管是政治学、法律学和经济学都会遇到这种问题。

由于害怕出导向性错误,一些刊物往往求平求稳,不敢刊发有创新性的观点。

所以,有的学者说,正确的理论只能在适当的时机发表出来,说早了,会挨批甚至挨整;说迟了,落后于实践,也就丧失了其价值。

(二)摘转率、引用率

各种评价体系中,很重要的一项就是刊物的摘转率和引用率。

目前,用来评价其他刊物质量的文摘性刊物,主要有《新华文摘》、《中国社会科学文摘》、《高等学校文科学术文摘》和中国人民大学书报资料中心的各种复印资料,正在筹办的二次文摘刊物还有高等教育出版社学术出版中心的学术期刊分社。

特别是前几种文摘性刊物,现在已经成为衡量其他各种刊物质量高低的一个重要指标。许多刊物都在琢磨:究竟刊发什么样的文章容易被转摘。也就是说,这些文摘性刊物已经在一定程度上成为其他刊物的一根指挥棒。

其实,每一种刊物(包括上述这些文摘性刊物)在创刊伊始,就确定了自己的办刊宗旨、出版目的和办刊特色,大可不必被摘转率牵着鼻子走。

不能否认,这些二次文摘刊物确实把许多刊物中优秀的论文集中、汇编起来,在一定程度上代表了中国哲学社会科学研究的最高水平。

但是,这也不是绝对的。任何文摘性杂志都有它自己编选文章的侧重点、倾向性,任何文摘编辑部的人手都是极其有限的,而中国的期刊数量如此之大、品种如此之多,谁也不能保证在进行文摘编选之前编辑翻阅过所有不同刊物上同一主题的论文,而不遗漏十分优秀的篇章,谁也不能说文摘上的每一篇文章就是精品。

而且,刊物都是人来办的,是人就有主观性。即使我们假设文摘编辑部的每一个编辑都是严格按照政治标准和质量标准来挑选文章,每一本刊物、每一个作者都不会通过拉关系、走后门来推销自己的作品,但由于每一个编辑的学识、素养和喜好不同,同一篇文章,甲编辑认为好,乙编辑就不一定感觉良好。

更何况,在市场经济条件下,社会上的一些不良风气难免不渗透到学术刊物中来,影响编辑选稿的公正性。谁来监督这些文摘性刊物的公正性呢?

把摘转率作为衡量一个刊物质量高低的重要方面,这些文摘性刊物自然而然就成了"核心期刊"中的核心,那又用什么来衡量这些文摘性刊物的质量呢?

在中学教学中,把升学率作为指挥棒,片面追求升学率,会导致学生的高分低能,片面发展。同样,在办刊中片面追求摘转率,对刊物提高质量、办出自身特色是没有什么好处的。每一刊物应该苦练内功,提高质量,而不应该把时间、精力花费在琢磨文摘性刊物或通过请客送礼方式"改善"与文摘性刊物的关系上。

一篇文章发表以后,它的社会反响如何,一般可以通过引用率来反映。与其他评价指标相比,相对来说,它更客观、更科学、更合理。因为作者在写文章的时候,引用或不引用某篇文章,关键看某篇文章对这一作者来说是否有用。

但是,正如许多学者所指出的,引用率高是否就意味着某篇文章的质量高?引用率高与质量高确实没有必然联系。引用有正面引用,即用别人文章观点来为自己作论证;有附和性引用;也有反面引用,即对别人的观点提出不同看法甚至批评意见。如果引用是后一种情况,我们能否说:一篇文章招来的批评越多,它的质量就越高呢?

更让人忧虑的是,近几年来,引用率也出现了造假现象。先是一些刊物自己引自己刊物上的文章。当然,刊物的自引率过高,必然会引起别人的怀疑。现在,两个或几个杂志之间出现了互引现象,你引用我的文章,我引用你的文章,相互抬高。这种互引的做法,作假的手法更高明,更具有欺骗性。

(三)匿名审稿问题

期刊编辑部是否进行匿名审稿,这也是在近些年来某些评比中的一个评价指标之一。

实行双向匿名评审,是刊物与国际接轨的一个重要举措,确实可以在一个程度上抑制关系稿、人情稿,保证用稿的公正性。

但在实际应用过程中,也不能绝对化。

实行双向匿名评审,并不是每一种期刊都具备这样的条件和实力。特别是高校学报,基本上是靠学校所拨的有限的办刊经费来维持。真正实行双向匿名评审,每年的审稿费将是一笔数目不小的费用。而且,审稿专家也并不好找,他们本来就承担着繁重的教学科研任务,有的还有好些社会兼职。对一篇待审的稿件,他们难以做到在规定时间内完成审阅。

即使是有条件和实力的期刊,也没有必要每一篇文章都实行匿名评审。有的作者本来就是某一研究领域的佼佼者,甚至在国内外享有很高的声誉。对于他的稿件,完全可以免去匿名审稿这一手续。如果片面强调匿名审稿的作用,只能是造成人力、物力的浪费。一家很有社会影响的期刊就曾经遇到这样一件尴尬事:他们将一位作者的投稿,以匿名的方式送交给甲专家评审,甲专家看了这篇文章以后,认为在这一领域最有发言权的是乙专家,于是,甲专家将该稿件转送给乙专家评审,而乙专家打开信封,发现要审的正是自己投给某刊物的稿件。

　　双向匿名评审也并不能完全保证用稿的公正性。有时候,甚至会陷入走过场的形式主义泥淖。

　　期刊的评价必然是一个综合性的指标体系。毋庸置疑,在这个指标体系中,任何一方面的评价标准都是片面的、相对的,不够科学的。如何建构起适合中国哲学社会科学实际的评价标准,尽可能做到客观、科学和公正,这是一个值得深入思考和广泛探讨的问题。

论高校学报的特色栏目

余三定

教育部高校哲学社会科学名刊工程已正式启动,于 2003 年 12 月公布了首批入选名单(包括《北京大学学报》等 11 家)。"名刊工程是国家重点支持的、为进一步加强高校哲学社会科学研究、展示我国高校哲学社会科学研究成果的一个重大工程,也是教育部繁荣发展哲学社会科学行动计划中的一个重要组成部分。名刊工程的基本内涵是:通过国家(包括新闻出版总署、教育部和主办单位)的支持和期刊内部的改革,在 5 年时间内滚动推出 20 家左右能反映我国高校学术水平和学科特色、在国内外有较大影响的哲学社会科学期刊。其中,培育出 5—10 种国内一流、国际知名的社科学报,逐步改变目前高校社科学报'全、散、小、弱'的状况,实现'专、特、大、强'的目标。"①名刊工程当然是非常有意义的,但对于绝大多数一般高校的学报来说,要进入名刊工程是不现实的,而应该另辟蹊径,开办特色栏目,将特色栏目办成优秀栏目和名栏目。

一

从最一般意义上说,特色是事物发展的普遍要求。大而言之,一个国家、一个民族要有自己的特色,我们国家现在提出"要开创有中国特色社会主义事业的新局面"就强调了"特色";小而言之,一所高校、一个专业,也要走特色发展之路。对高校人文社科学报开办特色栏目的必要性和重要性,除了从上述的一般意义来认识外,我觉得还可以从下述两个方面来具体分析。

首先,开办特色栏目是一般地方高校学报提高学术水平的有效途径。据统计,全国有近千家高校人文社科学报,其中绝大部分由一般地方高校主办,由于主客观因素的制约,这些由一般地方高校主办的人文社科学报要想在整体上树立自己的品牌,短时间里或者说更长时间里都是难以办到的。而如果走特色化发展道路,在刊物中开办一个或两个特色栏目,将特色栏目办成有较高学术水平和较大影响的品牌栏目,进而使特色栏目带动整个刊物学术水平的提高和社会声誉的扩大,这样则是较有可能做到的。

其次,开办特色栏目也是推动整个高校学报界改革创新的有益探索。高校学报自

---

① 《中国教育报》2004 年 2 月 25 日。

诞生以来就以"全"为其特征,不但整体上称为"人文社会科学学报",而且具体某一家学报也是"小而全",几乎每一家学报都包括了人文社会科学的全部或大部分学科,由于平分力量,其结果往往是"平分秋色",成绩平平(平庸),"全"的结果是"小"而"弱"。特色栏目的设置或许可以改变学报的"老面孔",打破学报的传统格局,进而推动学报的革新和创造。

正是基于上述的缘由,我很赞同龙协涛的观点:"有些高校是普通学校,有些学报是普通学报,但它们的某一二个栏目却办得极不普通,形成了鲜明的文化个性和特色,引起国内学术界乃至国际学术界的强烈关注。这是培育期刊品牌的可喜开端,是打破千刊一面僵局而凸现独特的'这一个'的生长点,是有望在期刊之林中实现'万绿丛中一点红'效应的必由之路。"①

二

特色栏目的具体设置,要考虑多方面的因素,笔者以为,最重要的是下列若干方面。

第一,时代需要。时代需要既包括社会发展的需要,也包括学术发展的需要。《云梦学刊》的"当代学术史研究"就是基于上述考虑开设的重要特色栏目。"文化大革命"结束前很长一段时间里,学术受到政治的干扰和压抑,学者甚至丧失了自我;"文化大革命"结束后,学术回归自身,出现了学术的自觉与学者的自立。为推进学术的进一步发展,学术应该总结自身,学者应该回瞻自我,于是我们开设了"当代学者研究"栏目,并从2003年第1期起改版为"当代学术史研究"。在这个栏目里,学者既是研究的主体,又是研究的客体(对象),即展开关于学术研究的学术研究,展开关于学者的学术研究。改版后的"当代学术史研究"实际包括三个方面的内容:(1)继续对当代一流学者作个案研究,注意将个体学者的研究置于宏观的学术史背景下来进行;(2)特别注意对当代学术现象、学术流变、学术争鸣作宏观扫描和整体研究;(3)开展充分摆事实、讲道理的学术批评。

第二,地域特点和历史传统。岳阳是屈原的最后归宿地,岳阳的汨罗江畔建有全国重点文物保护单位屈子祠,基于这样的地域和历史文化背景,《云梦学刊》设立了另一个特色栏目"屈原研究",先后发表了姜亮夫、汤炳正、竹治贞夫(日本)等数十位国内外屈原研究专家的论文,并刊登了最近十多年来中国屈原学会历届年会的综述。中国屈原学会会长汤炳正说:《云梦学刊》"所设特色栏目'屈原研究',乃当前国内刊物之创举,并且办得颇有成绩。盖巴陵曾为屈原行吟之地,此一创举,实富有深刻的历史意义,其得到学术界的关注与支持是理所当然的"。

第三,学科优势。这主要是指某校在某一学科如果具有人才和科研的优势,可以考

---

①　龙协涛:《学报的核心期刊与特色栏目》,《云梦学刊》2004年第2期。

虑将该学科作为学报的特色栏目设置。

三

要办好高校学报的特色栏目,必须特别注意认识和处理好下列矛盾和关系。

其一,特色栏目与其他一般栏目的关系。必须坚持做到"有所为,有所不为"。特色栏目就是重点栏目,所以必须在突出重点前提下兼顾一般,在篇幅、编排特别是编辑精力的投入方面都向特色栏目倾斜。《云梦学刊》有意将两个特色栏目安排在前面。

其二,外稿与内稿的关系。如果说在当今的"全球化"时代高校学报必须开门办刊的话,那么,对于特色栏目来说这一点显得尤为重要。我认为,如果说某家学报暂时还只能由某一高校来主办的话,那么特色栏目则必须是由整个相关学科的学术界来共同主办。《云梦学刊》的特色栏目就是这样,两个栏目的外稿采用量都达到了80%以上,且先后刊登了我国港台地区及日本、韩国等国学者的稿件。

学术期刊的社会功能与发展方向

袁玉立

当下，在我国人文社会科学研究和人文社会科学期刊举办及主管单位，流行这样一句行话："有为才能有位。"意思是，人文社会科学的学术研究或者学术期刊能否受到国家和社会的重视，主要看你有无作为。这里姑且不论"有为"与"有位"之间谁是因谁是果或互为因果的问题，单就什么叫"有为"或者说，学术研究和学术期刊的社会功能究竟是什么，有必要追问一下。在我看来，这个问题涉及何谓学术期刊的"发展"，学术期刊如何定位，以及如何办出特色等"发展战略"问题。

我认为，学术期刊的功能与学术的功能在实质上是一致的，因为它们有着共同的本质，这就是（科学）探索。探索就是在主体自由的情境下向必然寻求自由。我们寻求到了自由就是创新，我们能否有效寻求到自由，需要一套方法和规范，需要遵循学术规律。学术或探索何以可能，完全来自于人类面对自然、社会和自身的实践理性：其一，不断质疑已被证明了的真理和已被推出的知识，发现新的真理；其二，不断质疑现存的和过去的制度缺陷，主张更为完善的制度。人类的这种实践理性显然也是学术和学术期刊的本质体现，是学术期刊的根本的社会功能。那种把学术期刊仅仅理解为登载学术论文和理论文章的媒体，只是看到学术期刊的表层作用；认识到学术期刊是承载学术成果的工具之一，意味着发现了它的较为深刻的本质；而通过鉴别、选择、评估学术研究成果，质疑历史和现实的不合理性，寻求更为完善的实践理性，才是学术期刊的最为深刻的本质。那种把学术期刊作为评职称的工具，捞名利的道场，发横财的捷径，升大官的敲门砖，则是对学术期刊的真正的社会功能的扭曲。

认识到学术期刊的真正的社会功能，意味着学术期刊的发展战略要遵从学术的发展规律，这就是学术自由的规律。这一规律同学术创新的规律、学术规范的规律是互补的，但起核心作用的是学术自由的规律。遵守这一规律，就应在举办学术期刊中摈弃这样一个假定：以学术论文表征的探索行为句句都是真理的。也就是说，遵守这一规律，每个学术人抑或每个办刊者、撰稿者是允许犯有一定概率的学术错误的；任何学术研究及其成果是不可能完美无缺，句句真理的；因此，在学术研究和鉴别、选择、评价学术研究成果中不可能实现百分之百的真理性，甚至远离真理，而需要相应的学术批评加以矫正；在这里，学术研究、学术评估、学术批评的主体都是自由的，而他们最终实现的目的也是自由。当然我们注意到人文社会科学，尤其是某些学科，在现时代仍然具有强烈的国家意识形态性,但这并不能否定人文社会科学在总体结构上更为显著的科学真理性和人本价值。人文社会科学的国家意识形态性这一点,要求学术研究和学术期刊应当在国家宪法框架下进行,在宪法精神指引下展开,国家对人文社会科学研究方向和学术期刊发展拥有相应的权利;人文社会科学的科学本质与人本价值要求我们的学术生态,尤其是作为公共权力机构的社会主义国家提供最为宽松的环境和最为有效的支持系统,国家对人文社会的繁荣发展承担相应的责任。

认识到学术期刊的真正的社会功能,意味着学术期刊办刊人和国家行业主管机构在拟定学术期刊发展战略时应当将其与非学术性期刊,甚至半学术性期刊区别开来。我国新闻出版管理部门将人文社会科学学术期刊、半学术性期刊,以及众多非学术期刊,都划到"社会科学期刊"一大门类,包括《知音》、《恋爱》、《婚姻》、《家庭》等休闲类、时政类、社会新闻类的期刊。这种划分分类的结果,客观上抹去了学术性期刊与非学术性期刊的本质区别,混淆了学术与非学术的界限。众所周知,没有区别就没有政策,就没有科学的指导方针和方法。这种把学术期刊和非学术期刊眉毛胡子一把抓的办法是我国学术期刊长期以来与一切大众媒体混同于一体的原因之一,也是我国学术性期刊长期以来既被公共事业边缘化,又被市场经济边缘化的原因之一。加上学术期刊的不可动摇的全民所有制即国家所有制体制,以致不论什么学历学位的人、不论什么专业修养的人都可以到学术性期刊编辑部来办刊,都可以来指导办学术期刊,都可以承当被众多投稿者称为"编辑老师"的角色。我国学术期刊的编辑部,特别是一些地方性期刊,长期以来成为安排人事的蓄水池,成为地方党委、政府部门分流人员,甚至是安排家属的去处。这就必然从人员队伍素质上降低了学术期刊创造先进文化的社会价值,严重削弱了学术期刊在社会主义建设中的社会功能。我们要还学术期刊的本来面目,按照学术期刊的本质的真正的功能去办刊和指导办刊,按照学术的本质要求去发展学术期刊,这样才能还学术期刊的本来地位,才能真正繁荣发展哲学社会科学事业。事实上,目前社会上的绝大多数的休闲类、时政类、新闻类的期刊,甚至不少所谓半学术性期刊,若给予中肯的评价,应当属于知识普及型期刊,其内容本质与学术期刊根本不同。打一个比方:学术期刊是照亮黑暗空间的第一只蜡烛,而一切非学术期刊,甚至一些半学术期刊只是第一只蜡烛点亮的其他蜡烛,尽管它们共同给黑暗和蒙昧带来了科学与人文之光。

因此,在我国现时代条件下,人文社会科学学术期刊今后发展前景如何以及如何发展,如何在国家创新系统之中占有不可或缺的位置,关键仍在于科学认识和充分发挥学术期刊的社会功能,这样才能还学术期刊的本来面目和本来地位,让学术期刊从边缘化状态中走出来,要让全社会认识到要提高一个国家和社会的文明要素,包括物质文明、政治文明和精神文明,学术期刊既是扩张文明的显著要素,又是展示文明的重要平台。

对于学术与学术期刊的社会性功能,我以为还有必要从以下方面端正我们对于学术与学术刊物及两者同社会互动的认识。

（1）文明的社会是理性的社会，理性的社会需要学术，并且是以繁荣的学术为特征的。学术期刊承载原创的科学知识，在理性社会占有独特的地位，发挥着其他形态的文明所不可取代的作用。这是由学术期刊的根本特质决定的。学术期刊的根本特质和基本任务之一是对现代知识人、思想者的创造性思维成果进行识别、选择、加工和规范，以便把知识人、思想者的极富原创性的思想、意识、观念凝结在周期性出版的这一纸质（或以纸质为基础的电子质）媒体上。来稿必登，或来稿随意而登，都不是对思想者、知识人思维成果的认真识别和认真选择。提示、加工、引导和规范来稿作品，才是挖掘作品原创思想，确定作品原创性概率的必要方式。学术期刊的编辑劳动和学术期刊的登载内容是不能脱离这一特质和任务的。学术期刊的另一特质和任务是对知识人、思想者的思维成果——作品，运用现代出版技术进行复制或再生产，使作品走出个人空间而以社会化形式影响，甚或冲击其他知识人、思想者和社会系统。学术期刊的发行量体现了学术作品的再生产程度，但不能完全体现文明要素的传播深度或扩张程度。这是因为学术作品主要是以质量而不是数量影响其他知识人和思想者的。从这个意义上讲，学术作品的摘登率和引用率比起发行量来说，是该作品传播深度的更为重要的两个统计指标。但是就全社会的理性程度而言，学术期刊的社会发行量（再生产程度）和个人（主要是知识人、思想者）收藏量才是测量社会理性程度最基本的指标。然而繁荣的学术不仅需要量化的指标，更为重要的是内容质量的深化。知识人出于奉献而愿意提供知识，思想者出于探索真理而愿意发布思想，一个人不是出于评职称、求待遇、争地位而创造（这种情境下很难真正的"创造"）学术作品，才能拥有至深内涵的学术价值。一个社会拥有的一定数量和质量的学术期刊是测量一个社会理性程度的最为基础的指标。

（2）文明的社会是发展的社会，发展的社会需要学术，学术的繁荣是社会发展的内生动力，又是社会发展的重要特征。学术期刊传达的学术创新、学术自由和学术规范的情景显示和推动学术繁荣。发展是这样一个概念，它表示社会的物质文明、精神文明和制度文明诸要素的积累和完善，还表示这种文明结构以人的个性的充分展现和生活质量的持续提高为中心。学术是什么？学术有三个要素：其一是知识人或思想者，他们是学术的主体；其二是原创的知识、思想和观念，它们是学术主体的创造物；其三是学术赖以存在的生态环境，它们是自由和规范的适度结合的制度文明环境。所谓文明的要素不是别的，正是学术要素的构成和扩张。当学术要素构成持久的内生动力，并在物质系统、精神系统和制度系统物化（或对象化）、复制（或扩大的再生产），文明的要素才得以积累和完善，人的个性才得以充分展现和解放，人的生活质量才能持续提高。学术期刊同其他非学术出版物的根本不同在于它不是提供给全社会大众的精神食粮，而是提供给知识人、思想者这些社会小众的精神食粮，而这些知识人、思想者才是引领社会全面发展的先进分子，因此学术期刊所蕴涵的学术价值是一个社会的灵魂和旗帜，它在本质上是一种人文之光和科学之光，它首先服从的是人本需要，然后才是市场原则。

（3）文明的社会是民主的社会，民主的社会需要学术，真正的学术繁荣意味着学术民主和社会民主。学术民主如何体现？一个民主社会里，在宪法精神指引下，让各种学术思想尽情表达、展开、碰撞（批评和自我批评）和交流，才能产生创新性的或原创性的学术价值。各种学术思想的交流和展开，除了会议、报纸、图书和电子媒体外，最为快捷、稳定、广阔和直接的平台就是学术期刊，就是说，作为连续出版物的学术期刊是当今以至未来学术互动交流的基本形式。资料显示，当今世界各发达国家的知名社会科学研究机构达1240处，这些机构的研究成果主要通过学术期刊公布、扩散、传播和交流。20世纪末，西方"后现代"话题在国际核心学术期刊上每个月都有数百篇文章论及，致使在过去的十多年中，后现代话语广泛影响到所有学术领域，对现代理论提出全面挑战。在国际社会，关于"民主"的话题，仍然是后现代话语的重要内容。政治民主与学术民主，是两个相联系而对立统一的概念。学术民主是政治民主的思想基础，否则，政治民主是虚假的民主；政治民主是学术民主的最高诉求，否则，学术民主不过是虚假的学术繁荣。围绕着一个社会的学术资源的开发、利用和扩张，学术资源和学风建设（关于学术资源的态度、方法、理念和规范）构成一个社会的学术生态系统。学风建设从广义上讲有两个原则，即解放思想的原则和实事求是的原则，它们既可以运用于学术，又可以运用于学习；从狭义上讲有三个原则，即学术自由的原则、学术规范的原则和学术创新的原则，主要运用于学术研究。我们把学术自由和学术规范的统一称为学术民主，我们把学术创新和学术民主的统一称为良性学术生态系统。创新是一个国家兴旺发达的不竭动力。但创新依赖于学术民主的生态环境，更依赖于以学术民主为基础的政治民主的社会环境。从这个意义讲，民主是制度创新和学术创新的生态环境和活力来源。学术期刊的举办者、编辑出版者、论文作者和期刊读者是学术生态系统的基本要素，他们如果达成一种社会共识，形成一种健康的社会心理，深刻理解了学术资源开发、利用和扩张的价值，深刻领悟了学风建设、学术民主在学术研究和学术创新过程以及在学术期刊编辑出版过程中的意义，就能创造良性的学术生态环境，推动学术民主和繁荣，支撑社会民主的大厦，实现学术期刊和社会进步的良性互动。

值得关注的学术集刊现象

杨玉圣

专业性、学术性集刊之异军突起，是最近十余年来中国学术界、出版界最为引人注目的文化景观之一。这些学术集刊往往由学者个体或群体、学术组织或学术单位主持编辑，由相对固定的某一出版社公开出版发行。这些学术集刊的编辑情形有异，学术旨趣亦不尽同，但大都以追求高学术品质为依归。除个别例外情况，基本上都是连续性出版物。

跨学科性、综合性是这些学术集刊的"重武器"。如《文史》、《中华文史论丛》、《学人》、《中国学术》、《现代中国》、《学术思想评论》、《人文论丛》、《国学研究》、《公共论丛》、《学术集林》、《中国政法大学人文论坛》、《视界》、《现代化研究》、《西学研究》、《燕京学报》、《知识分子论丛》、《国际汉学》、《原学》、《原道》、《徽学》、《敦煌吐鲁番研究》、《华学》、《文化研究》、《中国俗文化研究》、《中西学术》等。

除此之外，更多的是一批囊括人文学科和社会科学领域专业性色彩很浓的学术集刊，举其要者：文学（如《红楼梦研究集刊》、《红楼梦学刊》、《文学理论学刊》、《外国文学研究集刊》、《文学史》、《北大中文研究》、《中国诗学》、《中国诗歌研究》、《中华戏曲》、《跨文化交流》、《文学前沿》、《新文学》等）；语言文字学（如《语言学论丛》、《中国语言学》、《语文现代化论丛》、《汉语史研究集刊》、《古文字研究》、《汉语史学报》等）；文献学（如《出土文献研究》、《古典文献研究》、《历史文献研究》、《历史文献》、《中国典籍与文化论丛》等）；历史学（如《北大史学》、《唐研究》、《近代中国》、《近代中国史学刊》、《辛亥革命史丛刊》、《中国社会历史评论》、《中国社会科学院历史研究所集刊》、《明清论丛》、《口述历史》、《世界历史研究所学术文集》、《新史学》等）；考古学（如《考古学集刊》、《古代文明研究通讯》等）；哲学（如《中国哲学》、《哲学门》、《论证》、《中国现象学与哲学评论》、《自然哲学》等）；法学（如《北大法律评论》、《北大法学论坛》、《法理学论丛》、《宪政论丛》、《民商法论丛》、《诉讼法论丛》、《刑事法论丛》、《刑事法评论》、《立法学论丛》、《检察论丛》、《诉讼法学研究》、《公法》、《私法》、《私法研究》、《法律史论集》、《国际经济法论丛》、《国际法年刊》、《知识产权论丛》、《比较法研究在中国》、《中西法律传统》、《人权研究》、《法哲学与法社会学论丛》、《法律方法》、《法律书评》、《清华法学》、《政法论坛》等）；社会学与人类学（如《中国社会学》、《社会学人类学论丛》、《中国社会与中国研究》、《人文世界》等）；宗教学（如《基督教文化评论》、《基督宗教研究》、《中国宗教学》、《问题》、《基督教文化学刊》、《宗教文化》等);民族学(如《西北民族研究》、《中国西部民族文化研究》、《中国维吾尔族历史文化论丛》、《藏学研究丛刊》、《满学研究》、《中国哈尼学》、《宗教与民族》等);妇女学(如《社会性别研究》等);经济学(如《经济学季刊》、《比较》、《天则》、《三农问题》、《中国农村研究报告》、《经济学家茶座》、*Annanls of Economics and Finance* 等);政治学(如《公共论丛》、《政治与行政管理论丛》、《中西政治文化论丛》等);管理学(如《公共管理论丛》等);国际问题研究(如《韩国研究论丛》、《美国问题研究》、《日本研究论集》、《国际关系评论》等);教育学(如《创新教育》、《中国教育政策评论》、《中国教育:研究与评论》等)。其中,法学类集刊品种最多(达70余种)。

上述学术集刊生机勃勃,把相关学科的学术建设推上了新的层次。这些学术性很强的集刊,基本上都是阳春白雪式的专业园地,但其学术辐射力往往超出本专业而引出其他专业人士的诸多兴趣和关怀。从篇幅与规模上看,大都每期少则二三十万字,多则五六十万字(如《学人》、《人文论丛》、《中国社会历史评论》、《中国政法大学人文论坛》、《民商法论丛》等)。这些学术集刊,基本上取书籍形式,而且在封面设计与制作、版式设计、内文用纸等方面,大都相当考究。

在出版地点上,以北京为枢纽(如法律出版社、商务印书馆、中华书局、北京大学出版社、中国社会科学出版社、三联书店、社会科学文献出版社、中国人民大学出版社、文化艺术出版社、中央编译出版社、民族出版社、中国政法大学出版社、清华大学出版社、宗教文化出版社、教育科学出版社、时事出版社、中国检察出版社、科学出版社、华夏出版社等),但又不局限于此。事实上,上海(如上海古籍出版社、上海远东出版社、上海人民出版社、复旦大学出版社、上海译文出版社)、天津(如天津人民出版社)、河北(如河北教育出版社)、河南(如大象出版社)、广西(如广西师范大学出版社)、山东(如山东人民出版社)、湖北(如湖北教育出版社、湖北人民出版社)、江苏(如江苏文艺出版社、南京大学出版社、江苏古籍出版社)、四川(如巴蜀书社)、辽宁(如辽宁教育出版社)、贵州(如贵州人民出版社),也在推进学术集刊的出版方面贡献突出。其中法律出版社、商务印书馆、中华书局、北京大学出版社的努力及其成就最为显著。

这些学术集刊大多由北京大学、中国社会科学院、中国人民大学、清华大学、复旦大学、南京大学、武汉大学、华中师范大学、中国政法大学、中山大学、吉林大学等中国最著名的大学、科研机构的著名专家学者挂帅,除季羡林(北京大学)、王元化(华东师范大学)、任继愈(国家图书馆)、饶宗颐(香港大学)、周一良(北京大学)、侯仁之(北京大学)、罗豪才(北京大学)、江平(中国政法大学)、袁行霈(北京大学)、吴敬琏(国务院发展研究中心)、章开沅(华中师范大学)等德高望重的大家名流外,主持这些学术集刊的多系以中青年专家学者为主的学界中坚,如陈平原(北京大学)、林毅夫(北京大学)、张文显(吉林大学)、梁慧星(中国社会科学院)、刘东(北京大学)、徐显明(中国政法大学)、朱苏力(北京大学)、冯天瑜(武汉大学)、郑成思(中国社会科学院)、赵敦华(北京大学)、刘小枫(中山大学)、盛洪(山东大学)、荣新江(北京大学)、赵汀阳(中国社会科学院)、夏勇(中国社会科学院)、刘军宁(中国艺术研究院)、贺卫方(北京大学)、卓新平(中国社会科学院)、吴汉东(中南财经政法大学)、郑永流(中国政法大学)、张国刚(清华大学)、葛兆光(清华大学)、许纪霖(华东师范大学)、朱立元(复旦大学)、许章润(清华大学)、陈兴良(北京大学)、任剑涛(中山大学)、高鸿钧(清华大学)、蒋寅(中国社会科学院)、张伯伟(南京大学)、黄克剑(中国人民大学)、马戎(北京大学)、王焱(中国社会科学院)、詹小洪(中国社会科学院)、陈少明(中山大学)、马敏(华中师范大学)、姜广辉(中国社会科学院)、吴国盛(北京大学)、谢晖(山东大学)、贺照田(中国社会科学院)、李猛(北京大学)等,其人气才情如日中天,影响广远。其中,在推动学术集刊的组织、编辑方面,北京大学、中国社会科学院的专家学者最为活跃,贡献最大。

受目前出版体制、学术体制制约,这些学术集刊尚无国内(国际)统一刊号,而是用书号,即通常所谓的"以书代刊"的连续性学术出版物——名为图书,实为学刊。非常遗憾的是,这些学术集刊所发表的大量成果(估计每年有 12000—15000 篇),既未被纳入学术信息检索系统(如《全国报刊论文索引》、《中国人文社会科学论文索引》、中国人民大学报刊复印资料系列以及《新华文摘》、《中国社会科学文摘》、《高等学校文科学术文摘》、《中文社会科学引文索引》),也未进入学术职称评审、学术奖励、学术考核等学术评价体系(少数例外的是,中国社会科学院、北京大学、中国政法大学对部分学术集刊发表的学术论文采取了变通性的办法,与有关"核心期刊"一视同仁)。总体而言,由于忽略了这些学术集刊及其发表的学术成果,可以有把握地说,目前的任何一种评价指数均未能从整体上全面反映目前中国人文社会科学学术成果的真实情况。

目前中国的学术园地,大约有四大系统:其一,高等学校及与高校有关系所主办的高校文科学报和刊物,数量最多(1000 多种),但质量普遍较低("全、散、小、弱"),教育部正在推行的"名刊工程"即"教育部高校哲学社会科学名刊工程首批入选学报"仅 11种(约占 1%)——《北京大学学报》(哲社版)、《文史哲》、《南京大学学报》(哲社版)、《中国人民大学学报》、《复旦学报》(哲社版)、《北京师范大学学报》(哲社版)、《思想战线》、《厦门大学学报》(哲社版)、《吉林大学社会科学学报》、《南开学报》(哲社版)、《陕西师范大学学报》(哲社版),即是为了改变此种阵容庞大、质量不堪的窘境(《史学月刊》、《中外法学》、《法学评论》等非学报类高校学术刊物,在学术界有口皆碑,出类拔萃,但这是特例)。其二,中国社会科学院、各省(自治区、直辖市)社会科学院(社会科学联合会)主办的学术刊物,论数量,要远少于高校系统(约 200 种),但其学术影响最大、社会地位最高,其中不乏在学术界处于独一无二的"巨无霸"式地位的刊物(如《中国社会科学》、《历史研究》),中国社会科学院一些研究所主办的学术刊物(如《经济研究》、《法学研究》、《哲学研究》、《近代史研究》、《中国史研究》、《文学评论》等)也有崇高的学术地位,各省(自治区、直辖市)社会科学院(社会科学联合会)主办的刊物中也有《学术月刊》(上海)、《学术界》(安徽)、《社会科学》(上海)、《社会科学战线》(吉林)

等堪可称道者。其三,党(含中国共产党及各民主党派)和政府部门及其研究机构(如文化部下属中国艺术研究院、外交部下属中国国际问题研究所、安全部下属中国国际关系研究院等)以及中共中央党校和各省(自治区、直辖市)委党校、中国共产主义青年团中央及省(自治区、直辖市)团校(青年政治学院)、中华全国妇女联合会及其下属研究机构(中国妇女研究所、中华女子学院)等主办的刊物(约200种),除《文艺研究》、《中国文化》、《美术观察》等少数高水准的学术刊物外,其名称五花八门,其质量参差不齐,姑且存而不论。其四,学术集刊系统,即上述以书代刊式的连续性学术出版物(约300种),尽管其数量远少于高校学报系统,其目前影响也远不如社科院系统,但就整体的学术质量与品位而言,学术集刊当拔头筹。举例而言,假如从上述四大系统中分别推选出各自最满意的50种或100种刊物,以学术质量为标准,那么学术集刊将是无可争议的"团体冠军"。这些集刊在推动学术进步、科际对话与整合、提倡学术规范、推动学术批评等方面,功彰绩伟,具有相当强劲的学术号召力。在某种意义上,这些数量有限但质量上乘的学术集刊很可能代表了中国学术刊物的未来发展前景。有理由相信,这些学术集刊不仅是中国的刊林新葩,而且它们的存在与兴旺发达也可以说是21世纪中国学术的福音。

目前的当务之急是:第一,教学、科研机构(特别是高等学校)公正地对待学术集刊及其发表的学术成果,在学术职称评审、学术奖励、学术考核等环节上,改变多年以来奉行的歧视政策,尊重现实,敬畏学术,一视同仁。第二,建议《中文社会科学引文索引》改变过去那种无视学术集刊存在的做法(该《索引》曾阴差阳错地把《南京大学法律评论》、《东方丛刊》、《红楼梦学刊》列入其"来源期刊"),实事求是,采取灵活性的变通之策,根据学术水准和学术影响力,将有关学术集刊适时列入《中文社会科学引文索引》"来源期刊"。建议《新华文摘》、《中国社会科学文摘》、《高等学校文科学术文摘》以及中国人民大学报刊复印资料系列,在学术文献的二次开发与利用方面,对学术集刊上所发表的学术成果给予应有的反映。这是一笔宝贵的学术资源。否则,人为地将学术集刊及其发表的学术成果排挤出现有的学术检索与学术评价体系,那么,建立在此一残缺不全基础之上的任何成果统计、高校排名、学术评估和分析报告,将不仅是不准确、不全面的,而且也是不公正、不客观的,甚至将产生误导性的严重后果。第三,呼吁国家新闻出版总署、中共中央宣传部调整和改进有关刊物注册政策,与时俱进,允许条件成熟的学术集刊获取其国内(国际)统一刊号,使之名正言顺,从而为进一步繁荣和发展人文社会科学提供学术园地。果真如此,则必功德圆满,并深得学界人心,恐善莫大焉。

学术史研究的内涵与功能

程郁缀

　　首先,我代表北京大学、代表北大主持文科工作的吴志攀副校长、代表我们北京大学社会科学部,对湖南理工学院"当代学术史"学科建设研讨会的召开,表示最热烈的祝贺!

　　我们非常感谢在座的朋友们光临盛会。余三定教授有非常了不起的号召力和真诚的人格魅力,在座的朋友都是在学术方面某一个领域的领军人物,非常突出的学者,在他的真诚和热情的感召下,我们聚集在一起,真可谓是"高朋满座"、良友雅集。

　　湖南理工学院是一所综合性的学院,依洞庭,傍南湖,非常美丽。《云梦学刊》是中国人文社科核心期刊,全国优秀社科学报。以前我只负责北京大学文科十七个院系老师们的科学研究工作,近年来,学校领导又让我兼管《北京大学学报》,担任主编;经过将近一年的实践,我深感学报工作非常重要,也是非常不容易做好的。所以《云梦学刊》能够办到这种水平,我非常钦佩也非常高兴;特别是其特色栏目"当代学术史研究"、"屈原研究",我认为都是有很高的水平的。这两个栏目能够办到全国非常高的水平,主要是学刊全体同仁们的努力,这是"人和";同时当然也得益于"天时地利"。比如,屈原研究当然非《云梦学刊》莫属,屈子祠就在岳阳。屈原是中国文学史上第一位留下姓名的伟大诗人。中国有三个在中国民间影响非常深远的诗人,一个是屈原,一个是李白,一个是苏东坡。再过几天就是端午节,我们这个会议也是对我国最伟大的诗人屈原的一个很好的纪念。把屈原这个专栏办好有利于弘扬中华民族的传统文化,因为屈原热爱祖国的精神、追求真理九死不悔的精神、追求高洁好修为常的精神等,都是我们中华民族精神的重要组成部分。《云梦学刊》"当代学术史研究"与"屈原研究"栏目取得了非常大的成绩,我们期待着这个栏目越办越好,这个刊物也越办越好!

　　学术史研究我们北大中文系陈平原教授是专家,是一面旗帜。北京大学的老校长蔡元培先生对"学术"有一个见解,他认为学术包括"学理"和"术用"两个方面,他认为"学必借术以应用","术必以学为基础"。我想蔡元培老校长这里所讲涉及基础理论研究与应用技术研究之间相辅相成的关系。如果没有深厚的理论作基础的话,那么应用技术就不能持续开发;相反,如果没有应用价值的话,那么理论也就黯淡无光。任何理论如果没有应用价值,那么这个理论就没有生命力。我们说理论之树常青,常青就在于它对现实有用,它能经世治邦;有用的学问、对老百姓有好处的学问、对国家民族的发展从根本上说有作用的学问，才能够蓬勃地发展，具有永不衰竭的动力。

所以学术史的研究，我以为第一应该尊重历史。学术发展过程可能受到种种因素的干扰，但是作为学者的一个神圣的责任就是还历史以本来面貌；学术发展史的研究，也应该是以尊重历史作为前提，只有尊重历史，这个学问才能做得非常扎实，多少年也推翻不了。第二应该着眼现实，任何研究都必须着眼现实。我们这些学者都有一个神圣的责任，就是为我们中国最广大的老百姓的切身利益作出我们的一份努力和贡献。第三应该提升理论，任何学术研究都应该提升理论。只有在理论方面深入地开拓，这个学问才能持续地、广泛地深入下去。所以学术史研究是一大片广阔的处女地，有很多可以开拓的领域。学术史非常丰富，它包含了我们学科的所有方面。所以，我相信学术史研究有着十分广阔的前景。我们在座的学者在这块园地里耕耘，一定会硕果累累！

最后我要说的一点，那就是我们北京大学和湖南理工学院有着非常良好的传统，我们有着非常亲密的合作关系。北京大学有个未名湖，未名湖的容积虽小，但是它在精神的意义上可能跟洞庭湖一样浩瀚。我们未名湖的波浪应该是连着洞庭湖的波浪。我希望北京大学与湖南理工学院、《北京大学学报》与《云梦学刊》之间的友谊，能够永久地继续下去。我衷心地祝福在座的学者们，在自己的学术研究领域里不断取得新的成就、收获新的喜悦！谢谢！

"当代学术"如何成"史"

陈平原

作为学者,我见证了"学术史"从一个简单的"随想"走向拟想中的"学科"这一全过程。我说的"随想",是指我 1991 年 6 月写的那篇《学术史研究随想》,更指诸多友人发表在《学人》第一辑上的那组"学术史研究笔谈"。从那以后,我和我的同仁一起,积极推动学术史的研究。当初的"随想",十五年后,竟然变成了声势浩大的"课题",甚至有了今天相当夸张的说法,叫"学科建设",这让我感慨良多。

今天,每一个从事专业研究的人,大概都免不了要跟所谓的"学术史"打交道。从研究生撰写论文时的"文献综述",到专门家刻意经营的专著、杂志开辟的专栏,有关学术史的诸多话题,正在课堂、学界乃至媒体中积极酝酿并顺利展开。而我自己,一不小心,也就成了学术史研究方面的专家。略作清点,上半年,我在国内外大学所做的讲演、学术会议上的报告、接受专访或发表论文,竟大都属于学术史或教育史的话题。这么说,不是自得,而是自嘲——我的专业是文学或文化研究,从不敢以"学术史专家"自居。既然如此,我为什么还要积极提倡呢? 当初的设想,包括纠正时弊、自我训练、引领学风等,所有这些,此前的文章已经谈了。可现在不一样了,学术史研究从一个冷门的话题,转变成学界的时尚。既然是"时尚",就必须保持一定的距离,并且多加自我反省,正是基于此,我着重谈下面五个问题,主要是清理自己的思路,并不要求别人也这么想、这么做。

第一,必须追问的是:"当代学术"能否成"史"。这个问题,来自 20 世纪 80—90 年代的文学研究界。那时有一场争论:"当代文学"到底应不应该写"史"。不少学术功力很深的老先生认为,当代文学仍在进行中,而且近在眼前,缺乏必要的沉淀,这样的对象,可以批评,也应该研究,但不适合撰史。那次讨论的结果,大部分人还是认同了"当代文学"可以而且应该成"史";但讨论中反对派的意见,同样得到了充分的重视。以北大中文系为例,"文学批评"与"文学史",两者的区分,还是很清晰的。就说当代文学教研室吧,做文学批评的,比如张颐武他们,特别关注近两年不断冒出来的新作家新作品,给予及时的抑扬褒贬;至于治文学史的,比如洪子诚老师,他们更追求长时段的眼光,其评价标准与叙述语调,跟做批评的不一样。

这样的区分,同样适应于"学术批评"和"学术史"——两者既有联系,更有区别。这里所说的区别,在体例,在眼光,更在使用的尺度以及评价的立场。我强调这一点,是因为当代人写当代史,好处是感受真切,缺点则是分寸不好把握,目前的普遍状态是:学术门槛太低,评价标准偏宽,于是,"大师"的帽子满天飞。谈学术史,需要长时段的考量,不能只盯着眼下最活跃的那几个人。"批评"是短兵相接,无暇仔细分辨,偶尔说些过头话,不要紧;"撰史"可不一样,要严肃得多,一般来说,不允许出现大的偏差。

第二,谈论学术史研究,我倾向于以问题为中心,而不是编写各种通史。自从有了"课题组",有了"科研经费",有了"造大船"等提法,"通史"这一著述体例特别吃香。从综合性的中国通史,到分科性质的教育通史、文学通史、学术通史等,全都是大部头的著作。表面上看,学界一片繁荣,拿出来的书,全都沉甸甸的,很有分量;可实际效果呢,不客气地说,"著述"变成了"编纂"。不能说学者不努力,或者毫无见地,只是那点独特的发现,在汇入"通史"这部大书时,被彻底"稀释",以致被"淹没"了。另外,我之所以赞同从事"当代学术史"研究,很大原因在于它跟我们血肉相连,可以直接介入当下的社会文化变革,影响当下的学术思潮。这样的话,更应该以问题为中心,而不是盲目追求体系的完整或体积的庞大。

第三,我想谈谈"学术史的周边"。在我看来,学术史研究要"有精神",而且"能落实";而想做到这一点,必须上挂政治史,下连教育史。在当代中国生活过的人都明白,"学术"并不"纯粹",与现实政治有千丝万缕的联系。假如你一定要把自己封闭起来,追求不食人间烟火的"纯学术",起码在人文科学或社会科学这里,是行不通的。在美国是这样,在欧洲也是这样,在中国尤其如此。学术史的研究,确实跟政治史取向不同,应该有自己独立的眼光与尺度;但如果完全切断学术与政治的联系,抛开整个社会及文化思潮,那样来谈学术史,会变成一种纯粹的技术操作,意义不大。至于为何需要"下连教育史",理由很简单,对于知识生产来说,体制化的力量是很大的。从晚清开始建立的这一套学术体制,包括教学、撰述、评价、奖励等,影响非常深远。我们在学校教书,深知若离开课程设计、学科建设、教师选拔,还有与学生的对话等,很难说清楚具体的学术潮流或著作体例。我曾经提到,在过去的一百年中,"文学史书写"成为大热门,为什么?不放到大学课堂来思考,你说不清楚。

第四,我想强调两点,一是做学术史研究,从具体的学者入手——类似以前的学案,这样的撰述,表面上不够高屋建瓴,但不无可取处。王瑶先生和我先后主持的《中国文学研究现代化进程》正、续编,是以人物为中心的;这两本书对于大学生、研究生之"亲近学问"甚至"走进学术",起很好的作用。以"学人"而不是"学问"来展开论述,好处是让我们很容易体悟到,学问中有人生、有情怀、有趣味、有境界,而不仅仅是纯粹的技术操作。二是谈论学术史研究,现阶段最需要且最容易取得成绩的,是学科史的梳理。这一研究,配合各专门领域或课题,很容易展开,也较容易深入。

第五,关于学术史研究的课程建设。十五年来,我在北大开过两轮以上的与学术史相关的专题课,就有这么几种:"现代中国学术史"、"中国文学研究百年"、"现代中国大学研究"、"中国现代文学学科史"、"《中国小说史略》研究"。这些课程所选择的分析对象,有名著,有学者,有学科,有思潮等,不一而足。为什么这么"转悠",是想做试验,看哪一类课程最契合学生的需要,对他们的学业有实际的帮助。另外,每次讲课,我都会提醒大家注意学术史研究的"副作用"。我不止一次说过,与其把学术史研究作为一个课题,还不如将其作为一种自我训练。在我看来,没有受过相关专业训练的学生,不适合谈论学科史。还没入门,只是记得许多学术史上的掌故,或者几条僵硬的治学经验,就开始指点江山,激扬文字——谁是一流,谁是二流,谁谁谁不入流——那样不好。你不是这一行的专家,没有受过很好的专业训练,凭什么如此下判断?学多了此类激动人心但不着边际的"空论",很危险。当然,有些问题,比如揭发抄袭,只凭常识就能判断是非,那个时候需要的是胆识,而不是学问。在这个意义上,学术史(包括学术批评)又是一个相当开放的园地,不应该有门第之见。

关于"当代学术史"学科建设的若干思考

刘曙光

"当代学术史"中的"当代",如果从新中国成立算起,才五十多年的时间。到目前为止,当代学术史研究,无疑已经涌现出相当多的成果,但是,无论是作为通论的"当代学术史",还是作为学科史的"当代学术史",把它作为一个学科来建设,条件是否具备,时机是否成熟? 这是一个值得我们认真思考的问题。有的人会作出肯定的回答,但也肯定有人不以为然。当然,认识存在差别,这也是很正常的学术现象。"当代学术史"能否取得合法的学科地位,或许会影响到"当代学术史"的研究进展和发展前景,但是,不管"当代学术史"能否作为一个相对独立的学科来建设,丝毫不影响《云梦学刊》把它作为一个栏目来建设,因为"栏目"不一定非得是学科,它可以是多学科的综合,也可以是交叉学科。

一、当代学术史学科是否可能

"当代学术史"应该为当代学者的学术研究提供历史资料和历史经验,为一般学人了解学术历史和现状提供丰富而宝贵的信息。建立这一学科的意义自不待言。

关键是"当代学术史"是否具有相对独立的学科价值、学科意义?

"当代学术史"的学科定位问题,肯定会让相当一部分人感到困惑。如果"当代学术史"可以作为一个相对独立的学科来建设,那么,它与学科史如何区别? 如当代哲学史、当代文学史、当代经济史、当代法制史等等。如果不能作为一个相对独立的学科,那它是否可以作为历史学的一个分支——专门史?

"学术史"、"当代学术史"、"当代中国学术史"、"当代中国人文社会科学学术史",这些概念肯定是既有差别又有关联的,我们对它们各自的定义、内涵如何界定? 如何阐明它们之间的关系?

毛泽东指出:"科学研究的区分,就是根据科学对象所具有的特殊的矛盾性。因此,对于某一现象的领域所特有的某一种矛盾的研究,就构成某一门科学的对象。例如,数学中的正与负,机械学中的作用与反作用,物理学中的阴电与阳电,化学中的化分与化合,社会科学中的生产力与生产关系、阶级和阶级的互相斗争,军事学中的攻击与防御,哲学中的唯心论与唯物论、形而上学观与辩证法观,等等,都是因为具有特殊的矛盾和特殊的本质,才构成了不同的科学研究的对象。……不研究矛盾的特殊性,就无从确定一事物不同于他事物的特殊本质,……无从区分科学研究的领域。"①

如果把"当代学术史"作为学科来研究,它所研究的特殊矛盾和特殊本质是什么?是否是诸如回顾与展望、继承与发展等一系列矛盾。我们必须从不同角度给它下定义。哪怕定义陈述模糊,内涵表达不太准确,外延界定不够清楚。这些问题,我们可以通过讨论、切磋,逐步完善。

当然,我们不必急于作出结论,说"当代学术史"是或不是一门相对独立的学科。

因为,从学科发展的一般规律来看,任何一门学科的产生大体要经过三个阶段。首先出现的是关于某一学科对象的零散知识,这些知识往往同其他多门学科知识混杂在一起,而且是真假共存、鱼龙混杂;其次出现的是具有一定系统性的知识体系,即关于某一学科对象的理论;最后,当某一学科对象的真实的、完整的理论体系出现的时候,这门学科也就诞生了。

虽然关于"当代学术史"已有许多论著出版问世,但它的奠基之作是否产生? 有鉴于此,我认为:当代学术史作为一门学科,总的来说,还是处于积累材料的阶段,处于方兴未艾的阶段。

二、当代学术史的研究对象

"当代学术史"作为一个学科,究竟应该研究什么? 或者说,它的研究对象包括哪些内容?

从目前的研究状况来看,"当代学术史"研究涉及的内容十分丰富,范围十分宽泛。可以说,一个人是无法研究它所涵盖的全部内容的,只能研究其中部分内容。我认为,当代学术史的研究领域,大体上可以粗略地概括为这样九个方面:

(1)概论或概述:主要阐明当代学术的时代背景、发展线索、发展阶段,描绘出当代学术发展的历史轨迹。概论或概述是对当代学术史的宏观把握。应该说要中允地作出评判,对当代学术史进行概述是较为困难的。概论或概述,必须以对材料进行由此及彼、由表及里、去粗取精、去伪存真的加工制作为基础。

(2)学者研究:属个案研究,宜传论结合。它是学术史研究的基础。学者研究绝不是一件轻松的事情,必须了解学术发展的历史,弄清楚哪些是创新,哪些是发展,必须认真阅读当代学者的著作,了解该学者的学术思想、学术背景、精神信仰。书和人并举,点和面结合,通过立题、列传的形式,评述重要理论专著,介绍学术上的重要代表人物。

(3)各学科发展史:对当代学术的发展分门别类,条分缕析,如哲学史、文学史、经济学史、法制史等等。目的是说明某一学科的传承和发展,理论研究方面的创新。

---

① 《毛泽东选集》第一卷,人民出版社 1991 年版,第 309 页。

（4）学术规范、学术评价和学术批评：可以较为有效地防止抄袭，减少赝品，引导学术向正确方向发展。

（5）学术活动和学术期刊：学术成就要通过学术期刊来发表，通过学术活动来交流，学术活动是各种学术思想相互碰撞，各位学者相互借鉴、相互学习的平台，学术期刊是反映一个时代学术水平的窗口。当代学术史在这方面的研究似乎还很薄弱。

（6）研究机构和学术团体：包括发起、成立时间和地点，主要代表人物，主要学术贡献，等等。如现在各高等院校成立的研究中心、教育部重点研究基地等，将来或许会成为当代学术史研究的对象之一。

（7）当代学术思潮和学派。对西方研究介绍较多，国内这方面研究较少。

（8）当代学术史研究方法。

（9）学术志和年鉴。省志中的社会科学学术志，似乎也应作为"当代学术史"的内容，如吉林省组织社会科学界联合会编写了《吉林省志社会科学志》（1996 年 12 月，吉林人民出版社出版）。各类年鉴也应该作为学术史研究的一种形式。

三、当代学术史研究的问题和难题

1. 当代人评论当代人和事，在材料取舍和人物评价方面，如何做到既忠于史实，又反映时代精神

作为研究的主体，研究者能否既着眼于现实，又站在历史的高度，适当拉开与被研究者的距离，审视历史，尊重历史，不回避问题？我认为，这是具有相当难度的。不用说评论有失偏颇，就是现在出版全集，也存在"为尊者讳"、有些作品"故意不收"的情况。例如，《三松堂全集》第一版，没有收录冯友兰趋时媚俗之作《四十年的回顾》、《论孔丘》，第二版虽以全集形式收录《四十年的回顾》，但仍不收录《论孔丘》。湖南教育出版社 2003 年版《傅斯年全集》，因避时忌不收录其 1947 年之后的反苏反共文章。①

1998 年 4 期《文学评论》有一篇《关于学术史编写原则的思考》的文章，指出《中国新文学史编纂史》在编写心态、编写原则方面存在脱漏、详略失当、视野狭窄、回避历史事实、缺乏足够的正视历史的勇气等问题。我认为，存在这些问题的原因是相当复杂的，但最根本的难题是当代人评述当代人和事。

2. "当代学术史"的"当代"只具有相对的意义

"当代学术史"的写作，不仅是简单地按照时间来划分，还应当把某一理论自身内在的发展逻辑揭示出来。这就要求研究者既要了解当代，又要通晓近现代和古代。

学术史虽然可以按问题来写作，但是，其一，当代学者研究的不完全是当代的问题，一些问题可能是古代或近现代遗留下来的，是前人没有很好解决的，当代人很好地解决

---

① 参见《文摘报》2005 年 5 月 29 日至 6 月 1 日相关文章。

了，那么，当代学术史就应当有所反映。其二，学术史上有的问题是恒提恒新的，例如，哲学问题"人是什么？"。

3. 当代学术史的研究方法

从目前的"当代学术史"的研究状况看，真正概述或概论方面的东西少，而个案方面的研究相对较多一些。出现这种情况，完全是符合学科自身发展规律的。

建立一门学科体系有两种不同的方法：从具体到抽象的方法和从抽象到具体的方法。第一种方法是完全必要的，是一门学科在它产生时期在历史上走过的道路，也是人类认识客观事物的必经阶段。但是，只有从抽象上升到具体的方法才是科学，也就是说，从理论上把当代学术自身的发展叙述出来，应当采取逻辑与历史相一致的方法。马克思指出"对人类生活形式的思索，从而对它的科学分析，总是采取同实际发展相反的道路。这种思索是从事后开始的，就是说，是从发展过程完成的结果开始的。"①

"当代学术史"的研究当然要"史""论"结合，但是，当事物过程还没有充分展开、还没有完结、还没有成为"历史"的时候，要对它进行评论、进行整体性研究几乎是不可能的。所以，概述或概论性的东西只有留待后人来完成，我们现在能做的主要还是一些分析性、基础性的工作，如学者研究；甚至，做这些基础性的工作都还存在困难。因为当代学人有相当一部分还健在，有的人在学术上还很活跃，现在对他们的学术成就、学术贡献进行总结未免还为时过早。例如，《高校理论战线》开了一个栏目叫做"社科学人"，介绍在世当代学人的学术成绩，笔者曾应邀写过一位学者，两年过去了，这位学者又发表不少新论著，提出不少新观点，以前我那篇评述性文章也就有"以偏赅全"之嫌，也就该与时俱进了。

我们作为"当代学术史"的研究者，还生活在"当代"之中，不能跳出这个时代、站在更高的历史高度、以更广阔的视野来审视历史。这也就注定了，"当代学术史"，我们这一代人只能书写碎零的、不完整的一部分。只有我们今天所说的"当代"，不再是后人眼中的"当代"的时候，后人因为占有充分、完整的材料，包括我们今天所提供的部分材料，因为站在前人（包括我们）的肩膀上，他们才能更客观公正地评价我们今天的人和事，写出一部相对完整、系统的"当代学术史"。

当然，这并不是说我们的工作毫无意义。认识发展的规律总是先分析后综合；先从特殊再到普遍，又在普遍的指导下更深入地研究特殊。"当代学术史"作为一门学科也必须经过一个孕育、发展到成熟的渐进过程。

---

① 《马克思恩格斯全集》第23卷，人民出版社1972年版，第92页。

学术史研究的当代性

许 明

20 世纪 90 年代初期,一批学者呼吁进行学术史研究,引起学界的重视。但真正能坚持做下来的并不多。事隔 15 年,今天《云梦学刊》在北大开会,再提这个话题并展开热烈的讨论,我想这是有历史的机缘在里面。

一

有三条理由要求我们重新重视学术史研究。

第一,新时期的学术研究已经展开 25 年多了,也即四分之一世纪了。在这个不算短的时间里,中国的学术界比之"文化大革命"和"文化大革命"前的状况,发生了翻天覆地的变化。这个变化除了思想的活跃、外来思潮的影响,研究人员的快速膨胀等原因外,还有计算机的使用使学术生产的绝对量飞跃递升——这已使当代中国的学术生产出现产品过剩的尴尬局面。于是,不可避免的恶果出现了:大量的重复生产,大量的学术泡沫,无意义的劳动,选题的狭隘化,等等。这些因素,正在使本来属于科学研究一部分的人文学术研究成为粗制滥造的匠人行为。也有优秀之作,但被淹没在伪劣产品的沙堆之中。鱼龙混杂,良莠不齐,学术作为科学研究的神圣感正在消失,意义正在瓦解,劳动正在平庸化,随之,不可避免地,专家教授头上的光环正在减色。

可以这样说,从学术生产已经达到的混乱、无序、泡沫化的状况看,目前进行学术史——严格地讲,是各学科的学科史——的研究是绝对必要的。这比方是一个战略性阶段的总结,我们可以摸清家底,分清好坏,排出优劣,展示问题,把一门学科在近四分之一世纪的时间里的发展搞清楚。

第二,"四分之一世纪"这个概念可能意味着某种规律性。从 20 世纪 80 年代到 2005 年,正好是 25 年,即四分之一世纪。在学术发展史上,"四分之一世纪"具有阶段性、转折性、战略性特征。从辛亥革命推翻帝制至 20 世纪 30 年代,恰好是四分之一世纪。在这个时间段中,中国现代学术的奠基工作已经做完,20 世纪名垂史册的大家已经出现,丰碑般的巨作已经落地。也就是说,正是在这 25 年中,成就了中国现代学术史上的一段里程碑式的辉煌。从抗战开始,到"文化大革命",又是一个四分之一世纪。这个时段由于社会大动乱和阶级斗争为纲的错误政治路线,学术研究整体上中止了。

"文化大革命"十年又是一个动乱时代。所以,20 世纪 30 年代登上现代中国学术顶峰的人物、成就、思想,是在中断了将近半个世纪(严格地讲是 40 年左右)后,才由 20 世纪 80 年代接上香火的。在 20 世纪 30 年代出生的一代知识分子,一生经历的运动不止,斗争不断,饱经忧患,学术事业仅是烽火连天中的一种自慰。所以,即使出现了少数大家,整整一代人,也是被时代浪费了。又一个 25 年是在 20 世纪 80 年代开始的。并非偶然的是:五四遗留下来的一代老人,如朱光潜、蔡仪、陈寅恪、冯友兰等人,20 世纪 80 年代初带的一批弟子是 20—30 岁的一批青年。

因此,从这种时段分析看,20 世纪的前 25 年和后 25 年,才是真正值得总结的学术史阶段。

"25 年"这个时间段又意味着个体的人的学术生命的青春期和成熟期。五四时期的一批 20 多岁的青年大学生,到 20 世纪 30 年代是 40—50 岁,也是人文社会科学出成果、出大家的年龄段。什么人能够在这个历史时段有所作为,这是偶然的;但是,在这个时代一定会有所作为,这是命定的。因此,正是这个最富创新力、最富生命活力的青春和成熟的年龄段,恰逢五四以后的新学开端的时代,一批人的历史性出现就成了一种壮观的文化景观。

第三,学术史意识的觉醒是一种当代意识的觉醒。中国 20 世纪的学术发展的前 25 年,是模仿、创新、告别、批判的阶段。在旧学丛生了几百年的荒芜的学术土地(与同时代西方比)上,播下种就能开花。胡适的半部中国哲学史大纲能成为名著,因为过去没有也不可能有这种著作。胡适当年不过二十几岁。创造的迫切需求使得人们无法坐下来总结,而且,由于这批伟大的先行者旧学、西学功底均一流,他们所用新观点、新方法进入学术以后的著述,当之无愧地成为中国现代学术史上的名著。当历史性地总结需要提出来的时候,战乱打断了这一历史进程。

而 20 世纪后 25 年的当代学术进程,其创新的主力军是与五四时期奋发而起的年龄相仿的一批青年人。而且,这是隔代相传的一代人,是爷爷辈和孙子辈的关系。孙子辈与爷爷辈不同的是:国学和西学底子,小辈不如老一辈,但学术视野、新学的引进,对社会的关切和思想的当下性,甚至深刻性,均是上乘。各具特点的两辈人,在各个不同的 25 年中呼风唤雨,创造思想文化的奇迹。

中国社会的稳速发展,可以提供你认真反思的机会。因为,"25 年"是个宿命,这个历史阶段是个标志性年代,是一定要总结的时代。下一个"25 年"将由下一代人去创造了,是又一个五四时期的人们去创造了。到本世纪 20—30 年代,今天 20 多岁的一代学人,将会站在我们的肩膀上成为中国文化创新的新一代开创者。

二

从学术思想的历史发展规律看,我们还活跃在第一线的壮年一代人,完成巨著、名著的历史时机还没有成熟。这也是一种宿命。20 世纪 80 年代进入学术界的一代青年,先天不足,只是以思想取长。而 25 年之后,能否全方位地完成补课并成为思想文化创新的一批巨匠呢? 回答是否定的。我们先看已经走过的历史。当代中国哲学、经济学、伦理学、美学、心理学、文艺学、社会学等主要学科,在经历了 25 年之后,仍然笼罩在西方思想的阴影之中。原创性的,独立地建构思想体系并使之可以与西方主流学术对话的本土经验的学术总结,仍然没有出现。中国的文艺理论界,在"接着讲"还是"对着讲"的问题上,风起萧墙,论争激烈。到 21 世纪开局之时,整体性的觉醒才开始出现。人们认识到:学习西方只是科学研究的积累部分,而真正的创造,则要建立在本土经验之中,特别是中国这样一个有悠久历史的文化大国,想简单地移植西方而成就学术大业,无疑是真正的空想。因此,在将近四分之一个世纪的又一个历史时段,我们,当代学人,慢半拍地走了五四一代学人走过的同样的路。五四一代是基本完成了中西文化的学习、积累以后,厚积薄发,在 20 世纪 20—30 年代那个中国现代史上创造力非凡地迸发的时代,开始成就了"中国问题"的学术总结。如钱锺书、金岳霖、冯友兰,而他们的先行者则是王国维等人。这些名垂史册的大家,中西学养只是他们出发的基础,他们真正的历史贡献是对中国本土文化问题的解决。从学术史的角度看,20 世纪前 25 年是中国学术发展的一个完整而完美的历史过程。这个过程的重要特征是积累阶段在历史呼唤巨人出现的时候已经完成。

晚近的 25 年虽然走着不同的历史道路,但历史逻辑展开过程是一致的。20 世纪 80 年代成长起来的一代学人,花了将近 20 年的工夫,模仿学习,积累和探索,在新的历史条件下,对西方文化有了新的了解和掌握。而到了现在一个四分之一时段开始终结,新的历史时段开始的时候,中国问题的呼唤开始在各个学科领域迸发出来。我们大概还要 20 年左右,才能达到五四这一辈人达到的高度,这不是宿命,而是生命活力的规律。

这样说问题,不等于说我们这一代人走过的后 25 年是一个了无成果、苍白一片的不毛之地。我们仍然是可以总结的,但是,总结的方向不一样。我们不要企望总结出哪门学科取得了国际性的伟大成果,原因已经说过了,这是一个历史的宿命。谓予不信,请看看各主要学科的现状,就我熟悉的美学、文艺学学科来讲。中国审美经验的理论总结——在我看来,这是真正可以与西方对话的东方美学的方向——迟迟未出现,不少学人仍沉浸在后现代美学、现象学美学的迷津之中。当然,学科开始出现分化,中国经验的总结形成有势力的趋势,初步成果已露端倪。文艺学界最具生命力的理论话题,如新理性精神、传统文论的现代转型、新意识形态批评、大众文化的解读等,近几年已开始成为学科发展的增长点。但总的趋势仍是不容乐观。真正能与西方主流学者构成对话的中国理论和中国经验,仍是鲜有出现。2000 年在北京召开的国际性的文论会议,来自西方各国的著名文论家有 40 人左右。这可以说是一次世纪之交的中西文论碰撞的盛会。可惜,这样规模的在北京召开的大会,唱主角的仍是西方学者。他们我行我素地接着柏拉图、笛卡儿、康德、胡塞尔、维也纳小组、哈贝马斯、德里达……—辈人讲，视我泱泱之中华学术如不存在，是可忍孰不可忍。会议最后倒是有一位中国学者在大会上大声疾呼重视中国问题，与会者评价为中国学人出了一口恶气。在这种矮人三分的所谓的"对话"中，中国学人仿佛生了软骨病似的站不住，挺不起腰。这种刺激，不是亲临现场是无法体会的。

那么，我们总结什么？我们在具体的各门学科发展中，能总结什么？历史是在展开过程中体现的，过程本身就是经验的会聚地。后25年的总结对我们来讲并不是摘取丰收的果实，而是前所未有地把握中西文化碰撞和融合以再造当代中国学术之灵魂的经验和教训。在这一点上，我们正做着五四这一代人来不及做，也不会做的事，这是此辈人的历史机遇和荣幸。

对于五四这一辈人来讲，西学的浸润和中学的深入骨髓的融入，是润物无声式的背景，而对20世纪80年代以后的这一代人来讲，这是一个"植入"的过程。这是历史断代留给我们的沉重的包袱。而这个包袱在下几代人那里，随着市场化进程，随着大众文化的兴起，仍是要宿命地背下去的。古典时代的主义肃穆氛围，已经远去了，田园牧歌式地在书院里做学问的历史情怀已经成为奢侈品。那么，让我们回味一下在这后25年的学科发展中，我们是如何重重挣扎，企图突出重围，企图建功立业而屡屡无功而返，企图打下历史印记而总是与历史擦肩而过的史实吧！这就是历史，不过，这不是几个人或几部书构成的历史，而是整整一代人构成的历史。所以，今天学术史——学科史的总结，是一个时代的事，而不是几个"大家"的事。我们完全可以在各个学科发展的时间链条网络中，展开空间扫描，看看我们活跃着的当代人如何亲历历史探索的过程，如何在学科发展的关节点上，学人身负中西文化冲撞的重负和苦恼，企图求解前行的努力。

三

学术史研究的理论基础是不可回避的一个基础问题。我们用什么方式进行学术史回顾、总结？再者，我们在何种意义上进行"后25年"的总结？在何种意义上试图改变原有的模式进行学术创新？这一切都涉及一些基本的原则和出发点。

确立出发点的前提是一个颇为令人为难的悖论。因为从中国传统的文化中寻找不出这种方法论的起点，而我们的目的，恰恰是为了寻求中国式的理论和学术答案。

于是，我们不能不考虑，所谓西学的全盘影响究竟在何种意义上是合理的？在何种意义上是不合理的？回答这个问题要很多篇幅，我们在这里只能提供一个思路。

"后25年"的西学热对文化传播是功不可没的，但其最大的失误是引用的直接性，即太直露的拿来主义（材料、观点、结论、概念的直接挪用），而我们没有更多的时间和精力去阐释、了解他人的立场、观点、方法、逻辑。换句话说，在基本的方法论上，由于人类思维逻辑的共性所决定的某种普适性，我们考虑太少甚至完全漠视。就是对马克思主义的运用上,情况也大致如此。因为前者的习得比较容易,而后者则通过艰苦的分析工作才能获得结果,这一点,新一代的学人普遍没有充足的精神准备。

在上述问题没有解决之前,我们暂且借用我们认为具有普适性的一些理念来思考学术史问题。就方法论而言,我想下面四个理念是我们进行学术史(学科史)总结必不可少的。

(1)关于知识增长。《学人》1991年第一辑发表的本人的一篇短文中,率先提出人文科学也有一个知识增长问题,现在,这个问题大概已成共识。我一直对自己所从事的研究深感困惑。今天人文科学研究的重复生产和无序化已到了恶性膨胀的程度,时间已证明当初我们的预感和判断是准确的。今天的学术研究态势也告诉我们:人文社会科学研究不考虑知识增长问题,已不可能使学术研究走上健康的轨道了。

20世纪80年代,科学哲学家科恩提出知识增长概念时,他是就自然科学的范围而言的,不过经过了半个世纪,"知识增长"已成为一切科学研究所必须遵守的"铁律"。用"知识增长"的观念来从事学术史研究是必要的吗? 回答是肯定的。笔者曾做个一个"人文实验"。中国社会科学院文学所资料室保存着半个世纪的学科论文剪报,我曾带着"知识增长"的观念去探索1949—2000年的杜甫研究论文,结果是大失所望的。这个时段共有文章约1000篇,但大多数文章大同小异,甚至时隔若干年,标题都一致。只有在某些关节点上的论文才标志性地显示了一个思想时代的转折特征,学术史才可能将它们吸纳其中。但是,这个"标志性的特征"是什么呢?

(2)关于"范型"。我们还记得20世纪80年代李泽厚的康德研究用了康德的"范式"一词。可惜,这个"范式"没有引起太多的重视。其实,学术研究的标志性转折是由"范式"决定的。"范式"或"范型"都是指一个东西:某种思维方式和与之相适应的方法和基本概念的结合形态。以《红楼梦》研究为例,凡是具有"范型"意义的转折的研究成果,才典型地标志着学术史上的某种"关节点"。胡适、俞平伯、李希凡与蓝翎的《红楼梦》研究,是20世纪80年代前红学的三个"范型"。学术史绕不过他们。同样,中国20世纪美学史也绕不开具有范型意义的朱光潜、蔡仪等人。企图进入学术史的当代学人,最为缺少的就是这种把握转折具有原创的科研决断能力。创造力是范型的转换,而我们当代人缺少的,恰好就是这一点。

(3)关于新历史观。法国年鉴学派的历史观提供了一个很有借鉴意义的方法:以人的原形的生活史作为研究的出发点。这种方法的意义在于:还原原先被割裂的、肢解的历史形态,例如,只将历史写成大人物史和事件史,或者只承认"阶级斗争史"。请看《地中海与腓力浦二世时期(1551—1598)的地中海世界》就知道这种新历史观的伟大之处了。当代学术史的总结,上文已经说过,是与五四时期有区别的。我们重现的是这代人进入历史时获得的教训、经验和探索的努力。所以,当代学术史可以是某一门学科的学人活动史,是一群有代表性的学人在中西文化冲撞的背景下进行世纪性调整和前行的心灵史。他们的个体经历、思想冲撞、学习过程,提出问题的艰难和解决问题的冲动都构成了不同于五四时期的这个独特岁月的精神发育史。所以,合乎情理的学术史(学科史)总结应当是个性化的、场景化的、活动化的,而不是学究式的"选举"几部专著、几篇文章可以了解的。

(4)关于"中国问题或中国经验"。"后25年"的学术史总结,其目的只有一个:凸显中国问题,提升中国经验,回答世纪难题——这个世纪难题是:五四以来,中学、西学之间的关系,始终没有十分明确的研究成果。事实证明:一切逻辑推演都不会产生实质性的成果,只有明明白白地演绎出中国问题,或中国经验的理论,才是当代学术史总结的全部意义。所以,我们完全有必要对每门学科有点滴进步的中国学者所贡献的智慧予以充分重视。首先重视属于自己的"话题",其次才是对这个话题的探索和研究过程的展示。

随着学术史研究的不断深化,基本理论问题将会越来越凸显出来,对学术史研究方法的回避也是非常不明智的——愿与进行着反思的同时代学人共勉之。

当代学术史研究刍议

欧阳哲生

目前学术界关于 1840 年至今的这一百六十余年历史的分期,通行的有两种处理办法,一种是三段法:即近代、现代和当代,"近代史"指 1840 年至 1919 年这一段,"现代史"指 1919 年至 1949 年这一段,"当代史"则指 1949 年直到今天。一种是两段法:1840 年至 1919 年为"近代史",1919 年至今为"现代史",在"现代史"内又区隔"新民主主义革命"和"社会主义革命和建设"两段。另外,也有学者按照朝代更替的办法,将这段历史分为晚清、民国、中华人民共和国三段。无论按照哪一种处理办法,1949 年至今的历史构成一个独立单元。

就我个人以往的研究兴趣而言,主要是在近代史这一段,且偏重于思想、文化这一方面,20 世纪随着学术史研究"热"的兴起,自己也涉足近代学术史。迄今为止,可以说我没有碰触当代史,甚至教学中也不敢触及这一段。我之所以未能涉足当代史研究和教学,主要原因有三点:一是材料不易搜集,研究历史的材料纵然很多,但最核心的材料或最"硬"的证据应是档案,遗憾的是,当代史的档案材料按照现有档案法的规定,它还处在未解密的阶段,除非你拥有"特权"(特许的权利)或在一些相关职能部门工作,可能接触和阅读原始档案,一般学者几乎无法接触原始档案材料。二是是非难辨,当代史中运动不断,"事件"很多,今是昨非,其中的许多内幕后来人很难涉身处地地把握,故不易作价值判断,现有的评判标准一般是以《关于建国以来党的若干历史问题的决议》为准,至少编辑在处理你提交的论文或著作时会以《决议》的精神为标准。三是敏感领域多,因而"禁忌"亦多。如对历次政治运动的研究、对"文化大革命"十年史的研究,都属于这种情形。二十多年前巴金先生曾呼吁设立"文革博物馆",迄今不要说"文革博物馆"未见,就是开展"文化大革命"史研究也是困难重重,出版"文化大革命"史著作更是难上加难。实际上,我所提示的这三重困难,实际上也可以说是所有当代史分支,包括当代学术史研究的困难。

《云梦学刊》开设"当代学术史研究"专栏,我感觉这是很大胆,也是颇具探索意义的一个创举,我很佩服该刊敢于进入这样一块充满荆棘的领域。以我个人的体会而言,研究"当代学术史"有两个问题值得关注,它们不可避免地是这一领域将要遇到的主要问题。

一是学术与政治、学术与意识形态之间的关系问题,这本是学术史的外部问题,但在相当长一段时期,因为它几乎成为人文社会科学学术生活的主要方面,故它一度"内化"为一个学术史的主要问题。在中华人民共和国五十六年历史上,前三十年政治在国家生活中占有核心的地位,政治压倒一切,政治冲击一切,政治是中心,学术服从政治,学术依附政治。历次政治运动一个非常重要的内容即是对知识分子进行所谓洗心革面的"改造"和规训,意识形态的运作很大程度上也是为了将学术研究纳入它指定的轨道。这样一种情形,自然很难说有独立的学术研究,一些技术性很强的学科的学术研究,如考古学研究,在"文化大革命"时期,只要有新的出土文物发掘,也被当做"文化大革命"的胜利成果来宣传。我们视为权威的国家级学术刊物,据说除了《考古》这份刊物外,在国外其他刊物都不被同行当做学术刊物来看待,而是作为透视中国学术界"风向"的一个窗口。1978 年改革开放以后,这种情形有了根本性的改观。但在所谓"冷战"时期,学术的政治化,或者说学术受到意识形态的支配,这是一种世界性的现象,中国如此,苏联亦如此,资本主义国家美国、日本、西欧也有不同程度的表现,这是"冷战"时期的特有的文化现象,所谓"冷战"其实就是意识形态之战,这是它与前两次世界大战不同之处。如何认识这种世界性现象的中国特色? 这是一个值得研究的问题,其中蕴涵许多经验教训。政治对中国人文社会科学学者的消耗极大,对这样一个复杂的历史问题,我们应该谨慎而冷静地处理,对于材料不足或尚不成熟下结论的问题,我们可以先做些搜集材料的工作,客观呈现历史原貌,悬而不断。

二是学术史研究与各学科发展史之间的关系问题。在当代史领域,是否有必要划出一块独立的"学术史"领域? 这一领域与当代思想史、文化史的分界在哪里? 我们搞的学术史研究与学科学术史是否同一或者有区别? 这些都是值得推敲的问题。现在出版了各种名目的《中国学术史》、《中国学术通史》一类著作,古代可以这样做,近代也可以这样做,但我个人以为如写作通论性的当代学术史则似不宜。古代中国学术与西方学术分属两个不同的系统,中国学术有其独立的特征,故对它作学术史的处理不能不考虑中学的独特性。近代之所以有一个"学术史"的问题,是因为在这一阶段存在一个中学与西学的冲突与交融问题,一个所谓"国学"的生存问题,一个中国学术发展的内在理路问题,这些问题通过学术转型,也就是中国学术从传统向现代转型(实际上也就是接受和应用西方的学科概念),大体上有了一个阶段性的成果,这个成果的具体表现就是中国的学术研究是以学科研究为主,西方式的学科体系在教育机构和科学研究中已得到制度化的肯定,这是我们应该尊重的一个规范。因此,今天我们开展的当代学术史的内在研究实际上主要应该是学科发展史研究。我们如能对自己从事的本专业学术研究有一种"史"的意识,并对其中存在的"学案"做一番历史性的清理,实际上就是对"当代学术史"的最佳切入。

凡属于历史研究,都离不开史料的整理,学术史研究也不例外,在开展这一课题研究时,我们须有"抢救"史料的意识,趁一些知名的老学者还健在,请他们写回忆录,或做口述史学;对于那些已入档的文献,在法律允许的范围之内,亦应进行文献整理工作,以弥补现有公开的"文本"史料之不足。

当代史是历史学科中最年轻的一支,当代学术史研究也许又是当代史中最年轻的领域,这是一块待开垦的处女地。可以预见,研究这一课题有着广阔的前景,愿学术界同人来加入这一拓荒的行列。

中国当代学术史的学科地位值得重视和培育

钟兴永

一、以国家学科标准分类考量，中国当代学术史已由萌芽中的新兴学科上升为成长中的新兴学科，值得学术界关注和重视

1992 年 11 月由国家技术监督局颁发的《中国国家标准：学科分类与代码》给学科下的定义是："学科是相对独立的知识体系"。该标准同时指出，学科"应具备其理论体系和专门方法的形成；有关科学家群体的出现；有关研究机构和教学单位以及学术团体的建立并展开有效的活动。有关专著和出版物的问世等条件"。费孝通先生的理解是：一个学科的建立与发展应"五脏六腑"俱全，就是说，一个学科应包括学会组织、专业研究机构、各大学的院系、图书资料中心和出版物，应至少能开出 6 门以上的基础课程。

若以国家学科标准分类来检阅和考量，可以这样说，中国当代学术史的学科地位初具规模，理由是：

1. 虽尚未见有全国性学术史研究组织，但诸如法律史学会、中国现代史学会、中国科学技术史学会等，均不同程度地涵盖了相关学术史的内容，且各类学术史研讨会层出不穷，致令学术史研究从一个冷门的话题，转变成学界的时尚。

2. 高校成立了相关机构，开设了专门课程，如湖南理工学院成立了中国当代学术史研究所，北京大学陈平原教授主讲了"现代中国学术史"、"中国文学研究百年"、"现代中国大学研究"、"中国现代文学学科史"、"《中国小说史略》研究"等学术史课程。更可喜的是杨玉圣、张保生主编的《学术规范导论》（高等教育出版社 2004 年版）等学术史类教材也不断出现。

3. 已涌现出陈平原、余三定、瞿林东、陈其泰等为代表的中国当代学术史研究专家。

4. 高质量的中国当代学术史专著不断面世，使中国当代学术史研究有了丰厚的积淀。《学术界》2004 年第 6 期刊载了余三定教授的长篇论文《当代学术史著作评述》，介绍了数十种著述，如李明山、左玉河主编的《当代中国学术思想史》（河南大学出版社

1999 年版)，中国社会科学院科研局编的《新中国社会科学五十年》(中国社会科学出版社
2000 年版,该书实际为各学科的学术简史)，张聿忠主编的《新时期中国社会科学研究》(经济
管理出版社 2001 年版)；余三定著的《学术的自觉与学者的自立：当代学者研究》(华中师范
大学出版社 1998 年版)；李学勤主编的《中国学术史》(江西教育出版社 2001 年版)；卢钟锋著
的《中国传统学术史》(河南人民出版社 1998 年版)；冯天瑜等编的《中国学术流变——论
著辑要》(湖北人民出版社 1991 年版)；冯天瑜等编著的《中国学术流变》(华东师范大学出版
社 2003 年版)，等等。

还有邢东田编的《拯救辞书——规范辩证、质量管窥及学术道德考量》(学林出版社
2004 年版)；东方善霸编著的《丑陋的学术人》(陕西师范大学出版社 1999 年版)等一批学术
批评类著作,及杨玉圣主持的学术批评网,均可纳入中国当代学术史范畴。

5. 中国当代学术史的理论体系和专门方法亦在形成中。

二、若将学术史作为一个二级学科群的话，那么，中国当代学术史则应作为其中一个分支学科来培育；若将专门史作为一个二级学科群的话，那么，中国当代学术史亦应作为其中一个分支学科来培育

《中国国家标准：学科分类与代码》给学科群的定义是："学科群是具有某一共同属
性的一组学科。每个学科群包括了若干个分支学科。"依据这一定义,若将学术史集成
一个学科群,那么,中国当代学术史可以作为其中一个分支学科(见附图),若将专门史
作为一个学科群,而将学术史纳入其中的话,那么,中国当代学术史亦可作为其中一个
分支学科。

附图(因与专门史学科图示相似,在此略,见文末)

专门史是对人类历史的专门领域进行研究的学科,着重探讨人类社会在各个领域
的具体发展状况及其规律,是人类历史多样性研究的重要方面。随着近现代人们对人
类历史多元性、多样性认识的深化,专门史领域不断拓宽,形成了许多分支学科,从不同
视野揭示历史的丰富内涵。在我国,主要有经济史、社会史、文化史、思想史、中外关系
史、中国地方史、中国民族史、艺术史、地方史、妇女史、口述史、科技史、婚姻史、战争史、
思想史、服饰史等领域。显然,将中国当代学术史作为其中一个分支学科,也是顺理成
章的。

当然,中国当代学术史属正在成长中的新兴学科,离学科标准还有距离,值得培育。

中国当代学术史学科建设存在的主要问题有三：

其一,中国当代学术史作为一门学科,目前还处于松散集成状态,其学科建设的理
论框架正在形成中,其内涵、研究对象、研究方法、研究目的和目标、学科特征等均在探

讨之中,尚无统一定论。

　　其二,高校尚无中国当代学术史专业,中国当代学术史方向的研究生非常短缺,致令其学科基础薄弱。

　　其三,当代学术史的教材和课程建设还处于初始阶段。

　　附图:

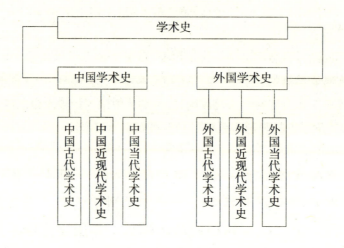

注重当代中国的学术政策研究

张国春

开展当代中国的学术史研究,总结学术发展的经验教训,对进一步繁荣发展学术事业具有重要的意义。当代学术史研究,固然需要从学科、学人、学案做起,这也应是当代学术史研究的主体,但我们不能因此忽视学术发展政策方面的研究。从某种角度看,当代中国的学术政策对学术事业的发展起着重要的影响和作用,尤其是新中国成立初期的学术政策对当代中国学术事业发展起了奠基的作用。这主要体现在以下方面:

其一,确立马克思主义的指导地位。马克思主义是中国革命和建设的指导思想。中国共产党在延安时期就设立了中央研究院、马列学院等机构,为党的思想理论建设服务。新中国一成立,党和国家就明确提出要建立以马克思主义为指导的社会科学。1949 年 7 月,在新中国即将诞生之际,周恩来同志明确指出,"我们要把社会科学在中国发展起来",号召用马列主义指导社会科学研究,团结旧中国社会科学工作者,吸取解放前社会科学研究的积极成果。随后制定的中国人民政治协商会议《共同纲领》之"文化教育政策"规定,"提倡用科学的历史观点,研究和解释历史、经济、政治、文化及国际事务",将发展马克思主义的社会科学以法律的形式确定下来。1949 年 10 月,华北人民政府高等教育委员会就颁布了《大学专科学校各系课程暂行规定》,要求各院系"废除反动课程,添设马列主义的课程,逐步地改造其他课程。"新中国成立后,开展了广泛的知识分子思想改造和高等教育改革。通过郭沫若、范文澜、翦伯赞、艾思奇、李达、何其芳、孙冶方等老一辈马克思主义学术大家在各学科领域的开拓性研究工作,新中国成立初期基本确立了马克思主义对社会科学的指导地位。

其二,创建社会科学教研机构。新中国成立时,我国社会科学研究事业发展规模十分有限,研究与教学机构和人员很少。解放前的中央研究院仅设有历史语言研究所和社会研究所,北平研究院只设有历史研究所;全国 205 所高等院校仅有一些综合性大学设立了人文、社会科学科系,其中个别大学曾设立过人文、法类研究机构。新中国一成立,国家就着手建立社会科学研究与教学机构。1950 年,中国科学院设立了四个社会科学方面的研究所:近代史研究所、考古研究所、语言研究所、社会研究所。1955 年 6 月,建立了中国科学院哲学社会科学学部,为当时中国科学院四大学部之一,在当时的233 名学部委员中,有 61 名哲学社会科学学部委员。在高等教育方面,创建了中国人民大学,接管了外国教会在中国开办的院校,随后进行了全国规模的院系调整、教育改革和学制改革,相应充实了各高校的社会科学教学力量,同时进行了高校课程改造和文科教材编写工作,培养了大批高水平的社会科学人才。至"文革"前,中国科学院哲学社会科学学部先后建立了 15 个研究所,约有 2000 名职工,办有《新建设》、《哲学研究》、《经济研究》、《历史研究》、《文学评论》、《考古学报》、《考古》、《民族研究》、《中国语文》等十几种重要学术刊物。全国各省、直辖市、自治区普遍建立了社会科学研究机构,许多地方成立了哲学社会科学的专门学会和联合会。全国高等院校经过院系调整和课程改造,充实了社会科学科系。一些高校还设立了社会科学研究机构,如北京大学的外国哲学研究所、亚非研究所,中国人民大学的马列主义发展研究所、苏联东欧研究所、语言文字研究所,复旦大学的资本主义经济研究所,南开大学的经济研究所,等等。国家部委也设立了一些社会科学研究机构,如财政部财政科学研究所、外贸部国际贸易研究所、安全部国际关系研究所、中国人民银行金融研究所,以及中共中央马恩列斯编译局、中央教育科学研究所,等等。在新中国成立后十几年的时间里,我国社会科学研究与教学机构和队伍迅速壮大,基本形成较为完整的社会科学研究体系。

其三,制定社会科学研究规划。制定全国社会科学规划,是国家领导和发展社会科学事业的重要举措。1956 年 1 月,周恩来在《关于知识分子问题的报告》中提出了"向科学进军"的号召和"制订一九五六到一九六七年科学发展远景计划"的任务。随后,中国科学院哲学社会科学部和中共中央宣传部的科学处共同制定我国哲学社会科学研究工作十二年(1956—1967)远景规划,确定了我国哲学社会科学发展的主要任务和重点领域。哲学社会科学研究工作十二年远景规划在当时起了指导全国社会科学研究的作用,推出了一批坚持马克思主义指导,功力扎实的哲学、历史学、文学、经济学等方面的学术著作,社会科学由此得到很大发展。1963 年 12 月,十二年科学发展规划提前完成,聂荣臻等到中南海向毛泽东汇报制定新的科学规划工作,毛泽东指出社会科学也应有个规划。但制定新的全国哲学社会科学规划被随之而来的"四清"和"文化大革命"所打断。

其四,提出"双百"方针。1956 年 4 月,毛泽东同志在中共中央政治局扩大会议上提出了"百花齐放,百家争鸣"的发展科学文化工作的基本方针。1957 年 2 月,毛泽东在最高国务会议上指出,"百花齐放,百家争鸣"的方针,是促进艺术发展和科学进步的方针,是促进我国的社会主义文化繁荣的方针。艺术上的不同形式和风格可以自由发展,科学上不同的学派可以自由争论。利用行政力量,强制推行一种风格,一种学派,禁止另一种风格,另一种学派,我们认为会有害于艺术和科学的发展。艺术和科学中的是非问题,应当通过艺术界科学界的自由讨论去解决,通过艺术和科学的实践去解决,而不应当采取简单的方法去解决。新中国清新的政治空气和"双百"方针的提出,使学术思想一度空前活跃,学术界对许多重大学术问题进行热烈讨论,争鸣热烈。不足的是,限于当时的历史环境和学术水平,研究中存在简单化、概念化、公式化的倾向,争鸣中也存有学术和政治问题界限不清的问题,对有的学者进行了错误的批判。

其五,制定科研工作条例。新中国成立初期,中央在制定农业、工业、商业方面的工作制度的同时,科技、教育、文艺等部门也在认真开展调查研究的基础上,起草各自的工作条例。1961年,中央连续颁布了"科研十四条"即《关于自然科学研究机构当前工作的十四条意见(草案)》,"高教六十条"即《教育部直属高等学校暂行工作条例(草案)》,"文艺八条"即《关于当前文学艺术工作若干问题的意见(草案)》。尤其是"科研十四条"被认为是科研宪章,它明确规定:"研究机构的根本任务是:不断提供新的科学研究成果,并且在工作中培养出科学研究人才,为社会主义建设服务。研究机构的一切工作、一切措施,都必须保证这一根本任务的实现。"提出研究工作要实行"五定":定方向、定任务、定人员、定设备、定制度,要求确保把研究技术人员的精力和工作时间,用于研究工作。这一时期,党和国家还注意解决科研人员的工作条件和生活待遇。1956年1月,周恩来在《关于知识分子问题的报告》中强调,"应该给知识分子以必要的工作条件和适当的待遇",包括在时间上"必须保证他们六分之五的工作日用在自己业务上"。会后国务院成立了中国专家局,负责处理高级知识分子的有关问题,国务院发出关于改善高级知识分子工作条件的通知。

可以说,新中国成立初期的学术政策,对新中国的学术事业的发展起了奠基作用。但在当时的历史环境中,这些政策在执行中有过偏差和曲折,有不少深刻的教训。"文化大革命"结束后,党和国家总结了以往的经验教训,实行了更为积极的学术政策,开创了改革开放新时期社会科学繁荣发展的新局面。当代学术事业作为当代社会的一门公共事业,其发展离不开公共政策的支持。研究和总结当代学术政策,对进一步繁荣发展学术事业具有重要的现实意义。

当代学术史研究与学术创新

仲伟民

学术史研究一个很重要的功能是对已有的研究成果进行整理,然后告诉人们哪些问题已经进行了深入的研究,哪些还有待深入研究;哪些是已经解决了的问题,哪些还没有解决;哪些是新的研究成果,哪些是已经过时的或被淘汰的研究成果。其实,每个学者在开始进行课题研究的时候,都需要有一个学术史的回顾,因为如果你不知道别人的研究成果,很可能会造成重复、无效或低效的劳动,别人也无从了解你研究的源头和所要准备解决的问题。这已经是常识,无须多言。然而,在实际的研究工作中,这种重复、无效或低效的劳动却司空见惯,这说明学术研究的规范尚未确立,也说明学术史的工作远远没有到位。

还有另外一种情况,即我们在从事自己课题研究的时候,不可避免地要涉及本课题以外乃至本学科以外的知识。按照通常的情形,我们大都根据自己的知识积累来作出判断并运用到正在进行的课题研究之中。如果是在自然科学领域,使用前人制定的定理或公式一般不会发生什么问题的,但是在人文社会科学领域就完全不同了。人文社会科学领域的知识往往带有突出的时代特征,在不同的社会体制下还往往带有明显的意识形态、宗教观念等特征,因此人文社会科学的话语体系和理论体系无时无刻不在与时俱进。我们每个人的精力都很有限,在从事某一学科或某一具体课题研究的时候,不可能再有很多的精力去了解其他学科研究的进展情况。可是任何一项具体的研究都难免或多或少地把触角延伸到别的研究领域,有时是有意识的,有时可能是无意识的。于是在实际的研究过程中经常出现这样的情形:在论及本学科或本课题之外的内容时,继续使用该学科早已过时的理论或观点,这些理论或观点很可能是他多年前从教科书中获取的,而那些教科书早已被扔进了历史的垃圾堆。中国最近几十年的情况尤其特殊,因为人文社会科学受到的外界冲击最大,相关的理论和观点变化自然也就非常大,有时可能是截然相反的观点,这就提醒我们在跨学科研究时一定要小心谨慎。别的不说,只需回头看看最近几十年历史教科书的变化,就会令我们感慨不已。

举一个简单的例子。关于资本主义萌芽问题的研究,中国学者大概无人不知。可如果我说"资本主义萌芽"根本就是个虚假的命题,你信吗?按照教科书的教导,人类社会依次经历了五种社会发展形态,中国也不例外。中国的资本主义是从明末开始产生的,所以我们称之为萌芽,它可能长大也可能长不大。从小学到中学再到大学,我们被屡屡灌输这些被称为规律的知识。别说历史专业以外的研究者,即使历史专业的研究者对此观念也大多深信不疑。可近年的研究成果足以证明,"资本主义萌芽"就是一个假问题,是教条主义对中国学术界影响的恶果。如果我们头脑中仅仅是一个具体的历史事实错误,可能并不会影响其他的研究,一般也不会影响研究的结论。可是像"资本主义萌芽"这类理论或观念性的错误就非同小可了,它不仅会影响研究的结论,更可能影响研究的方向,影响研究的成果有没有学术价值。我在这里仅举两个与此理论相关的研究课题,就可以一目了然了。第一是关于《红楼梦》的研究,20 世纪 50 年代学术界对《红楼梦》一书时代背景的定位是:当时的中国正处在封建社会开始瓦解、资本主义萌芽产生的时期,封建社会内部生长着新的生产力和生产关系的萌芽(贾宝玉被称为"将要转换着的社会中即将出现的新人的萌芽")。如果我们把这个时代背景解构了,不知在某些人那里还能不能继续进行研究。第二个例子与前一个相关,即对明末清初几大思想家的研究。王夫之、黄宗羲、顾炎武等思想家之所以在思想史教科书中占有突出的地位,与我们通常认为的他们所处的时代背景密切相关。而今我们对这个大的时代背景的看法彻底改变了,那么对这些思想家应作出怎样的评价?我举这两个例子,无非是想说明,尽管"资本主义萌芽"是一个历史学的问题,但其影响所及,则绝不仅仅是历史学的问题。关于"奴隶制"和"封建制"的讨论,也存在类似现象,兹不赘述。因此当代学术史研究的意义和重要性非同小可,它是学术进步不可缺少的一个重要环节。

从事学术史研究是一个艰巨的任务,它不仅需要研究者付出巨大的努力,还要求研究者具有相当的知识素养,因为对学术史的整理绝不是仅仅综述前人的研究成果,也不仅是开书目拉单子,而是对已有的研究成果作出鉴别和评价,比如指出哪些是新观点新创见,哪些是错误观点或需要补充修正的观点等,从而给其他研究者提供方便。目前,学术史研究的工作开展得很不够,学术史研究还没有得到应有的重视。

总之,学术史研究非常重要,没有扎扎实实的学术史研究工作,学术研究是无本之木,学术创新也将是一句空话。

当代学术史:动态的、开放的过程

薄洁萍

"当代学术史"作为一门学科来建设,我以为要考虑以下几个方面的问题。首先,既然冠之为"史",就应该有一个时间上的起止,但我们可能会有一个起始时间,却不可能有终止时间。也就是说,"当代学术史"是一个动态的、开放的时间过程,当代人看当代人、评当代事,可能更多的是提供一种总结,而下结论却不容易。比如,有些文章现在看来可能较有价值,而若干年后再回头看,可能就没什么价值了;而有些文章,一时看不出什么价值,但经过长时段的历史发展后,却发现颇具价值。"当代学术史"怎样处理这种情况,值得认真思考。再如,当代人研究前代史,有一个超越的问题;当代人研究当代社会,有一个建构问题。"当代学术史"对建构和超越的定位与评价的标准,也是需要科学地认识和思考的问题。其次,建构一门学科应该特别需要联系社会、政治、文化背景,就是要关注学术与政治的关系,学术与经济的关系,因为从中可以看出学术发展的趋势。例如,如果你不了解当代社会的这些背景,你就不会明白为什么一段时间研究"科学发展观"的文章多了,一段时间研究"和谐社会"的文章多了。再次,"当代学术史"包容面很广,各个学科都会涉及,那么有没有属于自己的一种独特的研究方法,这是建构一门学科所需要的。如果是跨学科的方法,那么如何真正做到跨学科,也是很难的。

虽然存在困难,但还是值得做下去。21世纪,各种学科发展的趋势是综合和融通,而"当代学术史"应该说恰好具备这样的特点,这是优势。可以先一点一点地做起来,现在有人把学科建设比作画山,所在的位置不同,画出的山的模样便不同,但没关系,它终究是山,而不是别的什么东西。只要不停地有人在画,山的模样终究会呈现出来。同时,通过正常的学术交流和学术批评,还是能够建立起比较符合客观实际的"当代学术史"的。

宜用新的研究方法研究"当代学术史"

叶继元

一

尽管目前学界对"当代学术史"的有关概念、研究对象尚有不同认识,但是对于研究"当代学术史"的意义已没有太多的异议。在我看来,"当代学术史"就是研究近50年来学术活动或整个学术系统运行的经验与教训,总结、评价和分析学术流派、大师、名著、研究方法产生的内外原因及对社会政治、经济、文化、科技等的影响、作用或价值,导引知识增长(或曰知识积累、学术积累)和知识创新(学术创新)。学术史即使与知识管理不是一回事,至少也有密切关系。近10余年来,我比较关注于学术规范、学术史等问题,其中一个主要的原因就是这些问题与我从事了27年的专业有密切关系。我先学的是图书馆学情报学,硕士阶段读的却是历史学,但主业一直是图书馆学情报学。图书馆学情报学,目前不少学者称其为信息管理学,或信息资源管理学或知识管理学,但不论叫什么名称为好,在我看来,它是借助于计算机、网络等新技术,研究信息、情报、知识产生、收集、加工、存储、检索、传播和利用的一门学科。知识的积累、增长与创新,或学术研究、知识活动如何有序进行,这是学术史、学术规范与图书馆学情报学都要面对的核心问题。

以往的图书馆学情报学过多注重对知识的载体文献的外部形式的研究,即对文献的题名、作者、版本、目录、文摘、索引等研究较多,而对文献中的内容是如何产生的,有何价值,是否值得长期保存,是否值得推荐(导读)研究较少。故有的学者戏称图书馆学情报学为"书皮学"。诚然,"书皮学"也很有用,但有时深入到文献内容,即所谓的"书核学"显然更有意义。基于这样的认识,也基于本人既受过图书馆学情报学专业知识的系统训练,又具有一门史学专业知识,于是我一方面仍一如既往地研究图书馆学情报学,另一方面则开始关注学术研究或知识生产、评价与管理的公共话题。

因此,我认为,学术史的研究内容比较广泛,既包括对学派、学者、学术机构等的研究,又包括对正式著作(文献资源)及口语资源、实体资源等的研究,还包括对学术媒体,诸如学术期刊、学术网站、出版社的研究;既可以以某一专门学科领域进行研究,也可以以问题为中心涉及多学科进行研究。学术史研究内容的广泛性、学者的多样性、资料的丰富性、研究环境的复杂性,势必要求在沿用传统研究方法的同时,尽可能运用新的研究方法进行研究。如果从当代全球和中国已发生的前所未有的巨大变化看,这一主张更显必要。

二

20 世纪 50 年代后,欧美及日本等国开始从工业社会进入后工业社会,即信息社会。社会学家、未来学家贝尔、奈斯比特、托扶勒和卡斯泰尔都曾描绘过信息社会及其高级阶段网络社会的基本框架。信息社会的基本特征是运用大规模以计算机为代表的智能信息网络等社会生产工具创造出有史以来的最高生产力。大体上由智能信息网络承担一般的体力劳动和非创造性智力劳动,人类劳动者主要从事创造性智力劳动,即所谓"人主机辅,人机结合"的社会生产力形态。随着生产力的提高,生产方式、工作方式、生活方式及生产关系、社会文化和社会观念都产生了深刻变化。信息、知识和智慧成为最重要的资源和财富。

中国社会的发展比较特殊。20 世纪 50 年代后,中国开始走工业化道路,但此时发达国家已进入后工业化,即信息社会。经过 50 多年尤其是近 20 多年的迅速发展,社会生产力有了巨大的发展,目前正在走新型工业化道路。新型工业化的一个特点就是在完成工业化任务的过程中推进信息化,而不是把信息化的任务推向未来,工业化与信息化相互促进,充分发挥后发优势,实现跨越式发展。目前在中国信息社会的某些特征已相当明显,如信息、知识和智慧越来越受到关注,科教兴国已作为基本国策,科研经费大为增加,从事知识生产和管理的人员数快速增加,高等教育受到高度重视,学术研究的广度、深度及作用都是以前所不能比拟的。然而,学术权利与行政权利如何合理平衡,眼前利益与长远利益如何协调,学术研究这种精神生产活动与物质生产活动如何区别,"双百方针"或学术自由如何落到实处,都是当代学术史要研究或与学术史有密切关系的问题。在 20 世纪 50—60 年代,曾发生过错误的政治或行政权力干扰学术研究的情况,"李森科事件"对中国学术界的影响,社会学、法学、遗传学等学科被取消或暂停就是典型案例。

三

可见,考察"当代学术史",尤其是中国"当代学术史",面临许多复杂的情况,研究复杂的问题,最好以新的思维、新的视角、新的方法来进行研究。综合集成法就是解决复杂问题的一个代表性的新的研究方法。

所谓综合集成法,通俗地讲,也就是我们常说的定性与定量相结合的方法。完整地讲,是将专家(各种有关的专家)、数据和各种信息与计算机技术有机结合起来,把各种学科的科学理论和人的经验知识结合起来,采取人机结合、以人为主的方式对开放的复杂巨系统的有关问题进行研究和处理。其目的是综合集成计算机的高性能和人的智慧,促进从定性的、不全面的感性认识到综合定量的理性认识的飞跃。在综合集成法中,专家,数据、信息、知识和计算机三者构成了一个巨型智能系统。成功应用这一方法,就是要发挥这个系统的整体优势和综合优势。这里强调的"复杂性"是系统的复杂性,是复杂系统的重要属性。

目前,综合集成法又被发展成综合集成研讨厅体系,即它不但强调专家个体以人机结合的方式进行工作,而且要把多个专家组织起来,形成专家群体,通过研讨的方式共同对问题进行研究。这里所谓的"厅"就是把专家们和知识库、信息系统、各种人工智能系统、每秒几十亿次的计算机像作战指挥厅那样组织起来,成为巨型的"人机结合"的智能系统。"组织"二字代表了逻辑、理性,而专家们和各种"人工智能专家系统"代表了以实践为基础的非逻辑、非理性智能。这样就把综合集成法中的个体智慧明确地上升为群体智慧。它的目的是提高人的思维能力,使系统的智慧超越其中的每一个成员。

对于与某一类或者某一个开放的复杂巨系统相关的一些复杂问题,从处理步骤上看,它们具有一些共同点,这样就有可能针对这一类问题构建一个平台,对问题进行操作。综合集成研讨厅系统既有可实现性,又使平台具有一定的通用性。原则上,与开放的复杂巨系统相关的问题,以及一些采用传统方法无法处理的复杂问题,都可以采用综合集成研讨厅系统进行处理。宏观一些的,例如可持续发展问题,实际上涉及多个开放的复杂巨系统之间的相互作用,采用综合集成研讨厅系统来处理,可能会得到一些比较好的结果。还有近些年兴起的数字城市中的很多问题,也可以借助这个系统来处理。综合集成研讨厅集中了专家群体的智慧和计算机的高性能,可视为一项思维系统工程,不管是国防部门,还是政府各部门,抑或经济领域的各部门,甚至大中型企业,只要具备了相关的数据、信息等资源,就可以使用综合集成研讨厅系统,以确保研究的准确性和全面性。

提出综合集成法或综合集成研讨厅体系的主要贡献者是著名科学家钱学森和中科院院士戴汝为研究员。戴汝为院士采用整体论和还原论相结合的系统论方法,完成了"支持宏观经济决策的人机结合综合集成体系研究"项目,最终形成了"开放的复杂巨系统"(Open Complex Giant Systems,即 OCGS,典型的 OCGS 包括生态系统、社会经济系统、Internet 设施与用户、数字城市等)的概念和理论以及综合集成法。国家自然科学基金委员会对这一研究工作给予了很高的评价,认为这些成果"具有创新性",是复杂性科学的原创性重大成果,系统已经基本达到了可操作的程度。1998 年,钱学森院士在一封信中指出美国人研究复杂性:"没有具体提供解决问题的方法!我们比他们高一层次在于:(1)区别了复杂系统与复杂巨系统(复杂系统可以用控制论和计算机解决);(2)复杂巨系统只有用从定性到定量综合集成法。"[1]

---

①   刘茂胜:《复杂性科学的原创性重大成果》,《科学时报》2005 年 4 月 28 日。

有学者说,当今学术界面临的最大挑战,对所有科学而言,是复杂系统的精确与完整的描述。我们可以将学术(生态)系统看成是一个开放的比较复杂的巨型系统,它由研究主体、客体、资源等各种要素所组成,是与外部环境存在物质、能量、信息交换的系统。可以根据学术史研究专家的意见,选定研究课题的有关资料,建立专题数据库,形成各种数据、事实等,再由专家加以分析、判断、研讨,最后得出结论。据报道,香港中文大学两位学者已将计算机技术和人文科学结合的研究方法引入思想史的研究,并取得了传统方法不能取得的成果。计算机技术和人文科学结合的研究方法实际上就是综合集成法。先将 1830 年到新文化运动时期现存的有代表性的中文文献全部输入计算机,建立数据库,可以非常方便地进行关键词检索,这样就将原本只能通过人脑阅读的工作效率大大提高,而且也使思想史的研究变得非常精确。比如原来的学者通过阅读大量典籍,也只能大致确定,从使用"格致"这一词语到使用"科学"这一词语的转变发生在 19 世纪末 20 世纪初;然而通过计算机数据库的检索和分析,可以很快确定这一转变发生的具体时间是 1902—1905 年。同时修正了前人一直认为"科学"一词是从日本传入的偏见。实际上中国典籍中很早就存在"科学"一词,其原意是科举学校的简称。日本因没有科举制度,故用分科之学译 science 很好理解,而中国只有废科举后才用分科之学译 science 才不至于引起混淆。更有趣的是,还可以发现科学取代格致是与废科举同步进行的,其思想史意义耐人寻味。①

又如,笔者所在的南京大学中国社会科学研究评价中心也早于 1998 年就开始采用专家定性与计算机定量相结合的研究方法,取得了一些极有价值的成果。具体说来,就是先根据专家意见和定量指标,确定一批质量较好的来源期刊作为统计源,每年将约 8 万篇论文后的约 40 万条参考文献(引文或注释)编成索引输入计算机,建立引文索引数据库,可通过作者、篇名、关键词、引文等进行检索,能提供引文等各种数据,专家可根据这些数据进行解读、分析、讨论,最终得出有价值的判断。由于引文能够"把全部科学论文编织成一个统一的网系(知识链)",在大多数情况下,"引文是学者付给同行的硬币工资",因此,引文索引可以帮助确定知识或科学相互间的结构,反映学科相互间的渗透情况,可以从一个重要侧面评价被引用论文、刊载被引论文期刊以及学者、学者群体的影响程度和水平。当然,由于作者引文动机多种多样,遵循引文规范程度不一,有时引文的多寡并不一定反映论著价值的大小,有时还会出现相反的情况。但为什么出现这种反常情况,是什么原因造成的?研究这些现象本身就有学术史上的意义。目前该数据库 CSSCI 已积累了 7 年约 50 万篇来源文献、280 万条引文数据。笔者目前承担教育部和国家社科基金重大项目,正在组织专家分析引文数据及其他有关数据,力图较精确地描绘近年来我国人文社科研究发展状况,评价各省、各系统、各学术单位及学者的影响、作用或价值。

---

① 张月媛:《将计量方法引进思想史研究》,《科学时报》2005 年 2 月 18 日。

四

总之,由于"当代学术史"研究内容丰富,涉及的各种要素组成了一个较复杂的系统,由于当代社会在政治、经济、文化、意识等各个方面都发生了前所未有的变化及信息技术的发展和普及,因此,采用新的研究方法,如综合集成法或综合集成研讨厅体系来研究"当代学术史"不仅可能,而且可行。

五

最后,顺便提一下与新研究方法关系不大但与"当代学术史"有关的一个问题,即如何理解"学术史"中的"学术"及"学术史"与"科学史"之间的关系问题。

所谓学术,是中国传统语词。到 20 世纪初,许多学者还是把"学"与"术"二字分开来解释,认为"学"有理、知之意;"术"有用、行之意。据《辞海》(1999 年版)、《现代汉语词典》(2002 年增补本)中解释:"学术"是指"有系统的、较专门的学问"。有的学者认为这种解释过于宽泛。而认为现代意义上的"学术"这一概念是从西方引进的。学术一词包含的意思并不只是"较为专门、有系统的学问"。在英语里,学术(academic)一词中含有在高校中探索哲理、主张非实用性的意思,即"学术是由受过专业训练的人在具备专业条件的环境中进行非实用性的探索。"[1]

从字义上解释,"学术"含两层意义:一是指学问、道理、真理,是认识的对象和目标;二是指获得学问、道理、真理的过程、方式。现代意义上的"科学"、"思想",都包括在传统"学术"概念中。从目前人们的实际应用看,"学术"这一词语通常指的是科学,或者指的是学理方面的高深知识。因此,从广义上说,学术涉及整个知识领域,既包括自然科学,也涵盖人文社会科学。从狭义上讲,学术有时特指人文社会科学,这与中国传统观念视文章典籍的研究为学术,科技活动为"雕虫小技"不无关系。这样看来,"学术史"中的"学术"仅指人文社会科学,不包括自然科学。

"科学史"近几年在国内已渐成气候,上海交大率先组建了国内第一个科学史系,其全称是"科学史与科学哲学系",这也符合国际主流使用的名称,如科学史与科学哲学联合会,剑桥的科学史系也叫这个名字。上海交大的科学史系隶属于人文学院。清华大学等校也都有一批研究科学史的人员和成果。在国内还有一个"中国科学技术史学会"。"科学史"中的"科学"一词,似乎也是作狭义的理解,只指自然科学,这与人们约定俗成的理解,即科学包括自然科学和人文社会科学是不一致的。记得几年前季羡林老先生曾批评过中国科学院不包括人文社会科学,说还没见过哪个国家的科学院是

---

①　李伯重:《论学术与学术标准》,http://www. acriticism. com,2005 – 04 – 12/2005 – 05 – 12。

这样分家的。

"学术史"仅指人文社会科学,"科学史"仅指自然科学,都与"学术"、"科学"一般的意思相悖,比较别扭。但在各自的圈子里这种狭义的用法似乎也约定俗成,暂时没办法统一。但从学科发展计,从术语概念科学规范计,能"名副其实"更好。如果今后有机会,召开双方的专家会议,交流看法,那是很有意思的。

当今学科的发展呈两大趋势,一是不断细分化,二是综合化。自然科学与社会科学,甚至人文科学,既有共性,又有各自的特殊性。不能用共性抹杀特殊性,也不能强调特殊性不顾及普遍性。善于对待和处理各个学科的共性与个性,对于整个学术的和谐发展,意义重大。

近见张立文教授主编了《中国学术通史》,从先秦到清代编成六卷本,其特点之一是"通"论,一改古人仅限于经学史或史学史或儒学史,而以梁任公《清代学术概论》、《中国近三百年学术史》为蓝本,将总论与分论结合起来写,不仅把儒学,而且把史学、考据学、诸子学、佛学和自然科学等都列入其内,试图将这些学科融为一体,以便认识中国学术在自然科学领域同样表现出浓厚的兴趣并具有良好的学术氛围,以便理解推动学术发展的历史理由和内在精神。① 尽管这种"通论"是指古代学术史,但对当代学术史的研究应该有些启发意义。

---

① 李存山、晓路、方夏:《〈中国学术通史〉——第一部系统论述中国学术发展的专著》,《科学时报》2005 年 4 月 12 日。

当代学术史研究呼唤健康的学术批评和学术评论

袁玉立

学术史研究旨在探索过往的学人及其学术活动(学科、学派、学术思潮)的真实性和价值,它们的内部关系,以及它们与社会的互动关系。因此,学术史研究首先是鉴别学术现象是精华,还是垃圾的活动。① 由于这个活动的落脚点是反映学术发展内在思想理路的"两个关系",所以学术史还具有认识史和思想史的功能。从这一观点看,《云梦学刊》设立"当代学术史研究"栏目,开展"当代学术史研究",主张建设"当代学术史"学科,是有勇气有眼光的。当代学术史研究要求反映宏大叙事和思想内核,而"当代"诸学科、学人、学派、学术思潮受当代社会现象的不确定性和不可预见性影响又极具"模糊性",这就决定了这一研究的艰苦性、复杂性和开拓性。

这里的问题是,当代学术史研究如何透过"模糊"的社会现象和反映这一现象的"模糊"的学术作品,从当代重大学术事件,甚或是重要学术成果所链接的现象层面,去发掘能够推动社会与学术发展的深层面的学术思想? 这就要求我们,不是一般地去发现学术价值,而是要比较准确地肯定学术事件和学术成果的学术史价值,就是说,学术史研究中关注的人物、事件、活动和作品,不是一般的学术人物、学术事件、学术活动和学术作品,而是有史学意义和史料(文献)意义的学术人物、学术事件、学术活动和学术作品。因此,学术史研究工作者,要做出真正有价值的研究工作,需要有勇气去发掘,因为你的探索活动是一种有很大风险的劳动;更需要有眼光去发掘,因为你的洞察能力和选择能力将决定你的劳动结果的成败。正是在这种情况下,除了强调学界的人及其作品要自律、要规范外,我们要寄希望于学术史研究工作者自身素质的提高,更要主张广大学者开展积极的富有批判精神的健康的学术批评和学术评论,以营造一种良性的学术生态,提高我们这个时代的学术品位,把握我们这个时代的精神脉搏。

在当代学术史研究中,提倡积极健康的学术批评和学术评论,有助于人们更加准确地发现学术研究的"真问题",进而推动具有学术史价值的学术积累和学术创新。以问题为中心的学术活动和学术成果,固然是学术研究的首要原则,但放在学术史上看,放

---

① 陈平原先生喻学术史研究者为"清道夫",其他专门研究者为"建筑工",(参见《云梦学刊》2005 年第 2 期)甚为恰当。在学术建设和学术发展中,总会生成大量建筑垃圾,甚至某些质量不合格的建筑物本身就是一座垃圾山,这些垃圾不仅有碍观瞻,还遮蔽了道路,更为严重的是破坏了整个规划。所以这里的"清道夫",在广义上还有"规划师"的含义。

在社会史上看,这些问题有的可能是真问题,有的可能是假问题。虽然放在学术史上看,假问题也有真意义,但从"当代"性看,学术研究还是远离假问题,直击真问题,社会成本损失小,减少对于社会客观事实反映的折射率,节约社会成本。在这种情形下,仅靠少数"当代史"研究工作者的勇气和眼光是不够的,还需要更多的学人通过健康的学术批评和学术评论去分析、透视这些"事件"和"成果",去发现确有实践价值和学术理论价值的学术研究。正是这些涉及"真问题"的"事件"和"成果",主要地负载着和蕴涵着我们这个时代的学术思想。学术批评和学术评论①所以有这种不可忽视的意义,根本原因在于它是整个学术发展中的"自我意识"。人贵有自知之明,学人更应贵有自知之明。学人的作品和活动,是否反映"真问题",具有"真意义",体现"真道理",不在于自己说"是",甚至也不在于他人跟着自己说"是",而在于别人说"不";那些不是被全盘否定的"不"的作品和活动,往往是极具真实价值或史料价值的作品和活动。学术问题上的批评、自我批评和反批评,虽然人所共知,是学界内生的活力,但在学术问题被完全意识形态化的年代里,这种活力几近被扼杀。在那个年代里,批评或批判的本意被扭曲了,成了意识形态领域里的"不断革命"或"阶级斗争"的一种形式。这种扭曲的"范式"形成的思维,迄今还在影响学界,阻碍学界内部的和谐,阻碍学术和政治的和谐,以至于今天,我们仍呼唤健康的学术批评和学术评论。什么是健康的学术批评和学术评论呢? 简要地说,我以为就是以"善"意为动机,以"真"实为根据所进行的语言"美"的学术批评和学术评论。因此,以健康的学术批评和学术评论为基础的学术积累,能够反映学术研究的"真"问题,自然能推动当代学术史的研究。

在当代学术史研究中,提倡健康的学术批评和学术评论,还有助于人们更加深刻地认识学术和学术人自身的价值,进而自觉地弘扬人文精神。学术的直接意义乃在于提供原创的知识,但作为主体的学人在创造新知识的过程中,同时进一步认识了自己,锻炼了自己,升华了自己。他们不仅获得了认识世界的能力,还提高了自我意识的水平,实现了主体自身的潜能和价值。这种潜能和价值与人的独立不移的精神,自由驰骋的思想和洞悉世界的智慧紧紧地联系在一起,相互映照,熠熠生辉。这就是人文精神。如此看来,学术研究老是围绕着假问题,理论探索没有找到原创的知识,实在是对主体价值的浪费。那些固执己见、缺乏"自省",苗而不秀、学风不正的学术活动,也难能有真实的人文精神。至于抄袭剽窃、学术造假等学术不端行为,更是对学术和学人本真的丧失,是对人文精神的反动。当代学术中学术批评和学术评论存在着失落、堕落或其他不健康的状态,助长了专门研究领域的上述非人文现象。有些批评言论,或无的放矢,或攻其一点,不及其余,或以谩骂、泄私愤为能事,以至学界中不少真正值得批评的对象得

---

①　我们简要地将"学术批评"定义为从学理、学风上否定某一学术作品或学术作品中某些部分的研究成果,将"学术评论"则简要地定义为肯定某一学术作品学术价值的研究成果。在广义上,两个概念的内涵应当是一致的。此外,本文述及的"学术"一词,均特指人文社会科学界的"学术"。

不到批判和矫正,谁也不去承担批评的责任。许多学术评论对评论对象或只种花,不栽刺,或无限拔高,竭力吹捧,或实行表扬和自我表扬相结合,以至那些确有时代精神和创新价值的学术产品得不到科学肯定和张扬。还要指出,学界中由于缺乏学术民主和科学的定性评价方法,往往简单地以文献计量的方法代替学术评论、学术批评和其他学术民主形式①,把人文社会科学领域的充满活力和人文价值的作品,置于僵化与被动的状态,而任由简单划一的科学主义来宰制。

---

① 这里不是说以文献计量学方法为基础的核心期刊的评价有什么问题,而是说学界和学人不应当以核心期刊的评价方法简单代替对于学术作品的健康的富有批判力的批评和评论,以及其他以学术民主方式展开的对于学术行为的科学评价。

当代中国学术史：仅有文本是不够的

徐思彦

20世纪90年代以来，近代中国学术史研究颇受青睐，常有佳作问世。个中缘由纷繁，与世纪之交人们的"回顾"心态不无关联，亦有志向宏伟的学人悬的高远：寻索学术发展之正途大道，示来人以轨则。十数年研究中的得与失，或许尚未到总结的时间，然所谓"史无定法"或"文成法立"再次得到验证。有注重研究学术与社会互动关系者，这本是题中应有之义，且近代中国逢"三千年未有之变局"，社会变迁对学人及学术的影响亘古鲜有；有采选"内在理路"研究法者，信奉"研究学术思想史而完全撇开'内在理路'，终将如造宝塔而缺少塔顶，未能竟其全功"（余英时语）；也有探赜索隐者，聚焦人脉关系，考察其与学派和学术的关联；等等。恕不一一列举。这提示我们，研究当代学术史，不可能有也不应有举"学"一致的方法，条条道路通罗马。在这里我想特别指出的是，我们不仅要研究文本，还要关注文本以外的东西。当代中国学术何以是如此样态，其制约因素很多需要到文本以外去找寻。因此，口述史应是有志于当代学术史研究者的一个重要"选项"。

关于口述史研究的理论、方法及意义，已有众多先进论及。我只想根据个人的经验讲两个实例。我们《历史研究》编辑部同仁正在做一项口述史课题："《历史研究》与新中国的历史学——关于《历史研究》的口述史"。这一工作刚刚开始，我们已深切感受到，《历史研究》文本以外的历史同样重要，且更精彩纷呈。

实例之一。中国古代史分期问题，众说纷纭，有西周封建说，有战国封建说，有魏晋封建说，等等。著名历史学家何兹全先生一直持魏晋封建说，但并未向他认为是代表主流观点的《历史研究》投稿，阐述自己的观点。因为毛泽东有言："这个封建制度，自周秦以来一直持续了三千年社会左右。"范文澜的西周封建说、郭沫若的战国封建说与毛泽东的"周秦以来"的说法都能搭上钩，何先生的魏晋封建说与毛泽东所说实在是搭不上钩，坚持魏晋封建说，岂不是有反对毛主席之嫌。1956年，在"百家争鸣，百花齐放"方针的鼓舞下，何先生"有话不说，心里痒得慌"，将自己的文章投给《历史研究》，这篇文章还被送到了时任《历史研究》编辑委员会召集人的郭沫若手中。数日后，传来了"一家之言"、"公说公有理，婆说婆有理"的话，但"婆"说其"理"的文章未被允许在刊物发表。何先生只好撤回文章（此文后来在《文史哲》发表）。直到1978年，《历史研究》编辑部等在长春召开中国古代史分期问题学术讨论会，何先生坚持己见，在会上再次阐明个人的观点,其会议论文在《历史研究》1979 年第 1 期发表。

中国古代史分期问题是"文化大革命"前历史学界"五朵金花"之一,虽被今日一些学人视为"假问题""伪问题",但当时好不热闹,名流大家,几乎人人"参战"。范文澜、郭沫若两位学界泰斗在此问题上的争论,"官司"曾打到毛泽东那里,毛泽东指示:学术问题百家争鸣。然而,在《历史研究》杂志上却长期重要一家缺席。何兹全先生的回忆说明:魏晋封建说这一"家"因其离毛泽东的说法太远,尽管有"百家争鸣"的"最高指示",刊物仍不敢让其"发声"。争鸣是有限度的,溢出了限度,就只能"失语"。

实例之二。1979 年第 12 期《历史研究》发表左步青、章鸣九的文章《评戚本禹的〈爱国主义还是卖国主义?〉》。文章发表后,引起国内外的关注,有外电报道说,《历史研究》的文章透露了中共为刘少奇平反的信息。可谓一叶知秋。果然,次年 2 月,党的十一届五中全会作出《关于为刘少奇同志平反的决议》。两位作者为什么要写这样一篇文章,《历史研究》为什么在刘少奇还戴着"叛徒、内奸、工贼"帽子的时候敢于发表这样的文章? 文章作者之一左步青的回忆解开谜团。原来,当时的《历史研究》主编黎澍与高层关系密切,他获悉中央将为刘少奇平反,便找来二位研究近代史的编辑"命题作文"。

众所周知,尽管 1967 年 3 月 28 日刘少奇曾致信毛泽东,为自己辩解:"我根本没有《清宫秘史》是爱国主义的这种想法和看法,不可能……讲这个话",4 月 1 日,《人民日报》、《红旗》杂志还是发表了戚本禹的文章《爱国主义还是卖国主义? ——评反动影片〈清宫秘史〉》,用"八个为什么"归纳了刘少奇的所谓"八大罪状",厚污刘少奇是假革命、反革命。左、章的文章一针见血地指出:"事情很清楚,戚本禹的这篇文章根本不是评论一部电影,而是借题发挥,利用评论影片,特别是利用评论影片所涉及的事件,来制造反革命舆论。"因此,有人把左、章的文章与为刘少奇平反联系起来就毫不奇怪了。

而这篇文章的写作带给另一位作者章鸣九的是对近代中国历史的再认识。文章探讨了 19 世纪末叶的中国往何处去的问题,指出,在这个历史发展阶段,走资本主义道路是社会发展的客观要求,是历史的必由,是革命的伟业。正是这种再认识使他在主持近代史编辑室工作期间,在黎澍主编的支持指导下,把重新认识和评价中国资产阶级和资本主义作为工作重点之一,先后参与发起主办六次洋务运动学术讨论会、三次近代资产阶级学术讨论会,并在刊物上发表了多篇有影响的文章。

60 年前,潘梓年在中共主办的《新华日报》撰文,论述学术思想的自由问题,指出"主张学术思想应有自由,是说学术思想不应受到政治力量的干涉,应当让它循着自身的规律去展开,去发展……学术思想需要自由,一般的讲,是指一切学术来说,特殊一点来讲,尤其要指社会科学来说的"。很遗憾,政治力量不仅干涉当代学术,甚至以学术的面貌直接粉墨登场。当代中国学术史与学术之外的因素,当然不仅仅限于政治因素,关联太过密切,虽非正常,却是不可更改的事实。因此,研究当代中国学术史,仅有文本是不够的。口述史或许可以弥补文本的诸多欠缺。当然,口述史并非全为信史,但它可以帮助我们解读所要考察的历史事件、历史过程,当是无疑的。

矫正学术失范,关注当代学术史的发展

魏开琼

目前,大家比较重视评选优秀论文、优秀栏目、优秀期刊,优秀栏目是由优秀论文组成的,优秀期刊则是由优秀栏目和优秀论文组成的,可见,优秀论文是很重要的。那么,什么是优秀论文呢? 在我看来,不同学科领域的评选标准是不一样的,有的可能强调论文在意识形态上的影响,有的则可能更强调其在学术领域的深入程度。无论评选标准多么多元化,但优秀论文有一个共同的特点,那就是优秀论文在学术规范上应该具备这样的特征:一、尊重别人的研究成果;二、具有一定的问题意识。在我看来,读一篇好的文章如饮美酒,细细品味,顺着文章中提出的问题,沿着作者的思路展开与他人的论辩,读来往往会有酣畅淋漓之感。

现在很多文章通篇读下来,见不到同领域内其他学者在这个主题上的观点,作者是信手拈来,看不出文章有论辩的成分,我以为,这是对其他学者极大的不尊重,也是一种对他人学术成果的不尊重。对学术失范的关注应当是我们讨论“当代学术史”有关问题的延伸,事实上,提倡学术批判,矫正学术失范,其目的不是要揭他人之短,而是要重建尊重学术研究的良好风气。

中国人民大学书报资料中心《社会科学总论》一直以来关注哲学社会科学发展的政策环境、学术规范、学术评价、学风建设等,收录的文章基本来源于一些集中关注学术管理与学术评论的期刊和报纸,比如《社会科学管理与评论》、《社会科学论坛:A 版》、《社会科学报》,还有一些综合社科类期刊设置的固定栏目,比如《云梦学刊》的“当代学术史研究”、《学术界》的“学术批评”等,此外还有一些高校学报和社科院社科联系统的期刊不定期开办的学术评价栏目。通过检索《社会科学总论》过去收录的文章可以发现,近几年来,有关学术失范的讨论越来越多,这种现象让人忧喜参半:忧的是,这种现象表明学术失范已经到了很严重的地步;喜的是,越来越多的人参与学术失范的讨论,说明它得到矫正的机会与可能性也越高。我们期待学术失范得到矫正的一天,当学者们具备足够的学术良知,当遵守学术规范成为学术创作者的自律时,有关学术失范的讨论才有可能彻底消失。

《云梦学刊》的“当代学术史研究”栏目关注三方面的主题,一是对当代学者进行个案研究,二是扫描当代各种学术现象,三是展开严肃的学术批评。这三个方面对当代学术研究现状承担着记录、矫正和建设的功能。一些人对“当代学术史”提法的合法性提出质疑，我个人倒是觉得这不是问题的主要方面。用什么表述来涵盖"当代学术史研究"栏目关注的三个主题是个"标名"问题，表明的是标名者的理论视点和价值倾向，任何一种标名都具有一定的参考价值，也都存在一定的局限。我所关心的是本次讨论的主题"关于'当代学术史'学科建设"中把当代学术史当做一门学科来建设的合法性问题。一门学科要成立，应该有自己的研究对象、研究方法以及理论体系，还要有主要的概念和框架。从另一个角度看，任何一门学科的存在应该有这三方面的要素，一是该学科的理论，二是该学科的发展史，三是该学科的研究方法。当代学术史在这些方面还缺乏明确的方向，如果说当代学术史的一个重要的研究对象是对不同学科史的发展进行研究，那么单独对某一学科的发展史的研究可以并入到该学科的"史"的部分，但对不同学科史共性的把握，并不是一个简单的问题。一方面，它对把握者的学术涵养有着极高的要求；另一方面，任何一门学科本身是不断发展的。从这个意义上，我对"当代学术史"作为学科能否成立持怀疑的态度。

学术期刊与学者的良性互动

计亚男

学术期刊与学者保持密切的联系,与学者共同研究、共同成长,这样才能使学术期刊办得更加强有力,成为学术研究的优秀组织者。

《云梦学刊》的"当代学术史研究"栏目,就是依据这一办刊原则设置的。

"当代学术史研究"在 1989 年开设,至今已有 16 年的时间,栏目包含三个方面的内容:对当代一流学者的个案研究;对当代学术现象、学术流派的整体研究,如开展"宗教与宗教学新论"等专题讨论;开展摆事实、讲道理的学术批评,如刊发《〈中国学术腐败批判〉讨论辑》等。《云梦学刊》主编余三定先生科研方向为文艺学和当代学术史。他及其编辑部成员走近学者队伍,团结了一大批知名和不知名学者,编发了不计其数的论文。

学术期刊从搭建平台到学术阵地、到引领学科,反映着学术期刊与学术研究发展的不同层次。虽然,现在不好简单地判断《云梦学刊》的"当代学术史研究"栏目发展到什么层次,但是他们的这种努力和追求,这种办刊模式,是值得我们学习的。

纵观《自然》、《科学》等一些世界知名品牌学术期刊,它们有着一个共同的特点,那就是编辑具有较高的学术素养,成为学者的知心朋友,做学术研究的优秀组织者。

我国的学术期刊与学者共同成长、共同进步,为科学研究多作贡献!

历史与社会交错中当代法学学术史

贺卫方

就法学而言,有若干特点使得它与其他人文以及社会科学学科相区别。最突出的特点可能是,在中国,法学本身就是一个当代学科。古典时期,我们虽然也有律学,但是,与西方罗马法以降的法学相比,明显地缺少超验的价值诉求,与此同时,不存在专门的法律教育机构以及处理纠纷和案件的官员选任标准上的非专业化等也阻碍了一个职业化司法阶层的兴起。法国著名汉学家爱斯嘉拉(J. Escarra)曾这样评论道:

> 在西方,法律总是被尊崇为多少是某种神圣不可侵犯的东西,是神和人的女王,它好像是无上律令加之于每个人的身上,以一种抽象的方式在规定着和调节着各种社会活动形式的效能和条件。西方曾有过这样的法庭,其作用不仅是运用法律,而且常常就各种相互矛盾的利益所提出的和所辩护的各种争论来解释法律。若干世纪以来,在西方,法学家们已经建立了一种分析和综合的结构,一种不断要使成文法各种体系的技术要素完善化和纯洁化的"学说"大全。但是,当我们转到东方时,这种景象消失了。在亚洲的另一端,中国在她已经建立起来的精神价值和道德价值的强大有力的体系之中……就只能给予法律和法理学以一个卑下的地位。虽然并不是没有司法机构,但她只是愿意承认自然秩序,并且只是推崇道德的准则。……中国虽是一个学者辈出的国家,但她所产生的法律评论家和理论家却的确很少。①

中西方法律文化的这种差异当然会对我们当代的法律教育以及法学研究产生某种影响。因为它是舶来品,于是在古典学术遗产里便很难找到可以利用的资源。即便有一些乍一看仿佛可以"古为今用"的材料,但是,单单是语言上的凿枘不投已经令人感到衔接无术了,背后价值精神的南辕北辙更使得中西会通的工作变得近乎不可能。例如今日中国民法学的一流研究成果,其中征引传统中国文献者几近于无,个别引用也只是一种修辞学意义上的点缀。中国法制史学家们费尽移山心力写成所谓《中国民法史》,却根本不入民法学人之法眼。其中原因并不能完全归咎于后者缺乏传统学问的修养,更重要的是,那种拼凑出来的"疑似之迹"与西方博大精深、体系精严的民法学根

---

① 爱斯嘉拉:《中国法》,转引自李约瑟:《中国科学技术史》卷二,科学出版社 1990 年版,第 554—555 页。

本是驴唇不对马嘴。

于是，就整体而言，我们近代以来的法学便是对西方学问照单全收的状态。在今日的大学学科格局中，中国法制史就成了外国法制史，而外国法制史却实实在在变成了与当下中国法律相衔接的法制史。比起文史哲等学科，法学具有更强烈的"当代性"或"西方性"，这必然对学人知识结构、话语风格乃至精神状态产生深刻影响，此乃我们在构思法学的"当代学术史"时不可不首先关注的问题。

缺乏传统知识资源的支撑，在一定程度上也意味着法学与社会之间沟通的困难。从西方直接进口或经由日本转口而来，法学必然呈现出对于本土民众相当陌生的外观。当然，即使是在西方，随着法学的独立和专业化程度的深化，一般外行也很难理解法律人所持有的那种独特的知识和方法，法律人的内部文化与一般文化之间也存在一定程度的紧张。例如，在一些著名案件的审判里，法律职业者所秉持的程序正义准则与大众对于案件是非曲直的感觉之间就存在着相当的冲突。但是，文化整体的同构性却使得这种差异得到容忍，甚至形成互补和良性互动的格局。但是，我们这里的情况却是，两者之间不仅仅是差异，而且是不相容，许多时候简直是势如水火。2003 年刘涌案的审判过程显示的专业逻辑向民众情感的最终屈服，形象地展现出两者之间的冲突及其后果。

就学术史的写作而言，我们需要对于这样的知识对立何以产生作出解释，需要描绘在这个大环境下百年来法学学科所面临的与外部社会沟通上的困难，更重要的是，我们需要寻求和反思两者之间沟通的合理路径。值得注意的是，某些学人面对这样的困难，不是设法在更广泛的层面推进人们对法律逻辑的理解，不去论证某些法治原则——例如司法独立——在解决社会矛盾时所具有的正面价值，而是反戈一击，转而质疑法学本身的正当性。某些假借法律社会学或法律经济分析的研究试图把法学降低为社会学或经济学的一个注释，从根本上颠覆法学学科的基础。这样的危险也是当代法学史的作者所不可不察的。

专业研究与学术史研究:以法学为例

许章润

　　刚才谈及"专业研究"与"学术史"的关系,我深有同感。的确,没有特定专业知识领域的学术训练,却涉足该特定领域的学术史,或平章人物而辄定高下,或划拨流派以臧否先贤,其之难能胜任,是可以意料到的。宽泛而言,近年一些人文知识分子讨论社会科学领域问题,如人权民主,如法治宪政,如问责政府、自由经济,却因缺乏特定专业的知识储备和学术训练,以至郢书燕说,聚蚊成雷,破绽多有,例不鲜见,已无须多说。而凡此一切,都说明了专业训练是治学术史的知识前提,也是称职的研究者的职业生涯的起点。

　　反之,若专门学科的研究者缺乏学术史的训练,同样难善其事,也是不言自明的。以法学为例。大约在 20 世纪 90 年代前后,法学界突然流行编纂各种部门法学的"研究综述",如《新中国刑法学研究综述》、《中国法制史研究综述》等,类皆部门法学的学术史梳理。作者既为各门学科的研究者,耕耘有年,对于本门学科知识增长、学术流变的脉络,虽然难称洞若观火、体贴入微、如数家珍,但也不能说并不知情,毫无积累。转眼十多年过去,这些大部头著述,集体参撰的急就章,今天若从学术史来看,说得狠一些,多数乏善可陈,甚至了无价值。

　　这是为什么呢? 其间缘由纷然,一言难尽,也不尽然是"学术规范窳败"所能打发的。仅从"学术史"着眼,则上述研究者之缺乏该项训练与能力,得为一端。可能说得浮夸一些,在通常的人文、社会学科,学术史与思想史研究对于从业者的要求最高,心智不够,心性不合,最好别碰。宾四先生昔年曾谓门人,治史者有通才第一流路线与专业第二流路线之别。若能于考证、制度和学术、思想之间,流连辗转,出入无碍,概乎"一流"①。治学术史,可能恰需此无碍之功,方得善果。

　　的确,大凡一学术理路及其门径,一学术人物及其流脉,一学术现象及其知识姿态,总是牵连万端,出入于人文与典章,纠缠着时代与地域,影响及于思想与社会。研究者于此黄泉道上,左顾右盼,且行且止;抽丝剥茧,得意妄言。其上智者,入于内,却能出于外;固守专业,却无碍上下牵连,左右横通。从而,将前人心思,后人领会,今人体认,都理顺了,全说清了,皆道白了,而自有发明存焉。——老天爷,这样的人才做这样的事

---

① 参见严耕望:《从师问学六十年》,载严耕望:《治史三书》,辽宁教育出版社 1998 年版,第 282 页。

业,岂是常人所能为?

话题回到法学。若能臻达此境,除开法学专业背景,还需要多少"支援意识"——转借博兰霓的命意——来支撑呀,哪里是彼时彼地的几个人力所能胜任的,亦非渊源有限、积累稀薄的汉语法学资源能够养育出来的。再说了,学术史研究本身是对研究者鉴赏力和论断力的严酷考验,并借其研究文本将它们和盘托出,置于学术共同体的阳光之下供人评品,随人论断。三人行,必有我师,偌大知识社群,总有识货的高人,蒙总是蒙不住的。而鉴赏力、论断力恰恰涵括眼界、品位和才情等诸多素质,于历练中始望慢慢磨砺成型,博闻多识在沧桑时光里退隐为拈花微笑,只可遇,不可求。也就因此,研究者于某一知识领域耽溺既久,常常是说话的资格,——这便是"年头"的意思。没"年头",即无纵深感,而知识、思想、人物等等,全活在此"纵深"之中。"小年轻"挥笔之处,动辄排座次,说不行还就真的不行。区区感觉此处头绪纷繁,而感觉朦胧,无力道明,祈求方家教我。

笔者曾以吴经熊、钱端升和梁漱溟三位先生的学术思想作为个案样本,希图于学术史的意义上有所收获。① 但是,"且行且止",渐觉牵连广泛,力不从心,所谓非一流心力却走一流路线,只得折返。例如,欲屡述钱先生的宪政主张,明白其得失和苦衷,则前提是对近代宪政学说具备一定知识基础,对于中国 20 世纪 30—40 年代左、中、右各派政治力量的纵横捭阖多有钩沉,乃至于推展开来,需将所谓自由主义与保守主义、民族主义与世界主义等近世由西徂东的纷陈思潮爬抉清朗,对民族国家和现代性等积累了一定的阅读量,方可下笔,落墨而不至于跌落俗套。

至于吴经熊先生,学涉东西,身历三世,履痕天下,横跨文学、法学和宗教多种领域,中、英文双管齐下,对于研究者提出了更高的要求。也就因此,法学从业者想查考宁波德生公的法意与学思,需要更为丰厚而广博的"支援意识",——不仅是支援意识,还需要他老人家的那一份心气与才气,始望同情其身世,触及其心事。仅就吴公平生力竭"调和霍姆斯与施塔姆勒"一项,其由来与去处,其理路与境界,即牵连诸端:感知与概念、经验与理性、利益论与正义论、实用主义的法律功能追求与理想主义的自然法憧憬,等等,"至一"何在? 最后只得以"思想的最为内在的统一性却依赖于最为外在的假设"打发了事,后来的"学术史家"想要理述梦思,先得把这些过滤一遍,这便足够忙活半生了。

梁漱溟先生既然以新儒家名世,那么,对于古典儒家和新儒家的旨意与悲沉,对于一部中国思想的传承与演变,对于近世东西文化的冲突与融合等,自然要有相当沉潜的工夫,才敢下笔了。如若探讨的是梁公关于法律和宪政的理解,则同时应当修习法学,

---

① 详见许章润:《当法律不足以慰藉心灵时——从吴经熊的信仰皈依论及法律、法学的品性》;《所戒者何? ——钱端升的宪政研究与人生历程》,载许章润:《法学家的智慧——关于法律的知识品格与人文类型》,清华大学出版社 2004 年版。关于梁漱溟先生的三篇专题研究,详见许章润:《说法 活法 立法——关于法律之为一种人世生活方式及其意义》,清华大学出版社 2004 年版。

具备法学修养,亦为固有之意。否则,辄将老先生划入新与旧、开明与保守、先进与落后等等二元分趋的格局中,予褒贬,定取舍,大而划之,不着边际,那这天底下哪里还有道理讲呢!——顺便说一句,凡此究属知识史或者所谓的知识考古,抑或学术史、思想史的作业,纵然下笔之前已有框框,一旦写起来,可能也是无边无界的吧!"学术史"安在哉?

笔者亦曾尝试以纵、横两种意象①,踌躇试笔。一梳理近世汉语法学的基本代际格局,一追究汉语法学的一起事件或者公案。总的目的,不外乎求于横通中阐明知识增长、学术生产的一般性,讲述在近世中国政治势力对峙、更迭以及两岸分治的具体背景中,总体而言西学主导的时代趋势下,学术与政治、学术与社会的互动图景。所得论断之一,即所谓的"以空间换时间"②。这是 20 世纪 80 年代以降汉语文明中的一个重要法学现象,可能也是包括其他学科在内的百年中国现代学术生成的一个普遍性规律。两稿既竣,无以为继,同样还是因为学力不逮,心力难继。就前一课题而言,倘再拓展,则需分为人头或者代际,著述或者理论,逐一展开。此非一朝一夕所能竟其役,亦非一人一生可得毕其功。就后一课题而言,可以引申的端绪甚多,无一不要求同时具备专业研究和学术史的训练,同样非一朝一夕、一人一生所能了却的。昔年寅恪先生论谓凡治经学者,概凡"谨愿之人"与"夸诞之人"。前者"既止于解释文句,而不能讨论问题",后者则"流于奇诡悠谬,而不可究诘"③。反转公意,则今之治学术史者,同样定非"谨愿"与"夸诞"之辈,始能恪其业矣!吾辈"谨愿"尚不及,或将沦趋"夸诞",学术史云乎哉!

今天聚会,话题一开,不免有些感想,索性敞开来说,得罪人在所难免,也在所不惜。笔者在法学院做学徒,敛息起居 26 年,恰好身处中国场景中这一学科"从恢复到发展"的时段。刚才大家说法学是"红学"——显耀发红之学。不过,我要说一句,在今日中国,法学看似"红火",产量颇高,侃论多有,实则"幼稚"依旧,处境尴尬。与 26 年前相比,自然长进多多,而于增进汉语文明法律智慧,建设中国人世生活中的法律秩序这一担当而言,则又捉襟见肘,依然"任重道远"。法学的品性决定了它是一种实践的智慧,名人名言所谓"法律的生命是经验,而非逻辑"。的确,法学并非源自智性的好奇,不是人类童心惊喜的产物,毋宁乃安排人世生活的实际需要,因而,天然具有实用性。但是,它又不可能如同经济管理、财政金融等知识门类,实用或者"有用"到哪种境地;另一方

---

① 详见许章润:《法学家的智慧——关于法律的知识品格与人文类型》,第一章"书生事业　无限江山——关于近世中国五代法学家及其志业的一个学术史研究";第二章"多项度的现代汉语文明法律智慧——台湾的法学研究对于祖国大陆同行的影响",清华大学出版社 2004 年版。

② 详见许章润:《法学家的智慧——关于法律的知识品格与人文类型》,清华大学出版社 2004 年版,第 57—58、64—68 页。

③ 详见陈寅恪:《陈垣元西域人华化考序》,载陈寅恪:《陈寅恪史学论著选集》,上海古籍出版社 1992 年版,第 505—506 页。

面,其为一种知识体系和理论体系,既然满足自立自恰的合法性,必当循沿知识增长的一般途径,因而,自有规矩在,也必须有规矩在。在此,不妨转借名人名言,可以说"法学的生命是逻辑,而非经验",亦不无道理。从而,法学从业者必须秉具一切知识门类的研究者所当遵奉的学术规矩,于平常作业中循守行业规程,始望增益法意,而恪尽此"任重道远"之担当。

对于知识和学术抱持敬畏之心,即为此规则之一,也是一切靠大脑吃饭、以文字立身者首当恪守的"行规"。否则,大言傥论,东拉西扯,用泛政治化的叫嚣代替严肃而艰辛的钻研,以插科打诨的哗众取宠掩盖学术浅薄,甚至强不知以为知,哄哄低年级本科生倒也够用,娱乐娱乐饥渴大众颇有市场;但若借助现代传媒,迎合民粹口味,则影响至劣,情何以堪! 最近两年,笔者自觉和被迫参加了一些学术会议,深感学界中人,对于具体而专门的问题,以才子式的姿态处理者众,而抱持谨慎、敬畏之心者渺;讲公共知识分子话语者多,以专家立场设论者少。长此以往,情形堪忧,莫非真应了那句谚语:"一旦骆驼的鼻子进了帐篷,它的身子也就肯定会进来。"至于存心事功,故意曲学阿世,已溢出了范围,不是讲道理的对象了。

走笔至此,诸位或会大声棒喝:你说这些,与学术史研究何干?

学术史研究和学术史图书出版

张文定

感谢《云梦学刊》编辑部邀请我参加这次"当代学术史"研讨会，使我有机会能听到许多著名学者的精彩发言。我是一个出版工作者，我从一个出版者的角度来看学术史研究，谈谈与学术史研究有关的学术著作出版的问题。

现在，各出版社面临很大的竞争压力，尤其是经济的压力。许多出版社忙着出版赢利的图书，学术著作的出版几乎都要给其他书让路。我们不谈规范的图书分类，就按教育类图书（各类教材与教辅）、大众图书、政治学习与法律法规图书、学术著作图书四类，学术著作的出版安排大概是最后的了。根据北京万圣书店的总经理刘苏里的文章提供的材料，近年来，学术图书的出版主要集中在四五十家出版社了，大部分出版社只是偶尔出几种学术著作。中国有 600 家出版社，其中有 100 家大学出版社，但坚持出版学术著作的不到十分之一。北京大学出版社也与其他出版社一样，面临着巨大的经济压力。除了与社会上各出版社一样缴纳各种税外，还要向学校上缴。但是，北大出版社"教材优先、学术为本、创建一流"的出版理念不变。"教材优先"各位都能理解，我们要努力为教学提供高质量的教材，这既是培养一流人才的需要，也是创建世界一流大学的需要，同时也是增强出版社的经济实力的需要；"学术为本"体现了出版社的性质和追求，如果大学出版社不出版学术图书，那就不配挂大学的招牌。北大出版社从 1979 年恢复建制以来，坚定不移地坚持"学术为本"的理念，出版了两千种学术图书。这几年，北大出版社每年出版的学术图书有一百种以上，是全国出版社中出版学术图书品种最多的出版社之一，出版的学术图书在海内外产生了很大的影响，在学术界有良好的口碑。据南京大学信息中心的统计，北大出版社出版的著作的引用率在全国出版社中排名第五位（排在前面的是人民出版社、中华书局、商务印书馆、科学出版社）。

北大出版社是较早关注学术史研究图书的出版社之一。陈平原教授主编的"学术史丛书"，这套书已经出版了 14 种，包括陈平原的《中国现代学术之建立》、赵园的《明清之际士大夫研究》、葛兆光的《中国禅思想史》、王永兴的《陈寅恪先生史学述略稿》、阎步克的《士大夫政治演生史》、戴燕的《文学史的权力》、陈国球的《文学史书写形态与文化政治》、夏晓虹的《晚清女性与近代中国》、陈少明的《齐物论及其影响》、王瑶主编的《中国文学研究现代化进程》、陈平原主编的《中国文学研究现代化进程二编》、陈平原和王德威编的《北京：都市想象与文化记忆》、何成轩的《儒学南传史》、郭双林的《西潮激荡下的晚清地理学》等。即将出版的还有陈平原的《触摸历史与进入五四》、陈泳超的《中国民间文学研究的现代轨辙》、蒋原伦等的《二十世纪中国古代文论学术研究史》等。北大出版社还出版有"文学论丛"、"文学史研究丛书"、"法学论丛"、"学术讲演丛书"等系列学术著作，其中像张少康等著的《文心雕龙研究史》(760 千字)，是一部全面梳理从《文心雕龙》诞生后，中外研究《文心雕龙》的历史和学术成就，这部书无疑是对"龙学"研究的一个重要贡献。还有像张健的《清代诗学研究》、褚斌杰的《楚辞要论》、常森的《二十世纪先秦散文研究反思》、余三定的《新时期学术发展的回瞻》、《蔡元培先生年谱》等也属于学术史研究。《蔡元培先生年谱》为我们五四时期的学术研究和学术思潮等学术史研究提供了研究的线索和史料。学术史研究除了从年谱得到史料和线索外，还应对学者年谱本身，包括对谱牒学进行研究，我认为，这也应该是学术史研究的一个重要课题。另外，学者们的日记值得我们密切关注。北大出版社将出版《钱玄同日记》和《刘半农文集》，钱、刘两位是五四新文化运动的主将，北大的名教授、著名语言学家，他们的学术活动范围广、影响大、时间长。《钱玄同日记》和《刘半农文集》将为学术界提供珍贵的学术史料。这里要说一下日记这种特殊的"文献"。"日记"本来是自己每天的私家记录，不是为了公开发表给公众看，自己的所行、所看、所说、所思的，与他人的交往，个人的隐私等什么都可以记。日记不隐瞒自己的观点。因此，原本的、没有加工过的"日记"成为新史料的重要来源。近年出版的《胡适日记》、《吴宓日记》等现代文化名人日记之所以受到学术界的欢迎，也在于为现代学术史的研究提供了较为可信的史料。但是必须指出，由于日记主人的人品操守的差异和主人记日记时的社会政治环境和人际关系的不同，各人的"日记"的可靠性也大为不同。20 世纪 50—70 年代，国内大部分学人的日记不是成为自我思想检查的记录，就是"柴米油盐"的流水账。有的还有意"做假作伪"，他们或为保护自己，躲避政治和人际纠纷；或为抬高自己，在日记中大唱高调，企望日记早日能被他人读到，并有机会得以重用（"文化大革命"中某些文人常用此手法）。因此，这类日记的史料价值和学术价值大打折扣。在日记公开出版的过程中，又会加入出版机构审稿的尺度和日记的主人及亲属后人的干预，而对日记做删节、加工、编纂，使日记又一次被异化。在学术研究中，我们对当今出版的学人日记一定要认真甄别、去伪存真，以免被表面现象所迷惑。

　　从北大出版社的出版实践来看，学术著作出版面临着许多困境。我之所以用困境而不用困难，是因为当今学术图书的出版不仅仅是出版经费的缺乏问题，而且我认为主要是学术图书的学术水准、学术规范、学术道德和出版的环境等问题。

　　从出版经费来看，近几年来，由于国家加大了对学术研究和学术出版资助的力度，出版经费比前几年大有好转。现在，许多学者手中有课题费，部分课题费可以用来资助出版。国家、部委和不少省、直辖市、自治区有学术出版基金，一些有学术抱负的出版社经过前几年积累，也建立了自己的出版基金，有规模地介入到学术出版，如河北教育出版社、广西师范大学出版社等。但是，中国政府目前对出版学术著作的资助力度还与发达国家有较大的差距,基金会的资金规模也比较小,在税收政策上没有优惠。我举个税收的例子。中国的税务机关对出版社图书出版中增值税的退税政策是按图书的不同类别分别对待,中国图书学科 37 个分类中,31 类书可以退税,包括政治法律、哲学、军事、经济管理、历史地理和全部的自然科学和工程科学图书。而 C 类(社会科学总论)、G 类(文化教育)、H 类(语言文字)、I 类(文学)、J 类(艺术)、Z 类(综合性图书)是不退税的。税务机关认为,这六类图书比其他书好卖。他们说,某某小说不是卖得很火吗?某某名人的写真集不是也很畅销吗?但他们不知,这六类图书中有一批是学术著作。在文学类图书中,就包括文学研究、文学批评、古代文学典籍的整理与校勘类的图书。这类图书就很难做到赢利的,更不要说畅销了。这种不实事求是的税收政策不也是在加剧人文学术著作出版的困难吗?说到出版基金,北大出版社正在自筹 1000 万元的学术出版基金,用于学术出版。但是比起哈佛大学出版社来说,我们的资金太少了。去年,我们访问哈佛大学出版社,他们有出版基金 5000 万美元,折合人民币 4 亿 1 千多万元,我们只是他们的一个零头。哈佛大学出版社除了享有政府的免税和减税的优惠外,还有社会捐助的巨额基金,因此,哈佛大学出版社可以从容地每年出版 150 多种学术著作,占全部图书品种的百分之九十以上。但我还是相信,随着中国经济的发展,学术著作出版难的问题会逐步解决。

关于学术图书出版中学术水准和学术规范及学术道德问题,学术界反映强烈。尽管现在还处于学术图书出版难的时期,但中国每年有成千上万部的所谓学术图书问世,似乎一派繁荣。但在这种繁荣的背后有许多危机和困境。从出版社的一个学术图书编辑来看,在学术图书的出版中有以下几个问题:一、图书品种多,但学术水平普遍不高,高质量的精品很少。也许是市场经济的影响,不少研究者安不下心来,"宁坐十年板凳冷"来做学问似乎少了,而是功利地做学问,研究讲"短平快"。有的追求发表的字数,写完就想出版,出版了可以结课题项目,再申请下一个项目;有的出书为了找一个好工作;有的是为了提职称;还有的是为了升官。因此,在当今出版的学术图书中,肤浅平庸之作泛滥。二、同类研究的多,有特色研究的少。某些热点课题人员拥挤,体现研究成果的图书选题必然重复,研究方法也缺乏创新。三、研究作风不严谨,写作不讲学术规范。学术研究是科学研究,科学讲究严谨。学术图书是科学研究的结果。我认为,学术著作是由经过专业训练或有学术造诣的人,用专业的研究手段,按照严格的学术出版规范,独立创作出的或有新的思想、新的观念或有新的研究方法的对后世研究产生影响的学理探究性图书。一部好的学术著作,有五个要素:(1)原创性的和独创性的;(2)对后世有影响的;(3)写作有规范的;(4)作者是有学术素养的;(5)研究的手段是专业化的。其中 1、3 是最重要的。如果不具备这五个要素的书,不能称其为学术著作。那些注释不规范的研究著作,我常常把它称为准学术图书,或列入泛学术图书。四、不讲学术道德,不讲法律。有的公开剽窃和占有他人成果(这已是侵犯他人著作权的犯罪行为了);有的引用前人、他人成果不注出处;自己不出力,没有研究,没有成果,却当第一作者,当主编;更有甚者,自己署名为著者的图书,却找他人来完成。报上揭发的某些官员的硕士、博士论文是让枪手写作的,他们的论文也是用公费来出版的。从经济腐败发展下来的教育腐败和学术腐败已经给学术的尊严和纯洁大抹黑点。反对学术腐败是一项长期的任务,总要有人站出来制止这种不道德和犯罪行为,以保证我们的学术研究有一个健康的学术环境。学术研究与政治的关系,不是我们能说清楚的问题。在这里我只说两点:(1)说当今中国的学术研究是政治的附庸是不确切的,我们现在的学术研究应该说是自由的。我们出版是有纪律的,一个作品能否公开出版,要考虑到国家的安全和社会的稳定,出版工作者要自觉地承担社会的责任。(2)由于学术研究不能够充分自由,加上记录学术研究进程的出版也不能完全的自由,因此,当今的学科学术史研究也不可能是完备的或真实研究。比如,对社会主义市场经济和商品特征的研究,早在20世纪50—60年代,顾准、张闻天等已经开始,但由于他们的书不能出版,因此对中国经济学术史的研究就少了他们在特殊时期的特别贡献,这是历史造成的缺憾。

当代学术史研究的学术积累

——当代学术史著作评述之二

余三定

　　笔者在近 3 万字的《当代学术史著作评述》(载《学术界》2004 年第 6 期,《社会科学总论》2005 年第 1 期转载)长文中指出:所谓当代学术史著作,"是指以'当代学术史'为研究对象的著作,或者说是研究当代学术史的著作"。该文分为四个方面对当代学术史研究著作作了评述。透过该文的评述,我们可以见出,近几年来,对当代学术史进行研究,已成为不少学者共同的研究方向,并且已经取得了可观的研究成果,形成了较丰富的学术积累。在这样的学术背景下,我们提出"当代学术史"学科建设的话题,可以说是学术发展的必然要求,是顺理成章之事。

　　笔者上文发表后,继续在做当代学术史研究的资料辑集工作,又收集到若干当代学术史著作。现特予以分类补述。

一、关于当代学术史的宏观研究

　　这一大类的当代学术史著作未有新的搜集,这里仅评述 3 种由当代人撰写,但是以"当代"以前(外)的学术史为研究对象的著作。

　　1.《中国学术通史》(张立文主编,人民出版社 2004 年版,6 卷本,总计 3083 千字)。该套书对中国先秦时期、秦汉时期、魏晋南北朝时期、隋唐时期、宋元明时期、清代时期学术思想、理论状况及发展、代表人物、著述以及对学术传承所起的作用等诸多方面进行了系统而深入的研究、探讨与总结。

　　2.《流变与走向——当代西方学术主流》(杨雁斌、薛晓源编选,社会科学文献出版社 2001 年版,258 千字)。该书是写的"西方",但对当代中国学术史研究有重要的参考作用,故在此作评述。该书封底"内容介绍"写道:"这部由国内众多著名学者撰写的论文从当代社会科学和人文科学发展的各个角度论述了国外社会科学的现状和趋势,集学术性、情报性、针对性、综合性、前瞻性和导向性于一身,突出一个'新'字,其内容之广博,阐释之详尽,令人耳目一新。"全书由《后现代主义与西方哲学的现代走向》(刘放桐)、《20 世纪西方哲学的变迁》(逸菡)、《20 世纪的阐释学》(张汝伦)等 23 篇论文组成。

　　3.《当代日本人文社会科学》(何培忠著,商务印书馆 2004 年版,10 印张,无字数标注)。

出于与上书同样的理由在此评述。该书计分 8 章,各章的标题依次是:"日本人文社会科学的概念及其地位";"研究体制·研究方法·研究经费";"战后日本社会科学的发展";"日本人文科学主要学科的研究概况";"日本社会科学主要学科的研究概况";"一些值得关注的学科的研究状况";"日本振兴人文社会科学研究的措施";"中日人文社会科学研究的比较与借鉴"。

这里还想提到《晚清学术简史》(李开、刘冠才主编,南京大学出版社 2003 年版,328 千字)。该书封底"内容简介"写道:"书中写了近 30 名著名学者,以人挈史,以史带论,以论明理。"

二、关于几个重要学科学术史的研究

1.《文学史的视野》(温儒敏著,人民文学出版社 2004 年版,258 千字)。该书是著者的一本论文集,分为 4 个部分,第一部分为"学科前沿考察",著者在"小引"中写道:第一部分"是现代文学学科史研究,有 6 篇,多为新近所写。这是我目前正在关心的课题,并且在北大上一门叫'现当代文学学科概要'的课,希望能对学科的历史和现状有比较清楚的了解,其中材料性的东西比较多,但也力图从学理层面探讨得失。还有 2 篇是书评,也论及学科史课题,一并入选这里。现当代文学作为一门学科,已经不年轻了,当前又面临某些困扰,梳理一下学术发展的脉络,总是有必要的。"另外,相类似的有《中国现当代文学学科概要》(温儒敏等著,北京大学出版社 2005 年版,总计 470 千字)。

2.《二十世纪的中国文艺理论》(庄锡华著,上海三联书店 2000 年版,105 千字)。该书计分 5 章,各章标题依次为:"观念演进与得失评估";"战争背景中的文论建设";"学术新变与历史依托";"理论重构中的西学参照";"学人的社会归属与理论走向"。从上述标题可以见出该书的特点正如该书"序言"中所说:"选择了 20 世纪中国文艺理论发展中关涉全局且受到普遍关注的若干重大问题作为突破口,通过这些关键点的解析与梳理,形成对 20 世纪文艺理论有一定深度的整体观。"

3.《中国小说史学史长编》(胡从经著,上海文艺出版社 1998 年版,314 千字)。该书"结论"中写道:"作为 20 世纪中国学术领域显学之一的中国小说史学,在世纪之初萌蘖,至今已走完近一个世纪的历程","本书试图为本世纪上半期的中国小说史学的行进轨迹画一个粗略的轮廓"。20 世纪"上半期"与"当代"是紧密相连的,故在此评述。该书计分 5 章,各章的副标题依次是:"传统方法的革新与新进方法的汲取";"小说史科学的萌发与勃兴";"小说家研究的新生面";"断代与专题研究的起步";"中国小说史体系的初步缔造"。

4.《法学家的智慧——关于法律的知识品格与人文类型》(许章润著,清华大学出版社 2004 年版,262 千字)。著者在"序·法律的人性"中写道:"本书所论大抵属于法律学术史范畴,略分上、下两部。前半部着力于中国故事,后半部放眼于西方经历。"其中上部第一章标题为"书生事业　无限江山——关于近世中国五代法学家及其志业的一个学术史研究"。著者在第一章写有"文前自题",兹录如下:"五代学人,前赴后继/研墨燃脂,推陈法意/媒介东西,平章意气/赓革文明,书生职志/无限江山,彷徨天地/臧否先贤,牛衣涕泣/知我罪我,'多大个事!'"

5.《二十世纪中国老学》(熊铁基等著,福建人民出版社 2002 年版,409 千字)。该书"前言"中写道:"老学既是《老子》之学,也是研究《老子》之学,人们为什么研究《老子》以及如何研究《老子》,如何理解《老子》以及从《老子》中发现了些什么,这是我们编写老学史要回答的问题。"该书计分 12 章,各章标题依次是:"20 世纪中国老学述要";"20 世纪初的老学";"价值重估中的老子年代疑案";"老子思想学术的现代诠释";"早期马克思主义传播与老学研究";"五六十年代老子大讨论";"70 年代老子问题研究的进展";"50 至 70 年代台港地区的老学";"《老子》的多元解读(上、下)";"出土《老子》研究"。还要补充一点的是,熊铁基等还合著过一本《中国老学史》(福建人民出版社 1995 年版,2005 年版,398 千字)。

三、"学案体"的当代学术史研究

笔者在《当代学术史著作评述》中将《学术权力与民主——"长江〈读书〉奖"论争备忘》一书列入"学案体"进行了评述,笔者在该文中写道:笔者将"'长江《读书》奖'争论作为当代学术史上的一桩重要公案看待,进而将《学术权力与民主》作为当代学术史研究中重要的'学案体'著作看待。"根据上述的视角,现补充下述几种著作。

1.《学术规范读本》(杨玉圣、张保生主编,河南大学出版社 2004 年版,910 千字)。这是一部近 10 多年来学术规范讨论的论文选集。该书主编在"前言"中写道:"学术规范是近年来中国学术界最为关注的中心话题之一。有关学术规范问题的讨论,持续而热烈,百家争鸣,存异求同,成为跨世纪中国的一大学术文化景观。此一讨论以跨学科性、前沿性为其学术特色,以公益性、学术性、建设性为其基本企求,影响广远。人们越来越清楚地意识到,就中国学术的有序积累、交流、发展与创新的内在推动力而言,学术规范应成为学术界的基本共识。""编纂本书时,我们有三个设想:一是为了学者和读者阅读与研究的便利,二是为了学术规范讨论和研究的进一步深化,三是为当代中国学术史、思想史积累第一手的文献素材。"类似的文集还有《中国学术规范化讨论文选》(邓正来主编,法律出版社 2004 年版)。

2.《拯救辞书——规范辩证、质量管窥及学术道德考量》(邢东田主编,学林出版社 2004 年版,250 千字)。该书"编者的话"写道:"今年元月,在辞书冠名'规范'已成时尚的风潮中,李行健主编的《现代汉语规范词典》隆重登场。为了能够迅速占领市场,出版社拿出 500 万元来'打广告做市场推广',并于 2 月 15 日在人民大会堂召开首发式。在此前后,有关宣传达到了高潮,各种夸大其词的不实报道充斥媒体……""在 3 月初召开的全国政协十届二次会议上,江蓝生(中国辞书学会会长)等政协委员,提交了《辞书应慎用'规范'冠名》的提案,针对以上现象进行了批评。""3月10日,《新京报》以'政协委员炮轰《现代汉语规范词典》'为题,将提案的主要内容向社会披露,由此引发了一场至今仍在进行的关于辞书是否可以假借国家规范名义发行,辞书应当如何执行国家规范,以及辞书质量问题的'辞书规范'论争。""本文集文章多选自媒体及会议发言,少数为约稿。"

3.《我们丢失了什么——"王同亿现象"评论文集》(于光远、巢峰等著,商务印书馆1999年版,284千字)。该书"前言"写道:"1992年10月中国辞书学会在北京举行成立大会。小组讨论中,许多学者对王同亿主编的《语言大典》提出了尖锐的批评,认为此书抄袭剽窃,胡编乱造,是当前辞书界歪风邪气的突出典型,不可等闲视之。""此后,一些学者陆续著文批评王同亿主编的一系列词典,首先是《语言大典》,此外还包括《新现代汉语词典》、《现代汉语大词典》、《新编新华字典》、《英汉辞海》、《法汉科技词汇大全》、《俄汉科技词汇大全》等。论文摆事实,讲道理,指出这些词典抄袭剽窃,胡编乱造,谬误成堆,质量低劣。""本文集选编了1993年以来围绕王氏词典所发表的论文,按其内容分类编排。并附有两篇综述,分别介绍关于王氏词典的批评和诉讼的经过。"与《拯救辞书》相类似的,还有《发人深思的笑话》(上海辞书出版社1995年版)和《语言文字学辨伪集》(中国工人出版社2004年版)等书。

此外,《近百年湖南学风》(钱基博著,傅道彬点校,中国人民大学出版社2004年版,264千字)值得注意。该书论述辛亥革命以前湖南学术思想发展变迁,计论列了13位人物,可见是一学案体著作。

四、关于当代学术方法的研究

1.《社会科学研究方法新解》(唐盛明著,上海社会科学院出版社2003年版,370千字)。该书"前言"写道:"全书共分四大部分:第一部分介绍了社会科学研究的基础知识。这一部分的第二章是全书提纲挈领的一章,它阐述了社会科学研究中的一些基本概念与社会科学研究的过程。第二部分介绍了传统的社会科学研究方法中的重要概念与方法,包括研究方案的选用、对抽象概念的量度、选取样本的方法等章节。第三部分着重于常用统计分析方法的应用。""第四部分为社会科学中最为常用的数据分析软件SPSS的运用。"

2.《社会科学研究方法》(林聚任、刘玉安主编,山东人民出版社2004年版,450千字)。该书计分18章3编,3编依次为:"总论";"研究与分析方法";"应用与评估"。该书"前言"写道:"本书在内容上比较全面地介绍了目前社会科学研究中的大多数常用方法,同时增加了一些新的还不为人们所熟知的重要研究方法,如社会网络分析法、同期群与事件史分析法等。"

3. 其他。下列若干部著作值得注意:《哲学研究方法论》(欧阳康著,武汉大学出版社1998 年版,627 千字);《历史研究法》(漆侠著,河北大学出版社 2003 年版,223 千字);《文学史的权力》(戴燕著,北京大学出版社 2002 年版,223 千字);《发展与繁荣人文社会科学》(纪宝成著,中国人民大学出版社 2004 年版,365 千字);《繁荣发展哲学社会科学》(中国社会科学院课题组编,中国社会科学出版社 2004 年版,225 千字);《学术规范导论》(杨玉圣、张保生主编,高等教育出版社 2004 年版,430 千字);《在二十一世纪的地平线上——清华人文社科学者展望 21世纪》(吴倬主编,东方出版社 2001 年版,374 千字);《21 世纪中国哲学走向》(方克立主编,商务印书馆 2003 年版,24 印张,无字数标注);等等。

"当代学术史研究"三题

马自力

简单谈谈个人关于学术史研究的不成熟的想法。主要谈三点。

第一,要正确处理学术史研究和具体学科学术史研究的关系。我想二者应该是一般与具体的关系、宏观与微观的关系。我非常赞同陈平原教授的观点,即学术史研究应以问题的研究为中心。因为学术史研究是研究的研究,好比哲学相对于具体科学,应该是高屋建瓴的。所以,不能把学术史研究与具体学科学术史研究等同起来,应当突出和加强学术史上重大问题和范畴的研究。但是,我想强调的是,在突出问题和范畴研究的基础上,学术史研究还必须关注各个具体学科的个性特征,要总结出各个具体学科的学术范式,并把总结学术范式的共同性和规律性作为努力的方向。我认为,这就是学术史研究既来源于具体学科的学术史研究,又高于具体学科学术史研究的原因所在。

第二,要重视学术规范的建设。在总结各学科学术范式的基础上,进行学术规范的建设,应当是学术史研究当仁不让的使命。这里所说的学术规范,不仅仅是一般意义上的学术论文的写作注释规范,还包括学术之所以成为学术的一般性准则,如治学之道、学术传承和创新的规律等等。各个学科都可以制定或总结出本学科的学术规范,而学术史研究由于有涵盖各具体学科学术范式的研究基础,它所概括和总结出来的学术规范,就应该具有更广阔的视野和更深刻的哲理。这种学术规范的建设,应该给学术研究的主体即学者、学术研究的组织者和管理者、学术成果的传播者和接受者提供有益的启示。

第三,要高度重视学术史史料的搜集和整理。要特别注意包括手稿特别是修改稿、著作版本等反映学者研究理念的变化、研究历程的展开等第一手资料的搜集和整理。此外,学术成果在当时以及后代的接受和传播的有关材料,如出版、评论、选辑等方面的史料,也应包括在搜集和整理之列。在这方面,冯友兰的《中国哲学史》、刘大杰的《中国文学发展史》走过的曲折和坎坷的道路,就是体现当代学术与政治关系的十分生动和典型的材料。类似的第一手材料还有很多,只要我们努力去发掘,就一定会有收获。如果我们的学术史研究都建立在丰富可靠的第一手史料的基础上,建立在具有相当规模和体系的史料的基础上,我相信,学术史的发展规律一定会得到更加深刻、更加生动的揭示。

关注"当代学术史研究"的六大问题

田敬诚

在当代学术史的研究过程中,我们初步建立了以马克思主义为指导的,具有中国特色、中国风格、中国气派的哲学社会科学知识体系,研究领域几乎覆盖了哲学社会科学的方方面面。当代学术史研究的目的在于,总结学术研究的经验教训,指导今后的学术研究。我以为,以下六大问题尤为重要。

一、当代中国政治对学术的影响

政治对于学术的影响是决定性的。所以,新中国成立以前的中国学术与新中国成立以后的学术有很大的不同,美国学术与中国学术有很大的不同。意识形态决定学术的基本形态。搞学术研究的人,应当首先研究中国当代政治史。学术成果具有意识形态属性,判断学术成果有无政治性错误没有一定之规,关键是立场问题。我们常说,学习马克思主义要掌握马克思主义的立场、观点和方法,其实立场最重要,立场是判断学术研究成果是否存在政治性错误的基本依据。

二、当代市场发展对学术的影响

目前,中央提出文化体制改革以后,满足人民群众日益增长的精神文化需求已经成为学术研究的一个主要方向。文化体制改革的核心就是文化事业单位企业化,把文化生产单位逐步改造成为市场竞争的主体,积极参与市场竞争。通过市场竞争,提高我国文化产业的竞争力。把文化产业变成新的经济增长点,用文化产业创造的经济效益来反哺文化事业的发展。市场竞争可以最大限度地促进学术的发展。学术研究要发展,也必须积极培育市场。

三、西方学术对当代中国的影响

西方学术自改革开放以来对中国学术的影响很大,但随着中国经济发展、国力的增强,中国人的文化自信心逐渐恢复,西方学术的影响将逐渐淡化。西方文化是西方发达国家的文化,有许多东西值得我们学习,但西方文化能否适用于中国,是一个很大的疑问。许多发展中国家照搬西方经济发展模式,遵守国际贸易组织的规定,但经济发展状况并不乐观。学习西方的目的在于了解西方,但这并不等于要照搬。解决中国问题,必须依靠中国人自己的独立思考。

四、传统学术对当代中国的影响

传统学术自新中国成立以来就受到歧视,但传统学术因其根植于中国的历史传统和中国人的生活实践,因此必将再度复兴。传统学术为中华民族的延续作出了重大贡献,是世界文化遗产中的瑰宝。中华传统学术的理论体系独特,是中国人生活实践的总结,对于解决中国问题具有特殊的针对性和可操作性,其作用十分显著。特别是在政治领域,传统学术的作用特别明显,既简明,又非常实用。传统学术对于维护社会稳定,提高道德修养具有很高的应用价值。对于古人,我们应当心存一份敬畏之心,在古典文学等领域,我们至今无法超越古人。

五、马克思主义与当代中国学术的关系

繁荣发展哲学社会科学的核心是马克思主义理论建设。马克思主义与当代中国学术的关系是哲学与其他分支学科的关系,其他分支学科的基本观点不能与马克思主义基本观点相抵触。有些学者反对指导思想一元化,但任何一个国家、一个政党、一个企业,都有自己的核心价值观。当然马克思主义也是发展的,不能拒绝来自民间的原创思想,不能拒绝来自国外的先进文化。既要有所坚持,又要有所包容,这才是文化大国的风范。

六、学术研究与科研管理制度

正确的管理理念和科学合理的科研管理制度,可以促进学术研究的健康快速发展。目前高校科研管理的理念和制度还有许多值得改进的地方。最严重的问题是片面追求成果数量,对学术研究成果的质量不重视,这需要我们更新管理理念、改革科研管理制度。教育部有关主管部门目前正在研究管理创新问题。管理制度创新的核心是成果评价,要根据成果质量来选人用人,要根据成果质量来决定科研经费的分配。成果评价的关键是公平公正。公平公正,要求管理人员毫无私心,并且以比较完善的监督机制来约束相关人员的行为。

关于当代学术史料的收集与出版

贺卫方

关于当代学术史研究的推进,我觉得眼下最大的瓶颈因素乃是史料建设的严重不足。通常我们看学术刊物上的相关文章,还有坊间的各种学人传记或者特定专题的研究性专著,感觉太多的是一般性层次的重复和泛泛之论。不少作品缺乏扎实的史料根基,不仅某些断言或引用缺少必要的出处标示,而且当读者查考到原始文献后才能发现那样的断言或引用经常属于曲解原意或断章取义。遗憾的是,由于史料匮乏,核查无据,一些似是而非之论就得以长期以讹传讹,读者也就习非为是了。

让我发生这样感触的是近来读胡适年谱所得到的一些收获。去年我辗转买到了胡颂平先生编辑的《胡适之先生年谱长编初稿》(校订版,台北:联经出版社1984年版),皇皇十卷,页码四千余。闲来翻读,居然是难以自拔,一卷一卷地就读了下来。我尤其感兴趣胡适在神州巨变的1949年前后的言论和思想,例如他的自由主义在左右两大剧烈对抗的势力之间是如何应对的。这部年谱大大满足了我的好奇心。年谱不仅按年月日记录了谱主的各种活动,而且收入了重要的书信、日记、演讲词、当时报章的相关报道甚至一些私下谈话等。尤其是一些由于政治原因而一直无法在此间出版的文献(例如胡适在1950年发表的《史达林策略下的中国》、1957年9月26日在联合国大会上的演讲等)都提要或全文收入,丰富了我们对于胡适学术以及政治思想的了解,也很便利读者对某些研究性著作的相关论述加以核查,以及对于学术史上的课题作出进一步研究。

年谱之外,能够反映一个时代的学术研究状况的文献还包括政府以及教育或研究机关发布的有关学术制度的一些法令及规则,一些重要会议的原始记录、学人书信、日记、谈话录,等等。这方面,台湾学界的努力也是很让人尊重的。仍以胡适为例,我们知道台湾远流于1990年出版了共十八册的《胡适的日记》手稿影印本,胡颂平这位热衷胡适史料建设的高手又有《胡适之先生晚年谈话录》问世(台北:联经出版社1984年版),加上各种书信集、演讲集、回忆录、传记等等,形成了对于胡适学术生涯的全方位显现,为研究胡适以及近现代中国学术史提供了丰厚和坚实的史料基础,这是很值得赞赏的。

回到当代大陆的学术史研究,我们发现,在大陆,类似《胡适之先生年谱长编初稿》这样规模的年谱一部也没有。这部分的原因在于如胡适这样在学术几乎达到了"国士无双"地位,研究领域横跨多学科,生命之路缤纷多彩的人物缺少。当然,我们还是有像陈寅恪、钱锺书这样的大师级人物,也有在各个学科里作出相当学术贡献的不少大家,不过,尽管陈寅恪有蒋天枢撰辑的《陈寅恪先生编年事辑》(上海古籍出版社 1981 年初版,1997 年增订本),但是增订本也只有区区 260 页。至于钱锺书,既出的各种著作版本不少,也有《钱锺书手稿集》问世,但是,像年谱或者全面的书信集等还付诸阙如。陈、钱两位的著作出版较多,多少有赖这些年的"陈寅恪热"和"钱锺书热",能够更全面地显示当代学术面貌的其他一些重要学者就没有那么好的待遇了。例如我所在的法学领域,半个多世纪以来一些历经坎坷的学者们大多被淹没或遗忘,1949 年以后的法学史料完全是一个空白。在这种情况下,当代的法学学术史又从何写起?

造成这种情况的原因很多,20 世纪 50 年代以来的运动频仍也许是最重要的。政治运动带来的后果不仅仅是让学术研究长期陷入停滞,而且严重伤害了学术的自治,给学术界带来了过多的意识形态指向。学者们或自觉或被迫地运用一些政治理论指导自己的研究,政治话语装点在著述的字里行间,把学术降低为政治的附庸。不仅如此,意识形态的多变迫使学者不断跟风趋时,学术成果成为折射政治风云变幻的镜子。趋时的代价便是不断地过时。当 20 世纪 80 年代初开始进入相对的学术自主时代后,学者们抚今思昔,不免有往事不堪回首之感。冯友兰的《三松堂自序》、周一良的《毕竟是书生》等回忆录中表现的一些酸楚心态不过是其中的显著者。对于许多人来说,过去的经历已经成为一段无法驱除的梦魇,回忆或再现它们仿佛是揭开刚刚愈合的伤口,带来的乃是主人公或者他们的家人的痛苦。年谱类作品,如要长编,必然追求翔实,避免遗漏。如果人为地"报喜不报忧",又难免欺世盗名之讥。于是就只能避之唯恐不及了。

忌讳不仅来自学术界自身,实际上,对于 1949 年后三十年学术史的研究也存在着一些政治性的约束。某些问题还是不能触及的禁区,尽管现在的趋势是越来越宽松。政治因素之外,所谓为尊者讳的顾忌也使得学术史的研究畏首畏尾。胡适在分析中国的传记文学何以不发达的原因时就提出忌讳太多的因素,他举出曾国藩的例子,"他死了以后,他的学生们替他写了一个传记,并没有把曾国藩这个人写成活的人物。……什么缘故呢?因为有了忌讳。中国的传记文学,因为有了忌讳,就有许多话不敢说,许多材料不敢用,不敢赤裸裸的写一个人,写一个伟大人物,写一个值得做传记的人物。"① 当代学术史研究的"当代"意味着研究者与研究对象之间的近距离,即便是史料的编辑和出版,也比对于近代以及古代学术史料的编辑和出版有更多的禁忌或禁区。

最后,学术制度上的一些缺陷也会妨碍学术史料的建设。史料的搜集与整理通常不被视为具有原创性的学术研究,同时又耗时费力,在许多人看来不如自己写一些论文或者呈现出论文外观的作品发表,以便为评职称、获取福利以及申请有关课题增添筹码。因此,如何改革我们的学术评价制度以鼓励更多的人们去从事这样的工作也就成

① 胡颂平编:《胡适之先生年谱长编初稿》,(台北)联经出版社 1984 年版,第 2329—2330 页。

为推进学术史研究者必须致力实现的一个目标。

　　总之，做学术史研究，一个最基本的工作便是史料建设。所谓兵马未动，粮草先行，没有全面丰富的史料，仅仅是凭感觉发议论，文章再多，也不过是空中楼阁而已。

学术史与思想史关系的讨论及其反思

刘曙光

在中国,西学东渐之前,文史不分家,做学问也不重分类,一个学者治学可能涉及诸多领域。如梁启超自言于文史两样都有兴趣,而胡适在中国哲学史和文学史上都留下了厚重的一笔。这种传统影响至今,很多学者涉猎仍然很广泛,如季羡林、李锦全等一些老一辈的学者,他们都谦称自己为"杂家"。

正因为如此,新中国成立后的相当长一段时期内,学术界总是将思想史与哲学史混同起来研究,于是有 20 世纪 80 年代《哲学研究》发起的思想史与哲学史关系的讨论。① 近十多年来,思想史与文学史、学术史又纠缠在一起,于是,近些年来关于思想史与文学史、学术史关系的讨论便此起彼伏。② 针对这种情况,有的学者指出:"什么是哲学、思想、学术? 什么是中国哲学史、思想史、学术史? 若连此都模糊不清,则研究对象、范围何以明? 研究对象、范围尚不明确,又何以进行研究或诠释?"③

问题是否果真有这样严重? 应该如何看待这种讨论? 我个人认为,如能从根本上厘清学术史与思想史的关系,当然更好;但即使因为相互关系复杂,一时难以明晰,我们不妨暂时搁置这些问题,它不会过多地影响我们进行学术史和思想史的研究。本文想对学术史与思想史关系的讨论做一简单概括和反思。

一、"学术史"与"思想史"的关系

清及其以前没有学术史与思想史的分科,学者们当然更不会将学术史与思想史严加区分。梁启超和钱穆分别著《中国近三百年学术史》,虽然都是冠以"学术史",但实际上是熔思想与学术于一炉的,在现代学人看来,他们的论著恐怕更多的还是要归于思

---

① 1983 年第 10 期《哲学研究》开辟了"关于中国哲学史与思想史关系"专栏,发表了汤一介、张岂之和周继旨三人的文章。1984 年又发表了刘蔚华和李锦全等人的文章。

② 这一讨论可以说持续了十多年,很多学者以论文的形式介入其中。如就文学史与思想史的关系,温儒敏在 2001 年 10 月 31 日《中华读书报》发表《思想史能否取代文学史》一文,《天津社会科学》2006 年第 1 期发表了张宝明的《问题意识:在思想史与文学史的交叉点上》,以及张光芒的《思想史是文学史的风骨》。就思想史与学术史的关系,张立文、张岂之、葛兆光、罗志田等人也都发表文章阐述自己的观点。

③ 张立文:《中国学术的界说、演替和创新——兼论中国学术史与思想史、哲学史的分殊》,《中国人民大学学报》2004 年第 1 期。

想史一类。

1. 学术与思想、学术史与思想史

对于什么是"学术"和"学术史",什么是"思想"和"思想史",各种界定可以说是五花八门,有的界定是从不同层面来揭示这些概念内涵的,但有些界定则是相互矛盾或相互对立的。

在对这些概念的诸多界定中,比较有学理性的当推张立文先生的定义。他认为,学术在传统意义上是指学说和方法,在现代意义上一般是指人文社会科学领域内诸多知识系统和方法系统,以及自然科学领域中科学学说和方法论。[①] 中国学术史直面已有(已存在)的哲学家、思想家、学问家、科学家、宗教家、文学家、史学家、经济学家等的学说和方法系统,并借其文本和成果,通过考镜源流、分源别派,历史地呈现其学术延续的血脉和趋势。这便是中国学术史。各个时期具有学术创新性的学问家、经学家、思想家、哲学家、科学家、宗教家、文学家、史学家等的学术宗旨,治学思路、方法、范围、成就,学术源流、派别,各个时期有代表性的专门学术、学术事件、活动的记录,会聚成各个时期的学术思潮及其演变的总和,构成学术史研究的对象。思想是指人对于宇宙(可能世界)、社会(生存世界)、人生(意义世界)的事件、生活、行为所思所想的描述和解释体系。中国思想史就是指人对于宇宙、社会、人生的事件、生活、行为的所思所想,以描述和解释的形式历史地呈现出来的历程。[②]

中国思想史的研究对象到底是什么? 有的学者把近80年对这一问题的讨论概括为四大派别:(1)从蔡尚思(主张中国思想史是中国社会科学史,将社会的思想确定为思想史的研究对象)、侯外庐(认定思想史是哲学思想、逻辑思想和社会思想的一体化)到张岂之(认为"思想史就是理论化的人类社会思想意识的发展史"),是思想史研究的"社会史"学派;(2)从胡适到冯友兰、钱穆、张岱年以及海外"新儒家",是思想史的"哲学史"派;(3)以葛兆光为代表,认为思想史是"一般知识、思想与信仰世界的历史",可称为"一般态思想史"派;(4)以匡亚明为代表,认为中国思想史是研究中国人思想观念及其存在结构演变过程的学科,它的研究以分布在给各学科领域中那些促进健全人格的形成,乃至推动社会发展的学术因子作为自己的对象,可以名之曰"多学科的综合研究派"。[③]

其实,中国思想史的研究对象恐怕远不是这四种概括所能涵盖的。随着讨论的深入,还会有更多不同的观点。但是,不管有多少种,我认为,多种总比一种好。不管是思想史还是学术史,不同的学者可以从不同的层面去书写,彼此可以相互借鉴,相互补充。

① 现在我们的学术史研究还没有把人文社会科学和自然科学融合起来。自然科学的学术史就是我们通常所讲的科学技术史。或许,有一天我们会把这两者统一起来。

② 张立文:《中国学术的界说、演替和创新——兼论中国学术史与思想史、哲学史的分殊》,《中国人民大学学报》2004年第1期。

③ 详见蒋广学:《"中国思想史"研究对象讨论之评议》,《江海学刊》2003年第2期。

2. 学术史与思想史的联系

学术与思想、学术史与思想史是双向互动的。学术史如果不融入思想史的观照,易于板结和黏滞;思想史如果不与学术史沟通,易于琐碎和浅薄。所以,有的学者强调二者的"沟通",并试图写出"与学术史沟通"了的"思想史",或者是"与思想史沟通"了的"学术史"。

(1)相互依存、相互交织

学术史与思想史确实关系密切,它们相互渗透,不能把两者绝对割裂开来。无论是学术史家书写过去的学术,还是思想史家记述过去的思想,都应该将对象放在当时的时代背景和学术氛围之中,多角度、多层面加以思考。它们互为背景,互相诠释。葛兆光在强调学术与思想有一定分别,特别是学术史与思想史有不同分野的同时,指出"必须说明我并不相信离开知识性的学术、思想可以独立存在,也不相信没有思想,而学术可以确立知识的秩序"。① 陈平原指出:"无论是追溯学科之形成,分析理论框架之建构,还是分析具体的名家名著、学派体系,都无法脱离其所处时代的思想文化潮流。在这个意义上,学术史与思想史、文化史确实颇多牵连。不只是外部环境的共同制约,更有内在理路的相互交织。想象学术史研究可以关起门来,'就学问谈学问',既不现实,也不可取。"②

(2)相互转化、相互为用

学术与思想、学术史与思想史的双向互动,突出地表现为它们之间的相互转化、相互为用。社会科学研究,我们不可能是为学术而学术,学术可以通过创造性的解释成为思想。学术家对于经典的研究与注释,是给思想家留下了思想资源,这种资源本身是一些真实的、客观的知识。思想家可以重新解释传统思想世界的资源,这时,人文知识转化为意识形态,学术介入了思想。③

(3)研究方法的相似性

学术史与思想史有大致相同的研究方法。如以问题为中心,个案研究,重读经典,等等。

思想史的研究可以采用思想家评传的方式,而与此相类似的学案体则是学术史的重要方法。

特别是以问题为中心的研究方法,有的论者指出,这是思想史与学术史的交叉点。张光芒指出:"思想史与文学史仅仅在学科边界这个意义上分属两个范畴,从问题探讨的角度着眼,方法本无禁区,思想本无边界,二者之间的关系必然存在着复杂的彼此包容的关系,有时甚至就是合而为一的问题。"④

---

① 葛兆光:《知识史与思想史——思想史的写法之二》,《读书》1998 年第 2 期。
② 转引自余三定:《学术史:"研究之研究"》,《北京大学学报》2005 年第 5 期。
③ 葛兆光:《十八世纪的学术与思想》,《读书》1996 年第 6 期。
④ 张光芒:《思想史是文学史的风骨》,《天津社会科学》2006 年第 1 期。

3. 学术史与思想史的区别

学术有别于思想,学者不同于思想家。在各种不同的讨论中,大家有一点是一致的,即认为不同的学科有不同的研究对象和研究方法,不能把学术史和思想史等同起来。现在,有的学者在按现代人的观念撰写中国思想通史时,就在清理思想史本身的编纂体例和对象的同时,梳理思想史与哲学史、文学史、学术史的异同。

(1)编纂体例与对象不同

思想史与学术史有不同的思维路径和不同的观测点。蔡尚思撰写《中国思想史研究法》,就是探讨思想史独特的编纂体例和对象。李锦全在《对中国思想史哲学史几个问题的思考》中提出,第一,思想史应该关注民众思想在思想史上的地位和价值。第二,关注精英实干家思想在思想史中的位置和作用。他提出:"能否如葛兆光所言,仅仅由思想精英和经典文本构成的思想似乎未必一定有一个非常清晰的延续的必然脉络,倒是那些实际存在于普遍生活中的知识与思想却在缓缓地接续和演进着,让人看清它的理路。"封建社会中起义农民对平均平等的祈求,连续不断地演进着一条思想理路,它应该在思想史的视野中。思想史也不应该停留在纯思想范围内,而应当包括对各行各业的杰出人物的思想和业绩作出综合评述。第三,思想史对历史上的文学作品、史学著述、政论文章中的思想史内容,也应予以关注。

温儒敏也指出,文学史家若要跨进思想史研究领域,恐怕就不能只是维持文学史的眼光和方法。因为不同学科各有不尽相同的"游戏规则"。

(2)学术家与思想家在阅读经典时有着不同的立场

古代经学的解读有两种方法或曰两种立场:一种是"我注六经",这种方法追寻知识的正确,尽量避免主观,注重历史性,使阅读者在他的著作中知道经典,它侧重于训诂考证、章句解梳,以汉学为代表;另一种是"六经注我",它强调体验和感悟,侧重于义理阐发,借古人经典寄托自己的观点,并常常超出经典文本的范围,这种立场往往带有主观性,以宋学为代表。①

这两种不同的解读方法可以说是学术史与思想史的重大区别之一。著学术史必须要忠实撰写各家真相,必须求真务实,不可主观臆测,不可伪造,不可任意演义或解说。这里所说的大抵是第一种方法或立场。葛兆光也把上述两种立场或方法作为思想家和学术家的区别所在,学术家和思想家虽然都强调对经典的阅读和把握,但在处理经典时他们的立场是不同的。"我注六经"是学术家的立场,"六经注我"是思想家的立场。

上述两种方法或立场看似讲学术史和思想史的区别,但实际上也是讲联系的,因为"两者各具功能,各有建树,不应该有高下之分",因为不管是学术家还是思想家,他们在阅读经典的时候,不可能是纯粹站在哪一种立场上,而是两种立场兼有的,这刚好是

①　参见胡小罕:《隶书写我——鲍贤伦先生的书法思想》,《书法》2006年第4期;以及葛兆光:《十八世纪的学术与思想》,《读书》1996年第6期。

学术与思想、学术史与思想史的双向互动。余三定先生在谈学术史的研究方法"重读经典"时也说："这个'重'字显然是指研究者的新的时代眼光。整体地看，就是做学术史研究者，深入地研读'经典'，并且要用新的时代眼光去'重读''经典'。"①我注六经，六经注我，"既合于古，又适乎今"。有多少个观众，就有多少个哈姆雷特；一切历史都是当代史②，说的就是这个意思。张立文教授认为，学术创新就是通过对历史学术文本的智慧阅读，尤其是对元典文本的创造性诠释及其诠释方法的推陈出新而获得的。如《四书章句集注》就是朱熹借注解《四书》来阐述自己理学思想的专著。

（3）与意识形态的关系不同

学术是指有系统的、较专门的学问。思想则是客观存在反映在人的意识中经过思维活动而产生的结果。思想的内容为社会制度的性质和人们的物质生活条件所决定，在阶级社会中，思想具有明显的阶级性。③ 也就是说，思想具有意识形态性，而学术与科学性联系更为紧密，与意识形态的关系相对要远一些。

"思想淡出，学术凸显"的口号，是以思想与学术可以相对分离为前提的。但是，正如有的学者所指出的，社会科学领域的理论总是与一定的思想问题相联系的，社会科学作为对社会的认识，研究者本身就处在一定的社会关系之中，因此，研究者对一定社会问题的认识，甚至是那些远离社会存在的意识形式，也与人们的立场以及相关的利益关系的联系和理解有这样或那样的联系。④ 社会科学研究对象的特殊性（以社会政治经济文化问题为对象），决定了其研究结论直接或间接地与思想立场有关。因此，社会科学（语言学和逻辑学除外）都具有某种价值"偏好"（意识形态性），而不可能是"价值中立"，也就是说，社会科学的学术性（科学性）与思想性（意识形态性）有某种内在的同一性，任何一种学术理论总有一定的价值归属性（利益归属性）。如程朱理学成为中国封建社会占统治地位的官方哲学，在很大程度上在于其"齐家、治国、平天下"的实质，在于它所宣扬的三纲五常宗法制度"有补于治道"。这也是思想史研究与学术史（包括与哲学史、文学史）研究总是混杂在一起的极为重要的原因。

---

① 余三定：《学术史："研究之研究"》，《北京大学学报》2005 年第 5 期。

② 赵家祥先生在评析"一切历史都是当代史"这个命题时指出，它包含以下几层意思：（1）研究历史是一种现实的思想活动；（2）研究过去的历史是由现实的兴趣引起的；（3）过去的历史是依照现实的兴趣来思考和理解的。"一切历史都是当代史"说明：（1）历史不是纯粹客观的知识，人们对它的理解往往因历史时代、文化背景、阶级立场和历史观的不同而不同；（2）历史不是一经写就就成为一种僵死不变的教条，人们对历史的认识是一个不断深化、不断发展并修正错误的过程；（3）历史研究是具有现实意义的活动，它与现实生活及其需要密切相关；（4）历史研究是一个精神的不断创新的过程。（赵家祥：《历史过程的时空结构与时间向度》，《北京大学学报》2005 年第 5 期）这些论述不仅说明了学术与思想、学术史与思想史的双向互动，而且也说明了阅读或解读经典文本时，研究者采取的不可能是单纯的一种方法或立场，因为研究者不可能完全是"为了学术而学术"（不可能脱离现实）。

③ 《现代汉语词典》，商务印书馆 1996 年版，第 1429、1194 页。

④ 王贵明：《论马克思主义哲学研究的思想理论环境的合法性》，《马克思主义研究》2006 年第 4 期。

二、现阶段我们如何研究学术史和思想史

从学科发展的一般规律来看,任何一门学科都有一个孕育、形成、发展和成熟的过程,也就是说,任何一门学科的产生都要经过一个较长时间的积累过程,这一由量的积累到质的飞跃的过程大体要经过三个阶段。首先出现的是关于某一学科对象的零散知识,这些知识往往同其他多门学科知识混杂在一起,而且是真假共存,鱼目混珠;其次出现的是具有一定系统性的知识体系,即关于某一学科对象的理论;最后,当某一学科对象的真实的、完整的理论体系出现的时候,这门学科也就诞生了。

就思想史、学术史作为各自相对独立的一门学科来看,现在它们都还处在第一阶段。正如有的论者所指出的,在思想史研究领域,长期以来,既没有严格的思想史研究的科学体系,更缺少一支训练有素的研究队伍。实际上,许多思想史上的问题探讨是由文史哲诸领域的部分研究者在有意无意地承担着。① 在学术史研究领域中,很多的学者,对"学术史"的概念都是比较模糊的,他们不去深究"学术史"的含义,也很少去考虑它与思想史的分野问题,他们所研究的往往不是总体的学术或某一具体学科之研究发展演化的历史,亦即不是严格意义上的"学术的历史"。②

我认为,现阶段出现这种现象是非常正常的,这种学术史,在我们的后来者看来,可能就像我们看待梁启超和钱穆的"学术史"著作一样,既是学术史又不是严格意义上的学术史,既是思想史又不是严格意义上的思想史。

究其原因,其一,与中国做学问的传统(文史不分家)有关;其二,与思想与学术关系密切(以至我在讲它们的联系的时候不得不讲它们的区别,在讲它们的区别的时候又不得不讲它们的联系)有关;其三,还因为学术史、思想史各自作为一门学科自身积累还比较薄弱。

既然思想史、学术史还处于学科创立的第一阶段,我们也就没有必要,也不大可能去严格划定"学术史"和"思想史"的界限。现阶段的学术史研究,我们不妨来个折中,不妨突破学科壁垒,不妨来个"不管白猫、黑猫,抓住老鼠就是好猫",不管它是属于思想史还是学术史,我们以问题为中心来加以研究,最终达到弄清问题的目的就行。

分科治学,毕竟是"西学东渐"的产物,是中国近代才有的事情。它的目的是为了研究的方便,是为了突出研究方法和研究对象的不同。自然科学与社会科学的划分是如此,自然科学和社会科学内部更细致的分工也是如此。

中国自古以来文史不分,因为它们不仅内容上彼此相关,而且研究范围和研究方法有很大的相似之处,彼此之间,并没有不可逾越的鸿沟。而且,学科划分过细所带来的

---

① 张光芒:《思想史是文学史的风骨》,《天津社会科学》2006年第1期。
② 罗志田:《探索学术与思想之间的历史》,《四川大学学报》2002年第3期。

弊端也越来越引起人们的重视，人们开始呼吁科际整合。如北京大学招收"国学研究"方向的博士，导师就由哲学系、历史系和中文系的教授共同担任。

　　人类的思维进程既有由分析到综合，由具体到抽象；也可以由综合到分析，由抽象到具体。分科治学有其好处，也有其弊端；治学不分科有其弊端，但也有其好处。我们不妨把这两者结合起来，既不抹杀各学科的相对独立性，也不过分强调各学科森严的界限。这样更有利于研究者开阔视野，减少片面性。一个学者作研究，不必局限于某一学科、某一领域，他完全可以根据自己的兴趣、爱好，在多个学科、多个领域有所建树，达到人的较为全面的发展。

当代学术史的比较视野浅议

郭世佑

历史哲学提醒我们,人类不能准确地了解当下的时代。甚至还有先哲说,人类不能准确地认识自己,除非人类能跳出人间来观察自身。唯其如此,在具有"世界之脐"之称的古希腊奥姆法洛斯(Omphalos)的遗址上,在古希腊的宗教中心与希腊统一之象征的德尔菲神庙里,那句平淡无奇的铭文"认识你自己"才具有高出一般神谕的价值而流传至今。

尽管如此,人类还得不断地了解当下的时代与人类自身,即便是对刚刚逝去的历史进程,也需要随时回味与总结,以便支撑今天的脚步,延伸明日的何去何从。这是因为,历史与现实之间,毕竟是一条剪不断的因果链,昨日之果,便是今日之因。不管昨日之你我与今日之你我之间隐藏着多少隐私或阵痛,也不管甫逝的死人与活人之间还牵连着多少不便言说的利害关系,回避过去与背叛过去一样,都将自缚于历史的迷宫,人为地增加人类自身的演化成本或发展成本。当然,在认知昨日之你我与当下之你我时,总会更多地存在认知主体的主观局限,需要对这种局限保持高度的自觉,尽可能不为情感与利益所左右,并在"还本来面目"之类豪语面前多留一点余地。否则,豪语再多,终究无济于事。研究云云,更是无从谈起。对于当代学术史,亦不妨作如是观。

就当代学术史而言,也许既要关注已经发表的文本结果,更要关注文本发表的过程。在学术史研究中,对象化的历史过程往往比对象化的历史结果更复杂、更生动,甚至更重要、更值得研究。为数更多的情况是,在大陆作者中,许多专著或论文往往由于非学术因素的干扰,未经作者同意,就莫名其妙地被删减,或者被修改,或者干脆被枪毙,只能养在深闺。这样的删减、修改、枪毙不仅存诸我国所有人文学科与社会科学(即"文科"),还波及本来就没有什么"阶级性"的自然科学与技术学科领域(即"理工科")。而且越是把求真求是当真的作者,就越容易获得被删减、修改乃至枪毙的机会。学术史研究者要想弄清近半个世纪以来文本作者所要表达的真实意图,梳理那些流变不居的主流话语与非主流话语之间的互动关系,就需要尽可能地从收集与阅读原稿入手,弄清哪些是作者原稿所有而发表文本所删、所改(包括作者奉编辑部之命自己动手删改),原稿没有而发表文本所加的,原稿与发表文本之间究竟有哪些细微差别或实质性差别,以及为什么会有这些差别。在一种普遍现象的背后,肯定还有大量丰富、生动的个案,包括那些数年一变或一年一变的话语表达。当代学术史的曲折与繁荣都和它

有关。倘若依此找去，其收获也许就不是文本主义者可以望其项背的了，孟轲所倡导的
"知人论世"也就不在话下。

我由此想到两个问题。一是我们可能还低估了政治因素对当代学术史的影响，不
管这种影响是正面的，还是负面的。尽管政治运动已经过去了，但政治因素无时不在困
扰着我们。政治与学术的关系尽管在某些特定的背景下会显得非常清楚，但我们的政
治无时不在影响学术的走向与具体的表达，它的力量甚至超出了韦伯的想象力。长期
以来，由于种种原因，我们的学术表达好像就是一门很讲技巧的工艺，学者就像工匠。
正因为这样，也许需要先从事实评判的层面入手，去清理学术史研究对象中普遍存在的
文本差异。二是如果当代学术史能借助于比较研究的视野，比较一下 20 世纪 50 年代
前的民国时期和 50 年代后的中华人民共和国时期，对照这两个紧挨着的历史时段的学
术史，也许我们的研究视野就要宽阔很多。

比较研究是人们常见的一种研究方法，几乎无处不在，不管那些琳琅满目的论著标
题是否使用了"比较研究"之类的标签。对于当代学术史研究，比较视野尤其必不可
少，当代学术史的曲折与繁荣毕竟都不是凭空发生的。对于中国大陆近 50 年来的学术
历程及其成就，如果与西方学界的比较会存在范围过宽、资料收集不易的困难，那么，了
解共时性的台湾学术状况与历时性的民国学术状况就要容易得多，后者不失为行之有
效的学术参照。否则，只见树木不见森林似的自讨自论与自表自决就在所难免。

我在落户北京的政法大学之前，曾在原单位浙江大学查阅过浙大在 20 世纪 40 年
代创刊的一本月刊杂志，叫《思想与时代》，感慨良多。该刊创刊于 1941 年 8 月，正当
抗日战争非常艰难的时期，浙大师生在校长竺可桢的率领下，从省城杭州一路西迁，跋
山涉水，在贵州遵义的湄潭落脚，在山洞内外赓续其教书育人的活动。正是在这样的环
境下，历史学教授张荫麟、地理学教授张其昀等一批志同道合的教师在校长的大力支持
下，创办了月刊杂志《思想与时代》，营造出浙大师生的精神家园。该刊为大 16 开，篇
幅在 50 页左右，每期发表文章 6—8 篇。如果按照现在的标准，它可能还不能算作"学
术刊物"，因为作者的引文不需要注释，该刊也不登注释，"本刊文字大都为通论，不载
考据纂辑之作"，"但穷理力求精密，立论务期徵信，以要言不烦深入浅出者为尚"。①
倘若细读该刊，作者立论之严谨，刊物学术旨趣之浓，品位之高，价值之显，恐怕超过了
当今许多带注的学术刊物。

我对第一期与第二期的内容作过详细的考察，也翻阅过后面的 40 期，至少可以感
觉到有三个特点：

一是选题范围很广。尽管倾向于以思想性为主，但有深厚的学术积累，没有什么汤
汤水水。它虽然也刊登几篇类似于我们今天的时评性的文章，但还是注重理论的层面，

---

① 《思想与时代》第 1—14 期刊首，"征稿启事"，1941 年 8 月至 1942 年 9 月。

注重"建国时期主义与国策之理论研究"①,内容很扎实,不是泛泛之谈。

二是有比较稳定的作者群,而且还是高手,其中包括主攻史学的张荫麟、钱穆、缪钺、周一良;主攻地理学的张其昀、谭其骧;主攻哲学的冯友兰、谢幼伟、贺麟、熊十力;还有美学家朱光潜、心理学家陈立、经济学家张培刚、法学家韩培德、政治学家费巩、艺术家丰子恺;等等。其作者阵营,何等壮观!连擅长气象学的浙大校长竺可桢也不示弱,他的《科学之方法与精神》、《科学与社会》等篇章,都是一个个出类拔萃的自然科学家兼擅人文与社会科学的力作,至今还能给我们多方面的启示。不仅刊物作者来自人文学科与社会科学各路,而且许多作者自身的涉及面广,视野开阔,既有历史与现实互相关照,也有丰富的学术内容。例如,哲学教授谢幼伟在史家出身的《思想与时代》之创始者张荫麟病逝不久所撰《张荫麟先生之哲学》一文就开宗明义地指出:"张荫麟先生之死,不独为中国史学界之一损失,亦中国哲学界之一损失。张君之于哲学,功力甚深,识解亦超人一等,虽专门治哲学者与之谈,亦不能不佩服之。"②如果对照冯友兰、熊十力的文章与感受,可知谢言之不虚。

三是整体质量高,不仅第一期、第二期是如此,其他各期仍然是这样。刊物主办者既认真对待来稿,也精心组织约稿,确保刊物质量。他们中的许多人当时就在 30—40岁,正当人生学术创造力最旺盛的黄金时段。数年之后,政事剧变,他们无论是迁移台湾,还是留驻大陆,都成为海峡两岸各相关学科举足轻重的脊梁,这大概可以成为不争的共识。

如果由此考量我们大陆 50 多年来的学术发展,究竟是在什么基础上发展的,又是怎样遭到破坏的,然后又是怎样重建的,就不能低估历次政治运动包括意识形态方面对我们的强势影响,中华学术好事多磨。

借助于《思想与时代》的风采,我们还不难感悟,人生最好的创造力就是 30—40 岁这个年龄段。我们要关心中青年学者的生活与生存状态,加大呼吁力度。我国高校目前的评价体系虽然与学术刊物的评价体系有关,但还是有别的,一些中青年学者仍然面临着生存危机,甚至面临着下岗。另外,如果浙江大学不是在 1952 年被强行一分为四,而且还把一批人文社会科学学者与科学家撤离西子湖畔,流失到中国科学院与复旦,如果不是强行拆散那些知名的学者,我看现在就不需要去喊口号,浙大早就是世界一流大学了。英国科学家李约瑟早在 20 世纪 40 年代就把浙大誉为东方剑桥,他就是在贵州的山洞里发现浙大的。

至于学术规范,近 20 年来,与其说我们是受益于欧、美地区学术影响,还不如说是受我国港、台地区学术的影响更大。而我国港、台学术的传承,特别是台湾地区,还是20 世纪 30—40 年代留下来的,当时,一批留学归来的学子就结合中西学术传统,基本

---

① 《思想与时代》第 1—14 期刊首,"征稿启事",1941 年 8 月至 1942 年 9 月。

② 谢幼伟:《张荫麟先生之哲学》,《思想与时代》第 18 期(1943 年 1 月 1 日出版),第 12 页。

完成了近代学术规范的转型。例如，如果是专业性的学术论文或学术著作，他们一般都能自觉地认真地对待引文作注，有的还非常规范。史家张荫麟与蒋廷黻就是如此，只要不是通俗性的读物，如果属于专业论著，哪怕是和谁谈话，都有注释的交代，自觉地对待知识产权问题。那既是权利意识的唤醒，更是对"天下之公器"的自觉尊重，他们不需要像我们今天这样，还要花大力气讨论学术规范问题。通于古史与近史的张荫麟在《清华学报》第10卷第1期发表的论文《甲午中国海军战迹考》，为中、英文资料用注就多达64条，对绝大多数引文或资料出处也有页码标识。工于近代史的蒋廷黻在《清华学报》第6卷第3期发表《琦善与鸦片战争》一文时，全文用注达50条，中、英文资料互相参引，所注书刊资料多有版本交代，还有页码标明，尤其是撰述过程中的谈话资源，在注释中也有详细的交代。①

所以，我们谈学术传承，不仅要注意到欧美的影响，还要认真考量1949年以前学术的影响和当代港、台学术的影响，要重新盘清我们的学术家底。人文学科中的很多问题，我们还不能说已完全超越了前人的智慧，至于社会科学，我看更是如此。谈自由，我们能在多大程度上超过严复？谈国情与民主，我们能绕过梁启超吗？至于宪政话语，我们又能在多大程度上轻视张君劢呢？甚至现在流行的知识社会学，连某些关于知识社会学的宣传者与研究者都以为是近10多年才从西方引进来的，但我的一个学生就发现，在此之前，就在20世纪的30年代，张东荪就出版了两本关于知识社会学的专著。我相信这个学生的判断是对的，我们不要低估那个时代的学界对西学介绍的广度与深度，包括那时的翻译质量与水准。

总之，借助于比较研究的视野，走近前贤，我们可能会受益很多，还能变得更加谨慎起来，备添对学术的敬畏之心。

---

① 参见郭世佑为杨玉圣、张保生主编的《学术规范导论》中篇撰写的第4章"中国史"、"学术规范导论"，高等教育出版社2004年版，第132页。

学术史:对学科发展的反思和总结

蒋　寅

对学术史的了解原是学者进入研究前必要的修养和训练。通过研读前辈学者的著作,了解他们的业绩,掌握现有研究提出问题、解决问题的方式及成果达到的深度,这是每个学者必须具备的专业基础。从前贤的治学经验看,研读前辈大师的著作,从中揣摩治学门径、积累知识,都是青年初学时必不可少的工夫。在这个意义上说,学术史是我们入门进学的台阶。

20世纪90年代以来,学界鉴于学术传统的失落和学术的失范,悄然兴起一股研读大师、研讨学术史、寻找学术规范的风气,这本来是好事,但不幸的是,许多人误将粗浅的阅读当做了研究,甚而至于自以为具备了与大师对话的资格,致使一场补课运动演变成学术史写作的热潮,一大批肤浅、幼稚的议论印成铅字,结果只说明一个问题,那就是当代学者学术史修养、学术判断力和学术境界的低下。

浏览古典文学界近年出版的各种学术史,我觉得都存在这样一些问题:(1)对新中国成立以后的学术史关注较多,对民国年间的成果注意不够;(2)只知道国内的学术史,不了解或回避海外的研究成果;(3)对有争论的问题注意较多,对扎实积累的成果注意较少;(4)对作者师友的论著评述多,对其他学者的论著评述少;(5)列举成果,转述内容多,准确判断其学术价值少。因为不熟悉民国间的学术积累和海外的成果,不知道国际汉学对国内的影响,就不能纵向评价学术的发展和进步,也不能横向比较国内外有关研究的水平,以致学术史不能在广阔的学术视野里审视当代学术的发展,准确地判断学术的独创性。再加上编纂者的门户之见,更在很大程度上影响了学术判断的公正,致使真正有独创性、有建设性的成果常不能得到应有的重视和评价,而一些无关痛痒的问题和似是而非的结论却充斥在学术史的叙述中。浏览一部部学术史,虽堆积着许多人名和书名,但当代学术史是如何建构起来的,仍然不清楚。

作为研究对象的学术史,是学者对学科发展所作的反思和总结。这项工作的目的,是通过对既有成果加以淘汰和筛选,在知识积累的意义上肯定杰出学者及其成果的价值,在技术进步的高度上总结经验和教训,最终为学术发展指明方向。显然,这一工作对学者的学术素养和学术判断力的要求都是很高的,所以前辈治学术史的都是学富五车的大家,像黄宗羲、朱彝尊、梁启超、钱穆。在学术日益深化、学术领域的划分愈益细密的当代,不要说再难出现那样的通才,即使在一个有限的学术领域内,要具备贯通古今的专业知识也变得相当困难。在这种情况下,无论个人性的学术史研究,还是集体性的学术史著作撰写,都有必要确立一个基本的学术前提,那就是先审视学科或专业的知识构成,理清现有的知识是由哪些基本问题和重要认识构成的,也就是清理出支撑这门学问的关节点在哪里,这样我们就可以考究这些问题是由谁的什么论著提出和解决的,由此确认学科知识的基本框架是由哪些学者的贡献支撑的。在这个基础上,再考究这些知识是如何细化和完善的,就比较容易了。

这其实就是一个淘汰的过程。学术史的本质就是淘汰,通过淘汰肤浅、无用或重复的劳作,留下最有价值的知识。在知识生产混乱无序的当代中国,学术史的淘汰功能尤其显得重要,因为大量虚假的学术泡沫正在无情地覆盖和湮没少数有价值的研究。在这个意义上,学术史研究在今天也可以说是很迫切的任务,值得学术界共同关注。《云梦学刊》开辟"当代学术史研究"专栏,并接连召开专题研讨会,在学术界已产生影响。这次会议以当代学术史研究为主题,提出了更具体的目标,希望以此为契机,进一步激发学界对当代学术史的关注,并共同推动这一领域的研究。

问题史·学科史·学术史：
当代学术史研究进路的断想

曾　军

当"当代学术史"作为一个问题凸显出来时，其自身便包含着许多无法克服的难题。比如"学术史"问题，当我们视学术史为"辨章学术，考镜源流"时，它是学术、思想与文化的模糊指涉；而当我们视学术史为"研究之研究"时，它则更多地指单个的学科史、问题史的梳理。那么，我们对"学术史"的研究如何才能在这种"总体性的学术史"和"部门性的学科史"间保持应有的张力与平衡？这是一个问题。与此同时，在当代学术发展中，科际整合、学科互涉而带来的学科边界的模糊进一步加强了"学科史"研究的困难。正如朱丽·汤普森·克莱恩所说的，"传统的学科研究已经导致了对知识领域及相关学术团体误导性的简单化描述"，而"涵盖这种多样性和新的学科互涉领域的知识重组，凸显了当前边界跨越的程度"。① 这里面包含着一系列的新问题，如现代生活的复杂性，使得单靠某一学科来解决问题的时代一去不复返了，现代社会生活的高度组织化与紧密化使得任何一个问题的出现和解决都是牵一发而动全身的事情，这就需要大批的专家从各自所处的学科角度出发来参与到这些重大问题的解决中来；再如在现代学科体制之中，学科划分的标准往往强调明确的研究对象、相对应的研究方法以及由此为基础的有关这一学科的相对共识性的知识体系，但是，无论是对象还是方法，无论是体系还是问题，任一学科要寻求发展都必须在这些点上寻求新的突破，也就意味着对学科边界的突破。因此，在学科互涉的总体背景下，以往的"问题学科化"日益显得捉襟见肘，而"学科问题化"则开始显露出勃勃生机。"问题史"的凸显，使得"学科大联合"成为可能，从而改变了既有的学术发展格局。如此，我们的学术史研究该如何处理"问题史"与"学科史"的关系呢？这些麻烦的问题共同构成了研究者当下所处的"学术时代"。作为一名置身于"现代"的研究者，我们不可避免地面对基于现代学术分科而成的庞大的学术体系；而在"后现代"对学科边界的跨越风气浸染中，这种壁垒森严的学科意识又时不时地受到观念和实践上的挑战。因此，当"当代学术史"由一个"随想"发展成一个"学科"时，研究者首先面临的就是"当代学术史研究的进路"问题，即作为

---

① [美]朱丽·汤普森·克莱恩：《跨越边界：知识　学科　学科互涉》，姜智芹译，南京大学出版社2005年版，第4页。

一名"现代的",甚至是"后现代的"研究者,如何从事当代学术史的研究?

　　也许回到学术史的研究史,可以找到一条合适的进路。在中国"现代学术"建立之滥觞,"古代学术"成为整体性的研究对象是一件标志性的事件,而在"当代学术"的合法化进程中,"现代学术"成为独立的学术史研究对象也发挥了重要的作用。当梁启超撰写《中国近三百年学术史》以"世纪"取代"朝代",指出"晚明的二十多年,已经开清学的先河,民国的十来年,也可以算清学的结束和蜕化"①时,其学术立场、学术史观和研究方法等都已迈入了现代学术的门槛。当陈平原在《中国现代学术之建立——以章太炎、胡适之为中心》中以章太炎作为学术史研究"最佳的入口处",并以问题为中心,"选择清末民初三十年间的社会与文化,讨论学术转型期诸面相,揭示已实现或被压抑的各种可能性,为重新出发寻找动力乃至途径"②时,则已非常自觉地使自己成为"当代学术史"领域有力的实践者。而当陈平原指出"当代学术史"研究"可以直接介入当下的社会文化变革,影响当下的学术思潮"时③,这种学术的使命感与当代性更明显地体现出来。近年来,学科史方面的著述开始多了起来,仍以现当代文学为例,温儒敏主编的《中国现当代文学学科概要》即是在非常明确的"学科史"意识下展开的,在该著中,"挑选一些比较重要的文学史研究论著,考察其各自产生的时代背景,看诸多论者在不同的历史语境中是如何就现代文学发言的,他们用的是什么角度、理论和方法,对'现当代文学'这门学科的形成、发展有过什么影响"成为其叙述的主要内容。而且,该著还有一个切近的功利目的,在于指引初学者进入现当代文学研究的路径。认为,"面对业已形成的学科格局,我们很自然会寻找自己可能的适合的位置,明白自己可以做什么,什么问题的探寻可能是有意义的,也才能感受自己工作的价值"。④ 正因为如此,这一"概要"便成为中国现当代文学的入门课。

　　从这几个例子可以看出学术史研究的三个非常重要的特点:其一,是对"前代"学术史的密切关注。"现代学术"并非对"传统文化"的简单拒斥和另起炉灶,而是用新的视角重新进行审视;"当代学术史"也并非简单地研究"当代学术"的历史,而是立足于当代的"学术史研究"——通过对"古代学术史"的梳理,确立了"现代学术"的思路和框架;通过对"现代学术史"的辨析,则为"当代学术"找到发展的突破口。其二,是对"同时代"学术发展的推动。被梁启超誉为"中国之有'学术史'自此始也"⑤的黄宗羲的《明儒学案》尽管在体例上还只是古代史书框架的一种照搬,但其所关注的"学问之

　　① 梁启超:《中国近三百年学术史》,东方出版社 2004 年版,第 1 页。

　　② 陈平原:《中国现代学术之建立——以章太炎、胡适之为中心》,北京大学出版社 1998 年版,第 1—2 页。

　　③ 陈平原:《"当代学术"如何成"史"》,《云梦学刊》2005 年第 4 期。

　　④ 温儒敏主编:《中国现当代文学学科概要》,北京大学出版社 2004 年版,"导论",第 1 页。

　　⑤ 梁启超:《清代学术概论》,载朱维铮校注:《梁启超论清学史二种》,复旦大学出版社 1985 年版,第 14 页。

道,以个人自用得着者为真。凡倚门傍户、依样葫芦者,非流俗之士,则经生之业也。此编所列,有一偏之见,有相反之论。学者于其不同处,正宜着眼理会,所谓一本而万殊也。以水济水,岂是学问!"①则从一开始就承担起推动学术发展的己任。其三,是对"同时代"学术研究范式的确立。现代学术史研究确立了"学案体"、"世代"论以及"思潮"观,在一定意义上推动了现代学术"学科化"、"通史化"、"进化观"特点的强化;当代学术史研究目前所形成的"问题化"、"个案化"、"断代式"的特点则有意回避了现代学术的"宏大叙事",而这些又不能不说与这个时代的学术风气紧密相关。而且非常有意思的是,研究者对学术史研究兴趣的高涨正与这个学术时代面临重大转型的关头同步,似乎显现出学者正力图从学术史中汲取精神的动力和思想的源泉。由此可见,无论是总体性的学术史研究、部门性的学科史研究,还是针对性的问题史研究,学术史研究都具有管窥时代思潮、领略治学风格、寻觅研究门径、推动学术创新的功能。这正充分体现出了"学术史研究的当代性"。② 从这个意义上说,"当代学术史"研究完全应该成为各学科研究治学不可或缺的功课,成为解决任何学科内问题或跨学科问题的基础和前提。

从上述这几个经典例子中我们还可以看到,学术史的研究非常自然地区分为三种类型:对"问题史"的研究、对"学科史"的研究和对"学术史"的研究。不过,随着现代学术的转型,特别是受西方现代学科体制的规训,我们现在几乎不太可能拥有梁启超"席卷天下,包举宇内,囊括四海之意,并吞八荒之心"式的对总体性的学术史研究的雄心和能力了。学科专业的限制使得我们只能至多成为"专家",而不可能奢望成为"通才",作为学者个人的能力所及,也许只能抵达对于某一学科、某一问题的思考和解决,从而对总体性的学术发展产生细微的推动作用。这不是当代学人的悲哀,仅仅是面对现实而已。

如此,从事当代学术史研究的进路便逐渐浮现出来。既然我们身处在以现代学术分科为基础,同时又浸染着学科互涉边界跨越之风气的时代,既然身为一个研究者,不可避免地要首先从属于某一具体的学科,但思想的边界又偏偏不受制于这一学科所限制,那么,从部门性的学科史研究进入总体性学术史研究应该是一条切实可行而又便捷的进路,而这也是作为当代学人在"专业"领域内思考"学术"问题比较稳妥的一种选择。

围绕"问题史"、"学科史"和"学术史",这三者的关系正构成了我们进入当代学术史研究的进路。如从某一"学科内问题"入手而进入"学科史"的研究,再进而触及"当代学术史"的脉搏;或如从某一"学科史"研究开始而进入"跨学科问题"的探索,再进而领悟"当代学术史"的趋向;或如从对"当代学术史"发展的总体态势的鸟瞰中洞察"学

① 黄宗羲:《明儒学案·发凡》。
② 对这一问题的论述,可参见许明:《学术史研究的当代性》,《云梦学刊》2005年第4期。

科史"发展的轨迹和"问题史"研究的特点,从而更好地参与问题的解决和学科的建设。如此等等。虽说现代学术"隔行如隔山",但毕竟"条条大路通罗马"。来自不同学科、不同问题的学术史研究逐渐会聚可成总体性学术史的汪洋大海。这种当代学术史研究的进路在一定程度上可以化解前述所及的"学术史"研究难题。

中国当代学术史自身的问题意识

袁玉立

有意识地开展并推动中国当代学术史研究,是我国学术界的一件重要活动。这对于探寻当代中国学术界的有价值的"问题",有着深远的意义,对于推动学术进步,进而推动全社会的进步,更有着不寻常的意义。

但是,要建立并推动中国当代学术史研究这门学科,我们首先面临的是中国当代学术史自身的问题,即你凭什么去探寻(或许也能解决)中国当代学术活动中的"热点"、"脉络"或是有"价值"的"问题"。在这里,对象表现的"标靶"问题和主体要探寻(解决)的"手段"问题,虽有同一性,但是更有区别。我们的手段会具有或会发生什么样的问题,或者说什么才是当代学术史自身的问题?

1. 中国当代学术史研究要避免有"学术"而无"思想"的尴尬。这也导致我们强调的观点,中国当代学术史研究不能脱离,甚至要依赖于中国当代学术思想史的研究。显而易见,"学术"与"思想"是两个内涵与外延不尽相同,甚至有很大不同的概念,两者间似有"问学"与"德性"之间关系的意味,前人就有"尊德性而道问学"的说法;也有"学习"与"思考"之间关系的意思,因为,古人还有"学而不思则罔,思而不学则殆"的教导。在现代社会,"学术"多有科学、理性、纯学术、为学术而学术等意蕴,而"思想"更多具有人文思维精神、哲学思维、政治理性、问题意识这样一些价值观引导的内容。其实,在人类认识史上,学术与思想是不可分割的,没有纯粹的无学术的思想和无思想的学术,只是社会政治意识形态的干预,才有脱离学术的思想和远离思想的学术。但是人类认识史还证明,"政治是不能缺少学术思想的基础的"(王元化);反过来,学术则是可以具有相对独立的地位,而不一定非依附学术以外的目的不可,只是有鉴于现实政治愈来愈脱离学术,与学术相对立,并企图以"政治统率学术",当代中国学术界才强调和主张"有学术的思想和有思想的学术"(王元化)。① 同样,我们说中国当代学术史研究,其本身就应当是具有"思想"或具有"学术思想"的研究,而这种研究本身能否坚持学术的独立立场呢? 能否不依附学术以外的其他目的,特别是政治目的呢? 能否回答政治及其他一切,应该建立在我们这个时代的学术或学术思想的基础之上呢?

2. 中国当代学术史研究要避免有"问题"而无"规律"的尴尬。我们讲的"问题意

---

① 《王元化谈基督教家庭与清华学风》,转引自 www.white – collar. net/Wx – hsx/Other/001. htm。

识"的"问题",本意是指去发现学科、学人、学界存在的需要解决的矛盾及其深刻原因,包括自身的原因和外界的原因。而探寻矛盾及其原因,是必然能够寻找到其间的规律,并遵循规律去解决问题或矛盾的。但是,众所周知,在当代中国学术界,我们发现多少真问题呢,又在多少假问题上兜圈子呢,有多少问题仅仅只是现象形态的呢,而这些问题的解决又多少具有深刻性呢,凡此种种,不一而足。一句话,当代中国学界对学界问题的揭示和解决,较少有在其本质即规律上去下工夫,而较多地在现象层面造些人气,把功夫放在学术之外,而非学术之内。不久前,听见邓伟志先生议论学术界的问题,即学界的六大顽症,仅从问题的提出来看,已超出现象层面入木三分了:其一,不求学问,而求学位、官位、价位;其二,论文无论;其三,课题成生财之道;其四,评奖越评越僵;其五,考评变成索贿;其六,学校成了学店。① 虽然,这只是中国当代学术史的一个侧面即学风及其与作风、政风、党风的关系问题,但又何尝不影响中国当代学术研究的质量和水平呢? 这个问题在当代中国学术界,本质何在,原因何在,其解决的规律何在,我以为,首先,学术自身发展的规律没有被自觉地尊重。学术的本质及规律是人类对于客观真理性的探寻,是实事求是的活动,但是在历史上,特别是在当代学术史上总有一种倾向。往往有一些人,他们嘴里喊着实事求是,但总是把实事求是的活动变成实用主义的活动,让人弄不懂,他们是真的不知道,还是装作不知道。学术发展是必须首先要遵循学术积累、学术创新、学术自由、学术规范这些基本规律的。其次,意识形态建设的规律没有被准确地解读。所谓意识形态的规律,不光是讲观念形态的东西受物质条件的制约,受到国家制度的制约,还讲它对于政治理性的主动地支撑、对于物质文明、政治文明的积极的基础的作用。遗憾的是,那些大谈意识形态建设的人往往总是以一种倾向排斥、掩盖另一种倾向,总是轻视、无视学术对于政治的积极意义,总是觉得学术的发展只能在"政治领导"下才能得以发展,总以为在我们这个时代引领学术创新的不是学问家而是政治家。② 殊不知,按照马克思、恩格斯的理解,未来社会主义社会意识形态的规律,核心是讲剔除国家意识形态中那些"虚假的意识",而增加更为"民主"、"理性"、"真实"的内容,后者,正是学术进步所追求的目标。由此也说明,意识形态领域中最理性、最积极、最基础和最富有生命活力的恰恰是实事求是的学术活动。最后,公共品生产规律没有被全面遵循。学术生产活动被排斥在公共品生产之外的活动,这多半是人为的现象。当国人从教育产业化的危害中惊醒过来时,我们获得了教育,尤其是基础教育(首先是九年制义务教育)是国家公共品(有些是准公共品)的警示,教育发展的部分畸形和弱势群体教育权利的被剥夺是社会主义条件下公共品生产规律不被尊重带来的必然后果,它迟早会报复整个社会的。学术、学术研究是不是公共品呢? 这是不言而喻

---

① 参见《社会科学报》2006 年 6 月 1 日邓伟志文。
② 《中国青年报》2006 年 6 月 9 日所载谭雄伟的《引领科学创新的是科学家还是官员》一文对此作了很好的诠释。

的。"学术乃天下之公器",学术至少应被理解为国家(社会主义意味着国家意志和全体人民意志是统一的)之"公器",它是一个国家、一个民族的最高形态的公共品公共理性;一个理性的民族和国家,理应将学术的全部或部分纳入公共品范畴,以便国家、政府为学术创造物质支持和政策支持的条件。这是一个国家的学术事业为全社会所作贡献应得的回报。然而,令人遗憾的是,在与"教育产业化"大致同步,不少政策热衷于"学术市场化";并且"学术市场化"的危害及其后果迄今还没有被全社会特别是政府所认识与反省,不少官员还把"学术"作为"包袱"背着,而不是作为社会和谐发展的"增长点"!

3. 当代中国学术史研究还要避免有"学术(研究)"而无"政策(研究)"的尴尬。如前所述,在我国学术界,"学术"一词更多地具有"基础理论研究"的含义,而渐失"应用基础理性研究"的内涵。但在世界范围内,在人文社会科学领域,社会政策决定前的研究活动在广义上都被称为学术活动,而"应用基础理论研究"实际上包括了政策研究。这就告诉我们,学术研究逻辑地包含着政策研究。然而,在当代中国学术史研究中,我们将不得不面对学术研究脱离政策研究,政策决定主要不是来自于学术研究,而是来自于政治家的"智慧"的情形。例如,我们的学术研究和政策研究,在各级政府的机构设置、政府预算中总是"两张皮";政府机构、民间机构和企业对学术研究的成果没有评估、选择的职能与机制;学术机构不能试图对于政府决定施加影响;主管部门倾心于阅评、审查学术机构的研究成果、学术期刊的文章,主要意图是防治危害安全因素,而不是选择科学政策因子;在国外,当一种研究处于学术阶段,即未被政府采纳为政策之前,是可以有任何不同的声音去议论、评价的,而一旦形成政策,就产生纪律和法律效力,在一定的时效内赋予政策的稳定性和一致性。

我们把面对上述"问题"的"尴尬"称为中国当代学术史研究自身的问题意识,虽然这都根源于中国当代学术界的"事实"。但是,要解决这些"尴尬"的问题,我们仍然,至少部分地寄希望于有思想的当代中国学术史研究。

尊重学术发展规律，有序组织"知识生产"

许 明

　　当前学术研究所出现的大面积的重复生产、论文著作的泡沫化现象，已不能简单地归结为学术体制的毛病（学术体制不合理是原因之一），而应从更深的层面上去探寻。

　　学术论文和著作的发表，是一个思想运动过程的结果。这里，我借用马克思关于"艺术生产"的概念，把这个过程称为"知识生产"过程。

　　既然称之谓"生产"，那我们就可以先看一看当今学术成果普遍性的"生产状况"如何？我们先来看看众所周知的症状：

　　重复。重复意味着什么呢？意味着论题相类似，结论差不多。若在网络上搜索"先进文化"这一主题词，相关文章的篇目达116万篇之多。论题再小一点，如"林黛玉性格论"，相关网页30页，共150余篇。这还是今年的最新情况。如要搜索新时期25年来的此类专题，那论文何止千万篇！

　　枚举证明。许多论文犯有相同的毛病，使用枚举归纳法，而普遍缺少研究过程必须具有的逻辑证明过程。数年前笔者曾在文章中举过一个典型的例子：某核心期刊发表两篇长文，分别证明中国古典诗学精神是理性的和感性主义的，前者挑选杜甫等诗人来证明，后者挑选李白等诗人来证明。这种"科研"不过是一种主观臆断和例证堆砌。

　　主题先行。不少论文经过繁复的资料和写作过程，最终是为了证明一个来源于某种权威的主题。如按照现在的时髦话语从后现代语系中寻找一个立足点，等等。前些年流行"非本质"话题，于是论文就千篇一律地证明人文现象的"平面性"，还有证明"主体间性"，等等。

　　以上只是几个简单的例子。更不用说，在数量和考评指标的重压下，很多人用计算机等现代化手段裁剪资料、拼凑论文，以高产出炉欺世盗名的了！学界有良知的人一定有这样的同感："论文"和"著作"看得越多，良心受到的折磨越厉害——如此众多粗制滥造的"产品"，连最高学府也不能幸免。是到了应该冷静反思的时候了！

　　在我的案头有一本著名哲学家金岳霖写的《知识论》一书。该书完成于20世纪40年代，1983年重印。相信中国学人没有几个读过，遑论读完它了。但是，它恰恰是非读不可的一本书，对理解我们今天面临的学术现状，是极为有用的。

　　《知识论》研究的是我们的知识是如何获得的。这部厚厚的专著，成为我国最为著名的科学——逻辑学的奠基之作。不用展开内容，单就这个论题而言，我们的人文社会科学学者有多少人关注? 由于缺乏逻辑学和科学学,严格地讲是思维科学的传统,使得我们的人文社会科学学术发展极为尴尬地面临着一个发展的瓶颈问题,即学术研究缺乏思维内核的支撑。

当代学术史是我们熟悉的。20 世纪 80 年代是我们为之骄傲,并自以为战果辉煌的年代。但回想起来,20 世纪 80 年代的学术发展恰恰实行的是主题先行的"外部路线"。如文学界的知青文学、反思文学、新启蒙等;学术史的内在理路被外在的思想性主题遮蔽了。虽然,这是必然的历史发展路径,但它毕竟不是本土学术发展的一个根本性道路。它以五四以来自然承继下来的"文以载道"传统,用学术充当了政治性工具,并斗志昂扬地介入了当代中国生活之流。

缺乏思维与逻辑传统的中国学人,在一个世纪的历史发展中远远地与金岳霖的思想相背离。与其说 20 世纪中国出了众多学术大家,还不如说是出了众多思想家。他们以中国特有的方式登上历史舞台,演出了白话文运动、科玄论战、中国历史分期讨论、红楼梦批评、"合二而一"之争、美学热等一幕幕历史活剧,其中渗透的政治热情不言自明。这是借学术而进行的政治、思想和文化革命。此为中国 20 世纪学术史的一大特点吧!

20 世纪 80 年代以来的新一代学人仍然是在没有传承学科传统的基础上前行。"六经注我"式的思维定式使这个年代成长起来的学人"借题还魂",在新的舞台上上演了就其内容而言是五四时代所要求的历史剧。

如果不是外来的经济利益驱动和"数量学术计划"的高压,20 世纪中国学术发展的这一"空心化"现象还会继续。但历史在某一刻终于使它的面目全部暴露出来了。目前的状况是:当代学术在经济利益和计划高压的双轮驱动下正在变为泡沫,正在失去其慷慨激昂的求真求理的灵魂。

有学科而无学科史——这是 20 世纪中国学术特有的奇怪现象。怪状是怎么造成的? 你怀疑过自己的师承吗? 20 世纪的中国许多基础学科竟然没有历史! 哲学有历史吗? 即使是官方哲学——马克思主义哲学,20 世纪下半叶近半个世纪的学科的进展存在吗? 史学又怎样? 当代中国的史学史怎样写? 文艺理论作为一门学科,近 20 年竟然无法写历史——它的大多数热门话题都是舶来的。所以,从严格的意义上讲,当代学术史要使它成为史,首先要对其不能构成学术史的深层原因加以反思。

我认为,影响当代学术发展的深层观念有四个方面的问题可以提出:

第一,"进步"的观念如何确立? 这个问题始终是困扰在中国学人心中的两难问题。按常识,"进步"是天经地义的理念。特别是达尔文的进化论学说,已在我们的生活中成为常识。进步,就是"今天要比昨天更好",今天做的事要比昨天的事多一点东西。自然科学研究毫无疑问是这样,这一点,已被科学史所完全证明。但人文社会科学的状况却较为复杂。古希腊哲学、康德和黑格尔、中国古代诸子的思想仍然是今天我们的思想源泉。也正因为这个文化现象,使得人文社科学界的研究者不像自然科学家那样重视学术进步。这里存在着误区。新康德主义以后，西方哲学盛行将经验的世界和价值的世界划分开来，诚如维特根斯坦所言，价值世界是无意义的、不可言说的。这种最终产生后现代思潮的哲学渊源，使中国的人文社会科学学者对"学科史"十分隔膜。"六经注我"思潮深深地影响着20世纪的中国学人。这不是简单地不尊重前人成果的问题，而是许多学人从骨子里认为，人文社会科学的价值判断是最本质的特征，"积累式的研究"是不存在的。

实际上，在一些基本价值早已确立的人文学科，如哲学，也构成了累进式的历史，现代西方哲学比之德国古典哲学，在表达人类思维对世界的认知深度上、在处理人与世界的关系上等方面，都全面地展示了"进步"的历史性特征。

"忽视进步"的原因是多方面的，除了外在单纯追求发表数量和社会效益外，研究者观念中对"进步"的误读是根本性的问题。以人文学术为例，进步体现在揭示对象的层次性特征和将它放在新的背景下的意义展示。在这个意义上，研究是很难的，出成果应当是很慢的。因为著作和论文不过是研究结果的文字表达，而漫长的过程是研究。可惜很多人不理解和不理会这一点，以至于在学术——科研发展的链条上，蔓生了许多无用的杂草。

第二，如何理解"反本质主义"？反本质主义思潮在20世纪80年代以来风靡一时。一般的学人并未深究维特根斯坦等人的反本质主义的要义，认为"反本质"就是反对对所有对象的深度认知、反对一切对本质的追求。时风所及，使学术研究的科学精神大大衰落。其实，维特根斯坦讲的"反本质主义"是指他所特指的超验世界的无法指称"本质"的特性，而对经验世界的"本质"，他是不反对的。例如，他对美的对象就作了经验的归纳，在这一点上，他也是一个凡人俗胎，并无不可知测之处。就科学研究而言，潦草地对"反本质主义"的解读，直接造成了问题意识的丧失。有问题才有解决问题的诉求，才有解决问题的设计和方法，才有解决问题的层次性开掘，才有我们所说的对"本质"的追寻。所以，在"反本质主义"的时髦口号下所掩盖的是对问题的真正关注。当我们的学术评判机构失去问题意识、失去对解决问题的深度和广度评价时，学术如何能变成研究呢？

第三，如何理解历史传统？当代中国学术发展最本质的缺陷是，学术研究是在断裂传统的背景下展开的。研究的对象虽然可以是中国的问题、中国的历史、中国的社会，但研究的方式、背景和参照系，却是逃脱不了的"西化"。全盘西化的背景最应该检讨的是思维方式的西化——特别是现代西方哲学传入中国大陆之后。近20年中，我们所能看到的学术著作和论文的背景结构——它的理论依托，往往是现代西方哲学和其他学科的构架。本土历史传统的缺失使得我们的学术研究结论很容易成为"西方思潮的尾巴"。笔者参加了一些重点高校的博士论文的答辩，不少论文，甚至连基础材料都是来自西方译作。这种非常没有学术、非常没有传统的现象，可算作是当代学术为什么构不成"史"的一个重要原因吧！

完全漠视本国思想传统的现象只在20世纪的中国发生，在世界范围内大概是绝无仅有的。一个民族的文化生命能延续5000年，在完全没有外来文化影响的情况下，独自完成了自己的哲学、政治学说、经济学说、人文伦理、教育学说、军事学说……使之能在世界民族之林存在和发展下去。是什么原因在进入20世纪以后，中国的学人完全蔑视自己的传统，并争先恐后地抛弃它呢？这的确是一个非常特殊的现象，是一个本民族的精英自觉地抛弃自己的文化传统而企图再生的现象，——这在世界历史上也是绝无仅有的。

事实上，这种在20世纪中国独特出现的企图背离本民族传统的现象，只是一种暂时性的、特殊的历史性需要。反传统只是在后发展国家走向现代性的条件下不自觉采用的一种文化策略。当21世纪到来的时候，这种"历史性需要"终于穷竭了它的活力，破绽百出、矛盾重重，回归传统的声浪此起彼伏。当一代新人在这个历史转折关头猛然醒悟，企图从丰厚的传统中寻求一点依托和灵感时，他们突然发现自己是在丢失传统的岁月中长大的。他们像小狼一样吸吮的是西方思潮的乳汁。

在这种情况下，当代学术史有可能成为20世纪西方思潮的影子而载入史册！许许多多时候，学术发展本身的历史理路被割裂了，评判学术成为极为单一的行为——它的背影总是在西方大师的影子之中，灵感和写作冲动不是源于问题，而往往来源于阅读他人。——这种弊端使得当代中国学术的历史传统被打断并呈现出欠发展的状态。因此，在目前的历史条件下有机地回归传统是很困难的，也将是很缓慢的事。我们只有耐心积累。

第四，如何看待学术机制？放弃了对问题的选择和对传统的依托，当代的学术组织机制就缺少了内在的生命力。一个无生命力的机制注定是苍白的。从历年国家社科基金发布的招标指导项目来看，大多数是关于课题类型的一般指导性意见，而不是切切实实的有关学科发展的进度的描述。比如，今年可以是"关于马克思主义文化基本理论问题"，明年、后年都可以是这样笼统的指导。这种指导对学术发展有百害而无一利。

这只是当前学术体制弊端的一个小征候。更大的问题在于，各级指导性机构都以计划时代的评判标准来监督和指导学术科研的发展，形成了"量统计现象"——以文字的累计来衡量科研学术的成果。这可能是当前学术成果大量低水平重复的体制上的直接原因吧！

要用遵从学术发展规律的观点出发来组织学术生产——这是我们当前亟待解决的体制性问题。从要设立问题和解决问题的要求看，人文社会科学的学术研究与自然科学研究并无不同，所以，它的最终结果应当是研究过程的终结。试问：人文社会科学可以称为"研究"，它是否应该有"过程"呢？这个"过程"是否应当是从"设问"开始到问题的圆满回答呢？如果尊重这一人类思维的普遍规律，那么，我们的"科研"应是什么状况，就一目了然了。

反思当代学术史，不能不涉及当代的"知识生产"的机制。目前这种机制是不尊重知识生产规律的机制,是离开了"问题意识"的机制,是打"人海战术"搞学术的机制,实在是应当改一改了。

要有序地组织知识生产,就要明确:学术是一种科学研究,是对某种未知问题的探索和解决。所以,以解决"问题"为核心的评价思想一定要确立起来。

要有序地组织知识生产,就要明确:数量只代表了一个人手工劳动的强度,甚至连脑力劳动的强度都不能标志。用发表文字数量来衡量一个人的学术水平,是完全错误的。

要有序地组织知识生产,就要明确:一个人文社会科学学者对问题的解决的过程是呈波动发展状态的,有高峰,有低谷。应当在比较长的时段中来考察一个学者的真实水准。

学术史,从本质上讲应当是一连串的真问题的呈现和解决史,从这个角度去回顾和展望,中国 21 世纪的人文社会科学的"发展"才真正可能构成可供后人研究的史。

完善学术评价体系，规范成果量化考评

张国春

　　人文社会科学科研成果考评问题，是一段时期以来学界较为关注、议论颇多的问题。近些年，人文社会科学领域根据国内外文献计量学的发展态势，对科研成果的量化评价也进行了积极的探讨。应该说，作为科研管理领域的探索，量化评价是有其一定积极意义的，但科研成果的量化评价目前尚处于探索阶段，如何应用到管理工作中尤其应该慎重。科研成果评价对科研工作具有引导作用，在成果量化考评本身还存在这样或那样的问题的情况下，简单化地将这样考评的结果与激励措施直接挂钩，则会对科研导向和学风建设产生不利影响。原因在于，科研工作的业绩体现在科研成果的质量和水平上，而非目前流行的量化考评所偏重的科研成果数量和字数。这个问题值得有关教育和科研管理部门的重视。

　　我国高校和研究机构在建立学术评价和岗位考核聘任制度的过程中，越来越多的学术机构推行科研成果量化考评，可以说，这比之以前单纯看成果字数可以说是有一定进步意义的，也取得了一些成效。作为工作量的考核，目前诸多高校和研究机构实行的科研成果量化考评，虽然有不足，但可以说是合理的，而且目前也没有更好的替代方法；但作为科研工作业绩的考核，这种量化考评则存在明显的缺点：偏重科研成果的数量，忽视科研成果的质量，违背了学术创新和学术发展的规律。概括起来说，目前学术界对量化考评的异议和批评主要有：人文社会科学研究是一项非常复杂的创造性工作，具有高风险性，简单的量化考评不符合科学发展的内在规律；业绩评价偏重于论著的数量、数字，缺失最核心的成果质量评价的指标；要求科研人员短期内在某些级别的刊物上发表几篇文章、出版专著多少字，追求的是成果数量和规模，不利于学者"十年磨一剑"；把成果数量与奖金直接挂钩，规定在什么级别的刊物上发表文章、专著字数多少奖励多少钱，会诱导科研人员急功近利；在量化考评的压力和驱使下，少数研究人员不惜采取非学术手段来多发表成果，恶化了本已令人担忧的学风；等等。如果量化考评中出现的种种问题得不到及时纠正，则会对新时期的学术创新和人文社会科学繁荣发展产生不利影响。

　　2004 年颁布的《中共中央关于进一步繁荣发展哲学社会科学的意见》（以下简称《意见》）根据繁荣发展哲学社会科学的总目标，明确提出了"建立和完善哲学社会科学评价和激励机制"的任务。有关教育和科研管理部门应从贯彻落实《意见》精神的高度,重视学术评价体系和激励机制的建设,以完善的学术体制和机制,推进新时期人文社会科学的繁荣发展。我们认为,有关高校研究部门应该认真总结目前科研成果量化考评工作中存在的一系列问题,在积极完善学术评价体系的同时,进一步规范量化评价在科研管理工作中应用。

1. 全面加强人文社会科学的评价体系建设。有关主管部门应全面、认真地总结各人文社会科学教学和研究机构在课题评审、成果评奖、职称评审、岗位聘任以及人员考核方面的经验教训,进一步完善相关规章制度,推行并不断完善同行专家评价、匿名专家评审以及评审结果公示制度,从而为具体的学术评价工作营造良好的制度环境。

2. 强化优秀科研成果奖励在学术评价体系中的核心地位。要规范目前学界繁杂的奖励措施,取消低层次的奖励,突出高层次的优秀科研成果奖励,以激励多出精品力作。鼓励有条件的单位设立优秀科研成果奖,评奖工作坚持"少而精",以保证获奖成果的质量和水平,鼓励学术创新和严谨治学,激励多出精品力作。为此,国家有关主管部门应认真研究并尽快设立"国家社会科学奖",激励多出学术精品力作。

3. 建立以科研成果质量为核心的业绩考评体系。在工作量的考核指标设计上,要体现人文科学与社会科学、基础研究与应用对策研究的不同特点,不能不顾各学科的特点实行"大一统"的硬性考评指标。在职称评审、岗位考评中,推行论文"代表作"制,依据学术质量和水平评判科研人员的学术贡献,鼓励学术研究创新,扭转重数量、轻质量的不良倾向。

4. 推行定量与定性相结合的评价方法。要根据人文社会科学基础研究与应用对策研究的不同特点,研究制定不同成果形式的成果评价指标体系。在优秀科研成果评奖、课题结项成果评价中,将定性与定量相结合的成果评价指标体系评价结果,作为同行专家评价的重要依据。根据文献计量学的原理对科研人员进行年度量化考评,只能作为工作量的考核,不能作为确定考核等级的决定因素。

5. 尽快取消所谓的论著"发表奖"。鉴于按照科研成果的数量和字数进行奖励存在种种弊端,有关主管部门应考虑明令禁止诸多学术单位实行的文章发表奖励(按在不同"级别"刊物上发表的文章分设数额不等的奖金)、专著发表奖励(以字数多少分设数额不等的奖金),以制止学术泡沫。

针对学术评价中存在的种种问题,有关主管部门应组织专题调研,研究提出若干指导性政策措施,积极推进人文社会科学评价体系和激励机制建设,从而更好地推动我国哲学社会科学的繁荣发展。

学术传媒对学术发展的作用

姜晓辉

传媒通常是指广播、电视、电影、网络、出版、报刊及其他新生媒介。学术传媒，或称为学术传播和学术交流的载体，目前还是以传统的学术书籍、学术报刊为主要载体，对学术发展起着主流媒介作用。根据有关资料统计，我国人文社会科学作者在完成论文的过程中，参考或引用他人学术成果的数量，有近40%来自学术期刊，近60%来自学术著作，可以说书籍与期刊还是研究者可靠的主要资料与信息来源。科技论文的引文数量比例大体与之相反，有近60%的参考文献来自期刊论文，这与科技成果较多利用发表速度较快的有创新特点的期刊论文有关，也与目前的人文社会科学成果的积累性和经典性特点形成对照。无论是社科界还是科技界，学术论著与其他传媒载体一样，具有基本的传播和交流功能。作为科研成果的最后一道生产部门，出版社和期刊编辑部既是学术成果的主要出口，又是学术信息的集散地，对学术发展的重要性是显而易见的。在我国人文社会科学蓬勃发展的推动下，这些学术出口呈现出多元化、多样化和集约化发展的趋势，特别是在学术期刊领域，不仅有数量众多的高校学报、科研机构和党政机构的学刊，还出现了以书代刊的"学术集刊"现象。

而学术传媒不仅仅是学术信息的桥梁，还发挥着引领学术发展的助推作用。这种作用与科研管理和学术领导的直接作用不同，编辑者是以学术参与者的身份融入到科研成果的生产中而发挥间接作用的。以学术期刊为例，其作用主要体现在期刊编辑者对组织论题的创意和学术导向上，以及对作者学术成果所作的创造性附加劳动上。例如编辑工作中的选题策划、组稿选材、修改稿件，以及吸引某一学科、某一领域的核心作者并发现培养新生力量。如果某一学术期刊的编辑者掌握了正确的编辑理念、准确的发展定位、优秀的组织策划和编辑能力，其产品必然会对作者和读者产生较大的吸引力并在学界产生较大的影响。如果说作者以发表自己论文为最终的目的，那么学术期刊对稿件的选择和要求对他是有决定意义的，甚至能影响到作者的研究取向和范围。因之，学术期刊对学术研究的导向作用一般有两个方面。一是研究方向的导向：发表什么和不发表什么，不同的期刊有不同的要求和侧重点，以基础研究为主旨的期刊鼓励理论上的创新和研究领域的开拓，提倡学术内涵的学理化；以应用研究为主旨的期刊注意理论联系实际，提供战略性、前瞻性、前沿性创新成果。而它们的共同点应是促进学术研究向新的深度和广度发展，构建类似"学派"的研究基地，而不是拼盘式的低水平重复。

二是学术质量的导向:学术质量包括论文的研究水平和学术规范两个方面。优秀期刊和权威期刊上的论文是要经过严格的编审和修改才得以发表的,应该说总体质量是比较高的。向高水平的优秀期刊投稿成为作者显示自己成果水平的方式,这在客观上强化了作者的精品意识。"刊以文荣,文以刊贵"的现象形成编辑与作者的良性互动关系。学术规范也是学术质量的重要指标之一。学术规范强调作者有严肃认真的治学态度,反对学术腐败行为,杜绝学术垃圾,执行学界公认的学术规范标准。仅就论文中的参考文献、脚注、尾注而言,学术规范不仅仅要求作者按一定的规则进行完整规范的注引,同时还要求作者按学术规范的要求,保证注引内容的真实可靠性和必要性。编辑部有责任引导作者树立科研成果在内容和形式上的规范意识,把学术规范看成是与最终成果不可或缺的组成部分,是提高论著质量的关键环节。实践证明,编辑部对作者提出具体的规范要求一般都是行之有效的。

由于我国的学术生态环境并不建全,学术媒体对学术发展的作用并非都是正面的。中国政法大学的杨玉圣教授撰文谈到"学术期刊的学术权力"问题,指出目前"绝大多数大学和科研机构满足于'以刊评文'的简单化模式,即不看文章本身,只是盲目地以是否发表在所谓权威刊物或'中央级'刊物来简单代替学术成果本身的评价。这样一来,学术期刊特别是人选的学术刊物本身,就成为一个巨大的学术权力中心。这并非学术常态,但正是这一学术评价的扭曲机制造就了目前学术期刊在学术生产与传播体系中的特殊地位"。可以推论,如果这种学术权力掌握在某些失去监督且操守不检的少数编辑者手里,在期刊少而稿件多的买方市场条件下,极易发生利用这种学术权力的权力寻租现象。避免上述后果的出现,需要在科研体制、评价体系等方面进行改革,同时,特别需要加强学术媒体自身的修养内功和抵御不良倾向的定力。学术媒体对学术发展的影响本身就是双刃剑,胜败在于使用者的把握,学术评价体系参与其间只是增加了相应的力度。

学术媒体特别是学术期刊承担着多重角色。例如,学术期刊直接服务于作者和读者两个方面。对前者来说,编辑成为评价主体,决定着稿件的取舍,影响着研究成果的实现与取向。对后者来说,编辑的成果又成为被评价的对象,读者(包括投稿的作者和引文的施引者)会根据期刊的学术水平和质量决定看不看(或用不用)你的刊物。从文献计量学的角度,上述评价行为的客观结果都可能成为统计对象,形成评价数量指标,也就是说,学术水平的高低、影响力的大小是可测的。近年来评价体系无论是用定量方法还是用定量与定性相结合的方法,对媒体特别是学术期刊的评价都成了大家的关注焦点。然而评价体系的科学性、客观性和公正性,来源于统计数据的完整性与翔实可靠性、统计方法的科学正确性,以及统计结果的公信力程度。在以上条件不完全具备的情况下,评价体系的评价结果有较大的或然性和不准确性。使用者应该充分了解所用指标体系的意义和内容,切不可简单地理解和简单地使用。例如,期刊的"影响因子"是一种国际上常用的表示期刊被引情况的计量指标。我国引进之后常用来搞期刊排名,

"影响因子"高的期刊易于进入核心期刊(如北京大学、中国社科院有关单位研制的核心期刊)和引文数据库的来源刊(如南京大学有关单位研制的 CSSCI 来源刊)。凡是进入上述系统的期刊在学界的影响陡然增大。其实这种"增大"往往是由于管理部门(官方)指定某个评价体系的入选期刊为算数的投稿期刊所造成的,这自然引来大多数期刊的愤愤不平。这种现象无论出于什么原因,其可能的不合理性在于,期刊不再以提高自身建设进而促进学术发展为主要目标,转而"剑走偏锋",追求评比名次,更有甚者,追求人为地拔高引用率和转摘率,以尽快地提高自己的竞争力,而顾及不到加强学术期刊对学术发展的正面助推作用。

除了上述主流学术传媒之外,新的以电子化和网络化为依托的学术媒体悄然进入学术发展的支撑系列。近年来,电子期刊和电子书籍上网服务,极大地促进了学术成果的利用率。以电子期刊为例,不仅可以方便地获取所查的文章,还可以通过学科分类和关键词聚类查找有关文献,这是纸本媒体所不具备的功能。目前在网上可找到我国比较著名的相关企业,主要是中国学术期刊(电子版)杂志社、万方数据公司和维普数据公司的产品。此外,有的学者把自己的学术成果直接贴到网站上,免去编辑环节,或者以博客方式展示成果,成为正规学术媒体的重要补充,但一般没有经过正规的编辑加工,其学术质量参差不齐。由于电子化和网络化的成本很高,在可以预见的将来还不会完全取代纸本媒体。

学术媒体对学术发展的作用,是随着时代的发展而变化的。同时,学术媒体的建设也需要良好的学术生态环境。尽管目前的学术环境中有不和谐的和不尽如人意的地方,但是发展的主旋律还是要改革创新,优化学术环境。例如,名刊、名栏、名篇,以及名编辑、名作者的评选,就是要发挥学术媒体的导向作用,出精品、出人才。

参考文献

[1]杨玉圣:《学术期刊与学术规范》,《清华大学学报(哲学社会科学版)》2006 年第 2 期。
[2]《学术期刊与学术发展座谈会综述》,《学术研究》2005 年第 11 期。

当代学术史著作评述之三

余三定

笔者近几年来主要致力于当代学术史的研究,其中一项重要工作就是辑集并评述当代学术史研究的著作,此前已发表过2篇文章,分别是《当代学术史著作评述》(载《学术界》2004年第6期,《社会科学总论》2005年第1期转载)、《当代学术史研究的学术积累——当代学术史著作评述之二》(载《云梦学刊》2005年第4期,《社会科学总论》2005年第4期转载)。

现将以上两文发表后收集到的当代学术史著作,按上两文的分类方法评述如后。

一、关于当代学术史的宏观研究

(1)《中国人民大学中国人文社会科学发展研究报告2004:问题意识和超越情怀》(刘大椿主编,中国人民大学出版社2004年版,491千字)。中国人民大学在2003年3月出版了《中国人民大学中国人文社会科学发展研究报告2002》,产生了较大的社会反响,于是接着出版了《中国人民大学中国人文社会科学发展研究报告2004:问题意识和超越情怀》(《中国人民大学中国人文社会科学发展研究报告2002》的年度标识为"报告"内容所在的年度,《中国人民大学中国人文社会科学发展研究报告2004:问题意识和超越情怀》的年度标识为出版年度,其所述的内容则为2003年度)。该书分为3篇,分别为"问题意识和超越情怀"、"学科进展"、"学术视点"。其第一篇第一章"何为出发点"中有一节题为"凸显问题意识",该节写道:"对于人文社会科学,问题的作用就在于它能导向新的理论发现、激励学术的进步。综观人类知识的进步史,学术问题是理论进步的起点,它们启发对人文社会现象的观察和思考。问题的提出和解决不仅能导致知识的积累,使原有理论得以完善和发展,而且能导致知识新理论的建立,催生知识革命和社会革命。"其第二篇包括"哲学门"、"经济学门"、"法学门"、"文学门"、"历史学门"、"管理学门"等6章,分别对上述6个学科门类(各学科门类选择若干学科,比如"哲学门"选择了"美学"、"宗教学"两个学科)的主要问题和学术进展予以评述。

(2)《中国人民大学中国人文社会科学发展研究报告2005:精品与评价》(刘大椿主编,中国人民大学出版社2005年版,474千字)。该书计分4篇。该书"出版说明"前有一段概述:中国人民大学人文社会科学发展研究中心确定以"精品与评价"(为第一篇标题)

为主题,设计、组织和编写本年度报告,凸显"精品的意义与期盼"、"评价的缺失与矫正";并以学者的睿智和良心特别关注"马克思主义理论建设"(为第二篇标题);一如既往地请各学科、各问题领域专家,用独特的笔触剖析"学科进展"(为第三篇标题);聚焦"学术视点"(为第四篇标题)。

(3)《从王瑶到王元化》(夏中义、刘锋杰著,广西师范大学出版社 2005 年版,191 千字)。该书"内容提要"写道:"该书作为一部原创性专著,旨在对新时期以来的中国人文学术思想史的宏观背景暨微观个案作还原式描述,以期为海内外同仁日后撰写百年中国学术通史提供坚实的学术资源与思想准备。"该书前有"代序"《思想先知 学术后觉——新潮 20 年备忘录》。正文包括 4 个部分:"王瑶:学术先觉与心灵痛史";"陈平原的学人角色自觉";"李泽厚:思想家的凸显与淡出";"王元化的'思想学术'襟怀"。"附录"中还有《为百年学术把脉与招魂》等文。

(4)《新时期学术发展的回瞻》(余三定著,北京大学出版社 2005 年版,280 千字)。该书"内容简介"写道:"学术史研究既是总结过去的得失,也是为学术研究开创未来。""本书分为六辑:第一辑是对当代学术现象、学术流变、学科发展、学术争鸣作宏观扫描、历时性跟踪的整体研究;第二辑是学人研究,即对当代学者作个案研究,将个体学者的学术研究和学术成果置于宏观的学术背景下,用学术史的眼光加以分析和评价;第三辑是对有影响的学术图书的评论;第四辑是学术评论,如参与评奖程序和学术规范、学者社会责任感等问题的讨论,关于大学学报办刊的三个矛盾以及办好特色栏目等的讨论;第五辑和第六辑是访谈录和附录。"其中第一辑中比较重要的文章有《新时期学术发展的回瞻与展望》、《学术的自觉与学者的自立——20 世纪八九十年代中国学术一瞥》、《新时期学术规范讨论的历时性评述》等。

这里还要提到《清代学术讲论》(彭林主编,广西师范大学出版社 2005 年版,335 千字)、《中国学术史讲话》(杨东莼著,江苏教育出版社 2005 年版,198 千字),两书虽然不是写"当代",但属于"宏观研究"范围。另外,《20 世纪中国知识分子史论》(许纪霖编,新星出版社 2005 年版,518 千字),亦很值得一记。

二、关于几个重要学科学术史的研究

下面评述的几种学术史著作,多以"20 世纪"作时限,"当代"是 20 世纪的极重要时段,故将下述著作放在"当代学术史著作"中评述。

(1)《二十世纪中国社会科学》(上海市社会科学界联合会编,上海人民出版社 2005 年版)。该书共计 13 卷,即"马克思主义卷"、"哲学卷"、"理论经济学卷"、"应用经济学卷"、"法学卷"、"政治学卷"、"教育学卷"、"历史学卷"、"社会学卷"、"语言学卷"、"新闻学卷"、"文学学卷"等。该书"总序"写道:"各卷框架及主要内容为:第一部分系总论,综述各学科一百年间从形成到发展、从创新到繁荣的演进轨迹;第二部分以二级学科为单位,论述各学科在一百年间所取得的主要成就;第三部分以专题形式,介绍各学科在一百年间发生的重大论争情况,评述它们的学术意义;第四部分综述各学科在一百年间建立的主要学术机构、重要学术社团、重要学术刊物及进行的中外学术交流,说明它们对本学科发展所起的作用;第五部分为附录,内容是各学科的百年大事记。"该书"总序"还写道:"在这一百年中,中国社会科学经历了三次大规模的对先行学术、思想、文化的重新估定。"其中第三次重新估定发生在"当代"的20世纪70年代末期以后,"总序"写道:"第三次重新估定,是如何以科学的态度对待指导中国革命走向胜利,并成为国家指导思想理论基础的马克思主义、列宁主义,以及作为马克思主义与中国革命实际相结合产物的毛泽东思想。""在经历了一个又一个运动,使中国的现代化发展经历了重大挫折以后,以实践是检验真理的唯一标准大讨论为突破口,中国社会科学的发展迎来了一次新的思想解放。这一思想解放,就是通过对于曾经支配我们决策和行动的指导思想检验标准的重新估定,开始挣脱许多教条式的、片面的乃至错误诠释的禁锢,形成了以邓小平理论和'三个代表'重要思想为标志的新的理论成果。"

(2)《现代化进程中的中国人文学科》(王斯德、童世骏主编,上海人民出版社2005年版)。该书包括"文学卷"、"哲学卷"、"史学卷"等3卷。该书"序言"说:"大致说来,文、史、哲等人文学科与中国现代化进程的关系包括三个方面。""首先,文、史、哲学科的发展本身就是中国社会现代化的重要组成部分。""其次,文、史、哲等人文学科作为传递和创造意义、维持和更新认同、提炼和表达理想的文化领域,可以看做是中国现代化过程的自我认识。""最后,文、史、哲与现代化进程的关系不是单个地发生着、孤立地存在着,而是相互密切交织互动的。"其中的"史学卷"(盛邦和主编,395千字),前有"导言"《中国史学现代化的行程与流派》,正文包括"经学在中国近代的蜕变"、"通向世界的文化桥梁"、"历史哲学的现代性变迁"、"经世学的现代诠释"、"文化批判主义与批判史学"、"民族史学的形成与发展"、"中国马克思主义史学的回顾和展望"等7章。

(3)《二十世纪中国学术论辩书系·历史卷》(主编李文海、龚书铎,百花洲文艺出版社2004年版)。该"书系""历史卷"包括《关于历史学理论的学术论辩》、《五四时期中国史坛的学术论辩》、《80年代以来的文化论争》、《中国历史人物研究论辩》、《关于中国本位文化问题的讨论》、《中国近代史基本线索的论辩》、《中华文明起源和民族问题的论辩》、《二三十年代中国社会性质和社会史论战》、《中国资本主义萌芽的学术研究与论争》、《中国农民战争史论辩》、《20世纪中国古史分期问题论辩》等,计11册。"主编前言"写道:在20世纪,人们提出了许多重要的史学理论和学术问题,并进行了热烈的讨论。"回顾中国百年史学,在深入研究的基础上,对史学研究及学术论辩中的得失短长、经验教训加以总结,是很有必要的。"其中《关于历史学理论的学术论辩》(牛润珍著,420千字)包括如下5章:"关于历史学科的论辩";"历史理论若干问题的论辩";"史学理论几个重要问题之论争";"历史研究方法之论争";"关于中国史学史若干问题的论辩"。

（4）《二十世纪中国古代文论学术研究史》（蒋述卓等著,北京大学出版社 2005 年版,570 千字）。蒋述卓在该书"后记"中写道:"本书作为一本学术史研究的著作,力求做到描述清晰和较为完整,评价客观公正,史论结合,论从史出。"全书分为上、中、下 3 编,各编标题依次是:"20 世纪上半叶的中国古代文论研究";"20 世纪下半叶的中国古代文论研究";"20 世纪中国古代文论专题研究回顾"。中编除第四章题为"50 至 70 年代的古代文论研究"外,第五章至第十一章（计 7 章）皆为从不同侧面评述 80—90 年代的古代文论研究,可见,新时期在该书中占有极重要的地位。

（5）《史学评论》（杨玉圣著,河南大学出版社 2005 年版,376 千字）。这部论文集中收入的《学风建设与世界史学科发展》、《开展中国美国学史的研究》、《80 年代的中国美国学》、《美国史研究:回顾与思考》等论文,都是属于学科史研究的范围。

另外,《20 世纪中国古代文学研究史》（黄霖主编,东方出版中心 2006 年版,7 卷本）很值得注意。

三、"学案体"的当代学术史研究

笔者在《当代学术史著作评述》中引用了张岂之的论述,现重引如下:"清朝初年黄宗羲等学者撰有《明儒学案》和《宋元学案》,所谓'学案'实际就是学术史。这个体裁有其优点,对所论人物有全面介绍,也有原著的节选"。（《学术史与"学案体"》,载《云梦学刊》2003 年第 4 期）

（1）《民国学案》（主编张岂之,执行主编麻天祥,湖南教育出版社 2005 年版,6 卷本,总计 4015 千字）。书名虽为"民国",但由于其中许多学者是跨越"民国"到"当代"（如哲学界的冯友兰、艾思奇,史学界的吴晗、胡绳,文学界的胡风、周扬,等等）,故在这里评述。其第一卷为哲学类,第二卷为史学类,第三卷为经学考古类,第四卷为语言文学美学类,第五卷为版本目录、历史地理、宗教等类,第六卷为教育、科技、艺术等类。全书共著录案主 254 人。该书编写体例大致为:（一）案主行状;（二）学术旨要;（三）案主主要著述目录;（四）研究案主学术成果要目（收录时间以 2000 年年底为限）。该书前面有张岂之、张宪文、张立文分别写的序,并有麻天祥写的"绪论"《创变中的民国学术》。

（2）《现代学人与学术（余英时文集第 5 卷）》（余英时著,广西师范大学出版社 2006 年版,446 千字）。考虑其具有"个案研究"的特点,故放在"学案体"中评述。该书收入《钱穆与新儒家》、《试述陈寅恪的史学三变》、《"吾曹不出如苍生何"的梁漱溟先生》、《我所认识的钱锺书先生》、《谈郭沫若的古史研究》等 30 余篇文章,最后一文为《我走过的路》。

（3）《学林往事》（张世林编,朝华出版社 2000 年版,共 3 册,计 1132 千字）。张世林在"卷首语"中说他编《学林往事》"完全是由编《学林春秋》一书引发出来"。《学林春秋》（笔者在《当代学术史著作评述》一文中已作过评述）是学术大师自己撰文介绍治学的历程及其治学经验,《学林往事》则是请学术大师的嫡传弟子或同事(少量是亲属和子女)紧紧围绕学术大师的治学和为人来叙写。如《我在老师中首先想到蔡元培》(蔡尚思)、《胡适毕竟一书生》(季羡林)、《缅怀导师郭绍虞先生》(杨明照)、《汤用彤先生的治学》(任继愈)、《在当代学术史上的冯友兰》(张岱年)等等。

此外,《民国南京学术人物传》(张宪文主编,南京大学出版社 2005 年版,580 千字)、《学术规范与学风建设论坛》(教育部社会科学委员会秘书处组编,高等教育出版社 2005 年版,440 千字)等值得一记。

四、关于当代学术方法的研究

(1)《社会科学方法》(朱红文著,科学出版社 2002 年版,216 千字)。该书计 12 章。前 5 章着重在对"社会科学"及其"方法论"作多方位的学理探讨,各章标题依次是:"社会科学的方法论意蕴";"现代社会科学的产生及其基本的认识取向";"关于社会的研究是科学吗";"社会科学与人文科学";"社会科学的基本性质"。后 7 章从应用性的角度论述具体的方法,各章标题依次是:"面向对象的研究过程";"实验研究";"调查研究";"非介入性研究";"实地研究";"历史比较分析";"标题设计与研究实施示例"。

(2)《学术评价制度批判》(刘明著,长江文艺出版社 2006 年版,250 千字)。该书"简介"写道:"本书从梳理近年来不断披露的学术腐败现象及由此引发的学术规范讨论入手,指出学术评价机制对学术文化发展至关重要的意义后,深入分析了我国时下着力推行的量化评价制度的特点、缺陷和弊端,并对清末民国时期和新中国成立后的学术评价制度作了回顾和总结,对可资借鉴的国外学术评价制度作了介绍和评论。"全书 5 章的标题依次是:"近年来的学术规范讨论";"两种主流的学术评价制度";"清末民国时期的学术评价制度";"新中国阶级斗争为纲年代的学术评价制度";"借鉴国外学术评价制度"。

(3)《文科研究生治学导论》(冯光廉主编,安徽教育出版社 2005 年版,250 千字)。全书 12 章,论述的问题具体而简明扼要,包括治学的精神品格、知识结构、资料功底、创新思维、理论方法、科学素养、学术规范、战略安排以及学术个性的培养、学位论文的撰写、课外社会实践的投入、学术环境的优化等问题。

当代高等教育应该培育学术流派

袁玉立

我国当代高等教育的渊源可以追溯到中国古代的私学和书院以及欧美中古或近代的学院(college)。不论是中国的书院,还是欧美的学院,其特色和生命力往往与它们培育的学术流派①相关联。没有白鹿洞书院、东林书院、证人书院、金华书院、文正书院、粤秀书院、钟山书院,就没有紫阳(朱熹)学派、浙东学派、浙西学派、乾嘉学派、桐城学派;反之亦然。20世纪史学的两个主流学派,一个是科学主义学派,傅斯年、顾颉刚以及蔡元培,另一个是马克思主义史学派,郭沫若、翦伯赞等,若离开北京大学及相应的高等学府,则无存在的可能。在西欧,14世纪英格兰的温切斯特学院和伊顿学院,后来的巴黎大学、牛津大学和剑桥大学及其所属的著名学院,就涌现出无数的学术流派,差不多涵盖古典经济学、社会学、政治学的各个学科。高等级的学院、书院,给学术领袖和大师提供了展示才学的平台,学术大师为学院、书院展示了核心理念和基本特色;学院与书院成了独立于国家机器的公共领域,为学术大师传承学术、培养人才、交流思想、弘扬人文精神、推动学术发展,作出了独特的不可替代的贡献。学术流派的形成是学术自由的标志,是大学教育成功的标志,是人的自由自在创造性的直接证明。那种不能涵养学术流派,不能推进学术思潮的高等教育机构,要么办学缺乏理念和追求,要么缺乏学术领袖和大师。

中外学术发展史告诉我们,高等教育机构即高等学府是学术流派繁育的基地,学术流派是创新性学术研究的具有活力的主体,离开高等学府谈学术流派或者离开学术流派谈高等学府,是不能推动学术的繁荣与发展的。

我们知道,高等学府的"高"是"高"在学术上。而所谓学术流派则是指这样一种特殊的学术群体,他们有特定的学术大师,这些大师也称为学术权威,他们也可以是在学科基础理论探索及其应用方面的同一领袖的追随者,他们是通过普遍性原则和方法统一起来的集合体。② 这样的集合体,就其总的环境来说,更适合存在于高等学府,因为高等学府可以同时满足学术流派存在与发展的三个基本要素:学术大师,追随者(师承

---

① 本文在同一意义上使用学术流派与学派这两个概念,即具有师承关系或共同"范式"的然而却不一定紧密的学术共同体。

② 参见杨建华:《与现代化互动:20世纪中国社会学的发展》(《东南学术》2002年第2期)和《〈认真对待宪法解释〉导言》(《云梦学刊》2007年第5期)。

者)和普遍性原则(共有的研究理念、方法或范式)。由此观之,在我国当代的高等学府里,既缺乏学术大师,又缺乏真正的传承者,当然也就难有"学派"了。

学术,特别是人文社会科学范畴的学术,现在使用得比较滥。政策阐释的内容,道德说教的内容,政治宣传的内容,科学普及的内容,在不少学术著作和学术性连续出版物中,比比皆是。倒不是说这些东西没有意义,但若把它们也称为学术,又让它们高坐在学术的殿堂之中,实在是委屈了以创新性研究问题为特征的学术。也正是从这个意义上讲,与一切以"普及"和"灌输"为主要内容的"学术"相比,这后一种学术我们才称为真学术。这种真学术的存在和繁荣应当是我国高等教育的基本因素。当代高等教育的许多办学者,对学术似乎没有这样的认识,虽然也有知道办大学就是依靠大师的办学者,但仍不明白学术大师乃是标志学术流派的缔造人,他们以追求学术自由、学术创新和学术规范为号召,凝聚的是一批坚定的学术承传群体,而办学者所能做的只是提供给他们发展的自由空间。今天我们存在的问题是,一些"学科带头人"、"突出贡献专家"、"博导"等,其头衔多是来自诸多非学术因素而非学术界的普遍共识,即缺乏"带头人"的合法性,因而他们不但不能成为学术大师,连是否是真正的学术传承者也实在难说。

高等学府应该是一个学术自由的殿堂,而学术自由的标志是"百花齐放,百家争鸣",它意味着学术的繁荣与学术共同体的多元。在这种生态环境下,才能形成学术流派,才能实现学科的创建。这就是说,只有保证高等学府的学术自由,才可能产生学术流派,学术流派的形成才能推动学术研究的发展。这每一个环节和前提是不能脱节与中断的。然而在我们的高等学府里,由于种种原因,学术自由的氛围和环境还亟待提升。其中有两个技术性的原因也许不难改革:一个是"整齐划一"的教学与科研的评估理念、评估标准与评估方法。这种"整齐划一"的方法,总体上说是以非学术评价代替学术评价,以学术成果的定量评价代替定性评价,其结果是通过泛化学术头衔("学术带头人"、"博导"、"有突出贡献专家"等),而矮化了学术大师;通过泛化学术成果而矮化了学术著作。另一个是抵制和拒绝批判理性,致使"批判地继承"长期成为流于形式的口号而难以成为学术研究的现实。在学术交往层面,则缺乏批评和反批评,甚至敌视和压制批评,因为批判理性总是威胁虚假的权威。前一个原因在告诉我们,学术自由并不关涉到学术评价;而后一个原因则显示,学术自由不一定是发现真理的最有效途径,也不一定是学者个人谋求智力成熟的最有效方法。① 这两个原因在向我们传达同一个信息:对于我们而言,学术自由是可有可无的。

这里,似乎有必要了解一下发达国家的办学经验。

剑桥大学办学体制的特点之一是"学院制"。大学是一个管理机构,大学校长是通过选举由各学院院长担任。真正的办学实体是各个学院。剑桥大学的四大学院即神学院、物理学院、文学院、艺术学院,尤其推崇不同学派的创新活动。学院的存在和发展,

---

① 参见《简明不列颠百科全书》,中国大百科全书出版社 1986 年版,第 8727 页。

依赖的正是各学科的不同学派的存在和发展。美国芝加哥大学经济学院各学派都要轮流举办论坛,并由该学派领衔人物作学术报告。这种由学术流派举办学术论坛,学术论坛影响学术思潮,学术思潮引领学术发展,已成为西方学界的传统。我以为,借鉴他人传统中的先进的东西为我所用,恐怕是个不错的主意。或许我们还可以更乐观一些:中国高等院校中的学术流派林立局面的出现,离今天也许并不十分遥远。

作为宪法课题的学术自由

贺卫方

学术自由是一个重要的宪法问题,但是也是很长时间受到中国法学界尤其是宪法学界忽视的一个课题。今天,制约中国高等教育和学术发展的一个主要瓶颈因素正是在学术自由的相关制度建设上的缺乏努力,当然,也跟某些外部环境的抑制密切相关。

世界各国宪法里,专门规定学术自由者并不多。往往是一些曾经发生过严重侵犯学术自由的国家将学术自由作为一项宪法规则。例如,在日本的历史上曾经发生过政府对于学术自由加以干涉的严重事件,为防止这类事件重演,就特别作了规定:"学问自由应予以保障"(宪法第 23 条)。实际上,除了日本外,德国基本法第 5 条、意大利宪法第 35 条也都规定了学术或研究的自由①。

《中华人民共和国宪法》第四十七条可以视为对于学术自由的一个规定:"中华人民共和国公民有进行科学研究、文学艺术创作和其他文化活动的自由。国家对于从事教育、科学、技术、文学、艺术和其他文化事业的公民的有益于人民的创造性工作,给以鼓励和帮助。"另外,在《中华人民共和国高等教育法》(1998)第十条规定:"国家依法保障高等学校中科学研究、文学艺术创作和其他文化活动的自由。"在《中华人民共和国教师法》(1993)第七条规定了作为教师所享有的从事教育教学活动、从事科研并在学术活动中"充分发表意见"、指导和评定学生、参与学校民主管理等权利。另外,《中华人民共和国科学技术进步法》(1993)第三条规定:"国家保障科学研究的自由,鼓励科学探索和技术创新,使科学技术达到世界先进水平。"

追寻学术自由的本来意义,尤其是着眼于这种自由的实际保障,我国现行法律中对于学术自由的规定有着很大的缺漏,突出地表现在一些规定之间存在着相互矛盾的现象。由于我们一直缺少通过司法对于法律条文之含义作出清晰界定的传统,更加大了实际操作中的界限模糊和随意性。

按照通说,学术自由指的是教师和学生在免予法律、机构规章以及公众压力不合理干预或限制的情况下从事教授、学习以及探索知识和进行研究的自由。在教师这方面,学术自由包括可以探讨任何引起他们求知兴趣的课题;可向他们的同事、学生以及公众发表他们的成果;可以出版他们搜集的资料和研究的结论而不受限制和审查;可用他们

---

① 参见法治斌、董保城:《中华民国宪法》,台北:空中大学 1996 年版,第 162 页。

认为合适的方式进行教学①。

值得注意的是,因为学者除了要向学生以及更宽泛的公众口头表达自己的观点之外,更经常地以书面的形式发表他们的作品。这样,学术自由就与出版以及新闻自由发生了极其紧密的关联。这类自由连同思想或良心自由、宗教信仰自由、表达自由等构成了基本人权中精神范畴的重要内容。

学术自由涉及学者个人在学术活动中的独立性以及作为学术共同体的大学的自治,这种独立性所针对的对象既包括国家、教会之类的世俗和精神权力机构,也包括一般公众。在欧洲早期的大学那里,教会成为学者谋求自由地探索真理与知识的主要反抗对象。近代民族国家兴起之后,世俗国家乃成为学术自由的最大威胁。纳粹德国以及麦卡锡时代的美国等都发生过严重地侵犯学术自由的情况,形成了第二次世界大战之后该领域宪法制度与宪法学术发展的基本背景。

在今天,我们把学术自由作为一个宪法课题研究,需要关注的事项很多,举其荦荦大端,包括:第一,学术自由的基本内涵,例如,当我们说教学自由的时候,中小学教师是否在其中;第二,学术自由的价值;第三,中国古典社会的学术形态,古典学术与权力以及社会之间的关系,这种关系与西方的比较;第四,中国近代大学与学术独立;第五,1949 年以来社会主义制度下的学术与政治;第六,大学自治的制度建构;第七,学术评价制度与学术自由;第八,现行宪法与法律中涉及学术研究以及大学管理的相关规则之间的冲突与解释;第九,学术自由的司法保障;第十,能够显示学术自由问题的一些典型事例或案例及其分析;第十一,在一些具体情形下,学术自由需要接受怎样的法律限制。

---

① 参见《不列颠百科全书》"Academic freedom"条。

高校:我国当代学术事业的重要方面军

余三定

雅斯贝尔斯(Karl. Jaspers,1883—1969)说:"大学是研究和传授科学的殿堂,是教育新人成长的世界,是个体之间富有生命的交往,是学术勃发的世界。每一任务借助参考与其他任务,而变得更有意义和更加清晰。"①我国学者王冀生说:在"教学与研究相统一"治学观的指导下,"研究高深学问作为一项重要功能在现代大学中日益占据着十分重要的地位,不仅进一步丰富和发展了'以高深学问的教与学活动为主'的治学观的科学内涵,使研究高深学问成了大学全部活动的基础,现代大学也逐步成了国家发展科学事业的一个重要的方面军,进而实现了教学与研究、社会实践的结合,为现代大学全面实现其社会职能和逐步进入现代社会的中心奠定了坚实的基础"。② 中外学者都认为,开展学术研究,为国家的学术事业作贡献,是高校的重要职能。考察我国当代,特别是新时期学术发展的情况,可以说离不开大学的作用,高校是我国当代学术事业的重要方面军,某种程度上甚至可以说是最重要的方面军,或者说是主力军。

一

我国当代人文社会科学学术研究力量主要包括5大系统,即:社科院系统(包括中国社会科学院和各省、市社科院及各省、市社科联系统);党校系统;党政机关系统(包括中央和省市的宣传研究机构、政研室等);军队系统;高校系统。相较而言,高校系统的人数最多(社科院系统可能排在第二位),研究机构(研究所、中心、室等)最多,研究成果的数量也最大。

我们来看看两组数字。据载:"1998年之后,随着投入的巨幅增长和教育改革力度的加强,中国哲学社会科学无论是在学科建制的规模还是在从业人员的数量与职业化程度上都得到空前发展。截至2000年年底,仅全国高校的社会科学从业人员就达到24.3万人,科研机构1640所,专职科研人员1.67万人。"③同期的社科院系统的统计数

① 雅斯贝尔斯:《什么是教育》,邹进译,三联书店1991年版,第150页。
② 王冀生:《现代大学文化学》,北京大学出版社2002年版,第198页。
③ 教育部社会科学秘书处组编:《中国高校哲学社会科学发展报告2005》,高等教育出版社2005年版,第42页。

字未能查到,我们可把中国社科院2007年的统计数字作为参照,据载:"中国社科院十分重视人才培养工作。现有研究人员3000余人,其中高级专业人员占50%,享受政府特殊津贴的专家学者达1350人,博士生导师391人,硕士生导师525人,国家级和院级有突出贡献的中青年专家64人。"①"目前,中国社科院已发展成为拥有文史哲学部、经济学部、社会政法学部、国际研究学部、马克思主义研究学部等五大学部,35个研究所(中心),下设260多个二三级学科的国家哲学社会科学综合研究中心。"②各省、市社科院的研究人员的数量比中国社科院要少得多,而社科联主要是组织机构,少有专职研究人员,把全国各省市社科院、社科联和中国社科院的研究人员与研究机构累计计算,也会大大少于全国高校的研究人员和研究机构。

<h2 style="text-align:center">二</h2>

学术期刊是学术研究的重要(也是主要)的载体和平台,学术的发展和积累离不开学术期刊的支撑。

龙协涛说:"我国的人文社会科学期刊,大致可以分成三大部分:一是中国社会科学院系统主办的一批办刊历史较早、影响较大的专业性和综合性刊物;二是由各省社科院、社科联系统主办的一批刊物;三是高等学校的人文社会科学学报。"③

据中国社会科学院网站(www. cass. net. cn)首页"我院概况"中说:"《中国社会科学》、《历史研究》、《考古》、《哲学研究》、《经济研究》、《法学研究》、《文学评论》、《世界经济》等82种学术刊物,比较集中地反映了中国社会科学研究的最新成果和学术信息。"由中国社科院主办的82种学术期刊加上各省、市社科院和社科联办的100余种学术期刊(各省、市社科院和社科联一般分别主办1至2种学术期刊),总计在200种左右。而中国高校主办的人文社科学报有"一千余家"④,因此龙协涛说:"从刊物的数量来看,人文社科学报可以说是三分天下有其二。"⑤

另外,笔者看到《中国人文社会科学核心期刊要览2004年版》收入的《核心期刊表》第十一部分"综合性人文社会科学"类中,共列入期刊76种,其中高校学报43种,社科院、社科联系统主办的期刊31种,其他2种。⑥ 又,《中文核心期刊要目总览2004

　　① 李瑞英:《繁荣发展无愧于时代的哲学社会科学——中国社会科学院建院30周年侧记》,《光明日报》2007年5月22日。

　　② 李瑞英:《繁荣发展无愧于时代的哲学社会科学——中国社会科学院建院30周年侧记》,《光明日报》2007年5月22日。

　　③ 龙协涛:《学报的核心期刊与特色栏目》,《云梦学刊》2004年第2期。

　　④ 龙协涛:《学报的核心期刊与特色栏目》,《云梦学刊》2004年第2期。

　　⑤ 龙协涛:《学报的核心期刊与特色栏目》,《云梦学刊》2004年第2期。

　　⑥ 中国社会科学院文献信息中心文献计量学研究室编:《中国人文社会科学核心期刊要览2004年版》,社会科学文献出版社2004年版,第18—21页。

年版》收入的《核心期刊表》第一编所含的"A/K 综合性人文、社会科学"类中,共列入期刊 99 种,其中高校学报 57 种,社科院、社科联系统 37 种,其他 5 种。① 从数量上看,在"核心期刊"方阵中,高校人文社科学报也占了最大比例。

三

随着学术的发展和繁荣,进一步深化科研管理体制的改革自然成为题中之义。我们可看看下述情况。1979 年,教育部首次设立高校人文社会科学研究管理部门:文科科研处;1994 年 3 月 11 日,教育部发布了《关于加强和改进高等学校人文社会科学研究工作的若干意见》;1995 年起,教育部设立全国高等学校人文社会科学研究优秀成果奖,每三年评选一次;1996 年,出台《国家教育委员会人文社会科学研究项目管理办法》;1997 年 1 月,教育部决定从该年度开始启动"跨世纪优秀人才培养计划(人文社会科学)";1999 年起,教育部开始实行《普通高等学校人文社会科学重点研究基地建设计划》;2000 年,教育部制定全国普通高校人文社会科学研究"十五"规划;2003 年起,教育部开始实施"高校哲学社会科学繁荣计划";2003 年,教育部发布《教育部哲学社会科学研究重大课题攻关项目管理办法(试行)》;2004 年 6 月 21 日—22 日,教育部社会科学委员会成立大会暨第一次工作会议召开;2004 年 6 月 22 日,《高等学校哲学社会科学研究学术规范(试行)》经教育部社会科学委员会第一次会议讨论通过,于 8 月 16 日正式发布;2004 年,教育部、财政部开始实施"985 工程"哲学社会科学创新基地建设;教育部于 2003 年年底启动"教育部高校哲学社会科学名刊名栏工程",2004 年年初公布首批入选名刊工程的学报,2004 年年底评选出首批名栏;等等。

透过上述情况可以看出,教育部和各高校在深化科研管理体制方面有着充分的自觉性,在为推动学术发展创造条件、提供支持、加强激励、强化管理方面不间断地做了大量工作,也取得了一定的效果,并在一定程度上推动了整个社会的科研管理工作。

四

在结束这篇文字的时候,要特别说明两点:

其一,上文从研究人员与机构、研究载体和平台(期刊)、强化管理等方面论析了高校对我国当代主要是新时期学术发展的影响和贡献,为了论述的方便和集中笔力,本文主要是从"量"的方面着笔,暂时撇开了"质"的方面的把握。

其二,限于篇幅,本文关于高校给予当代学术发展的负面影响暂未涉及,实际上,高校(特别是高校管理部门)对当代学术发展中不端行为,甚至是腐败行为负有不小的责

---

① 戴龙基、蔡蓉华主编:《中文核心期刊要目总览 2004 年版》,北京大学出版社 2004 年版,第 5—6 页。

任，比如高校管理部门表现出来的"评估癖"、"量化病"等就很值得我们认真剖析。

上述两方面的内容需另撰专文论述。

高校社科学术期刊改革与当代学术发展

姚　申

　　如果说，"高校社会科学学术期刊是高校主办、刊登哲学社会科学研究论文的高层次学术理论刊物，是我国高等教育事业和哲学社会科学事业的重要组成部分"这一判断可以成立，那么，讨论"当代高等教育与当代学术发展"，便不可避免地要涉及高校社会科学学术期刊的改革与发展的话题。

　　"作为高等教育事业和哲学社会科学事业的重要组成部分"的高校社科学术期刊，尽管依托高校的学科和人才优势，在对各学科的基础理论研究特别是文史哲等传统学科领域、相关学科前沿问题、有较大学术理论价值的难点问题，新兴学科、交叉学科问题所展开的研究方面，对当代学术发展起到了一定的推动作用，但毋庸讳言，也还存在着不少问题。其中既有高校社科学术期刊的自身问题，同时也有外部环境给予的程度不同的多种压力。一定条件下，某些负面压力会对高校社科学术期刊的发展甚至生存造成影响。

　　一个令人深思的现象是，从1978年起，经过四分之一世纪的发展，尽管高校社科学术期刊尤其是高校社科学报在数量上有了长足进步，但在学术影响和社会影响上反而有所下降，甚至不如其在20世纪70—80年代。数量的增长并不等于质量的增长，某种意义上说，高校社科学报数量的急剧增长影响并制约了学报总体质量的发展。一方面，相当一部分高校社科学术期刊尤其是高校社科学报管理水平不高，主动进取精神不够，改革创新意识不强，办刊理念、办刊模式和办刊方法陈旧，定位不清，选题雷同，内容重复，个性、特色不够鲜明，名牌栏目、重头文章不多，创新论著尤少，其同质化倾向与"千刊一面"的现象已不断为学界诟病；另一方面，现行高等教育体制所推行的量化考核机制，其供求需要，使得一个时期以来"泡沫论文"大行其道，大量充斥于高校学术期刊版面。可以说，"泡沫论文"的批量生产，不仅损害了高校学术期刊的权威形象，已然成为当代学术史一个颇值得反思的现象。

　　高等教育改革势在必行，在当前高等教育改革的宏观背景下，包括高校社科学报在内的高校学术期刊如何深化改革、改革的方向与重点、总体发展目标、优势与不足、高校社科学术期刊与整个期刊市场关系、高校社科学术期刊改革与当代学术发展等——这些问题均需深入思考。就高校社科学报的改革和发展趋势而言，笔者以为，在技术层面上，以下几种发展方向和模式是可以探索的。

一、集约化发展方向：组建以"教育部高校哲学社会科学名刊工程"入选学报及重要高校学术期刊为核心或以首都高校重要学术期刊为核心的中国高校学术期刊出版集团(后一种模式更便于管理)和若干地方高校学术期刊出版集团，依托强势平台，实现强强联手，形成集约化和规模效应。在组建期刊集团方面非学术类期刊已有探索。二、专业整合发展方向：一方面，参照高校自然科学学报如《高校化学学报》等成功模式，全国高校统筹考虑，根据学校的传统、优势和特色，集中力量，由某一学校牵头，依靠全国性专业委员会、学会，创办代表高校哲学社会科学学术水平的专业学报——可以一级学科门类为主，如中国高校哲学学报、中国高校经济学学报、中国高校法学学报、中国高校历史学学报等。另一方面，一部分刊物可根据实际情况与条件，改成某类专业性期刊或走"局部综合性"(以人文学科或社会科学为主)的办刊道路。三、联合办刊发展方向：组成联合编委会，进行相对集中的学科专业分工，把某一个或若干个学科专业方面的稿件集中到一个刊物中去，形成相对优质和特色。合作学校相互把关、相互承认，从而互相支持，共同繁荣，把刊物做大做强。这方面已在运作的有《山西省高校社会科学学报》、《天津职业院校联合学报》等模式。当然，实际操作中也会遇到难点。四、栏目共建发展方向：由具有相同或相近学科和专业特色、实力相当的若干所高校的刊物合作办同一栏目，依托相同或相近的专题研究学术背景与优势，共同打造和建设具有品牌效应的学术专栏。该栏目可在各自刊物上轮流推出，也可在若干刊物上同时推出。《南开学报》和《南京大学学报》"南南合作"，自2005年共同推出的"当代西方研究"栏目即是有益的尝试，另有多家实力相当的高校社科学报依托各自相近学术优势合作共建的有关专栏也即将面世。五、内涵式发展方向：根据自己的地方特色、学校特色和独特科研优势，确立包括专题研究栏目在内的刊物特色，塑造各自刊物的学术个性和文化特征。这方面成功例子不少，如《广西民族学院学报》等入选"教育部高校社科学报名栏工程"的高校学术期刊以及一批虽暂未进入"名栏工程"但所办栏目已经形成较鲜明特色并具有一定社会影响的高校学报。

对目前高综合性学报中占绝大多数的高校社科学术期刊来说，走内涵式发展之路，根据自己的地方特色、学校特色和独特科研优势设立专题研究栏目，塑造自己刊物的学术个性和文化特征，从现阶段来说，应是比较好的出路。

毫无疑问，高校学术期刊的改革和发展，会有利于推动当代学术的进一步发展。从根本上说，"作为高等教育事业和哲学社会科学事业的重要组成部分"的高校社科学术期刊其改革的最终目标之一，不仅要搭建和成为高等教育研究和高校人文社会科学成果发布、评价和鉴定的公共平台，不仅要起到对当代学术发展助推作用，更重要的是通过对当代学术发展及其走势的预见、洞察和把握，通过学术期刊有意识的策划和引导，通过"提出和创造属于自己的话题"，主动、积极地介入当代学术发展中去，从而发挥其"引领"当代学术潮流作用。当然，要做到这点，除了高校社科学术期刊自身需要不断付出创造性努力以外，一个更为宽松的外部环境是必不可少的。

改进完善规章制度,促进学术繁荣发展

黄颂杰

当代中国学术研究的条件、环境比起20世纪50—70年代是大有改进,学术研究处于非常有利的条件、环境之中。当代学术研究是在比较严格的行政管理体制中进行的,各种学术研究都离不开管理体制。现代人本来就是生活在由各种制度和法规交织而成的一张巨大的网络之中的,这个网络是否合理完善、是否现实对路,对于个人和社会的生存发展至关重要。行政管理从动机、目的来说,应该是为促进学术研究提供各种服务,有利于学术的发展,有利于学术的积累和创新,有利于人才的成长。所以,规章制度要合情合理,合乎学术发展的规律,而不是单纯的约束管卡。对学术事业的行政领导和管理在一定程度上就体现在各种各样的规章制度之中,所以,要处理好行政领导管理与学术发展的关系就要认真反思有关学术管理的各项制度规章。诸如:职称评审制度,考核评等级制度,项目评审和管理制度,成果评奖制度,各类基地管理制度,人才培养制度,等等。这一系列的行政管理制度对于学术的发展具有导向作用、规范作用,可谓举足轻重,它们对学术发展具有不可否定的积极作用。但是,这些规章制度同时存在着许多不完善不合理的东西,具有不容忽视的消极影响,不利于学术发展。概言之,这些行政性的规章制度具有如下一些特点。

第一是多变,章程、规则、办法、标准、指标、要求等经常改变。例如,我们的职称评审制度迄今还在变动之中,尤其是一些指标的硬性规定,一年一个样。多变的结果是让人心中无数,在某种程度上靠运气,碰上机会,谁都不肯放,加剧了相互间的矛盾。其他各种规章办法的多变不胜枚举。第二是普遍采用量化管理模式。教学科研成果都被分解为各种指标,并据此进行评审、鉴定、评奖。目前学术期刊普遍采用根据转载率和引用率来评定期刊质量优劣的做法是量化管理的典型。按这种管理模式,转载期刊成了衡量期刊质量的标准,无形之中当上了期刊界的裁判员。这种现象在国际期刊界是未曾有过的。转载期刊从原发期刊中挑选刊登一些优秀的有学术价值的文章,扩大这些文章的影响,对于学术期刊和学术研究而言是有积极意义的,应当充分肯定,但是,转载期刊就像原发期刊一样本身也是有很多局限性的,包括篇幅的限制,定位、视角的限制,编辑能力水平的限制,还有人际关系和其他各种因素的影响。因此,转载期刊不可能穷尽、容纳所有优秀的有价值的论文;反之,也不能一概论定它们所转载的文章全都是优秀论文。同样,引用率也受到各种限制,一般而言,热门研究领域的论文,或者实用性应用性强的研究领域的论文,引用率要高于冷门研究领域或者实用性应用性较小的基础理论研究领域的文章。有些深层次研究成果具有很高的学术价值,但不易为人理解和接受,引用率当然不高。所以,转载率和引用率可以作为学术期刊办刊效果的参考,不应该是期刊质量的标准。国际顶级学术期刊《自然》杂志主编近日在上海指出,引用量并不是评判论文优劣的标准。[①] 第三是许多规定、评判标准缺乏严格的科学依据,或者说是缺乏科学论证。例如,结项评审有的以正式出书为标准,有的不能出书,以打印稿为标准;限时限刻,过时受罚。又如,论文质量的高低以是否被转载为准,转载期刊成为衡量标准,其根据何在? 再如,职称提升规定,必须要获得若干省部级或国家级项目。第四是划一求同,不注意个体特点。不同学科不同领域的学术研究有各自不同的特点,学术为社会为现实服务也各有不同的方式和特点,有长远的也有眼前的(近),有深层次的也有浅层次的,有直接的也有间接的,有提供理论的也有提供咨询意见的,有轰动性的也有冷静的,等等。如何使规章制度既有同一性普适性又能适应特殊性、个体性,的确是一个难题,但也是应当想方设法予以改进的方面。必须重申,规章制度对于学术的发展是需要的,说到底规章制度就是要合理地调配使用好各种学术资源。管理部门要不断总结实践经验,多多听取学者们的意见,努力改进完善各种规章制度,促进学术的繁荣发展。

---

① 详见《文汇报》2007 年 6 月 12 日相关报道。

学术精神的失落与大学的误区

刘亚军

晚清以来,随着现代大学制度在中国的建立,大学逐步成为学术精神的守护者、传承者与发扬光大者,在推进现代学术的萌生、发展与转型方面,扮演着极其重要的角色。可以说,如果没有"兼容并包、思想自由"(蔡元培语)的北京大学,我们很难想象五四新文化运动能够狂飙突进、如火如荼的进行;如果没有西南联大在"国难时成为文化的支柱",我们很难设想经历了漫长的抗战的颠沛流离之后,我们还能拥有完整而健康的学术精神。

某种意义上,也许可以断言,现代学术精神是由大学孕育和维护的。但是否也可以推导出,现代学术精神的失落与今天的大学教育存在的问题息息相关呢?

在一般的层面上,可以认为今天的学术发展存在着较大的问题,尤其在人文学科方面。今天中国的学术已经日益成为高高在上的缺少现实社会关怀的"话语",常常会在西方理论资源面前"失语";学术研究不仅很难与"智慧"、"创新"联系在一起,而且,常常要沦落为"打假"的对象;学术研究者普遍缺少人文精神,甚至,连应有的职业精神也不具备,因而,常常被人质疑为"误人子弟"……中国人文学术的发展现状可以说是触目惊心的。

而这些,显然是和中国目前的大学现状息息相关的。20世纪90年代后期开始,中国的大学陷入到了因扩招而导致的盲目扩张的泥淖中,外延式的发展取代了本应有的内涵的建设,逐利的目标轻易地遮蔽了大学教育本应有的教书育人的功能,流水线式的人才生产成为高等教育最主要的人才培养方式。更为要命的是,在这样的背景下,大学逐渐地与"市场"自觉接轨,沦落为整个全球化格局下人才生产链上的组成部分,而不再对这样的现实产生反省、质疑,更谈不上超越。

我曾经在高校工作过一段时间,感同身受,在我看来,这样的大学教育,从深层次说,是与中国大学特有的官僚化体制联系在一起的。假如大学中的各级行政人员不是与各种官职挂在一起,假如各种管理机构不是日益"衙门化"、"公司化",假如大学的发展不是如官员追求"GDP"一般去追求排名、科研经费、重点学科、核心期刊论文,也许我们在今天的大学中还能发掘出大学之所以成为大学的那种本质的素质,那种因为建立在物欲膨胀的现实世界的反省与批判前提下的大学精神;也许也还能找到那些不仅仅满足于做"老板"、"白领"而具有高远志向与深厚底蕴的莘莘学子;当然也还能缕析出"自由之思想,独立之精神",但是……

　　因而,我们谈学术精神的失落,已经不能局限在就事论事的思路上,它必须要被还原在一种更为复杂的语境中,才能让我们看到这个问题的复杂性。从大学的角度来切入学术精神的问题,也许也只是一个角度而已,但即使是这个角度,也已让我们看到了冰山一角背后的触目惊心。由此,当我们要触及诸如学术精神的重建这样的命题的时候,我想,可能学术精神并不仅仅落实在知识分子的自省与自律的层面上就能解决,并不只是表现为知识分子的良知与道德的苏醒,某种意义上,我们可能更需要对产生今天的学术精神危机的大环境有一个比较清醒的认识与理解,对学术精神的危机的实质有一个切切实实的把握,这是一个不容回避的大前提。

关键是制度创新

马　驰

新春伊始，《文汇报》上一篇《2001 年以来在资源环境领域的 15 项国家 973 课题中上海科学家缘何集体缺席》的头版文章又把上海科技界的几多心酸、几多无奈暴露了出来。其实在科学研究领域集体缺席的何止是资源环境领域，即便是被边缘化了的人文社会科学，上海又能拿出多少在全国称得上领先的拳头产品？

"创新"、"自主创新"已经成为举国上下的"关键词"，社会各阶层都在为如何提高我国自主创新能力建言献策。科学工作者在建设创新型国家的历程中，不仅应该去奋力抢占学术制高点，攻克核心技术，为国家的经济和社会发展排忧解难；更应为弘扬自主创新的文化精神、普及科学知识、培养高素质创新型人才，担当起创新的"中坚力量"和"开路先锋"。

但创新需要制度保证，而制度创新更难，否则急功近利的浮躁之风难以遏制，抄袭、剽窃乃至造假等学术腐败事件更会直接毒化创新环境。不久前，韩国黄禹锡造假一案引起全球震动；近期，上海又冒出一个"汉芯一号"事件。这起造假事件既牵涉地方，也涉及中央的有关部门，造成了极坏的社会负面影响，上海乃至全国范围内还有多少大大小小类似"汉芯一号"事件仍潜伏在水里？设在国外的《新语丝》网站几年中指名道姓地刊登了数十起所谓国内知名学者，包括个别院士、新近引进的长江学者、百人计划高端人才等违规造假案例，一次次地冲击着国内的相关学科领域，暂且不论其中确有个别别有用心的人利用国外网站恶意泄私愤、泼脏水，但为何至今没有一个政府权威部门勇于站出来全面负责地调查清理，逐一核实这些案情，惩恶扬善，以正视听？难怪广大的科技工作者身陷迷惑与无奈，一方面对身边屡屡发生的吹牛拔高，以权谋私，拉帮结派，相互吹捧，暗箱操作，篡改数据，盗用他人成果，故意抹杀前人贡献，颠倒论文作者名次等丑恶现象敢怒不敢言甚至不敢怒不敢言；另一方面迟迟不见政府主管部门的有力措施出台，即使有关部门发话，也是隔靴搔痒，甚至文过饰非，明摆着是腐败行径，却硬被标饰为"学术不端"，而真正被无端诬陷的人事也得不到公正澄清……

制度创新的缺失也严重毒化了学术环境和学术生态。我国目前的科研经费的投入基本依赖于政府的财政支出，由于严格的监管机制和科学的评估机制缺位，国家自主创新的伟业被"押宝"在了少数"准学者真官员半商家"的人身上，真正踏实严肃型学者渐被边缘化。项目结题时，"善意的忽悠"还能拿出点似乎像样的果实"一俊遮百丑"；"恶意的忽悠"却钱用光、人养胖,而且项目结果空荡荡。横向比较,我国的科研投入的确不如一些发达国家,但若以改革开放以来的时间段隔纵向比对,则清晰地表明,我国对学科建设与科研的专项投入正以大幅的比例增长。然而,我国的科研竞争实力在世界的排名地位不但未同步递长,反而渐行渐落,暴露出我国的科研环境包括社会的风气,"官本位"的盛行,项目立项评审,监管和验收,科研成果的奖励与转化,人才的引进与培养,决策问责等环节的制度与机制存有种种必须正视的弊端。认清这些弊端并不费劲,要完善制度却不简单。为此,要在制度创新上花大力气! 否则,"创""四个中心"就很有可能成了"唱""四个中心"。

知白守黑，风物放眼

居 平

在座的各位都是中国著名高等学府的教授博导等及社科院的老师，首先向"象牙塔"内的你们致敬。因为我从大学已毕业多年，在社会这所大学里，摸爬滚打了多年，也看到了更多社会黑暗的地方，尤其是房产界和商界。我刚才听了各位老师的义愤填膺的发言，揭露高校的黑暗腐败的教育现象，还是很震惊的。

在此之前，我一直觉得大学是个纯洁的"象牙塔"，是人间最后的一方净土。但是，如果拿大学教育的这些黑暗现象与社会上的其他一些黑暗现象相比，尤其是房产界，那是"小巫见大巫"了！因为我从 2000 年就做房地产记者，也写了几本与房地产相关的书，眼看着房地产的起起落落，更看到了更多的黑暗现象，商界的黑暗比教育界更残酷可怕，那是你死我活的惊心动魄的商战！而我们教育界就要好点了，所以，我觉得至少教育界目前是灰色的，任何事情都要辩证地来看，事物都有其正反两方面的，我们要看到仍然还有一丝光亮的地方。尤其是有在座的各位正直的、真正的学者教授，看到你们忧心如焚的样子，以及痛心疾首地呼吁，我心里很感动，至少我们还有这么多仁人志士在捍卫保护"象牙塔"内的一方净土。

我也从媒体上看到北大教授贺卫方罢招研究生的事。他曾表示，现行法学研究生入学考试设计存在着相当的缺陷，严重抑制了考试时应有的专业倾向；保送制度存在很大缺陷，已经达到相当不合理的程度，严重影响到招考公平。今天，我有幸见到贺老师本人，他刚才的发言就很激烈精彩！要有更多这样有良心的真正的知识分子站出来！试想：如果在学术界、教育界再多一些这样的旗手与先锋，那我们的未来难道没有希望吗?！

我有位朋友也曾在上海某高校读博士，他叫他的导师为"老板、老大"！（这也是刚才社科院的马驰老师说的高校学术界的流氓用语与流氓习气）他说，现在博士不用读书，只要有钱，开胭脂店的、没文化的人也能混个硕士、博士！我当时听了还不相信，今天算是真信了，也明白了在商品经济的今天，高校为什么会成批成批生产出有这么多"憨博士傻硕士"了！记得我曾采访过一位同济大学的老博士，也是知名的建筑师，古建筑保护专家，他形象地说，他那个时代的博士是手工精雕细刻做出来的，现在的博士是机器批量生产的，量多了，就不能保证质了。这话也是有一定道理的。

现在的市场经济社会是个变革的时代，许多人心情浮躁、急功近利，大千世界又是鱼目混珠，杂乱无序的。我喜欢老子《道德经》里的一句话："躁胜寒，静胜热，清静为天下正。"但愿我们教育界学术界的人们都能静下心来，反思一下各自的人生，想明白真正想要什么？我也喜欢弘一法师的一句话："先器识而后文艺。"他说了人品的重要。我觉得我们在座的各位，都要从自身做起，修炼好自己的内在素养，知白守黑，风物放眼，然后积极去应对外面的一切。那么，当代高等教育与学术发展之路就会走出灰暗，光明起来！

对科研量化考核的一个理论思考

朱国华

我们形容一个人的美,其实是不可以按照三围之类尺度来描述的,道理很简单,满足了那些条件的未必就美。古人宋玉对美人的称赞被认为是最高明的,他说:"增之一分太长,减之一分太短;傅粉则太白,施朱则太赤。"其高明之处在于,他认为美只是恰好,也就是不可以比较的。从理论上来说,一个人之美,是一个属于质的事情,而不是属于量的事情。同样,一个人的科研能力,也是不可以通过一些数据能够评估得出的。这一点,实际上不需要通过论证,诉诸常识就可以得到的。既然如此,为什么在我们今天的高等教育系统中,仍然还是通行量化标准来对教师们进行考核呢?

应该说,决策者们之所以采纳这一游戏规则,并非全无道理。但是其合理性是什么意义上的合理性呢? 如果我们不是孤立地观察科研量化这一事实。如果放宽眼界,可以惊奇地发现,以数量替代质量,实际上是我们正在体验的现代性经验的主要特征之一。德国社会学家西美尔认为,现代性生活风格的主要特征之一,就是将(不可以比较的)质的问题转换成(可以比较的)量的问题,算计(calculative)功能已经成为现代人们用以应对世界,用以调整其内在生活关系的精神功能:这些功能的认知理念是把世界设想成一个巨大的算术问题,把发生的事件和事物质的规定性当成一个数学系统。诸如民主、选美、超女、综艺节目、体育比赛等,都是由票数或分数决定的。算计作为认识现代生活的一个重要视角,一方面是货币经济的结果,因为货币使得抽象的交换价值获得了最为直观的物质形式。对货币的普遍使用,迫使我们在日常实践中必须不断地进行算术盘算估价,并把从质的价值转换成量的价值。另一方面正如霍克海默和阿多诺在《启蒙辩证法》中所指出的那样,启蒙原本是为了祛魅,为了消解神话,但是随着它的发展,它自己变成了神话。换言之,以技术为代表的工具合理性构成了我们这个社会的支配原则,而此原则逐渐渗透到生活世界的每一个角落。可以说,现代性的过程其实就是追求合理性的过程。追求合理性,即遵循某些普遍规则,在行为目的与实践手段之间建立起逻辑联系。但是,这样的合理化并不意味着整个社会更加合理了,因为这里强调的是主体的维度,至于客体自在的存在就遭到了粗暴的忽视,后者是根据前者的意志被算计的。所以,所谓合理化,不过是手段被合理化。一个社会根据某些可以量化的技术被组织好,这个社会被说成是合理的了。韦伯正确地指出,合理性原则不仅不能达到整个社会系统的最优化状态,而且会导致现代性受制于机器和技术的巨大的经济秩序和科层化系统,并使得整个社会变成囚禁人类自由心灵的监狱。

从这种意义上来说,在科学研究领域沿用算计的逻辑,实际上对科研的主体是缺乏真正的尊重的,是把他们作为算计的对象,把运用于自然领域和经济领域的方式运用于对待人。科学研究的最重要的动力应该是纯粹的追求真理的冲动,实际上也就是知识上的好奇心。用量化的方式来管理科研,实际上是用利益驱动的方式来催化科学成果的生产。这是违背科学本身热爱智慧的精神的。即便从结果上来看,量化考核的负面效果也比正面效果大,它并不能在客观上起到鼓励专家学者进行真正意义上探索的勇气和激情,相反,它实际上以投入产出的经济核算原则变相鼓励我们以功利目标来获取各种利益。本来科学研究本身是具有吸引力的,爱智本身是一种非功利的自由游戏的人生态度,但是,由于算计逻辑在科学研究领域的殖民化,量化考核使得科研成果所隐含的各种可能(物质/符号)利益变成了最有吸引力的所在,也就导致了科学精神的异化。

决策者们也许主观上是想通过量化考核手段来谋求中国科学研究总体能力的大幅提升,但是这种经济运作法则与学术大跃进思路的有机结合,尽管会有利于其更好的管理,因为几乎所有的官僚系统都喜欢数目字管理,但要希望以此方式达到其预定目标,我个人认为不啻缘木求鱼。我们不妨从一个较微观的角度来提供一个例证。我们知道,很多数据表明,各所大学对硕士生、博士生、教师发表论文的要求很高,现有的杂志根本不能满足这些要求。除了对师生们非常不利,并造成许多恶果之外(有人不能忍受压力,甚至做出了诸如自杀这样的极端事情;有人重金购求核心刊物论文,公然造假;有人花钱买版面,造成合法的学术腐败;也有人无力承受此种压力而剽窃他人著述),就杂志本身来说,一个很奇怪的事情就是,我们的学术杂志是非常多的,杂志的篇幅是越来越增加了,但是除了极少数杂志,大部分能够允许作者刊发的文章有苛刻的篇幅要求。我本人的文章常常被要求自行删减,甚至两万字的文章被迫删到一万字以内。但就我从事的文艺理论这个领域而言,我认为,不足一万字的篇幅,是很容易变成表态的文章的,因为篇幅太短,是不大能够做到充分学理论证的。如果学术论文必须要有新意,也就是要破除学界广泛接受的常识,那么,其分析常常需要求助于理论结构的某种复杂性。所以在我们这里,杂志常常刊登的文章喜欢做大而无当的总体性勾勒,对某种趋势进行总结性判断,或展开一些层次简单的争鸣。这些文章因为比较容易接受,所以也容易被转载,容易被消费,被娱乐。说起来这是使得学术走下圣坛,像某些百家讲坛的时髦教授那样飞入寻常百姓家,但牺牲的却是学术的尊严和深度。

如果指责量化考评不仅无助于反而破坏了学术研究的生态环境,那么,我们该如何对中国的科学研究进行有效的管理,使得我们国家的整体研究水平能够有稳步的发展?我个人认为,最好的管理就是有关部门不予管理,也就是无为而治。试问:长此以往,是否会导致无政府状态?我这里不管理的意思是在有关管理阶层的协助之下,让科学研究的共同体得以自发的生长,它自身会萌生并发展出符合自身特点,也就是符合科学研究本身规律的规则系统,而不是迫使学术场域的逻辑臣服于官僚系统的权力意志。我认为,如果情况是这样,科学研究的品质而不是数量,将会逐渐成为大家共同关心的焦点,而这必然会为我们民族学术的振兴带来一个美好的明天。

高校文科科研定性定量评价与学术发展

叶继元

当代高等教育的两大任务之一是科学研究。科研评价是否公正、合理,不仅关系到广大师生切身利益的实现和科研积极性的发挥,而且关系到高校使命的完成和学术的健康发展。20世纪80年代以来,高校已基本改变了传统的科研"大锅饭"、学术基本没有评价的窘况,但近10多年来,许多高校似乎又走向另一个极端,学术评价中的简单化、行政化、唯数量化倾向已经出现。由于人文社会科学具有自然科学所没有的特点,因此其评价更具复杂性,以致一些文科学者发出了人文社科是否需要评价,如果要评价,则怎样评价,什么人来评价等问题。下面就谈谈这三个问题。

一、人文社科是否需要评价

笔者为了进行"建立与完善哲学社会科学评价体系"课题的研究,曾于2005年10月至2006年2月向部分教育部社会科学委员会委员及高校教师进行过有关调查。其中一个问题是关于是否需要评价的问题。

在被调查者当中,有56%的人认为对人文社会科学虽然当下很难评价,但为了激励学者和便于管理,迫切需要建立科学的评价指标体系和评价办法;38%被调查者认为人文社会科学在较短时间内很难评价,得依靠长时间和实践去检验;只有6%的人认为说不清楚。

自然科学需要学术评价已得到共识,但人文社科是否需要学术评价似乎有不同意见。调查表明,多数学者赞成相对的学术评价,目前迫切需要建立科学的评价指标体系和评价办法。但亦有相当的学者认为人文社科在较短时间内很难评价,得依靠长时间和实践去检验。这说明,目前迫切需要建立与完善人文社科评价体系,对人文社科研究成果进行评价,但要清醒地看到,这种评价具有相对性,还必须接受时间和实践的反复检验。人文社科,尤其是人文学科,其研究和评价有复杂性和特殊性,应该根据这些特点进行评价,而不应以这些特点否认评价的可能性和必要性。①

---

① 参见叶继元:《人文社会科学学术期刊及研究成果评价的调查分析》,《学术界》2007年第4期。

二、怎样评价

按什么方法进行评价？从调查看,53%的被调查者认为要采用定性定量相结合,根据不同情况以定性或定量为主评价,并根据各指标的权重来测量;45%的认为宜采用专家定性评价;35%的认为宜采用同行被引用情况评价;28%的认为宜采用定性定量相结合,以定性为主评价;9%的认为采用定性定量相结合,以定量为主评价。评价方法是人文社会科学评价的关键环节,方法的选择与其评价结果是否合理、科学有直接的关系。从调查结果看,定性与定量相结合的评价方法已基本形成共识。多数调查者认为要采用定性定量相结合,根据不同情况以定性或定量为主评价,并根据各指标的权重来测量。

那么,哪些指标可以用来评价呢？在5个定量指标中,A被引次数选择的人最多,占65.7%;C被有评价作用的二、三次文献(检索期刊、评论期刊)收录和被评论次数次之,占41.9%;D被有关部门采用次数列第三,占29.5%;B获奖次数列第四,占28.6%;E被利用次数列末席,占24.8%。可见,在定量指标中,相对来说在没有更好的指标出现之前,被引次数是最不错的,信度较高,这与引文指标既包含定性评价(同行评价),又能定量评价这样的独特功能有关。在7个质量指标中,得票最多的依次为创新性、科学性、前沿性、价值性(社会效益及经济效益)、规范性、难度性和复杂性。指标的最重要性排序与此排序相同。

得票最多且最重要的两个指标是创新性和被引次数,二者有一定关联性。众所周知,所谓创新,是"有中生新",必须在他人研究的基础上才能有新发现。引用别人的成果,既能承认别人的成果,包括创新成果,也能凸显作者自己的创新成果。因此,可以说,引文指标与创新指标有密切的联系。

自然科学中"一些优秀论文很少被引用,而一些不那么重要的论文却被广泛引用",48%的被调查者认为这种现象在人文社会科学中也普遍存在;49%的调查者认为少量存在;只有2%的调查者认为这种现象不存在。① 这说明论著被引用与论著的优秀并不能完全画等号,被引用越多,说明其影响越大,但并不能说其学术价值越高,尽管影响大与价值高有一定联系。

三、什么人来评价

从以上分析可知,无论是何种评价,都需要人来评价。然而是自我、用户或行政人员、科研管理人员、大众来评价,还是以同行专家来评价？答案是:以同行,尤其是小同

---

① 参见叶继元:《人文社会科学学术期刊及研究成果评价的调查分析》,《学术界》2007年第4期。

行专家评价为主,辅助于引文(亦包含同行评价)等评价。

同行是指行业相同,或具有相同的专业、职业或研究方向的人。同行评价(peer review)是指具有相同行业、职业、专业研究方向的人对评价对象进行价值、影响、优劣等方面的判断。同一个一级学科的专家的评价称为"大同行评价",二、三级学科或更小研究领域的专家的评价称为"小同行评价"。显然,小同行评价更有意义。评价人与被评价对象的责任人在评价时均不出现姓名,这被称为"双匿名同行专家评价";如一方出现姓名而另一方不出现,则为"单匿名同行专家评价";如双方都不隐去姓名,则为"具名同行专家评价"。是匿名还是具名评价可以视具体的评价目的、要求而定。尽管同行评议具有一定的局限性,但从总体上看,同行评议目前在国内外仍然是学术评价的最主要的方式。

由于同一领域或相近领域的研究者熟知该领域的学科发展概况和学术思想,并且遵循的是同一套研究范式,因此他们比外行人更清楚某项研究成果在学术上所达到的高度及其应用前景。评价专家应由那些具有较高的专业知识水平和实践经验、敏锐的洞察力和较强的判断能力,熟悉被评价内容及国内外相关领域的发展状况,具有良好的学术信誉和学术道德,认真严谨,秉公办事,客观公正,热心学术事业,敢于承担责任的学者或专家担任。评价专家的遴选应从同行专家库中依据评价的目的、要求和条件随机或定人选择,评价某项成果一般需要三个或以上评价专家参加。所谓回避原则是指与被评价方有利益关系或可能影响公正性的其他关系的评价专家不能参与评价。已遴选出的,应主动申明并回避。被评价方可以按规定提出一定数量建议回避的评价专家,并说明理由。

同行评价的核心是精心选择评价者即同行,评价的基础是建立恰当的标准,评价的关键是设定公正的程序。一旦你被聘为评价专家,就应该根据具体评价的目的和要求、评价客体的特征、评价的分类、质量原则等进行评价。

对于人文社会科学的同行专家来说,还应该着重关注下列问题:

1. 应积极参与

人文社会科学,由于其涉及的学术广度和深度侧重点不一,一般的管理者很难完成评价工作,应该邀请有良好学术道德声誉、在专业研究领域有杰出成就的同行专家进行评价。被邀请的专家,本着社会责任感和社会精英的荣誉感,为了维护学术公正、学术发展和繁荣,应该勇于承担责任,积极参与相关学术评价活动。被邀请,应该视为社会对专家的认同和推崇,专家应以此感到荣耀和自豪。参与评价活动,也是专家自身理论应用于实践、了解同行研究动向、回顾专业研究的一种途径,更是服务社会、奉献爱心的机会。因此,专家应该积极争取参与相关的各类评价活动。

在整个的评价过程中,如果专家发现自己研究的专业方向、研究的深度和广度并不适合担当本次评价任务,如果发现评价客体的所有者和自己有师生、亲属或者其他利害关系时,应该主动申请回避,以免被疑有评价不公之嫌。组织者知晓并仍执意邀请除外。

2. 应有责任感和同情心

评价专家首先应具有责任感。被邀请专家个人的学术研究、本职工作都很繁忙，一般还兼有较多的行政事务、社会事务，他们的日程安排很紧张，时间很宝贵。另外，组织者也有层次、级别高低之分。评价专家如果缺乏责任感，就容易因为自己繁忙或者组织者级别层次较低而产生敷衍的评价态度，匆匆阅览，匆匆定论，这不仅使评价工作走过场，评价结果不能真正反映评价客体，使组织者达不到评价的真正目的，容易打击学者的积极性、可能错过重大创新项目，也容易使劣质成果、项目蒙混过关。评价者责任感体现在：详细了解评价目的，仔细审阅成果，认真核对有关资料和数据，给出详细评语和真诚的反馈意见。

评价专家还应该具有同情心。评价专家在学术研究上一般都有较深的造诣，在学术道德等方面都有良好的声誉，研究成果卓著，有自己独到的学术见解，学术水平一般都高于被评价者。因此，在评价过程，难免会发现被评价成果在学术见解、研究方法、资料掌握、研究的深度和广度等方面有一些瑕疵或欠缺。评价专家不能因为这些微瑕而否定成果所有者所做的工作和学术价值，从鼓励的角度积极肯定其中的闪光之处、创新之点，且明确指出某些方面的不足并给出进一步完善的方法；对于学术新秀要善意的鼓励和培养，要富于同情心，以促进他们更好的成长。当然，成果中确实存在理论或结论方面的错误，应该坚决地予以否定，不能因为同情而含糊其辞，否则不仅玷污了学术也伤害了学者，最终也会逐渐影响专家自己的学术声誉和道德声誉。同情心主要表现在：以关怀和爱护的心情去评价成果，肯定成果作者的工作和努力，指出优点和不足，尽可能地给予指导；不能因为瑕疵而轻视成果，更不能恶语相向，一棒子打死。

3. 应按时完成

评价专家在接受评价委托时，要充分考虑评价任务的工作量和个人工作时间安排，在确保能够按期完成评价工作的前提下，接受委托，否则就婉拒。如果不能按时完成评价工作，就不能与其他专家评价同步进行，组织者就难以综合所有专家的评价意见以进行下一步工作，这就会影响到组织者整个工作进度。按时完成工作，既是工作的需要，也是个人良好素质的体现，既表示了对委托者的尊重，也是对组织者工作的支持。专家作为社会精英，其言行有着巨大的感召力，对社会各阶层都有示范作用。专家按时完成评价工作，不仅是端正学术之风、研究之风的需要，也是个人社会角色的需要，也为青年才俊树立学习的榜样。否则，也会影响专家的声誉。

4. 应以质量评价为主

质量是一切学术成果的生命线，学术研究必须要重视质量，没有质量的成果就是学术污染、学术垃圾。因此在评价过程中，要着重评价成果的质量，而质量包含了如下一些内容：

选题规范有意义，即选题是围绕着学术理论的、社会现实的一些问题，在广泛调研的基础上形成的,而这样的选题又是有新意、与众不同的。研究方法恰当,即所用方法要符合课题的要求,与进行的研究相适应,不能张冠李戴,不能移花接木,没有正确的方法就不可能得出正确的结论。引用的数据和文献准确、适当。专家在评价时,不仅要审阅成果本身,还要逐一核对有疑问的数据和引文,检查它们是否属实、准确、适当,虚假的引用、错误的引用、胡乱的引用都是严肃的学术研究所不能容忍的。对于有些数据资料,评价专家还得需要进行科学验证。因此专家在评价中,可能需要花费大量的时间和精力,需要专家有无私的奉献精神。论证、论据符合逻辑。专家审查成果时,要审查论据、论证过程、结论之间的逻辑关系。无关的论据即使再多,对结论也毫无作用。有了论据,而论证过程却凌乱不堪,则一定会影响结论的正确性。因此需要在充分翔实的论据支持下,经过严密周到的论证,才可能得出可信度很高的结论。

5. 应该对重要性作出评价

学术研究成果总是研究某一方面的某一问题,该问题的重要程度,其研究的透彻程度也直接决定着该成果的评价等级。

首先,在研究的问题上,专家要考察这样的问题是否与现实实践紧密结合,是否学术发展所必需。如果是必需的,那么这样的研究就很有意义,这样的研究成果就应该给予较高的等级,就能够推荐发表;否则,如果这样的研究成果可有可无,要得到专家较高的评价是不可能的,更谈不上发表或者投入应用了。

其次,在研究的深度上,专家要考察作者对于问题研究的深度。如果研究只是浅尝辄止,没有研究所必需的文献调研、方案论证、逻辑推理、深度挖掘等,尽管选题很好,也是当前学界所关心的问题,其成果也不能发表,更不能投入应用。

另外,在对待成果的作者上,如果作者是名家大师,其成果一般来说应该具有很高的价值和水准;如果作者是青年新秀,则由于他的学术阅历和科研经历有限,往往不易产生尖端的学术成果。但是,大师也有科研失败的时候,青年也有捕捉科研焦点产生创新思想的灵感。无论怎样,评价的是成果本身,评价的是成果的重要性和可行性,而不是作者的名气,因此在评价中,评价专家切勿受作者知名度的影响。对于评价的标准和评价的结论应该在一定范围内公开,以方便同行讨论,最后得出更为贴切的评价结论。

6. 应该严守学术秘密

专家在评价学术成果中,接触到的学术成果,无论是选题,还是资料数据收集和应用、论证方法、结论,都有可能是最新的、独特的,如果没有保密意识,随意向他人透露,则有可能被一些学术品行不端的人利用,从而抢先发表类似的学术研究成果,使该成果的所有人蒙受学术损失,遭受精神打击;另外,还有些研究成果本身就属于机密,如果评价专家不小心泄露有关内容,就可能使委托人、组织者遭受重大的政治、经济损失,产生不可估量的后果。为此,评价专家在评审过程中应该注意以下行为:

妥善保管被评价成果的文本或其他载体,尽量及时完成评价工作并完全归还委托人。

评价专家不要复印、拷贝、复制文稿,如有保存部分或全部文稿,则应及时粉碎处理。

评价专家如果遇有突发事务,未经委托人许可,也不得转请他人代为评审,即使是自己的学生、同事、亲属,也不能越俎代庖。

专家在评价过程中,不得与成果所有人讨论有关该课题的研究工作,更不能透露自己是该成果评价专家的身份。

专家在评审过程中,如果不得已需要与他人讨论相关问题时,也不得泄露课题核心观点,更不得透露自己正在评审的成果和成果所有人。①

7. 应淡化成果的数量,注重质量,提倡代表作的评价

有一些学术评价工作,不仅仅是评价成果本身,而且是评价批量成果、系列成果。此时,评价专家不应拘泥于成果的数量,而要认真考察其质量。没有质量的数量,只会造成物质资源的浪费,挤占有限的学术资源,浪费评审专家的时间。如评价论文、专著等,不能看重其字数和版面,也不能只看该论文的被引量和引文量,而要看其结论是否有创新的思想;对于评价学术机构,也不能只看它发表了多少论文、出版了多少专著,还要看这些成果真正的学术含量,是否引领了学术发展方向,是否纠正或弥补了现有的观点,是否为现实问题提供了解决方案,等等。

在某些个人或机构评价中,如果成果数量众多,应该要求这些成果所有者首先进行自我评价,遴选出能够代表自身最高研究水准的代表作。因为成果所有者对自己的学术研究水平是最清楚的,了解哪些成果能够代表他的学术水平。评价专家只对这些代表作进行评价,这样就能减少评价专家的工作量,使得专家评价工作能够有更为充分的时间、更为集中的精力投入评价工作。这既能加快评价工作的速度,提高工作效率,又能避免因为一般成果数量庞杂而形成的信息干扰,影响了专家的正确思路,从而产生不必要的判断失误,确保专家评价准确、公正。

8. 应该提倡平等的学术批评,恰当地对待其他人的意见

学术评价,有时是集体评议或者针对各自评价结果再进行民主决策,也有面对作者集体评判等形式。无论哪种形式,都会出现他人与自己评价意见不一致的时候,这个时候要正确对待他人意见,通过自我反省,与他人沟通交流、学术争鸣等形式达到一致,如果不能一致,则可以持保留意见,切勿盲目否定或者顺从他人观点,不要因为自己是专家或他人是大师、是名人就固执己见或盲目崇拜。

学术评价中也常常包含学术批评,评价中有批评,批评中有评价。专家在评价中,对于成果中出现的学术形式失范、观点模糊、论据不足、论证不严、结论凌乱等现象,一定会提出批评意见。但这样的意见仅限于文本本身,本着社会责任感和同情心,善意地

---

① 参见 Steneck,N H:《科研伦理入门:ORI 介绍负责任研究行为》,曹南燕等译,清华大学出版社 2005 年版,第 137—144 页。

提醒作者今后努力注意和改进的地方,切勿出语伤人,伤害作者自尊,武断棒杀作者的科研能力,更不能由此连带批评组织者或委托人。即使对组织者或委托人有意见,对成果的所有人学术态度有看法,也应该通过一定的形式,以适当的方式方法知会,不要动辄伤人,这既不是专家的品质,也不利于营造和谐的学术研究氛围。

学术批评无禁区,但学术批评有纪律。既然是批评,就应遵守一定的规范,不能无原则无限制地随心所欲的批评。对于成果本身可以根据自己的判断定性地给予优良中差、通过与否、先进与否等的结论,但是对于作者本人或者组织者、委托人,不得给予否定的评价。

例如,学位论文的评审就是典型的同行评价。专家首先要热情地参与评审,这既是作为学术前辈的责任,也是培养学术新秀的需要;在评审中,要满怀责任感和同情心,既不放过论文的失误,也不放过论文的新意,要有针对性地进行批评和褒扬,做到既有鼓励又有鞭策,使学生能够有针对性地进行修正。这样专家前辈的责任感和同情心就跃然纸上了;专家要按时完成通讯评审,否则有可能延误学生的毕业;专家在评价中,主要看重论文是否真的有创新,是否与相应学位申请相适应;在评价中,专家也不能随意将论文给其他同事和学生浏览,评价的结果更不能让被评价学生知道,否则会影响评价的公正性;评价中,论文的字数和篇幅以及形式上的完整性,只是作为参考,它不应该作为是否通过评审的要件,但是专家可以要求作者在今后的论文修改中注意形式上的完善和美观;在评价中,专家也应该注意吸收其他专家的意见,遇有矛盾的地方,应该友好协商,不能因为各执己见而影响学生的正常答辩。

我国现代高等教育、现代人文社会科学研究历史不长,在其发展过程中,又受到经济、政治、战争等各种干扰,几经波折。高校文科科研评价不规范,亟待建立与完善。相信经过学术共同体积极探索,相对公正、合理的文科科研评价体系一定能建立起来,以促进高等教育与学术的健康发展。

办特色栏目是改造高校学报的途径

——以《云梦学刊》"当代学术史研究"为例

龙协涛

中国大学创办的学报或学术刊物,以苏州大学的前身东吴大学于 1906 年创办的《学桴》杂志算起,已有一百年的历史。中国的教育家、中国的学者非常重视大学的学报,如《北京大学月刊》就是蔡元培倡导创办并亲自撰写发刊词,1955 年出版的《北京大学学报》也是当时任校长的马寅初创办并亲自撰写发刊词。著名的教育家、《资本论》的翻译者,曾任厦门大学校长的王亚南在 20 世纪 50 年代还明确提出,看一所大学主要看三个东西:一看教师队伍,二看图书馆,三看学报。把高校学报当成衡量一所大学办学水平的重要标志。桴者,船也。当年东吴大学办《学桴》杂志是一船独发,而今天则是百舸争流,已有一千多家高校社科学报支撑着中国学术的一片蓝天。评论者多数认为,从数量看高校社科学报是空前大发展和空前大繁荣。但它的弊端仍是千刊一面,办得有特色有个性的学报不多。于是有人主张要撤销或大大压缩属综合性的学报,取而代之的是办专业性学术期刊。殊不知现在的高校大都是综合性的,即使是像政法类、财经类、外语类高校现在也在进行学科和专业的扩张,办起了主学科以外的其他学科和专业。目前通行的是一校一本综合性文科学报,如果不让办综合学报而提倡办专业期刊,不知立马要新增多少刊号才能满足各高校的需求。目前,我国的期刊管理体制实行的是审批制而不是国外的登记制,期刊主管部门严格控制新增刊号,申请新批一个刊号难于上青天。此路显然走不通。那么除综合性刊物、专业性刊物之外,是否还有一条路可走呢? 答案是肯定的。自 2003 年教育部实施名刊名栏工程以来,一般高校依托自己的学科优势和地方特色,办特色栏目,打破了千刊一面的局面,彰显了刊物的个性。这说明办特色栏目是一条可行的道路,而且在这条探索的道路上不少学报作出了有目共睹的成绩。

《云梦学刊》的"当代学术史研究"栏目就是一个成功的案例。《云梦学刊》的主编余三定教授对学术思潮的脉动有切身感受,在反省历史和体察现实的基础上,以敏锐的学术眼光,从问题意识出发,及时开办"当代学术史研究"栏目。栏目的开办,对《云梦学刊》来说是刊物的重点、亮点,对当代学术界来说是学术研究的热点、焦点。刊物和栏目互为依托,相互促进。《云梦学刊》正是靠"当代学术史研究"栏目大幅度提升了刊物的知名度和学术水平,在如林的期刊群中收到了"万绿丛中一点红"的效果,实现了普通高校要办出不普通学报的奋斗目标。

从 20 世纪 80 年代末期开办的"当代学术史研究"栏目，经过十七年的辛勤耕耘，无疑它获得了成功，于今可称得上是一个学术品牌。其成功有三个标志：

第一，栏目的开办好比举起一面学术大旗，在它周围团结了一批学人，它在推动一种思潮，倡导一种学风。杂志有思想，栏目有魅力，治学术史的学者、关注学术史的读者认可这本杂志，拥戴这个栏目。他们愿意把自己精心结撰的文章投给"当代学术史研究"栏目，以在《云梦学刊》上发文章为荣，刊物办到这份儿上难道不算成功吗？

第二，栏目定位好。学术文化是一个民族生存发展的根基，思想理论是引导国民前进的精神灯火。在我们大力振兴人文社会科学、繁荣发展人文社会科学的今天，学术浮躁和学术腐败严重侵蚀着人文社会科学研究队伍，能不堪忧吗？要解决学术浮躁和学术腐败问题，应从多方面入手。而研究学术史，清理学术发展的脉络，研究学术发展中的得与失，特别是要以史为鉴，反观现实，难道不是有助于解决当前的学风浮躁、学术腐败吗？哲学社会科学的生命力和价值在于提出和解决当前的现实问题，学术栏目的影响和可持续发展也在于它反映了社会的呼声。

第三，当前我国学术史研究的领军人物，最有实绩的著名学者陈平原、王富仁、麻天祥等认可、支持这个栏目。陈平原不但参加这个栏目的专题研讨会，还领衔组织专题论文支持这个栏目；王富仁、麻天祥等在这个栏目发表了多篇论文。学术评价应该由学者认定、学者说了就算数，而不应是对这数据、那指标来个加减乘除算出来的，也不是靠投票投出来的，老北大定教授不就是由蔡元培、胡适这些大学者一认定就完事吗？"文化大革命"前哲学社会科学界的学部委员是最高的学术职务，谁能当谁不能当，何其芳的个人意见起决定作用。现在实行以统计数字作依据、以投票见分晓，看似程序严密公正，实则是把根本不能量化的东西硬性量化，在表面公正的"可操作性"程序下掩盖着不负责任的惰性，不利于鉴定优秀成果，不利于发现和培植有真才实学的佼佼者。

《云梦学刊》的"当代学术史研究"栏目是众多学报特色栏目之一。它的成功反映了其他高校学报办栏目的成功。粗略统计，全国高校社科学报的特色栏目大概有二百个之多，按内容可分四类：

第一类，属前沿学科的栏目。例如，《华中科技大学学报（社科版）》的"培育与弘扬民族精神"、《武汉大学学报》的"马克思主义中国化"、《南京大学学报》的"马克思主义与当代社会思潮"、《复旦学报》的"改革开放与金融安全"、《华中师范大学学报》的"中国农村研究"等等。《云梦学刊》的"当代学术史研究"栏目也属于此类。

第二类，属新兴学科的栏目。例如，《清华大学学报（社科版）》的"科技与社会"、《北京邮电大学学报（社科版）》的"网络文化"、《北京师范大学学报（社科版）》的"电力经济"、《中国石油大学学报》的"石油经济"、《嘉兴学院学报》的"循环经济研究"，等等。

第三类，属传统学科的栏目。例如，山东大学《文史哲》的"疑古与释古"、《清华大学学报（社科版）》的"清华国学院与中国现代学术转型"、《徐州师范大学学报》的"留学生与近代中国"、《西华师范大学学报》的"三国文化研究"、《菏泽学院学报》的"水浒文化研究"、《河南教育学院学报》的"百年红学"、《孝感学院学报》的"中华孝文化研究"，等等。

第四类，属地域文化的栏目。例如，《湖南大学学报》的"岳麓书院与湖湘文化"、《苏州大学学报》的"吴文化研究"、《扬州大学学报》的"扬州文化研究"、《安徽大学学报》的"徽学"、《山西大学学报》的"晋文化研究"、《四川师范大学学报》的"巴蜀文化研究"、《三峡大学学报》的"三峡文化研究"、《韶关学院学报》的"岭南文化研究"、《韩山师范学院学报》的"潮学"等等。《云梦学刊》的"屈原研究"亦属于这一类。

这些栏目，从问题意识入手，提出一个重大的学术专题，它体现了学科发展前沿性、综合性和交叉性。为什么要强调学术专题？当代人文社会科学的发展趋势，一方面走向综合和交叉，另一方面又日益精细化和具体化。强调学术专题，学者从学术专题中找出研究的问题，刊物以学术专题开设吸引人的栏目，正是适应了这一趋势，体现了当代学术的特色。例如，"可持续发展研究"学术专题，它是哲学、经济学、环境科学、社会学、政治学等学科的综合；而对于一个经济学家来说，它又是细化的，说某人是研究经济的失之于笼统，一般常说某人是研究可持发展问题的，某人是研究循环经济的，某人是研究资源环境问题的。学者是按学科划分的，但其成功往往是在学科的某一研究方向上，学术专题和学者的专业研究方向是一致的。所以从一定意义上讲，强调学术专题比强调学科更具有针对性，更能切中问题的要害，也为研究者搜集学术信息提供了便利。

学术专题栏目，这是高校的学报和专业期刊的一个很大特色和优势，平庸中不乏闪光点，沙砾中藏有真金。这个特色和优势是中国社科院系统办的刊物和各省市社科院、社科联系统办的刊物都远不具备的，现在问题的关键是看我们对高校社科学报和专业学术刊物这座有价值的富矿如何开采和利用。解剖《云梦学刊》"当代学术史研究"栏目，给我们的启示和借鉴难道不是多方面的吗？

再评《云梦学刊》"当代学术史研究"栏目

聂付生

因为《云梦学刊》的缘故，我对学术史研究动态有了一定的了解，也产生了一定的兴趣。正因为对当代学术史的这一点兴趣，我更加关注起《云梦学刊》"当代学术史研究"栏目的学术动态。两年前我曾经就《云梦学刊》"当代学术史研究"栏目的办刊特色写过一篇文章(《学术界》2005 年第 2 期)，觉得还有些话没说。这次承蒙《云梦学刊》编辑部的邀请，参加《云梦学刊》和《社会科学报》联合举办的关于"当代高等教育与当代学术发展"论坛，有了书面发言的机会。因此，也就先前未竟的话题，再谈谈自己的感受。

古人讲"读书须先识字"，同理，做学问要先通学术史，即应下一番"辨章学术，考镜源流"的功夫。近代学术大师梁启超对学术史就很重视，并身体力行，他的《清代学术概论》、《中国近三百年学术史》，不仅显示出他扎实的学术功底，而且作为学术史名著影响了一代代学人。在梁启超看来，20 世纪初年的中国学术是明清以来数百年的学术延续，只有把这时期的学术演进脉络、传统、流变梳理清楚，才能提出新问题、新思想，把握新的学术导向。梁启超的做法对我们是很有启发的，即学术要创新，首先要有明确的学术史意识。邓正来曾说，现有的知识存量都是从学术传统中生长和发展起来的，如果离开了学术传统，我们就不会知道自己的学术观点是否已被先贤详释，不会知道除了实际效用外还可以从何处获得对增量知识的评判标准，当然也就谈不上所谓的知识增量和学术创新的问题了。①

《云梦学刊》"当代学术史研究"栏目之所以可贵，是因为该栏目的主持者从一开始，就建立起一种明确的学术史意识，并试图以该栏目为平台，对学术史的学科建设做一番有建设意义的尝试。开始的"学者研究"，主持人研究了一批当代有名的学术人，对他们的学术成果、学术活动乃至学术人格予以点评和介绍，初步奠定该栏目学术史研究的基础。然后，采取"请进来，走出去"的方法，把不少在学术界活跃的人物，特别是对学术史研究有很深造诣的学者吸引到岳阳，吸引到《云梦学刊》"当代学术史研究"栏目上来，组织专题座谈，积累学术经验，整合他们的学术资源，逐渐勾勒出该刊学术史研究的大致轮廓。大致说来，这些年先后有：2004 年 5 月，在岳阳举行"学术期刊发展战略研讨会"，就"21 世纪我国学术期刊面临的发展机遇和挑战"、"如何进一步加强学术

---

① 参见邓正来：《研究与反思：关于中国社会科学自主性的思考》，中国政法大学出版社 2004 年版。

媒体与学术研究之间的良性互动关系"等问题展开了积极的讨论。在与会人员达成共识的基础上,共同签署了《岳阳宣言——遵守学术规范、推动学术发展》,在《云梦学刊》和《学术界》及《社会科学报》等多家学术媒介上刊载,在向学术界不正之风的斗争中起到了积极的作用。2005 年 6 月,《云梦学刊》邀请北京、上海、南京、合肥、石家庄、武汉、岳阳等地的二十多位知名学者,相聚在北京大学英杰交流中心,举办"'当代学术史'学科建设研讨会"。这个主题确实富有前瞻性和学理性。与会者均对这一议题予以充分肯定,并针对这个学科的可行性和学科特点等方面展开了热烈的讨论。2006 年 5 月,又以陈平原先生"以问题为中心"的学术史研究新思路为主题,在中国社会科学院举行了第三次论坛。还有这次"当代高等教育与当代学术发展"论坛。这些都充分说明,《云梦学刊》"当代学术史研究"栏目已不纯粹是作为一个发布学术史信息、学者研究成果的一个平台,而是以一种学术人所具有的学术情怀和敬业精神,积极投入到学术史探索的研究队伍中来,成为当代学术史研究中一个重要的引擎。这是该栏目办刊的主要特色,也是区别于其他期刊的关键所在。

不止如此,该栏目还把这一学术问题延伸到高校学子,让有志于学术史研究的高校学子也参与到这一问题的探讨和思考中。先后组织了北京大学、湖南师范大学、复旦大学等高校的博士研究生、硕士研究生座谈,让他们畅所欲言,在学生中引起强烈的反响。这一做法也是富有创意的。不但提高了《云梦学刊》"当代学术史研究"栏目的知名度,而且更重要的是,培养了年轻学者的学术精神和学术意识。这的确是功德无量的举动。

《云梦学刊》"当代学术史研究"栏目的这一创造性的做法,主要得力于该栏目主持人余三定的人格魅力和执著于学术史研究的学术情怀。程郁缀说,各个领域的学术领军人物之所以能够会聚在一起,主要是因为"余三定教授有非常了不起的号召力和真诚的人格魅力"。① 我完全认同程郁缀的看法。我与余三定交往已有十年,他朴实和真诚的为人,给人的印象是最深刻的,也是令我最感动的。他就是凭着这种真诚和朴实与国内一流学者建立起一种积极的学术互动,他曾经说过,"我最景仰的是学者","我最钟情的是学术研究"。他与当代学者对话,说是难得的请教,是身心愉悦的审美体验。他说:"在请教的过程中,诸位学者的人格、学识、智慧在给我理性启迪的同时,又给我带来无限的快乐,在阅读诸位学者的著作的时候,在完成一篇学者研究论文或一篇学术书评的时候,我虽然也感受到往上攀登的艰辛,但更多地感受到的是领略生动风光的喜悦和快慰,这应该说是一种高层次的审美感受。"

其实,余三定就是一个富有思想、卓有成就的学术史研究专家。他从 20 世纪 90 年代开始介入这一领域起,一直把目光聚焦于当代学者和学术史等领域,并对当代学术史中的一些关键问题都有自己的思考。比如,初期思考的学术自觉与学者自立问题,是他用力颇勤的方面。他利用访学的机会,积累大量学者的第一手资料,其成果《学术的自

---

① 详见《云梦学刊》2005 年第 4 期。

觉与学者的自立:当代学者研究》由华中师范大学出版社 1998 出版,在学术圈内引起广泛注意。再比如学术现象,尤其是目前学界非常关注的学术现象,余三定都投入了比较多的精力和时间,或著文,或以召集人身份组织学界研讨。

附　编

1.《云梦学刊》(2003—2007 年)"当代学术史研究"栏目论文总目

序号	论文题目	作者	发表时间
1	反对学术腐败应首先从自身做起	周祥森等	2003 年第 1 期
2	致杨玉圣老师兼答周祥森老师	杨守建	2003 年第 1 期
3	学术失范现象的治理问题	井建斌	2003 年第 1 期
4	如何对书提出批评?	杨守建	2003 年第 1 期
5	读杨守建先生的反批评文章有感	张伟然	2003 年第 1 期
6	回应张伟然	杨守建	2003 年第 1 期
7	关于《中国学术腐败批评》再评论的通信——兼答杨守建先生	周祥森等	2003 年第 1 期
8	关于《中国学术腐败批评》情况的再说明	杨守建	2003 年第 1 期
9	共识与分歧——评有关《中国学术腐败批评》的讨论	杨玉圣	2003 年第 1 期
10	宗教与宗教学新论	麻天祥	2003 年第 2 期
11	当代知识分子人格失落的悲剧——评长篇小说《沧浪之水》	余三定	2003 年第 2 期
12	民国时期的学术研究方法及其研究现状	薛其林	2003 年第 2 期
13	申报教授必须要在《历史研究》发表文章吗?——兼谈某大学专业技术职务评审规定的非科学性	黄安年	2003 年第 3 期
14	究竟"一流"学术期刊的标准是什么?——关于"一流"人文期刊的困惑	林　豨	2003 年第 3 期
15	论出版者对抄袭剽窃者违约责任的追究	汤啸天	2003 年第 3 期
16	令人遗憾的"道歉"——《〈学术论文的伪注问题〉刊登始末》读后	田　畔	2003 年第 3 期
17	论社会科学研究的基本要求与方法	董京泉	2003 年第 4 期
18	学术史与"学案"体——序《民国学案》	张岂之	2003 年第 4 期
19	必须重视征引技术规范问题——从一则征引失范 250 年的史料谈起	崔鲸涛	2003 年第 4 期
20	徐光启与中西文化传播	人　弋	2003 年第 4 期
21	整饬学术规范,反对学术腐败——《自然辩证法通讯》"学术规范与学风建设"专栏讨论综述	胡　杨	2003 年第 5 期

序号	论文题目	作者	发表时间
22	论学术抄袭与当前的浮躁学风问题——兼谈如何进一步开展学术批评	沈登苗	2003 年第 5 期
23	江泽民对毛泽东马克思主义学风观的继承与发展	刘生康	2003 年第 5 期
24	中国杂志的兴起	谢晓霞	2003 年第 5 期
25	令人忧虑的抄袭剽窃现象——从拙著《中国悬棺葬》的遭遇谈起	陈明芳	2003 年第 6 期
26	对《现代英语词汇学》的两处质疑	黄卫峰	2003 年第 6 期
27	20 世纪中国唯美批评理论探析——朱光潜的语言批评观	钟名诚	2003 年第 6 期
28	20 世纪辛弃疾词研究论辩	孙华娟	2003 年第 6 期
29	理论前沿性　学术探索性——近三年《光明日报·理论周刊》评述	余三定	2004 年第 1 期
30	岂能为学术腐败辩护！——评《媒介舆论与学术个体》	田　畔	2004 年第 1 期
31	不确定的命名——评《Civil 权利和政治权利国际公约》	刘大生	2004 年第 1 期
32	学报的核心期刊与特色栏目	龙协涛	2004 年第 2 期
33	蒋廷黻研究述评	张玉龙	2004 年第 2 期
34	张玉能教授的实践美学发展观刍议	章　辉	2004 年第 2 期
35	论成东方的"审美复合"理论	乔世华	2004 年第 2 期
36	关于目前高校学术流弊的对话	杨玉圣 晓　然	2004 年第 3 期
37	马克思的社会形态学说在当今所面临的挑战	卢钟锋	2004 年第 3 期
38	国际问题研究之我见——写给"三个"四十周年	钟　放	2004 年第 3 期
39	儒学传播法国——为中法文化年而写	朱仁夫	2004 年第 3 期
40	叶嘉莹与《古诗十九首》研究	张幼良 蒋晓城	2004 年第 3 期
41	"学术期刊发展战略研讨会"开幕式录音剪辑		2004 年第 4 期
42	岳阳宣言——遵守学术规范、推动学术发展	叶继元、 许明等	2004 年第 4 期
43	"学术期刊发展战略"笔谈	贺卫方等	2004 年第 4 期
44	高等学校哲学社会科学研究学术规范（试行）		2004 年第 5 期
45	《中国人文社会科学核心期刊要览》研制的过程与特点	姜晓辉	2004 年第 5 期
46	CAJ—CD 引文标注规范存在的问题	黄忠顺	2004 年第 5 期
47	清初学术的传承与创新	聂付生	2004 年第 5 期
48	论民国时期新学术范式的确立	薛其林 柳礼泉	2004 年第 5 期
49	关于恪守学术规范的十点倡议		2004 年第 6 期
50	敞开与遮蔽:文学史叙述方法及其限度——以洪子诚著《中国当代文学史》为中心	王金胜	2004 年第 6 期
51	宗白华研究综述	王进进	2004 年第 6 期

序号	论文题目	作者	发表时间
52	中国近代报纸"政党化"特色的历史成因及其影响	杨芳芳	2004 年第 6 期
53	百年儒学研究的撷英集粹——评《20 世纪儒学研究大系》	刘新生	2004 年第 6 期
54	新时期学术规范讨论的历时性评述	余三定	2005 年第 1 期
55	鞠躬尽瘁 死而后已——刘宗绪教授和高考命题、中学历史教材改革	黄安年	2005 年第 1 期
56	一个大写的人——写在刘宗绪先生逝世一周年之后	杨玉圣	2005 年第 1 期
57	许明:审美学理的比照解读	张艺声	2005 年第 1 期
58	有感于"版面费"	刘长秋	2005 年第 1 期
59	"清道夫"与建筑工——余三定著《新时期学术发展的回瞻》序	陈平原	2005 年第 2 期
60	把儒教放在更广阔的视野里来观察——序李申著《中国儒教论》	任继愈	2005 年第 2 期
61	论儒教的宗教性质——《中国儒教论》前言	李 申	2005 年第 2 期
62	学术·学术批评·学术共同体——关于杨玉圣学术志业的综合评论	吴励生	2005 年第 2 期
63	论社科学报的板滞模式及改革思路	冯济平	2005 年第 2 期
64	误读与错译的语文和非语文原因探微——以李约瑟《中国科学技术史》卷一"作者序"谬译为例兼与此卷次审何绍庚先生商榷	张过大卫	2005 年第 2 期
65	一部国际学术史——《儒学国际传播·序》	刘忠德	2005 年第 3 期
66	关于郭沫若与陈寅恪关系的辨正	谭解文	2005 年第 3 期
67	艺术真实的存在论阐释——兼论王元骧对艺术真实的系统考察	刘毅青	2005 年第 3 期
68	浅论《共产党宣言》中蕴涵的人文关怀	赵文娟	2005 年第 3 期
69	非全日制研究生培养质量保证刍议	李达丽	2005 年第 3 期
70	如此"学术品位"——评《中国文言小说总目提要》	占骁勇	2005 年第 3 期
71	规范与失范——关于学术腐败的思考笔记(二)	董驹翔	2005 年第 3 期
72	"'当代学术史'学科建设研讨会"开幕式录音剪辑		2005 年第 4 期
73	"'当代学术史'学科建设"笔谈	陈平原等	2005 年第 4 期
74	开展学术批评 反对学术不端 维护学术尊严——关于沈履伟剽窃案的公开信	贺卫方等	2005 年第 5 期
75	刘台拱学行考述	李峻岫	2005 年第 5 期
76	张兵先生学术访谈录	聂付生	2005 年第 5 期
77	《北京大学研究生学志》20 年文学研究小史	师力斌 唐文吉	2005 年第 5 期
78	《北京大学研究生学志》20 年史学论文一瞥	戴海斌	2005 年第 5 期
79	《北京大学研究生学志》20 年哲学论文述略	任蜜林	2005 年第 5 期
80	北京大学博士生座谈"当代学术史研究"	刘曙光等	2005 年第 6 期
81	关于"学术腐败"问题的价值观视角	李明辉	2005 年第 6 期

序号	论文题目	作者	发表时间
82	现代大学理念与文科学术研究	冯望岳	2005 年第 6 期
83	试论鲁迅早年的"三步走"思想体系	陈占彪	2005 年第 6 期
84	论吴宓的古体诗写作	张　弘	2005 年第 6 期
85	简论李元洛的诗歌研究	朱平珍	2005 年第 6 期
86	新时期学术规范建设的代表性成果——《学术规范导论》和《学术规范通论》评述	余三定	2006 年第 1 期
87	关于"学术"的几点思考	万齐洲	2006 年第 1 期
88	也谈学术期刊收取版面费现象——兼与刘长秋同志商榷	蒋永华	2006 年第 1 期
89	略论比较文学学科的根本矛盾	池　清	2006 年第 1 期
90	《古史辨》辨名	张京华	2006 年第 1 期
91	过度而冷静的谜：论专家	曾　军	2006 年第 1 期
92	试论何光岳的史学研究	何林福	2006 年第 1 期
93	论唐湜的诗歌理论	任先大	2006 年第 1 期
94	百年来中国谶纬学的研究与反思	任蜜林	2006 年第 2 期
95	违背学术规律　漠视个性与人性——评目前高校流行的"量化"管理制	黄安年	2006 年第 2 期
96	编辑腐败及治理	王旭东	2006 年第 2 期
97	实证研究中的白璧微瑕——冯天瑜著《新语探源》举误	陈希亮	2006 年第 2 期
98	程抱一作品研究中的几个问题	牛竞凡	2006 年第 2 期
99	刘文淇学行考论	郭院林	2006 年第 2 期
100	儒学研究与建设和谐社会	黄甲喜	2006 年第 2 期
101	东西文化差异浅谈	王　隽	2006 年第 2 期
102	学术批评网：学术批评与学术共同体——学术批评网创办五周年纪念学术研讨会在京举行		2006 年第 3 期
103	湖南师范大学硕士生笔谈"当代学术史"	施奕青、潘丹芬等	2006 年第 3 期
104	继往开来　任重道远——学术规范建设的新时局	井建斌	2006 年第 3 期
105	杨晦、周扬与文学理论教材建设——胡经之先生访谈录	李世涛	2006 年第 3 期
106	20 世纪八九十年代中国小说创作理论和创作实践的关系发展史研究	涂昊	2006 年第 3 期
107	"女性主义与新时期电影"研究述评	陈娟	2006 年第 3 期
108	与时俱进与中国传统文化	李焕云 赵传海	2006 年第 3 期
109	"当代学术史研究论坛"开幕式录音剪辑	余三定等	2006 年第 4 期
110	"当代学术史研究论坛"发言选登	马自力等	2006 年第 4 期
111	"当代学术史研究论坛"闭幕式录音剪辑	余三定 贺卫方	2006 年第 4 期
112	复旦大学博士生座谈"当代学术史研究"	黄颂杰等	2006 年第 4 期

序号	论文题目	作者	发表时间
113	回顾 1961 年关于《再生缘》的讨论	谭解文	2006 年第 5 期
114	被历史言说与为历史言说——中国现代化与百年报刊话语嬗演	田中阳	2006 年第 5 期
115	貌离神合的学术分歧:"文化研究"与"文艺研究"	孙桂平	2006 年第 3 期
116	漫议"观点崇拜"现象	周保欣	2006 年第 5 期
117	由"版面费"变味看我国学术期刊的悲哀——读刘长秋与蒋永华文章有感	曹坤明	2006 年第 5 期
118	翻译态度与学术创新——谈《十九世纪中叶俄罗斯驻北京布道团人员关于中国问题的论著》一书部分篇章的翻译及相关问题	陈开科	2006 年第 5 期
119	社会科学科研成果的界定和分类	张国春	2006 年第 6 期
120	大学拯救与"卡里斯玛"	王长乐	2006 年第 6 期
121	傅斯年、顾颉刚中山大学语史所时期矛盾考论	刘召兴	2006 年第 6 期
122	《三宝斋学术著作四种》总序	麻天祥	2006 年第 6 期
123	通览百年学术　著就一部新史——评《20 世纪中国古代文学研究史》丛书	张　兵 古　风	2006 年第 6 期
124	《儒家思想的遥远回声》辨析	左少兴	2006 年第 6 期
125	"学术文"的研习与追摹——"现代中国学术"开场白	陈平原	2007 年第 1 期
126	古史辨派"科学"形象的自我塑造——以顾颉刚、胡适为中心	林分份	2007 年第 1 期
127	"孟姜女故事研究"的生成与转向:顾颉刚的思路及困难	彭春凌	2007 年第 1 期
128	压出来的"新"——论闻一多在性灵与故纸堆之间的挣扎	王鸿莉	2007 年第 1 期
129	"诗"与"史"的缠绵——试论闻一多的诗人气质对其文学史研究的影响	程振兴	2007 年第 1 期
130	郑振铎俗文学研究的民间意识	李婉薇	2007 年第 1 期
131	杂志内外的"国学"研究——以 1920 年代北京大学《国学季刊》与东南大学《国学丛刊》为入口	张春田	2007 年第 1 期
132	戴东原二百年生日纪念活动钩沉	郭道平	2007 年第 1 期
133	关于我国研究生教育问题讨论的评述	余三定	2007 年第 2 期
134	北京大学"文学理论"早期课程的案例分析	戴晓华	2007 年第 2 期
135	论地方教育理论期刊的困境与对策	胡途古夫	2007 年第 2 期
136	确立学术研究的时代意识和时代感觉——治学心得	王先霈	2007 年第 2 期
137	理论与方法:汪晖的思想史研究	季剑青	2007 年第 2 期
138	中国近代军事理论的奠基之作——蒋百里《军事常识》述评	吴仰湘	2007 年第 2 期
139	导言:知识分子的心灵史	师力斌	2007 年第 3 期
140	往事与随想——《读书》史学类文章研究	薛　刚	2007 年第 3 期
141	未来不能没有马克思——《读书》杂志中的马克思形象	郗　戈	2007 年第 3 期
142	《读书》中的政治哲学与政治科学	钟城等	2007 年第 3 期
143	三代人同时面对文学	陈振中	2007 年第 3 期

序号	论文题目	作者	发表时间
144	宗白华对歌德的研究概述	云慧霞	2007 年第 3 期
145	吴福辉现代文学史研究述略	丁　文	2007 年第 3 期
146	中国近现代大众传媒想象民族国家的历史流脉	吴果中	2007 年第 3 期
147	"当代高等教育与当代学术发展"论坛开幕式录音剪辑	余三定等	2007 年第 4 期
148	"当代高等教育与当代学术发展"论坛发言选登	袁玉立等	2007 年第 4 期
149	论王元骧的审美超越论	宗志平 熊元义	2007 年第 5 期
150	转型期学术中国的守夜人——关于杨玉圣学术志业的综合批评（之二）	吴励生	2007 年第 5 期
151	国内马克思主义产权理论研究综述	陈建兵	2007 年第 5 期
152	中国的会话修补研究综观	王晓燕	2007 年第 5 期
153	略论中国近代警察教育制度及影响	董纯朴	2007 年第 5 期
154	道德文章　高山仰止——"纪念齐思和先生百年诞辰学术研讨会"纪要	齐小玉	2007 年第 6 期
155	胡绳研究回顾与展望	赵庆云	2007 年第 6 期
156	论五四时期报刊民族主义的话语表述	田中阳	2007 年第 6 期
157	少年儿童写书出书热形成的原因	易图强 易定红	2007 年第 6 期
158	可贵的学术史探索——评夏中义等《从王遥到王元化》	冯济平	2007 年第 6 期

2.《云梦学刊》"当代学术史研究"栏目论文
（2003—2006 年）被转载、转摘篇目

序号	题　目	作　者	转摘报刊
1	《宗教与宗教学新论》	麻天祥	转:"复印报刊资料"《宗教》(2003 年第 3 期) 摘:《北京大学学报》(2003 年第 3 期) 摘:《社会科学报》(2003 年 4 月 17 日)
2	《反对学术腐败应首先从自身做起》	周祥森等	转:"复印报刊资料"《社会科学总论》(2003 年第 2 期) 摘:《社会科学报》(2003 年 2 月 27 日)
3	《致杨玉圣老师兼答周祥森老师》	杨守建	转:"复印报刊资料"《社会科学总论》(2003 年第 2 期) 摘:《社会科学报》(2003 年 2 月 27 日)
4	《学术失范现象的治理问题》	井建斌	转:"复印报刊资料"《社会科学总论》(2003 年第 2 期) 摘:《社会科学报》(2003 年 2 月 27 日)

序号	题　目	作　者	转摘报刊
5	《如何对书提出批评?》	杨守建	转:"复印报刊资料"《社会科学总论》(2003年第2期) 摘:《社会科学报》(2003年2月27日)
6	《读杨守建先生的反批评文章有感》	张伟然	转:"复印报刊资料"《社会科学总论》(2003年第2期) 摘:《社会科学报》(2003年2月27日)
7	《回应张伟然》	杨守建	转:"复印报刊资料"《社会科学总论》(2003年第2期) 摘:《社会科学报》(2003年2月27日)
8	《关于〈中国学术腐败批评〉再评论的通信——兼答杨守建先生》	周祥森等	转:"复印报刊资料"《社会科学总论》(2003年第2期) 摘:《社会科学报》(2003年2月27日)
9	《关于〈中国学术腐败批评〉情况的再说明》	杨守建	转:"复印报刊资料"《社会科学总论》(2003年第2期) 摘:《社会科学报》(2003年2月27日)
10	《共识与分歧——评有关〈中国学术腐败批评〉的讨论》	杨玉圣	转:"复印报刊资料"《社会科学总论》(2003年第2期) 摘:《社会科学报》(2003年2月27日)
11	《论社会科学研究的基本方法与方法》	董京泉	转:"复印报刊资料"《社会科学总论》(2003年第4期)
12	《必须重视征引技术规范问题——从一则征引失范250年的史料谈起》	崔鲸涛	摘:《社会科学报》(2003年8月21日)
13	《整饬学术规范,反对学术腐败——〈自然辩证法通讯〉"学术规范与学风建设"专栏讨论综述》	胡　杨	转:"复印报刊资料"《社会科学总论》(2004年第1期)
14	《学术期刊的空间与方向》	贺卫方	转:"复印报刊资料"《社会科学总论》(2004年第3期)
15	《学术发展三论》	许　明	转:"复印报刊资料"《社会科学总论》(2004年第3期)
16	《也谈学术期刊国际化问题》	徐思彦	转:"复印报刊资料"《社会科学总论》(2004年第3期)
17	《关于"核心期刊"及学术评价机制的几点思考》	刘曙光	转:"复印报刊资料"《社会科学总论》(2004年第3期)
18	《论高校学报的特色栏目》	余三定	转:"复印报刊资料"《社会科学总论》(2004年第3期) 摘:《北京大学学报》(2004年第5期)
19	《值得关注的学术集刊现象》	杨玉圣	转:"复印报刊资料"《社会科学总论》(2004年第3期)
20	《理论前沿性　学术探索性——近三年〈光明日报·理论周刊〉评述》	余三定	转:"复印报刊资料"《哲学文摘卡》(2004年第2期) 摘:《北京大学学报》(2004年第3期)
21	《〈中国人文社会科学核心期刊要览〉研制的过程与特点》	姜晓辉	摘:《社会科学报》(2004年10月28日)

序号	题 目	作 者	转摘报刊
22	《敞开与遮蔽:文学史的叙述方法及其限度——以洪子诚著〈中国当代文学史〉为中心》	王金胜	摘:《社会科学报》(2004 年 12 月 9 日)
23	《把儒教放在更广阔的视野历来考察——序李申著〈中国儒教论〉》	任继愈	转:"复印报刊资料"《中国哲学》(2005 年第 6 期)
24	《高等教育哲学社会科学研究学术规范》		转:"复印报刊资料"《社会科学总论》(2005 年第 1 期)
25	《关于恪守学术规范的十点倡议》		转:"复印报刊资料"《社会科学总论》(2005 年第 1 期)
26	《〈中国人文社会科学核心期刊要览〉研制的过程与特点》	姜晓辉	转:"复印报刊资料"《社会科学总论》(2005 年第 1 期)
27	《新时期学术规范讨论的历时性评述》	余三定	转:《新华文摘》(2005 年第 6 期) 转:《高校文科学术文摘》(2005 年第 2 期) 转:"复印报刊资料"《社会科学总论》(2005 年第 2 期) 摘:《北京大学学报》(2005 年第 2 期)
28	《"当代学术"如何成史》	陈平原	转:《新华文摘》(2005 年第 19 期) 转:《中国社会科学文摘》(2005 年第 5 期) 转:"复印报刊资料"《社会科学总论》(2005 年第 4 期)
29	《当代学术研究的学术积累》	余三定	转:"复印报刊资料"《社会科学总论》(2005 年第 4 期)
30	《关于"当代学术史"学科建设的若干思考》	刘曙光	转:《新华文摘》(2005 年第 19 期)
31	《学术史研究的当代性》	许 明	转:《新华文摘》(2005 年第 19 期)
32	《专业研究与学术史研究:以法学为例》	许章润	转:《中国社会科学文摘》(2005 年第 5 期)
33	《当代学术与当代学术期刊》	龙协涛	摘:《中国社会科学文摘》(2005 年第 5 期)
34	《当代学术史学科建设笔谈》		摘:《北京大学学报》(2005 年第 6 期)
35	《当代学术史著作评述之三》	余三定	转:"复印报刊资料"《社会科学总论》(2006 年第 4 期) 摘:《北京大学学报》(2006 年第 6 期)
36	《关注"当代学术史研究"的六大问题》	田敬诚	转:"复印报刊资料"《社会科学总论》(2006 年第 4 期)
37	《尊重学术规律,有序组织"知识生产"》	许 明	转:"复印报刊资料"《社会科学总论》(2006 年第 4 期)
38	《新时期学术规范建设的代表性成果——〈学术规范导论〉和〈学术规范通论〉评述》	余三定	摘:《高校文科学术文摘》(2006 年第 2 期) 摘:《文摘报》(2006 年 3 月 19 日) 摘:《社会科学报》(2006 年 4 月 20 日)
39	《应该重视学术史史料的搜集和整理》	马自力	摘:《文摘报》(2006 年 10 月 15 日)

3. 媒体对有关"当代学术史"研讨会的报道

时　间	媒　体	题　目
2004 年 6 月 17 日	《中国社会科学院院报》	《遵守学术规范　推动学术发展》
2004 年 6 月 8 日	《光明日报》	《遵守学术规范　推动学术发展》
2004 年 6 月 3 日	《社会科学报》	《岳阳宣言——遵守学术规范,推动学术发展》
2005 年 6 月 28 日	《中国社会科学院院报》	《学术界研讨"当代学术史"学科建设》
2005 年 6 月 14 日	《光明日报》	《"当代学术史"学科建设研讨会召开》
2005 年第 4 期	《中国社会科学文摘》	《"当代学术史"学科建设研讨会在京召开》
2005 年 7 月 28 日	《社会科学报》	《学术史研究:从一个"随想"到一个学科》
2005 年 11 月 16 日	《岳阳晚报》	《〈云梦学刊〉的学术研讨反响强烈》
2006 年 1 月 26 日	《文艺报》	《"当代学术史"学科建设引起强烈反响》
2006 年 1 月 23 日	《人民政协报》	《"当代学术史研究"在学界引起强烈反响》
2006 年 1 月 12 日	《中国教育报》	《2005 年人文学术热点分析》
2006 年 8 月 24 日	《社会科学报》	《当代学术史:"猜想"在演进》
2006 年 6 月 29 日	《文艺报》	《以问题为中心——"当代学术史研究"论坛综述》
2006 年 6 月 9 日	《光明日报》	《学术发展与当代学术史研究——"当代学术史研究"论坛论点述要》
2006 年 6 月 5 日	《人民政协报》	《当代学术史研究注重探讨问题——〈云梦学刊〉在京举行论坛》
2007 年 7 月 19 日	《社会科学报》	《高等教育是当代学术发展的助推器》
2007 年 7 月 10 日	《光明日报》	《遏制急功近利之风　促进高校学术发展》
2007 年 7 月 17 日	《中国社会科学院院报》	《"当代高等教育与当代学术发展论坛"在上海举行》
2007 年第 4 期	《中山大学学报》	《"当代高等教育与当代学术发展论坛"在上海举行》
2007 年第 7 期	《社会科学论坛》	《"当代高等教育与当代学术发展论坛"在上海举行》
2007 年第 7 期	《学术月刊》	《学术简讯》
2007 年第 5 期	《中国社会科学文摘》	"当代高等教育与当代学术发展"论坛在上海举行
2007 年第 5 期	《高校文科学术文摘》	《云梦学刊》"高等教育与当代学术发展"笔谈

4. 媒体对《云梦学刊》"当代学术史研究"栏目的评论

时　间	媒　体	题　目
2004 年 8 月 26 日	《光明日报》	《云梦学刊》的当代学术史研究

时　　间	媒　体	题　　目
2004 年 8 月 26 日	《文艺报》	别辟蹊径　独树一帜——评《云梦学刊》"当代学术史研究"专栏
2004 年 5 月 18 日	《中国人文社科学报学会通讯》	别辟蹊径　独树一帜——评《云梦学刊》"当代学术史研究"专栏
2004 年第 5 期	《高校文科学术文摘》	《云梦学刊》"当代学术史研究"专栏
2005 年第 2 期	《学术界》	《云梦学刊》中的当代学术史栏目
2007 年第 5 期	《高校文科学术文摘》	学术专栏介绍:《云梦学刊》"高等教育与当代学术发展"笔谈

5. 媒体关于 2004—2006 年年度学术热点评述中涉及《云梦学刊》的部分（摘要）

《风云际会,回首不平凡的 2004 年》十大热点之八:
"学术规范制度建设走到新的十字路口"

2004 年对于中国学术界来说仍是多事之秋。3 月,《新京报》一篇《政协委员炮轰〈现代汉语规范词典〉》,引发了"辞书规范"论争,成为自"王同亿抄袭"案以来辞书界涉及范围最广的一次论争;6 月,《科学时报》以《学术研究有行规》为题,报道了陈鼓应、王煜对熊良山《道德经浅释》的批评,此后,更有文进一步揭发熊书对《道德经》的胡批瞎解之外,该书还"把大量的巫术、气功修炼之类的东西和现代科学混合在一起",一时间"熊良山现象"引发学界广泛关注;8 月,一个拥有四个博士头衔的周毅出现在人们的视野,他所创造的从"一稿两发"到"一稿九发"的纪录令人震惊,他的 41 篇文字发表了 143 次,仅 2003 年一年就发表了 113 篇文章,这种荒诞现象使沈登苗所揭发江道源连环抄袭双双获奖这件奇闻也显得小儿科了。学术界要批评,也要建设,这是 2004 年学界风云中更值得关注的动向。其中,《云梦学刊》编辑部在岳阳主办"学术期刊发展战略研讨会",讨论并通过了《岳阳宣言——遵守学术规范,推动学术发展》。《高等学校哲学社会科学研究学术规范(试行)》经教育部社会科学委员会一致讨论通过,于 8 月正式下发各高校。"首都中青年学者学术规范论坛"10 月在北京举行,讨论和签署了《关于恪守学术规范的十点倡议》,堪称"北京宣言"。11 月,教育部社政司主办的"全国高校学术规范和学风建设论坛"在杭州举办,意味着来自教育部、高校管理层以及学者三方参与的学术规范问题开始进入到制度建设层面。

评点:制度建设究竟该向哪个方向迈进? 学界仍显迷惘。但无论如何,我们已走到新的十字路口。

——摘自《社会科学报》2004 年 12 月 30 日

《2004 年度中国十大学术热点》之十：
"学术规范与学术道德问题讨论"

自 20 世纪 90 年代以来，学术规范与学术道德问题始终是中国学术界的热门话题之一。2004 年这一话题进一步得到广泛关注。其中有学者们自律性的宣言与倡议，如《云梦学刊》会同国内重要学术报刊发表了《岳阳宣言——遵守学术规范，推动学术发展》，"首都中青年学者学术规范论坛"发出《关于恪守学术规范的十点倡议》；有教育部的官方文件《高等学校哲学社会科学研究学术规范（试行）》；另外作为研究成果，河南大学出版社出版了《学术规范导论》、《学术规范读本》，推动这一讨论向纵深发展。学者们主要关注下面三个层次上的问题：其一，对学术研究中必须涉及的述学、引证、注释等一系列基本规则的探索与强调；其二，对学术研究中日益严重的抄袭、剽窃、重复、雷同等现象的揭露、批评与反思，重申学术纪律，抵制学术腐败；其三，面对普遍的学术失范现象，从学术创新角度，呼唤学术的原创精神，以及对学术新规范的探索。学术规范的讨论与学者自律、学术道德的建设密切相关，它为新世纪学术的繁荣期起到了严明纪律、扫清路障、纯正学风的重要作用。

——分别刊载于《学术月刊》2005 年第 1 期、《文汇读书周报》2005 年 1 月 28 日

《2005 年人文学术新点分析——2005 年十大学术热点》之五：
"当代学术史"

对于正在发生着的当代学术的"史"的自觉，在 2005 年由《云梦学刊》牵头组织的"当代学术史"学科建设研讨会开始成行。尽管"当代学术史"还处于如陈平原所说的是"从一个简单的'随想'走向拟想中的'学科'"的不成熟的过程，但是它所体现的自觉的反思意识，从某种程度上超越了其作为"学科"的意义。这也正是许明所强调的"学术史研究的当代性"。

——摘自《中国教育报》2006 年 1 月 12 日

《思想与学术在当代文化中合流——2005 年人文学术热点扫描》之五：
"当代学术史"

其实，"失语"或"汉说胡话"都是对我们这个学术时代的某种概括，而它的背后正预示着某种学术意识的自觉。早在 20 世纪 90 年代，由陈平原等人就已经开始推动学术史的研究，不过关注的重心主要集中在近现代。而对于正在发生着的当代学术的"史"的自觉，则在 2005 年由《云梦学刊》牵头组织的"当代学术史"学科建设研讨会开始成行。尽管"当代学术史"还处于如陈平原所说的是"从一个简单的'随想'走向拟想中的'学科'"的不成熟的过程，但是它所体现的自觉的反思意识，从某种程度上超越了其作为"学科"的意义。这也正是许明所强调的"学术史研究的当代性"。在他看来，

"学术史的觉醒是一种当代意识的觉醒。中国上世纪的学术发展的前25年,是模仿、创新、告别、批判的阶段",为此他提出"前25年"和"后25年"的观点,为当代学术史确立了研究的坐标。其实,以"当代学术史"之名所进行的研究并非自今年始,早在1999年,就已有李明山等人主编的《当代中国学术思想史》(河南大学出版社1999年版)。中国社科院科研局编的《新中国社会科学五十年》(中国社会科学出版社2000年版)等,但此次会议所确定的"当代学术史"更意指"文化大革命"结束之后中国进入改革开放新时期的中国学术发展历程。在此,"当代学术史"便逼近了学者自身,这种"史"的意识的自觉也不断强化着当代学人在从事学术研究是必须保持足够的冷静与清醒。正如陈平原在《"学术史丛书"总序》所提出的,"所谓学术史研究,说简单点,不外'辨章学术,考镜源流'。通过批判高下、辨别良莠、叙述师承、剖析潮流,让后学了解一代学术发展的脉络与走向,鼓励和引导其尽快进入某一学术传统,免去许多暗中摸索的工夫——此乃学术史的基本使用。"这些话对当代学术史研究来说同样有效,而其功用更为直接。

——摘自《学术界》2006年第1期

《文化镜像与学术奇观——2006年度人文学术热点透视》之 "学术批评开始转型"

从学术规范到学科规范,提醒我们在对学术体制的学术批评的同时,学术自身的发展也是值得关注的问题,而这才真正关乎当代中国学术的前途。也许在这个意义上,2006年5月27日,由《云梦学刊》主办的"当代学术史研究"论坛再次显示了它不可替代的价值。在这个已连续举办了三届的论坛上,与会者"以问题为中心",就马克思主义对中国当代学术发展的指导意义和推动作用、中国当代学术与西方学术的关系、中国当代学术与传统学术的关系、中国当代学术史与中国当代思想史的关系、中国当代学术发展与中国当代教育发展(特别是当代高等教育发展)的关系、中国当代学术发展与学术传媒发展的关系、政治运动对当代学术发展的影响、市场经济对当代学术发展的影响、当代学术史的分期等诸多问题展开了热烈的讨论。

——摘自《社会科学》2007年第1期

6. 本书作者简介
(按姓氏笔画为序)

丁文(1978—),女,江苏南京人,北京大学中文系博士生,主要研究方向为近现代报刊与文化史。

马驰(1955—),男,上海人,上海社会科学院思想文化研究中心研究员,主要研究方向为国外马克思主义文艺理论和美学。

马自力(1963—   ),男,《中国社会科学文摘》常务副主编,主要研究方向为古代文学和历史学。

万齐洲(1966—   ),男,湖北荆州人,武汉大学中国传统文化研究中心2004级博士生,副教授,主要研究方向为中国传统文化。

计亚男(1964—   ),女,浙江温州人,《光明日报》总编室"光明讲坛"版主编。

王先霈(1939—   ),男,江西九江人,华中师范大学文学院教授,博士生导师,湖北省作家协会主席,主要研究方向为文艺学、美学。

王金胜(1972—   ),山东临朐人,青岛大学中文系讲师,博士,主要研究方向为中国现当代文学。

牛竞凡(1977—   ),女,陕西西安人,上海政法学院教师,文学博士,主要研究方向为世界文学与比较文学。

龙协涛(1945—   ),男,湖北孝感人,北京大学中文系教授,中国人文社会科学学报学会会长,主要研究方向为文艺美学。

田畔(1953—   ),男,中国社会科学院院报副研究员,主要研究方向为宗教学。

叶继元(1955—   ),男,南京大学信息管理系教授、博士生导师、中国社会科学评价研究中心副主任,主要研究方向为图书馆学情报学、学术评价与管理。

田敬诚,男,教育部社会科学司出版处处长。

师力斌(1970—   ),男,山西长子人,北京大学2004级博士生,主要研究方向为中国当代文学。

齐小玉(1961—   ),女,北京人,中华女子学院副教授。

朱平珍(1953—   ),女,湖南平江人,湖南理工学院中文系教授,主要研究方向为文艺学、教育文艺。

任先大(1963—   ),男,湖南汨罗人,湖南理工学院中文系副教授,主要研究方向为文艺学、美学。

仲伟民(1963—   ),男,山东泰安人,《清华大学学报》常务副主编,主要研究方向为中国社会经济史、史学理论。

刘亚军(1970—   ),男,河北人,《新华书摘》副总编。

许明,男,《社会科学报》总编辑。

朱国华(1964—   ),男,江苏如皋人,华东师范大学中文系教授、博士生导师,中国文艺理论学会秘书长兼法人代表,主要研究方向为当代西方文论、文艺社会学。

许章润,男,安徽庐江人,清华大学法学院教授。

汤啸天(1950—   ),男,上海人,上海大学法学院科研处处长,副编审,主要研究方向为犯罪学。

刘曙光(1968—   ),男,湖南华容人,北京大学学报副主编,北京大学人学研究中心副研究员,哲学博士,主要研究方向为马克思主义哲学。

余三定(1956—)，男，湖南岳阳人，湖南理工学院党委副书记、中文系教授、《云梦学刊》主编，主要研究方向为文艺学与当代学术史。

张艺声(1934—)，男，浙江台州学院中文系教授，主要研究方向为文艺学和美学。

张文定，男，上海人，北京大学出版社副社长兼副总编辑、编审，主要研究方向为比较文学、编辑学。

陈开科(1965—)，男，湖南汨罗人，现任职于中国社会科学院近代史研究所，主要研究方向为晚清中俄关系史。

陈平原(1954—)，男，广东潮州人，北京大学中文系教授，博士生导师，主要研究方向为20世纪中国小说、中国文学与中国散文、现代中国学术、图像等。

陈明芳(1943—)，女，重庆人，四川省民族研究所研究员，主要研究方向为人类学。

陈振中(1983—)，男，湖北阳新人，北京大学中文系2006级硕士生，主要研究方向为中国小说现代转型研究、文学史研究、理论批评史。

杨玉圣(1963—)，男，山东青州人，中国政法大学教授，学术批评网主持人，主要研究方向为学术规范、史学评论、美国宪政史。

李世涛(1969—)，男，河南渑池人，中国艺术研究院副研究员，主要研究方向为文艺理论、美学。

张岂之(1927—)，男，江苏南通人，清华大学教授、博士生导师，主要研究方向为中国思想文化史。

张兵(1947—)，男，上海人，复旦大学《复旦学报》编审兼国家教育部人文科学重点研究基地复旦大学中国古代文学研究中心和上海财经大学文学院教授，主要研究方向为中国古代文学和文化。

张京华(1962—)，男，北京人，湖南科技学院中文系教授，濂溪研究所所长，《湖南科技学院学报》主编，主要研究方向为民国学术史。

张国春(1964—)，男，安徽枞阳人，中国社会科学院科研局成果管理处处长，副编审，主要研究方向为社会科学管理。

何林福(1953—)，男，湖南临湘人，岳阳市人民政府副秘书长，湖南省何光岳研究会副会长，主要研究方向为中国历史地理和旅游地理学。

居平，女，江苏人，作家、《易居中国》杂志社编辑，主要研究方向为新闻学。

欧阳哲生(1962—)，男，北京大学历史学系教授，主要研究方向为中国近现代史。

宗志平(1957—)，男，山西神池人，大同大学图书馆馆长、文学院教授，主要研究方向为文艺理论。

季剑青(1979—)，男，安徽肥东人，北京大学中文系博士生，主要研究方向为中国现代文学。

贺卫方(1960——　　　),男,山东牟平人,北京大学法学院教授、博士生导师、《中外法学》主编,主要研究方向为法理学、法制史、比较法学。

郗戈(1981——　　　),男,陕西商洛人,北京大学哲学系 2006 级博士生,主要研究方向为马克思主义哲学史、现代性问题。

姚申(1956——　　　),男,江苏湖州人,《高等学校文科学术文摘》杂志社社长、执行总编辑、教授,主要研究方向为后殖民时代的非母语写作、中国学术期刊研究。

赵庆云(1977——　　　),男,湖南邵东人,中国社会科学院博士生,主要研究方向为中国现代学术史。

钟兴永(1954——　　　),男,湖南娄底人,湖南理工学院期刊社社长,主要研究方向为中国史。

钟城(1982——　　　),男,四川人,北京大学政府管理学院 2006 级博士生,主要研究方向为中外政治思想。

胡杨(1972——　　　),男,河南信阳人,南开大学法政学院 2001 级博士生,主要研究方向为科学社会学和农村社会学。

姜晓辉(1952——　　　),男,北京人,中国社会科学院文献信息中心副研究员,主要研究方向为文献计量学。

袁玉立(1954——　　　),男,安徽合肥人,《学术界》杂志社社长兼总编辑、编审,主要研究方向为中国当代政治哲学。

聂付生(1962——　　　),男,湖南邵阳人,浙江工商大学中文系副教授,文学博士,主要研究方向为中国古代文学和文化。

郭世佑(1957——　　　),男,湖南益阳人,中国政法大学历史研究所教授、博士生导师,主要研究方向为中国近代史。

徐思彦(1956——　　　),女,辽宁人,《中国社会科学》杂志社编审,主要研究方向为近代中国政治史。

麻天祥(1948——　　　),男,河南清化人,武汉大学哲学学院教授,宗教研究所所长,博士生导师,中国佛学及佛教艺术研究中心主任,基督宗教和西方宗教文化研究中心主席。

黄安年(1936——　　　),男,江苏武进人,北京师范大学历史系教授,主要研究方向为美国史、当代世界史。

黄颂杰(1938——　　　),男,上海人,《复旦学报》(社科版)主编、复旦大学哲学系教授、博士生导师,兼任中华外国哲学史学会理事、中国现代外国哲学学会理事、上海市哲学学会理事、全国高校学报研究会副理事长,主要研究方向为西方哲学。

章辉(1974——　　　),男,湖北武汉人,中国人民大学哲学系博士后研究人员,主要研究方向为西方美学和美学基本原理。

曾军（1972—　　），男，湖北荆州人，上海大学中文系副教授，文学博士，主要研究方向为文艺批评和文化理论。

董京泉（1941—　　），男，山东济南人，全国社科规划办研究员，主要研究方向为社会科学管理、中国哲学。

程郁缀，男，北京大学社会科学部部长，《北京大学学报》主编。

蒋寅（1959—　　），男，江苏南京人，中国社会科学院文学研究所研究员。

熊元义（1964—　　），男，湖北仙桃人，《文艺报》理论部主任，主要研究方向为文艺批评与中国现当代文学。

谭解文（1950—　　），男，湖南岳阳人，湖南理工学院中文系教授，主要研究方向为十七年文学与文革文学。

薛刚（1982—　　），男，北京大学历史系 2006 级博士生，主要研究方向为中国近现代文化与社会。

薛其林（1967—　　），男，湖南益阳人，长沙学院人文系教授，主要研究方向为近代学术思想及中西文化比较。

薄洁萍（1972—　　），女，内蒙古人，《光明日报》理论部学术版主编、主任编辑，史学博士，主要研究方向为世界中世纪史。

魏开琼，女，中国人民大学书报资料中心《社会科学总论》编辑。

后　记

　　《云梦学刊》是湖南理工学院主办的人文社会科学类学术期刊(双月刊)。办刊宗旨是:时代性、学术性、探索性。作为一家由地方高校主办的人文社会科学学报,要想在整体上办出较高水平、树立自己的品牌,暂时困难还比较大。因而我们另辟蹊径,开办特色栏目,努力将特色栏目办成有较高学术水平和较大影响的品牌栏目,从而使特色栏目成为刊物的特色和个性,并进而带动整个刊物学术水平的提高和社会声誉的扩大。"当代学术史研究"就是其最重要的特色栏目。

一

　　特色栏目的设置,最主要的是要从实际出发。具体来说,要特别注意考虑下列因素,即时代需要(包括社会和学术发展的需要)、所处地方和学校的特色、所在学校的学科优势等等。"当代学术史研究"就是其适应时代需要和学术发展需要开设的重要特色栏目。

　　我们知道,十年"文化大革命"期间,学术受到政治的干扰和压抑,学者甚至丧失了自我,实际是中国学术的断裂期。"文化大革命"结束至今这三十年的学术发展,从时序上来看是承接"文化大革命"而来,因此,从总体上可以说是中国学术发展由接续断裂、全面复苏到空前活跃、硕果累累的繁荣期。为推进学术的不断发展,学术应该总结自身,学者应该回瞻自我,于是我刊从 20 世纪 90 年代初起开设了"当代学者研究"栏目,并从 2003 年第 1 期起改版为"当代学术史研究"。陈平原说:"所谓学术史,说简单点,不外'辨章学术,考镜源流'。"(《"学术史丛书"·总序》)李学勤说:"研究学术的历史,从历史角度看学术,这就是学术史。"(《中国学术史·总序》)张立文说:"直面已有的(已存在)的哲学家、思想家、学问家、科学家、宗教家、文学家、史学家、经济学家等的已有的学说和方法系统,并借其文本和成果,通过考镜源流、分源别派,历史地呈现其学术延续的血脉和趋势。这便是中国学术史。"(《中国学术通史·总序》)由上述各家的论说可以看出,学术史,简言之,就是研究之研究。因此,在"当代学术史研究"(前身是"当代学者研究")这个栏目里,学者既是研究的主体(研究者),又是研究的客体(研究对象),即展开关于学者的学术研究,展开关于学术研究的学术研究。

　　"当代学术史研究"栏目除对"学术"、"学术史"等一般性问题作学理上的探讨外，主要包括三个方面的内容。其一，对当代学术现象、学科发展、学术流变、学术争鸣作宏观扫描和整体研究。近几年来先后组织过"学术期刊发展战略"、"新时期学术规范的讨论"、"当代高等教育与当代学术发展"等专题研究。其二，对当代一流学者作个案研究，这类似于"学案体"（张岂之在《民国学案·序》中说"'学案体'就是学术史"）。特别注意将个体学者的研究置于宏观的学术史背景下来进行。先后发表了对北京大学、中国社会科学院、复旦大学、北京师范大学、武汉大学、华中师范大学、台湾大学等多家学术单位数十位著名学者进行研究的论文。其三，充分开展摆事实、讲道理的学术批评（陈平原在《新时期学术发展的回瞻·序一》中认为，广义的学术史，包括当代学术批评）。既有对学术发展、学术前进的热情褒扬和深入研究；也有对学术不端甚至腐败行为的揭露、剖析与批判。

二

　　为推动当代学术史的研究，我们围绕主题组织开展了一系列有成效、有影响的学术活动。

　　从2004年开始，我们每年组织一次由部分全国知名学者参加的专题学术研讨会。2004年5月，我们在岳阳主办了"学术期刊发展战略研讨会"，来自北京大学、清华大学、中国社会科学院、中国政法大学、南京大学、上海社会科学院、安徽省社科联、河北省社科联、湖南理工学院等学术单位的十多位学者共同签署了《岳阳宣言——遵守学术规范、推动学术发展》，研讨会发言由当年《云梦学刊》第4期"当代学术史研究"栏目整体推出。2005年6月，在北京大学主办了"'当代学术史'学科建设研讨会"。该研讨会第一次提出并比较充分地讨论了"当代学术史学科建设"的可能性、现实性和必要性等重要问题。该研讨会发言在当年《云梦学刊》第4期"当代学术史研究"栏目发表后，被《新华文摘》转载3篇，被《中国社会科学文摘》转载2篇、摘登论点1篇，被中国人民大学"复印报刊资料"《社会科学总论》转载3篇。《社会科学报》用了第1版上半版和另外2个整版反映研讨会成果。2006年5月，在中国社会科学院主办了"当代学术史研究论坛"，提出有关当代学术史学科建设的十大问题进行研讨。该论坛发言由当年《云梦学刊》第4期"当代学术史研究"栏目集中发表。《光明日报》、《中国社会科学院院报》、《中国社会科学文摘》等10多家重要学术媒体予以专题报道。2007年5月，我们与《社会科学报》联合在上海社会科学院主办了"当代高等教育与当代学术发展论坛"，与会学者除来自北京大学、中国社会科学院、南京大学外，主要来自复旦大学、华东师范大学、上海大学、华东政法学院、上海政法学院、上海社会科学院等。论坛发言在2007年《云梦学刊》第4期"当代学术史研究"栏目集中发表，《社会科学报》以整版篇幅反映论坛成果，《光明日报》、《中国社会科学院院报》、《中国社会科学文摘》、《高校文科学术文摘》、《学术月刊》、《中山大学学报》、《社会科学论坛》等发表了论坛专题报道。

2005 年至 2007 年的三次论坛(研讨会)内在地包含着议题的不断深入和逻辑推演。2005 年"'当代学术史'学科建设研讨会"提出了"当代学术史学科建设"这样一个宏观的、具有体系性的问题和构架;2006 年的"当代学术史研究论坛"提出了 10 个问题进行研讨,是对"当代学术史学科"这一构架的充实、深入和具体化;2007 年"当代高等教育与当代学术发展论坛"则是从 2006 年研讨的 10 个问题中选择一个比较重要的问题展开具体、深入的研讨,正是在前两次研讨基础上的一种层层推进和逻辑推演。总起来看,这三次论坛(研讨会)表现出一种内在的、有机的逻辑联系,即是逐渐深入,一步一步对"当代学术史学科"逐渐予以构建和夯实。

我们还先后分别与北京大学部分博士生(见 2005 年第 6 期)、与复旦大学部分博士生(见 2006 年第 4 期)、与湖南师范大学部分硕士生(见 2006 年第 3 期)以当代学术史研究为主题召开专题座谈会,并发表座谈纪要;与《北京大学研究生学志》围绕当代学术史研究有过多次学术交流与学术合作。

三

随着时间的推移和研究的深入,"当代学术史研究"栏目在全国学术界的影响逐渐扩大,贡献不断增加。

我们先看看被权威文摘报刊转载转摘的情况。自 2003 年至 2007 年,"当代学术史研究"栏目发表的文章被《新华文摘》转载 5 篇,被《中国社会科学文摘》转载 2 篇,被《高校文科学术文摘》转载 3 篇(以上均不包括论点摘要)。如《新时期学术规范讨论的历时性评述》在《云梦学刊》2005 年第 1 期"当代学术史研究"栏目发表后,被《新华文摘》、《高校文科学术文摘》等同时转载。自 2003 年至 2007 年,该栏目的文章被中国人民大学"复印报刊资料"《社会科学总论》转载 31 篇,在"社会科学总论"类转载量排名中有两年进入了全国前 30 位,其中 2003 年排名第 11 位,2005 年排名第 21 位。该栏目的文章,还有不少篇被《文摘报》、《光明日报》、《社会科学报》、《北京大学学报》、《文艺报》、《学术界》等作论点摘登。

围绕"当代学术史研究"主办的学术论坛(研讨会)在学术界的影响亦不小。2004 年 5 月签署的《岳阳宣言——遵守学术规范、推动学术发展》被《社会科学报》(见 2004 年 12 月 30 日)写入当年的中国十大社会热点的第八大热点("学术规范制度建设走到新的十字路口"),同时,被写入《学术月刊》(2005 年第 1 期)和《文汇读书周报》(2005 年 1 月 28 日)联合评出的当年中国十大学术热点的第十大热点("学术规范与学术道德问题讨论")。2005 年 6 月的"'当代学术史'学科建设研讨会"被《中国教育报》(2006 年 1 月 12 日)、《学术界》(2006 年第 1 期)分别列入当年十大学术热点之一(第五大热点"当代学术史")。2006年5月的"当代学术史研究论坛"被《社会科学》(2007年第1期)写入《2006年度人文学术热点透视》中的"学术批评开始转型"一节。

多家重要学术媒体发表过有关"当代学术史研究"栏目的专题报道。下面略举几篇有代表性的专题文章。《光明日报》2004年8月26日发表了《〈云梦学刊〉的当代学术史研究》(余三定),《文艺报》2004年8月26日发表了《别辟蹊径　独树一帜——评〈云梦学刊〉"当代学术史研究"专栏》(汤凌云),《学术界》2005年第2期发表了《〈云梦学刊〉中的当代学术栏目》(聂付生),《文艺报》2005年6月2日发表了《当代学术史的梳理与拓展》(胡扬),《人民政协报》2006年1月23日发表了《"当代学术史研究"在学界引起强烈反响》(余晶),《文艺报》2006年1月26日发表了《"当代学术史"学科建设引起强烈反响》(余晶)。

2006年,"当代学术史研究"被中国高校人文社科学报学会评为全国社科学报优秀栏目。

四

高校人文社科学报理所当然地要与高校的科研、教学保持紧密的联系,要自觉地相互支撑,相互促进,形成良性互动。

编辑们除主持"当代学术史研究"的栏目、认真做好编辑工作外,也积极参与当代学术史的研究,发表了为数不少这方面的论文,出版了《学术的自觉与学者的自立:当代学者研究》(华中师范大学出版社1998年版)、《新时期学术发展的回瞻》(北京大学出版社2005年版)等著作,"中国当代学术史研究基地"于2007年1月被批准为第三批湖南省社会科学研究基地(湘哲社领字[2007]01号)。

编辑们还努力将当代学术史研究的成果引入高校课堂,从2000年开始,在湖南理工学院中文系先后开设了"当代学者研究"和"当代学术史"选修课;从2005年开始,又应邀为湖南师大文艺学硕士生开设专题选修课"当代学术史"。"当代学术史"课程在2006年6月被确定为湖南省普通高等学校省级精品课程(湘教通[2006]133号)。编辑们的教改项目"'当代学术史'课程的创设与建构"于2006年11月被评为湖南省高等教育省级教学成果三等奖。

正是基于上述情况,《人民政协报》2007年5月21日以《研究、编辑、教学三者良性互动》(蒋晓霞)为题对"当代学术史研究"栏目编辑作了专题访谈,还有《高教研究参考》等作了报道。

五

为了全面回顾"当代学术史研究"栏目的开办历程、系统检示该栏目所取得的重要学术成果,深入地总结经验、教训,更好推动当代学术史研究的前进、发展,我们编选了《当代学术史研究》这部论文选。本书所收入的论文全部来自于 2003 年至 2007 年《云梦学刊》"当代学术史研究"栏目。全书分为三编,其中,上编包括 4 个专题,各专题的论文以发表时间先后为序。需要特别说明的是,限于篇幅还有若干高水平的论文未能选入本书,我们特在"附录"中加入《〈云梦学刊〉(2003—2007 年)"当代学术史研究"论文总目》,以稍作弥补。

　　最后,我们特别感谢人民出版社的领导和责任编辑洪琼,感谢黄柟森、张耀铭、肖君华、罗成琰、李剑鸣、杨海文、朱剑及所有的作者朋友,感谢湖南理工大学的领导与同仁,感谢《北京大学研究生学志》连续两年刊登"当代学术史研究"栏目当年的总目录。

余三定

2008 年 12 月 5 日于岳阳市南湖畔

责任编辑:洪　琼

图书在版编目(CIP)数据

当代学术史研究/彭时代 顾问　余三定 主编　钟兴永 杨年保 鲁涛 副主编
-北京:人民出版社,2009.2
ISBN 978－7－01－007567－9

Ⅰ.当…　Ⅱ.余…　Ⅲ.学术思想-思想史-研究-中国-现代　Ⅳ.B261.5

中国版本图书馆 CIP 数据核字(2008)第 198337 号

当代学术史研究

DANGDAI XUESHUSHI YANJIU

彭时代 顾问　余三定 主编　钟兴永 杨年保 鲁涛 副主编

人民出版社 出版发行
(100706　北京朝阳门内大街 166 号)

北京市文林印务有限公司印刷　新华书店经销

2009 年 2 月第 1 版　2009 年 2 月北京第 1 次印刷
开本:787 毫米×1092 毫米 1/16　印张:33.5
字数:670 千字　印数:0,001－4,000 册

ISBN 978－7－01－007567－9　定价:78.00 元

邮购地址 100706　北京朝阳门内大街 166 号
人民东方图书销售中心　电话 (010)65250042　65289539